中国谷子产业与产业技术体系

刁现民　主编

中国农业科学技术出版社

图书在版编目（CIP）数据

中国谷子产业与产业技术体系 / 刁现民主编 . —北京：中国农业科学技术出版社，2011.7

ISBN 978-7-5116-0443-9

Ⅰ . ①中…　Ⅱ . ①刁…　Ⅲ . ①小米－产业－中国－文集 Ⅳ . ① F326.11-53

中国版本图书馆 CIP 数据核字（2011）第 065938 号

责任编辑　崔改泵
责任校对　贾晓红

出 版 者　中国农业科学技术出版社
　　　　　北京市中关村南大街 12 号　邮编：100081
电　　话　（010）82106631（编辑室）（010）82109704（发行部）
　　　　　（010）82109703（读者服务部）
传　　真　（010）82106631
网　　址　http://www.castp.cn
经 销 者　新华书店北京发行所
印 刷 者　北京华忠兴业印刷有限公司
开　　本　787 mm × 1092 mm　1 /16
印　　张　32
字　　数　862 千字
版　　次　2011 年 7 月第 1 版　2011 年 7 月第 1 次印刷
定　　价　80.00 元

《中国谷子产业与产业技术体系》
编委会

主　编　刁现民

副主编　张喜文　程汝宏　郭二虎　史学文

编　委（按姓氏笔画排序）

刁现民　马建萍　王慧军　史学文　冯佰利
冯耐红　任月梅　刘金荣　李书田　李延东
李君霞　李淑杰　杨天育　吴宝华　张宝金
张喜文　赵治海　袁宏安　郭二虎　董志平
程汝宏　程炳文　智　慧　管延安

编辑审校　智　慧　柴　杨　李顺国

前　言

谷子是起源于我国的古老农作物，数千年来一直作为主栽作物培育了中国北方文明，被誉为中华民族的哺育作物；谷子抗旱耐瘠薄，水分利用效率高，是应对未来日愈严重水资源短缺的战略贮备作物；谷子丰富且平衡的营养更为人们食物多样性和膳食结构改善所必需；谷子及其近缘野生种青狗尾草因基因组小和二倍体特性使其正在发展成为禾本科作物功能基因组和 C_4 高效光合作用研究的模式植物。由此可见，在旱作可持续农业发展及作物遗传育种理论研究中谷子将发挥越来越重要的作用。

20 世纪 50 年代到 70 年代，我国谷子播种面积达 1 亿亩以上，曾是我国北方的第三大粮食作物，随着谷子农家品种的系统搜集整理和常规育种为主的科技创新攻关的实施，使我国保存有世界上数量最多的谷子种质资源，奠定了今天产业技术创新的基础；生产上也创造了多个高产丰产典型，为困难时期国家粮食安全做出了巨大贡献。从 20 世纪 70 年代开始到 90 年代中后期，由于生产形势的变化谷子逐渐由全国主要粮食作物变为区域性重要作物，但我国的谷子育种在这一时期取得了多项突破性进展，豫谷 1 号、昭谷 1 号和晋谷 21 等优良品种的培育成功和生产应用标志着我国谷子育种水平居国际领先的地位。20 世纪末至 21 世纪初的 10 多年时间应该说是谷子生产和科研的较大调整期，受研究经费缺乏等因素的限制，生产上面积萎缩，科研上大量人员转行，谷子产业技术创新的多项工作停滞，仅在育种方面有少量人员和单位艰难地开展着有限的工作。2008 年谷子被列入国家现代农业产业技术体系，为谷子产业技术研发提供了稳定的经费和历史性转折，使我国谷子科研摆脱了困境，迈入了现代化农业科研的轨道；同时干旱形势的日益严重和膳食结构多样性的需求，也增加了社会和市场对谷子的需求，使得谷子产业发展面临又一次难得的机遇。

在新的历史机遇下，为摸清谷子产业技术创新近期奋斗目标和长远工作方向，国家谷子产业技术研发中心组织体系全体业务骨干，按照国家现代农业产业技术体系的统一部署，从 2009 年 2 月到 3 月开展了为期 2 个月的谷子产业技术需求调研，通过对调研结果的整理分析，基本了解了我国谷子生产的现状、存在问题和产业技术需求，形成了国家层次的“中国谷子产业技术需求调研报告”和多个地方主产区调研报告。这也是我国首次组织谷子生产的产业需求调研，为国家谷子产业技术体系的工作明确了奋斗目标和方向。为搭建谷子产业化生产的平台，2009 年 8 月由国家谷子产业技术研发中心组织的首届全国谷子产业大会在内蒙古赤峰市召开，与会的 350 多名代表包括了谷子产业技术体系所有岗位专家和综合试验站站长与业务骨干、全国谷子主产县市领导和技术专家、全国主要谷子加工企业和农民合作社，以及谷子主产区的技术员和农民代表。这是我国首次组织包括谷子产业链所有行业的产业大会，会议交流了谷子生产经验，展示了生产技术和加工产品创新，构建了产业化生产的平台，宣传了谷子和产业技术体系，并编辑了会议文集，取得了空前的成功。正是国家谷子产业技术体系的构建和相关活动为谷子产业新的发展带来了勃勃生机，谷子多项产业技术创新也有了新的进展。

在全国谷子产业技术需求调研和首届全国谷子产业大会文集的基础上，谷子产业技术研发中心组织体系所有岗位专家、综合试验站站长和业务骨干，完成了本书的编撰。全书包括产业调研与产业发展报告、产业技术创新、产业体系与产业组织三个部分。产业调研与产业发展报告按照国家和各主产区两个层次总结了谷子产业的现状和存在问题，讨论了将来的发展方向；产业技术创新归纳了我国谷子育种、栽培植保、产品加工等方面的新进展，交流了典型企业和农民合作社的产业化生产组织经验；产业技术体系和产业组织介绍了国家谷子产业技术体系架构与产业技术创新单位，全国谷子主产县市和产业化生产的组织企业等。相信本书的出版对促进谷子产业化生产的技术创新，增加经验交流和信息沟通，提升我国谷子生产的产业化水平将起到积极的推动作用。

在本书的编撰过程中，各位编委认真负责，谷子产业从业人员积极撰稿，为本书的顺利出版作出了贡献。但受水平、能力和时间等条件所限，书中不妥之处在所难免，恭请批评指正！

刁现民
国家谷子产业技术研发中心
中国农业科学院作物科学研究所
2010年10月

目　录

一、产业调研与产业发展报告

中国谷子产业技术发展需求调研报告 *

刁现民[1]　张喜文[2]　程汝宏[3]　郭二虎[2]　管延安[4]　杨天育[5]　王慧军[6]　李顺国[3]

（1. 国家谷子产业技术研发中心 / 中国农业科学院作物科学研究所，北京　100081；2. 山西省农业科学院谷子研究所，山西长治　046001；3. 河北省农林科学院谷子研究所，河北石家庄　050035；4. 山东省农业科学院作物研究所，山东济南　250100；5. 甘肃省农业科学院作物研究所，甘肃兰州　730070；6. 河北省农林科学院，河北石家庄　050031）

摘　要：本文是国家谷子产业技术体系对我国北方谷子主产区 14 个省市的产业需求调研的总结。本次调研由国家谷子产业技术研发中心组织，国家谷子产业技术体系的 120 余名业务骨干参加了调研，调研对象包括技术用户的各层次，涉及谷子产业生产组织的领导、生产县市技术部门、种植农户、谷子加工和流通的各个方面，调研形式以面谈为主结合问卷。调研获得的主要结论包括：我国谷子生产以小农生产形式为主，单产水平低、间苗难、缺乏生产机械、加工落后是限制谷子产业发展的主要因素；生产对进一步高产和优质品种的需求迫切，对适宜谷子的专用机械在不同地区有不同要求。调研还就我国春、夏谷的动态发展变化、种植方式变化、产业生产组织等分析了各地形式。针对谷子的产业技术需求和生产中的问题，本报告提出了谷子生产的发展建议和国家谷子产业技术体系的核心公关任务。

关键词：谷子；调研；谷子产业技术体系

Analysis of Technical Obligation for Foxtail Millet Development in China——A Survey Report on Foxtail Millet Production

Diao Xianmin[1], Zhang Xiwen[2], Cheng Ruhong[3], Guo Erhu[2], Guan Yanan[4], Yang Tianyu[5], Wang Huijun[6], Li Shunguo[3]

（1.China Industrial and Technological Research Center of Foxtail Millet; Institute of Crop Sciences, Chinese Academy of Agricultural Sciences, Beijing 100081,China; 2. Institute of Millet Crops, Shanxi Academy of Agricultral Sciences, Changzhi 046001, China; 3.Institute of Millet Crops, Hebei Academy of Agricultural and Forestry Sciences, Shijiazhuang 050035, China; 4. Institute of Crop Sciences, Shandong Academy of Agricultural Sciences, Jinan 250100, China; 5. Institute of Crop Sciences, Gansu Academy of Agricultural Sciences, Lanzhou 730070, China; 6. Hebei Academy of Agricultural and Forestry Sciences, Shijiazhuang 050031, China）

---

* 基金项目：现代农业产业技术体系建设专项资金资助。

国家谷子产业技术体系所有岗位科学家和综合试验站站长及业务骨干参加了本调研工作。刁现民负责总体组织和文章的写作，其他作者负责育种、栽培植保、加工、企业、机械和农业经济等方面的调研数据汇总、分析、初稿准备等。

国家谷子产业技术研发中心依托单位：中国农业科学院作物科学研究所

通讯地址：北京市海淀区中关村南大街 12 号，E-mail：caasmillet@yahoo.com.cn。

Abstract: This paper is a report on the technical requirement survey from 14 foxtail millet production provinces in northern China, which is organized by China Industrial and Technological Center of Foxtail millet, sponsored by the Embarked Fund of China National Agricultural Industiral System. The survey covered a variety of people in all fields of foxtail millet production, including related authority officials, technical extension agronomists, foxtail millet grown farmers, managers of foxtail millet processing plants and market dealing merchants. The survey result indicated that the main form of foxtail millet production in China is small scale planting. The low level of unit field grain production, difficulty in seedling operation, lack of suitable machinery, and low level of grain reprocessing, are the main obstacles limiting foxtail millet production. The survey also reported the dynamic changes of growing area between summer sown and spring sown foxtail millet and between different growing regions. The newly formed foxtail millet farmer organizations and the managing scale of foxtail millet processing plants were discussed in the paper. Based on the result obtained, suggestions on foxtail millet production development and main target for the national agricultural technology system were proposed.
Key words: Foxtail millet; Production survey; Technological requirement

1 调研情况概述

本次调研活动分 5 个阶段进行：

动员培训阶段 2009 年 1 月 20~21 日，谷子产业体系在中国农业科学院召开了体系建设启动和调研准备工作会议。期间，首席科学家对这次产业技术需求调研的重要意义做了充分宣传和动员，并请赤峰农科所、吉林省农业科学院的同志作了调研经验介绍。大家提高了认识，统一了思想。

方案制定阶段 从 2008 年 12 月开始，在方案制定过程中，充分了解和吸收了其他技术体系的成功经验，尤其是大豆、玉米和水稻方面的经验。调研方案初稿形成后，经动员大会上广泛征求大家意见，又由各责任人根据所提意见进行了修改，定稿后下发执行。

具体调研阶段 2009 年 1 月 31 日至 2 月 20 日，各试验站站长和岗位科学家克服了时间紧、任务重、雪雨天和春节交通不便等因素，分片深入第一线，对技术用户开展了面对面的访谈，了解、掌握和分析谷子的产业技术发展现状、存在问题和技术需求，圆满完成了调研工作。在调研过程中，不少专家及时与首席科学家沟通，交流调研的收获和体会，提出调研中出现的一些问题，首席科学家及时进行了解答。对调研的顺利进行起到了积极的作用。

信息汇总阶段 2009 年 2 月 21~28 日，将调研中的第一手资料发邮件或邮寄给各岗位科学家，首先是岗位科学家和综合试验站站长将获得的资料总结，然后按照农民种植户、基层技术员、机械与设施、育种与资源、产后加工、产业经济和产业区等方向交专家分类总结和撰写相关调研总结。最后由首席科学家进行全面总结。

全面总结阶段 2009 年 2 月 25 日起，按照调研的技术用户对象进行汇总整理的各专家将调研分报告汇总到首席科学家，由首席科学家分析汇总所有调研报告，并撰写“国家谷子现代产业技术体系产业需求调研报告”，完成初稿并征求所有岗位科学家和综合试验站站长的意见，修改后上报，同时下发所有岗位科学家和综合试验站站长，以及相关部门的领导、专家和业务人员。

本次调研，得到了农业部种植业司，全国农技推广中心，中国土畜产品进出口总商会，谷子产区相关省、市有关农业主管部门，调查区（市、县）等各级领导的高度重视和大力支持，也得到了用户单位的积极配合，经过全体调研人员的共同努力，顺利完成了调研工作。其范围广（涵盖三大谷子主产区，14 个省、市的谷子生产、科研与管理部门、企业、种植专业大户和农户）、效率高（3 周完成基础调查任务、1 周内汇总形成了总结报告）是谷子界前所未有的。同时，无论是调研人员还是被访管理人员或用户，都普遍感到这次调研活动收获很大，大家既相互增加了了解、又相互得到了启发，从全方位拓宽了视野。这种打破条块分隔、促进跨专业协作的组织形式，应继续发扬光大。对调研的同志而言，他们最大的收获还有进一步加深了对产业体系的系统认识，明确了今后的工作目标。

2 服务区谷子产业发展的基本情况

2.1 服务区谷子种植分布情况

2.1.1 土壤和气候等自然条件

我国谷子主要分布在北部省份，大致分为东北春谷区、西北春谷区和华北夏谷区。播种面积最小的是北京市，2007~2008年年播种1 400hm^{2}左右，播种面积大的省份有内蒙古、山西和河北等，年播种面积在13万~25万hm^2，年度间变化很大，春季干旱年份面积增加显著。

谷子属于抗旱耐瘠作物，多数种植在干旱丘陵山区，土壤、气候条件较差，产量水平较低；华北平原及东北松辽平原的灌溉水浇地也有一定种植，但近年播种面积表现萎缩。从本次调研结果看，各地谷地土壤类型有壤土、沙壤土、黏土、黄土、红黏土、黑土等类型，各生态区间有一定的差异，东北地区土壤类型以黑土、沙壤土为主，西北区以黄壤土、沙壤土及红黏土为主，华北区以壤土、沙壤土及沙土为主。谷田有机质含量属于中等偏低水平。

由于谷子主要种植在北部干旱地区，年降水量一般为300~800mm，个别地方降水量甚至低于300mm。多数地区年降水量为400~600mm，谷子生育期间降水量一般为200~500mm，降水主要集中在7~9月份，比较有利于谷子的生长发育，个别年份春旱或伏旱对谷子有一定的影响。

谷子产区之间海拔差别很大，为100~1 200m，西北、东北地区海拔较高，华北地区海拔较低；春谷区≥10℃有效积温一般为2 000~3 000℃，谷子生育天数一般为120~130d；夏谷区≥10℃有效积温一般为4 000~4 500℃，一年两季，谷子生育天数一般为90d左右。

2.1.2 谷子的种植情况

从调研结果看，谷田为清种，过去间作、套种的种植方式已基本上不存在。在谷子主产区，谷子面积占耕地面积的比例一般为15%~25%，内蒙古赤峰市占的比例最高，约25%。由于谷子间苗难度大，直接影响到谷子种植面积的扩大。一般农户种植面积为0.1~0.2hm^2，大户一般为0.3~0.7hm^2；专业大户面积可增大到7hm^2。另外，从各地区角度来看，调查的谷子生产区，各户土地拥有情况有较大的差异，在一定程度上也影响了谷子的种植面积。但从各地调查情况来看，有明显的土地流转和集中情况，如黑龙江兰西县长辽乡赵福岩种地20hm^2，谷子面积7hm^2；山西晋中市什贴镇一种植大户有40hm^{2}土地，谷子面积7hm^2；山东省寒亭区春谷专业合作社的种谷大户，1.5hm^{2}农田中谷子占了1hm^2。从调研结果中我们还可以看出，各个省份都有种谷面积并且占粮田面积很大比重的农户，这些现象说明了谷子生产在农业生产中的规模化、专业化、产业化生产的趋势。在从山东的调查中我们还了解到，谷子种植比重较高、面积较大的农户多数与加工企业有密切的联系，如寒亭、章丘龙山、金乡、平阴安城都有小米加工企业，谷子多数都能保证销路。山东淄博周村的一企业老板计划依托当地资源优势发展万667m^{2}绿色谷子生产基地，并建立相应的加工企业，目前正在积极运作当中。

从谷子种植面积的调研情况来看，不同地区种植面积的增减差异较大。总的来看，夏谷产区谷子面积减少较多，而春谷区谷子种植面积相对减少较少。夏谷区的调查结果表明，绝大多数农户反映，与10年前相比，谷子面积下降了，其中谷子间苗麻烦费工是最主要原因，其次谷子鸟害重也是重要因素，部分农户认为缺乏对路品种也有一定影响。少部分面积增加的农户多是由于产业化的带动。春谷区的调查资料表明，面积增加和维持原有规模的农户数与面积减少的农户数基本持平，但地区之间差异较大。如甘肃调查的农户中有半数多认为，谷子面积增加了，原因是粮价较好，市场稳定，尤其是谷草优良，可作为牲畜饲草，效益好调动了农民种植谷子的积极性，只有3成的农户因干旱和效益低减少了谷子的种植面积。而陕北作为我国传统的种谷地区有6成农户因退耕还林、耕地面积减少而造成谷子面积的下降。

在我们所调查的谷子产区中，因所处生态区的差异，种植的主要作物也有很大不同。河南、山东和河北南部，是我国的夏谷主要产区，绝大多数农户第一和第二位作物是小麦和玉米，第三位的作物因地区和种植习惯的差异有一定区别，甘薯、谷子、花生、棉花等都占一定的比例。东北地区、西北、内蒙古等春谷产区，主要作物是玉米，但各地的种植制度也有较大的差异。黑龙江、吉林、辽宁东三省，种植的主要作物是玉米、大豆，其次是谷子和高粱。甘肃、宁夏、青海、陕北等西部地区，种植上有明显的多样化特点，农户种植的主要作物有玉米、小麦、谷子、马铃薯、杂豆，还有部分农户种植荞麦、糜子、豌豆、高粱、烤烟等，种植作物的种类比较多。内蒙古及河北张家口和河北北部地区以玉米、谷子为主，其次是高粱、向日葵；山西晋东南地区，主要作物依次是玉米、谷子和小麦，晋中及晋北地区以玉米、谷子、小麦、荞麦等为主。

另外，谷子的种植情况与传统谷子区划情况基本吻合，传统的春谷种植区域极少有夏播种植。而华北夏谷区的情况有所变化。调查区域的谷子既有夏播，又有春播，总体来看春播谷子面积有扩大的趋势。但无论是春播区还是夏播区，主流是清种，极少农户间作。

2.2 服务区谷子的生产情况

从2006~2008年3年的谷子产量来看，各农户3年的谷子产量虽有所波动，但基本持平，年度间虽没有出现持续增长的趋势，但多数农户2008年产量较2006年有一定程度的提高。各生态区、省份之间，农户产量水平有很大的差异。总体来说河北、河南、山东夏谷区，谷子产量水平最高，每667m^{2}产量多在300~350kg，但农户之间的差异也很大，个别农户最低产量只有150多kg，高产农户达到450kg。春谷区的东三省产量水平较高，产量区间主要在250~400kg，300~350kg的居多。河北张家口地区是杂交谷子主要生产区，从2006~2008年3年的谷子产量来看，多数农户3年的谷子产量有较大幅度的增长，从200kg左右增长到550kg左右，高产的年份是种植了杂交谷。山西省虽为春播，但各地谷子种植类型有较大差异，3家单位调查数据表明，每667m^{2}产量多为250~300kg；甘肃、陕北是干旱严重的省份，谷子产量是最低的，农户产量从80kg到最高300kg，3年平均产量200kg左右。青海、宁夏、新疆等4个点调查数据表明，这些非谷子主产地的边远省份，谷子亩产很低，高的也不过100kg左右。具体分析调查结果也可看出一个问题，产量很低的都是种植面积零星的谷子种植小户，谷子种植规模较大的农户，产量都较高。这说明谷子产量的差异与种植规模有很大的关系，种植规模大，管理上水平，产量就高，而小户零散种植的管理跟不上，产量水平就低。

2.3 服务区谷子栽培与管理措施现状

2.3.1 施肥情况

对谷田的施肥情况进行调研后发现，谷田的施肥水平显著低于玉米、小麦等主要农作物。春谷多数农肥、化肥同施，一般播前施用农肥，农肥的种类较多，有猪、羊、牛、鸡等粪肥，施肥时期一般与整地结合在一起，施用量在 0.5~5m^3/667m^2，一般施用量在 2~3m^3/667m^2。夏谷一般在播前不施农肥，主要在前茬播前施用。化肥的种类较多，以氮、磷肥为主，施用钾肥、微肥数量很少。在化肥的施用量上差异较大，多数农户在施肥上注意养分平衡，半数的农户复合肥和氮肥配合施用，但也有 20% 左右的农户只施用氮肥（以尿素为主），其他农户只施用复合肥。在化肥的施用量水平上分析，农户之间差异很大，复合肥每 667m^2 施用量为 5~50kg，多数施用 10~20kg；尿素的施用 10~50kg，多数施用量在 20~30kg。总体来看，农户比较重视施肥，也注意了平衡施肥，但总的来说谷子的施肥水平很低，这一方面说明谷子的增产潜力还很大，另一方面说明谷子是环境友好的，需水肥投入相对低的作物。由于农户对如何施肥懂的较少，一般按经验施用。

2.3.2 病虫草鸟害防治情况

谷子的病害主要有：白发病、黑穗病、红叶病、谷瘟病、线虫病、锈病、纹枯病等，多数不采取措施，防治方法一般为种子包衣、拌种、喷药等。使用的药剂有：五氯硝基苯、多菌灵、代森锰锌、杀毒矾、甲霜灵、烯唑醇等。

谷子的虫害主要有：钻心虫、蛴螬、蝼蛄、黏虫、红蜘蛛、粟芒蝇、玉米螟等，多数不采取措施，少数采用诱杀、喷药、撒毒土、毒饵、种子拌种、种子包衣等方法，药剂一般用菊酯类药剂。不到一半的农户较少进行病害防治。

谷田除草以人工锄草为主，化学除草在春、夏谷区均有，夏谷区使用的较春谷区多，使用的除草剂主要有：谷友、莠去津、扑灭净、2，4-D 丁酯等。谷田杂草的种类主要有：灰菜、狗尾草、谷莠子、马齿苋、苋菜、苦苣菜、马塘草、稗子、地龙草、星星草、牛筋草、刺儿菜、野牵牛、香附子、野燕麦、蒿子等。人工除草用工不等，少的有 2 个工，多则 6 个工，除草与中耕结合在一起，要求不同用工有一定的差异。

谷子的鸟害主要是麻雀，一般不采取措施，防治的方法一般为人工驱赶或警示驱赶。

2.4 服务区谷子生产设施与设备技术情况

2.4.1 谷子种子处理机械

谷子包衣种子和不包衣种子在生产上都有应用。谷种包衣的重要性已经被充分认识，65%左右的谷子产区在使用包衣种子。谷子产区现有谷子种子处理机械无法满足生产的需求，特别是包衣设施设备和种子分选设备。

2.4.2 谷田整地机械

谷田整地中传统的耕作方式和机械耕作都在应用，平原地区以机械耕作方式为主，山地丘陵地区以传统耕作方式为主；经济发达地区和生产条件较好地区谷田整地机械化程度较高。不同地区谷子的栽培方式不同，黄土高原地区以平作为主，平原地区垄作和平作兼而有之。调研认为，垄作和地膜覆盖栽培应是谷子高产栽培宜选择的模式，但垄作栽培和地膜覆盖栽培目前缺少较好的配套农机具。

2.4.3　谷子播种机械

谷子生产上古老的木耧仍在使用，尤其黄土高原谷子产区使用较为普遍；一些谷子产区虽然在使用畜力播种机和机械牵引播种机，但没有谷子专用播种机械。由于谷子籽粒小，生产上非常需要谷子专用播种机械，谷子专用播种机要重点突破的是排种器和机器的可靠性，要求播种机械能精量播种并保出全苗，最好能够研制谷子不间苗播种机械或可间苗机械。

2.4.4　谷子生产管理和收获机械

目前谷田除草以手工和化学除草为主，机械除草的较少，生产上没有谷子专用除草机械，有必要研制具有间苗除草功能的中耕除草机械。目前仅15%左右的谷子产区在使用收获脱粒机械，收获机械存在的主要问题是破碎率高，收获损失大，谷子生产上缺少专用的谷子收获、脱粒机械。

2.5　先进技术的推广应用情况

调查显示，多数农户没有接受过谷子生产技术培训，而基地农户、传统种谷相对集中和技术覆盖面广的地区，如河南安阳周边地区、张家口地区普遍接受过相关技术指导。这说明谷子生产技术的普及总体上是缺乏的，农户对这方面的需求很强，都希望得到技术培训。另一方面，基地农户普遍接受了相关技术培训，而这部分的农户产量也高，进一步说明了走企业带动，规模化生产，发展订单农业的路子，是今后谷子生产的主要发展方向。

2.6　服务区谷子育种及品种应用情况

2.6.1　服务区谷子品种需要改良的主要性状

调研发现，目前生产上推广品种不能够充分满足生产的需求，各地由于种植习惯、产业开发等差异而要求不一，优质、高产、抗逆性强、适于产业化开发的品种是目前生产上急需的品种类型。具体体现在：谷子科研人员对服务区域谷子品种需要改良的主要性状的关注度依次是：抗逆性（92%）、品质（78%）、抗病性（75%）、产量（51%）、株高与耐密植性（24%）、生育期（4%）、其他（6%）。谷子育种中目前缺少或需要的种质资源顺序依次是：优质资源（63%）、抗病资源（57%）、抗倒资源（31%）、矮秆资源（29%）、抗除草剂资源（25%）、抗旱资源（24%）、高产资源（16%）、雄性不育资源（10%）、广适资源（8%）、彩米资源（8%）、株型资源（6%）、恢复系资源（6%）、远缘资源（4%）、早熟资源（4%）、抗鸟害资源（4%），也有的需要耐寒资源、饲草资源等。在抗逆性方面，人们关注的高低顺序是抗旱、抗倒伏、抗除草剂、耐瘠薄；在品质方面关注的高低顺序是适口性、商品性、营养成分；在抗病性方面关注的高低顺序是白发病、黑穗病、红叶病、锈病、线虫病。也有少数人关注结实性、耐低温寡照等极端天气、谷草蛋白质含量、抗鸟害等。

2.6.2 服务区谷子品种的应用情况

各地谷子生产上使用的品种多种多样，具有地域性较强的特点。从各地种植品种的使用年限上看，主干品种种植年限较长，多为各生态区育成的品种。个别品种使用年限超过10年以上，如山西省的晋谷21号，华北地区的冀谷19号；农家品种也有一定的种植面积，如春谷区的东方亮和夏谷的菠菜根等。多数品种为各地谷子育种单位选育出的品种，如河北的冀谷、山西的晋谷、黑龙江的龙谷、内蒙古的赤谷和蒙谷、河南的安谷、山东的济谷、张家口的张杂谷等系列。从各地对新品种的要求上看，还是以食用为主要目标的优质、高产、抗旱、抗病类型，但各地侧重点有一定的区别，这与各地推广品种的特点及产业开发有一定的关系。当地推广品种品质好、产业化开发好的地方需要在品质优的基础上提高产量；以种植高产类型品种的地方，希望提供优质品种进行产业化开发。多数地方具有群众比较公认的优质品种，如冀谷19、冀优2号、豫谷1号、小香米、公谷68、九谷11号、山西红谷、晋谷21号、长农35号、东方亮、蒙丰谷11号、冀张谷5号等。

从谷种来源看，自留种的比例还较大，购种的比例在20%~80%，各地差别较大，经济条件好的地区购种比例较大，群众对购种认识程度高，是提高产量的重要途径之一。多数地方包衣种子比例在10%以下或不包衣，少数地方谷种包衣比例达到90%以上，各地发展不平衡。

从利用的良种情况来看，有两个突出特点：一是经过长期考验，在群众中认同度高的品种，虽然种植时间长，但在生产中仍普遍应用。突出的例子是山西的晋谷21号，山西3家依托单位的调查情况表明，农户种植晋谷21号占了绝大部分，该品种已推广近20年，目前虽然存在抗病抗倒伏性差、产量低的问题，但由于优良的商品性，农户仍然选择种植。另一个例子是河北的冀谷19号，该品种2000年初育成，由于品质优良，籽粒橙黄易辨认，深受农户和加工企业的欢迎，除在河北夏谷区普遍种植外，在夏播区的山东、河南也有不少种植。二是技术普及快、覆盖广的传统种谷集中产区，农户多采用新育成的品种，并且也多为购买的良种，这种地区也是农家种用的最少、谷子产量较高的地区。

农家种的种植也有两方面的情况：一是对谷子生产不重视的分散零星种植小户，二是依托当地名牌发展产业基地。如山东章丘依托历史名牌“龙山小米”，种植的品种是代表品种“阴天旱”，金乡种植的以“金谷”代表品种“菠菜根”为主。

对当前种植品种的评价，因各户种植品种的不同也有差异，种植农家种和早期良种的农户认为品种好吃、米质优，但普遍反映产量低、病害重；种植良种的农户多反映高产优质，但普遍反映抗倒伏性存在问题。对于希望种植的优良品种反映比较一致，即一致要求高产优质（好吃），部分农户将耐旱、抗倒也单独提出。

所调查农户的品种利用现状说明，一是谷子生产中品种的多乱杂，二是良种的更新换代不够，谷子生产中良种和技术的普及任重而道远。对谷子育种也提出了明确的努力方向，即优质是前提，同时要高产，综合抗性要过硬。

2.6.3 服务区目前应用的谷子育种方法

目前90%的谷子育种单位以杂交育种为主，辅之诱变育种、系统育种等传统育种方法，少数单位应用了组织培养、基因导入等新技术。谷子育种方法技术主要需要分子标记辅助育种、外源基因导入、分子设计育种、细胞工程育种等高新技术

2.7 服务区谷子消费与产后加工情况

2.7.1 谷子的消费去向情况

从调研的基础数据看出，我国谷子生产的消费包括农民自己食用与消费、国内企业收购进行小米加工和出口三个部分。农民种谷子为了个人消费还占有相当的比例，而且越是在落后地区产量低的地区个人消费占的比例越高，说明是小农经济的经营方式；而在谷子主产区、加工企业密集区，谷子的商品化生产则占的比重高，而在加工方面仍以小米原粮加工为主。

图 1 给出了从中国土畜产品进出口总商会获得的谷子出口资料，总的来说，我国谷子没有进口，出口的数量也有限，以 2003 年出口数量最大，年度间有一定的变化；但出口单价（图 2）一直表现上升趋势，从 2001 年的每千克 0.2 美元上升到 2008 年的每千克 0.48 美元，单价增加 1 倍多。从出口对象来看，以亚洲国家为最，其中又以日本最多，2002 年后都保持在 6 000t 以上，其次是韩国、印度尼西亚，出口量基本在 2 000~6 000t，我国台湾的出口量也在 2 000~6 000t，紧随其后。其余顺位依次为意大利、德国、荷兰、比利时、英国与法国等欧洲国家，但出口量基本都在 2 000t 以下。

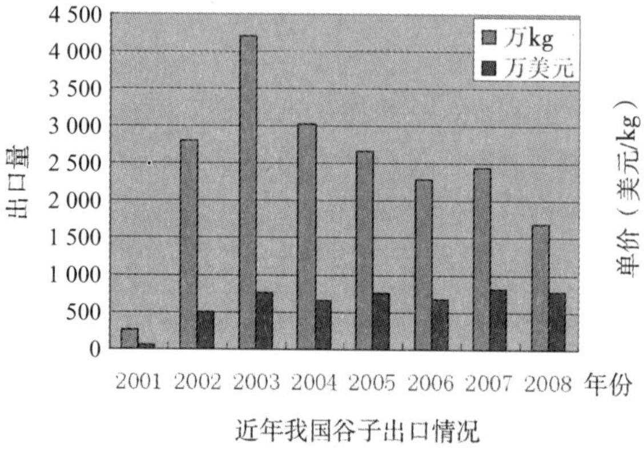

图 1　2001~2008 年谷子出口情况

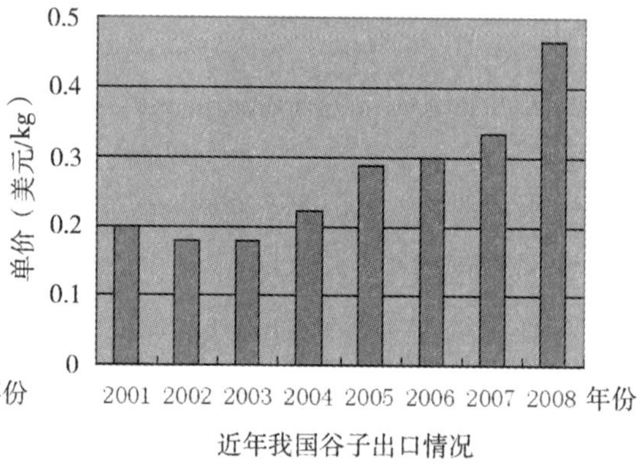

图 2　2001~2008 年谷子出口单价变化

2.7.2 加工企业数量较多，绿色谷子企业明显发展

这次有关谷子加工内容的调研，共涉及 58 个企业。通过对原料购入情况的调研，我们发现：(1) 在调研的所有企业中原材料购入的数量和金额都是在逐年增加；(2) 在统计的 31 家企业中，原材料购入金额在 100 万元以下的有 10 家，100 万 ~500 万元的有 7 家，500 万 ~2 000 万元的 6 家，2 000 万 ~4 000 万元的 6 家，4 000 万元以上的 2 家，大于 2 000 万元的 8 家企业中有 5 家是山西的企业；(3) 企业每年购进谷子数量逐年增加，推动了当地农民增收，企业增效的谷子产业化进程，说明谷子产业加工是在快速发展。

在对销售情况调研后发现：(1) 在调研的所有企业中产品销售数量和金额都是在逐年增加；(2) 在统计的 23 家企业中，产品销售金额在 200 万元以下的有 5 家，200 万 ~500 万元的有 6 家，500 万 ~1 500 万元的 3 家，1 500 万 ~3 000 万元的 5 家，3 000 万元以上的 4 家；(3) 从企业销售额可以看出企业在不断壮大，前景可观。

在销售收入、利润、税金情况方面，我们发现：(1) 在调研的所有企业中销售收入、利润、税金、年产值都是在逐年增加，销售收入基本上持平于年产值；(2) 在统计的 17 家企业中，产值达到5 000万元的有5家，1 000万~5 000万元的有5家，500万~1 000万元的2家，500万元以下的5家，其中，9家企业在山西，且8家年产值已达上千万元；（3）企业税金变幅在4万~918万元，其中4万~50万元的有8家，50万~100万元的4家，100万~400万元的4家，400万元以上的2家；（4）利润在3万~800万元波动，其中，4万~50万元的6家，50万~100万元的3家，100万~300万元的6家，300万元以上的3家。

目前我国通过绿色食品认证的小米产品有103个，其中，山西10个，黑龙江12个，辽宁39个，吉林15个，内蒙古8个，河北8个，山东7个，河南2个，陕西1个。认证的品牌有83个，山西和黑龙江各10个，辽宁26个，吉林14个，内蒙古7个，河北和山东各6个，河南2个，陕西1个。通过绿色认证的小米产品比“十五”期增长明显。这些绿色产品的形成，为我国谷子产业的发展注入了生机。

2.7.3 龙头企业各显其能，商品化程度明显提高

随着杂粮市场的发展和国家对企业的一系列优惠扶持政策的落实，一批龙头企业应运而生。如山西的沁洲黄、檀山皇、丰田等，都是省级龙头企业和国家级扶贫龙头企业。这些企业通过“企业+基地+农户”、“企业+基地+农户+科研单位”或“企业+农户”等不同方式，在其周围形成了比较优势明显的集中产区，从田间到餐桌，实行绿色农业食品生产。这些企业的出现，拉动了当地的谷子生产，提高了农户的种植效益。如在山西，哪里有小米加工企业，那里的谷子价格一定较高，多在每千克4元左右，且当地货源偏紧。

2.7.4 加工研究力度加大，科研产品明显增加

据调查，谷子加工研究力度逐步加大，特别是随着“十一五”国家对谷子产业支持力度的增加，科研单位新研制的产品达10多种，如山西省农业科学院研制的“速食小米粥”、“小米固体八宝粥”、“速食方便小米粉”、“小米蛋糕”、“小米酥饼”、“小米饮料”，河北省谷子研究所研制的“小米速溶强化粉”、“小米冰激凌”等。一些高校和小米加工企业也开始了产品研制，如山西大学正在进行谷子中功能糖分的提取分离纯化和结构研究，山西的“沁洲黄”集团正在进行小米粉的研发。

2.7.5 谷子产后加工机械匮乏

谷子产后加工机械仍以小米原粮包装产品和秸秆利用机械为主，目前缺乏成套的小米加工机械设备，要求能将原料清选、小米加工、小米抛光和色选工艺结合的配套加工生产线，秸秆饲料加工机械和米糠利用方面也缺少配套机械。

2.8 服务区产业区建设情况

2.8.1 产业区建设

通过调研产业区规划、基地选择、运作等方面的问题，多数人认为我国谷子产业区规划的依据应按生态类型，其次是集中在丘陵旱地；在产业化基地选择上，按现有谷子主产区，政策引导，其次是适度发展规模化平原地区。还有专家建议基地建立应立足出口，加工、交通便利发达。总之，调查显示，专家、企业、农户都感到应该建立谷子产业区，产业区的建立是谷子产业水平提升的基

等还没有采用机械作业。

3.2.2 群众缺乏先进栽培技术

在走访调研的过程中我们感到，群众对先进的栽培技术需求的愿望是比较强烈的，在栽培方面希望能够得到更多的指导，了解更多的新技术，但由于科研与生产链接不紧密等原因，多年来，一直采用过去沿用下来的传统栽培方法，对合理施肥、简化栽培、科学管理等知识缺乏。

3.2.3 缺乏有效病、虫、草、鸟害防治措施

从调研情况看，农民对病、虫、害的防治多数采取不管理的态度，一方面是多年来受到的技术指导和技术培训很少，农民对病、虫、草、鸟害没有很好的办法，不懂得如何去做，对新技术了解得不够，采取的措施多数还是二十年前采用的传统方法。二是研究与生产之间存在严重的脱节现象。一方面，许多新技术没有得到大面积快速推广应用，另一方面，目前谷田除草以手工和化学除草为主，机械除草的较少，生产上没有谷子专用除草机械。

3.3 谷子加工情况

3.3.1 谷子加工企业多、规模小、加工业基础差

目前，谷子加工企业较多，以河南省安阳市为例，共有19家，尚不包括小型碾米厂，山西省沁县有沁洲黄加工企业10家，安阳市宝莲寺乡有加工企业7家。除少数大型企业外，多是规模在20万kg以下的企业，设备也比较简陋。

3.3.2 谷子初级产品占主导、深加工产品极少，综合利用尚未提上议事日程

就调查结果看，58家谷子加工企业中，生产小米的企业占100%，商品品种比较单一，还有2家企业除生产小米外，经营一些小米粉等产品，还有1家企业除生产小米外，经营一些小米煎饼等产品，数量非常有限。目前的生产企业中，也有个别企业如辽宁的香香集团，生产深加工产品如小米乳，但尚未形成市场销售规模。总的来说，谷子综合利用研究与开发更显滞后。

3.3.3 粗加工设施损耗大、资源有效利用率低

调研中，加工企业普遍反映，目前的小米加工设施出米率低，比石碾米低10%左右。同时，加工过程中受高压高温的影响，米胚和谷糠中的油脂被部分挤出，与细糠粘成团，极易堵塞通道，严重影响生产效率，且造成小米中的蛋白质和脂肪损失，影响品质。为了疏通，生产中经常停机，造成了资源的浪费和生产成本的增加。

3.3.4 消费市场小，缺少拉动力

以初级加工为主形成的小米商品，使谷子一直在喝米粥的传统消费模式的“漩涡”中打转，而且这种消费主要发生在北方。开拓谷子新的消费渠道，已到了十分关键的时候。

3.3.5 原料的单纯性，目前难以形成广适、畅销的产品

和小麦粉相比，小米淀粉颗粒偏大，口感发粗、发干，面筋含量低，给谷子的加工带来了很大的压力，谷子加工的米粉在存放中又易氧化变质，这些问题直接影响到谷子加工产业的发展速度和市场占有份额。

3.3.6 科研产品缺少成果转化平台

据调查，谷子产品近年来逐渐增多，特别是随着“十一五”国家对谷子产业支持力度的增加，科研单位新研制的产品达10多种，如河北省农林科学院谷子研究所研制的“小米速溶强化粉”、“小米酒”、“小米冰激凌”，山西省农业科学院研制的“速食小米”、“小米固体八宝粥”、“小米饮料”、“小米速溶粉”、“小米酒”、“小米蛋糕”、“小米酥饼”等。但由于缺少成果转化平台，产品不能与企业实现有效对接，从而“望企兴叹”，束之高阁。

3.3.7 加工设施技术滞后，产品质量亟待提高

目前谷子的小米加工技术设施，多是对大米的加工设施改造后形成的。针对谷子特点研制的加工设施极少。因此，调研的58家企业中，有16家要求改进设施，占被调研企业的27.6%。在调研中，企业普遍感到小米质量存在问题，一是需要增加小米色选机，以去杂纯色，二是生产后保存过程中米色的退化和质量的保鲜问题。

3.4 谷子产业区建设存在的问题

在调查中，被调查者普遍感到谷子具有抗旱、耐瘠、营养丰富、历史悠久等特性，在干旱日趋严重以及随着人们生活水平的提高，谷子的发展前景应该是很广阔的。通过调查分析认为，除了谷子栽培费工耗时、鸟害严重、产后加工水平低等原因外，还跟现今农村现状有着重要关系。据调查，农村愿意种田的年轻人越来越少，种一亩田，年收入不过五六百元，远不及外出打工收入。但土地流转后，规模化种植成为可能，给谷子生产带来新机遇，如河北晋州周家庄乡一直是集体所有制，所有农业生产，由农业合作社统一组织，谷子种植成方连片，形成了规模化生产，多年来面积始终维持在133.33hm^2左右。加速谷子产业区的建设是促进农民收入稳定增长的重要保证。

4 谷子产业技术体系未来的任务与加强谷子产业发展的建议

4.1 开辟谷子新用途，加强新品种的研发与推广

4.1.1 对现有资源进行研究

首先对现有资源进行进一步鉴定，发掘符合育种目标需求的特异性状，包括高产性状、食味优质性状、商品性状、营养保健成分含量、抗倒伏、抗旱、耐瘠薄、耐寒、耐低温、高光效、抗主要病虫害、株高、生育期、分蘖性、光温反应等。通过传统手段和现代新技术将主要目标亲本进行亲缘关系聚类，确定核心资源、衍生资源。然后，开展目标资源的创新，培育目标性状更强、聚合多个目标性状的资源材料，发掘与创新新型抗除草剂材料、主食型资源、核质互作三系育种材料、高

赖氨酸资源，发掘并利用远缘材料特异基因。

4.1.2 多目标选育谷子新品种

培育抗除草剂、优质、高产、抗逆、抗病的简化栽培品种。培育超高产杂交种，包括高配合力不育系、恢复系选育研究。培育综合高抗倒伏、高度耐旱、耐瘠薄、兼抗主要病害的稳产高产品种。培育食味品质、商品品质俱佳、适合小米产业化开发的优质品种。培育保健成分含量突出的保健专用品种。培育谷草蛋白质含量高、产草量高的草用型谷子品种。培育鸟饲出口型专用品种。培育抗除草剂、免间苗、中矮秆、叶片窄小、有一定分蘖成穗能力、穗层整齐适合机械化管理和收获的品种和杂交种。培育食品加工专用型品种。

4.1.3 谷子育种学科和技术的发展方向

未来谷子育种应朝着以下几方面发展：①育种手段现代化；②育种目标多元化、品种专用化、开发产业化；③新品种栽培简单化、机械化。实现高新技术与常规育种方法结合、大田选择与室内检测手段相结合。同时重点开展杂种优势利用研究，包括核质互作三系研究。根据市场需求变化，育种目标不断多元化，应包括超高产品种、优质食用型品种、主食型品种、保健专用品种、食品加工专用品种、鸟饲专用品种、饲草专用品种等，通过专业化生产和营销实现产业化开发。重点培育抗除草剂、免间苗、中矮秆、叶片窄小、有一定分蘖成穗能力、穗层整齐适合机械化管理和收获的品种和杂交种。

4.2 谷子栽培和植保研究应符合高效集约经营的需求，并和产业区的建设相结合

从调研情况来看，农民对新技术的需求很高，但以前的谷子研究主要集中在育种上，具体可操作的新的栽培技术缺乏，病虫害防治技术缺乏到不进行防治的地步。加强谷子栽培技术和植保技术研究已十分关键，而且从调研结果可以看出，谷子的集中产业化生产无论在产量水平、产品品质、经济效益、组织管理、新产品研发等多方面都是未来的发展方向。因此，栽培和植保研究必须和产业区建设相结合，主动把这方面的工作放到主产区和优势产区来进行。

4.3 加强谷子营养机理研究，研制开发大众化食品、精深功能食品及谷子产品保鲜技术，稳步进行谷子综合利用研究

在现有工作基础上，继续加强谷子的大众化食品研究，拓宽消费群体。谷子有着数千年的栽培历史，我国劳动人民创造并积累了多种多样的谷子加工方式，如小米煎饼、小米凉皮等，这些加工方式中有的仍在应用或流传，有的可能已经失传。这些加工方式均是原始的、绿色的，符合目前人们对健康、安全、营养食品的要求，而且也是民族的、传统的。搜集、整理、发掘其中能同现代社会融合的谷子加工方式，是最简捷、有效的办法。

针对人类的亚健康、医疗和保健需求，在深入详细的市场调研后，针对大众需求，加大科研力量开展对谷子与保健、食疗有关深层机理和成分研究，深入开展谷子的功能食品研究，使谷子产品分类群进入“食疗”消费。

积极进行谷子原料和小米加工后的保鲜技术研究，这是目前企业小米生产中急需解决的问题，

为企业的产品质量保驾护航。同时稳步进行谷子的综合利用研究，提高谷子的附加值。

4.4 加强谷子生产设施和设备的研发

谷子从播种到消费的各阶段均缺乏适合的机械和设备，是谷子产业发展的主要软肋之一。

首先，优先研发新型的适宜谷子播种、中耕、收获的农机具对发展谷子生产显得越来越重要。由于谷子籽粒小，生产上非常需要谷子专用播种机械，能精量播种并能保出全苗，最好能够研制谷子不间苗播种机械或可间苗机械。目前谷田除草以手工和化学除草为主，机械除草的较少，生产上没有谷子专用除草机械，有必要研制具有间苗除草功能的中耕除草机械。

其次，围绕谷子精深加工产品（保健食品和功能食品开发）和副产品为主的机械设备研制和产品开发也将是未来我国谷子产业发展对技术革新要求的一大趋势。包括销价低、性能好的清选机械、精细碾米机械、小米抛光和色选机械、小米保鲜技术设备、小米成型真空包装机械、小米加工成套设备、谷子秸秆综合利用技术与设备、小米糠综合利用技术与设备等。

再次，政府应实行惠农扶持政策，加大对谷子生产机械购买的直补力度，加大对成型机械的使用推广。考虑到谷子是小作物，也是小粒作物，机械市场潜力较小，企业自主研发存在一定难度，政府作为农业科技投资的主体，如能加大科研资金的投入力度，对相关研制单位给予资金支持，必将极大地促进我国谷子产业机械和装备技术研发，推动谷子产业的发展。据调研，至今国家或地区还没有谷子生产设施与设备方面的科研立项，政府如能立项支持谷子专用设施设备的研发生产，必将加快农机科技自主创新的步伐。

4.5 强化科研与生产的链接

首先，科研人员与基层技术人员应当深入到农户中间，对农户进行技术培训与综合示范，以期使先进的育种技术及谷子种植生产技术都得到应用，满足农户对科学知识、先进技术、先进机械使用方面的需求。

另外，在谷子生产加工机械的研发方面，由于谷子种植产区生态和生产条件多样，因此需要开发研究适宜当地条件的不同农机产品，以满足生产多样化的需要。同时，研发的生产设施要易于操作，成本要充分考虑到产区农户的经济承受能力，使农户能买得起，用得起。

再者，针对服务区各地对新品种的要求方面调研得出，各地仍需求以食用为主要目标的优质、高产、抗旱、抗病类型，但各地侧重点有一定的区别，这与各地推广品种的特点及产业开发有一定的关系，比如当地推广品种品质好、产业化开发好的地方需要在品质优的基础上提高产量；以种植高产类型品种的地方，希望提供优质品种进行产业化开发，因此，对谷子新品种的研发也要因地制宜，与谷子农户生产紧密结合。

4.6 促进谷子主产区向产业区转化

进行谷子生产的优势布局在未来几年是不可避免的，也是建设谷子产业区的前提，而且，这种优势区域正在自然形成中，需要只是我们进行总结和正确加以引导。在优势生产区域布局过程中，结合历史条件、农民意愿、当地政府建立万亩谷子产业示范园区，筛选、培育优质、专用谷子新品种，并从播种、简化栽培、收获等方面进行技术集成，研发谷子产后增值新产品。在园区范围内进行新品种、新产品、新技术的试验、示范，组织技术培训，并与企业结成战略联盟，在政府支持下，打造谷子产业示范样板，带动全国谷子产业发展。

对服务区农户及基层技术人员的调查中发现，谷子生产在农业生产中正逐渐呈现规模化、专业化生产的趋势，我们应对此给予重视，如山东淄博周村的一企业老板计划依托当地资源优势发展万亩绿色谷子生产基地，目前正在积极运作当中。走企业带动、规模化生产、发展订单农业的路子，是今后谷子生产的主要发展方向。在谷子主产区，谷农种植谷子大约有 50%~80% 的产品销售，20%~50% 自留。有 80% 以上地区谷子出现供不应求的情况，少数地区谷子市场供求平衡或略供过于求，谷子产业前途光明。

4.7 加强谷子产业化、产业区的宣传

各岗位科学家、试验站站长立足本职工作，对谷子产业体系发展中的新突破、新技术、新方法，要积极与媒体联系，扩大宣传。搜集整理小米民间的各种做法，深入挖掘粟文化，通过电视、报刊、杂志宣传。建立信息宣传的长效机制。同时积极与政府联系、主动服务政府目标，争取更大支持。建立国内外谷子市场信息动态变化数据库。包括小米加工企业、深加工企业、价格、种植面积等数据。建立谷子科研体系数据库，包括全国谷子科研和推广项目、谷子研发设施、大型仪器设备、年度内谷子技术发展档案（包括当年发表的重要论文、专利、成果）并提供技术进展综述。谷子产业各环节经济性评价。从谷子生产、市场和流通环节分析产业效益，并进行相关政策评估。发布年度谷子产业发展报告。

5 调研工作存在的问题与改进方向

5.1 调研范围

在调研范围方面，存在着不平衡，推广单位、科研单位多，种植大户、行业组织、农民协作组织少；有的还存在单位扎推现象，一个单位好几份调查表。在今后的调研中，每个省（区、市）应统筹考虑，统一安排调查工作，使调查更具有代表性。

5.2 调研对象

调研对象多数为长期从事常规育种研究的人员，有些方面的信息反映不是很全面或有偏差，比如杂种优势利用、新技术育种、抗除草剂育种、资源研究等。另外，不同调研问卷的调研对象应该有一定的界定或对特定问卷的调研对象在数量上应该有限制，这样可以避免让调研对象去勉强做不了解的调研内容，最终也不会提出实际的、前瞻性的问题和建议来。

5.3 调研形式

从调研问卷看，部分调研对象对调研问卷的问题没有吃透，答非所问，在以后的调研中调研的形式应该以入户调研、面对面问答为好，这样可以通过调研者的解释或说明（非引导），让调研对象更明白地了解调研的内容和目的。

5.4 统计方法

在统计方法方面有待改进，应咨询专业统计人员，寻求更加有效的统计方法，尽量消除统计误差。

5.5 问卷设计

问卷设计在生态效益方面还存在欠缺，调查未能有效显示出生态效益方面的数据。谷子属抗旱、耐瘠、环境友好型作物，在节水方面有显著的效益，特别是在干旱严重的地区，政府应承担更多的责任，将谷子生产上升到保障国家用水安全的高度。今后应加强谷子同其他作物生态效益方面的对比试验。

此次调研活动在农业部有关部门的正确领导下，在国家谷子产业体系各位专家和研究室、综合试验站业务骨干的共同努力下，在服务区各被调查单位的紧密配合下取得了初步成果，为制定体系的重点任务、基础性工作和前瞻性研究计划奠定了基础，指明了体系努力的方向。但产业体系的调研工作是个长期的任务，我们的工作仍要继续努力下去，国家谷子产业的未来需要我们协同努力，根据掌握的第一手调研资料，及时分析出关键问题，并尽快将问题解决，为国家粮食安全、“三农”问题和生态农业问题作出贡献。

中国谷子产业与未来发展*

刁现民

（国家谷子产业技术研发中心 / 中国农业科学院作物科学研究所，北京　100081）

摘　要：谷子（*Setaria italica* Beauv.）又称为粟，去壳后称为小米，在植物学上属禾本科黍族狗尾草属。谷子起源于中国，是传统的优势作物、主食作物和抗旱耐瘠作物。谷子抗旱耐瘠、水分利用效率高、适应性广，不仅在目前旱作生态农业中有重要作用，而且针对日益严重的水资源短缺，谷子还是重要的战略储备作物。小米营养丰富且各种成分平衡，是具有营养保健作用的粮食作物，对人体有重要作用的食用粗纤维是大米的5倍，是近年来兴起的世界性杂粮热的主要作物。同时产粮谷子秸秆粗蛋白含量在8%左右，饲草谷子秸秆粗蛋白含量在15%以上，是禾本科中最优质的饲草，在畜牧业发展中有重要作用。本文通过对谷子生产、育种及产业现状进行分析，提出我国谷子未来产业发展方向与发展措施。

关键词：谷子；战略储备作物；产业化

Current Status of Foxtail Millet Production in China and Future Development Directions

Diao Xianmin

(China Industrial and Technological Research Center of Foxtail Millet; Institute of Crops, Chinese Academy of Agricultural Sciences, Beijing 100081, China)

Abstract: Foxtail millet (*Setaria italica* Beauv.), wich originated in China 8700 years ago, contributed to Chinese and human civilization greatly. Foxtail millet is characterized for its outstanding drought tolerance and soil sterile tolerance, and is a traditional staple cereal in Northern China. Foxtail millet is important for sustainable agriculture and food and crop diversity. The growing history and current status of foxtail millet were reported in this paper. It was proposed that foxtail millet can be recognized as a strategic crop for the warming and drying world in the future. The development of staple food types of foxtail millet was proposed to meet the future requirement. Foxtail millet can also be grown as a forage crop for hay production.

Key words: Foxtail millet; Strategic crop; Industrialization

---

* 基金项目：现代农业产业技术体系建设专项资金资助，国家科技支撑计划 2006BAD02B02 和种植业结构调整专项（050501B）资助。

作者简介：刁现民，1963 年出生，男，研究员，主要从事谷子遗传育种、功能基因组研究。

通讯地址：北京海淀区中关村南大街 12 号，中国农业科学院作物科学研究所。Tel：010-62126889，E-mail：xmdiao@yahoo.com.cn。

1　我国谷子生产的历史发展和在社会经济中的地位

1.1　谷子起源于我国，是中国几千年的主栽作物和中华民族的哺育作物

谷子起源于我国，是世界栽培最古老的作物，这已从考古发掘、文字考证、遗传资源多样性等多个方面得到证实。谷子的野生祖先青狗尾草具有顽强的生命力和广泛的适应性，其特性适合人类历史初期十分低下的生产力水平，而且营养丰富。从距今 7 000 多年的河北磁山文化、河南的裴李岗文化起，谷子一直是我国中原地区的主栽作物。据不完全统计，中国在新石器时代遗址中发现谷子遗迹的有 40 余处，由铜石并用、原始社会直至金代的遗址中，发现谷子遗迹的有近百处。出土的实物包括碳化谷粒、谷壳、谷穗、小米、谷灰和配套的生产加工工具等。从文字考证方面，在 3 000 多年前的甲骨文中，粟就正式被记录，到周朝开始有了不同粟品种的记载。公元前 239 年的《吕氏春秋》对粟的栽培技术就有了较详细的描写。公元 533 年至 544 年的《齐民要术》有着“谷田必须岁易”、“凡春种易深，宜曳重挞。夏种易浅，直置自生”等对粟的种植全面、科学的描述，有些内容至今仍适用。我国谷子农家品种资源是世界上最丰富的，仅对我国北方地区为主的搜集整理，就获得了 27 000 多份材料，是世界保存谷子资源最多的国家。不仅数量多，且遗传多样性丰富，从同工酶、分子标记和植物形态学等方面的研究，也证实我国保存的资源具有最丰富的多样性。这充分说明我国是谷子的起源中心。

谷子不仅起源于我国，而且在中华民族整个发展历史中起到了民族哺育作物的作用。虽然谷子和黍子均起源于中国，都是我国的古老作物，但在新石器时代遗址中谷子遗迹的出现次数超过黍子的 3 倍，在距今 7 500 年的河北武安磁山遗址的窖穴中还发现大量储藏的碳化粟。在新石器时代及以后，谷子的遗迹已扩展到东北、新疆、甘肃、云南和我国台湾。这表明我国古人在从采集和狩猎向农耕过渡阶段，很多地区已以粟为主。谷子是中华民族的传统主食，《艺文类聚・食物部》引考古史说“神农时，民方食谷、释米加烧石上而食之”，说明人们在远古时代就把谷子加工成小米食用。我国从夏、商的奴隶社会到后来两千多年的封建社会，谷子不仅是人们的主食，还是备荒的主要粮食，在《农书》中记有“五谷之中，唯粟耐陈，可历远年”。马一直是古代战争、交通运输和通讯的工具，也是农业生产的主要动力。谷草的军需和民需、谷子作为粮食的储备，使其成为国家稳定和社会发展的关键。在战国策上有苏秦说齐宣王“齐粟如丘山”；《水经柱・河水》中记有“汉武帝时，设朔方郡，招募十万贫民垦荒，横断注滨河，灌浸沃衍”。直至新中国成立前夕，河北、山东、河南、陕西、山西等省的谷子播种面积仍处于农作物播种面积的首要地位。因此谷子这一古老作物一直贯穿在中华民族的整个历史长河中，中国农耕文化的发展，社会的文明进步，均与谷子生产和演化过程相呼应。作为五谷之首的粟，不仅是华夏民族的传统主食，而且对社会的稳定和发展，对历次战争的胜负，均起到举足轻重的作用。

1.2　谷子播种面积经数次调整变为区域重要作物，育种水平和品种的产量与品质水平大幅度提高

1938 年，全国谷子面积为 1 000 万 hm^2，占粮食作物种植面积的 17%。1947 年谷子统计面积为 980 万 hm^2，仅次于水稻、小麦，居第三位。从新中国成立至 20 世纪 60 年代中后期，我国谷子的播种面积稳定在 667 万～933 万 hm^2。从 20 世纪 70 年代开始，由于水稻和玉米育种上的进步，

单产增幅显著；同时由于交通和军事现代化的发展，使马的作用随之减弱，对谷草的需求大幅度减少，使谷子的种植面积迅速下降，到1980年全国谷子播种面积约为400万hm^2，但谷子仍是许多北方农村的主食。从1980~2000年，改革开放促进了我国经济的快速发展，水利条件和化肥投入快速增加，使得玉米和小麦等高消耗高产量作物面积增加显著，同时制药等化学工业对玉米的需求增加，人们对小米的消费也逐渐由原来的主食和粥食变成以粥食为主的方式，使得谷子的播种面积再次下降。目前全国谷子播种面积约200万hm^2，主要集中在我国北方的河北、山西、内蒙古、黑龙江、辽宁、吉林、陕西、河南和山东等干旱和半干旱地区。玉米等高耗水高投入高产出作物的发展，使谷子等环境友好型作物由全国的主栽作物变为北方干旱半干旱地区的区域重要作物。但其抗旱节水、耐瘠薄低投入、营养平衡、粮饲兼用等特点仍是不可替代的。

新中国成立以后，随着生产条件的改善，我国谷子生产在平川高积温地区春谷逐渐向夏谷发展，春谷与夏谷的面积也发生了很大变化。在河南、河北、山东、陕西中南部、山西晋南等无霜期150~200d的水浇地地区，夏谷面积不断扩大，到20世纪70~80年代，夏谷发展达到了很高的水平，夏谷播种面积106万~133万hm^2，占谷子总播种面积的1/3~1/2。其中河北、河南、山东的夏谷播种面积最大。目前全国夏谷播种面积53万~67万hm^2，仍占全国谷子播种面积的1/3左右，以河北、河南两省最多。夏谷的发展不仅提高了复种指数，增加了粮食产量，而且夏谷籽粒较小，千粒重相对低，容易蒸煮，增加了新的谷子类型。表1给出了从1953年起我国及河北省谷子面积、总产和单产的统计数据，虽然统计面积和实际面积有一定的差距，但仍可从中看出谷子生产和育种水平的变化。

表1 我国及河北省谷子生产变化情况*

年度	面积（万hm^2）		总产（万t）		单产（kg/hm^2）	
	全国	河北	全国	河北	全国	河北
1949~1953	923.0	167.1	926.7	174.26	1 002.0	1 027.5
1954~1958	825.5	120.9	875.6	119.9	1 065.0	1 005.0
1959~1963	647.6	78.5	570.0	71.9	877.5	916.5
1964~1968	609.8	88.0	786.0	118.2	1 308.0	1 338.0
1969~1973	618.7	94.1	813.5	152.2	1 311.0	1 614.0
1974~1978	467.7	61.5	648.7	105.7	1 389.0	1 716.0
1979~1983	401.2	61.7	629.1	121.0	1 566.0	1 947.0
1984~1988	305.9	63.9	529.9	126.3	1 723.5	1 972.5
1989~1993	209.1	50.2	381.3	98.7	1 836.0	1 965.0
1994~1998	151.2	36.9	314.4	84.2	2 074.5	2 275.5
1999~2003	117.8	27.5	210.5	57.3	1 792.5	2 079.0

*转引自中国农业信息网和程汝宏（2005）。

新中国成立以来，针对生产和科研的需要，我国谷子育种大致经历了3个阶段的历程。从20世纪50年代初期至60年代初期，我国谷子科研主要是品种资源的搜集整理和系统选种阶段。这个时期各省开展了系统的农家品种搜集、编号编目、鉴定、繁殖入库等工作，这些工作奠定了我国谷子品种资源研究的基础，保存了最基础的种质。到2000年，我国已鉴定编目入库的谷子品种资源有27 059份，保存在中国农业科学院的国家种质库，在世界上保存谷子资源数量最多、遗传多样性最为丰富。保存的资源中粳性品种24 225份，占89.5%；糯性品种2 834份，占10.5%。从保存资源的省份分布来看，河北省有6 276份，占国内资源的23.65%；山西省5 859份，占22.0%；

山东省 3 720 份，占 14.0%；陕西省 1 959 份，占 7.4%；河南省 1 770 份，占 6.7%；辽宁省 1 731 份，占 6.5%；黑龙江省 1 004 份，占 3.8%，其他省份均不足 1 000 份。品种资源搜集整理中一个重要问题是，南方省份没有给予足够的重视，很多南方省份没有谷子资源的搜集整理，而正是这些特殊的生态区保存了珍贵的特殊种质，补充征集南方省份的谷子种质资源具有重要意义。这一阶段通过系统选育和产量比较试验，选育了一些综合性状改善的品种，如金线子、大红袍、燕京 811、大青苗，但品种水平提高并不明显。

1959 年，河南省新乡地区农科所张履鹏等在世界上首先采用杂交方法育成了新品种“新农冬 2 号”，此后，杂交育种在我国普遍开展起来，我国谷子科研进入了以杂交育种为主的阶段。1970~1980 年，采用杂交方法育成的品种占 50%以上。1980 年以后，由于诱变育种、生物技术育种等技术的发展，形成了以杂交育种为主，诱变育种等其他育种手段为辅的多途径育种局面。得益于“日本 60 日”等关键资源的发现和利用，夏谷区育成了豫谷 1 号（1984 年获国家发明二等奖），春谷区育成了昭谷 1 号等具有划时代意义的品种，使谷子彻底解决了倒伏的问题，并在产量潜力方面有了显著的提高。在这些关键品种育成的基础上，以后又育成了以豫谷 2 号、冀谷 14 号、鲁谷 10 号、龙谷 28 号、晋谷 27 号等为代表的高产多抗品种，使谷子小面积单产达到了 9 000kg/hm^2 的水平，也使谷子由原来的低产作物改变为旱地的稳产作物、水浇地的高产作物。

从育种目标方面分析，1995 年以前，我国谷子育种目标基本上以高产为主，产量水平明显提高，育成了以豫谷 1 号、昭谷 1 号、冀谷 14 号等为代表的高产多抗品种。1996 年以来，优质育种取得突破性进展，实现了高产、优质的统一，育成了以冀谷 17 号、小香米、豫谷 9 号、晋谷 34 号、晋谷 35 号、晋谷 36 号、九谷 11 号为代表的优质高产新品种，打破了优质与高产的矛盾，使优质育种上了新台阶。

1.3 谷子是我国旱作可持续生态农业的重要组成部分，更是干旱形势发展的战略储备作物

我国不仅是谷子的起源地，而且是世界上谷子的集中种植国，播种面积占世界谷子播种面积的 80%，产量占世界谷子总产量的 90%。印度是世界第二谷子主产国，约占世界总面积的 10%。澳大利亚、美国、加拿大、法国、日本、朝鲜等国家有少量种植，但用途除作为粮食外，有的是饲草，有的是鸟饲。在研究方面，我国设立了专门的谷子科研机构（国家谷子改良中心和分中心等），对谷子进行包括品种资源、遗传育种、生物技术、栽培与生理、植物保护、产业加工与利用等全面系统的研究，而且在育种、遗传、植保、加工等方面居领先或先进水平。因此，无论从起源、遗传资源多样性、生产利用、研究水平和历史作用等各方面，均说明谷子是我国的民族作物和特色作物。

虽然就全国来说谷子已不再是主要粮食作物，但在北方干旱省份仍是重要粮食作物，在一些地区甚至是首要栽培作物，在旱作生态可持续农业和作物生态多样性建设中具有重要地位。如辽宁省建平、内蒙古赤峰、河北省武安等地，谷子播种面积占大秋作物面积的 30% ~40%，不仅是当地农民经济的主要来源，也仍是当地农民的主粮。近年来，随着旱情的发展、富贵病的增加、农产品国际竞争的加剧以及谷子产量水平的大幅度提高，谷子的营养保健价值、国际竞争力和产量潜力被重新认识，有的省份出现了谷子面积回升的势头。辽宁省、吉林省通过种植结构调整，2006 年谷子面积较 2000 年增长 80%左右。随着世界性杂粮热的兴起和农业产业化的发展，小米作为我国北方和东南亚地区具有悠久消费传统的营养食品，必将有新的发展。

谷子抗旱耐瘠、水利用效率高、适应性广、化肥农药用量少，是典型的环境友好型作物。在适宜温度下，谷子吸收本身重量26%的水分即可发芽，而同为禾本科作物高粱需要40%、玉米48%、小麦需水45%。谷子不仅抗旱，而且水利用效率高，每生产1g干物质，谷子需水257g，玉米需水470g、小麦需水510g，而水稻则更高。谷子之所以最早被驯化栽培，同其高的抗旱耐瘠薄能力和广泛适应性是紧密相关的。我国是缺水大国，人均水资源仅为世界平均水平的25%，而且近年来以过分消耗水资源带动经济发展付出了沉重代价，导致了水资源缺乏形势的日益加剧，我国北方地区的江河断流、湖泊干枯、地下水位的迅速下降；即便是所谓水源丰沛的南方地区，也开始频频出现严重的旱灾，干旱缺水已成为我国生态和经济发展的严重问题。农业耗水约占总耗水的60%，是最大的水消耗源。同时农业耗水的产值同工业相比，又是十分低的。旱情和经济的发展使得部分地区已开展限制农业用水（如河北的衡水、沧州），一些高耗水作物不得不退出或减少栽培，发展和利用抗旱节水作物已迫在眉睫，从这一点上说，谷子还是重要的战略储备作物，在干旱形势日益严重的情况下，完全有可能重新成为主栽作物和主要消费粮食。

2 我国谷子生产、育种和产业现状与问题

2.1 谷子生产的产业化程度较低，消费仍以米粥为主要方式；一批能够起产业带动作用的龙头企业和基地正在形成

目前，我国谷子生产虽然在单产和总产居世界第一的地位，但生产形式总的来说仍是分散的一家一户的种植方式，而且多种植在干旱少雨地区，受年度气候条件影响很大，产量和品质水平不稳定。这种一家一户小面积种植的生产形式造成生产上品种类型多样、管理和种植方式多样，产品的产量和品质难以控制，产品是小农经济的产品，而非产业化的批量商品。如何改变谷子的这种生产方式，因势利导地促进规模化、规范化、产业化的谷子商品生产是谷子未来产业发展的关键。

谷子作为主粮消费一般是以小米干饭、小米面粉等形式，这已有数千年的历史。由于作为干饭消费的适口性等不及大米，而作为米粥消费的适口性优于大米，谷子逐渐从主粮下降到辅粮的地位。目前除在北方少部分地区谷子仍用于干饭主粮消费外，80%以上的谷子用作米粥。受米粥消费量的限制，谷子的消费市场也相应变小，这在某种程度上也造成谷子播种面积的减少。如果能从育种上改变谷子做干饭的适口性，培育出适口性香甜的干饭品种，必将促进谷子由辅粮向主粮的回归，促进谷子产业的发展。

在国家种植业结构调整等政策引导和产业项目的资助下，近年来新出现了一批以小米开发为主业的公司和基地，如河北的金谷农业科技有限责任公司、河北迁安市隆兴农业科技示范场、山西檀山皇小米开发有限责任公司、山西汾州香米业有限公司、山西沁州黄米业公司、辽宁方兴绿色产业集团精制米有限公司和黑龙江省榛柴岗米业有限公司等。这些公司的出现对小米产业的发展起到了引领和促进作用，通过公司组织农户，以“公司＋农户”的形式实现谷子的产业化生产的曙光已经呈现。同时，全国通过绿色食品认证并注册的小米产品已达数十个，通过有机食品认证的也有多个。围绕着绿色和有机食品生产，已在谷子生产有优势的地区形成了多个谷子规模化生产的基地，如内蒙古的赤峰、河北的武安和易县、山西的沁县和汾阳、辽宁的建平县等。这必将进一步促进谷子生产的区域优势和产业化的形成，也对谷子科研如何适应和满足产业发展的要求提出了新的研究课题。

2.2 谷子产量育种处在爬坡阶段，对产业化开发所需的专用品种选育重视不够

据不完全统计，新中国成立以来我国育成的审（鉴）定谷子品种约280个，2003~2006年每年鉴（审）定的品种在10个左右，属于育成品种较多的年份。虽然新育成的品种数量不少，但产量、品质和满足市场多样性需求等方面远不能适应谷子产业化生产发展的需要。在产量潜力方面，虽然豫谷1号和昭谷1号的育成改变了谷子是低产作物的形象，达到了8 000~9 000kg/hm^{2}的单产水平，但同其他禾本科主要粮食作物水稻、小麦、玉米相比，谷子的产量潜力仍是相对低的。谷子和水稻、小麦均属以群体穗数争取产量的作物，水稻和小麦均通过矮秆基因的利用实现了绿色革命，产量潜力大幅度提高。但谷子育种在矮秆基因利用上一直没有突破，虽然发现了数十个矮秆材料，也做了大量的杂交改良探索，但因矮秆种质的早衰等原因，谷子的矮秆"绿色革命"至今未实现，新品种仍是中高秆品种。在高光效紧凑株型育种上也未取得显著进展。同时，育种中实际应用的材料遗传基础狭窄影响育种的突破，根据卫丽（1998）统计，华北夏谷区80%的品种具有日本60日的血缘，春谷区也根据不同地区集中在几个少数种质。只有在中矮秆和高光效的种质创新方面下大功夫，创造和发掘新基因型的高产优质材料，才有可能培育出真正在产量潜力方面有突破的品种，打破谷子产量育种潜力的爬坡局面。

在"七五"和"八五"国家谷子育种攻关中，专用品种选育被列为子专题，以选育优质、鸟饲、药膳等新品种为目标，取得了一定的效果。如鸟饲品种晋谷19号、冀特4号、秦谷5号以穗长、色泽鲜艳、粒大受外商欢迎，曾形成小批量的出口规模。冀特1号蛋白质、赖氨酸、维生素B_1含量高，在食品加工中受欢迎。富硒品种龙谷25号、冀谷18号等，硒含量是一般谷子的数倍，对防治克山病和大骨节病有良好的效果，受到病区的欢迎。但受市场变化和市场运作等多方面因素的影响，专用品种的开发并不够成功。从"九五"开始无论是国家设题，还是育种实践，专用品种选育没有受到足够的重视。专用品种由于其更适合商业开发，在促进谷子产业化发展中有着更重要的作用。同时由于市场的发展和需求的多样化，近年来对专用品种的需求呼声日益升高。

除专用品种选育外，从20世纪80年代后期开始重视优质品种选育，这里的优质主要是指小米的蒸煮食味品质和商品外观品质，并育成了多个既优质又高产的品种。中国作物学会粟类作物专业委员会从1986年开始组织优质小米品种鉴评，到2005年已组织了六届鉴评会，对优质米育种起到了引导作用，对谷子的产业化发展起到了促进作用。表2列出了近三届优质米鉴评会评选出的一级和二级优质米品种。

表2 2001~2005年中国作物学会粟类作物专业委员会鉴评的优质米品种（系）

时间、鉴评会届	一级优质小米品种	二级优质小米品种
2001 第四届	冀张谷5号，坝谷214，96-G3，晋谷35，85-2，晋汾29，S80，冀谷18，豫谷9号，九8913，九87106，99F7-3	8519-3-2，张杂谷1号，95汾选3号，99F7-23，安97-2367，谷丰2号，黑旺香米，朝谷12号，晋谷28号，94-9018，延谷12，9418-1-4，大同25号，91-576，9188
2003 第五届	冀谷19号，长农36号，长谷1号，9953，9952	95汾选2，安9315，张杂谷2号，承谷11号，公谷68，安2540，遗93-128，小银米，承谷10号
2005 第六届	528，815，豫谷11号，冀谷20号，1658，张杂谷5号，龙谷31号	冀谷21号，长谷0401，95汾选2，01-584，99156，张杂谷3号，超早熟1号，兴谷88，长农38号，公谷70号，九谷13号，超早熟4号，968，济谷12号，晋谷36号

2.3 谷子的深加工处在初级阶段，对谷子营养机理研究的缺乏也限制了高水平深加工的开展

在禾谷类作物中，谷子的营养价值最高而且营养相对平衡，能够满足人类生理代谢多方面需要。谷子的干基蛋白质含量平均为13. 08 %，变幅为8.06%~ 19. 21 %，高于其他禾谷类作物。在谷子蛋白质的氨基酸组成模式中，赖氨酸为第一限制氨基酸，苏氨酸为第二限制氨基酸，其他人类必需氨基酸含量均高于联合国粮农组织和联合国卫生组织（FAO/ WHO）模式，略低于鸡蛋，其中亮氨酸、色氨酸和蛋氨酸含量最为突出(表3)。色氨酸能促进大脑神经细胞分泌出一种催眠物质——五羟色氨，睡前适当进食谷物食品，有一定的催眠作用。另据《本草纲目》记载，谷子具有“除热除烦消食宿”的医疗效果。最近日本岩手大学N. Nishizawa研究发现，谷类籽粒蛋白质能显著提高血浆中高密度脂蛋白的浓度，高密度脂蛋白具有抗动脉粥样化的功能。同时谷类籽粒蛋白质对胆固醇的新陈代谢也有一定调整作用。这一研究结果将有力地推动谷子蛋白质功能的研究，同时也有利于谷子食品的研究与开发。通过发酵对谷子蛋白质营养的研究表明，发酵有利于提高谷子的营养价值，虽然不同的品种蛋白质含量不同。除作为营养食品外，德国海德堡大学的Taucher博士在谷子中发现了一种具有超强凝聚作用的蛋白质，可用于污水处理等工业中。

表3 谷子蛋白质必需氨基酸含量与FAO/WHO模式*　（mg/g）

必需氨基酸	小米	鸡蛋	FAO/WHO
异亮氨酸	42.71	54.00	40.00
亮氨酸	133.40	86.00	70.00
赖氨酸	20.00	70.00	55.00
蛋氨酸+胱氨酸	40.80	57.00	35.00
苯丙氨酸+酪氨酸	89.25	93.00	60.00
苏氨酸	36.61	47.00	40.00
色氨酸	13.96	17.00	10.00
缬氨酸	52.37	66.00	50.00
必需氨基酸总量	429.15	490.00	360.00

*转引自陈卫军等（2000）。

虽然谷子营养高且具有明显的药理作用，但谷子的深加工很不够，市场上的谷子深加工制品很少见，谷子消费80%~90%以米粥和干饭的原粮消费为主，个别的加工主要是小型企业和家庭作坊，产品主要为休闲小食品，如速食小米粥、小米锅巴、小米快餐粉等。应该说我国的谷子深加工尚处在初级阶段。深加工不够，首先同人们传统的米粥消费习惯有关，改变这种认识增加新的消费方式，对谷子的产业发展很重要。其次谷子种植相对分散，规模化经营不够，不能为深加工提供充足的原料保证，也限制了深加工的发展。第三，我国对谷子营养的机理和深层次功能成分基本未开展研究，日本和德国等虽做了一些工作，但数量和深度同其他作物相比，仍差得很远，这也限制了谷子深加工和功能食品的研发。

2.4 谷子生产已形成初步的优势地区，但缺乏规范化的适合产业化操作的谷子栽培技术规程；从优势谷子产区发展到产业化区在组织和技术层次上都有待加强

虽在内蒙古的赤峰、河北的武安和易县、山西的沁县和汾阳、辽宁的建平等形成了多个谷子种植相对集中优势地区，但这些地区或基地内缺乏统一的组织和管理，存在着种植的品种类型多而杂，而且多种植在旱薄地，投入少，管理水平低，广种薄收现象严重，造成了产量和品质的不稳定。即目前的谷子生产仍是小农经济形式的生产，同规模化的商品生产要求相差很远。

由于历史和认识等方面的原因，谷子规范化优质栽培技术近年来研究的很少，虽然也研究制定了个别谷子绿色优质小米的生产技术规程，但针对性、规范性和可操作性不强，不能起到规范生产的作用。研究不同地区、不同谷子品种的栽培生理和发育特点，建立针对具体品种、具体地区的栽培技术规范，同新品种的推广相结合，在产业化基地内统一组织，规模化规范生产，形成从生产到加工和销售的产业链，是提升谷子产量和品质，实现产业化商品生产的必然手段。

2.5 谷子等杂粮流通在一些地区已形成了具有明显特色的市场，但市场运作中对粟文化的利用不够，海外市场开发还具有很大潜力

近年来，在谷子种植相对有优势的地区形成了数个以谷子、高粱、荞麦、燕麦和各种食用豆为主的杂粮交易市场，其中以辽宁省建平县朱隶科镇的杂粮市场最具规模。该市场2005年交易杂粮3.5亿kg，出口杂粮50万kg，实现产值4.2亿元，已成为东北的杂粮集散地，并对华北、西北和国外杂粮市场产生了较大的影响。但我国地域辽阔，需要多个这样的市场来增进谷子等杂粮的流通，促进产业化水平的发展。但其他市场则还处在发展阶段，在经营规模和品种方面差距还较大。

谷子在我国有着7 500多年的栽培历史，我国黄河流域的仰韶文化在很大程度上就是粟文化，我国历史上众多的名人和重大历史事件同谷子有着深刻的联系，众多民族习俗和传统、典故等同谷子有着直接和间接的联系，这些历史事件、传统、典故等共同构成我国宝贵的粟文化。研究粟文化，不仅能促进对历史、传统和农业发展的认识，也能促进谷子的生产和消费。但目前对粟文化的研究很少，在谷子产业化发展和市场运作中用粟文化开拓和发展市场几乎没有。数千年历史积累的粟文化，应该变为今天谷子产业化发展的催化剂。

据统计，1996~2001年我国谷子出口15 000~21 000t，2004年增至31 000t，6年间增长了约60%。我国谷子出口主要销往日本、韩国、印度尼西亚、中国台湾等35个国家和地区。销售价格189~303美元/t。日本是我国小米出口的最大国家，年出口量6 200~8 700t，占日本小米进口总量的60%左右。我国谷子出口可分为食用和饲用两种形式，食用谷子主要销往日本、朝鲜和东南亚国家，要求谷子的商品性和食味品质好，无污染；饲用谷子出口主要是销往欧洲和美洲，要求籽粒的千粒重较大，色泽鲜艳，整穗出口的要求穗子较长等。谷子生产在我国具有显著的数量和品种类型优势，但目前宣传和海外市场开拓均不够，欧洲和美洲对谷子等杂粮在食用方面同样存在一定的市场，谷子的海外市场还具有很大的潜力。

3 我国谷子未来的产业化开发发展方向和措施

同其他作物一样，规模化、产业化、商品化、系统配套的产业链和高附加值产品是谷子生产的方向。促进和提高谷子的产业化水平，需要从种质创新和品种选育、产品加工、产业化生产的配套技术研究和组织、市场开拓与运作等多方面的协调工作。

3.1 调整育种目标，开展多元化产业育种，尤其是干饭型品种、饲草专用品种等，开拓新的谷子利用方向

品种是影响种植业产业化水平和市场水平最关键的生产资料。如何在谷子育种上调整目标，在保持和继续提高产量的同时，使新品种适应市场和环境发展的需要，是影响谷子生产最关键的因素。多元化产业育种是指专门为某种产业培育专用品种，具有满足产业发展需求和专用的双重性质，多元则是指满足不同领域、不同方向对一种作物的需要。

过去 20 年的谷子育种除以产量为主攻目标外，在品质性状上主要是煮粥的相关性状，这同小米的粥用习惯是相适应的，而且也取得了较大的进展，培育了一些优质品种（表 2）。但由于一直没有将干饭的适口性作为育种目标，新品种在干饭的适口性等方面改善不大。谷子在我国历史上很长时间一直作为主食型粮食，但在干饭适口性等方面同大米确有一定的差距，这是其由原来的主粮退到辅粮的重要原因之一。如果能培育适口性同大米相当或优于大米的谷子品种，必将迎来谷子生产一个新的大发展，使谷子重新回到主粮的位置。我国积累了丰富的谷子品种资源，其中包括一些干饭适口性好的农家品种，以此为基础并利用现代育种技术培育干饭适口性好的新品种完全是可能的。另一方面，从我国旱情发展谷子在将来不得不重新大面积栽培来看，培育干饭适口性好的品种也是必需的。因此研究小米适口性的机理，发掘和创造适口性好的材料为育种服务应该成为近期的一个工作方向。

谷子在美洲、澳洲和欧洲部分国家多是作为饲草作物栽培的，我国历史上谷子一直是粮饲兼用作物，我国古代和近代的军草均是指谷草。因此谷子既是粮食作物，是粮饲兼用作物，还是重要的饲草用作物。据国外研究，谷草新鲜茎叶和干草粗蛋白含量可达 16%~17%，我国内蒙古农牧业科学院作物所测定的抽穗期谷草品种的粗蛋白含量达 15.78%，远高于其他禾本科牧草。被称为饲草之王的豆科苜蓿，其干草蛋白质含量 18%~20%，因此谷草的饲料价值接近豆科牧草，但产量显著优于苜蓿，因此谷子完全可以作为一个饲草产业来发展。在我国西北、内蒙古和河北的坝上，一方面谷子能够适应当地的干旱条件，较好地完成生长周期；另一方面当地在每年的 9 月和 10 月份，秋高气爽，晴天几率约 99%，气候干燥，有利于谷草的收割、晾晒和打捆包装；第三，当地多是农牧结合区，对发展畜牧业很重要。苜蓿在国际干草市场售价为 130~150 美元 /t，年国际需求量约 1 100 万 t，国际市场对饲草的需求量是很大的。目前，河北坝上已有农民自发的谷子饲草种植，但生产水平、规模、市场开拓等方面均落后，还不是产业化生产。开展谷草的营养机理研究、饲草谷子品种选育、饲草谷子栽培技术研究和产业化组织等工作，完全有可能形成一个新的饲草产业。

除干饭型和饲草谷子品种研究两个需要强调的方向外，培育米粥品质改善品种、鸟饲专用品种，满足不同人群需要的食疗保健型品种（如富硒、高赖氨酸），满足不同市场需要的灰小米、白小米、绿小米、糯质小米，适宜谷糠油（美容护肤产品）加工的高油品种，适合加工彭化食品的品

种等，从不同方面多元化满足产业开发的需要。

除从市场消费需求的角度考虑外，培育在栽培管理方面简化操作的品种，如各种类型的抗除草剂品种，减少除草和间苗的人工操作；培育适合机械化生产和加工的品种等在谷子上尤其重要。在平原地区，谷子易发生草荒、人工间苗费时费力，也是影响谷子大面积生产的重要原因。

3.2 加强谷子的营养机理研究，研制和开发大众化食品和精深功能食品，促进谷子生产的产业化和规模化

市场需求是一切生产最原始的动力所在。如果能从加工的角度提高谷子的消费价值、消费量和消费水平，无疑将促进小米的消费和市场需求，进一步促进谷子产业的发展。在谷子深加工方面首先应该考虑大众化食品的研发，也应该考虑研究谷子的深层营养机理，研发高附加值的谷子功能食品、药膳食品、化妆品、甚至药品等。

目前市场上可见的谷子加工食品包括小米锅巴、小米方便粥、小米快餐粉等，虽有一定的消费量，但并不是主流食品，消费有限。在研发谷子的大众化食品方面可从两个角度开展工作，一方面谷子有着数千年的栽培历史，我国劳动人民创造并积累了多种多样的谷子加工方式，如小米煎饼、小米凉皮等，这些加工方式中有的仍在应用或流传，有的可能已经失传。这些加工方式均是原始的、绿色的，符合目前人们对食品的要求，而且也是民族的和传统的。搜集、整理、发掘其中能同现代社会融合的谷子加工方式，是最简捷、有效的办法。另一个方面是研究谷子的营养和加工性状，利用现代的科技手段，在主食性食品、方便食品、饮料、冷制品等方面开展工作，研发新型的谷子食品，既满足人们对杂粮健康食品的需求，又满足在感观、口味、消费方式等方面的需求，开拓新的市场。

谷子在保健和食疗方面的功效很多已被人们熟知，如预防心脑血管病、对糖尿病的辅助治疗、米糠油对皮肤的保养、养胃补胃等，但对谷子的这些和保健与食疗有关深层机理和成分研究很少开展，我国基本没有开展这样的研究，日本、德国等国家开展了一些相关研究，并获得了不少关键性的认识。日本岩手大学 N. Nishizawa 研究发现，谷子蛋白质能通过提高血浆中高密度脂蛋白来增强抗动脉粥样化的功能，但究竟是哪种蛋白并不清楚。同荞麦、燕麦等其他杂粮作物的功能成分研究相比，谷子这方面的研究是相对落后的，加强有关研究并研发相关功能食品、保健品和医药，无疑将延伸谷子的产业链，促进高附加值谷子制品的开发，进而促进谷子的产业化生产。

3.3 树立谷子产业思想，调动一切可以调动的力量，规划和研究谷子产业发展

谷子等杂粮作物的经济、生态和粮食安全重要性和战略地位越来越受到我国政府有关部门和专家的重视和肯定。2004 年，李振声、洪德元、盖均溢等中国科学院和工程院 10 位院士联名呼吁国家应重视我国特色的杂粮研究，发展民族特色作物；在“十一五”国家支撑计划中，国家设立杂粮专项来支持杂粮研究；2005 年农业部范小健副部长视察谷子产业园区建设，并就谷子等杂粮作物的产业发展作出重要指示，均说明我国谷子等杂粮作物的研究与发展迎来了新的春天。树立谷子的产业思想，除做好专用产业化品种选育、产品深加工延伸产业链外，还要在产业化生产组织、基地和品牌建设、市场培育与开拓等方面全面协调工作，调动好科研人员、企业、农民和市场流通等各方面力量。

在农业产业结构中应进一步提升对谷子和杂粮作物的重视，树立谷子产业化发展的思想，增加资金和技术投入，支持谷子的产业化、规模化发展。充分发挥目前已形成的谷子生产区域优势的作用，从技术和资金等方面，在优势区域建立产业基地，在基地内通过“科技人员 + 公司 + 农户”的方式组织规模化生产，并形成从初级产品到加工产品和市场的产业与流通链。通过产业各方的共同努力，共创品牌，通过著名品牌的建立和市场开拓，进一步提升产业水平，形成规模化生产。在优势龙头企业和品牌建设方面已有一定的基础。我国历史四大名米“沁州黄”、“桃花米”、“金米”、“龙山小米”等曾列为历代封建王朝的贡品，本身就是很著名的品牌。近年我国各地新近形成了一批较著名的品牌，如“汾州香”、“金谷米”、“檀山黄”等。这些基础为龙头企业形成和产业化生产的实现奠定了基础。除上述组织工作外，加强小米文化的研究和发掘，通过小米文化来宣传谷子，充分利用好我国源远流长的“粟文化”历史积累，来提升谷子的知名度和市场意识，推进谷子的国内和国际市场的开拓与发展。牢固树立谷子能开拓大市场，小米能形成大产业的思想，以品种、产品加工等的科技提升为先导，通过抓龙头、建基地、连农户、开市场和创品牌，实现从谷子优势生产区到产业区的转变。

谷子作为中华民族的哺育作物和全世界最古老的农作物，其长久的历史本身就说明了它深刻和丰富的内涵。在今天新的市场形势和新的生态条件下，其自然平衡的营养、抗旱且节水的生理特点、广泛的生态适应性、禾谷类之首的饲草价值，必将为新时期的粮食生产、畜牧业发展和生态保护作出新的贡献。

谷子产业发展存在的主要问题与对策*

张喜文　李　萍　张文兴　张艾英　芦　明　杨　斌

（国家谷子产业技术体系加工与产后经济研究室 / 山西省农业科学院谷子研究所，山西长治　046011）

摘　要：该文从市场经济的角度，比较系统地分析了影响谷子产业发展进程中存在的 6 个方面的主要问题，针对性地提出了发展的相应对策。对谷子产业发展有着积极的引导意义。

关键词：谷子产业；发展；问题；对策

Problems and their Countermeasure Solutions for the Development of Foxtail Millet Industry

Zhang Xiwen，Li Ping，Zhang Wenxing，Zhang Aiying，Lu Ming，Yang Bin

(Section of Processing and End-use Economic, China Industrial and Technological Research System of Millet; Institute of Millet, Shanxi Academy of Agricultural Sciences, Changzhi 046011,China)

Abstract: This article discussed the primary main problems were discussed in the development progress of foxtail millet industry in this paper, besides,and a number of suggestions were proposed to improve the development of foxtail millet industry.

Key words: Foxtail millet industry; Development; Problems; Solutions

谷子起源于中国，是传统的主食作物、抗旱耐瘠作物、耐贮藏作物和粮饲兼用作物。由于受传统种植观念影响，谷子种植面积逐年下降。近年来，随着人民生活水平不断提高，膳食结构发生了变化，谷子受到了青睐，谷子发展迎来了转机。认真分析谷子产业发展中存在的主要问题，找出促进谷子产业发展的有效举措，对于大力推进谷子产业发展，发挥谷子优势，达到生产增效，农民增收，企业发展具有非常积极地意义。就此我们抛砖引玉，希望达成共识。

1　存在问题

1.1　传统的播种与收获方式不能满足市场经济对工作的省力省工省时的要求

谷子是一种靠较高密度获得高产的粮饲兼用作物，是半干旱地区的主要粮食作物之一，也是半

* 基金项目：现代农业产业技术体系建设专项资金资助。

第一作者简介：张喜文，1954 年出生，男，研究员，主要从事谷子精深加工及谷子育种研究。

通讯地址：山西省长治市[illegible]路科研巷谷子研究所。Tel：0355-2204019，E-mail：[illegible]1@163.com。

干旱地区发挥地域优势，发展谷子产业，创造名优产品，增加农民收入，全面实现小康社会的途径之一。但是在谷子生产中，播种机械相对落后，如播种农户还多采用原始的人工、畜力、木耧、石砘。一般播种量较大，而且不易种匀，谷子缺苗断垄现象与成堆播种同时发生。尤其间苗是一项极其繁重的体力劳动，谷农面朝黄土背负天，不但劳动强度大，而且费工、费时，严重制约着谷子生产。同时，谷子的收获还是使用传统的收获手段，人工割倒，人工摘穗，畜力脱粒，人工清选，劳动强度大，生产效率过低。这种低效率、高成本的生产方式，缺乏竞争力，难以适应现代化农业发展的需求和面对激烈的市场竞争。必须加大农业的科技含量，有效地采用先进的农业机械技术，大幅度提高谷子生产的机械化水平。特别是谷子精播技术和机械化收获技术，这是扩大谷子种植面积的关键环节。

1.2　滞后的产后加工不能满足市场经济对食品的快捷、方便、独特的要求

据不完全调研，在我国以谷子为主体产品的市场中，以谷子的初级产品小米占主导地位，还有五谷小米营养糊和极少量的初级小米粉和小米含量极低的小米面条。小米中以无公害小米和绿色A级小米占主流。还有极少量的小米花、小米锅巴等休闲食品。调味品中有小米醋，保健品中有小米醋淹鸡蛋。谷子的深加工产品小米饮料在一些企业偶尔可见，小米营养粉的开发在企业中正在组建生产线或生产车间。滞后的产后加工不能满足市场经济对食品的快捷、方便、独特的要求。

据不完全统计，在产后加工科研方面，目前形成的有小米粉蛋糕、小米粉饼干、小米粉面包、小米酥、小米煎饼、小米摊馍等烘烤食品；小米蒸糕、小米馍、小米凉皮等蒸煮食品；小米方便粥、小米乳、小米露、小米营养粉、多营养小米、固体小米八宝粥等快捷、方便食品；小米营养酒等发酵食品；小米冰激凌、小米膨化食品等休闲食品。这些产品丰富了谷子深加工产品的种类，拓宽了谷子深加工的路径，展示了谷子深加工的前景，需要市场认知和企业开发。

科研与企业生产间的产品差距，是潜力，更是科研产品如何走向市场的重要命题。

1.3　脱节的生产环节不能满足市场经济对健全的市场体系的要求

谷子产业化中，一是公司规模小。年利润在50万元以下的小型加工企业数量占比例较大；二是农户生产数量少。在谷子生产中自产自销、自给自足的比例较大；三是生产经营形式单调；四是利益运作机制不活。由此出现了谷子原料市场年度间供求不平衡，质量无保证，价格波动大。直接影响着谷子产业的健康发展。

1.4　偏窄的育种目标不能满足市场经济对品种的特色化、多样性、功能性的要求

近年来，随着市场的发展，我国谷子育种目标逐渐由高产转向品质高产双目标选育，培育了一批优质高产品种，为谷子产业化作出了贡献。但与目前市场对品种的需求而言，尚存在较大的差距，育种的主体仍集中在优质高产上。能够作为适口性好的干饭品种、可以用作加工面条的食用品种、用作饲草和鸟饲等可供产业化应用的品种等十分罕见，不能满足市场经济对品种的特色化、多元化、功能性的要求。

1.5 弱小的科研队伍不能满足市场经济对谷子产业发展的迫切要求

长期以来，为了解决吃饭问题，我国农业投向主要面向小麦、玉米、水稻等大宗粮食作物，而谷子的生产科研没有得到足够的重视，谷子科研经费匮乏，研究工作无法开展，科研人员外流主产作物或转行。虽然个别省区坚持谷子方面的研究，但由于经费不足，也只能进行少量的简单试验，高层次的研究很难开展。目前从事谷子科研的人员在全国仅有百余人，而且大部分集中在育种方面，在谷子基础研究、产后加工研究方面人才匮乏。

1.6 贫瘠的生产条件不能满足市场经济对生产原料的特殊要求

谷子地块绝大多数是梁坡岭地，生境脆弱，绝大部分农民对谷田的投入呈下降趋势，粗耕简作，自产自销。小农意识根深蒂固，对土地投入与产出、土地质量与谷子质量及经济价值和市场潜力间，缺乏认识，不利于谷子大规模、高质量的生产。

2 发展对策

2.1 加大对谷子精播机的研究力度，尽快应用于生产

谷子面积下滑，间苗劳动强度大、误时费工，缺乏合适的播种机械和收获机械是主要原因之一。也是谷子产业化建设的主要瓶颈，必须下大气力解决。建议对此列出专题，作为产业体系建设的重大专项给予资助。让谷农挺直腰板种田，高高兴兴收获。

2.2 加强产后加工研究

产后加工研究，是企业的生存之根，发展之本。也是谷子产业能否稳定发展的关键环节。滞后的谷子产后加工要适应发展急需，必须做好下列几点。

2.2.1 创新研究思路

立足市场需求，针对谷子特点，组建产品构架。

以主食化为加工主线，结合谷子文化培育销售大市场；在三餐中构建以早餐饼（小米饼干、蛋糕、面包、炒饼、速食米汤、饮料、）、午餐米（小米干饭快餐系列）、晚餐面（小米面条、米馍、发糕、煎饼、调和饭、小米茶等）的餐饮工程。培育小米餐饮公司，逐步与国际餐饮接轨，走向世界。

以功能化为现代需求，探索谷子的功能因子，构建以谷子为主料的养胃食品、增（代）乳食品、高纤维食品、美容食品、增智食品、静心食品、健身食品、太空食品等。

以饲料业为新契机培育饲料大市场。如绿色生产主料（如肉驴、肉牛、肉鸡等的饲料）、营养强化剂、免疫增强剂、品质改良剂、促生长剂等。

以综合利用为手段，培育增效新途径。加强谷子在工业、能源、建筑、生物、环保、化妆品等行业的利用研究，为谷子增效开辟新途径。

2.2.2 搞好产品定位

明确消费主体，保证产品质量，做好信息反馈。

一项科研成果有无生命力，关键在于她与市场结合的紧密度，即设计阶段的质量研究。其结合能力在外部条件上取决于概念设计阶段，在内部条件上取决于食品设计阶段和工艺设计阶段。市场的竞争，是新产品生存能力和新产品及时更替能力的竞争，其背后则是科研实力和市场运作能力的综合能力较量。只有不断研究生产出营养价值高、物美价廉、安全可靠的食品来，才能保证企业永远立于不败之地。从质量的形成过程来看，食品质量不仅取决于生产工艺，而且与设计质量及保存质量密切相关。从食品的特性上来分析，产品质量还包括在货架寿命、营养价值、安全性和经济性等指标。运作中要做好信息反馈，以达到衰减产品质量波动的目的。

2.2.3　强化研究手段

根据产品特性，选择高新技术，保证产品质量。

市场呼唤新的产品。新产品的形成既需要高视角、新思维，更需要新技术。谷子产后研究滞后，试验研究设施极度缺乏，急需大量投入，打造高层次研究平台，如食品分离技术需要的超临界流体萃取技术；超微粉碎技术；喷雾干燥技术；微波加热或过热蒸汽加热新技术；超高温杀菌或高压杀菌、欧姆杀菌新技术；质构调整的挤压蒸煮技术和气流膨化技术；食品生物技术以及食品包装新技术等。

2.2.4　提升研究水平

跟踪学术前沿，挖掘谷子“金矿”，开发谷子特色。

谷子加工的基础研究极度贫乏，与作为“金矿”去开发的形势间反差巨大。需要长期的、大量的、艰难的探索、积累、升华、深化，更需要默默无闻的奉献，非几个人可完成。在研究内容上，要突出谷子的“特色点”，以利尽快形成产业的“闪光点”，经济的“增效点”；在研究思路上，要大胆采纳其他植物研究的技术路线，缩短研究时间；在研究过程中，要积极汲取其他植物的先进成果，增强研究效果。

2.2.5　弘扬谷子精神

谷子是中华民族的哺育作物之一，距今已有 8 000 多年的历史。谷子是与中华民族同命运共呼吸的作物之一，小米加步枪创建了新中国。她是我们的“国宝”。但谷子本身，长期生活在“逆境”之中，默默无闻、无私奉献。其功绩惊天地，其精神泣鬼神。我们应该学习谷子精神，不惧困难，埋头工作；不恃骄傲，默默奉献；辛苦自己，幸福别人；感恩祖国，报效祖国。

2.3　完善产业链条

国家谷子产业体系建设为完善产业链条搭建了良好的平台。现在我们需要做的是以产业为主线，将市场—科研—生产—企业—市场的流通链衔接起来，进行有效地运作，以企业为载体，构建谷子生产区域优势，组建以保证产品原料质量的安全生产方式和培训基地，以科研为依托，组建标准化优质产品原料生产技术体系和培训，实现谷子从田间到餐桌构建绿色“通道”的目的。

2.4 拓宽育种研究目标

社会经济的发展直接左右着人类食品的生产和消费趋势。改革开放以来，我国的经济发生了翻天覆地的变化，国民生活在向小康迈进，从而带来的是生活质量的改变和生命质量的重视、新生代的优生优育和关怀等。家庭居食生活不断追求享乐性、方便性、休闲性，新生代则追求外食性；在身体的自身保健方面，要求能有效防御现代“文明病”，寻求在特殊生活方式下可消除疲劳、抗应激等作用的所谓功能食品；信仰的自由性，为我们开辟了现代素食的广阔天地。谷子具有的“医食同源、药食同用”的中华宝贵实践遗产，为我们研究、开发保健食品提供了依据。提高蛋白质的食用量，为粮饲兼用的谷子饲草产业提供了蓬勃发展的生机；干旱的日益加剧，又要求有抗旱的作物去适应，以稳定粮食生产安全和保护生态平衡。这一切都要求拓宽育种目标的多样性。从而也为谷子食品的生产提供多样化的原料。

2.5 壮大科研队伍

谷子科研长期以来得到国家的支持经费非常有限，研究队伍难以维持。国家谷子产业技术体系建设的运转，使谷子科研得到了新生。建议政府进一步重视加大对谷子产业化体系建设中科研队伍的组建，增加编制，并在经费等方面给予扶持。

2.6 加强农田安全养护

谷子多分布在偏远山区或二、三类的田块，农田养护意识缺乏，土地投入严重不足，进一步削弱了品种的抗逆能力，给谷子的食品质量和安全生产埋藏了隐患，加大了投入。一方面，我们要从改变土地就是改变生产力的角度，宣传、教育谷农充分认识农田安全养护的重要性，注意培肥土壤，保证农田安全；另一方面，建议国家把农田安全养护作为国土资源基本建设的一项长期战略任务，对谷子优势产区的农田安全养护给予政策扶持，单独列出，经费戴帽下拨，支持谷子产业体系建设。

参考文献

[1] 刁现民 . 中国谷子生产与产业发展方向［C］. 见：柴岩，万富世 . 中国小杂粮产业发展报告［A］. 北京：中国农业科学技术出版社 , 2007 : 32~43
[2] 张喜文 . 中国谷子生产与产业发展方向［C］. 见：柴岩，万富世 . 中国小杂粮产业发展报告 . 北京：中国农业科学技术出版社 , 2007 : 274~283
[3] 林汝法，柴岩，廖琴等 . 中国小杂粮［M］. 北京：中国农业科学技术出版社，2002、105~107
[4] 卢健鸣，杨春，巫冬堂等 . 几种杂粮的营养及其保健食品的开发［J］. 食品工业科技，2001，22（5），86~87
[5] 冯耐红，卫天业，郑洪源等. 固体方便八宝粥的研制［J］. 食品工业科技，2006,（2）: 118~120.
[6] 苗影忠，朱宝艳 . 山珍小米速食粥的加工工艺［J］. 粮食与油脂，1994（3）: 27~28.
[7] 吴方元，刘协文. 方便粥的研制［J］. 食品科学，1987（9）: 33~35
[8] 李凤翔，张俭波 . 小米方便粥的研制［J］. 食品科学，1993（10）: 70~71
[9] 李凤翔. 小米方便粥的加工方法［J］. 天津粮油科技，1993（3）: 30~33
[10] 熊善柏 . 人造米高温高湿干燥研究［J］. 食品科学，2000（8）: 31~34
[11] 冯耐红，卫天业，郑洪源等. 小米南瓜复合饮料的研制［J］. 中国食品学报，2006，6(3) : 65~69
[12] 李占林，郑洪元. 小米方便粥的加工工艺研究［J］. 粮油加工，2004（11）: 62~64

谷子产业区建设和产业效益提升需求调研报告 *

李顺国　赵　宇　王慧军

（国家谷子产业技术体系加工与产后经济研究室 / 河北省农林科学院谷子研究所 /
河北省杂粮研究实验室，河北石家庄　050035）

摘　要：本文通过对谷子产业区建设和产业效益提升问卷调研，分析了我国谷子产业区划分、规划、建设前景以及产业效益提升等制约谷子产业发展的关键问题，为国家谷子产业技术体系制定近期任务与长远目标提供了依据。

关键词：谷子；产业区；产业效益；调研报告

An Investigation Report on Foxtail Millet Production Zone Construction and Benefit Improvement

Li Shunguo，Zhao Yu，Wang Huijun

(Section of Processing and End-use Economic, China Industrial and Technological Research System of Millet; Institute of Millet Crops, Hebei Academy of Agricultural and Forestry Sciences, Laboratory of Cereal Crops Research of Hebei Province，Shijiazhuang 050035)

Abstract: Key issues that impede foxtail millet industry development was analyzed in this paper. Factors that influence foxtail millet industrial producing zones establishment were discussed and suggestions were made to improve foxtail millet production benefit.

Key words: Foxtail millet; Industrial zone; Industrial efficiency; Investigation report

1　目的意义

我国目前已经形成了河北武安和蔚县、辽宁朝阳、内蒙古赤峰、山西沁县和汾阳等谷子主产区，但这些地区或基地内缺乏统一的组织和管理，存在着种植的品种类型多而杂，管理水平低等现象[1]。如何由谷子主产区发展成为管理规范、产业链长、效益突出的谷子产业区，是国家谷子产业体系今后的重点任务和长远目标。为此，按照国家谷子产业技术体系调研方案的总体部署，设计完成了“谷子产业区建设和产业效益（经济、生态）提升需求调查问卷”，并通过体系内专家讨论。问卷以农业部行业司局、主产区政府产业主管部门、相关企业、科研单位、农民合作组织以及种植大户等为对象，

* 基金项目：现代农业产业技术体系建设专项资金资助。

第一作者简介：李顺国，1976 年出生，男，副研究员，主要从事产业经济与科技管理工作。

通讯地址：石家庄市高新技术开发区恒山街 162 号河北省农林科学院谷子研究所。Tel：0311-87670701，E-mail：lishunguo76@yahoo.com.cn。

通讯作者：王慧军教授。

进行谷子产业区建设和产业效益提升需求情况调查，通过广泛征求相关领域专家的意见和建议，明确了今后一段时间内我国谷子产业区划分、规划和建设前景，也明确了产业效益提升的关键技术主攻方向和重点研究内容，以便更好地为我国谷子专业化、规模化生产，提升产业化水平指明发展方向。

2 调查结果

2.1 调查、回收整体情况

本调查问卷确定后，由国家谷子产业技术研发中心发送到全国11省（区、市）10个岗位科学家、10个试验站。体系内专家在各自技术服务区域内采取面对面调查、电话采访、会议座谈等形式，广泛征求相关专家、生产用户的建议。截至2月24日，共收到有效调查问卷98份，其中，从调查省份上来分：河北22份，山西23份，陕西12份，河南9份，吉林9份，内蒙古9份，甘肃5份，黑龙江5份，辽宁3份，山东1份；从调查单位上来分：省级业务主管部门10份，县级农业局18份，省、县推广部门33份，科研单位24份，企业10份，农民合作组织1份，农户1份，农广校1份；从被调查人员的职称上：正高级24人，副高级37人，中级21人，其他16人。

2.2 统计方法

问卷由10个选择题、3个问答题组成。其中问题1、2、3不要求选项排序，统计采取选项累计相加，选项分值为1，各卷累计相加即为该项得分；其余问题都要求按需求排序，统计方法为排序第一为1，此后递减15%，如第二0.85，第三0.70，第四0.55，依此类推，各卷加总即为该项得分。通过分值高低确定优先顺序。

2.3 统计结果（表1）

表1 调查结果

调查问题	调查结果（注：括号内数字为统计分值）
1. 谷子产业区建设规划依据	按生态区域划分（65）、集中在干旱丘陵地区（29）、按土质类型划分（21）、按经济需求划分（9）
2. 谷子产业区基地选择	按现在谷子主产区，实行政策引导（66）、适度发展专业化、规模化程度高的平原地区（29）、老谷子主产区，政策引导（19）
3. 谷子产业区组织形式	农民合作组织 + 企业 + 政府 + 科研单位（71）、企业带动型，作为企业原料基地（22）、农民合作组织 + 企业（12）、农民合作组织推动型（6）
4. 谷子产业区建设主要技术需求	优质专用新品种（76.65）、机械化播种，收割（50.85）、组装集成的产业化生产技术规程（50.85）、简化栽培技术（46.05）
5. 制约谷子产业化水平的关键因素	谷子深加工水平低（61.25）、谷子消费出路（47.65）、机械化，简化的现代农业生产技术（41.55）、产量低（34.45）、市场（品牌）运作差（26.45）、政府重视程度不够（24）、产业组织（20.25）
6. 扩大谷子消费需求的有力措施	研发谷子深加工产品（78.5）、加强宣传谷子营养作用（68.25）、搜集、整理小米民间食用方法，推广（67.55）、研究主食性谷子新品种（54.1）
7. 提升谷子产业效益的技术因素	优质专用新品种（40.35）、绿色（无公害）谷子生产技术（39.8）、保健型深加工产品技术（30.4）、现代化简化生产技术（26.25）、谷子加工、深加工、谷草加工技术集成（24.6）
8. 企业提升效益的关键因素	标准化、经无公害（或绿色）认证的基地（73.7）、营销策略（25.55）、开拓国外市场（16.05）、广告宣传（13.3）、精美包装（12.15）
9. 在谷子产业区建设中，组织农民的措施	和企业签订长期合同，订单农业（69.9）、争取当地政府支持，比如种子补贴等政（51.05）、给农民提供简化生产技术（45）、发展合作组织（31）、培训农民，建立畅通信息平台（15.65）
10. 以小米为主要消费形式的侧重点	适口性（93.2）、无公害（75.5）、煮粥时间（38.85）

2.4 分析与讨论

2.4.1 产业区建设

问题1、2以及问答题1、3分别从产业区规划、基地选择、运作形式等方面调查产业区建设的问题，调查结果表明多数人认为我国谷子产业区规划的依据应按生态类型，其次是集中在丘陵旱地；在产业化基地选择上，首先是以现有谷子主产区为基础，并加以政策引导，其次是适度发展规模化平原地区的潜在产区。还有专家建议基地建立应立足于出口，加工、交通便利发达等因素。总之，调查显示专家、企业、农户都认为应该建立谷子产业区，产业区的建立是谷子产业水平提升的基础和突破口。

农业部“全国优势农产品区域布局规划”的实施已经证明产业区规划的重要，有关资料显示，2007年水稻、小麦、玉米、大豆集中度分别达到98%、80%、70%和59%，四大粮食品种九个优势区域对全国粮食增产的贡献率超过85%，两大苹果优势区鲜苹果出口额约占全国的70%，优势农产品区域布局规划的实施，进一步优化了全国农业生产力布局，促进了农业结构战略性调整向纵深发展[2]。但全国优势农产品区域布局的两次规划（2003~2007，2008~2015）均未把谷子等杂粮作物列入。国家谷子产业体系的建立给我国谷子产业统筹规划带来契机。分析调查结果认为：我国谷子产业区建设应以生态类型、突出的旱地特性、土质类型、产业基础等为依据，制定我国谷子优势区域布局规划；可先从优势区域中选出种植历史条件好的区域，再结合农民意愿以及当地政府农业经济政策考虑，建立谷子产业示范园区，以园区为示范逐步扩大种植规模。园区在组织形式上以科研人员（机构）、企业、农户、农民合作组织、政府等方面结成联盟；在模式上从新技术研发、试验、示范、产业化运作上打造谷子产业化示范区，以产业区为突破口，推动产品空间集聚和产业升级整合，促进谷子产业发展方式转变，带动全国谷子产业发展。

2.4.2 产业发展技术需求

问题4、7、10以及问答题1部分从谷子产业区建设、效益提升等方面征求产业发展的技术需求。调查结果显示优质的专用新品种仍是目前首要的技术需求，其次是规范化的栽培技术体系，包括简化栽培技术、绿色(无公害)栽培技术等规程，再次是谷子加工、深加工、谷草加工的技术集成与配套。这一调查结果也反映了目前我国谷子科研体系的构成，科研机构要及时掌握产业动向，工作重点就要从这些方面着手。

从产业发展的角度分析，谷子新品种选育与推广—配套栽培技术的应用—产后加工、深加工及副产品的再利用，构成了谷子产业发展的一条龙，符合产业发展模式。但在这一模式中也存在一个问题，即多年来谷子深加工水平的滞后，一直是阻碍产业发展的瓶颈。从另一方面说，也是由于加工技术的落后，使得谷子产品的种类比较单一，市场需求的规模较小，同时使得新品种的选育与产后加工及深加工关联度较低，比如往往是以一种加工方式来对应不同品质的小米。

综上分析，产业技术体系的重点任务应为：优质专用新品种选育（侧重适口性、专用）、栽培技术体系、产后加工三方面并重，研究不同产区、不同谷子品种的栽培生理和发育特点，建立针对具体的品种、具体的地区的栽培技术规范，同新品种的推广相结合，在产业化基地内统一组织，规模化规范生产，形成从生产到加工和销售的产业链，是提升谷子产量和品质，实现产业化商品生产的必然手段。在产后加工上除了保健型营养食品研发外，还应在以下两方面有所重视：一是调查、评价谷子营养体系，出具科学可靠的营养分析报告，为深加工提供数据基础；二是应对以大众性消费为主的面粉、小米锅巴等深加工产品加以重视，借鉴其他粮食作物的深加工技术方向，研发符合小米营养价值的新的加工方法和产品（比如小米面粉或混合粉，饮料，快餐食品，以及潜在的化工产品如谷糠油等），推动谷子整体消费量的增加。

2.4.3 效益提升

问题 5、6、8 以及问答题 2 分别从制约谷子产业化水平的关键因素、扩大谷子消费需求、企业效益提升、农民效益稳定等方面征集谷子产业效益提升的对策。在制约谷子产业化水的关键因素中，首要的问题仍然是谷子深加工水平低，其次是谷子消费出路、简化生产技术、产量低、市场运作差、政府重视程度不够以及产业组织等。在扩大谷子消费需求方面，排序结果依次为研发谷子深加工产品、加强宣传谷子营养作用、搜集整理民间小米民间做法推广、研究主食性谷子新品种等。这两项均把谷子深加工技术提升排在首位，这也与我们在技术需求分析中的不谋而合。而两题在其他各项得分中差别不大，这也反映了制约我国谷子产业化水平的因素很多，扩大消费的可行措施也不少，说明产业效益提升是一个系统工程。我们在高度重视谷子加工、深加工的基础上应多管齐下，相互联动、整体推动。另外，我们应高度重视扩大谷子消费需求的各种措施，因为需求是源头，需求—市场—生产—技术创新—提升产业水平—满足需求，是环环相扣的，只有源源不断地扩大需求，技术创新才有市场。值得注意的是宣传谷子营养作用在扩大消费需求在调查中排在第二位，说明我们对宣传谷子营养价值和信息传播的工作目前做得还很不够。随着生活水平的提高，人们对谷子等粗粮的营养价值有了重新的认识，借助这一契机，我们应结合粟的传统文化和历史地位，加强谷子营养价值的宣传，对推动谷子消费具有重要作用。另外值得注意的是，谷子产业效益提升在其他方面的发展空间也很大，比如在谷糠、谷草等的开发利用方面。谷子是粮、草兼优的传统作物，这种特性是其他农作物所不可比拟的。如果开展谷草的营养机理研究、饲草谷子品种选育、饲草谷子栽培技术研究、饲草加工和产业化组织等工作，依托北方较为普遍的畜牧业，完全有可能形成一个新的空间较大饲草产业[3]。

在提升企业效益方面，大多数人认为建立标准化、经无公害（绿色）认证的基地在企业运作中占有重要位置，其次是营销策略、开拓国外市场、广告宣传、精美包装。这要求今后科研机构积极与企业建立密切联系，从企业需求的角度确定科研方向，研发绿色谷子栽培技术规程、组装集成谷子生产技术，为企业发展提供技术支撑，同时争取得到地方政府的支持。另外，还应注意收集谷子国外市场信息，建立国内外谷子市场信息平台，为企业、农民服务。

2.4.4 产业组织

问题 3、9 以及问答题 2 从产业组织以及稳步提升农民效益方面征集产业组织的意见。在组织形式上，“农民合作组织 + 企业 + 政府 + 科研单位”排在首位，其次是“企业带动型”、“农民合作组织 + 企业”、“农民合作组织推动型”。在组织农民、提升农民积极性方面，和企业签订长期合同，订单农业得到大多数人的支持，其次是争取当地政府支持、给农民提供简化生产技术、发展合作组织、培训农民建立畅通信息平台。也有专家建议龙头企业与农民采取长期“反租倒包”的方式，把零散的土地统一连成片，实行产业化经营管理，还有专家建议让农民参加农业保险等。结果表明，在农业产业化中都已经认识到了政府、企业、农民合作组织、科研单位相互联动的重要作用，并在许多其他农业产业中发挥了重要作用，但也可能存在黑龙江肇东市“企业＋农民”模式中“奶贵、奶贱都伤农”的现象[4]。还有2008年三鹿毒奶粉事件也给我们在产业模式方面敲响警钟。通过调查分析，认为产业组织不在乎哪种具体形式，最重要的是企业、农民间建立“利益共享、风险共担”的新机制，在政府的推动下、在科研单位技术支撑下，实现小农户、大产业发展模式。另外鼓励和引导农民成立合作组织，公司是有组织的，农民是松散的，只有农民成立合作组织，与企业对等，才能更好地保护农民利益。通过专业合作经济组织以合同订单形式对农户的引导、组织、服务，逐步走向农业农场化、农民职工化、生产基地化、产品标准化的“四化”生产经营方式，通过组织化推动标准化和品牌化。同时，在农村新一轮土地改革下，土地流转也给谷子规模化生产、产业化带来新契机。值得注意的是，争取当地政府支持（比如种子补贴），在问卷调查受到多数人支持，总分排在第二位，说明今后我们的工作重点也应放在扩大宣传，主动为政府服务，争取政府支持的工作上。如河北省2009年已把杂交谷子列入了良种补贴范围，这与张家口农业科学院长期重视宣传杂交谷子有很大关系。

在调查中，被调查人普遍认为谷子具有抗旱、耐饥、营养丰富、历史丰富等特性。目前，在我国北方地区干旱日趋严重的情况下，以及随着人们生活水平的提高，对谷子等小杂粮的养生保健价值得到了重新认识的前提下，谷子的发展前景应该是很广阔的。但是目前谷子产业化水平低、谷子种植面积日益缩小的局面确是不争的现实。通过调查分析认为，除了市场需求缩小、谷子栽培费工耗时、鸟害严重、产后加工水平低等原因外，还跟现今农村农业生产现状有着直接关系。据调查，目前农村愿意种田的年轻劳动力越来越少，虽然国家取消了农业税，并且实施各种良种补贴和农机购置补贴，但是在一些地区种一亩田，年收入不过五六百元，远不及外出打工收入。甚至在有些地区的农民连小麦、玉米等机械化程度高的作物也不愿种，出现土地撂荒的现象。谷子种植受到的影响则更加严重。但土地流转后，规模化种植成为可能，给谷子生产带来新机遇，如河北晋州周家庄乡一直是集体所有制，所有农业生产，由农业合作社统一组织，谷子种植成方连片，形成了规模化生产，多年来面积始终维持在133.33hm^2左右。

3　本次调查存在的问题

在调查范围方面，存在着不平衡，推广单位、科研单位多，种植大户、行业组织、农民协作组织少；有的还存在调查对象集中的问题，一个单位好几份；另外本次调查问卷没有收到农业部行业司局意见。在今后的调研中，要在产区、单位、行业等方面统筹考虑，统一安排调查工作，使调查更具有代表性。

在统计方法方面有待改进，应利用经济学统计方法，构建经济学模型，利用专业软件回归参数，尽量消除统计误差，得出更加贴近实际情况的数据。

本问卷设计在生态效益方面还存在欠缺，调查未能有效的显示出生态效益方面的数据。谷子属抗旱、耐脊、环境友好型作物，在节水方面有显著的效益，特别是在干旱严重的地区，政府应承担更多的责任，将谷子生产上升到保障国家用水安全的高度。另外今后应加强谷子同其他作物生态效益方面的对比试验，为谷子产业的生态效应研究积累数据。

4 今后体系工作的几点建议

针对上述调查结果的分析和讨论以及存在问题，提出国家谷子产业技术体系在谷子产业区建设以及产业效益提升方面的几点建议。

4.1 我国谷子产区调查、评价以及我国谷子优势区域布局规划

通过调查全国西北、华北、东北三大生态类型谷子产区的土质、气候等条件，评价产出的谷子品质；以生态类型、突出旱地特性、土质类型、产业基础等为依据，制定我国谷子优势区域布局规划。

4.2 万亩谷子产业示范园区建设

从优势区域中，结合历史条件、农民意愿、企业和当地政府政策扶持建立万亩谷子产业示范园区。筛选、培育优质、专用谷子新品种，并从播种、简化栽培、收获等方面进行技术集成，研发谷子产后增值新产品。在园区范围内进行新品种、新产品、新技术的试验与示范，组织技术培训，扩大影响，并与企业结成战略联盟，在政府支持下，打造谷子产业示范样板，带动其他地区乃至全国谷子产业发展。

4.3 扩大宣传

各岗位科学家、试验站站长立足本职工作，从中选择突破性东西，积极与媒体、合作社和农户联系，扩大宣传。同时，搜集整理民间小米的各种做法和加工方法，深入挖掘粟文化，通过电视、报刊、杂志宣传。建立信息宣传的长效机制。同时，积极与政府联系、主动服务政府目标，争取更大支持。

4.4 加强谷子产后加工和谷子产业发展战略研究

进一步加强产后加工方面的研发，包括功能食品、营养保健型食品、膳食纤维、饲草加工等。在产业经济方面，加强谷子产业基础数据的积累、产业发展的前瞻性及趋势性、贮备性政策研究及实施评价、产业链与生产布局等方面的发展战略研究，为整个产业的健康发展提供数据与理论支撑。

参考文献

[1] 刁现民．中国谷子生产与发展方向［C］．柴岩，万富世．中国小杂粮产业发展报告．北京：中国农业科学技术出版社，2007：32~43

[2] 十六种农产品划定优势区域．人民日报，2008.9.4

[3] 高广志，程子龙．为何奶贱奶贵都伤农［J］．农家参谋，2008（02）

[4] 徐秀英，石道金，李兰英，费喜敏等．特色农业发展的重要途径：组织化 + 标准化 + 品牌化［J］．农业经济问题，2009，4：46~48

山西省中部地区谷子产业现状与技术需求 *

马建萍　郭志利　刘晓东　独俊娥　吕建珍

（国家谷子产业技术体系太原综合试验站 / 山西省农业科学院作物遗传研究所，山西太原　030031）

摘　要：为了准确掌握谷子产业发展现状与技术需求，太原谷子综合试验站对山西省中部太原、晋中和阳泉三个市的谷子生产现状及技术需求进行了初步的调研，为产业体系的建设及开展技术服务工作奠定了基础和提供了依据。

关键词：谷子产业；技术需求；生产调研

Status and Technology Requirements of Foxtail Millet Production in Central Region of Shanxi Province

Ma Jianping，Guo Zhili，Liu Xiaodong，Du June，Lv Jianzhen

（Taiyuan Comprehensive Experiment Station, China Industrial and Technological Research System of Millet; Institute of Crop Genetics, Shanxi Academy of Agricultural Sciences, Taiyuan 030031, China）

Abstract: In order to accurately understand the status and technology requirement of foxtail millet production in central Shanxi region, the comprehensive experimental station of Taiyuan have preliminarily investigated on foxtail millet production status and technology needs in Taiyuan, Jinzhong and Yangquan, the central region of Shanxi. All of the results will provide for the construction of foxtail millet industrial technical system and technical service work.

Key words: Foxtail millet industry; Needs for technology; Production research

山西是我国谷子主产区之一，是全国春谷种植面积最大的省份，谷子作为传统的优势作物和抗旱耐瘠作物，在山西农业的可持续发展中起着至关重要的作用，生产的优质小米以其品质优、营养价值高、适口性好而享誉全国，为谷子的产业化开发创造了资源条件。国家现代农业产业化技术体系建设是促进农业结构调整，实现农业增效，农民增收的根本途径，是全面建设小康社会的一项重大战略举措。按农业部的谷子产业技术体系状况调研及现代产业技术体系框架设计工作的要求，自2009年1月份国家谷子产业技术体系启动以来，围绕“谷子产业体系全面建设”这一中心，按照国家谷子产业技术研发中心安排，本着“全面了解情况、调研能覆盖整个谷子产区；广泛征求意见，调研对象尽可能面宽量大；准确掌握产业发展现状与问题，以主产区调研为主”的原则，对太

* 基金项目：现代农业产业技术体系建设专项资金。

第一作者简介：马建萍，1957年出生，女，研究员，主要从事谷子栽培、生理及遗传育种研究。

通讯地址：山西省太原市农科北路16号，山西省农业科学院作物遗传研究所。Tel：0351-7132953，E-mail: nkymjp@126.com。

原谷子综合试验站服务的山西省中部地区，包括太原、晋中和阳泉三个市的谷子生产现状及技术需求进行了初步的调研，此次调研共收到并整理调研表36份，对山西省中部地区谷子生产现状及需求有了基本的了解，为谷子产业技术体系的建设及下一步工作奠定了基础和提供了依据。

1 调研基本情况

本次调研共涉及服务区域10个县、市的11个乡（镇）、16个村，调研对象包括行政管理、农技推广中心、种子管理站等部门的技术推广骨干，科研人员、加工企业、谷子种植大户及一般农户。

按照调研内容分：收到谷子生产现状和技术需求调查表20份，其中：基层技术人员调研表9份，农户调研表11份；谷子生产设施与设备技术和产品需求调研表6份；谷子育种、资源技术需求调研表4份；谷子加工与产后技术需求调研表5份；谷子产业区建设和产业效益提升需求调查问卷1份。

2 谷子产业发展的基本情况

2.1 谷子生产的自然条件

谷子在农作物类型中属于抗旱耐瘠作物，多数种植在干旱丘陵山区，土壤、气候条件较差，产量水平较低。从生态区看，本次调研服务区属于我国西北春谷中晚熟区，谷子以春播为主，大多在5月中、下旬播种，收获在9月下旬到10月上旬。谷子地土壤类型大多为干旱丘陵地的壤土、黏土、黄土、褐土等类型。谷田有机质含量属于中等偏低水平，均在2%以下。种植方式全部为清种，过去间作、套种的种植方式已基本上不存在。因为间作套种耕作麻烦，比较费工；轮作制度基本合理，主要以玉米、大豆等为前茬作物；晋中地区的祁县较特殊，以夏谷为主，与小麦进行复种。

表1 服务区谷子生产基本情况调研汇总（基层技术人员调查表）

调查区域	土壤类型	年降水量（mm）	海拔高度（m）	≥10℃有效积温	轮作方式	总面积（万 hm^2）	户均种植（hm^2）	平均单产 kg/667m^2	面积变化
晋中市	褐土、壤土	540	1 500	2 900	玉米－谷子－大豆	2.00	0.10	162	减少
阳泉市	黄土	515	350~1 803	3 400	玉米－谷子－玉米	0.47	0.08	250	减少
榆社县	褐土	564	1 000~2 000	3 160	大豆－谷子－大豆	0.24	0.08	200	减少
左权县	壤土	333	1 200	2 800	玉米－谷子－玉米	0.23	0.10	93	减少
阳曲县	褐土	440	800~1 500	2 450	玉米–谷子–大豆	0.50	0.03	160	减少
寿阳县	黄土	300	1 200	2 700	大豆–谷子–玉米	0.33	0.20	300	稳定
祁县	黄土	404	750~2 020	3 502	小麦–谷子–小麦	0.05	0.27	123	稳定
榆次区	褐土、壤土	440	900	3 100	玉米–谷子–豆子	0.21	0.12	150	增加

谷子主要种植在干旱地区，年降水量一般在300~560mm，其中晋中榆社最高达564mm，左权最低为333mm。多数地区年降水量在400~500mm，谷子生育期间降水量一般在200~450mm，主要集中在7~9月份，这比较有利于谷子的生长发育，个别年份春旱或伏旱对谷子的生长发育有一定的影响。各地区大于等于10℃的有效积温范围在2 000~4 000℃，如表1所示，据本次调研，谷子生长地大部分为丘陵。垂直温差和昼夜温差比较大，自然灾害频繁，尤以干旱最重。

2.2 谷子种植面积

从谷子种植面积的调研情况来看，近年来除晋中市榆次的谷子种植面积有所增加外，其他地区的面积均有减少。其中有以下几方面的原因：其一，谷子种植效益低，近年来政府投资全力支持推广玉米、马铃薯等高产作物，相比较谷子种植效益偏低，农户种植积极性不高；其二，播种、收获农机具不配套，相对玉米，谷子间苗麻烦费工；其三，干旱和鸟害重；其四，个别农户认为缺乏适合种植的优良品种，品种混杂严重，部分地区由于积温有限，适宜种植的品种有限，生育期较长的品种无法成熟；其五，土地资源有限，谷子必须轮作倒茬，可种谷子土地面积有限。面积增加的少部分地区多是由于产业化的带动，谷子效益好。服务区域内种植的主要作物依次为玉米、谷子、豆类、小麦、荞麦等。

调查的谷子生产区，各户土地拥有情况有较大的差异。但从各地调查情况来看，有明显的土地流转和集中情况，一般农户种植面积为0.07~0.13hm^2，大户种植面积在0.33~0.67hm^2，专业大户面积可增大到1hm^{2}甚至几公倾，如晋中市什贴镇杨头村一种植大户通过土地流转的方式，转包了邻村的土地34hm^2，期限为17年，现有耕地37hm^2，其中谷子面积7hm^2。这种现象说明了谷子生产在农业生产中的规模化、专业化、产业化生产的趋势。在调查中我们还了解到，谷子种植面积大的农户多数与加工企业有密切的联系，由于加工企业的收购，谷子市场价格较好，且优质优价，谷子品质的提高也是其面积增加的原因之一。

3 谷子品种应用情况

所调查的品种利用现状说明，一是谷子生产中品种的多、乱、杂，二是良种的更新换代不够，各地谷子生产上使用的品种多种多样，具有地域性较强的特点。谷子品种多数为山西省农业科学院选育出的新品种，种植面积较大且群众比较公认的优质、商品性好的品种为晋谷21号、晋谷29号等，高产稳产、适口性好的品种为晋谷34号、晋谷36号等。从各地对新品种的要求上看，还是以食用为主要目标的优质、高产、抗旱、抗病类型，但各地侧重点有一定的区别，这与各地推广品种的特点及产业开发有一定的关系。当地推广品种品质好、产业化开发好的地方需要在品质优的基础上提高产量；以种植高产类型品种的地方，希望提供优质品种进行产业化开发。

从各地种植品种的使用年限上看，主干品种种植年限较长。个别品种使用年限超过10年以上，如晋谷21号，该品种的优点是，小米颜色金黄好看，米粒整齐，适口品质好，产量相对较高，目前虽然存在抗病抗倒伏性差、产量低的问题，但由于优良的商品性，农户仍然选择种植。另外农家品种也有一定的种植面积，这些地方主要是对谷子生产不重视的分散零星种植的小户。谷子生产中良种和技术的普及任重而道远。对谷子育种也提出了明确的努力方向，即优质是前提，同时要高产，综合抗性要过硬。

4 谷子栽培与管理措施现状

根据对农户和基层技术人员的调研，我们了解到：谷子一般都种在旱薄地，少数种在肥旱地，每年大多在春季进行一次深翻，与施用底肥同时进行；深翻深度，不同地区具有一定的差异。

播种主要以雨后抢墒播种为主，采用平作、同行距畜力耧播的播种方式，行距在 15~33cm，大多为 30cm。间苗、中耕除草，打药、收获脱粒大都是人工操作，基本不用除草剂。在所调查的农户中仅左权县的郭应林使用，除草剂类型主要有 2，4-D 丁酯、50% 稗草稀乳油、50% 扑灭津可湿性粉剂等。脱粒以碾压为主，没有脱粒机械。

田间管理普遍比较粗放，少施或不施农家肥，主要使用碳铵、尿素、硝酸铵、磷肥等化肥，大多进行中期追肥。多用化肥严重影响小米的适口品质。服务区对待病虫害的重视程度较高，多数农户使用杀虫剂。农户主要采用的杀虫剂有辛硫磷、毒死蜱、氯氰菊酯等；对于病害，采用的杀菌剂种类较多，包括敌克松、甲霜灵等。对以麻雀为主要的鸟害，采取人工驱赶看护或田间放假人等措施，部分农户不采取措施，严重影响谷子的收成。

5 谷子生产设施与设备技术需求

对服务区农户的调查显示，农机具在谷子生产上的应用率是很低的，动力多为手扶和小四轮拖拉机，除产业基地的种植大户部分使用播种机器和喷药机外，例如，晋中市什贴镇的种植大户刘成心，谷子种植面积为 7hm^2，他的谷子种植机械化程度较高，而且产量也相对较高。其他大部分农户仍以散种为主，实际上是一种小农经济的种植方式，也只有在播种时用小播种机和畜力耧播；交通好点的地方只是在运输方面使用农用三轮车和小四轮拖拉机；脱粒上主要靠碾压。其他生产环节没有使用相关机械，例如，中耕、收获等还没有采用机械作业。仅在播种、脱粒上有少量的应用。谷田除草仍以人工锄草为主，这说明谷子生产的机械化程度还是非常低的。

农户对农机具有一定的要求，首先高精度、保证苗数又容易间苗的，适于山地使用的播种机最急需，其中，左权县寒王乡后寨村农户王世新对农用机械比较了解，提了许多建议，例如，加大对购买农机具的补贴投入，特别是大型农机具的购买补贴，减少谷农种谷的成本和投入；例如，大型推土机，每年可推土造梯田 6.67hm^2，便于机械化作业，发展种粮大户；欲购买土豆粉加工设备，解决土豆与谷子倒茬的问题。

6 谷子加工与产后技术需求

对晋中、临汾和太原的 5 家小米加工企业及技术人员进行调研结果表明，谷子加工主要以当地销售小米为主，深加工产品较少，产品单一。加工企业认为存在的问题和技术需求如下。

6.1 存在问题

企业规模小，对原料谷子的生产基地投资不起，只有部分采用订单农业，没有固定的原料来源，谷子品质不稳定，差异比较大，产品质量得不到保证。缺少专用的大型小米精加工设备，目前市场大多为大米加工机械。农户主要以碾压打谷的办法脱粒，没有合适的场地和机械，原料谷子的杂质太多（尤其是小石子、土块等）。

6.2 技术需求

专用加工设备和先进的加工工艺，保证产品质量，向农户推广脱粒机械，保证原料合格，杂质少、净度高。研究选育适于精加工和深加工的专用谷子品种，给农户培训谷子优质栽培配套技术，提高原料品质。研究小米加工副产品（谷糠、碎米等）的开发利用，增加产品附加值，提高企业效益。培育优质谷子的优势产区，建设产业基地，保证原料充足供应。研究市场运作机制，加强谷子营养宣传，挖掘民间小米的吃法和粟文化，扩大谷子的消费群体，使谷子消费成为习惯。

7 加强谷子产业发展的建议

通过对服务区基层技术人员和部分农业局、技术站等主要领导调研了解到：谷子产业化开发涉及生产、加工、销售各环节，影响到县、乡、村主产地、特产区，是一项系统工程。服务社会化、经营一体化与管理企业化是联系在一起的，组成完整的“产业链”，包括产前、产中、产后的全过程。因此政府对“产业链”的启动和调控应有统筹、协调和指导能力，制定相关配套政策。

7.1 全方位宣传发动

利用报纸、广播、电视等新闻媒体广泛宣传建设产业示范区的重大意义，做好示范区规划论证和评审工作，确定发展目标，明确建设思路。

7.2 解决好政府、企业与农民的关系

政府对示范区建设给予政策、资金、技术上的扶持和引导作用，加工企业在农户播种前提供优良谷种，并与农户签订订单合同，保证农户收获谷子的销售问题及保底收购价格，优质优价，从而降低农户风险，保护谷农的种谷积极性和切身利益。

7.3 以市场为导向，延长产业链条

采用龙头企业带基地的模式，建立中介服务组织，内引外联搭建流通平台，通过示范区建设，有效带动谷子产品产业发展，把零散的土地统一连成片，实行产业化经营管理。这样农民既掌握了现代种植技术，又增加了收入，还避开了市场风险，能得到更大的实惠，企业也增加了效益。

7.4 巩固现有基地的示范成果

在加强现有示范基地建设的基础上，不断扩大规模，把各种技术措施和标准化措施渗透到示范区基地建设的各个环节，加大科技投入，挖掘谷子的潜力和效益，切实搞好示范基地建设。

山西省长治地区谷子生产现状与技术需求 *

王丽霞　李瑜辉　郭二虎　范惠萍　王秀清　程丽萍

（国家谷子产业技术体系栽培植保研究室 / 山西省农业科学院谷子研究所，山西长治　046011）

摘　要：谷子在我国农业发展史上曾是全国的优势作物，但随着人们生活水平的提高，膳食结构的调整，小米的食用趋于精细，所以我们必须加快谷子的研究步伐，以适应我国农业产业化发展道路，逐步改变传统生产，使其更快的融入到现代农业中。

关键词：谷子；现状；技术

The Production Situation and Technical Requirements in Changzhi District, Shanxi Province

Wang Lixia，Li Yuhui，Guo Erhu，Fan Huiping，Wang Xiuqing，Cheng Liping

(Section of Cultivation and Plant-protection, China Industrial and Technological Research System of Millet; millet Research Institute, Shanxi Academy of Agricultural Science, Changzhi 046011,China)

Abstract: This paper focuses on the technical requirements of foxtail millet production, especially in Changzhi region, Shanxi province.

Key words: Foxtail millet; Situation; Technology

谷子［*Setaria Italica* (L.)。Beauv.］属单子叶植物纲莎草目禾本科，黍族，狗尾草属[1]，为我国最古老的栽培作物之一。因其适应性广、耐旱、产量稳定、保收率高，在农业生产史上曾是我国的优势作物，发挥过举足轻重的作用，新中国成立前播种面积多达 0.1 亿 hm^2。谷子属抗旱耐瘠作物，一般种植在干旱丘陵山区，尤以北方干旱地区种植居多。生产上栽培谷子，主要目的是为了食用，小米是营养丰富的作物；其次是收获谷草作为饲料，有些地方也种一些垅谷（不间苗）作荒年之后的补充饲草，但极为小量。

我国谷子主要分布在黑龙江、吉林、辽宁、内蒙古、山西、陕西、甘肃、河北、河南、山东等三北地区。面积约 133 万 hm^2。大致分为东北春谷区、西北春谷区和华北夏谷区。山西长治地区属西北春谷区范围。

* 基金项目：现代农业产业技术体系建设专项资金资助。

第一作者简介：王丽霞，1983 年出生，女，山西高平人，硕士，2008 年毕业于华南农业大学，现从事谷子栽培、育种和植保等研究工作。

通讯地址：山西省长治市漳沂西路科研巷 2 号。Tel：0355-2204169，E-mail：Wlxbao012@163.com。

谷子起源于中国，种植面积占世界的80%，是我国的传统作物之一。自改革开放以来，我国经济快速发展。人们生活水平的不断提高，谷子逐渐为人们对膳食结构调整和作物多样性所必需。

1 谷子生产现状

1.1 自然气候、土壤条件

山西长治地区属西北春谷区，以黄土、褐土、红土及黏土为主。谷田有机质含量属中等偏低水平。属暖温带半湿润大陆性季风气候，年平均气温在8.6~10.5℃。年日照时数2 418~2 616h，年降水量在537.4~656.7mm，年平均无霜期在156.8~181.9d。谷子生育期间降水量一般在200~500mm，降水主要集中在7~9月份，比较有利于谷子的生长发育，个别年份春旱或伏旱对谷子有一定的影响。本区属低纬度高海拔，平均900m，≥10℃积温3 100℃以上。谷子生育期一般为120~130d。

1.2 谷子种植情况

与10年前相比，谷子种植面积下降了，其中间苗麻烦费工是最主要原因，其次鸟害重也是重要因素，部分农户认为缺乏对路品种也有一定影响，也有谷子效益不高（同其他大作物相比）、劳动力减少等原因。近几年，随着谷子产业化的发展，谷子的生产效益高于玉米等作物，一般比玉米收入高200~500元/667m^2，特别在谷子产业化开发好的地区表现更为突出，种植面积呈逐年扩大的趋势，农民种谷的积极性不断提高。

谷子的产量年度间均有较大的差异。一般产量在200~350kg/667m^2，主要影响因素为降水量，品种的抗逆性和田间管理也是影响产量的重要因素。

谷田为清种，间作、套种等种植方式基本没有。在谷子主产区，谷子面积占耕地的比例一般在15%~20%。由于谷子间苗难度大，直接影响到种植面积的扩大，一般农户种植面积0.07~0.13hm^2，大户面积0.33~0.67hm^2；专业大户面积可增大到几公顷甚至10hm^2以上。

1.3 谷子品种应用情况

长治地区种植品种主要为晋谷21号、长农35号、晋谷35号、晋谷27号、沁州黄等，还有一些优秀的农家品种。品种更新速度较慢，特异性品种较少，如抗除草剂品种、饲草专业型品种。其次市场影响因素也较大。如晋谷21号，该品种品质优、商品性好，成为企业开发小米的主要原料来源；因其种植年限较长，品种退化和病害严重导致产量低而不稳。但即使这样，它仍保持较大种植面积。

从谷种来源看，谷子自留种比例还较大，购种比例在20%~80%，对于发展好的地区购种比例较大，一般包衣种子比例在50%~80%，少数地方谷种包衣比例达到90%以上，各地发展不平衡。农户对品种重要性的认识还有待提高，这是提高产量的重要途径之一。

1.4 谷子的耕作情况

谷子多数种在旱薄地上，大部分地区进行深翻，约占64%；少数进行表土作业，约为27%。由于本地区冬季易干旱，降雪量不大，播种之前一般要进行耙、耱等整地方式。其次还采取条沟播种、趁墒早播、镇压提墒播种、雨后抢墒等抗旱播种措施[2]。谷子生长期一般中耕次数为2~3次。

1.5 谷子的栽培方式

谷子播种采用同行距平作的方式，行距一般为30cm，留苗密度一般为2万~3万株/667m^2。谷子播种期为5月中下旬，收获期为9月底到10月初。多采取田间割倒再收穗、先收穗再收谷草等方法，目前还没有实现机械收获。收获后的谷穗多数采取碾压的方法进行脱粒，部分地方开始采用机械脱粒。脱粒晒干后的谷子一般放在编织袋里短期或长期保存，少数采用其他容器进行保存。

1.6 谷子的施肥、除草情况

谷田的施肥水平低于玉米、小麦等主要农作物。本地区多数农肥、化肥同施，一般播前施用农肥，农肥的种类较多，一般有猪、羊、牛、鸡等粪肥，施肥时期一般与整地结合在一起，施用量在0.5~5m^3/667m^2，一般施用量在2~3m^3/667m^2。化肥的种类较多，一般使用碳酸氢铵、过磷酸钙、复合肥、尿素等，化肥以氮、磷肥为主，施用钾肥、微肥数量很少，在化肥的施用量上差异较大，多数采取氮、磷同施的方式，少数仅施氮肥，一般化肥施用量在5~50kg/667m^2不等，多数施肥量在25kg/667m^2左右。农民对如何施肥懂的较少，一般按经验施用。有少数在谷子拔节、孕穗期进行追肥，施用量在10kg/667m^2亩左右。

施肥时期一般在春、秋两季，春施的较多，主要结合耕作完成。施肥方法以撒施为主，部分采取条施方式，叶面肥很少施用。

谷田杂草的种类主要有：灰灰菜、狗尾草、谷莠子、马齿苋、苋菜、苦苣菜、马塘草、稗子、地龙草、星星草、牛筋草、刺儿菜、野牵牛、香附子、野燕麦、蒿子等。除草以人工为主，化学除草使用较少。人工除草用工不等，少的有2个工，多则6个工，除草与中耕结合在一起，要求不同，用工有一定的差异。常用的除草剂主要有：谷友、莠去津、扑灭净、2，4-D丁酯等。

1.7 谷子的病虫鸟害防治

谷子的病虫害每年都有发生。主要虫害有：钻心虫、蛴螬、蝼蛄、黏虫、红蜘蛛、粟芒蝇、玉米螟等。多数不采取措施。少数采用诱杀、喷药、撒毒土、毒饵、种子拌种、种子包衣等方法，一般使用菊酯类制剂防治。

病害主要有：白发病、黑穗病、红叶病、谷瘟病、锈病、纹枯病[3]等。多数不采取措施。防治方法一般为种子包衣、拌种、喷药形式。使用的药剂主要有：五氯硝基苯、多菌灵、代森锰锌、杀毒矾、甲霜灵、烯唑醇等。

谷子的鸟害主要是麻雀，一般发生严重时都采取措施，防治方法一般为人工驱赶或警示驱赶，如扎稻草人等。

1.8 谷子农机具使用情况

谷子的机械化水平很低，仅在土地耕作时同其他作物一样采用中、小型拖拉机，其他机械设备如中耕、收获等还没有采用机械作业。谷子播种大多采用耧播、沟播，极少数使用机播。收获方法一般采用人工收割，碾压脱粒。

2 谷子生产上存在的主要问题

2.1 品种缺乏

现有谷子品种产量潜力低，生产上品种多而杂，不能满足产业发展的要求。新中国成立以来我国培育了不少新品种，但从目前推广的品种看，育成品种和一些优质的农家品种在生产中并存，总的产量水平偏低，品种数虽多，但在高产、优质和多样性方面仍不能满足产业需求。同时缺乏能够开辟谷子产业新途径的新型品种（如饲草专用谷子品种等）。

2.2 缺乏简化栽培技术及综合配套技术

栽培仍以传统方式为主，费工费力，缺乏简化栽培的技术和品种。生产上以手工间苗和人工除草为主，需要大量的人力和时间的投入。农民对合理施肥、简化栽培、科学管理、病虫草害防治等知识缺乏。

2.3 病虫草害严重

农民对病、虫、草害的防治多数采取不管理的态度。一方面是多年来受到的技术指导和技术培训很少，管理难度大，农民不懂得如何去做，对新技术了解不够，采取的措施多数还是二十年前采用的传统方法。二是研究与生产之间存在严重的脱节现象，许多新技术没有得到大面积推广应用。

2.4 农机具利用率低

农机具在谷子生产上的应用率是很低的，仅在播种、脱粒上有少量应用。在农村劳动力大量转移的情况下，由于谷子生产用工多，特别是间苗难，成为发展谷子生产的重要制约因素。研发新型的适宜谷子播种、中耕、收获的农机具对发展谷子生产显得越来越重要。

2.5 谷子加工产品

目前人们对谷子的消费习惯仍处于简单的传统方式。如米粥、和子饭、糖酥煎饼、小米糕、焖饭、炒饭、小米花糖等。小米是一种营养价值高、具有独特保健作用的传统食品，深受人们喜爱。但由于传统方式制作费时费工，越来越不适合现代生活的快速生活节奏，小米深加工产品的研发成为当前急需。可喜的是有些公司已在进行市场营销策划，准备产品面市。

3 主要技术需求

3.1 品种需求

目前生产上的谷子品种产量潜力低，且缺乏能满足不同需求的专用品种。如高产、优质、抗逆性强、适于产业化开发的品种和杂交种，适合农牧结合区精草生产的抗旱、高蛋白、高产的饲草专用品种，适合简化栽培和机械化栽培的新品种等[4]。

3.2 科学合理的综合配套栽培技术及简化栽培技术

综合品种、土壤、栽培和植保的高产优质栽培技术规程和适合产业操作的技术创新是各主产区所需[5]；谷瘟病、白发病、黑穗病等危害严重，急需病虫草害综合防治技术，以及新的耕作和气候生态条件下发展动态监控技术；解决谷子栽培的人工间苗和人工除草问题，适合简化栽培和机械化栽培的新技术。

3.3 适宜谷子生产应用的新型机械

目前用于谷子生产上的机械很少，急需简便、廉价、适用的谷子栽培机械。包括：整地（耙、耢等）、播种、中耕、施肥、收获、脱粒等机械。

3.4 大众化和功能性谷子食品的研发技术

解决谷子产业链短的问题，急需开发谷子用途的大众化和功能性食品研发，谷子新用途发掘，以及适合谷子加工的机械和保鲜技术，建立快速简便测定小米食用品质的方法和体系[6]等。

4 发展前景

与10年前相比，由于种种原因本地区谷子的种植面积有所减少。但近年来谷子市场价格同玉米等作物相比略有增长，谷子的种植相对较有优势，因此又呈现面积增大趋势。谷子生产正逐渐呈现规模化、专业化生产的趋势，我们应对此给予重视。走企业带动，规模化生产，发展订单农业的路子，将是今后谷子生产的主要发展方向。在谷子主产区，谷农种植谷子有50%~80%的产品销售，20%~50%自留。有80%以上地区谷子出现供不应求的情况，少数地区谷子市场供求平衡或略供过于求，该产业前途光明。加快大众化和功能性食品的研发，发掘谷子新用途也是主要发展方向之一。谷子产业潜力巨大。希望相关行业更多的人能加入到谷子产业体系中，让其更具规模，让我国的谷子文化继续发扬。

参考文献

[1] 郑湘如，王丽. 植物学［M］. 北京：中国农业大学出版社，2001：311~313
[2] 山西省农业科学院. 中国谷子栽培学［M］. 北京：中国农业科技出版社，1987：237~248
[3] 董金皋. 农业植物病理学［M］. 北京：中国农业出版社，2001：113~118
[4] 程汝宏. 我国谷子育种与生产现状及发展方向［J］. 河北农业科学，2005，9（4）：86~90
[5] 杨红梅，石龙，王建功. 山西省谷子生产及其产业化开发探讨［J］. 山西农业科学，2006，34（4）：11~13
[6] 王玉文，王彦龙，田岗等. 对我省谷子品质改良的思考［J］. 山西农业科学，2004，32（1）：13~17

山西省吕梁市谷子产业现状与技术需求 *

杨成元　冯耐红　史关燕　麻慧芳　田跃萍

（国家谷子产业技术体系汾阳综合试验站 / 山西省农业科学院经济作物研究所，山西汾阳　032200）

摘　要：作为国家谷子产业技术体系的前期工作——生产调研，谷子产业体系汾阳综合试验站 2009 年 2 月份对我们服务区域山西省吕梁市的谷子生产现状及技术需求状况进行了调研，本文对这次调研结果进行总结，提出谷子产业区建设及提升产业效益的基本策略。

关键词：谷子；产业技术体系；生产调研

Foxtail Millet Production Situation and Technical Requirements in Lvliang City of Shanxi Province

Yang Chengyuan，Feng Naihong，Shi Guanyan，Ma Huifang，Tian Yueping

（Fenyang Comprehensive Experiment Station, China Industrial and Technological Research System of Millet; Institute of Industrial Crops, Shanxi Academy of Agricultural Sciences, Fenyang 032200, China）

Abstract: The production situation suvey is a preparatory work for China Industrial and Technological Research System of Millet. Fenyang comperihensive experimental station have made a survey on foxtail millet production status and technology needs in Lvliang city of Shanxi province in February 2009. In this paper, the survey results were given and future targets for foxtail millet researchers were discussed.

Key words: Foxtail millet; Industry technical system; Production research

谷子（小米）是我国北方的主要粮食作物，也是中国起源的世界最古老作物和中华民族的哺育作物，曾经为中国革命和新中国初期的吃饭问题起过非常重要的作用，也是当时的战略储备粮食。随着国民经济的不断发展和人民生活水平的不断提高，人们的食品结构发生了很大的变化，小米逐渐退出人们主食结构范围，消费需求逐渐减少，生产上播种面积不断下滑。但随着人们对健康食品需求的增加，小杂粮又逐渐成为人们消费的新宠，而谷子是杂粮之首，优质可口的小米及其深加工产品价格不断上升，优质米需求增加，谷子生产又有了恢复的新契机。

作为我国的民族作物和应对未来气候变暖和干旱形势的战略储备作物，谷子是国家现代农业产业技术体系建设的重要组成部分。作为国家谷子产业技术研发中心的前期工作——生产调研，谷子

* 基金项目：现代农业产业技术体系建设专项资金资助。

第一作者简介：杨成元，1970 年出生，男，助理研究员，主要从事谷子育种和栽培研究工作。

通讯地址：山西省汾阳市山西省农业科学院经济作物研究所。Tel：0358-3321359，E-mail：fynksycy@126.com。

产业体系汾阳综合试验站2009年2月对我们服务区域山西省吕梁市的谷子生产现状及技术需求状况进行了调研，本文对这次调研结果进行总结，以期为谷子产业体系的努力方向提供指导基础。

1 调研对象与调研方式

调研对象：本次调研以了解谷子产业最基本的基础信息为目的，在面上覆盖了本试验站的整个服务区的所有县、市，选择的调研对象包括：各县、市、区农业局农业技术推广站（中心）、种子管理站等专业技术人员，石楼县与汾阳市的谷子种植大户，柳林县旱作农业机械化研究所，山西省农业科学院经济作物研究所谷子育种及产后加工科研人员，汾阳市效益较好的小米加工企业，各县、市、区农业局主管农业领导。

调研方式：调研方式以面谈为主，同时兼用国家谷子产业技术研发中心统一制定调研表，通过与调研对象面对面聊天方式，了解各对象所掌握的服务区近年来谷子生产实际情况和他们所了解的农民从事谷子种植及加工的技术需求等具体情况，了解了一些实际情况，发现了不少需要解决的问题。

2 山西省吕梁市谷子生产情况

2.1 谷子生产的自然条件

全市属暖温带大陆性季风气候，春季干旱，多风少雨；夏季炎热，灾害频繁；秋季凉爽，雨量集中；冬季寒冷，雨雪稀少。一般海拔1 000~2 000m，最低760m，石楼最高2 785m。全区年平均降水量400~550mm，年内降水最大值为867.1mm，最小值为181.1mm。无霜期120~180d。年平均日照时数2 487~2 872h，≥10℃有效积温为2 300~3 700℃。大多为山旱丘陵地带，据本次调研，谷子全部种在丘陵区。山区九县光热资源充足，垂直温差和昼夜温差大，自然灾害频繁，尤以干旱最重，故有“十年九旱”、“连年春旱”之说。大部分降雨集中在7~9月份，2007年遇到收获时连续17d的阴雨天，2008年就遇到罕见的“三伏”无雨。春旱影响播种面积，旱情严重谷子面积相对就多，否则玉米面积就大。伏旱影响谷子产量及品质。

种植时期及谷地条件：吕梁市从生态区看属于西北春谷区，谷子以春播为主，大多在5月中、下旬，收获在9月下旬到10月上旬；谷子地土壤类型大多为山旱丘陵地的黄土、褐土及极少的红黏土，90%的县市农田有机质含量≤1%。因为间套种耕作麻烦，种植方式全部为清种，比较费工。轮作制度基本合理，大部分县市大多以玉米、大豆等为前茬，临县、兴县、岚县、方山、中阳以马铃薯、玉米为前茬。

2.2 种植面积及变化原因

谷子在吕梁市1区、2市、10个县近90%的乡镇农村都有种植，据调研全市谷子2008年种植面积有4.2万余hm^2。各县市具体谷子面积，占农业耕地面积比例，平均单产及谷子平均价格等情况如表1。

面积的变化及原因：目前的谷子播种面积比原来全市最大面积时的5.33万hm^2左右减少21%左右。石楼县面积近几年由原来的0.27万hm^2左右增加到2008年的0.54万hm^2，原因是近几年有外来收购人员收购本地谷子，2008 年全县平均产量 150kg 左右，而且价格达到 3.6 元 /kg，投资 250 元 /667m^2 左右，净收入 290 元左右，比种玉米增加净收入 160 元 /667m^2 左右，经济效益好。汾阳市的面积也在增加，但幅度不大，汾阳主要是产后加工发展比较好，有带动作用。岚县、兴县、交城、中阳、面积基本稳定。柳林、离石、交口、方山、临县、孝义面积在减少。2007 年的秋雨连绵，2008 年的严重伏旱使全市两年来的谷子产量大幅减少，小米价格上升很快，目前平均价格在 5.6~7.6 元 /kg。这也可能导致 2009 年谷子面积增加一些。

表 1　吕梁各县、市 2008 年谷子生产的基本情况

县 市	谷子面积（hm^2）	耕地面积（万 hm^2）	谷子面积所占比例（%）	2008 年平均单产（kg/667m^2）	2008 年谷子平均价格（元 /kg）	农户谷子销售比例（%）
临 县	10 000	9.53	10.5	110	1.8	20
兴 县	9 300	9.67	9.7	300	3.0	10
石楼县	5 300	2.53	21.1	150	3.6	70
岚 县	4 700	2.80	16.7	150	3.0	70
汾阳市	3 300	4.27	7.8	182	4.0	70
中阳县	2 700	1.00	26.7	225	2.0	70
离石区	1 300	1.33	10.0	120	2.0	30
柳林县	1 300	1.67	8.0	100	3.0	30
方山县	1 300	2.20	6.1	150	3.0	30
孝义市	1 300	2.67	5.0	100	3.6	10
交口县	667	1.20	5.6	75	3.6	10
交城县	667	1.00	6.7	135	3.0	5
文水县	240	4.00	0.6			
合计	42 240	43.87	9.6			

谷子面积减少的基本原因有：①谷子平均产量比较低，全市平均产量大多在 100~200kg/667m^2，农资价格高，人力成本高，净收入低。在近几年煤矿或其他工业发展比较快的县、市，人们外出务工平均每人每天赚到 50 元，有的县市能达到每天 70 元，如柳林、孝义、交口、离石、交城、文水等地，每个月务工纯收入 1 500 元左右，就相当于 0.3~0.4hm^2 农田一年的纯收入；②人们不愿意干种地的苦力活，即使种地有一些收入也不种，甚至在煤矿的区域撂荒的现象也很严重；③谷子间苗投工多，比较麻烦，在整个谷子生产过程中，间苗就要占去近 50% 工时；④本市范围内谷子供求基本平衡，输出小米较少。产后深加工跟不上，消费群体小，市场运作差。全市范围内，汾阳市的小米加工在过去晋谷 21 号推广及“汾州香”小米开发的带动下，产后加工企业比较多，也只停留在初加工；另外孝义、临县、石楼、离石各一家企业，其他县市几乎没有小米加工企业；⑤严重春旱也是影响年度间谷子面积变化的主要原因，旱情严重谷子面积相对就多，否则玉米面积就大。

2.3　消费及销售方式

总体谷子产量不算太多，农户种植谷子主要是为了自己吃，及自己在城里的亲戚朋友相互赠送一些散小米。大部分农户把自己吃不了的少数谷子加工成散米，骑个自行车或者摩托车到不种谷子的农村走街串巷零星销售，或者干脆发给城里的个体粮油店，换点零花钱；如兴县、临县、方山。有的地方（主要是汾阳）的加工企业上门收购，加工包装后向大城市销售或少许集团消费。

3 谷子品种使用情况

品种是谷子产业的最主要生产资料，在调研中我们重点了解了近年来各县市目前主推品种及品种使用年限等问题，调研情况如表 2 所示。

表 2 吕梁各县、市主推品种及使用年限

县 市	品种 1	使用年限	面积比例（%）	品种 2	使用年限	面积比例（%）
临 县	晋谷 21	15	40	晋谷 29	7	35
兴 县	晋谷 21	20	80	晋谷 29	7	10
石楼县	晋谷 21	20	95	晋谷 29	5	2
岚 县	小红谷	30	70	东方亮	40	30
汾阳市	晋谷 21	23	95	晋谷 40	2	3
中阳县	晋谷 21	20	70	晋谷 29	6	30
离石区	晋谷 21	10	94	晋谷 29	5	5
柳林县	晋谷 21	20	75	晋谷 40	5	10
方山县	晋谷 21	10	30	其余	不详	
孝义市	晋谷 21	20	95	—		
交口县	晋谷 21	15	90	晋谷 29	1	10
交城县	晋谷 21	15	85	晋谷 10	30	15
文水县	晋谷 21	10	100			

调研结果显示，全市主要种植谷子品种绝大多数是由山西省农业科学院经济作物研究所自主选育的，以晋谷 21 号播种面积及使用年限较长，年限大约 20 年左右，播种面积以总面积和播种比例计算大约为 3 万 hm^2 左右，占 4.3 万 hm^2 的 71% 左右，其次晋谷 29 号。晋谷 21 号品种的优点是，小米颜色金黄好看，米粒整齐，适口品质好，产量相对较高，其他品种还无法替代它的位置。缺点就是在一些地方，表现白发病严重，如汾阳、柳林等，也偶尔发黑穗病，这都比较好防治，农户大多采用拌种方法。据调研，在种植面积比较大的石楼、临县、兴县、离石等地几乎没有发生过大面积病害。晋谷 29 号适口品质较好，达国家一级优质米，生育期比晋谷 21 号短，在临县、兴县、石楼、离石、中阳、交口等海拔较高的地区有 0.7 万 hm^2 左右的播种面积，其中临县、中阳推广面积较大，达到全县谷子面积的 30%~35%，交口从 2008 年开始推广约 67hm^2，占本县谷子面积的 10% 左右。

谷草还是当地大牲畜的主要饲草，但有行无市，汾阳、临县、兴县、岚县、方山、离石、石楼地方对谷草利用较多。柳林 95% 的谷草做了秸秆还田，有的地方干脆就烧掉了。

种子方面，农户自留上年度种子的比例占 30%，大多数是购买，但是经营种子地方比较多，种子质量差别较大。据调研，曾经因种子来源问题，部分地块发生过严重的白发病，达 30% 左右。解决谷子传染性病害还得规范谷子种子市场，或者培训农户如何进行自己留种和种子处理知识。农户对品种的需求还是首选种了质量，其次保证优质的基础上，要求抗病、高产，在 5 年内推广产量达 300~400kg/667m^2 的高产优质品种（兴县技术站人员提供数据）。

4 耕作栽培情况

根据对农户和基层技术人员的调研了解到，全市谷子一般都种在旱薄地，少数种在肥旱地，每年大多在春季进行一次 16~20cm 的深翻，与施用底肥同时进行，个别县市如汾阳、柳林秋耕比例较大。

播种主要以雨后抢墒播种为主，采用平作、同行距畜力耧播的播种方式，行距在 18~36cm，大多为 20cm 左右。

间苗、中耕除草、打药、收获脱粒全部是人工进行，基本不用除草剂（个别有用 2，4-D 丁酯）。每 667m^2 平均投工 8 个（耕地施肥播种 1 个，间苗 3 个，中耕 1~2 次投 3 个左右，收获 1 个，脱粒 1 个），与外出打工相比，按日均 50 元工钱折算费用 400 元 /667m^2 左右。脱粒以碾压为主，没有脱粒机械。

普遍采取比较粗放的田间管理，少施或不施农肥，主要使用碳铵、尿素、硝酸铵、磷肥等化肥，大多进行中期追肥。多用化肥严重影响小米的适口品质。

对待病虫害的态度是一般不管（汾阳、离石农户很注意防治病虫害）；对以麻雀为主要的鸟害采取人工驱赶看护或田间放假人等措施，大多数农户不采取措施，严重影响谷子的收成。

据农户反应，在距离村庄较近的地块和周围树林较多的地块麻雀危害严重。距离村庄较远或树林少的地块麻雀几乎没有，鸟害不严重，所以应选择这些地块种谷子。

农户需求：①据调研，农户需要简化栽培技术，省时省工，尤其是减少间苗麻烦。如果解决间苗问题，根据目前小米价格，种植面积还会扩大，因为大多数农户反映比玉米利润高；②为保证小米好吃，农户希望得到高效的谷子专用肥，在农肥使用不多的情况下能够生产出优质谷子；③加大谷田抗旱基础设施建设和投入，如接雨、节水、灌溉等，保证干旱年份有产量；④随着种谷面积增大，由于农户土地有限，轮作倒茬困难，希望研究抗谷子重茬的肥料或药剂（汾阳市技术站 2008 年已经进行试验，效果不错）；⑤研制谷田防鸟器具和专用除草剂。

5 农机具使用和种植户规模情况

据调研，柳林县兴农机械化旱作农业研究所在深翻、深松耕地、秸秆还田、播种、玉米收获等方面，大量使用机械化，尤其是秸秆还田技术及还田面积辐射柳林近 95% 农田，研究所所长张殿喜对以谷子为主的小颗粒播种机的使用做了大量研究，主要由于排种器技术解决不好，研制的播种机效果不太理想。

本次调研对各县、市的种植大户进行了了解，除石楼县外，都没有超过 0.5hm^2 的种植大户，因此谷子在吕梁地区仍以散种为主，实际上是一种小农经济的种植方式，而且据各技术站反应和调查过的农户，也只有在播种时用小播种机和畜力耧播；交通好点的地方只是在运输方面使用农用三轮车和小四轮拖拉机；脱粒上 98% 以上农户没有机械，靠碾压。

石楼县种子站调研（因为涉及农业直补问题他们特地做了专门调查，经过了认真核实），2008 年在和合乡任家庄村委葛家山村的农户高全堂父子俩种了 5.3hm^2 谷子（晋谷 21 号），而且本村户均种植谷子 1.87hm^2 左右，主要是他们的播种技术过关，间苗很省工。但由于时间问题，本次我们没有深入到该村调查，2009年在播种时计划对该村做重点调研，总结推广他们的播种技术。

农户对农机具的需求：①高精度、保证苗数又容易间苗的，适于山地使用的播种机；②研制推广间苗和中耕机；③需要以单相电动机为动力的中小型脱粒机（每小时脱250~500kg谷子，价位在500~2 000元。在汾阳市峪道河乡向阳、坡头村调研时农户反应），近期应重点研制推广；④便捷的种子包衣器械和专用的谷子种子包衣剂；⑤谷田喷药机械，因为谷子长高以后，谷田密度大，行距较小，大面积谷田一旦发生虫害，很难喷施农药。

6 产后加工及深加工情况

对小米加工企业及技术人员进行调研，目前全市汾阳的加工企业最多，主要以加工销售小米为主，深加工产品较少，产品单一。从本市各大市场和零售摊点发现不同包装、不同规格的小米品牌很多。据山西省农业科学院经济作物研究所陈瑛老专家多年的统计，省内外以晋谷21号为原料加工销售的小米品牌达45个左右。我们本次从汾阳市工商局调研，已经注册的小米加工企业和小米专业合作社达26家，他们的加工原料主要来自汾阳、石楼、岚县（小红谷），晋中、长治、临汾等地，吕梁市生产的谷子除供农户自已吃外，加工原料还是不够。

目前吕梁市在谷子深加工方面，山西省农业科学院经济作物研究所和汾州香米业有限公司在做小米及其副产品的深加工研究与开发工作，已获得小米方便粥和小米饮料两项国家发明专利，并在小米糠油、小米糠膳食纤维、小米糠功能因子的提取等方面做了大量研究，其他企业还未涉及深加工领域。

据调研企业认为存在的问题和技术需求：

存在问题：①企业规模小，对原料谷子的生产基地投资不起，没有固定的原料来源，谷子品质不稳定，差异比较大，产品质量得不到保证；②缺少专用的大型小米加工设备，目前市场大多为大米加工机械；③农户主要以碾压打谷的办法脱粒，没有合适的场地和机械，原料谷子的杂质太多（尤其是小石子、土块等）。

技术需求：①专用加工设备和先进的加工工艺，保证产品质量；②向农户推广脱粒机械，保证原料合格，杂质少、净度高；③研究选育适于精加工和深加工的专用谷子品种；④给农户培训谷子优质栽培技术，提高原料品质；⑤研究小米加工副产品（谷糠、碎米等）的开发利用，增加产品附加值，提高企业效益；⑥培育优质谷子的优势产区，建设产业基地，保证原料充足供应；⑦研究市场运作机制，加强谷子营养宣传，挖掘民间小米的吃法和粟文化，使谷子的消费成为习惯。

7 谷子产业区建设及提升产业效益策略

通过对吕梁市基层技术人员和部分农业局、技术站、新农村办公室的主要领导进行问卷调查和座谈的方式了解到，大多认为：我国及吕梁市谷子产业区建设应该依照谷子生态区划分，按现在谷子主产区，实行政策引导，政府扶持，以“农民合作组织＋企业＋政府＋科研单位”的组织形式，和企业签定长期合同、订单农业，组织农民，向产业区提供组装集成的产业化生产技术规程、绿色（无公害）谷子简化栽培技术、机械化播种收割技术和优质专用（或主食性）品种。

提升产业效益应该：企业获得标准化、经无公害（或绿色）认证基地，研究开发谷子深加工产品，加强谷子营养作用宣传的同时挖掘粟文化，进行得力的市场运作，拓宽谷子消费渠道，扩大谷子消费群体，加大谷子的消费出路，带动谷子面积增加，稳定谷子价格，稳步提高农民效益，降低农民风险。

参考文献

[1] 刁现民．中国谷子生产与产业发展方向［C］，见：柴岩，万富世．中国小杂粮产业发展报告．北京：中国农业科学技术出版社，2007：32~43
[2] 赵海云．山西省谷子生产及其产业化开发［C］．见：牛西午，刘作易．中国杂粮研究．北京：中国农业科学技术出版社，2007：16~20
[3] 山西省农业科学院．中国谷子栽培学［M］．北京：中国农业出版社，1987

大同朔州地区谷子产业发展存在的主要问题及应对措施和建议 *

任月梅　杨　忠　张　绶　郭瑞锋

（国家谷子产业技术体系大同综合试验站 / 山西省农业科学院高寒区作物所，山西大同　037008）

摘　要：大同朔州地区大陆性半干旱季风的农业气候条件适宜于春播早熟谷子的栽培，谷子是当地主栽传统作物。本文基于对当地谷子产业发展中存在的品种、病虫草害、地力、机械化、加工问题的调研，提出了应对措施和对农业主管部门的建议。指出谷子产业发展的关键在于各级政府强有力的管理、宣传力度、政策支持及品种研究单位的多样化品种更新，示范推广。

关键词：大同；谷子；问题；措施；建议

Main Problems in Foxtail Millet Production and Countermeasures to Improve the Situation in Datong Region of Shanxi Province

Ren Yuemei，Yang Zhong，Zhang Shou，Guo Ruifeng

(Datong Comprehensive Experiment Station, China Industrial and Technological Research System of Millet; Shanxi Academy of Agricultural Science, High Latitude Crops Institute, Datong 037008, China)

Abstract: The continental monsoon semi-arid agro-climatic conditions in Datong region of Shanxi province is suitable for the cultivation of spring sowing foxtail millet with short maturity . Foxtail millet is one of the traditional local mainly cultivated crops. In this paper, situation and factors influencing foxtail millet development such as varieties, insect pest, soil fertility, mechanization and processing were surveyed. Measurements to improve foxtail production were suggested.

Key word: Datong district; Foxtail millet; Measures

谷子（粟）是我国重要的粮食作物，在国民经济中占有重要位置，在我国有悠久的栽培历史。谷子具有较强的耐旱能力，抗逆性强，适应性广，在我国东北、华北及西北等地区栽培比较广泛，是我国北方人民的主要粮食之一。谷子还是粮、草兼用作物，是牲畜、家禽的良好饲料。很长一段时期，谷子在我国粮食作物的地位开始逐年下降，已经不再是人们的主要食粮。其种植面积急速缩

* 基金项目：现代农业产业技术体系建设专项资金资助。

第一作者简介：任月梅，1964 年出生，女，副研究员，主要从事谷子育种和栽培研究工作。

通讯地址：山西省大同市迎宾东路 18 号院，山西省农业科学院高寒区作物研究所。Tel：0352-5338501，E-mail：[illegible]@163.com

减，市场需求下滑。随着人们生活水平的不断提高，人们的主食结构也开始向多元化的方向发展，近年来，绿色保健食品开始成为市场需求的主流。经过加工的小杂粮食品逐渐被人们关注和喜爱。其中，谷子因其丰富的营养价值表现更为突出，是公认的食疗粮食，能平衡和补充人类发育所必需的各类营养，因而显示出强劲的市场竞争活力。在新的经济背景下，建立和健全规范、合理的谷子产业体系，应对全球粮食危机和逐年干旱的严峻形势，无论是人们的市场消费需求，还是作为一项重要的战略储备物资，都显得十分必要和务实。

大同朔州地区位于山西省北部，地处黄土高原东北边缘。地理坐标为东经 110° 53′~114° 33′，北纬 38° 58′~40° 44′，平均海拔 1 056m。北以外长城为界，与内蒙古自治区相邻，西、南与山西忻州地区相连，东与河北省相接。本地区属温带大陆型季风气候区，降水少、日照多，春夏秋凉爽，昼夜温差大，四季分明。年日照时数为 3 000h，无霜期东南部 156d、西北部 100d，年均气温 3.6~7.5℃，≥10℃的有效积温在 2 000~3 100℃。年均降水 360~450mm，年均蒸发量 1 144mm，降水多集中分布于 7~9 月间。

大同朔州地区土地广阔，种植区域地貌多以丘陵为主，土壤以褐土、壤土和黏土为主。主要农作物有玉米、谷子、莜麦、春小麦、黍子、马铃薯、胡麻、黄花菜、黄芪、甜菜、向日葵和蔬菜、瓜果杂豆等。谷子抗旱耐瘠薄的特性非常适合大同朔州地区这样的北方大陆性半干旱季风气候区的干旱环境，是对保护环境有利的好作物，所以，谷子是大同朔州地区仅次于玉米的主要粮食作物。根据山西省统计局权威数字，大同朔州地区谷子种植面积在 2007 年、2008 年两年间，均播种面积在 2.80 万 hm^2 左右，占农作物总种植面积的 10% 左右，在农作物产值中占有很大比重。因无霜期较短，适合谷子的生育期多为 120~130d，均为春谷种植，受所属区域自然条件限制，干旱少雨的年份对谷子的生产影响重大。例如大同市 2007 年和 2008 年谷子播种面积基本上相同，都在 2.0 万 hm^2 左右，而且 2008 年还比 2007 年少种 667hm^2，但是，总产量却差异很大，2007 年总产量只有 16 727t，平均单产 54.3kg/667m^2；2008 年总产量达到 26 339.8t，平均单产 88.45kg/667m^2。究其原因就与 2007 年 7 月间降雨只有正常年份的 56.4%，造成卡脖旱有关。通过调研得知在谷子生产中存在的问题也不少。

1 主要问题

1.1 品种问题

虽然山西省农业科学院高寒区作物研究所进入 20 世纪 90 年代以后选育出 8 个优良品种，周边的张家口农业科学院也选育出不少新品种，但当前生产中应用的谷子品种仍然是新选育的和优秀农家种共存的状况，各个县区种植的适宜本地主要品种基本上只有一到两个，谷子新品种的推广面积只占谷子种植面积的 50% 左右，在一些边远山区甚至还种植祖辈留传下来的本地农家种。有相当一部分农家种产量低而不稳，即使是新推广的品种也存在着高产、优质和多样性方面仍不能满足产业需求的问题。

1.2 病虫草害问题

同朔地区谷子主要病害是白发病和红叶病，虫害主要是粟凹胫跳甲、草地螟、粟灰螟、土蝗及蝼蛄、金针虫等地下害虫。本地由于相对偏冷，病虫害较少，农民大多数不防治病虫害，只有在黏虫、土蝗等害虫大暴发时才着急地去防治，都是处于被动防治心理，没有积极主动的预防心态。草害则是由于青壮年劳力大多数在外打工，家里只剩下老人、孩子、妇女不认真中耕所致。鸟害是与国家保护动物及把麻雀列为益虫的政策有关。

1.3 地力问题

目前谷子种植地大多选择在丘陵坡地和旱薄地，即使种植也很少施用优质的农家肥，而是为了省工只在播种前使用一些普通化肥，投入严重不足，土壤地力因素对谷子产量和品质都有影响，而且在农民中造成了谷茬不是好茬口的根深蒂固思想。但在有龙头企业带动，市场条件较好的广灵县等地区，由于谷子收购价较好，一般种在水浇地和肥旱地，肥力投入也比较高。

1.4 机械化方面的问题

谷子从播种、间苗、除草、打药、追肥、收获等环节基本上都是人工操作，费时费工，特别是间苗尤其麻烦费工。目前谷子播种机械已经开发出来，但由于谷子大多数种植在丘陵坡地、旱薄地，零星分散，面积大小不一，没有形成规模化，所以应用不普遍。谷田除草以手工和化学除草为主，机械除草的较少，生产上没有谷子专用除草机械。仅 15% 左右的谷子产区在使用收获脱粒机械，收获机械存在的主要问题是破碎率高，收获损失大，谷子生产上缺少专用的谷子收获、脱粒机械。

1.5 谷子加工方面的问题

本区现有的谷子加工产业还处于起步阶段，谷子加工企业多、规模小、基础差；谷子初级产品占主导，深加工产品极少，综合利用尚未提上议事日程；粗加工设施损耗大，资源有效利用率低；消费市场小，缺少拉动力；原料的单纯性，目前难于形成广适、畅销的产品；科研产品缺少成果转化平台；加工设施、技术滞后，产品质量亟待提高。产品单一、科技含量较低等因素，很难适应市场需求。加工工艺和技术还有待于进一步的提高。

2 应对措施

2.1 品种方面

首先，科研院所在选育品种的过程中，要注意不仅从高产方面入手，而且还要从适口性和优质等多样性方面着手，选育适合本地栽培的生育期长短搭配、用途各异的系列新品种，用于满足生态区域和市场的各异性。其次，科研院所通过和县区农业部门合作，有意识地建立各类新品种示范基地和举行现场观摩会、技术培训会，加强新品种的推广力度，把新品种推广到从近郊到边远山区、山庄窝铺的各个村庄，最大限度地发挥各类品种的生产潜力。

2.2 病虫草害方面

首先，农业主管部门采取强硬措施制定标准，让种子生产部门在分装种子之前，根据不同的作物必须给种子进行不同的药剂包衣，把种子包衣剂作为一项硬性指标下达下来，否则吊销其生产经营执照，这样使所有生产出的种子都能预防地下害虫和部分病害，从种子这个环节上防治住地下害虫和白发病、黑穗病等病虫害。其次，病虫害预测预报部门根据上年成虫的虫口密度和当年气象条件中长期预报，及时作出准确的预测预报，农业有关部门准备好防治所需各类物质农药，把暴发性害虫黏虫、土蝗、草地螟牢牢地控制在允许范围之内。第三，加大技术培训力度，让农民逐渐认识病虫草害的危害性，自己变被动防治为主动防治，把其他的粟凹胫跳甲、粟灰螟等虫害消灭在生态危害水平之下，把杂草也及时地除掉。

2.3 地力方面

基于目前土壤地力差、农民不肯投入高水肥、田间管理粗放等情况，需要应用科学合理的配套栽培技术，去指导农民用先进的技术提高生产力和获取较高的经济效益，同时逐步提高谷子产品的市场竞争力，以期用较高的收购价使农民得到较好的种植谷子回报，从而激励农民加大投入力度或者将种植地区选择在高水肥地区，以此寻求更好的规模效益，谷子产业也愈发做大做强。

2.4 机械化方面

在谷子生产加工机械的研发方面，由于谷子种植产区生态和生产条件多样化，因此需要开发研究适宜当地条件的不同农机产品，以满足生产多样化的需要。同时，研发的生产设施要易于操作，成本要充分考虑到产区农户的经济承受能力，使农户能买得起、用得起。

2.5 加工方面

建议政府引导和扶持龙头企业，增加科技投入和补贴，研发出适销对路、综合利用率高、节省资源的深加工产品，带动和兼并周边的小型加工企业。只有加工企业高度规模化、现代化，生产出适销对路的产品，企业才能发展，“龙头企业 + 基地 + 农民”的模式才能通畅地运行，农民的积极性才能提高，相应的谷子产业化体系才能顺畅建立和良性发展。

3 建议

（1）目前谷子的种植区域零星分散，面积大小不一，没有形成规模化、集约化的生产模式，在一定程度上浪费了资源，而且在市场上也缺乏有效的竞争力，建议在本区进行科学合理的规划，逐步形成规模化的生产模式，因地制宜选择适合本地区的优质品种种植，形成特色产业基地优势，使得各区域的谷子品种具有市场竞争力。

（2）加大宣传力度，提倡和挖掘粟文化，用谷子丰富的营养价值来引导人们的健康消费需求。通过市场运作，拓宽谷子消费渠道，打造品牌优势，通过企业的快速发展带动谷子种植面积的增加，形成规模化、产业化的发展态势。

（3）通过政府、企业、种植户、科研机构资源的合理配置，紧密结合，相辅相成，逐步理顺现有谷子产业的各个环节，将谷子种植生产和科学高效的栽培管理技术相结合，将建立的产业化原料基地产出的优质小米和深加工企业的高精尖技术相结合，将加工后的产品的品牌优势和消费市场相结合，全面带动谷子产业。

参考文献

[1] 山西省农业科学院 . 中国谷子栽培学［M］. 北京：中国农业出版社，1987：1~9

[2] 马福山 . 大同市农业与农村工作手册［M］. 北京：中国农业出版社，2006：12~21，57~60，130~132

山东省谷子生产现状与产业化发展趋势 *

管延安　杨延兵　秦　岭　王海莲　张华文

（国家谷子产业技术体系栽培植保研究室 / 山东省农业科学院作物研究所，山东济南　250100）

摘　要：谷子是我国重要的旱作粮食作物，国家谷子产业技术体系的启动对谷子产业的发展带来了新的契机。在国家现代农业产业技术体系专项资金的支持下，对山东省谷子生产的产业现状进行了广泛调研，摸清了山东谷子生产与产业的基本情况，并针对发现的问题和技术需求，提出了可行的解决方案。

关键词：谷子；现状；产业化；山东

Current Production Status and Industrialization Trends of Foxtail Millet in Shandong Province

Guan Yanan，Yang Yanbing，Qin Ling，Wang Hailian，Zhang Huawen

(Section of Cultivation and Plant-protection, China Industrial and Technological Research System of Millet; Crop Research Institute, Shandong Academy of Agricultural Science, Jinan 250100, China)

Abstract: Foxtail millet is a food crop of importance in China rain-fed land. The initiation of National millet industry-technology system brings new opportunity for millet industrialization. Under the support of National modern agriculture industrialization system special fund, current industry status of foxtail millet production was widely investigated in Shandong province, and the basic situation of foxtail millet production and industry was ascertained. Feasible solutions were proposed which aimed at problems and techniques requirement in the investigation.

Key words: Foxtail millet; Production status; Industrialization; Shandong province

谷子是我国重要的旱作粮食作物，抗旱耐瘠、水分利用效率高、适应性广，在干旱瘠薄的土壤上种植，具有良好的高产稳产性。不仅在旱作农业中占有重要地位，而且在水资源日益短缺的严峻形势下，谷子还是重要的战略储备作物。小米营养丰富且各种成分平衡，是具有营养保健作用的粮食作物，对人体有重要作用的食用粗纤维是大米的 5 倍，是近年来兴起的世界性杂粮热的主要作物。同时谷子秸秆粗蛋白含量 8%左右，饲草谷子秸秆粗蛋白含量在 15%以上，是禾本科中最优质

* 基金项目：现代农业产业技术体系建设专项资金资助。

第一作者简介：管延安，1965 年出生，男，研究员，主要从事谷子育种和栽培研究工作。

通讯地址：山东省济南市桑园路 28 号，山东省农业科学院作物研究所。Tel：0531-83178115，E-mail：yguan65@yahoo.com.cn。

的饲草，在畜牧业发展中有重要作用。

1 山东省谷子生产现状

1.1 谷子生产的自然条件

山东省地处我国东部、黄河下游。位于北半球中纬度地带。陆地南北最长约420km，东西最宽700余km，面积15.7万km^2。山东地形中部凸起，为鲁中南山地丘陵区；东部半岛大部是起伏和缓、谷宽坡缓的波状丘陵，为鲁东丘陵区；西部、北部是黄河冲积而成的平原，是华北平原的一部分，为鲁西北平原区。利津的宁海以东为现代黄河三角洲，每年向海延伸2~3km，是盐渍化程度比较重的地区。

山东省属温带大陆性季风气候，降水集中，雨热同季，春秋短暂，冬夏较长。冬季雨雪稀少，寒冷而干燥；春季气候多变，地面增温快，蒸发大，降水少，常干旱；夏季炎热湿润，降水集中，时有暴雨冰雹天气出现；秋季云雨较少，个别年份出现秋雨连绵天气。年平均降水量550~950mm，自东南向西北递减，鲁西北和黄河三角洲在600mm以下，而鲁南鲁东，一般在800~900mm，夏季降水量占全年的57%~71%。无霜期173~250d，年日照2 200~2 900h，日照百分率为50%~60%；全省年平均气温11.0~14.2℃，由东北沿海向西南内陆递增。0℃以上年积温4 137~5 283℃，≥10℃有效积温为4 137~5 283℃。光热资源充沛，适合一年两作。

1.2 山东省谷子的种植

山东省是我国历史上的种谷大省，解放初期谷子种植面积曾达130多万hm^2。50多年来谷子种植经历了由春谷到夏谷的转变，当前是我国主要的夏谷产区之一，近几年山东省谷子种植面积在4万hm^2左右。谷子产量与解放初期相比提高很大，由解放初期的70kg/667m^2左右，提高到目前的250kg/667m^2左右。品种改良对产量的提高起了重要作用。

山东省谷子有种植分散，相对集中的特点。主要的种植区域在鲁中南山地丘陵区，包括鲁中丘陵区济南市的章丘、平阴、长清，鲁中山区丘陵淄博市的周村、临淄、博山，鲁南沂蒙山区的沂水、费县、平邑等。平原地区也有集中种植的事例，如潍坊寒亭的春谷合作社，金乡的圣谷米业有限公司，都位于土地平整肥沃的平原地区。

山东省谷子生产，以往以夏播种植为主。近些年来又有所变化，既有夏播，又有春播，总体来看春播谷子面积有扩大的趋势，根据调查估计，春播谷子占接近1/3的面积。章丘市相对种植谷子面积较大，常年种植3 000~4 000hm^2，占全市耕地面积的近10%，有一半为春播。位于山区、丘陵的零星种谷小户也春播种植，如淄博、沂蒙山区的山区丘陵地区。

从2006年以来的谷子产量来看，虽有所波动，但基本持平，年度间没有出现持续增长的趋势。农户之间产量水平一般从200~400kg/667m^2，绝大多数300kg/667m^2左右。谷子种植规模较大、处于产业化基地的农户（寒亭、章丘、金乡），产量都较高，一般350~400kg/667m^2。这说明谷子产量的差异与种植规模有很大的关系。2008年谷子价格在每千克3~4元，每667m^2的毛收入900~1 200元，每667m^2投资300元左右，每667m^2净收入600~900元，比种植玉米每667m^2增加收入300~400元，经济效益很好。

1.3 山东省谷子的品种利用

山东省当前的谷子品种大部分是近年来育成的现代优良品种，包括济谷 11 号、12 号、13 号和鲁谷 10 号，河南、河北育成的优良品种也有一定面积。济谷 12 号产量高，稳产性好，抗逆性强，调查的农户产量都在 300kg 左右，有的可以达到 400kg 以上。而且济谷 12 号米色鲜亮，食味佳，营养品质好，综合抗性好。鲁谷 10 号是 20 世纪 90 年代中期审定大面积推广的夏谷良种，90 年代后期在山东省谷子生产中占主导地位，目前仍有一定面积的种植。河北育成的冀谷 19 号性状独特，米质优良，近年来在山东不少地方推广种植。冀谷 25 号、复 1、保谷 18 号等新育成品种也有种植，这部分农户多处于谷子集中产区，与科研单位联系比较密切，品种、技术普及更新较快。

除了以上优良品种外，有些县市种植的品种很有地方特色。如章丘龙山镇的“龙山小米”和金乡的“金米”，都是具有悠久历史的四大贡米之一。章丘“龙山小米”的代表品种东路阴天旱，“金乡小米”代表品种“菠菜根”，经过长期驯化，很适应当地的生态气候特点，种植面积仍然较大。这类传统小米米质优良，色泽金黄晶亮，出米率高，煮成的稀饭香味浓郁，营养丰富。并且产地的小米加工企业已呈规模，小米销路畅通，而且质优价高，当地种植谷子的积极性很高。竹叶青、齐头白及一些不知名的地方品种仍有不少地方种植。

1.4 山东省谷子的耕作栽培

调查发现谷子一般种植在旱薄地或肥旱地，耕作方式多样。夏播种植的农户是表土作业或贴茬播种，春播种植的农户多进行深翻或深松。主要的抗旱播种技术有镇压提墒和雨后抢墒播种。多采用平作匀行耧播的种植方式，行距多为 40cm，每 667m^2 留苗密度比较一致，一般 4 万 ~5 万株。有些种植规模大的采用机播的方式播种。

谷子间苗、收获和脱粒几乎都是人工进行，机械化程度很低。除草剂用的也很少，个别地方施用 44% 谷友（谷草灵）和 50% 扑灭净。这与谷子专用除草剂少，宣传不到位有很大关系。

1.5 万谷子生产的肥料施用和病虫害防治

半数农户基施 2~3m^3 的土杂肥（厩肥），春谷一般春季施肥，夏播谷子则在前季种麦前施入。谷子生产中普遍施用不同用量的复合肥一般 20kg 左右，多的施用 50kg。有近一半的农户施用尿素，一般在 10~20kg。单施氮肥的农户没有，说明农户比较重视养分平衡。总体来看农户在肥料的投入上并不少。化肥的施用，各种方式都有，以撒施为主，条施为次，少数农户部分基施。叶面肥施用的很少。与主要作物比较谷子施肥管理的水平是比较低的。

山东省为害谷子生产的主要病害是纹枯病、褐条病、谷锈病、线虫病和病毒病，春谷生产上除上述病害外还有白发病。近年来夏谷白发病有增加的趋势，应引起足够的重视。虫害主要有黏虫、钻心虫（玉米螟、粟灰螟）、稻纵卷叶螟、蝼蛄、金针虫等。进行病虫害防治的较少，分散种植麻雀为害较重。

2 山东省谷子产业化现状及发展趋势

近几年来尽管山东谷子面积只有 4 万 hm^2 左右，比 20 世纪 90 年代以前（13 万 hm^2 以上）下降很大，但谷子生产中的规模化、企业化生产有了很大程度的发展，各种谷子专业生产合作社、农业有限公司等不同规模的集谷子生产、小米产品加工、销售产供销于一体的企业如雨后春笋般建立起来，据调查了解，小米加工 5 万 kg 以上的企业至少 10 家以上。这对于发展谷子生产，带动群众致富发挥了积极作用。这些企业的共同特点是重视小米品质与产品质量，多数企业获得了绿色或无公害产品认证，也有获得有机食品认证的企业。由龙头企业牵头，规模化、企业化的谷子产业发展将是今后的主流。

这些企业可以分为几种类型。一是依托历史名牌和传统优势发展小米加工产业。中国历史上著名的“四大名米”，其中有二出自山东，分别是来自章丘的“龙山小米”，代表品种是阴天旱和黑汉腿，来自金乡的“金米”，代表品种是菠菜根。这两处贡米产地都有多家小米生产企业或小规模作坊式的加工户。代表性的企业是章丘种业集团和金乡的圣丰谷源米业公司。其中山东章丘市种业集团实力雄厚，是集一家科研育种、谷子开发、良种生产经营、物流经营于一体的多元化集团公司。该集团依托传统优势大力开发谷子产业，已开发出真空包装龙山小米、礼品小米面、小米粥、小米窝头等 10 多个品种，其中真空包装龙山小米占据同类产品山东 60% 的市场份额，并进入北京、上海、江苏、广东等 20 多个大中城市的 300 多家超市和专卖店、连锁店，年小米产品销售量在 100 万 kg 以上。“泉头”牌小米商标被评为山东省著名商标，公司被评为山东省农业产业化重点龙头企业。在产业化经营方面，走“公司 + 基地 + 农户”路子，实施品牌战略，大力推动谷子产业的发展。目前谷子生产基地总规模近 1 300hm^2，涉及农户 1 万余户，组织订单农业，使农户与企业形成了一种利益共享、风险同担的长期合作关系。2008 年基地谷子由于品质优良，小米平均售价在 9 元 /kg 以上，每 667m^2 收入达 3 000 多元，仅谷子一项就带动农户年增收 1 000 余万元。

二是在高海拔、无污染、空气清新的山地发展高端有机小米食品。如沂蒙山区沂南的临沂千荟工艺品有限公司出资组建了孙祖小米生产专业合作社，70hm^2 谷子生产基地位于孟良崮东麓 15km 的红嫂故乡，在皂旗山、张洪崮一带的环山半坡梯田上。这一带生产的谷子因气候、土质的原因，远近闻名，村民生产的山地谷子 2008 年卖到了 7 元 /kg 以上（注意不是小米），目前该公司已通过有机小米认证。基地建设采取了与章丘种业集团类似的方法，2008 年对基地农户实行最低谷子保护价 7 元 /kg，公司实行统一供种和技术指导。淄博四季青农业有限公司，通过签订长期租赁合同，买断 200hm^2 的山地，首先获得了有机食品认证，通过开垦山地发展有机小米，形成高附加值的高端产品。

三是地方政府引导，把发展谷子产业作为当地经济发展的增长点。如潍坊寒亭位于昌潍大平原，近二十年来，当地谷子种植面积已经很少。在近年来谷子价格不断上扬，小米高收益的形势下，经过考察论证，在区经管局的组织引导下，成立了寒亭春谷专业合作社。经过二三年的发展，已形成了 200hm^2 相对成片的谷子产业化基地，开发出了不同层次的多种小米产品，获得了良好的效益。

3 谷子生产中需要解决的问题与对策

谷子生产多年来存在间苗费工、机械化程度低等问题。在新的生产形势下，一些老问题日益凸显，也出现了一些新问题，必须正确认识，积极应对，以推动谷子生产的发展。

3.1 谷子规模生产和机械化问题

当前谷子已不再是主要粮食作物，而是作为人民生活中的调剂食品和保健食品。由于需求量较少，种植相对麻烦费工，生产上种植面积不大，而零散种植的情况下鸟害严重，这更使发展谷子生产受到了很大影响。在当前农村劳动力不足，劳动力成本不断提高的情况下，谷子生产走规模化、企业化发展的路子势在必行，而规模化生产必须解决机械化的问题。目前，谷子生产中包括播种、中耕、收获等各个环节的机械化程度都很低，必须根据谷子的特点，研制相应的生产机械，解决谷子生产不能机械化播种、人工间定苗费力用工多、不能机械化收获的难题。通过机械化大幅度的减少田间管理用工，降低生产成本和劳动强度。谷子的育种和栽培也应根据规模化机械化生产的需要研究相应的优良品种和配套栽培技术。

3.2 推广配方施肥及高效施肥技术

谷子生产中广泛存在或施肥很少，或施肥过多，且各要素化肥用量不尽合理的现象，应根据谷子生产的特点，不同地区不同生产条件，研究制订不同的配方施肥技术，并采用根外追肥（叶面肥）、高效缓释肥等施肥技术，加强示范与推广，提高谷子产量与品质。

3.3 重视病虫害防控，提升谷子产量与品质

病虫害严重影响谷子的产量与质量，病虫害的发生受气候和生态条件的影响很大，并且随着致病小种的变异，一些次要病害可能重新流行。如谷子白发病以前在夏谷上少见，近年来随着致病小种的突变，在有些夏谷品种上已经出现，有的感病严重。

从谷子生产实际来看，对病虫害的防控未提升到应有的重视程度。病害防治最有效的是选用抗病品种，各地应根据当地易发病害的种类，选用对该病害抗性强的高产优质良种。其次进行种子处理，药剂浸种对防治种传病害有良好的效果，如线虫病、白发病等。第三，在生长季已发现感病苗头，及时喷施高效低毒的杀菌剂。对谷子生产危害最大的虫害是黏虫和钻心虫，高肥水地区的蝼蛄、金针虫有的年份也发生严重，应在虫害发生适期进行防治。

3.4 加强谷子新品种的宣传推广力度，清理规范种子市场

优良品种是作物生产见效最快、最有效可靠的增产措施。当前品种多乱杂是影响谷子生产的一大限制因素。科研部门不仅要选育出优质、高产、抗病、适应不同类型地区的优良品种，还要加大宣传推广力度，使优良品种尽快的应用到生产中去。同时清理规范种子市场，提高良种的普及率，减少多乱杂现象。

3.5 建立谷子品牌基地，提高规模效益

目前山东省谷子生产总的来看仍是分散的一家一户的种植方式，且多种植在干旱少雨地区，受年度气候条件影响很大，产量品质不稳定。调查情况也显示，谷子生产产业化、规模化的趋势日益明显，山东省境内的谷子专业合作生产组织不下十余家，也有多家集谷子生产加工销售于一体的规

模化企业。有关主管部门应积极支持与引导谷子规模化生产企业，充分发挥已形成的谷子生产区域优势的作用，在产业化基地内统一组织，规模化规范生产并形成从初级产品到加工产品和市场的产业与流通链，促进谷子的产业化生产。

3.6 加强谷子加工产品研发，拉长产业链，提高附加值

当前谷子产业化虽然有了很大程度的发展，但主要产品还是不同档次的小米，极大地限制了谷子产业的发展深度和附加值提升空间。食品加工开发的研究亟待加强，以开发出丰富多样的小米食品、功能食品，提升产品档次，丰富货架品种，满足人民生活多方位的需要。

甘肃、宁夏、新疆、青海、西藏谷子产业调研报告 *

杨天育　何继红　董孔军　任瑞玉　张　磊

（国家谷子产业技术体系栽培植保研究室 / 甘肃省农业科学院作物研究所，甘肃兰州　730070）

摘　要：本着全面了解情况，准确掌握产业发展现状的原则，采取实地走访、填写问卷的方式，于 2008 年对甘肃、宁夏、青海、新疆和西藏 5 个省（区）谷子产业的发展情况进行了调研。调研结果显示：区域谷子面积总体上呈缩减趋势，但实际种植面积要比统计面积大。谷子生产应用品种杂乱，布局不合理；种植方式以清种平作为主，病虫害防治意识淡薄；生产机械化程度不高，专用机械缺乏；生产水平低而不稳。谷子产后利用途径单一，加工产品效益低，加工机械和加工工艺落后。政府重视不够，产业发展缺乏规划，科研、生产和企业的联合不紧密，规模小。调研报告分析了产业发展存在问题的原因，归纳了品种、生产和加工技术、设备和机械等方面的科技需求，提出了提升区域谷子产业效益的对策建议。

关键词：谷子；产业发展；调研；西北地区

Investigation Report of Foxtail Millet Production in Northwest and Qinghai-Tibet Region of China

Yang Tianyu，He Jihong，Dong Kongjun，Ren Ruiyu，Zhang Lei

（Section of Cultivation and Plant-protection, China Industrial and Technological Research System of Millet; Crop Institute, Gansu Academy of Agricultural Sciences, Lanzhou 730070, China）

Abstract: In order to know the current situation of foxtail millet industry thoroughly, situation about foxtail millet industry development was investigated by interview and questionnaire on Gansu and Qinghai province, Ningxia Hui, Xinjiang Uygur and Tibet autonomous region in 2008. The results showed that in regions above, the foxtail millet planting areas reduced but is larger compared with statistical data; the cultivars are various and disordered; single-cropping is the principal plant pattern; its mechanization is seldom used and production is low and unsteady; its processing is less varieties and lower benefit; and there is no plans for the development. In the paper, the causes of the question of foxtail millet industry development also discussed, science and technology demand was put forward and the industry development strategy was suggested.

Key words: Foxtail millet; Industry development; Investigation; Northwest of China

* 基金项目：现代农业产业技术体系建设专项资金资助。

第一作者简介：杨天育，1968 年出生，男，研究员，主要从事谷子育种和栽培研究工作。

通讯地址：甘肃省兰州市安宁区农业科学院新村 1 号，甘肃省农业科学院作物研究所。Tel：0931-7615568，E-mail：yty681001@yahoo.com.cn。

按照国家谷子产业技术研发中心安排，我们本着“全面了解情况、调研能覆盖整个谷子产区；广泛征求意见，调研对象尽可能面宽量大；准确掌握产业发展现状与问题，以主产区调研为主”的原则，2008年对西藏、新疆、青海、宁夏和甘肃5个省（自治区）谷子产业情况进行了调研，此次调研共收到调研表54份。调研对象包括了省（区）行政管理、技术推广、种子管理与良种繁育、加工企业（贸易公司）、科研单位和谷子种植户。其中收到行政管理部门调研表3份，技术推广部门调研表8份，种子管理与良种繁育部门调研表7份，加工企业（贸易公司）调研表7份，科研单位调研表7份，谷子种植户调研表19份。

按照省区分，收到新疆调研表1份，青海调研表3份，宁夏调研表10份，甘肃调研表40份，西藏自治区因仅有谷子资源很少有栽培谷子面积而没有进行深入调研。按照调研内容分，收到农户生产和技术需求调研表19份，基层技术人员生产和技术需求调研表14份，产后加工与产后技术需求调研表8份，设备技术和产品需求调研表5份，产业区建设和产业效益提升调研表5份，遗传育种调研表3份。

1　区域谷子产业发展存在的主要问题

通过对调研表的归纳总结，这一区域内谷子产业发展存在的主要问题有以下4个方面。

1.1　种植面积缩减，生产水平低而不稳

调研结果显示，这一区域内谷子种植面积部分地区增加了，部分地区减少了，还有部分地区维持原状，但总体而言，谷子种植面积呈减少趋势，实际种植面积要比统计面积大。目前这一区域谷子生产上以清种平作为主，地膜谷子作为旱作农业区的新技术得到推广应用。由于受干旱等自然气候条件影响较大，谷子生产水平低而不稳，一般667m^2产量80~250kg，地膜覆盖种植667m^2产量可以达到500kg左右。

1.2　生产上应用的品种多杂乱，生产管理水平低下

目前这一区域生产上应用的品种有地方农家品种（如会宁凉谷、什社黄毛谷、青谷、辽东黄等）和育成品种及新品系（如陇谷系列品种陇谷3号、4号、6号、8号、10号、陇谷鉴2129等；晋谷系列品种晋谷9号、11号、21号，大同14号，吨谷、金吨谷等），生产上谷子品种多、乱、杂，品种布局不合理。这一地区谷子的主要病害有黑穗病和白发病，虫害主要有黏虫、蚜虫、谷叶甲、地老虎、蛴螬、金针虫等，由于旱作农业区谷子病虫害发生较轻，农户对病虫害防治的意识淡薄。谷子生产的机械化程度不高，专项农机具（如播种机、间苗机、收获机和脱粒机等）的应用很少或没有，生产管理基本上以手工作业为主。

1.3　谷子利用渠道较狭窄，加工产品效益科技含量不高

区域内谷子的主要用途包括自留熬粥、加工企业收购、做饲料饲草。而目前谷子的主要加工产品是小米、小米膨化食品和小米发酵制品，加工产品属低端产品，效益低，且加工企业设备和加工工艺落后，产品质量控制标准不健全。由于谷子用途单一，产业链短，市场用量较少，限制了谷子产业的较大发展。

1.4 产业发展缺少规划，宣传不够，产业规模小，无法形成经济优势

虽然这一区域属于国家规划的小杂粮优势产业区域，但地方政府对谷子产业发展重视不够，宣传不够，区域内谷子产业发展基本处于自发和自流状态，缺乏优势产业区布局和规划，科研、生产和企业的联合不紧密，科技研发与产业发展需求脱节，产业区规模小，无法形成将产业优势变为经济优势。

2 区域谷子产业发展存在问题的原因分析

2.1 区域谷子种植面积减少的主要原因

谷子种植面积减少的主要原因有以下几个方面：一是谷子种植效益低，近年来政府投资全力支持推广玉米、马铃薯等高产作物，相比较谷子种植效益偏低，农户种植积极性不高；二是干旱和鸟害的影响较大，谷子产区由于春旱严重，影响谷子的出苗，同时鸟害危害严重，种植面积有限；三是缺乏适合的谷子优良品种，品种混杂严重，品种布局不尽合理，部分地区由于积温有限，种植的谷子无法成熟；四是谷子农机具不配套，间苗麻烦，栽培费工；五是谷子用量有限，市场需求少。

2.2 区域谷子种植面积增加的主要原因

一是价格拉动和加工企业的带动作用明显，以加工企业为中心形成的谷子生产圈有比较优势，由于加工企业的收购，谷子市场价格较好；二是气候变化因素，春旱造成夏田作物无法下种，在谷子播种期遇雨后抢墒播种谷子，谷子面积增加，同时后期雨水较多和谷子生产对雨水的需求吻合，适合谷子生产，谷子能获得较高产量；三是谷草作为优质饲草，在农村家庭养殖业中不可或缺，占有主要地位。

2.3 影响区域谷子产量提高的主要原因

干旱影响、缺乏对路品种和新品种推广不够、农机具不配套、间苗费工嫌麻烦留苗密度不合适、地力有限施肥不够、鸟害严重、无霜期短不成熟等。

2.4 影响区域谷子效益提升的主要原因

谷子生产水平低，机械化程度低，产业规模小，没有形成优势产区，加工产品附加值低，产业链短，市场占有率低，政府不重视，科技投入不足。

3 区域谷子产业发展的技术需求

3.1 需求的新品种

品种要求丰产性要好、品质优良、抗病抗旱，同时品种熟性要适中，能满足不同的自然条件对品种熟性的要求。

3.2 需求的栽培技术

抗旱保全苗栽培技术、谷子免间苗栽培技术、谷子地膜覆盖集雨高效栽培技术、谷子农机农艺配套栽培技术。

3.3 需求的产后加工技术

原料清理精选技术、小米抛光技术（商品品质对色泽的要求）、小米色选技术（商品品质对产品一致性的要求）、无菌包装技术、超高温瞬时杀菌技术、谷子保健产品开发、谷子功能食品开发、谷草加工利用技术。

3.4 需求的机械与设备

谷子精量播种机、谷子种子包衣机械、谷子间苗机械、谷子收获机、谷子脱粒机、谷子深加工成套设备。

4 提升区域谷子产业效益的对策建议

（1）增加科技投入，支持科技创新，抓好新品种培育推广和专项生产和加工机械的研发，推广过硬品种和技术，建立良种繁育体系，提高装备技术，为谷子产业发展提供科技支撑。

（2）政府制定相应配套政策，稳定和强化农民、经济合作组织和企业的利益联系机制，扶持龙头企业，由农村经济合作组织和加工企业运作，建立规模化基地，订单生产，实施良种、农机等补贴，扶持大户生产。

（3）建立产业示范区，集中展示新品种和新技术，在优势产区内发展加工业，延长产业链条，多渠道增加谷子消费量。

（4）加强对农民的科技宣传和服务，为产业发展提供智力支撑。

沧州地区谷子生产现状与产业化发展 *

田伯红

（沧州市农林科学院，河北沧州　061001）

摘　要：沧州位于黑龙港地区，是谷子的传统种植区域，其自然气候和土壤生产条件均适宜发展谷子，谷子是本地主要杂粮作物。本文对沧州地区谷子的生产现状、存在问题作了比较详细的介绍，并提出了今后谷子产业发展的方向。

关键词：沧州地区；谷子；生产现状；产业化发展

Current Status and Industrial Development of Foxtail Millet in Cangzhou, China

Tian Bohong

(Cangzhou Academy of Agricultural and Forestry Sciences, Cangzhou 061001, China)

Abstract: Cangzhou is a traditional growing area of foxtail millet. Because climate conditions and soil textures are favorable, foxtail millet is one of the major miscellaneous grain crops in this region. In this article, the current status and problems of foxtail millet production in Changzhou were described. The perspective of industrial development in foxtail millet in this region was also discussed.

Key words: Changzhou; Foxtail millet; Production; Industrial development

1　沧州地区谷子发展的自然与地理优势

沧州地处黑龙港流域，有耕地 94.4 万 hm^2，其中水浇地 37.3 万 hm^2，占耕地总面积的 39.5%，旱地 56.8 万 hm^2，占耕地面积的 60.2%，其他地约占 0.3%。土壤分布复杂，大部分为潮土（94.9%），有黏土、黏壤土、壤土和沙土等；滨海盐土约占 3.7%。沧州地区属温带半湿润大陆气候，春旱、夏涝、秋吊、冬干已成规律，四季分明。年均气温 13.4℃，无霜期平均 198d，全年日照时数 2 840h，日照率 66.0%。平均降水量 612.3mm，其中 60% 以上集中在 7~8 月份，年蒸发量 1 853.4mm，地下水平均值为 1 638 万 m^3，属缺水区。沧州西部水质为淡水，土壤比较肥沃，东部为咸水，土壤多为瘠薄盐碱土，而且灌水量越大，土壤盐碱化程度越高。因此，即使有灌溉条件的地方也很少浇水。东部的旱薄地是沧州地区谷子的主要种植区，西部地区谷子面积很小，种植面积

* 基金项目：“十一五”国家科技支撑计划 2006BAD02B02，河北省科技厅项目 09220101D-10。
作者简介：田伯红，1963 年出生，女，副研究员，主要从事谷子遗传育种研究。
通讯地址：河北省沧州市运河区朝阳南路 1 号沧州市农林科学院。Tel：18931728799，E-mail：bohongtian@yahoo.com.cn。

较大的夏播作物主要是玉米，其次为棉花和大豆。沧州地区是我国干旱缺水最严重的地区之一，干旱缺水已严重影响农业可持续发展，继续过量开采地下水势必使恶性循环加剧。谷子是抗旱耐瘠作物，扩大谷子种植面积，推进谷子产业化发展，缓解需水矛盾是今后该地区农业的发展方向。

沧州地区谷子种植面积较大的有盐山、孟村、黄骅、沧县、献县、海兴等县，从土地情况看，这些地区以旱地为主，一般旱地占总耕地面积均达 60% 以上（表 1）。另外，沧州地区有滨海盐碱地 4.23 万 hm^2。一部分土地经过了多年的土壤改良，以及地下水过量开采，地下水位急剧下降，土壤盐分随之下移，使土壤耕层的含盐量降低，这类土壤也是发展谷子的一个潜在地区。谷子属于中度耐盐作物，夏播谷子播种期在 6 月中下旬，生长期的 7~8 月份正值一年中的降水高峰期，此时土壤盐分会随雨水下移，对谷子的生长影响不大，到 10 月份盐分开始上移时，谷子已经收获。因此，只要选用芽期和苗期耐盐性较好的品种，谷子仍能获得较高的产量。2007 年，我们对谷子芽期、苗期和生长期的耐盐性进行了初步研究，发现品种之间的耐盐性存在显著差异，筛选出一批各个时期耐盐性较好的品种，目前正在进行更全面、深入的耐盐性研究。

表 1　沧州地区几个县土地情况　（万 hm^2）

名称	盐山	孟村	黄骅	海兴	沧县	献县
水浇地	1.23	0.86	2.67	0.30	3.89	2.93
旱地	3.82	1.33	4.63	4.07	18.39	5.25
合计面积	5.05	2.19	7.30	4.37	12.28	8.18
旱地占总面积（%）	75.6	60.5	63.4	93.1	68.3	64.2

2　沧州地区谷子生产现状及产品加工情况

由于谷子主要种植在旱薄地，前茬大多是空白地，播种期主要根据降雨的情况来确定。如果在春季的 5 月或 6 月初遇到大雨，农民会抢墒播种；如果春季比较干旱，则会夏播。种植形式主要是单作物种植，有少数农户种植在果树的行间。少量谷子种植前茬是小麦，在谷子播前及生长期间一般不浇水和施肥，主要靠小麦施肥的后劲。尽管种植谷子的土壤肥力较差，田间管理比较粗放，由于高产品种的应用，谷子的单产还是有了很大提高，一般每 667m^2 产量大多在 300~350kg，个别土壤条件较差的地方，每 667m^2 产量也在 200kg 以上，土壤肥力高，管理比较精细的每 667m^2 产量可达到 400kg 以上，个别地块每 667m^2 产量超过 500kg。特别是产量高、品质优、商品性好的品种，给农民带来了更大的效益，这类品种小米的价格比普通品种高 0.1~0.2 元 /kg，也带动了小米加工业的发展。盐山、孟村发展了一批小米加工户，多年来已经形成了规模，加工的小米主要销往东北及山东等地，同时满足本地需求。

受多种因素的影响，谷子的种植面积比 30 年前减少了很多。在 20 世纪 70 年代，沧州地区谷子的种植面积达到 5.33 万 hm^2，目前每年的种植面积在 1.33 万 hm^2 左右。种植面积下降的原因主要有以下几个方面：（1）整地、间苗、锄草费工费时。谷子播种要求整地精细，否则很难保证全苗。由于谷田没有适宜的除草剂，手工间苗、锄草费工费时，而种植玉米，一般不用整地，铁茬播种，播后喷施除草剂，间苗后等待收获即可，相对种植谷子而言，省工省力；（2）农村劳动力结构发生变化。过去农村的主要劳动力是青壮年男工，现在这部分劳动力大多到城市打工，农村剩余的劳动力都是妇女和老人，他们只种植省工省时的作物，如玉米、大豆等；（3）种植谷子鸟害严重，尤其当前种植面积明显较少，这个问题显得更加突出，如果方圆十里只有一块谷子，鸟害造成的损失可达70%~80%。由于麻雀属于国家二级保护动物，只能采用人工驱赶，但效果很不理想；（4）市场需求的问题。小米已经从几十年前的主食地位变成现在喝米粥的调剂地位，市场需求潜力不大，现在育成品种的单产大幅度提高，尽管种植面积减少，谷子的总产量仍能满足市场需求；（5）种植品种呈现多、乱、杂现象。由于谷子区域性比较强，每个品种都有适宜种植的区域，有的农民对品种缺乏足够的了解，盲目引种，在生产上出现一些问题，例如白发病、线虫病等病害的发生。由于土壤肥力差、管理粗放，高产品种不能实现高产，这些因素都对农民的种谷积极性产生巨大的影响；（6）产品的加工及销路、效益问题。目前，沧州谷子的加工还处在产品的初级加工阶段，加工的质量也比较差，谷子碾成小米后多以大包装的形式向外销售，收益比较低，精品加工、包装的产品较少，而且品种单一，没有深加工产品，消费市场发展潜力小；（7）机械问题。谷子从种到收主要靠人工操作，费工费力，没有播种、间苗、锄草、收获以及脱粒的谷子专用机械，与其他作物（如小麦、玉米、棉花等）相比机械化程度非常滞后；（8）种子经销问题。谷子是常规作物，育成的品种可连续种植几年。谷子繁殖系数高，用种量少，对于种子经营部门来说，经销量少，效益低。另外，由于一些种子生产商生产的种子质量较差（包括一些包衣的种子），在生产上出现各种各样的问题，与农民产生纠纷，造成一些经销商不愿意经营谷种。

3 促进谷子产业发展的措施

3.1 选育适应产业化发展的各种类型品种

从目前生产上应用的品种看，适宜沧州地区的品种应具备以下特性。优质、高产、综合抗逆能力强，包括抗旱、耐瘠、抗白发病、线虫病、谷锈病等，不但适口性好，还要商品性优。如果具备一定的耐盐碱能力，发展潜力更大。目前，抗除草剂谷子的育成，使谷子简化栽培成为可能，如果同时具备高产、优质、抗旱、耐瘠、抗病等特性必将受到农民欢迎。

3.2 谷子专用机械的研制与开发

机械化的发展（如谷子精量播种机，中耕培土机，收获脱粒机等），必将解放大量农村劳动力，适应目前农村劳动力分布结构，解决谷子费工费力的问题，提高农民的种谷积极性。

3.3 谷子的加工及新产品的开发

谷子深加工和新产品的研发必将带动市场需求，进而促进谷子产业化的发展。

豫北地区谷子生产现状及产业化发展 *

王素英　刘金荣　路志国　闫宏山　刘海萍　蒋自可　李冬花　宋中强

（国家谷子产业技术体系安阳综合试验站 / 河南省安阳市农业科学院，河南安阳　455000）

摘　要： 2009 年 2 月，按照国家谷子产业技术研发中心的安排，我们对河南省黄河以北的安阳、濮阳、鹤壁、新乡、焦作、济源 6 个市谷子主产区的生产、加工及产后状况进行了广泛深入的调研，全面掌握了豫北地区谷子生产与产业的基本情况。在分析总结存在的问题和技术需求的基础上，提出了促进谷子产业发展的主要措施。

关键词： 谷子；豫北；生产现状；产业发展

Millet Production Status and Industrial Development in Northern Henan Province

Wang Suying,，Liu Jinrong，Lu Zhiguo，Yan Hongshan，Liu Haiping，Jiang Zike，Li Donghua，Song Zhongqiang

（Anyang Comprehensive Experiment Station, China Industrial and Technological Research System of Millet; Academy of Agricultural Sciences in Anyang of Henan, Anyang 455000, China）

Abstract: In February 2009, according to the arrangement of the millet national Industrial Technology R and D center, we choose six foxtail millet main production area-Anyang, Puyang, Hebi, Xinxiang, Jiaozuo, Jiyuan City in north of the Yellow River in Henan Province,we have made a wide range of investigation and research about production, processing and condition after production of millet. According to those dates,we have completely understood the basic conditions of foxtail millet production and industry in North Henan. By analysing, we summarize the problems and technology needs,and point out the main measures of improving the industrial development of the millet.

Key words: Millet; Yubei; Production status; Industry development

谷子是我国北方旱区的主要杂粮，小米营养丰富、各种成分均衡，适口性好，有稳定的市场消费需求。谷子抗旱耐瘠，根系发达，成穗率高，播种期可塑性强。在大农作物不能很好生长的山岗、沟坡地上，仍具有较好的高产稳产性，且适合生产绿色食品。在旱作农业中，谷子是重要的战

* 基金项目：现代农业产业技术体系建设专项资金资助。

第一作者简介：王素英，1965 年出生，女，副研究员，主要从事谷子育种和栽培研究工作。

通讯地址：河南省安阳市紫薇大道东段安阳市农业科学院，邮编：455000。Tel：0372-2563022。E-mail：wsy552@yahoo.com.cn。

略储备作物。河南省谷子种植以夏播为主，常年 50 000hm^2，大多分布在豫北、豫西两个谷子主产区，黄河以北是安阳综合试验站的服务区域，初步调研成效显著，总结如下。

1 调研的基本情况

1.1 指导思想

以了解谷子产业最基本的基础信息为目的，本着“全面了解情况，调研能覆盖整个谷子产区；广泛征求意见，调研对象尽可能面宽量大；准确掌握产业发展现状与问题，以主产区调研为主”的原则，去发现存在的问题和技术需求，为谷子产业体系的建设及下一步工作的开展奠定基础和提供依据。

1.2 调研对象与调研方式

这次调研共涉及河南省黄河以北的 6 个省辖市，13 个县区，55 个乡镇。采用走出去找推广部门、谷子种植农民、加工企业以及行业协会等技术用户面谈，在聊天交流的过程中了解各调研对象所掌握的实际情况，同时也有少部分乡镇的调研工作是结合电话咨询开展的。

2 豫北地区谷子生产现状

2.1 谷子生产的自然条件

豫北是指河南省黄河以北地区，包括安阳、新乡、濮阳、鹤壁、焦作、济源 6 个省辖市。太行山系的南端位于豫北地区的西北部，由一条向西南凸出的弧形山脉和东部低山丘陵所组成。太行山东麓、南端山前与华北平原的过渡地带，地形复杂多样，属浅山、丘陵地势，土层薄，有机质含量低，干旱瘠薄，农作物产量水平较低，为豫北谷子主产区。

豫北地区属暖温带大陆性季风气候，谷子种植在丘陵、山地，气候特征为：春旱多风，夏秋多雨，冬寒干燥少雪，光照条件适宜，热量充足，无霜期长，水热同期，灾害频繁，尤以旱灾为重。年平均气温 14℃，7 月份温度最高平均 27.3℃，无霜期平均 220d，全年日照时数 2 400h，≥ 10℃的活动积温 4 700℃左右。平均年降水量 606mm，且年际和时空分布不均，年蒸发量 1 743mm，为降水量的 2.7 倍，地下水深一般 200~300m，有的达 500m，汲水成本很高，所以当地农民一般不浇秋作物，是豫北主要的旱作雨养农业区，在这里谷子是优势农作物，稳产性高，能生长好，而种植玉米就很冒险。

历年气象资料显示，豫北地区 6 月份雨量偏少，而此时正是谷子生长的苗期，一定程度的干旱，有利于蹲苗，促使根系多发、深扎，为中后期的生长奠定了基础。谷子拔节以后到抽穗期，生长旺盛，对水分的需求达到高峰，此时正是该地区 7~8 月份水热高峰期，历年同期降水量占全年降水量的 60% 以上，完全能满足谷子生长发育对水分的需求。8 月下旬以后，秋高气爽，谷子进入灌浆成熟期，降水量减少，光照充足，昼夜温差大，有利于干物质的积累，可获得较高产量。

2.2 谷子集中种植区域

豫北地区谷子主要集中在太行山东麓、南端山前的浅山丘陵区，近几年的种植面积常年在

24 000hm^2，其中安阳占67.9%、鹤壁13.8%、新乡9.6%、焦作济源6.7%、平原地区濮阳的沙壤地2.1%。土地平整肥沃的豫北平原几乎没有谷子种植。近几年，随着人们对健康食品关注度的增加，谷子价格的上扬，有许多平原地区的农户咨询有关种植谷子的情况，但都因零星种植，麻雀等危害严重而不得不放弃。

这次调研所涉及谷子主产区乡镇的具体分布情况如表1。

表1　豫北谷子主产区各市、县、乡具体分布情况

省辖市	县级	耕地面积（万 hm^2）	谷子面积（万 hm^2）	主产谷子区的乡镇
安阳市	林州市	5.83	0.65	东姚、采桑、横水、桂林、茶店、五龙、原康、临淇、合涧、河顺、东岗
	安阳县	7.13	0.53	马家、伦掌、洪河屯、安丰、铜冶、磊口、水冶、许家沟、蒋村、善应
	龙安区	1.08	0.31	马头涧、龙泉
	汤阴县	4.41	0.14	宜沟、瓦岗
鹤壁市	老城区	1.17	0.10	鹤壁集、姬家山、大合涧
	淇县	2.33	0.13	黄洞、北阳、庙口
	浚县	6.20	0.10	白寺、屯子
新乡市	卫辉市	3.53	0.13	太公泉、狮豹头
	辉县市	5.91	0.10	张村、黄水、拍石头、高庄、上八里、常村、薄壁、盘上
濮阳市	濮阳县	8.93	0.05	胡状、八公桥、梁庄
焦作市	博爱县	2.24	0.08	寨豁、许良、月山、柏山
	孟州市	2.70	0.03	西部丘陵
济源市	济源市	3.30	0.05	王屋、邵原、下冶、大峪
总和		54.49	2.40	

2.3　谷子品种的利用

豫北地区当前生产上推广应用的谷子品种，90%以上是近几年育成的优质高产新品种，主要有豫谷9号、豫谷11号、冀谷19号、豫谷14号、豫谷1号、旱千谷、吨谷等。豫谷9号，基部节间短，田间长势旺盛，根系发达，高抗倒伏，被群众誉为“抗风谷”，高产稳产，国家“一级优质米”。目前该品种的种植占当地推广品种的60%以上，安阳市龙安区马投涧一种植大户申老四，常年1hm^{2}谷子，经几个主推品种不同年份的比较，最后只选种豫谷9号，一般667m^{2}产量为350~400kg。冀谷19号，谷穗下垂，叶片较宽，红谷粒，“一级优质米”，熟相好，农民称之为“防鸟叼谷”，生产上不少地方推广种植，面积迅速扩大。豫谷11号，中秆、穗大、粒大，“一级优质米”，也很受群众欢迎。已审定命名26年之久的豫谷1号，米粥清香绵软，适口性极好，到目前其小米仍有大量回头消费群体，所以豫北有3个优质小米基地专门繁殖该品种的谷子供加工利用。豫谷14号属高产类型，粮草兼收。吨谷、旱千谷以矮秆、有分蘖成穗为亮点，生产上也有种植。相对于科研单位地理位置较偏远的济源、焦作、卫辉等，生产中的品种有点混杂，甚至还有农家种“大寨谷”、“铁头碰”，今后我们应该跟这些地方多联系，宣传谷子优势，宣传优良的谷子新品种。

2.4 谷子栽培与管理措施现状

豫北地区谷子生产以“夏播”为主，前茬70%以上是春白地（旱薄），少部分为小麦、油菜茬（肥旱，一般5月下旬收获）。从“立夏”到“小暑”播种，均能正常成熟，播种期可塑性强，适播期主要集中在5月中、下旬和6月上旬，“春谷宜晚，夏谷宜早”，农民一般视降雨情况在保证全苗的前提下抢墒播种。

空白地大多在春季结合施鸡、猪、牛粪为底肥，进行深翻耙耱后待雨。夏播谷子一般是贴茬播种，多采用清种平作，匀行耧播的播种方式。行距20cm左右，亩留苗密度5万株。间苗、中耕除草，病虫防治、收获脱粒都是人工操作，在被调查农户中无使用除草剂的。田间管理比较粗放，一般667m^2使用2~3m^3鸡粪等，或20kg复合肥作底肥，拔节孕穗期趁雨墒每667m^2撒施尿素15kg左右。只有龙安区种植户赵水林连续三年喷施叶面肥“磷酸二氢钾”，据他本人讲增产效果显著。

近几年，豫北地区生产上对谷子影响较大的主要病害是线虫病、纹枯病、红叶病、锈病、白发病、褐斑病；虫害主要有粟芒蝇、蚜虫、粟灰螟、玉米螟、黏虫；主要杂草有马塘、谷莠子、野苋菜等；分散种植麻雀危害较重。

3 谷子产后加工状况

豫北地区谷子的产后加工企业以销售加工精小米为主，产品主要以大包装的形式流向市场，这些企业主要集中在安阳市周边地区，据这次调研了解，我们统计走访了18家，生产规模为：一个去“石”机，两个碾米机，一个抛光机，常年运转，基本不停，其生产能力为加工650kg/h小米的企业。其中安阳市龙安区马投涧乡3个、文峰区宝莲寺镇6个，安阳县伦掌安丰乡3个、马家乡3个，林州市东姚、汤阴瓦岗、淇县北阳各1个。他们的原料来源有：当地谷子（小米价格较高），外地谷子（如洛阳、内蒙古、东北等）。

这些企业也很重视小米的品质和产品质量，用来争创品牌的谷子都来自当地主产区，是优质谷子品种，并极力打造出无公害农产品的“金字招牌”，推出精包装、简包装系列小米产品，如“红河米业”、“火龙岗小杂粮”、“鑫鑫杂粮米业”、“金牌小米”、“红军米业”、“山谷石碾小米”等企业，就是在市场开发实践中，走谷子产业化发展道路，探索出的一条可行的产供销一体化新路子。

4 谷子生产加工产后技术需求与存在问题

谷子种植的丘陵山区，岗沟不平，杂粮聚集，谷子生产机械化程度很低，也只有在稍大地块播种时用小型播种机，间苗、中耕除草、收获脱粒全靠人力，费工费时。目前谷子加工产品大都是初级产品，以系列小米为主，缺乏精深加工，成品小米也存在因谷子品种混杂造成米色、大小不一致的问题。当前，豫北地区收获后的谷草利用也应加以重视，随着大牲畜的减少，谷草需求量也在减少，秸秆还田或者烧掉实在可惜。

5 促进谷子产业化发展的主要措施

5.1 科研单位培育和筛选多元化的新品种

根据目前市场多样化、多层次的需求，生产上优良的谷子新品种应具备以下特点：第一，满足农民的种植需求，如高产、抗倒、抗病、抗旱，或抗除草剂等；第二，加工成小米进入销售环节还要有优良的商品性；第三，终端产品针对不同的消费群体又出现了优质食用、保健专用、食品加工等类型的需求。所以科研单位应培育多元化的新品种，通过专业化生产，开发适销对路富有特色的系列优质食品。

5.2 建立核心示范区，辐射带动当地谷子生产

近年来，豫北地区形成了林州东姚镇、龙安区马投涧乡、安阳县伦掌乡、马家乡、汤阴瓦岗乡、鹤壁淇县北阳乡、鹤壁集，濮阳县胡状乡、辉县张村乡、博爱寨豁乡等多个优质谷子核心示范区。在示范区内建立高产优质种植配套技术千亩丰产方，百亩高产示范田，结合小米加工企业对谷子的回购，带动了周边村庄种植区的谷子生产，也为当地加工企业提供了原料、稳定了品质。有关部门应积极支持与引导这种模式的生产，促进谷子的产业化发展。

5.3 推广先进技术，提高农民种植谷子积极性

推广适合栽培简单化的抗除草剂新品种及配套技术；研究不同生产条件下谷子配方施肥；谷子生产机械的研制与开发等。这些问题，农民群众是非常急需的，它们解决的不仅只是提高产量、提高生产效率，还能减轻劳动强度，解放劳动力，将会极大地提高农民种植谷子的积极性。

5.4 扶持谷子加工龙头企业，带动产业迅速发展

龙头企业上连市场，下连农户，在整个产业链中起着拉动市场、组织生产和经营的作用，因此有关部门要运用政策、资金、技术等多种形式，扶持一批具有较大发展潜力，搞精深加工的龙头企业，帮助他们建立稳定的原料生产基地，促进转化加工能力，带动全区谷子产业快速发展。

参考文献

[1] 刁现民，中国谷子生产与产业发展方向［C］，见：柴岩，万富世．中国小杂粮产业发展报告．北京：中国农业科学技 术出版社，2007：32~43

河南省洛阳市谷子产业现状及发展对策 *

王自力[1]　李君霞[2]　王海滨[3]　吉洪涛[3]　徐克信[3]　刘忠玲[1]　秦家范[1]　张正伟[4]

（1. 河南省洛阳市农业科学院，河南洛阳　471023；2. 国家谷子产业技术体系郑州综合试验站 / 河南省农业科学院粮食作物研究所，河南郑州市　450002；3. 河南省洛阳市农业局，河南洛阳　471023；4. 河南省偃师市农产品质量安全检测中心，河南偃师　471900）

摘　要：洛阳市属于丘陵旱作区，谷子是当地种植的主要小杂粮作物，地域特色明显。本文对洛阳市谷子产业发展的优势、存在的问题作了分析，并提出了谷子产业发展的对策。

关键词：干旱丘陵区；谷子；现状；对策

Present Status and Development Strategy of Foxtail Millet (*Setaria italica*) Production in Luoyang, Henan Province

Wang Zili[1], Li Junxia[2], Wang Haibin[3], Ji Hongtao[3], Xu Kexin[3], Liu Zhongling[1], Qin Jiafan[1], Zhang Zhengwei[4]

（1. Luoyang Academy of Agricultural Sciences, Henan Province, Luoyang 471023, China; 2. Zhengzhou Comprehensive Experiment Station, China Industrial and Technological Research System of Millet; Cereal Crop Research Institute; Henan Academy of Agricultural Sciences; Zhengzhou 450002, China; 3. Agriculture Bureau of Luoyang, Henan Province, Luoyan 471023, China; 4. Agro-product Quality Safety Detection Centre of Yanshi City, Yanshi 471900, China）

Abstract: Foxtail millet (*Setaria italica*) is one of the most important miscellaneous grain crops in arid and hilly region in Luoyang. Some advantages and problems were reviewed in foxtail millet industry production in Luoyang, and development strategies of foxtail millet industry were presented in this paper.

Keyword: Arid and hilly region; Foxtail millet; Industry situation; Countermeasure

谷子是我国传统的农作物，具有古老悠久的历史，由于其广泛的适应性、丰富的营养含量，在人民的日常生活中，曾发挥过重要的作用。目前，尽管在洛阳市种植面积仅有 2.25 万 hm^2，但在膳食结构改善中发挥着重要作用。随着生活水平提高，对健康的高度关注，谷子种植面积的减少，价格提高，效益大幅度增加。近几年，新品种、新技术的推广应用，带动谷子生产又迎来了一个新的发展高潮，带动了一方经济发展。但是，在看到谷子产业蕴藏巨大潜力的同时，还应该看到产业有许多需要规范的地方。

* 基金项目：现代农业产业技术体系建设专项资金资助。

第一作者简介：王自力，男，1965 年出生，副研究员，从事红薯、谷子新品种选育及推广应用工作。

通讯地址：河南省洛阳市洛南新区赵村东，洛阳市农业科学院。Tel：0379-65512600，E-mail：lynkswzl@126.com。

1 洛阳市具有谷子产业发展得天独厚的条件

1.1 洛阳市优越的地理位置及气候特点，适合谷子生产

洛阳市位于河南省西部，属于丘陵山区，大体上“五山四岭一分川”，耕地面积 38.7 万 hm^2，其中无灌溉条件的旱田面积 28.7 万 hm^2。地处暖温带向亚热带过渡地带，年平均降水量 643.4mm，主要集中在 7、8、9 三个月份。年蒸发量 1 700mm，干燥度 1.3~1.4，气候条件“十年九旱”。

尽管降水量不大，但是，洛阳地区适合谷子种植。生产上多为夏谷，到生长需水期，正是降雨的高峰期，可以满足谷子对水分的需求，只要管理得当，就能够获得高产。所以，生产上群众有一种说法：玉米会绝收，谷子不会绝收。这也许是在洛阳有些地方，尽管谷子种植不连片，麻雀等危害严重，但是，每年都要种植一些谷子的原因。

1.2 洛阳市便利的交通，促进了谷子产业发展

洛阳交通四通八达，随着谷子、小米的商品化程度提高，流通加强，给谷子产业发展提供了便利的条件。

1.3 政府引导，促进了洛阳市谷子产业稳健发展

洛阳市是典型的丘陵旱作区，20 世纪 80 年代，干旱问题日益突出，农业行政主管、技术、科研部门提出了“发展旱作农业，变对抗性种植为适应性种植”的指导思想，明确制定了“玉米川、谷子坡、红薯岭”作物布局，稳定了谷子的种植面积，稳定和促进了当地农业生产。特别是党和政府的扶贫帮扶政策和措施，实现了村村通公路。农业生产条件的极大改善，加上农业新品种、新技术的迅速推广，谷子生产的机械改进，市场经济的发展，给洛阳市谷子产业的迅速发展注入了新的活力。

洛阳市农业科学院下派科技骨干近十人次，担任伊川、新安县等科技乡（镇）长，主抓农业科技。下派 20 多名科研骨干人员，担任宜阳、偃师、孟津、洛龙区的科技示范村的村主任助理。曾到河北石家庄、张家口等地引进推广谷子新品种，对谷子产业发展起到了积极的推动作用。

1.4 洛阳市谷子产业市场优势明显

在丘陵旱地，种植玉米，产量没有保障，种植杂豆效益低，而种植谷子，每 667m^2 产量按照 250kg，每千克 3.2~4.0 元计算，667m^2 产值千元左右。进行加工和包装后，小米价格每千克 4.6~6.0 元，在超市精品小包装（500g 真空包装），每千克最高售价 8.6 元。

群众的种植积极性提高，谷子产业的步伐不断加快，涌现出许多种植专业村、种植专业大户、加工龙头企业、加工专业村、专业市场，小米成为稀罕珍贵的礼品，颇受欢迎。对于增加农民收入，促进农村经济的发展，加速奔小康的步伐具有重要的促进作用。

与其他农作物相比，谷子的地域特点更加明显。依据交通优势，伊川白沙、吕店、宜阳三乡，韩城形成了一批具有一定规模的谷子专业市场，除了供应当地市场外，还销往焦作、南阳、平顶山、漯河等地区。

2　洛阳市谷子产业的现状

2.1　洛阳市谷子产业的主要概况

目前，洛阳市的谷子种植主要集中在伊川的白沙、吕店、江左、水寨、彭婆、鸦岭，偃师的山化、邙岭、寇店，孟津的朝阳、送庄，宜阳的董王庄、韩城、寻村，新安县的铁门、曹村等地。种植品种以豫谷系列为主，此外有洛谷 871、洛谷 872，近年来引进种植冀谷系列、杂交谷子张杂谷 8 号等。生产上每 667m^2 产量一般 250~300kg，高产田可以达到 667m^{2}400kg 以上。

生产上主要以夏谷为主，一般贴茬播种，多为机播，或用单腿精量播种耧种植。一般没有水浇条件。施肥多采用“一炮轰”的方法，时间在定苗之后，结合降雨进行。肥料种类主要是氮肥，以尿素为主。谷子生产上病、虫害为害较重。

产后主要以加工小米食用为主，在伊川、宜阳、孟津有专业的粮食市场，收购加工谷子，销售小米。伊川白沙、吕店的小米市场，在洛阳市非常有名，并且形成了一定规模，有自己的米业协会和包装，效益好。谷糠除了当饲料，喂养鸭子、鹅、猪等外，是进行酿酒和醋的优质原料。如洛阳市“九九龄醋业有限公司”，是一家村办民营企业，在河南闻名遐迩。生产的“九九龄”牌米醋，是企业的主要品牌，已经形成系列产品，具有调节血脂、阻断亚硝胺合成功效，是卫生部批准的保健食品，即使在首都北京也很畅销。

2.2　洛阳市谷子生产存在的主要问题

在洛阳市谷子产业发展过程中也存在着一些问题，应该给予足够重视。

品种多、乱、杂问题严重仍然相当突出。除个别县（市）对谷子产业给予高度重视，统一进行谷子新品种的引进及示范推广外，由于谷子毕竟属于小作物，大部分地方品种或自留种，或串换，品种问题突出。我们曾到宜阳、汝阳、孟津、偃师生产一线，发现群众种植多年，不换种，叫不出自己种植的谷子品种名称，纯度也有问题。谷种销售上存在宣传虚假、夸张等问题。但我们相信，随着国家产业技术体系的运转，谷子新品种选育及示范工作的加强，品种问题将会得到极大改善。

栽培技术问题要引起高度重视。洛阳市大部分属于夏谷区，谷子播种时期，干旱、土壤黏重、气候炎热等问题相当突出。加上谷子粒小，必须浅播，“五黄六月争回耧”，给谷子的全苗壮苗带来很大的困难，所以“保全苗、促壮苗”是丘陵旱地夏谷高产栽培技术的关键。如果连苗都保证不了，高产就无从说起。在施肥习惯上，群众重视氮肥，轻施磷、钾肥，影响了产量的提高。另外，必须加强谷子病虫害的综合防治。

在谷子产业开发上的问题必须尽快解决。目前谷子产业的开发经营行为，普遍存在自发、经营分散，规模小、档次低等现象。尽管有包装，包装上印刷有企业的名字、电话、地址等信息，但是，缺乏高档次的包装，缺乏商标，专业合作社和专业协会方面仍然是一个薄弱环节，行业的约束和管理能力有待进一步加强。开发的产品单一，大多是初级产品，制约了效益提高。另外，县区之间，谷子产业发展不平衡的问题相当突出。为了产业化的健康发展，为了形成规模效益，必须创新机制。

科研、生产、加工、销售联系不紧密，甚至有脱节现象。生产上盲目地应用品种，不能够全面考虑品种的产量、品质、抗病性、综合性状。加工商收购的谷子品种多、杂，如何能够保证加工的小米质量？改变质量参差不齐、包装档次低、低端销售、商品附加值不高的现状，成为当前亟待解决的问题。

3 洛阳市谷子产业的发展对策

3.1 加强新品种、新技术的推广和应用

一个地方农业产业化水平的高低，与相关新技术的应用程度密切相关。新品种应用上，除了看重产量指标外，一定要把品质指标（营养品质、食味品质、商品品质）放在首要位置，要综合考虑，要有长远的眼光。除草剂新技术应用，可以减少谷田除草的投入；新的谷子间苗技术、谷田防鸟药剂应用、相关的播种和收获机械、谷子产后加工技术等，这些新技术的应用，不仅对提高产量、提高生产效率、减轻劳动强度，而且对于提高种植加工效益具有巨大作用。借助国家谷子产业技术体系的平台，通过新技术新品种的推广应用，使谷子的产量有一个大幅度的提高，对推动谷子产业发展的作用自然不言而喻。

3.2 强化政府部门的服务意识和功能

为了产业健康发展，政府部门应该重视和保护当地有特色的产业，并进行支持和扶持。强化服务意识和功能，为产业发展保驾护航，积极提供市场和技术交易的平台，及时解决产业化健康发展过程中的各种难题。

目前，国家加强了对农产品质量的安全检测，加强了市场准入制度的各种手续完善，作为有较高营养保健作用，集食疗与药疗与一身的小米，如果永远在集贸市场上地摊销售，如果还是以散装的形式进入超市，销售价格肯定低。假如以小包装在超市销售，仅条形码等手续，就非群众一己之力所能为。值得高兴的是，一些地方政府已经意识到这方面的问题，我们相信有政府的保驾护航，谷子产业必将向高层次方向发展。

3.3 申报成立谷子专业合作社，加强行业的管理和自律

申报建立专业合作组织，把群众紧密结合起来，以市场机制来约束和规范群众的生产和经营行为。引进选用优良谷子新品种，由会员示范种植，收获前召开现场会，组织会员进行参观、评定。通过加工出米率试验、食味品尝等活动，最后把产量高、品质好、出米率高、综合性状好、抗病能力强的品种确定为下年推广种植的品种。收购价格高出其他品种。统一进行播种，保证全苗壮苗，为谷子的优质高产奠定了坚实的基础。

目前，群众多采用自己的包装或散装，没有形成集中的拳头优势，没有形成更大的规模优势，缺乏一个叫得很响的牌子。我们应该按照市场发展的规律，充分发挥农民专业合作社和行业协会的作用，在专业合作社和行业协会约束下，统一商标，统一质量标准，统一包装，统一价格，扩大市场竞争力和市场占有份额。

3.4 密切谷子产业发展过程中科研、生产、加工、销售等环节的联系

国家谷子产业技术体系启动，为谷子各个专业技术领域紧密联系和协作提供了一个很好的平

台。选用优质新品种、推广应用先进的栽培技术、基地建设及市场培植等方面，都是产业技术体系综合考虑的方面。原来单一的问题解决起来比较困难，现在统筹考虑，既有技术做保证，更有国家资助的研发资金，加强谷子产业各个环节的联系，必将对于洛阳市谷子产业迅速发展，起到积极的推动作用。

必须从品种着手，提高群众的栽培水平，进行正确的引导和扶持，扩大种植面积，提高产量，收购时优质优价，产品包装上，走精品之路，提高商品附加值，促进产业稳健发展。

3.5 技术培训是谷子产业化建设的基础工作

群众科学种田的意识和水平的提高、农业新技术的推广和应用、产后加工销售等均离不开技术培训，可以说技术培训是谷子产业化建设的基础工作。除了充分发挥农业科研人员、农业技术推广人员、农村科技带头人的作用外，还应该充分发挥谷子专业合作社的作用。我们认为，专业合作组织在农业产业化体系建设中，发挥着经济组织实体和技术组织的双重身份。

总之，洛阳市具有适合谷子生产的有利的地理条件、传统的加工习惯、产品销售的市场，只要我们在谷子产业发展中正确引导，谷子产业一定能够健康稳步发展。

参考文献

[1] 程汝宏，刘正理．谷子在我国种植业结构调整中的地位与发展趋势［A］．见：全国农业优化种植结构发展优质高效农产品学术讨论会文集［C］．2000

[2] 刁现民．谷子产业化发展的现状和未来［C］．见：柴岩，万富世．中国小杂粮产业发展报告．北京：中国农业科学技术出版社，2007：32~43

[3] 赵福，辛淑芳．谷子的营养价值［J］．现代农业，1980，5

[4] 王润奇，杜竹铭，田明等．沁州黄小米优质机理的初步探讨．见：粟论文集［C］．中国作物学会谷子专业委员会，1987：36

[5] 杜学勤．旱地种谷子能增产［J］．河南农业科学，1983，5

[6] 张金元．要重视谷子生产［J］．新农业，1981，8

洛阳谷子生产现状及发展对策 *

张玉平

（河南省洛阳市农业技术推广站，河南洛阳　471000）

摘　要：本文分析了洛阳谷子生产的生态条件、种植历史及传统技术，阐述了制约洛阳谷子进一步发展的主要因素，从优良品种选用、配方施肥、种植密度、间苗管理等方面提出了实现洛阳谷子优质高产的技术对策。

关键词：谷子；生态条件；制约因素；技术对策

The Production Status and the Development Countermeasure of the Foxtail Millet in Luoyang City

Zhang Yuping

(Luoyang Agricultural Technology Service Station, Luoyang 471000, China)

Abstract: The ecological condition, growing history and traditional technology of foxtail millet growing in Luoyang were analyzed in this paper, and the principle factors that restrict the further development of foxtail millet were summarized. The technological countermeasures are put forward to realize the high quality and high yield of foxtail millet in Luoyang city, including aspects such as the choosing improved varieties, the rational application of fertilizers, the planting density, and the management according to the growing foxtail millet.

Key words: Foxtail millet; Ecological condition; Restricted factors; Technological countermeasures

洛阳谷子生产历史悠久，从洛阳王湾、孙旗屯、矬李等遗址中出土的大量碳化粟粒和粟壳来看，可追溯到五六千年前。洛阳地处河南省西部，属暖温带大陆性季风气候，年降水量600mm以上，海拔350m左右的丘陵地区达40%以上，≥ 10℃日温的持续日数211~216d，活动积温4 507~4 535℃；全年无霜期218d，年日照时数2 083~2 246h，非常适宜谷子生长。1949~1978年，在洛阳秋粮生产上，谷子是仅次于玉米、红薯的第三大秋粮作物，年均种植面积4.53万hm^2，单产83kg/667m^2；1979~2008年，年均种植面积2.13万hm^2，单产147kg/667m^2，最高212.9kg/667m^2。但是，1979年之后，随着高产作物种植面积的不断扩大，化肥施用量的增加，农田水利设施的改

* 基金项目：现代农业产业技术体系建设专项资金资助。

作者简介：张玉平，1955年出生，女，高级农艺师，主要从事秋粮作物新技术的试验研究与推广工作。

通讯地址：河南省洛阳市西工区涧东路25号洛阳市农业技术推广站。Tel：0379-63333816，E-mail：zhangyujping5566@163.com。

善，使得丘陵旱区的谷子种植面积大幅度减少，在洛阳秋粮生产上位列第四位，抗灾、救灾的重要性随之降低。

1 洛阳谷子生产资源概况

洛阳地处河南省西部，位于丘陵山区，地势西南高，东北低，境内有伏牛山、外方山、熊耳山、崤山等山系，大体是"五山四岭一分川"。其中，山区占45.5%，丘陵占40.7%，平川占13.8%。洛阳属暖温带大陆性季风气候，年降水量600mm以上，海拔350m左右的丘陵地区，≥ 0℃日温的持续日数为309~314d，积温5 126~5 132℃；≥ 10℃日温的持续日数211~216d，活动积温4 507~4 535℃；≥ 20℃日温的持续日数110~112d，活动积温2 780~2 781℃。全年无霜期218d，谷子生育期间日照时数680~730h。非常适宜谷子生长。

2 洛阳谷子生产现状及回顾

2.1 谷子种植面积和产量

第一阶段，1949~1978年为大面积、低产量阶段。这30年，洛阳谷子种植面积年均4.53万hm^2，每667m^2产量平均83kg，总产年均55 990t。第二阶段，1979~2008年，这期间，由于农业生产条件的改善，高产作物种植面积的不断扩大，农业结构调整步伐的加快，谷子种植面积大幅度减少，谷子单产不断提高，总产量则下降，即年均种植面积2.13万hm^2，每667m^2产量达147kg，总产量46 310t，较第一阶段相比，种植面积减少52.9%、单产则增加77.1%、而总产下降17.3%。大丰收的1983年和1998年，全市谷子种植面积分别为3.15万hm^2和2.11万hm^2，比1949年减少39.9%和59.6%；总产分别为7.9万t多和6.8万t，比1949年增长91.6%和63.6%；每667m^2产量分别为187kg和212.9kg，比1949年增长233.9%和280.2%。

2.2 洛阳谷子种植技术和发展

在洛阳谷子生产上，种植技术的应用与发展主要有以下几方面。一是优良品种的应用。20世纪50~60年代引进推广了新农724、双庆2号等；20世纪70年代到80年代初引进推广了柳条青，鲁谷2号、郑谷2号、4号，豫谷1号等。1985~2000年间推广品种为豫谷3号、5号、7号、8号、9号品种，尤其是豫谷5号、9号应用面积进一步扩大；到2001年孟津县引进中国农业科学院金谷1号，2009年伊川县引进河北张家口"张杂谷8号"杂交种，为洛阳谷子生产水平的进一步提高，提供了科技支撑。二是施肥技术的改进。20世纪60~70年代，洛阳谷子施肥以农家肥为主，每公顷施用量45~60m^3，到20世纪70年代中期才有少量氮素化肥用于谷子生产，80~90年代，农家肥施用量每公顷减少到15~30m^3，化肥施用量则由初施期的每公顷75~150kg增加到225~300kg，90年代之后，化肥施用量逐年增加，进入21世纪，每公顷施用量稳定在420~525kg。化肥种类由初期的碳酸氢铵被尿素、复合肥（N、P）或配方肥所代替。三是增密技术的推广。20世纪70年代以前，由于生产水平较低，洛阳谷子种植密度每公顷仅22.5万~45万株，到80年代中期，随着豫谷系列新品种的引进与推广，每公顷种植45万~60万株，矮秆品种达75万~120万株。四是主要管理措施普及。在轮作方面，洛阳谷子主要以豆类、油菜、玉米、小麦等为前茬作物，隔2年轮作一次，有效解决了谷子重茬问题。在20世纪80年代以后，推广手间苗及中耕除草技术，为洛阳谷子产量水平的提高发挥了重要作用。

2.3 谷子生产存在的问题

从洛阳近年来谷子生产的现状分析，当前存在的主要问题有：其一，种植面积大幅度减少。1978年以前，洛阳谷子种植面积年均4.53万hm^2，占全市秋粮作物总面积的15.1%，而到了1995年以后，随着玉米大量采用杂交种和增施化肥等原因，谷子种植面积逐渐减少到近十年的1.71万hm^2，仅占洛阳秋粮总面积的6.6%，谷子播种面积逐年下降，谷子生产出现了明显的滑坡现象。其二，谷子生产区域性较强，适应范围比较狭窄，现有的优良品种远远不能满足洛阳不同生态类型区之需求。其三，随着我国市场经济的发展、商品经济大潮的冲击和农技推广体系的改革，洛阳现有农技推广队伍人员减少、年龄老化、设施陈旧、乡级农技部门财产被平调等问题比较突出，制约谷子生产发展和产量水平的提高。其四，农技推广体系缺乏项目资金、推广办公经费等财力制约，造成新技术推广缺腿严重。

3 洛阳谷子生产发展的对策

3.1 选用高产、优质、抗逆性强的优良品种

优良品种是提高谷子单产的首要环节和关键因素，如豫谷5号、豫谷9号、豫11号以及张杂谷8号等适宜当地种植的优良品种，加快优良品种更新换代，为全面提高和改善洛阳谷子生产水平提供强力科技支撑。

3.2 合理轮作，选好茬口，提高种植质量

谷子不宜重茬。“重茬谷，守着哭”。“三年谷，不如不”。谷子重茬杂草严重，谷莠草丛生，特别是土壤传染的谷子白发病加重，以及营养元素缺乏，会使谷子减产2~3成，甚至减产5成。因此，谷子合理轮作倒茬至关重要。在洛阳谷子生产上，虽然谷子多以豆类、油菜、玉米、小麦等为前茬作物，但仍存在着迎茬或重茬的风险，要夺取谷子高产，坚持隔2年轮作一次是非常必要的。

3.3 适时早播，足墒下种，确保全苗

谷子适时早播夺高产，足墒下种保全苗。在洛阳，谷子要在适度规模种植的情况下，以6月上旬播种为好，一是可达到早播，延长谷子生育期，二来此期土壤墒情较好，有利于实现全苗、壮苗，为谷子稳产、高产奠定良好基础。

3.4 合理密植，间苗匀苗，消灭草荒

在谷子生产上，不论播种早晚，密度稀稠不匀，出劳力的活儿都不想干，要么稀，要么稠，要么缺苗断垄，要么草荒严重，达不到合理密植、田苗干净的要求，达不到匀苗齐苗之目标，对夺取谷子高产非常不利。因此，在谷子生产上必须继续大力推广合理密植、间苗匀苗技术，引进推广消灭草荒技术，做到苗齐苗匀苗壮，充分发挥谷子群体生产优势，为实现谷子高产稳产打下坚实基础。

3.5 科学施肥，提高肥料利用率

谷子根系发达，吸肥力强，秆子壮，需要吸收较多的土壤养分，以获得高产。洛阳谷子为麦后直播，以追肥为主，一般每 667m^2 单产 250~300kg，在抽穗前 15~20d 的孕穗阶段，每公顷以纯氮 90~105kg 为宜，氧化钾以 60~75kg 为好，于拔节始期追施攻秆肥，孕穗期追施攻粒肥，灌浆期叶面喷施磷酸二氢钾或微量元素肥料，做到科学追肥，平衡施肥。

4 谷子产业发展建议策略

（1）建议农业部把谷子列为旱作区粮食高产创建作物品种，进行高产攻关，有效促进谷子生产水平的进一步提高。

（2）各级科研、教学、育种、技术推广等部门，自上而下提高对谷子生产技术、产业增益水平的充分认识，提升谷子生产和产业化发展水平。

（3）重新认识谷子在抗旱、救灾、救荒中的重要作用，加强并保护好旱作区的农业生态环境，减少丘陵旱区水资源的过度开发。

（4）建议旱作农业工程—集水、微集水项目建设，与谷子规模化种植结合起来，促进集水、微集水项目农业效益最大化。

（5）尽快把基层农技推广体系建设好、呵护好、发挥好，充分发挥基层科技人员因地制宜地指导、培训农民科技生产。实践证明，哪里的基层农技体系建设的好、农业科技入户率高，农业生产效益就高。

（6）有条件的地方要探索谷子产、学、研、销的产业化路子，加快谷子产业化、商品化、系统化产业链和高附加值产品的发展，进而在适宜谷子种植的区域，进行跨越式发展。

参考文献

[1] 罗其友 . 节水型农业与粮食持续增长［J］. 干旱地区农业研究，1995，（3）：38~41

[2] 王林生，李丽 . 豫西旱作区农业水资源分析及调控途径［J］. 洛阳农业高等专科学校学报，2002，（3）：170~172

[3] 黄锁，乔文祥 . 洛阳农业志［M］. 呼和浩特：远方出版社，2002，12：20~53

[4] 洛阳统计年鉴 . 2004,12: 182

[5] 雷铁拴，张玉平等 . 河南农作物品种大全［M］. 成都：四川科学技术出版社，2000,10:146~150

吉林省双辽市谷子生产概况与发展前景 *

张建华[1] 李占武[1] 张桂媛[2] 冯德全[3]

（1. 双辽市农业技术推广中心，吉林双辽 136400；2. 双辽市种子管理站，吉林双辽 136400；3. 双辽市植物检疫站，吉林双辽 136400）

摘 要：本文通过对谷子生产概况的分析，提出了目前谷子生产存在的问题与发展前景。

关键词：谷子；生产概况；发展前景

The Development Prospects of Foxtail Millet Production in Shuangliao City in Jilin Province

Zhang Jianhua[1], Li Zhanwu[1], Zhang Guiyuan[2], Feng Dequan[3]

(1. Agritechnique extension center of Shuangliao, Shuangliao 136400, China; 2. Seed administration bureau of Shuangliao , Shuangliao 136400, China; 3. Plant Quarantine Office of Shuangliao, Shuangliao 136400, China)

Abstract: The foxtail millet production situation in Shuangliao city, Liaoning province was reported, and prospectives on foxtail millet production were suggested.

Key words: Foxtail millet; Production survey; Prospects for development

双辽市地处吉林省西部的东、西辽河流域，属于半干旱地区，全年热量充足，光照充沛，四季气候分明，雨热同步，≥ 10℃活动积温 3 118.6℃，无霜期为 145d，年日照 2 714.9h，在作物生长期的 4~9 月日照时数为 1 438h，占全年日照时数的 53%，年降水量 494mm，4~9 月份降水量 453.4mm，占全年降水量的 91.8%，双辽市总人口 42 万人，农业户数 6 万户，农业劳动力 15 万人，农业人口 26 万人。耕地面积 13 万多 hm^2。

谷子是双辽市重要的粮食作物之一，小米又是城市居民喜欢的食用粮食之一，其中，谷子面积为 1 330hm^2，约占全市耕地面积的 1%，占全市粮食产量的 1.2%，全市谷子平均单产 5 000kg/hm^2。

1 谷子的生产概况

双辽市谷子生产最早种植于茂林镇，在 2002 年国家刚刚启动“无公害食品行动计划”时，茂林镇的谷子种植就已得到认证了。如果说双辽市在谷子生产方面处于吉林省领先的话，那么茂林镇就处于双辽市的领先地位。因为在双辽市最早进行谷子种植认证的企业“双辽市博来德贸易有限责

* 第一作者简介：张建华，1963 年出生，男，副研究员，主要从事农作物栽培研究工作。

通讯地址：吉林省双辽市辽河路 269 号吉林省双辽市农业技术推广中心。Tel：0434–7222216，E-mail：zjhtgz1998@163.com。

任公司”，当时认证面积为 $7hm^2$，现在发展到 1 $330hm^2$，并且公司内成立专门研究谷子种植的科研部门，所以说，双辽市的谷子是在茂林镇的带动下，从无到有，从少到多，从北部到南部逐步发展起来的。那么，双辽市的谷子生产是一种什么状况呢？

1.1 生产逐步走向规范化、标准化，形成了一种真正意义上的“公司 + 农户 + 基地”的谷子种植管理模式，谷子产品质量逐步提高

双辽市谷子种植一般以粮食加工企业与农户签订合同的方式进行生产，种植面积的大小取决于市场的需求和企业的需要（收购量），如果没有企业的订单，农户一般不进行谷子种植，这是与其他作物生产截然不同的生产特点。近几年，随着中国政府对食品安全监管力度的加大和对有机食品认证制度的加强和规范，企业在生产加工无公害小米的管理上加大了力度。过去，在签订合同后，一切生产投入都由农户自己购买，企业只是提出要求和收购数量，对生产过程基本不去管理。所以大家说，无公害小米就是一个“良心活”，究竟打没打农药，上多少化肥，只有农户自己知道，企业根本控制不了。现在，随着有机食品认证制度的加强和特色无公害小米加工企业数量的增加，消费者对无公害产品认识的提高，企业之间竞争力和市场份额的占有率就越来越体现在产品的质量和信誉上了。因此，为了提高信誉和产品的竞争力，目前生产无公害小米的企业都是除了与农户签订收购合同外，还负责向农户提供生产投入品，并与当地政府合作签约，保证生产基地不受污染，形成了真正意义上的“公司 + 农户 + 基地”的无公害生产管理模式。正是由于政府的参与和对生产投入品的控制，使得无公害谷子栽培从生产到管理都比过去规范了许多，产品质量也有了很大提高。

1.2 消费者要求小米品质的意识增强了，使小米市场价格居高不下，也是目前谷子种植面积继续上升的动力

刚刚进入 21 世纪，也就在 2002 年的时候，双辽市谷子种植面积还不足 $7hm^2$，然而，到 2009 为止，仅仅 7 年时间就上升到 1 $330hm^2$，年均增加 $190.5hm^2$，对整个双辽市来说增加 $190.5hm^2$ 不算什么，但对谷子生产来说，能有这么一个上升趋势，是非常重要的。因为谷子产量较低，并且在病虫草害的防治上难度较大，特别是除草问题难度更大。前面讲到谷子栽培都是订单生产，如果没有一定量的市场要求和价格的拉动，企业是不会做赔本生意的，对企业而言，尽管生产小米要比其稻米成本增加，但效益却高出至少 1 倍以上。

2 存在的问题

双辽市谷子生产形势较好，呈蒸蒸日上的趋势，但也存在一些问题，主要表现在以下几个方面。

2.1 谷子田营养不良，没有做到科学施肥，单产提高慢

长期以来，人们错误地认为，谷子是省肥作物，在选地上，主要选在薄地、岗地、河滩地上，土壤肥力很差，再加上投肥量不足，造成谷子产量低、质量差、效益低。

2.2 谷子品种更新缓慢

目前全市谷子生产上使用的新品种仅有2~3个，仍有一些老品种，良种更新缓慢，缺乏良好的管理方法和栽培措施相配套，并且还有以粮代种的现象。

2.3 农户对谷子生产不够重视，影响谷子的产量和质量

近几年来，谷子种植面积呈上升趋势，但在播种上存在薄弱环节，保证不了公顷株数，另外，谷子草荒严重，不及时间苗。

3 谷子发展前景

根据2009年调查结果看，双辽市遇到严重干旱，谷子的抗旱性较强，并且每公顷产量达到了4 500kg，按市场价谷子3.0元/kg，谷子每公顷收入为1.35万元，去掉投入，每公顷纯收入为1.33万元，而玉米每公顷产量为3 000kg，按市场价玉米1.5元/kg，玉米每公顷收入为0.45万元，去掉投入，每公顷纯收入为0.15万元，同样种植1公顷谷子比种植1公顷玉米多增加收入1.18万元。因此，可以促进谷子生产可持续发展，市场前景十分看好。从发展前景来看，双辽市有以下优势。

3.1 良好的生态环境为谷子生产提供了发展空间

首先，双辽市是农业大市，工业污染少、大气质量优良；其次，土壤肥沃，其中黑土、冲积土、草甸土等占45%以上。土壤有机质含量达到3%左右，并且80%以上的降水量集中在作物生长的5~9月份。第三，双辽市昼夜温差大，有利于干物质的积累。谷子成熟度好，谷粒颜色正，出米率高，对提高米质非常有利。所以说，双辽市发展谷子的生产空间很大。

3.2 具有以传统技术与现代技术相结合的技术支撑

近些年，谷子种植户及技术工作者，在充分认识谷子生产过程需要的技术措施后，在生产实践中不断总结传统的农业技术精华，积累并创新了许多有利于谷子生产的新技术、无公害谷子生产操作技术规程。例如，对谷子钻心虫控制的技术措施有：昆虫性诱器、频振式杀虫灯等。这些技术的研究与应用，为支撑谷子生产的更大发展奠定了牢固的基础。

3.3 生活质量的提高和对小米品质的需求是拉动市场的源动力

随着中国改革开放和全面建设小康社会步伐的加快，在国家综合国力不断增强的同时，百姓生活水平有了很大的改善。人们的饮食要求从“吃饱”变为“吃好”。目前，在中国经济发达的大中城市，居民对小米品质非常看中，并成为消费市场的一亮点。随着百姓生活质量的提高和消费观念的不断更新，以及对食用小米质量的选择日趋理性，在未来的一段时间内，小米的消费市场仍然处于上升趋势，这种百姓的需求对谷子生产发展的拉动作用将是不可估量的。

3.4 政府重视，政策推动是谷子生产前景看好的保障

由于小米品质是 21 世纪世界追踪的健康食品，有利于人类生命和生活质量的改善和提高，更有利于中国的农业与农村经济结构的合理调整，有利于中国的新农村建设。因此，从中央到地方，各级政府越来越重视，并制定了相应的政策来支持和鼓励发展谷子的生产。

参考文献

[1] 山东省农学院 . 谷子栽培技术［M］. 北京：农业出版社，1980：375~413

吉林市谷子产业现状和发展措施*

刘永莉　李原有　郑士梅　丁孝营

（吉林市农业科学院，吉林市　132101）

摘　要：吉林市具有适宜发展优质谷子产业的地域优势资源条件和气候条件，在当地政府的大力支持和小米加工龙头企业的带动下，谷子产业呈现良好的发展趋势，逐步从自产自销的小农经济向“企业＋基地＋农户”的方向发展。今后应大力推进产业化经营，提升产业集成水平；加快新品种的研发与推广，提升产业发展后劲；积极推广标准化生产，提升产品竞争力，促进谷子产业快速发展。

关键词：谷子产业体系；现状；发展措施

The Current Situation and Development Measures of Foxtail Millet Production in Jilin City

Liu Yongli，Li Yuanyou，Zheng Shimei，Ding Xiaoying

（Jinlin City Academy of Agriculture Sciences，Jilin 132101，China）

Abstract: Jilin City has the appropriate climate and environmental conditions for foxtail millet production industry. Foxtail millet industry has shown good development trend under local government's support and processing enterprises, and the development change has gradually from farmers self-production and marketing of small-scale to organized large scale company production. In the future we should vigorously promote the industrial management, enhance the level of industrial integration, accelerate the development and promotion of new varieties, promote the standardization of production, improve product competitiveness, promote the rapid development of foxtail millet industry.

Key words: Millet industry system; Current situation; Development measures

谷子具有耐旱、耐瘠，适应性强，籽实营养丰富，医食同源且耐贮藏等特点[1]，是食物构成中的重要粮食品种，是传统的优势作物，越来越引起人们的重视，是近年来兴起的杂粮热的主要作物[2]。谷子具有悠久的种植历史，是农业种植业结构调整的主要作物之一[3]。随着人们生活水平的提高和膳食结构的调整，市场需求不断扩大，谷子产业呈现良好的发展前景。

* 基金项目：国家“十一五”科技支撑项目（2006BAD02B02-03-04）。

第一作者简介：刘永莉，1972 年出生，女，副研究员，主要从事谷子育种及推广工作。

通讯地址：吉林市吉林经济技术开发区九站街农研西路 1 号，吉林市农业科学院作物研究所。Tel：13944237501，E-mail：liu2743358@163.com。

1 吉林市谷子种植生产现状

吉林市地处东北腹地长白山脉向松嫩平原过渡地带的松花江畔，三面临水，四周环山。地势由东南向西北逐渐降低，形成了中山山区—低山丘陵区—峡谷湖泊区—河谷平原区的地貌特征，山区无霜期为120d左右，平原区可达130~140d。全年降水量约600mm。土壤中有机质含量高，昼夜温差大，酸碱度适宜，具有适宜发展优质谷子产业的地域优势资源条件和气候条件。生产出的小米适口性好、营养成分含量高、品质优，深受广大消费者的喜爱，形成了特色的系列吉林优质小米品牌。近年来，随着国民经济的发展和人们膳食结构的调整，市场对优质谷子的需求量逐渐增大，吉林市谷子的种植面积有逐年上升的趋势。在小米加工龙头企业的带动下，拉动了谷子单价的上升，提高了农民种植谷子的积极性，在吉林市龙谭区乌拉街、永吉一拉溪、岔路河、吉林舒兰、蛟河老爷岭等地形成了大面积广泛种植谷子的现象。在吉林近郊、桦甸、磐石等地也有较多散户种植，多为无组织的自产自销形式。其中白米谷子品种在吉林市的种植面积较大，特别是吉林乌拉街的特色白小米具有悠久的发展历史，曾是清代皇室家族的主要口粮，一直以来享有很高的美誉。种植的白谷品种以吉林市农业科学院选育的九谷9号、九谷10号、九谷13号为主，占白谷种植面积的80%左右。也有引自内蒙古的大粒白谷品种和农家白谷品种被少量种植。种植的黄米谷子品种有墩谷1号、内蒙红谷子、九谷11号、小粒香、朝谷7号、千斤谷等，多为中熟品种。吉林市谷子播种期一般在4月下旬至5月上中旬，多数为机械起垄施底肥，公顷施300kg左右专用肥做底肥，施磷酸二铵75kg做种肥，在孕穗期追尿素6~7.5kg/667m^2。施肥情况由于各地的土壤养分条件和种植要求标准不一，施肥量和种类也不尽相同。田间实行人工间苗、除草、收获。收获后小型机械脱粒和碾压脱粒各占50%。

2 谷子产业发展现状和方向

谷子是吉林市主要特色杂粮作物，是种植业结构调整的优势作物。近年来，随着杂粮热的升温，在吉林市涌现了以吉林市彦旗米业有限公司、吉林市浩江农产品开发有限公司、吉林百益有机农业开发有限公司、吉林市永鹏农副产品开发有限公司为代表的10余家小米加工龙头企业。在当地政府的大力支持和这些小米加工企业的带动下，充分调动了农民种植谷子的积极性，谷子产业呈现良好的发展趋势。逐步从自产自销的小农经济向“企业＋基地＋农户”的方向发展。如何进一步协调好种植、深加工、流通、消费等各方的利益是谷子产业能否快速发展的关键。

吉林市谷子产业发展的方向是充分利用当地资源优势，以市场需求为导向，不断扩大生产种植规模，加快新品种、新技术推广步伐，进一步提高单位面积产量和品质，逐步实施标准化生产、科学化管理，降低生产成本，提高谷子的综合生产效益。充分发挥龙头企业的带动效应，走“科研＋企业＋基地＋农户”的道路，使谷子从品种选择、种植技术、加工销售形成良性循环，切实保障农民的利益，促进吉林市农村经济的发展和种植业结构的调整，满足市场对优质小米不断增长的需求。

3 发展措施

3.1 大力推进产业化经营，提升产业集成水平

3.1.1 大力扶持谷子加工龙头企业

通过政策、资金、技术等多种方式，扶持一批绿色小米、有机小米加工龙头企业，帮助企业建立稳定的原料生产基地，以龙头企业的发展带动谷子产业的进一步发展，逐步建立农工贸、产加销一体化的谷子产业发展机制。进一步抓好谷子深加工项目的设计与开发，加大招商引资工作力度，积极开发小米饮料、小米方便粥、八宝粥、强化营养小米等深加工项目，延长产业链条，提高产品附加值。

3.1.2 鼓励发展谷子专业合作组织

坚持“民办、民管、民受益”的原则，通过政策引导和政府扶持，鼓励谷子加工龙头企业、谷子生产大户和农村能人领办谷子专业合作组织，并帮助其完善与企业、农户间的利益联结机制和自身的管理机制，提高谷农生产经营的组织化程度。建立全区谷子产业协会、谷子专业合作社、谷子技术协会等产销服务组织，发挥龙头企业市场带动作用，建立健全谷子产品和生产资料营销网点，形成完整的市场服务体系。

3.1.3 提升谷子产业发展的集成水平

根据各主产区发展比较优势、市场定位和产业分工，以及资源匹配条件和现有谷子产业基础，依托龙头企业，进行产业化开发，延长产业链，形成产、加、销一体化经营的格局。

3.2 加快新品种的研发与推广，提升产业发展后劲

3.2.1 加快新品种的推广力度

良种配良法是提高单位面积产量和品质的保证。选择优质、高产谷子新品种是谷子产业规模化、规范化发展的必备基础条件。由吉林市农业科学院选育的九谷 9 号、九谷 10 号、九谷 11 号、九谷 13 号、九谷 14 号、九谷 15 号等系列优质、高产谷子新品种和黑龙江省农业科学院育出的龙谷系列早熟优质谷子新品种在吉林地区被广泛种植，深受农户欢迎。

3.2.2 加快新品种的研发

重点依托吉林市农业科学院等科研院所，在现有品种基础上，加快新品种的选育步伐，育种目标追求提高单产的同时，强化优质育种，使优质和高产有机结合，满足市场对优质小米的需求。

3.3 积极推广标准化生产，提升产品竞争力

3.3.1 制定谷子标准化生产规范

瞄准国际、国内两个市场，加快制定、修订和完善谷子及其产品质量标准体系，安全质量技术

规程，产地环境标准，谷子加工、贮运、包装质量标准，形成行业标准和地方标准相配套，涵盖产前、产中、产后全过程的谷子及其产品质量标准体系。

3.3.2 加快无公害、绿色、有机小米产品的申报认证工作

以提高现有小米产品质量，抢占优质产品市场为目标，认真组织谷子生产专业合作社、龙头企业开展无公害、绿色、有机小米的产地认定和产品认证工作。

3.3.3 积极推广谷子标准化栽培技术

参考文献

[1] 崔永伟．中西部地区小杂粮的生产优势与存在问题及对策研究［J］．中国农业科技导报，2008，10（3）:54~57

[2] 刁现民．中国谷子生产与发展方向．柴岩．中国小杂粮产业发展报告．北京：中国农业科学技术出版社，2007：32~43

[3] 梁双波，程汝宏．小杂粮在我国种植结构调整中的地位与发展策略［J］．河北农业科学，2005，9（2）：93~95

吉林市谷子加工龙头企业运营机制的调研报告 *

刘永莉　郑士梅　丁孝营　刘　翘

（吉林市农业科学院，吉林市　132101）

摘　要：随着国民经济的发展和人们消费理念的改变，吉林市谷子产业得到长足的发展，先后涌现出吉林百益有机农业开发有限公司、吉林市浩江农产品开发有限公司等一批以谷子加工为主业的龙头企业。基本形成了“基地 + 协会（合作社）+ 企业 + 科研单位”的运营机制，促进了农村订单农业的发展，实现了农民增收、企业增效的双赢目的，加快了吉林市谷子产业化发展进程。

关键词：小米加工；龙头企业；运营机制

Investigation Report on the Operation Mechanism of Leading Foxtail Millet Enterprises in Jilin city

Liu Yongli，Zheng Shimei，Ding Xiaoying，Liu Qiao

（Jilin City Academy of Agricultural Sciences，Jinlin 132101，China）

Abstract: With the development of national economy and the change of people's consumption concept, foxtail millet industries in Jilin city have been developing quickly. Several leading enterprises for foxtail millet processing in Jilin city has emerged, such as Bai Yi Organic Agriculture Development Co., Ltd and Jilin city Hao Jiang Agricultural Development Co., Ltd. The operation mechanism of the production base + association (ICA) + enterprises + Research unit has been formed which promoted the contract farming development in rural areas, increased the farmers income, improved business efficiency of foxtail millet production in Jilin City.

Key words: Foxtail millet processing; Leading enterprises; Operation mechanism

谷子是传统的优势作物、主食作物和抗旱耐瘠作物[1]。随着国民经济的发展，谷子以其自然平衡的营养、抗旱且节水的生理特点、广泛的生态适应性等特点，越来越引起人们的重视，是近年来兴起的杂粮热的主要作物[1]。市场对优质小米的需求不断增加，谷子产业得到了长足的发展，是农业种植业结构调整的主力军[2, 3]。谷子也是吉林市主要的杂粮作物之一，在各级政府的扶持下，吉林市先后涌现出 10 余家以小米加工为主业的龙头企业。其中吉林市彦旗米业有限公司、吉林省百

* 基金项目：国家“十一五”科技支撑项目（2006BAD02B02-03-04）。

第一作者简介：刘永莉，1972 年出生，女，副研究员，主要从事谷子育种及推广工作。

通讯地址：吉林市吉林经济技术开发区九站街农研西路 1 号吉林市农业科学院作物研究所。Tel：13944237501，E-mail：liu2743358@163.com。

益有机农业开发有限公司、吉林市浩江农产品开发有限公司、吉林市永鹏农副产品开发有限公司等运营发展较好，均有一定规模的生产基地，均选用优质、高产、抗病性强的品种，加工出的小米在品质上有保证，为企业本身和农民创造了可观的经济效益。由于所处吉林市不同地区和发展理念不同，形成了各有特色的运营机制。

1　吉林省百益有机农业开发有限公司

1.1　公司概况

公司成立于2003年7月，坐落于吉林市舒兰溪河镇内，地处长白山余脉，松花江流域，地理位置优越，土质较好，是集种植、加工、销售为一体的现代股份制企业。主体经营有机杂粮、有机大米等，其中小米产品有孕婴专供米系列、糖尿病专供米系列、有机白小米、有机黄小米、有机绿小米等。2006年通过有机产品管理体系认证，曾获“吉林市农业产业化重点龙头企业”、“舒兰市十佳企业”等多种荣誉称号。

1.2　运营机制

该公司现有有机转换基地333.3hm^2，实行玉米—大豆—谷子或玉米—杂粮—谷子轮作制度，在种植谷子时，完全施用有机肥（以鸡粪、猪粪等为原料加工成颗粒状），按照有机食品规则进行种植、生产、管理，并结合传统工艺与现代技术对生产的谷子进行回收加工、包装。为确保基地和产品质量，达到食品安全的目的，由企业统一购种、统一供有机肥、统一提供技术服务、统一进行收购。同时，该公司建立了科学标准的生产日记档案、产品来源地块及销售去向档案，每年均向北京恒通认证中心报送产品进行检验。在落实生产基地时采用与农民签订单＋农村专业合作社形式，谷农（至少有8亩地以上种谷子，入社资金至少5 000元）入社后，除享受公司给予一定补贴（每亩地200元）外，同时享受年终12%保底分红以及收购谷子价格高于只签订单没入社谷农的优惠政策，充分调动了农民入社和种植谷子的积极性，发展壮大了谷子种植基地。以2008年为例，共计落实谷子面积180hm^2，其中白米谷子120hm^2，黄米谷子10hm^2，绿谷子50hm^2。白谷和黄谷种子分别应用吉林市农业科学院的九谷10号和九谷11号。这两个品种的抗病性强、产量高、米质优。绿谷子是从哈尔滨引进的绿珍珠。2008年与农民签订单232户，其中入社62户，并于秋后分别给予兑现。2008年白谷产量在300~400kg/667m^2，黄谷产量380~450kg/667m^2，绿谷产量300~350kg/667m^2。均施用有机肥，每667m^{2}施用有机肥150kg（1.4元/kg），人工收获后机械脱粒。收购价格：白谷3.8元/kg，入社5.0元/kg；黄谷3.8元/kg，入社5.0元/kg；绿谷4.4元/kg，入社5.6元/kg。每667m^{2}地比种植玉米收入高出400~550元。该公司在吉林市设有销售公司，在长春、哈尔滨、北京、青岛、济南、杭州、新疆等地均有代理商，2008年实现小米销售利润150万元。

该企业目前在基地发展、产品质量、产品深加工、产品品牌创建、产品种类增加、市场营销等方面取得了很大的进展，为吉林市的杂粮业发展作出了突出贡献。

2 吉林彦旗米业有限公司

2.1 公司概况

该公司成立于2002年，位于吉林市乌拉街，土地平阔肥沃，为冲积型土壤，无霜期长，年降水为735.4mm，昼夜温差大，周边没有工业企业，具有生产无公害食品、绿色食品、有机食品极佳的地域优势，生产出的小米适口性好，品质极佳，吉林市乌拉街小米在国内外享有很高的知名度。该公司主要以白小米、大米、杂粮、野山菜等为主导产品，被评为吉林市重点龙头企业，曾获"中国首届长白山系列产品金奖"、"守合同重信用企业"、"国家合格评定质量达标放心食品"等多种殊荣。

2.2 运营机制

该公司一直遵循"以质量求生存、以创新求发展"的经营理念，把确保产品质量放在第一位来抓。为了达到三个保障（产品的品种、品种的质量、原料的来源），在种植基地所在乡成立了谷子种植协会，现有协会会员农户1 500余户。通过协会，达到统一生产计划、统一供应种子、统一购买生产资料、统一生产技术、统一产品质量标准。种植生产的白谷品种为九谷9号、九谷10号，黄谷品种为墩谷1号、九谷11号。经过几年的经营和发展，形成了公司加协会、协会带基地、基地连农户的产业化体系模式，拉动了谷子产业化进程，增加了农民收入（比种植玉米每667m^2多收入300元左右），提高了农民种植谷子的积极性，拉动了高效农业的发展，形成了较完善的产业链条，实现了循环经济。

3 吉林市浩江农产品开发有限公司

3.1 公司概况

该公司创建于2000年7月，是吉林省政府重点扶助民营企业。工厂占地10 000m^2，位于吉林市永吉县西部，地处长白山余脉向松嫩平原过渡地带，属丘陵半山区。昼夜温差大、雨水充沛、水资源充足，年降水量692mm、气候适宜、土壤肥沃，交通便利，具有得天独厚的发展优质谷子产业的地域优势资源条件和气候条件。该地区已通过联合国粮农组织ISO14000环境体系认证。公司以经营白小米、紫苏营养油、芝麻油、笨榨精制大豆油等为主，其产品目前已畅销国内20余个省市。

3.2 运营机制

该公司长年与吉林市农业科学院合作，基地用种均从该院购进，每年由吉林市农业科学院代为落实一部分生产基地，秋收按质量要求进行回收。另一部分基地设在永吉县内的一拉溪、岔路河、金家、双河镇、西阳和北大湖等乡镇，年终收购谷子10万kg。白谷品种以九谷10号、九谷14号为主，黄谷品种以九谷11号为主。

参考文献

[1] 刁现民．中国谷子生产与发展方向．柴岩．中国小杂粮产业发展报告．北京：中国农业科学技术出版社，2007：32~43

[2] 梁双波，程汝宏．小杂粮在我国种植结构调整中的地位与发展策略[J]．河北农业科学，2005，9（2）：93~95

[3] 杨成元．山西省吕梁市谷子产业现状与技术需求[J]．杂粮作物，2009，29（3）:232~234

我国谷子生产和技术研发与先进产业水平的差距与对策*

刁现民

（国家谷子产业技术研发中心 / 中国农业科学院作物科学研究所，北京　100081）

摘　要：国家现代农业产业技术体系的构建，为我国农业产业技术研发开创了新的体制和运行机制，使得农业产业研发人员能够稳定思考和研究产业发展中的关键问题，从而为农业产业发展提供关键性技术支撑和长期发展的研发平台。谷子是我国原产作物和抗旱耐瘠薄环境友好作物，在旱作农业和未来应对气候变化中具有举足轻重的作用。作为国家现代农业产业技术体系的组成部分，体系的支持也为谷子产业的长久稳定发展提供了新的契机。本文认真分析我国谷子产业现状与先进产业技术的差距，理清谷子产业研发中的关键问题，使谷子产业研发工作更准确更高效。

关键词：谷子；生产

Comparison Between Advanced Agricultural Management and the Production of Foxtail Millet in China

Diao Xianmin

(China Industrial and Technological Research Center of Foxtail Millet; Institute of Crop Sciences, China Academy of Agricultural Sciences, Beijing 100081, China)

Abstract: Comparisons were made between foxtail millet production status and the advanced agricultural management. Problems which hinder the development of foxtail millet production in China and countermeasures were suggested and discussed. The establishment of China Industrial and Technological Research Center of Foxtail Millet creates a novel form for china agriculture industrial and technological development, which makes researchers thinking steadily and research focusingly on the key problem, and provides a sustainable and critical platform.

Key words: Foxtail millet; Advance agricultural management

---

* 基金项目：现代农业产业技术体系建设专项资金资助。

作者简介：刁现民，1963 年出生，男，研究员，主要从事谷子遗传育种、功能基因组研究。

通讯地址：北京海淀区中关村南大街 12 号中国农业科学院作物科学研究所。Tel：010-62126889，E-mail：xmdiao@yahoo.com.cn。

1 同先进产业技术的主要差距

1.1 谷子是我国的原产作物，栽培面积和产量均为世界第一；作为粮食作物我国的谷子育种水平和品种产量潜力领先，但多样性应用专业研发落后

谷子起源于我国，是中华民族数千年文明史的主要栽培作物。目前，我国也是世界上最大的谷子生产国，年种植面积 170 万 hm^2 左右，占世界总面积的 80%，总产量占世界总产量的 85% 左右。国外谷子作为粮食生产主要包括印度、日本、朝鲜和东南亚个别国家。谷子在历史上也曾是欧洲的主要粮食作物，现在已很少种植，但在法国、匈牙利等国有鸟饲专用谷子品种栽培。而在美洲、欧洲和非洲的部分地区，谷子多作为饲草栽培。我国现栽培的育成品种作为粮食作物产量水平领先，但在鸟饲专用、饲草专用等方面研究的很少，尤其是饲草谷子面对广阔的市场，研究很少，既缺乏饲草专用品种又缺乏栽培技术。应借鉴国外在鸟饲、饲草等谷子特殊产业研发的经验，发展谷子除粮食以外的其他产业。

1.2 资源发掘和种质创新落后，创新和前瞻性研究意识缺乏，基础研究人员严重断档

作为谷子的起源地，我国拥有世界数量最多和多样性最丰富的资源，国家种质库保存的资源数量达 26 700 多份，但在资源的多样性研究、起源进化、基因组分析和功能基因发掘等方面同日本、美国、英国和法国有较大的差距。在遗传和种质创新技术方面，美国首先开展谷子全基因组测序工作，基因组研究领先；在谷子起源和遗传驯化方面，日本和法国的研究较为领先。我国的谷子抗除草剂材料均引自法国，庞大数量的资源几乎没有发掘利用，而育种方面大量开展的重复的组合配制，骨干品种和亲本遗传基础狭窄。造成这种现象的主要原因是谷子等小作物基础和应用基础研究长期得不到经费资助，谷子等中小作物基础和应用基础研究人员严重断档，甚至找不到一个人员是专业做前瞻性基础研究的。在涉及产业将来发展的前瞻性研究方面，我国的现有水平同我国是谷子主产国和起源国的实际情况很不相配，倒是外国人在研究谷子起源、资源多样性和育种新的方法与技术，加强这方面的工作已迫在眉睫。

1.3 产后加工仍以原粮为主，产业链短，限制了谷子的应用市场

我国目前谷子加工仍以碾小米的原粮加工为主，精深加工缺乏，甚至一些传统的小米加工技术和食用方法失传或丢失，在加工品质方面的研究同印度、日本有一定的差距。从加工产品多样性、功能成分发掘、加工品质分析等方面开展研究，延伸谷子产业链，对谷子产业的将来发展至关重要。

1.4 栽培技术落后，机械化水平低，费时费工不能适应新时代产业发展要求

在栽培和生产技术方面，谷子栽培仍以传统方法为主，间苗和除草仍需依赖人工操作，费工费力；播种、田间管理和收获脱粒均缺乏专用的机械，机械化水平在禾谷类作物中是最低的。这种形式同产业和商品经济的今天严重不适应，是导致谷子面积缩小的主要原因之一。

1.5 缺乏产业化组织，产业化水平低

我国的谷子生产产业化水平低，主要是一家一户的分散种植和相对集中产区的连片种植，管理不规范，产量不稳、品质也没有保证。如何发挥我国的资源优势和品种优势，进行产业示范和产业化组织，形成谷子产业区，是提升谷子产业水平的重要保证。

2 发展谷子产业的对策建议

2.1 充分认识谷子在旱作生态农业中的重要性，从政策和产业研发等多方面加大谷子的工作力度

首先要重新认识谷子在旱作生态农业中的重要性，认识到谷子是我国的民族作物、节水抗旱的环境友好作物和应对未来干旱气候的战略储备作物，宣传谷子的中国特色性、节水性、环境友好性和谷子食品的健康性，使领导和群众从中国特色、环境保护和战略的高度重视谷子产业组织和研发，在政策和项目安排上充分考虑这一点，增加对谷子产业研发的政策和研发资金的支持。

2.2 扩大现有体系规模，加强体系的完整性建设

谷子产业研发的体系现有 10 个岗位专家和 10 个试验站，从数量上不能保证体系的完整性和主产区覆盖面，必须扩大体系的现有规模，并加强体系整体发展和各类人员的协调，真正使体系队伍从资源研究、育种、栽培、植保、加工、产业经济等相配套；在前瞻性研究方面加强适合主食化的谷子种质和品种创新、饲草和鸟饲等多用途谷子品种和种质创新等，为谷子作为主要消费作物和多用途作物提供基础。加强谷子产业布局研究和规划，谷子产业体系研发和各省市谷子主产区的产业发展密切配合，开展产业区示范，将现在的优势产区建设成产业区。

2.3 在前瞻性研究立项方面给谷子等中小作物以特殊政策，培养优势单位和年轻骨干队伍

解决目前前瞻性研究落后局面的方法首先是培育谷子应用基础研究的优势单位和骨干队伍，在国家 973、863 和国家自然科学基金等相关项目的管理中，必须拿出一定比例的项目向谷子等中小作物倾斜，培养和组织一个谷子应用基础研究队伍。如果总是把谷子等中小作物和水稻、小麦、玉米等作物放到一个水平线上评价，谷子等中小作物只能越来越缺乏研究力量，水平越来越低，我国是主产国和起源国，而谷子基础研究却是国外领先的局面，就不会解决。

2.4 加强国际合作，引进先进的技术理论和特异种质

以体系为实施主体，加强同美国、日本、英国等国家的合作，引进先进的研究技术和思想，并通过合作培养年轻业务骨干；同时引进我国缺乏的饲草谷子专用品种，谷子野生近缘种和其他特异种质，丰富我国的谷子种质库，形成完整的谷子研究体系。

浅谈中国谷子产业存在的问题及发展思路 *

李君霞[1] 王秀存[2] 孟招桂[1] 杨国红[1] 范艳萍[1] 杨晓平[1]

（1. 国家谷子产业技术体系郑州综合试验站 / 河南省农业科学院粮食作物研究所，河南郑州 450002；
2. 洛阳市农业技术推广中心，河南洛阳 471022）

摘　要：本文对我国谷子产业现状和制约我国谷子产业健康发展的问题进行了分析，并在此基础上提出了相应的发展思路和对策。

关键词：谷子产业；问题；发展对策

Primary Analyses on Problems and Countermeasures of Foxtail Millet Industry in China

Li Junxia[1], Wang Xiucun[2], Meng Zhaogui[1], Yang Guohong[1], Fan Yanping[1], Yang Xiaoping[1]

(1. Zhengzhou Comprehensive Experiment Station, China Industrial and Technological Research System of Millet; Cereal Crop Research Institute; Henan Academy of Agricultural Sciences; Zhengzhou 450002, China;
2. Luoyang Agricultural Technology Extension Service Station, Luoyang 471022, China)

Abstract: This paper analyzed the current situation and issues that hindering healthy development of foxtail millet industry in China. Based on the analysis, some ideas and countermeasures for further development were proposed to enhance the technology-related industries.

Key words: Foxtail millet industry; Issue; Development strategies

谷子是中国主要杂粮作物之一，种植分散。由于其较强的抗旱抗逆性，生育期短、对土壤选择不严格，利于两茬复种和间、套种，各地均有不同规模种植。在生产条件较差的丘陵旱薄地、山地因自然降水少，常年出现季节性干旱而生产相对集中。谷子营养丰富、食味独特，具有很高的药用价值和食疗保健作用，随着谷子产品市场销售价格的一路攀升，中国谷子播种面积呈上升趋势。

* 基金项目：国家科技支撑计划“优质谷子新品种选育与增值利用技术研究开发”（2006BAD02B02）；现代农业产业技术体系建设专项资金资助；河南省科技攻关项目特色杂粮种质资源的挖掘和育种研究。

第一作者简介：李君霞，1973 年出生，女，河南省禹州市人，硕士，助理研究员，主要从事谷子等小杂粮遗传育种栽培研究。

通讯地址：河南省农业科学院粮食作物研究所。Tel：0371-65737614，E-mail：lijunxia@126.com。

1　中国谷子产业发展和产品消费中存在的问题

中国谷子生产一直处在自由发展状态，品种混杂严重，栽培技术落后，是典型的“雨养”农业。谷子产品开发缺乏新技术支撑，仍是传统的手工和半机械化作坊为主，绝大部分谷子产品在市场以原粮形式销售。落后的产业开发现状，使得谷子的增值效应没有得到充分发挥，究其原因，主要受以下因素制约。

1.1　生产规模小，种植分散，产业化水平低

谷子生产相对集中的区域一般自然条件差，抗灾能力不强，而农产品加工业必须要有一定的生产规模作保障，通过规模生产获得规模效益。长期以来，由于受“重大轻小”思想影响，谷子生产始终处于从属地位，零散的种植规模和低下的生产水平，使得中国谷子产业难以形成规模经营并吸引企业投资开发，造成虽开发前景看好，但开发现状不力的矛盾，无法满足和形成多样化的谷子产品市场。

1.2　政府重视不够，种植品种退化，栽培技术落后

一直以来，政府主管部门片面强调大作物的生产，对谷子生产缺乏具体指导，使其生产始终处于自发自流的状态，谷子品种混杂退化严重，栽培技术落后于生产，品种创新和推广滞后。谷子大部分种在干旱、半干旱、瘠薄和山坡岗地，投入少，生产条件差，产量低、质量差，商业价值不高，极大地削弱了农民的生产积极性。

1.3　加工工艺落后，谷子产品加工转化程度低，知名品牌少

中国市场上没有满足改善膳食结构调整需要的大众谷子产品，也没有利于膳食营养平衡的营养食品，更缺乏进行防病、治病的谷子保健食品。长期以来，谷子一直停留在初级加工上，缺乏深、精加工和产品研发，谷子特色食品仅停留在产地农家餐桌上，部分处于宣传、试销或展销阶段，没有扩展到大众的食谱中，许多名、特、稀、优产品不为广大消费者知晓。未形成产供销一条龙的产业开发格局，致使农业效益不高，农民增收缓慢。

1.4　信息、产品流通不畅，产销严重脱节

中国谷子生产近年在市场经济刺激下迅速发展，主产区已形成一定规模，由于谷子主要产自老少边贫地区，加之以户为单位的分散管理和经营，容易造成生产、加工、销售各环节间缺乏信息的交流与沟通。农民不能及时掌握市场供求信息，缺乏必要的商品意识，基本上处于盲目生产、自给自足的状态，优质率和商品率低下，生产出来的产品往往不符合市场需求，产品或积压或稀缺，产销分割，农民无所适从。

1.5　发展谷子产业，缺乏统筹方案及政策保障

产销脱节的谷子产业还处于生产盲目阶段，市场价格不稳，很难形成“企业＋基地＋农户”的

产业链。而谷子健康的产业链需要建立商品基地的前期投入，系列关键技术的研发、市场开拓、产品规模化生产的设备投入和原料收购的大量流动资金等经费投入。企业因投资制约难以建设大规模生产基地，农民由于没有订单而分散经营，另外加工企业辐射范围外的谷子卖不出去，挫伤了原料种植和产品加工双方利益。而地方政府缺乏针对区域性特产谷子的保护性政策，更谈不上宣传力度，对谷子产业不够重视。

2 加快中国谷子产业发展的思路与对策

为了把谷子产业做大做强，改变目前广种薄收、粗放经营的状况，必须通过区域化布局、规模化种植、专业化生产、集约化经营、社会化服务，形成产、加、销一条龙，贸、工、农一体化的产业化格局，把谷子产业发展成为优势产业和特色经济。

2.1 实行政策引导，优化谷子产业生产的政策环境

在制定政策过程中，不同地区、不同种植模式要有不同的政策。影响谷子生产的政策环境主要是国家减轻农民负担政策、农业投资政策、扶贫政策、资源利用政策、农产品贸易政策等。一个宽松的政策环境可以构造良好的谷子生产软环境。加快谷子产业发展，就需要政府重视，加大支持力度，制定灵活的谷子发展政策，从资金、技术上给予扶持，重点加大对谷子产业的政策性补贴。国家在“绿箱”补贴和“黄箱”补贴范围内对谷子给以倾斜，调动农民种植谷子的积极性。

2.2 抓住育种源头，育种、生产、加工、经营销售相结合

我们应清醒地认识到，在没有发现新基因和新技术之前产量和品质都最佳还难以实现。现实的谷子品种应该是产量和品质在一定程度上的统一，即在产量与营养含量之间寻求一个平衡支点。要把品种的繁育、推广、产品加工、销售当作一个系统工程来加以组织和引导，政府协调好农业、工商等有关部门的关系，为谷子产业发展大开绿灯，通过项目等方式在政策、资金方面给予支持。科研单位加强科研育种投入，农技推广部门提供技术推广支持，要保证此项工作的科学性和持续性。谷子育种是一项长期性的研究课题，非一朝一夕就能完成，一届班子一个令、短期行为、炒概念、赶时髦不是科学的态度，更不该是对待科学的态度。

2.3 以科技创新推动谷子产业的发展

我们常说人身体好，有精气神，精气里面一半是米，得谷者昌，失谷者亡。谷子富含各种营养素，既是传统食粮，又是现代保健珍品，在保健食品中占有重要地位，应加大对谷子营养、保健发生机理的研究力度，为谷子产业的发展在理论上铺平道路。我国谷子产业至今还是以原粮购销为主，加工业十分薄弱。采用先进的加工技术，积极走新型工业化之路，提升和壮大谷子产业已势在必行。主食市场是一个最稳定、最广大的市场，推进五谷杂粮等传统主食工业化是拉动农业现代化的唯一出路。当前传统主食产业急需生产集约化，急需科研部门对五谷杂粮等的工业化生产提供技术支持，研发新技术、新产品。同时为弘扬我国传统饮食文化，按照现代食品可食性、嗜好性、营养性、贮藏性、流通性、方便性和商品性要求，以创新的观点，综合应用多学科新技术，开发谷子

传统主食产品，推动谷子产业发展。

2.4 大力培育龙头企业，建立区域优势产业基地

依靠自然和地域优势，合理规划谷子优势产区，形成专业化、规模化、区域化种植大格局。要注重发挥谷子产业对农业的带动作用和农业对谷子产业的拉动作用，把产业发展与国家资源节约型、环境和谐型产业政策紧密结合起来。在比较经济效益显著的地区建设优质谷子区域基地，促使种植模式向集约型、高效型转变。进一步发展高营养食用型、专用型和医药保健型谷子产业，以资源和技术优势为中心逐步形成产业基地，推广丰产标准化栽培技术，增加谷子生产的科技含量。众所周知，办好一个龙头企业，开发一个品牌产品，可以振兴一项产业，带动一片基地，促进区域经济发展。

2.5 实施名牌战略，加强产后服务

我国谷子生产水平、包装档次、品牌都比较低，缺乏市场竞争力。在市场经济条件下，大力培育“生态品牌”、“特色品牌”和“原产地品牌”。要求生产时必须适应人们的消费需求，创立市场品牌，发展订单农业。引导农民采用新品种、新技术、新标准，加大产前、产中、产后服务，为谷子进入市场架起“金桥”。通过实行“订单农业”、“基地农业”的有效形式，尽快推进谷子种植结构的调整，开发名优品种，挖掘谷子文化，形成集食用、营养、保健、文化于一体的谷子产业。采取科技营销、文化营销、连锁营销、绿色营销、特色营销等具有新内涵的现代营销方式，把谷子当礼品、赠品、保健品、专卖品进行精化、细化营销，以消费者为中心，实现谷子产品标准化，包装小型化、食品特色化、品种多样化、流通市场化、营销网络化。

总之，谷子生产水平还很低，具有极大开发潜力，在大宗粮食作物继续提高单产非常艰难的形势下，重视谷子生产及非主要粮食产区的粮食生产，有助于我国农业的可持续发展和粮食的稳产。

参考文献

[1] 丁声俊，蒋慧芳. 发展杂粮特色产业大有作为［J］. 农业经济展望，2008（2）：35~39
[2] 王连铮. 加强杂粮科学研究，促进杂粮产业发展［J］. 农产品加工，2005（9）：11~12
[3] 段亚利，侯建芳. 我国小杂粮产业生产环节的问题与对策［J］. 科技情报开发与经济，2005,（15）：122~123
[4] 马卓. 中国有机农业发展现状和对策［J］. 中国农学通报，2006,（11）：338~342
[5] 左拴秀，郭忠. 立足资源优势，发展小杂粮产业［J］. 中国农业资源与区划，2005,（8）：42~46
[6] 史振声. 对我国专用特用玉米科研与产业开发问题的思考［J］. 玉米科学，2004，12（3）：111~112，115
[7] 周昇昇，赵玉生. 我国杂粮深加工初探［J］. 粮食与食品工业，2005（12）：6~8
[8] 李君霞，杨国红，卫丽等. 河南省谷子育种研究的现状与展望［J］. 世界农业，2008,（5）：60~62
[9] 杨天育，吴国忠，黄毓玮. 关于加强我国谷子科研工作的几点意见［J］. 甘肃农业科技，1994,（4）：3~4
[10] 王晓东. 杂粮产业化发展问题探索［J］. 农业经济，2008,（8）：52~53

浅谈洛阳谷子生产存在问题及发展建议 *

司马青焕[1]　张玉萍[2]　刘要辰[1]　潘秋勤[1]　董永红[3]

（1. 伊川县农技站，伊川　471300；2. 洛阳市农技站，洛阳　471300；
3. 半坡乡农业服务中心，伊川　471300）

摘　要： 谷子是洛阳的传统栽培作物，具有悠久的历史，全市常年种植面积 16 934hm^2，产量 3 440kg/hm^2。本文就洛阳谷子生产中存在的面积急剧下降的原因，投入少、耕作粗放、机械化程度低等问题，提出了洛阳谷子发展建议。

关键词： 洛阳；谷子；现状；发展建议

Primary Discussion on Problems and Suggestions of Foxtail Millet Cultivation in Luoyang

Sima Qinghuan[1], Zhang Yuping[2], Liu Yaochen[1], Pan Qiuqin[1], Dong Yonghong[3]

(1.Yichuan Agricultural Technology Extension Service Station, Yichuan 471300,China; 2. Luoyang Agricultural Technology Extension Service Station, Luoyang 471022, China; 3. Banpo Yichuan Agricultural Technology Service Station, Yichuan 471300, China)

Abstract: Foxtail millet with a long cultivated history, is one of the traditional cereal in Luoyang. Planting area for foxtail millet was 16 934hm^2 with the yield of 3 440kg/hm^2. There are a rapid reduction acre, little investment, carelessness farming, low level of mechanization and other problems. It puts forward some suggestion for foxtail millet-growing in Luoyang .

Key words: Luoyang; Foxtail millet (*Setaria italica*); Situation; Suggestions

谷子起源于我国，是我国古老的栽培作物之一。谷子耐旱能力很强，蒸腾系数为 124，较玉米、高粱低，耗水量少，幼苗期耐干旱能力强，土壤缺水时，可暂时停止生长，保持休眠状态，当土壤水分状况改善，立即恢复生长，对土壤、前作要求不严，耐瘠薄，耐盐碱，而不耐酸，能适应较强的盐渍土壤，适宜于排水良好而肥沃的沙壤土或黏壤土。忌连作，连作时病虫害较多，草荒严重，产量下降。谷子耐贮存，是古代备战赈灾的主要粮食作物。谷子还是粮、草兼优的传统作物，茎叶是家畜优质粗饲料。谷子在旱作农业生产中占有重要地位，籽粒去皮壳后的小米是人类食用米类中营养价值最高的米种，籽粒内除含有丰富的蛋白质，脂肪等营养物质外，还富含人、畜所必需

* 基金项目：现代农业产业技术体系建设专项资金资助。
第一作者简介：司马青焕，1963 年生，女，高级农艺师，主要从事农业新技术的推广研究和应用工作。
通讯地址：河南省伊县农业技术推广站。Tel：0379-68332560，E-mail：simaqinghuan@163.com。

的色氨酸和蛋氨酸。

洛阳位于河南西部，地处东经 111° 8′~112° 59′，北纬 33° 35′~35° 05′，地势西高东低。耕地面积 36.7 万 hm^2，646 万人，境内山川丘陵交错，地形错综复杂，其中山区 45.51%，丘陵 40.73%。四季分明，年平均气温 14.2℃，降水量 546mm，分布不均，干旱频繁，无霜期 217d，特殊的自然环境和气候条件，非常适合种植谷子。

1 存在问题

1.1 种植面积急剧下降，产量提高缓慢

在温饱问题未得到解决，“瓜菜半年粮”的年代，谷子是豫西地区解决吃饭问题的主要粮食作物。解放初期至 1976 年，面积一直在 40 173hm^2 以上，遍布全市，1962 年最大面积达到 59 953hm^2，随着玉米、水稻等杂交高产品种的应用，玉米、水稻产量迅速提高，而谷子的品种、栽培技术没有大的突破，1985 年以后面积急剧下降到 21 433hm^2，20 世纪 90 年代以来，种植面积徘徊在 16 934hm^2 左右。

1949~1963 年谷子产量一直在 1 245kg/hm^2 以下，1966 年产量突破 1 500kg/hm^2，1984 年突破 2 490kg/hm^2 关，2000 年以来平均产量 2 959.5kg/hm^2，2007 年产量最高为 3 440kg/hm^2。

1.2 机械化程度低

随着大量劳动力外出务工，农村劳动力多以妇女儿童为主，因谷子面积相对较小、分散，机械研发少、机械化程度低，间苗、收割、脱粒均靠人工操作，劳动强度大，群众难以接受。

1.3 耕作粗放，投入不足

由于谷子耐旱耐瘠的特点，常年种植在丘陵干旱地区，产量低，耕作粗放。80% 的田块仅在苗期施一次肥，后期施肥少或不施肥，致使部分谷子田后期出现早衰现象，造成谷子减产、品质下降。撒施、浅施肥料现象普遍，导致肥料利用率低。随着谷子新品种及相应配套技术的推广，谷子产量逐渐有所提高，施肥方式从过去的少施肥到现在的增大施肥量，但投入相对较少。

1.4 精播全苗困难

洛阳谷子多以夏播为主，播种时干旱经常发生，墒情难以保证。受“谷子全苗就拿到了一半产量”和“有钱买籽，无钱买苗”传统思想的影响，谷子播种采用大播量，生产中一般播量为 22.5~37.5kg/hm^2，甚至更大，不仅给间苗造成困难，遇到连阴雨天极易造成苗荒和草荒。

2 发展建议

2.1 简化栽培技术、提高机械化程度

2.1.1 简化栽培技术

研究开发谷子间苗除草新技术，或者研发间苗机械。在伊川县推广的杂交谷子间苗剂，大大降

低了劳动强度，群众非常欢迎，但是谷子间苗剂使用浓度、使用时间、使用方法等问题还需要进一步研究加以推广，以提高其效果。

2.1.2 谷子生产机械化有待提高

目前，洛阳地区谷子播种收打还停留在原始的人工作业上，距离机械化还有相当的距离，也影响了农民种植谷子的积极性。针对丘陵旱地的特点，研发适应丘陵旱地生产应用的谷子播种机、收割机、脱粒机，走机械化生产的道路。

2.2 发展高产优质专用品种、提高谷子产量和效益

2.2.1 培育高产优质杂交品种

玉米、水稻等作物随着杂交品种的应用，产量迅速提高，虽然现在谷子杂交品种已经培育利用，但是杂交品种少，特别是夏播杂交种更少，且相应的配套技术不够完善，应加大谷子杂交品种培育力度，提高谷子产量。

2.2.2 推广高产优质专用品种

谷子是粮饲兼用作物，选育谷草、谷子不同用途的品种，从不同方面多元化满足产业开发，以及不同人群、不同市场的需要，使谷子生产向优质、高产、高效、无公害方向发展。

2.3 建立谷子标准化生产基地

合理制定谷子发展规划，建立优质谷子标准化生产基地，严格执行标准化生产规程，提高谷子生产水平，从而提高谷子品质和商品性状。

2.4 加快产业化发展步伐

深入研究开发谷子深加工技术，不断提高产品的技术含量，加强生产管理，提高产品的市场竞争力，积极开发小包装、精加工产品。增加资金和技术投入，使谷子向产业化、规模化方向发展。充分发挥谷子生产区域优势的作用，开发市场和创新品牌，使谷子产业走向国内外市场。

参考文献

[1] 马文龙，谢明杰 . 浅谈安阳市谷子产业化发展［J］. 现代农业科技，2006（2）：60

[2] 杜丽 . 浅谈谷子产业化发展 . 中国特色作物发展研究［M］. 杨陵：西北农林科技大学出版社，2008

[3] 李君霞 . 洛阳市旱地谷子高产栽培技术［J］. 中国农技推广，2009（1）

[4] 张德奇，廖允成，贾志宽等 . 旱地谷子集水保水技术的生理生态效应［J］. 作物学报，2006，32(5)

浅论谷子产业化发展*

刘金荣　王素英　路志国　闫宏山　刘海萍　蒋自可　宋中强

（国家谷子产业技术体系安阳综合试验站 / 河南省安阳市农业科学研究院，河南安阳　455000）

摘　要：本文介绍了谷子分布、营养、生物学特性及其在旱作农业中的发展优势，同时提出了安阳市谷子产业化发展思路。

关键词：谷子；产业化

Primary Discussion on the Industrialized Development of Foxtail Millet

Liu Jinrong, Wang Suying, Lu Zhiguo,Yan Hongshan, Liu Haiping, Jiang Zike, Song Zhongqiang

(Anyang Comprehensive Experiment Station, China Industrial and Technological Research System of Millet; Academy of Agricultural Sciences in Anyang of Henan, Anyang 455000,China)

Abstract: This paper introduced the distribute, nourishment, biology characteristic of foxtail millet. Several suggestions were proposed regarding the industrialized development of foxtail millet.

Key words: Foxtail millet; Industry turns

谷子，古称粟，起源于我国，有 7 300 多年的栽培史。我国谷子种植面积占世界总种植面积的 80%。主产区是河北、山西、内蒙古、陕西、辽宁、河南、山东、黑龙江、甘肃和吉林等省。

谷子去皮后为小米，营养十分丰富。小米中的蛋白质平均含量为 11.47%，高于大米、小麦粉、玉米，而且人体必须氨基酸分布合理，除赖氨酸外，其他氨基酸分别比大米、小麦粉、玉米高 41%、65% 和 51%；小米的粗脂肪含量平均为 4.28%，高于稻米、小麦粉，与玉米近似，其中，不饱和脂肪酸占脂肪总量的 85%，属低脂肪作物，有益于防止动脉硬化；小米碳水化合物含量 72.8%，低于稻米、小麦粉和玉米，是糖尿病患者的理想食品；小米的维生素 A、维生素 B_1 含量分别为 0.19mg/100g 和 0.63mg/100g，均超过稻米、小麦粉和玉米，有益提高人体抵抗力和防止皮肤病的发生；小米的食用粗纤维含量是稻米的 5 倍，可促进人体消化；小米营养成分均衡、全面，是儿童和病人的良好营养保健食物，这为全世界人所公认。我国古代也知道小米有营养，北方产妇就有喝小米粥的习惯。

谷子抗旱、耐瘠，在旱作农业、节水农业中有着不可取代的优势。一是谷子籽粒小，在适宜的温度下，耕层土壤含水量为 9%~15% 时，谷子吸收本身重量 26% 的水分即可发芽，而高粱、玉米、

* 基金项目："十一五"国家科技支撑计划；现代农业产业技术体系建设专项资金资助。

第一作者简介：刘金荣，1963 年出生，男，研究员，主要从事谷子新品种选育和栽培植保技术研究。

通讯地址：安阳市紫薇大道东段，安阳市农业科学研究所。Tel：0372-2526552，E-mail：liujinrong@sohu.com。

需要吸收本身重量40%、48%、45%的水分。二是谷子耗水量少、水利用率高。每生谷子需水257kg、玉米需水369kg、小麦需水510kg，玉米和小麦分别是谷子的1.44倍、2在同样干旱情况下，谷子萎蔫的时间比玉米短，萎蔫的程度也比玉米轻。如在沙质壤土拔节抽穗期在土壤10cm处持水量7.5%时，白天萎蔫夜间不能恢复；而谷子持水量下降到d 才出现这种现象。谷子的旱象指标（持水量）比玉米低3%。三是谷子适宜播种期变幅大。播期从5月下旬到7月中旬都可获得好收成，播期的变化对谷子影响不大，这一特点使谷子成为救灾补荒不可少的作物。四是谷子自身调节适应逆境的能力很强。在合适条件下，可正常开花结果，条件不适合时，可晚开花结果，一般一个谷穗的开花期持续7~15d，遇到严重干旱时，通过自身水分调节分配，一部分花夭亡，保证另一部分花正常结实，玉米却没有这种特性。所以在干旱年份种谷子能收，种玉米没有收成。

我国人多地少，而且耕地逐渐减少，粮食问题现在是、将来还会是我国最重要的问题，特别是在国际关系动荡的年代。我国北方有 0.57 亿 hm^2 耕地，占全国总耕地面积 60%，其中无灌溉条件且年降水量在 250~600mm 的有 0.36 亿 hm^2，包括许多干旱、半干旱地区，充分开发利用干旱、半干旱耕地成为主攻目标之一。干旱对农业造成的损失相当于其他各种灾害造成的损失的总和。旱灾是我国最大的自然灾害，一般年份造成的损失为 200 亿 kg。资料表明，近 50 年中，河北、山西和河南部分地区高达 40 多年干旱。安阳市林县、安阳县西部、汤阴西部等经常干旱，有时，人、畜饮水都难；内黄县、滑县、安阳县、汤阴县地下水位一直在下降，20 年前井几米深，现在几十米深。水资源的缺乏已严重制约农业生产的发展，影响城乡人民的生活，我们不得不寻找适合旱区生长的作物，而谷子被证明是干旱和半旱区的优势作物。

近几年，旱区和半干旱区种谷比较效益高。以安阳为例，正常年份谷子 667m^2 产量 300~350kg，谷子每千克 3 元，667m^2 收入 900~1 050 元；玉米 450~500kg，每千克 1.4 元，667m^2 收入 630~700 元；谷子高出 270~350 元。玉米化肥施用量比谷子多，每 667m^2 地比谷子多花费 50 元；玉米种子成本比谷子高，每 667m^2 地多出 10 元；玉米田间管理比谷子简单，但收、加工、储藏比谷子麻烦，总体算起来，成本相当。因此，种谷子比种玉米 667m^2 多收入 330~410 元，若遇干旱年份，玉米能颗粒无收，种谷子的效益更高了。

安阳市发展谷子产业化有着得天独厚的条件。一是安阳县西部、林县、汤阴西部，鹤壁市北部，河北省的武安市、涉县、成安、临漳等为夏谷主产区，安阳市正处中间，交通方便，有利于小米销往全国各地。二是安阳市农业科学院谷子研究处国内先进，可源源不断地提供高产优质品种。农科所承担“七五”、“八五”、“九五”国家谷子攻关和国家“863”谷子高效育种课题，育出了获得国家发明二等奖的谷子品种豫谷 1 号，后又选育出高抗谷子锈病的豫谷 2 号，它是 1990~1995 年全国夏谷种植面积最大的谷子品种，获河南省科技进步二等奖。近几年，接连育出了豫谷 5 号、7 号、9 号、93-15、豫谷 11 号等品种，其中豫谷 5 号、豫谷 11 号通过国家审定，豫谷 7 号、93-15 获国家品种后补助二等奖。三是安阳市已有部分加工企业，如伦掌乡众乐村每年加工小米达 500 万 kg。

虽然安阳市谷子发展条件有利，但由于“龙头”企业规模小，带动能力不强，市场开拓滞后于生产发展，严重制约了谷子经济效益的提高和农民依靠种植业奔小康的步伐。因此，积极推进谷子产业进程，是实现谷子生产再突破的根本出路，它对于加快安阳市建设步伐、推进农业两个根本性转变、按规划实现小康目标具有深远的意义。

如何加快谷子产业化，让谷子更好地为山区人民服务？第一，政府要积极组织农业科技部门对农村种植制度进行深入研究，利用农业资源区划成果，因地制宜发展谷子生产。以此为契机，大胆创新，勇于进取，突破“数量农业”旧观念，树立“品牌农业”新思想。突破地区粮食自求平衡的旧观念，树立“市场农业”、“比较优势”新思想。着眼全国大市场、大流通和国内竞争国际化、市场需求优质化、多样化等发展趋势，加快推进谷子生产市场化、科技化、标准化、产业化和国际化。第二，加强科技投入，促进谷子可持续发展。要加大新品种选育、配套栽培技术、病虫害防治技术、绿色食品生产技术研究等。在品种选育上，高产、优质并重，加强与国内外单位横向联合，争取品种选育有大的突破。在栽培技术方面，开展不同土壤肥力高产攻关，研究出各种栽培模式，让谷农做到心中有数，投入多少，收入多少。要试验示范适合当地种植的谷子与主产作物的间作套种模式，缓解谷子与大宗作物争地、争水矛盾。研究谷子病虫害防治技术，提高谷子产量和品质。第三，要上规模，建基地。加强农田基本建设，努力改善农业生产条件，使谷子生产水平有一个较大幅度的提高，把安阳市建成一个规模大、产量高、米质优的谷子生产基地。按照适当集中，规模发展的原则，实行集中连片种植，形成规模生产；统一基地建设的生产标准，确保基地建设高起点、高标准、高效益；对基地内的谷子产品按照国际市场的要求实行生产规范化、产品标准化；严格加强质量检测，做到生产、加工、出口一体化；强化技术服务体系和综合管理措施，形成订单农业为主体，多渠道、规范、健全的谷子市场体系，积极开发名、优、珍、稀产。第四，要大力改进加工工艺，拓宽产后开发途径。注重设备改造，研究应用先进工艺、技术，开发出质量过硬谷子产品。要把谷子的初、深加工同生产紧密联系起来，立足国内消费，着眼国际市场，因地制宜地开发谷子加工食品，实现就地生产，就地加工增值，步入循环经济轨道，使谷子产业结构从低附加值产业向高附加值产业发展，从低加工度占优势地位产业向高加工度占优势地位产业发展，实现产业结构的高度化，将优质谷子产品变成各种各样集方便、食用、营养、保健于一体的优质食品，进一步提高谷子的经济效益和国际竞争力。第五，要建立龙头企业，带动谷子产业化的发展。安阳市现有林县东姚镇小米加工厂、马头涧小米加工厂、伦掌乡众乐小米加工厂等要扩大规模，高质量、高产值、高效益、上档次、创名牌，让农户和加工厂都受益。同时，要重点抓紧组建一批上连加工企业、下接生产基地的连接实体，加强加工企业与基地、农户之间的直接利益联系，形成风险共担、利益共享的有机整体。第六，要大力培育和开拓销售市场，提高小米商品率。不断拓宽流通渠道，减少流通环节，形成强有力的销售、信息网络，在占领国内销售市场的同时，积极与外商联系，建立合作伙伴关系，进而开拓国际市场，使安阳市的小米打出国门。第七，要加强良种普及推广，提高良种覆盖率。充分发挥安阳市农业科学院谷子育种研究优势，搞好种子精选、包衣、包装、统供，推行种子销售承诺制，统一种子质量标准，确保全市用种需求。在全市范围内普及高产优质谷子新品种，覆盖率达到100%。第八，要推广先进的谷子栽培技术，如蓄水保墒、节水灌溉、秸秆覆盖、看天（地）播种、合理施肥等 。第九，要加强对谷子产业化的领导。政府要制定相应的优惠政策，筹措资金扶植龙头企业，从根本上支持谷子产业化的发展。

通过大力实施谷子产业化，到2010年，全市谷子种植面积达到3.33万 hm^2，力争总产达到40 000万 kg。667 m^2 创产值1 000元，667 m^2 获纯收入800元。小米加工企业每千克米净收入1元，加工30 000万 kg可获收益3亿元。从而，为山区农民依靠种植业奔小康奠定强有力的基础。

强龙头、扩基地、树品牌，做大做强武安小米产业*

路　铭

（河北省武安市政府，河北武安　056300）

摘　要：本文介绍了河北省武安市谷子生产、开发情况及磁山文化，强调今后继续加强对武安小米产业的重视，延长小米产业链条，促进经济效益、社会效益和生态效益提升，使小米产业成为武安农民增收的优势产业。

关键词：武安；磁山文化；小米产业

Measurements Regarding to Strengthen Foxtail Millet Industry in Wu'an Hebei province

Lu Ming

（Hebei Wu' an City Government，Wu' an 056300, China）

Abstract: This essay introduces the production, development of foxtail millet in Wuan City, Hebei province, where the most old foxtail millet remains were found and Cishan culture origined. Measurements were proposed to improve the development of foxtail millet production in Wu'an.

Key words: Wu'an; Cishan culture; Foxtail millet production

武安是粟的发祥地，黍的起源地，小米的故乡。1973年磁山农民发现的磁山文化遗址，出土大量窖藏谷子、黍子，经中国科学院吕厚远研究员课题组对磁山文化遗址植物遗存的研究成果，证明距今九千年前的新石器时期，武安原始人种谷，以食小米生活，已达到相当惊人的水平。九千年来，武安人积累了丰富的种谷经验，在这里也有许多脍炙人口的种谷农谚和美丽传说。我国已故著名谷子专家李东辉先生生前长期在武安从事谷子科研工作，去世后长眠于此。2004年9月，首届中国磁山文化节隆重举行，许多国家著名专家学者被磁山文化遗址的珍贵文物所震撼。“武安谷”因此而闻名全国，享誉世界。

武安小米营养价值极高，可暖胃养人，舒缓筋骨，止烦解渴，益气补中，常年食用可延年益寿。当地妇女生小孩后全靠小米粥加鸡蛋来下奶和补养身子。小米是新中国解放的功臣，八路军靠小米加步枪，取得抗日战争和解放战争的伟大胜利，毛泽东同志在谷田视察的珍贵照片，我们记忆犹新。中国北方许多地方种谷子，唯有“武安谷”与众不同，用其加工的小米色泽金黄，入口绵甜糯香，极富营养。因此，武安小米以其优良的品质，悠久的文化而先后被命名为“河北小米之乡”、

---

*作者简介：路铭，河北省武安市副市长。

"中国小米之乡"。

武安市是全省24个山区县（市）之一、首批22个扩权县（市）之一，全市共辖22个乡镇，502个行政村，人口75.6万，其中农业人口65.9万。2008年底全市生产总值完成396亿元，财政总收入43.5亿元，农民人均纯收入达到5 737元。武安是一个经济较强的县级市，也是一个农业大县。2009年农作物播种面积6.8万hm^2，粮食作物播种面积5.87万hm^2，预计粮食总产28.6万t。武安常年种植谷子1.33万hm^2左右，2009年种植1.59万hm^2。其中无公害谷子面积达1.41万hm^2，有机谷子面积336hm^2，绿色谷子面积684.3hm^2。

为做大做强武安小米产业，市委、市政府高度重视，2004年，市政府下达了《关于发展优质小杂粮的实施意见》，其中尤其突出了小米产业。2005年市委、市政府下达了《关于发展小米产业的实施方案》，同时把武安小米产业列为武安市"十一五"国民经济发展规划的十大产业之一，市财政每年出专款扶持谷子生产。几年来，我们在小米产业的龙头企业建设、基地建设、优种供应、试验示范、标准化生产等方面取得了显著成绩，多次受到了省农业厅、科技厅、省农业科学院等各级领导的肯定和赞誉。

在龙头企业建设上，河北仓盛兴粮油工贸有限公司投资1 700多万元建成了年加工能力达1.5万t的优质小米生产线。同时成功注册了"武安小米"地理商标、"磁山粟"和"晶秋"商品商标，进行了小米的有机食品认证和正在进行小米的绿色食品认证工作。与农户签订了收购订单，带动农户10万多户。为了做粗拉长产业链条，已与河北省农林科学院谷子研究所签订了小米多功能营养粉生产技术协议；小米营养乳、小米糠油、高纤素等系列深加工产品已进入中试阶段。

在基地建设上，一是对全市4.87万hm^2耕地进行了无公害农产品生产基地环评认定，使全市所有的谷子都产于无公害农产品生产基地；二是农业局每年从科研院所引进十几个优质谷子新品种进行品种展示，并请专家对小米现场考察，筛选出小香米、冀谷19号、冀谷25号等优质品种进行推广。同时，建立了白府、阳邑、石洞、桃源沟、南山沟、西岐沟、琅矿沟等优质谷子种植基地。三是在建立绿色食品（小米）生产基地666.7hm^2的基础上，建设成了有机谷子生产基地；四是通过良种补贴和示范方建设，带动了武安优质谷子基地的发展。

在标准化生产上，一是根据有机食品和绿色食品的生产标准和武安谷子生产实际，制定了有机、绿色谷子生产技术操作规程，通过培训在全市推广实施。通过示范带动，建立了22个标准化科技示范村，以示范村为中心，辐射带动全市优质谷子生产技术的推广；二是抽调技术骨干，成立了11个技术服务小组，按照"六统一"，即：统一培训标准、统一供应优种、统一技术指导，统一生产资料、统一收购加工、统一品牌销售，实行全程跟踪服务，大力推进标准化生产；三是从生产源头上加强农业投入品管理，确保了武安小米的质量。

据2008年百户调查，谷子平均666.7hm^2产量307kg，每千克以3元出售，666.7hm^2产值为921元；而2007年同样的地块种植的玉米平均666.7hm^2产量为421kg，按照当时市场最高价每千克1.4元计算666.7hm^2产值589.4元，谷子比玉米666.7hm^2收入高331.6元，全市1.45万hm^2谷子，比种植玉米增收7 000多万元，因而种植谷子比种植玉米投入少、风险小、效益高。

在各级领导的帮助指导下，在广大科技人员和农民群众的共同努力下，武安在小米产业建设工作中取得了一定成绩，但是，与领导、专家的要求和社会发展相比还有许多差距和不足。今后，有领导的重视、专家的指导和广大农民群众的努力，我们相信，武安优质谷子生产基地规模会越来越大，龙头企业会越做越强，小米的产业链条将越拉越长，经济效益、社会效益和生态效益会越来越好，必将成为武安农民增收的优势产业。

创新发展　打造小米产业第一品牌 *

石耀武

（山西沁州黄小米（集团）有限公司，山西沁县　046400）

摘　要：本文介绍了山西沁州黄小米（集团）有限公司的企业发展现状、取得的成绩，明确了未来沁州黄小米（集团）有限公司的发展方向。

关键词：沁州黄小米；品牌创新

The Creation of the Number One Comercial Brand in Foxtail Millet Enterprises, Qinzhou Yellow

Shi Yaowu

（Shanxi Qinzhou Yellow Millet（Group）Co. Ltd., Qinxian 046400, China）

Abstract: This essay introduces the development of Shanxi Qinzhou Yellow Millet (Group) Co. Ltd., and clears the future development of the company.

Key words: Qinzhou yellow millet; Branding innovation

山西沁州黄小米（集团）有限公司是以中国名米沁州黄为主导产品，集良种繁育、基地建设、加工包装、市场营销于一体的省级农业产业化龙头企业，山西省“1311”工程重点企业，山西省优势农产品谷子基地示范企业，全国标准化生产示范区建设实施单位。我们秉承“追求卓越、诚信奉献”的经营理念，崇尚科学、改革创新、勇创一流，以打造小米产业第一品牌为目标，在向现代企业迈进的历程中迈出了坚实步伐，为建设“山西最大、全国一流小米基地”，做强做大沁州黄名米产业进行了探索实践，并取得一定成果。“沁州”注册商标，在屡获“山西省著名商标”的基础上，首个成为杂粮类“中国驰名商标”。沁州黄小米焕发出新的生机活力，继绿色食品、地理标志产品之后，通过“有机食品”认证，在屡获“山西省名牌产品”的基础上，再获“中国名牌农产品”称号，宫廷贡米走入寻常百姓家，成为新世纪“放心食品”。在“三鹿奶粉事件”、国际金融危机的严重冲击之下，经受住了考验，“金珠不换沁州黄”的美誉更显魅力。回顾品牌创新历程，我们感受最深的有以下几方面。

* 作者简介：石耀武，山西沁洲黄小米（集团）有限公司董事长。

1 科研持续化，是品牌创新的动力

沁州黄小米品质的稳定提高，得益于老品种提纯复壮、新品种改良培育、谷子专用肥研发、各品系对比试验、肥料对比试验、新技术采用试验等一系列技术措施的持久攻关和创新。20 世纪 80 年代，科研示范推广工作拯救了沁州黄这一古老品种，选育出 2 个优良品种，并获得“全国一级优质米”、“全国最佳小米”称号，被推荐为“衡量全国小米优劣的标准”，新世纪以来，我们坚持科研示范不动摇、不放松的原则，采用企业化运作方法，与山西省农业科学院谷子研究所、经济作物研究所、山西省农业厅土肥站、技术站等专业科研单位合作，吸纳国内知名谷子专家，组成科研攻关团队，收集国内优质谷子品种百余个，包括古代三大名米、当代其他名米，以“沁州黄谷子”为对照，在产量、品质、色泽、抗病性、抗逆性等方面进行对比试验，选育出新品种 5 个，沁州黄新品系 7 个，以沁州黄谷子为亲本，其他优良品种，通过正、反交，配制出 13 个杂交组合，进行 F_1 和 F_2 代种植试验，最新品种即将问世。同时，充分发挥拥有的种质资源，开展了黄、白、绿、黑等彩色小米的品种试验，进一步丰富谷子品种，开拓新的经营领域。这些措施，有效解决了沁州黄品种退化带来的产量低、易倒伏、发病多等问题，为标准化生产提供了最基本的条件。可以说，没有长期不懈的科研攻关，就没有沁州黄小米的今天 ，不会有沁州黄品牌，更没有我们沁州黄集团。

2 基地标准化，是品牌创新的基础

沁州黄小米产业扎根在农村，联结着千家万户，从传统的自然经济走向现代农业，首要解决的是标准化问题。基地建设的核心是标准化。我们公司的经营模式，以“公司 + 基地 + 农户”的初级阶段，完成了向“公司 + 基地 + 农户 + 标准化”的转变。我们遵循沁州黄的生物学特性和它所要求的生态环境，制定并实施了种植基地标准、良种繁育标准、施肥标准、轮作倒茬标准、播种标准、田间管理标准、病虫害防治标准，构建起基地建设标准体系，采取“统一规划地块、统一品种、统一供肥、统一技术规程、统一收购”方式，把基地变成了小米产业的原料生产车间，进行企业化管理。种植农户不离乡土，由农民变成了产业工人，一张订单，载明了地块、亩数、种植品种、施肥量、收购量、订单保护价、基地负责人、技术指导员等内容，明确了双方权利和义务，一年收成早知道，有问题、困难该找谁，心中有数。企业经营有计划，产品质量从源头抓起，可追溯。为保证标准到户，不打折扣，我们辅以管理标准、工作标准聘用了一批县级退休农业技术干部，专职专业搞技术服务，帮助农户解决实际困难。同时聘请专家、教授、高技术职称人员，利用农闲举办标准化种植技术培训班，培养了一批乡村农技骨干。通过标准化基地建设，密切了公司和农户关系，实现了互惠双赢目标。目前，我们的标准化生产基地稳定在 5 333.3hm^2 以上，带动农户 3 万多户，谷子每 667m^2 均产量达到 300kg，增产近 100kg，收购价以 2000 年的 1.5 元 /kg 增长到现在的 5 元 /kg，667m^2 增收 700 多元，仅此一项，户均增收 2 000 多元。公司按订单收购 1 500 万 kg，加工销售 1 000 万 kg，在整个小米市场稳居第一。

3 装备现代化，是品牌创新的保证

我们紧紧抓住产业化，扶持龙头企业发展壮大的大好时机，连续实施了一批国家、省级项目工程，积极开拓融资渠道，引进项目、引进资金，累计投入建设资金 2 000 多万元，建设综合办公楼

1 000 多 m^2，标准化生产车间 800m^2，谷子贮藏库 1 500m^2，成品库 300m^2，新改造安装加工、色选、真空包装设备，实现了产品加工、标准化流程作业的目标，彻底改变了基础设施落后，装备落后的状况。在推行 ISO9001 质量管理体系、QS 管理过程中，进一步强化了质量检测、关键工序控制、安全保障等相对薄弱环节，厂区绿化、亮化、美化逐步到位，树立了企业崭新形象。

4 市场目标化，是品牌创新的关键

过去的沁州黄，可以说是藏在深山无人识、独在皇宫享尊荣，与平民百姓无缘。走下神坛，同市场对接，受广大消费者的检阅，是沁州黄产业发展的客观需求，更是创建驰名品牌的关键一环。市场是企业经营的龙头，我们在走过的历程中，紧紧牵住市场这一牛鼻子，不遗余力构建营销网络，主打北京市场，稳固占领山西市场，辐射东北、华北、西北市场，进军江南市场，根据不同阶层消费者的需求，调整产品结构，改进产品包装，加强售后服务体系建设，使沁州黄这一名米进入了寻常百姓家，赢得了广大消费者的认同。在实施名牌新企的战略中，我们同专业策划公司、广告公司广泛合作，对沁州黄产品进行了目标市场定位，改进产品包装，展开广告宣传，不断提高沁州黄品牌的知晓度。借鉴和学习先进的营销管理模式和经验，建立起适合我们实际的和现代市场接轨的组织体系和管理体系，设立了适应营销需求的专业营销中心，高薪聘请营销总监，打造了一支高素质的营销团队。企业经营围着市场转，职能部门和子公司各负其责，构建企业以质量管理为中心的服务体系，经营目标层层分解落实到人，推进绩效工资和目标管理考核，建立了激励和约束双重机制。为了维护沁州商标的合法权益，我们组织了专门队伍，运用法律手段全面开展维权活动，打击侵权假冒行为，确保沁州黄品牌形象。沁州品牌形象一是特产珍稀，二是高端，三是营养健康，通过品牌塑建和市场开发，更为广泛地走向人们的日常生活，企业充分利用品牌形象提高了核心竞争能力。

5 产品精深化，是品牌创新的客观需求

目前“沁州”驰名商标代表了小米形象，在全国范围内有了一定的知晓度，为了拓展经营领域，延伸产业链条，近几年，我们又在相关类别上，向国家工商总局、商标申请注册了 20 多项“沁州”和“沁州黄”商标，产品涵盖了 100 多个品种，品牌正向广度和深度延伸，我们紧紧抓住山西省“两区”开发和优势农产品产业带开发的大好机遇，组织国内知名专家，对沁州黄产业开发进行了广泛深入的调研，编制出中长期发展规划，深加工成为今后一个时期发展的重点。我们的《沁州黄小米产业化综合开发项目》2006 年列入“两区”开发重点工程项目，经过 3 年的努力，同中国农业大学合作开发的小米营养粉获得成功，向国家专利局申报了专利，基建工程进入设备安装阶段，代表“沁州”品牌新形象的深加工产品即将上市。沁州小米粉的上市，标志着“沁州”商标又进入一个新的领域，在原有的绿色、营养、健康的概念上，又增加了方便快捷新内涵。根据产业发展规划，下游产品——米糠系列产品和谷子秸秆产品的研究工作也进入一个新的阶段。随着产品的扩展和延伸，今后沁州品牌形象就是特色和高质量。通过产品开发，沁州黄小米以产品到商品实现了历史性的跨越，从商品到品牌完成了附加值的转换，进入了新的领域，新的品牌形象将大大提升企业的核心竞争力，带动沁州黄产业实现又强又大的目标。

6 宣传多样化，不断丰富沁州品牌新内涵

一位资深营销专家说，品牌的附加值就是比其他牌子卖得好、卖得久、卖得贵的产品，通过宣传创造出来的增加值，“沁州”品牌给人的第一印象就是小米，其次是营养健康食品，联想到最佳生态环境的产地，以及历史悠久的小米文化、新一代沁州黄人的创业历程，总能给人韵味深长的回想。在塑造沁州品牌的过程中，我们将品牌宣传作为市场营销的重大战略举措，组织力量加大投入，瞄准时机，梯次推进。首先，我们积极响应上级部门号召，参加国内、国际博览会、展销会、经贸洽谈会，充分展示公司和产品形象，让广大的消费者深入了解沁州黄的历史和文化，享受沁州黄小米独特的风味。其次，我们聘请高级营销策划专家，对产品进行包装，聘请专业文化艺人制作连环画册，创作沁州黄歌曲，诗词笔画、鼓书、小品，演义沁州黄神秘的传说故事，再现沁州黄现代创业历程，利用国内重大活动和艺术节、旅游节、山西省名、优、特产品展示活动，广泛传播沁州黄文化。第三，加大资金投入，充分利用电视、报刊、电子网络，大范围开展广告宣传活动。第四，充分发挥魅力长治、八路军总部红色旅游胜地、历史名人等文化资源优势，结合沁县创建“北方水城”、绿色名县、兴办民俗文化节的时机，举办了首届“沁州黄小米文化节”，演绎了康熙赐名沁州黄传说，邀请国内演艺界知名人士、《星光大道》冠军举办了“走进沁州黄”专场音乐会，举办了“沁州黄”杯龙舟邀请赛，从不同角度展示了沁州丰富的文化。全方位、立体化、多角度的宣传活动，为品牌创新必不可少的重要环节。

走进赤峰，参加“全国首届谷子产业大会”，我非常高兴。参观了新品种新技术示范区，听了领导高屋建瓴的讲话，先进县区、企业的发言，我深受启发，感到了我们沁州黄集团的差距所在。我们过去所做的工作，其实都是现代农业发展所要求的基础性的工作，还很不够，同先进企业相比，差距还很大，离我们自己的目标也还有一段十分艰难的路程。我们正站在新的起点上，要乘借这次大会的东风，进一步调整发展战略，充分发挥好沁县绿色生态优势，沁州黄品牌优势，推进沁州黄名米基地、名米深加工和名米文化建设，加快集团经营管理转型步伐，尽快实现沁州黄名米产业高科技、产业化、品牌化、持续化战略发展目标，推动我国的谷子产业向更高层次迈进，为振兴我们沁县老区经济作出更大的贡献。沁州黄小米的故乡风光无限，热诚欢迎大家到沁县做客，欢迎大家同我们合作，共同为谷子产业的明天而奋斗。

大力发展谷子产业　实现企业农户双赢*

孙源平

（山东省章丘市种业集团，山东章丘　250204）

摘　要：本文介绍了山东章丘市种业集团企业发展经验，特别是采取“公司＋基地＋农户”的生产经营模式，拉长、延伸谷子产业链条。

关键词：“公司＋基地＋农户”；章丘；小米

Co-operation Management Between Growing Farmers and Processing Enterprises to a Both Win Development of Foxtail Millet

Sun Yuanping

(Shandong Zhangqiu City Seed Group, Zhangqiu 250204, China)

Abstract: This essay introduces the experience of foxtail millet production co-operation between growing farmers and processing enterprises in Shandong Zhangqiu City Seed Group.

Key words: “Corporate+Base+Farmer”; Zhangqiu; Millet

1　集团公司的基本情况

山东章丘市种业集团坐落于龙山文化的发祥地，四大贡米产地之一的山东章丘。集团是集一家科研育种、谷子开发、良种生产经营、物流、花卉经营于一体的多元化集团公司。集团注册资金1 031.28万元，固定资产5 800万元，年销售收入1.5亿元。集团基础设施完善，拥有先进的小杂粮精选、分级、生产加工流水线二条，建有6 000m^2的农产品精加工车间，5 000m^3的冷风库，容量1万t的标准库房，2 300hm^2的农副产品生产基地，其中谷子基地就达700hm^2。公司技术力量雄厚，现有职工320人，其中具有专业技术职称工作人员60人。多年来，公司始终坚持以市场为导向，以质量求生存，坚持走“公司＋基地＋农户”双赢的产业化经营之路，实施品牌战略，大力推动谷子产业的发展，效益不断提高，规模不断扩大。目前，已开发出龙山小米、章丘大葱、明水香米、山野杂粮为代表的四大系列60多个品种。先后被评为山东省农业产业化重点龙头企业，山东省优秀新农村经纪人，山东省农业科学院高新技术试验示范基地，集团“高白”、“泉头”两个商标双双被评为山东省著名商标。

---

*作者简介：孙源平，山东省章丘市种业集团总经理。

2　当地主产谷子的简要介绍

章丘市地处齐鲁腹地，南依泰山，北临黄河，土地肥沃，水源充足，总面积1 855km^2。章丘特产龙山小米与金乡县的金米，山西沁县的沁州黄，河北蔚县的桃花香并称为我国四大贡米，具有“龙米”之称。产地以章丘龙山镇北石人坡为中心，方圆5km最为闻名，这一带为山前洪积土，土层深厚，土质为黄壤，质地肥沃，加之其地理环境和气候条件极为适宜谷子的生长和发育，具备了生产优质谷子得天独厚的条件。龙山小米俗称“阴天旱”，因其阴天时叶子卷曲貌似天旱而得名，小米香味浓郁，色泽金黄，籽大粒圆，性黏味香，煮成稀饭，表面有层金黄光亮的米油。集团依托这一传统优势大力开发谷子产业，目前，集团已开发出真空包装龙山小米、礼品小米、小米面、小米粥、小米窝头等10多个品种，其中真空包装龙山小米多年来一直占据山东60%的市场份额。

3　完善“公司＋基地＋农户”的生产经营模式，拉长、延伸谷子产业链条

集团充分利用山东各地的优越自然条件，根据谷子生产条件和环境分别在章丘、长清等地建立了3个适宜谷子生产的基地，基地总规模近1 300hm^2，涉及农户1万余户，公司采取“公司＋基地＋农户”的生产管理模式，组织订单农业，促进农业生产与市场有效衔接，为使农户与企业形成一种利益共享、风险同担的长期合作关系，公司采取与种植大户签订长期供销合同的方式，给农户设定最低收购保护价，上不封顶，依据当年的收成情况和市场价格随行就市。市场风险由公司承担，保证了农户利益，同时保证了集团收购的谷子符合质量标准，取得了双赢的效果。公司与农户的合同履约率每年都在95%以上。2008年基地谷子由于品质优良，深受消费者欢迎，基地所产的700万kg谷子全部销售完毕，平均售价都在9元/kg以上，收入达3 000元/667m^2，仅谷子一项就带动农户年增收1 000余万元，使基地农户的收入大大增加。

集团对基地实行五个统一：即统一供种、统一供料、统一管理、统一深加工、统一销售，坚持诚信合作为宗旨，以诚信服务为前提，积极为基地农户提供各种扶持措施。集团组织科技人员，深入田间地头指导生产管理，对基地农户进行科技培训，定期开展农业技术讲座，聘请谷子专家进行现场指导，及时发放《谷子高产栽培技术要点》、《谷子病虫草害防治技术》等材料，提高农户科学种田的管理水平，努力保障公司生产物资的供应。集团基地实现产前、产中、产后科学规范管理，基地全部达到《山东省农业标准化基地标准》，对基地的每亩土地都进行检测，建立科学试验档案和数据库，实行平衡配方施肥技术，以有机肥为主，以物理、生物技术综合防治病虫害，减少生产中农药和化肥使用量，确保所产谷子的质量安全。

公司每年都拿出一部分资金用于基地建设和农民培训，2008年投资50万元，为基地修建水渠，整修道路，改善了田间运输条件，解决了农户灌溉困难。为解决农户遇到的土地租赁、资金短缺等实际问题，集团出资100多万元为农户担保，解决了农户的燃眉之急，深受农户欢迎。2008年公司投入40多万元用于培训农户，年培训和指导农户1万多户，可带动当地5万多农户受益，使农户得到更大的实惠。

4　科学发展，不断加大科研投入，提高产品质量和档次

集团坚持把科学发展，推进企业自主创新作为转变发展方式的中心环节，把推进科技进步作为企业发展战略。集团加大科研投入，把具有一定基础和优势的龙山小米作为优先主题，与大专院校、科研院所挂靠合作，使企业真正成为研究、开发、投入的主体，技术创新和创新成果应用的主体，集团自2006年开始就与山东省农业科学院合作，在挖掘和整理龙山小米传统品种“阴天旱”的基础上，对其种子进行提纯复壮和遗传改良，经改良后的谷子综合性状优良，在抗倒伏、抗病性方面都有所增强，产量也比老品种每667m^2增产50kg以上。同时不断引进新的品种和技术，促进科研成果向现实生产力的转化，为企业发展提供了持久动力，赢得了发展的主动权。

公司不断加强质量安全建设，根据国家和行业标准制定了集团的《谷子种植管理标准》、《谷子加工标准》，从源头上加强了谷子的质量监控，确保了谷子的无害化生产和加工，集团建立的谷子质量检测体系从谷子的生产、贮藏、加工、包装等各个环节都进行了实时监控。2008年集团顺利通过食品质量安全（QS）认证专家组验收认证，使龙山小米这一传统名优特产取得了进入大超市、大商场的通行证，真正让消费者吃到安全放心的小米。凭借较高的市场知名度和过硬的产品质量，市场占有率不断提高，产品遍及山东的每个地市以及北京、上海、江苏、广东等20多个大中城市，进入300多家超市和专卖店、连锁店，并与北京、上海等几家大型超市建立了长期的合作关系，年销售量在100万kg以上。“泉头”牌龙山小米商标被评为山东省著名商标。

虽然我们在山东的谷子生产及加工方面做的一些工作，但是与其他大企业相比，尤其是与河北、山西、内蒙古等谷子种植强省的企业相比还存在一定的差距。我们将以这次大会为新的起点，认真学习先进地区、优秀企业的经验和做法，围绕发展和壮大谷子产业，加快农民增收这一总的目标，进一步加快集团发展，为我国谷子产业的发展尽一份力量。

旱地谷子夺高产　名米光耀太行山 *

张志刚

（山西省武乡县政府，山西武乡　046300）

摘　要：本文介绍了革命老区山西省武乡县谷子生产及加工情况，明确未来要以市场为导向，科技为动力、管理为核心、品牌为利器，加强武乡县小米产业发展。

关键词：谷子；武乡；生产现状；产业发展

Foxtail Millet Production in Wuxiang County in Taihang Mount

Zhang Zhigang

（Wuxiang County Government, Wuxiang 046300, China）

Abstract: This essay introduces the foxtail millet production and processing in Wuxiang county. Some measurements such as orienting for the market, promoting by technology development, and commercial brand development were suggested.

Key words: Foxtail millet；Wuxiang county；Production；Industrialization

武乡县位于山西省东南部，长治市北端，属典型的黄土丘陵山区。平均海拔在 1 000~1 100m，昼夜温差较大、光照时间长，年平均气温 9.2℃，无霜期 155d，年降水量 560~580mm，是优质绿色谷子等小杂粮生产的最佳基地之一。

1　谷子生产情况

谷子生产在武乡县历史悠久。抗日战争时期，八路军总司令部、中共中央北方局、129 师在武乡长期驻扎，武乡人民全民皆兵，全民抗战，一手拿枪、一手拿锄，武乡的小米养育了八路军。因此，武乡是八路军的故乡，子弟兵的摇篮。改革开放以来，武乡的谷子生产有了长足的发展。全县现有粮田面积 3 万 hm^2，绿色杂粮生产基地达到 8 000hm^2 左右，其中谷子种植面积就达到 7 000hm^2，主要品种有晋谷 21 号、晋谷 40 号、长农 35 号等。全县谷子种植生产基地，全部按照绿色标准化操作规程进行作业，基地周边 5km 以内无任何污染源与工矿企业，气候、土壤、水质均符合谷子的绿色食品原料生产要求条件。

为了把“小米加步枪”精神发扬光大，武乡县委、县政府从 20 世纪 90 年代开始，以山西省农

* 作者简介：张志刚　山西省武乡县农业主管副县长

业科学院经济作物研究所高级农艺师程瑛通过12年试验培养出来的优良品种晋谷21号为开端，相继开发了“汾州香”小米、“新小米”、“黑小米”等系列品种和其他杂粮品种。这些品种小米集营养保健于一体，色香味俱佳，曾作为党的十四大和八届全国人大专供食品。并以国家珍品，飘洋过海，赠送给联合国官员，受到一致称赞。

从1995年山西“一会一节”和全国第二、第三届农业博览会以来，“老家”、“黑珍珠”小米，八珍粉等供不应求。1997年12月26日，中央电视台、国务院扶贫办录播的系列片——《走出贫困：一个小米的故事》，主人公就是武乡县优秀乡镇企业家李银旺。武乡县长期致力于小米开发，成就斐然，引起了社会各界的瞩目。原中共中央副主席李德生挥毫题词：“开发名米，致富武乡，服务全国。”原全国人大副委员长雷洁琼：“建设名米基地，再铸老区辉煌。”1998年武乡县被农业部命名为：“国家农业开发试验区”、“农业绿色食品开发区”。

为使这一地方特色的优质小米和杂粮满足国内外市场需求，2002年武乡县生产的优质“新小米”、“黑小米”就获得了国家绿色食品认证中心的认证，至今谷子生产全部按照绿色食品的要求进行标准化种植、加工。所生产的小米色泽好、饱满、纯净、口味清香、黏度好、油性高、所含各种营养成分远远超过了普通小米。

随着谷子种植面积的不断扩大，谷子品质的不断提高，武乡县谷子销售市场也逐年扩大，生产优质小米的加工企业也逐步走向更科学的流程化作业。目前，全县谷子总产达到了2 500万kg，667m^2产量最高达到了350kg，年生产优质小米2万余t，由原来的本地市场扩大到销往全国各地，赢得了各地消费者的青睐，加强了市场的占有量，谷子生产已成为武乡县农户种植农作物品种中的主导产业。

武乡县从事生产、加工谷子的龙头企业有武乡县“金谷子”加工有限公司、太行康宝杂粮有限公司、“老家小米”农业有限公司、海鹰调味品实业有限公司等，担负着全县近3万t的优质杂粮深加工。

2 采取的主要措施

一是抓组织领导。县委、县政府成立了农业产业化办公室，并划拨了5万元的办公经费。农产办主要负责与科研院所的联系合作，开展农民科技培训，适时为农民提供产前、产中、产后的技术、销售等服务。

二是抓科技培训。武乡县先后聘请著名生物学家、原中国农业科学院土壤肥料研究所所长闵九康等专家在全县15个乡镇普遍开展了一次科技培训，为全县谷子生产奠定了良好的基础。

三是抓典型示范。按照“一乡一业”的发展思路，武乡县因地制宜，重点抓了以名米为主的小杂粮产业开发。全县种植无公害、绿色A级谷子7 000hm^2，小杂粮1 300hm^2。仅上司乡就种植无公害绿色A级谷子500hm^2，小杂粮200hm^2。该乡党委、政府在铺上、上司、下司、蒋家庄、张庄5个村租地70hm^2，作为有机种植示范基地。在山西省农业科学院专家指导下，统一施肥、播种、管护，严格按照农作物种植最高标准的有机种植模式实施。目前，示范基地建设已投资60余万元。

四是抓龙头带动。在整合“康宝杂粮”、“金谷子”两个企业的基础上，县委、县政府在上司乡韩庄村兴建武乡县老家农业开发有限公司，项目总投资1 200万元，现在已完成总投资500余万元，老家小米和杂粮的开发，其经济效益和社会效益十分明显，有力地带动了全县谷子生产和小米加工。

五是抓资金扶持。2009年，县委、县政府已筹集资金1 500万元，用于小米、小杂粮等十大农业园区、十大农业龙头企业、十大农民专业合作社建设，极大地调动了广大农户的调产积极性。

3 今后努力方向

为了加强谷子生产和小米小杂粮基地建设，完善农民种植体系，增加农民收入，培育无公害、无污染、绿色农产品，武乡县决心以老家小米、小杂粮为主，扩建新建原生态石磨粉加工厂、千头黑猪养殖场、土鸡养殖加工厂、野菜系列食品厂。这样对生产小米、小杂粮过程中剩余的大量谷草、米糠等渣料都可以充分利用，通过养殖所产生的肥料又可以还田保耕，形成一种新型循环经济圈和生态农业，达到 5 000t 老家小米、小杂粮系列保健食品、千头黑猪、5 万只土鸡、1 000t 野菜果脯的生产能力。我们要以市场为导向，科技为动力、管理为核心、品牌为利器，积极投身于国家谷子产业体系建设之中，加强协作，使老家小米、小杂粮香飘大江南北，走进千家万户，打进国际市场，为建设社会主义新农村闯出一条新路子。

谷子在河南农业和人民生活中的重要作用 *

孟昭桂　李君霞　杨晓平　王春义　马慧珍

（国家谷子产业技术体系郑州综合试验站 / 河南省农业科学院粮食作物研究所，河南郑州　450002）

摘　要：本文从不同历史时期论述谷子对河南农业乃至中华文明所起的重要作用，对新形势下人民生活中谷子多种消费形式做了一些简单的阐述。

关键词：谷子；河南；作用

Foxtail Millet Acted an Important Role on Agriculture and People's Daily Life in Henan Province

Meng Zhaogui, Li Junxia, Yang Xiaoping, Wang Chunyi, Ma Huizhen

(Zheng zhou Comprehensive Experiment Station, China Industrial and Technological Research System of Millet; Cereal Crop Research Institute; Henan Academy of Agricultural Sciences; Zhengzhou 450002, China)

Abstract: Henan province is a big agricultural province with long history. Foxtail millet was proved origining from the Huanghe-River regions. It is one of the most important crops. Since foxtail millet has been regarded as one of the "minor"grain crops in China, it is usually planted at the corners or edges of the field for efficient use of land. Its importance was ignored. In this paper, the important role of foxtail millet was reviewed in different period of history. And many consumptions mode were proposed to utilize foxtail millet at present.

Key words: Foxtail millet (*Setaria italica*); Henan province; Important use

母亲河——黄河九曲万里沙，流经河南省长达 1 500km（故道），两岸农牧渔业发达，是中华民族的摇篮，中原文化发祥地，五千年农业文明造就了中华民族仁、义、礼、智、信的道德精髓。炎黄祖先“尝百草、种五谷、行农业”，为华夏经济、文化、政治发展奠定了基础。粟在历史上是北方的主要粮食作物之一，谷粒产量高，谷草质量好，小米营养价值高，有“贡米”、“功米”之称。河南新郑黄帝轩辕故里和风后岭，阴历“三月三节”老百姓有去上贡的习俗，传说梁粟是黄帝累祖、风后（大臣）培育，需要年年让他们品尝。

楚汉相争时，刘邦被困，荥阳百姓送粮运草，为大汉朝的创建立下了汗马功劳，传说这谷子就

* 基金项目：国家科技支撑计划“优质谷子新品种选育与增值利用技术研究开发”（2006BAD02B02）；现代农业产业技术体系建设专项资金资助；河南省科技攻关项目特色杂粮种质资源的挖掘和育种研究。

第一作者简介：孟昭桂，1935 年出生，女，河南商丘人，副研究员，主要从事谷子等小杂粮遗传育种栽培研究。

通讯地址：河南省农业科学院粮食作物研究所。Tel：0371-65737614，E-mail：lijunxia@126. com。

是荥阳齐头黄。仰韶文化遗址中发现炭粟，距今已有五千余年，渑池成为华夏谷物的种植发源地。渑池坻坞十里长川，水源丰富，土壤肥沃，昼夜温差大，谷神单传（无分蘖），穗长尺余，春种夏收，小米金黄，香味悠长，米油缠绵，养胃润肠，是孕妇、老年体弱儿童的理想补品。相传武则天当年巡游渑池，因劳累过度，身体虚脱，在黄花紫桂宫连喝七天坻坞小米粥，后身体康复，遂钦赐坻坞笨米“金米列贡”，至今传为千古佳话。豫东平原自古就是兵家必争之地，春谷面积大，单产高。小米是豫东人民的主要粮食作物之一，当地有谷熟县、马牧集的县镇，说明人们对谷子、谷草丰收的渴望和特殊情感，也说明了小米在人们生活中的地位。商丘县北关公园抗日阵亡烈士纪念碑和陈官庄淮海战役烈士陵园，每逢清明节就有老百姓捧着金黄色香喷喷的小米干饭上贡，他们说这小米就是在淮海战役中给战士们吃的功米——粮草兼用的虞城大拔谷、商丘黄滑皮等。

在人类文明史发展长河中，食疗是中国人的传统习惯，五谷依靠自身的各种可食性物质影响人机体的各种机能，达到调理健身之目的，它关系着民族身体素质。西方发达国家20世纪70年代就提倡东方膳食结构，墨西哥疗养院把小米列入食谱，日本也把小米列为保健品。

小米的营养价值尚待研究挖掘，就目前所知浅谈一些食用知识。先介绍一下五行学说，五行即金、木、水、火、土，五色即白、兰、黑、红、黄，五脏即肺、肝、肾、心、脾。脾对应黄色，黄色的主食物是玉米、小米，其次胡萝卜、南瓜等，俗语“小米饭萝卜菜，啥病都不害”。小米食用是多种多样的，先谈一下以米为主的粥。小米有健脾、养胃补肾之功效，小米粥能养阴生津补虚安神，对身弱者尤为重要。每晚一碗粥，可舒适睡眠（小米含色氨酸高）。或可因不同体质、季节搭配食物，一般春夏可加南瓜、绿豆；秋冬加豇豆、红薯；有肺热心火的加莲子、百合；心气不足、精神不振的加薏苡仁，红小豆；老年体弱的加桂圆蜂蜜；脾弱胃寒的加红枣、红糯米；腰痛肾气不足的加黑米、薏苡仁；小儿不愿喝粥时加花生仁、果仁、苹果片、梨片等，妇女痛经加红糖。近年来，儿童肥胖、瘦弱，老人胃痛，女中青年皮肤粗糙有斑点多半与寒湿有关，胖孩多有湿，老人多胃寒，妇女吃偏凉食品，为减肥先喝水，有的光吃水果不吃饭，穿的单薄，体质偏寒，但总觉得上火，这就是身体虚寒的表现。上述现象常喝小米、红豆、薏苡粥，暖胃补虚除湿寒，就会肤润健康，这就是小米养颜的道理。小米豆浆一年四季饮用，晚上泡上黄豆，次日清晨用豆浆机加上黄豆、小米、热水，半个小时就做成香喷喷的小米黄豆浆。另一种传统吃法是小米豆沫，将水、小米、黄豆（泡一定的时间）一起磨成稀糊状，加上盐、五香粉、海带、豆腐条、粉条、花生仁、炒芝麻煮20~30min，味道很好。当然要想吃到一定量的杂粮还需要在面、馍上下工夫，小米含色氨酸高，玉米含赖氨酸高、与黄豆配成三黄粉，达到氨基酸、维生素、矿物质营养三平衡。小米富含维生素A、维生素B_1、维生素B_2、维生素E、钙、硒等，可与小麦、玉米、黄豆、荞麦等配成高级营养粉。将含钙高的高蛋白小米，赖氨酸高的玉米、高筋小麦配成面包粉，把小米、小麦配成馒头粉、发糕粉。标准化生产面粉和各种馒头供主食用。

小米黄酒健脾胃，活血化瘀，补虚劳。我国著名医圣张仲景的故乡——河南南阳生产的黄酒历史悠久，质量高，为产妇、老人体弱的最佳补品。黄酒对风寒、湿痒、关节炎、妇女痛经等均有好的疗效。黄酒为黄糯米酿造，含有多种氨基酸，符合健康要求，如果说啤酒是液体面包，那么黄酒则可成为液体蛋糕。国家可提倡多喝黄酒，少喝白酒，啤酒黄酒并用，大力支持黄酒产业的发展。还有一个与生活、健康密切相关的是食醋品质问题。醋是一个很好的调味品，但近年各种名醋都加了防腐剂苯甲酸钠。就醋来说，是否可以研究生产一种既保质量又不加防腐剂的香醋呢。醋本身就有杀菌作用，特别是过去的老陈醋，陈酿在2年以上，若为陈醋加防腐剂那就不必吃陈醋了。有老人谈过去不加什么这剂那剂的，只是用谷子高粱做醋，现在加的样多，还不如以前的味好。建议可研究不加防腐剂的品牌。

随着人民生活水平的提高，要求国家粮食部门对杂粮加工管理给予高度重视。具体来说，对米、面、馒头等主食有计划地、保质保量生产销售，加大对杂粮食品产业的开发力度，支持小米、玉米、绿豆、小豆、豇豆等杂粮的品种加工创新。尽早研制出营养丰富、口味好的健康食品，使人民能够较多的食用杂粮，达到合理膳食，提高健康水平的目的。让世界卫生专家、保健专家、食疗专家们为中国的科学膳食水平上新台阶拍手叫好！

发挥区域资源优势，建设谷子产业体系*

李书田　赵　敏　刘　斌　柴晓娇　张立媛　潘翔磊　张　野

（国家谷子产业技术体系遗传育种研究室 / 内蒙古赤峰市农牧科学研究院，内蒙古赤峰　024031）

摘　要：本文对赤峰市谷子的生产、科研、加工现状及生产的优势、存在的问题作了全面的分析，总结了赤峰地区发展谷子生产的几方面需求，对发展谷子产业化提出了几点建议。

关键词：赤峰；谷子；生产；科研；加工

Building of Foxtail Millet Industrialization Production System Through the Utilization of Local Resources

Li Shutian，Zhao Min，Liu Bin，Chai Xiaojiao，Zhang Liyuan，Pan Xianglei，Zhang Ye

(Section of Genetics and Breeding, China Industrial and Technological Research System of Millet; Chifeng Academy of Agricultural and Animal Husbandry sciences, Chifeng 024005, China)

Abstract: In this paper, the current situation of foxtail millet production, research, processing and marketing advantages in Chifeng city, Inner Mengolia, were reported. A comprehensive analysis of regional development advantages of foxtail millet in Chifeng was carried out. Several suggestions of foxtail millet production requirement, the development of foxtail millet industrialization were proposed.

Key word: Chifeng; Millet; Production; Research; Processing

1　赤峰谷子生产的基本条件

赤峰市位于内蒙古中东部，蒙古高原向松辽平原的过渡地带，北、西、南三面环山，地势西北高，东南低，境内山川交错，多丘陵山地和漫甸。全市土地面积 90 021km^2，其中耕地面积 13 万 hm^2。水浇地近 37.3 万 hm^2，山旱地、丘陵、漫甸 76 万 hm^2。年降水量 400~450mm，降雨多集中在 6~8 月份，春秋两季降雨较少，西北较东南降水量偏多，大部分山旱地、丘陵、漫甸属典型的雨养农业区。热量集中，雨热同期，一般年平均气温 1~7℃，≥ 10℃活动积温在 1 900~3 300℃。无霜期 90~145d，一年一熟。海拔一般在 500~1 000m，最高 2 067m，最低 275m，年日照时数 2 800~3 000h。境内土质以沙土、沙壤土居多，大部分为淡栗钙土，少部分为暗栗钙土，有机质含量西北林区北部牧区较高在 1.2%~1.5%，农区山旱地不足 1%，土壤较瘠薄，这些地区肥力不

* 基金项目：现代农业产业技术体系建设专项资金资助，“十一五”国家科技支撑计划项目。

第一作者简介：李书田，1960 年出生，男，研究员，主要从事谷子育种工作。

通讯地址：赤峰市松山区科研路 1 号　赤峰市农牧科学研究院。Tel：0476-5893385，E-mail：cflst06@126.com。

足，天旱缺水是长期制约农业生产发展的重要因素。

2 赤峰谷子的分布状况

赤峰谷子的常年种植面积在13.3万hm^2以上，干旱年份可高达33.3万hm^2以上，是赤峰除了玉米以外的第二大粮食作物，约占全市粮食作物面积的1/3。据赤峰农调队统计数字，1999~2006年，在这8年时间里赤峰谷子总种植面积为110万hm^2，平均每年为13.75万hm^2。赤峰的谷子在全市12个旗县区均有分布，主要种植在山旱地、丘陵、漫甸区，东南部多于北部旗县。这些区域属于雨养农业区，干旱少雨，土壤瘠薄是其特点。赤峰的谷子生产历年以敖汉旗种植的面积最大，常年种植面积在2.67万~3.33万hm^2，其次是松山区，常年种植面积在2万~2.67万hm^2，阿鲁科尔沁旗2万~2.67万hm^2，翁牛特旗2万~2.67万hm^2，宁城1.33万~2万hm^2，喀喇沁旗1万~1.33万hm^2，其余旗县也有少量分布，谷子是这些干旱山区农民赖以生存的优势作物。

3 赤峰谷子的生产状况

赤峰全年粮食总产量30亿kg，其中谷子产量常年在3亿kg左右，占全市粮食产量的10%左右，平均单产不足150kg，水浇地高产的地块可达500kg以上，发展非常不平衡。

赤峰的土地广阔，谷子生产上绝大多数地区仍采用原始的小犁耕作，机械化程度和水平较低，在耕作上多采用免耕和少耕，等雨播种。从施肥情况看，除了施用农家肥外，化肥施用量较少，农药施用量也较轻，绝大多数地区生产的谷子产品属于无公害产品。

赤峰谷子生产具有“种在雨头，长在雨中，收在雨尾”的特点。除了水浇地的谷子是春播外，绝大多数地区是等雨播种，均在立夏以后播种，属于夏播谷的范畴。一般透雨早，则种中熟品种，透雨晚，则种早熟品种，因地制宜性很强。

赤峰谷子的主栽品种以赤谷系列为主，少部分从外地引入的品种为辅。赤谷系列的谷子品种早熟品种有赤谷3号、赤谷6号，中熟品种有赤谷4号、赤谷5号、赤谷7号、赤谷8号、赤谷9号、赤谷10号、峰谷11号、峰谷12号、昭农21号等。引入的早熟品种有山西红谷，中晚熟品种主要有黄金苗、毛毛谷、小白米、金香玉等。其中赤谷4号、赤谷8号、赤谷10号种植面积较大，在赤峰及周边地区年推广面积达10万hm^2。赤谷10号、峰谷11号、峰谷12号是赤峰近年推出的主要高产优质米新品种，三品种在赤峰南部推广，水浇地一般667m^2产量达400~500kg，旱坡地高产可达300kg。

4 赤峰谷子的科研状况

赤峰谷子科研始于1951年，在谷子科研上，多数课题主要从事的是系统选育与品种间杂交的常规育种研究和高产栽培技术研究。先后育出了昭农号、昭谷号、赤谷号、蒙谷号、峰谷号审定命名系列品种。在生产上推广面积达0.67万hm^2以上并取得显著经济效益的谷子新品种67个。其中昭农号品种54个，昭谷号品种2个，赤谷号品种8个，蒙谷号品种1个，峰谷号品种2个。开展了谷子叶令指数的高产栽培研究，为谷子创高产打下了基础。

“六五”、“七五”期间，育成的昭谷1号和赤谷4号为代表的科研成果，在生产上起到了很大的作用。两品种曾在我国北方7省区推广，累计推广面积达153.3万hm^2。其中昭谷1号曾获辽宁省重大科研成果奖，赤谷4号获国家两委一部重大科研成果奖励。而后育成的国家一级优质米谷子品种赤谷8号、赤谷10号累计推广面积超66.7万hm^2，为赤峰及周边的谷子生产作出了巨大贡献。

1978年，赤峰胡洪凯等人首次发现了谷子显性核不育基因并对该基因进行遗传跟踪研究，提出建立了以谷子显性核不育基因为基础的杂种优势利用生产谷子杂交种体系，为谷子育种提供了新途径。该项研究曾分别获得内蒙古自治区科技进步一等奖和国家自然科学四等奖，其研究论文曾代表国家参加过世界第十八届遗传大会。

1979年，赤峰姚占廷等人首次发现了谷子显性矮秆基因，为谷子的矮化、抗倒、高产提供了矮化基因源并育成了新品种"蒙谷6号"，使谷子每公顷株数从22.5万~37.5万株增加到90万株，产量增加了10%左右，其矮秆基因正在育种中发挥着作用。

在科研上，2008年赤峰加入国家现代农业谷子产业技术体系以来，加大了新品种的研究力度，开始从常规育种向谷子杂优利用方向迈进。同时，和河北谷子研究所合作开展了谷子转基因除草剂简化间苗的研究，加强了赤峰谷子生产从品种、栽培到植保的一系列技术水平和能力的提升，推动了赤峰谷子主产区的生产能力和产业化发展。

5 赤峰谷子的加工状况

赤峰地区的谷子加工是以基地型产业发展为主，以加工销售产品型为辅。加工产品型的企业生产才刚刚起步，由基地型向基地加工产品销售型产业发展。2007年第四季度杂粮产品加工销售达100万元以上的加工龙头企业34个。一般以加工杂粮为主，谷子属于杂粮，多数企业不具备商标品牌和产业化发展水平。目前，赤峰杂粮产品具有商标品牌的仅有元宝山区草原兴发的"四野杂粮"，松山区的"信达杂粮"和翁旗的"紫辰"系列杂粮，林西的"老三区"小米，阿旗的"天然小米"，巴林右旗的"金香玉"小米，敖汉旗四家子的"珍珠米"小米，"昭农21号"小米，南大成的"小白谷"等。这些企业每年的加工量均在1 000万kg以上。

6 赤峰谷子产业发展的巨大潜力

6.1 有悠久的谷子种植历史

赤峰谷子种植有悠久的历史，远古可以追溯到八千年前的红山文化、夏家店文化。据赤峰最早文字——辽史记载，"保宁7年（976），汉有宋兵，使来乞粮，诏赐粟二十万解助之"，可见赤峰在辽代以前就有谷子种植，到了清代又有所发展。据《林西县志》记载，光绪三十三年（1907），林西放垦后"谷子亩产三斗余（30市斤/斗），间有七、八斗者，十有不一；每亩种子半升，谷雨播种，白露收割，产谷草一百五十斤上下"。种谷之习延续至今，赤峰人民有种谷子的习惯和吃小米的习俗，新中国成立至今，随着谷子生产的发展，积累和具备了大量种植谷子的技术和高产栽培经验。

6.2 有优越的地理条件

赤峰地域广阔，南北之间纬度跨度较大，谷子生态类型多样，适应熟期范围广，可适应90~145d熟期的谷子品种种植。在山旱地从4月20日至6月20日，只要有透雨就可进行播种。雨热同期，光照条件充裕，降雨集中，早春干旱，秋季雨水少，昼夜温差大，很适宜谷子的生长发育和生产。除此之外，赤峰远离工业重镇，环境污染少，谷子产区化肥施用量少，农药使用量少。因此，赤峰生产的小米，以籽粒饱满，色泽鲜亮，无公害而在全国享有盛誉。

6.3 有丰富的种质资源

据史学家考察，我国是世界上谷子的发源地，赤峰是我国谷子的主产区之一。因此，赤峰的种质资源具有丰富多样性。从60d还仓到140d的大青苗，仅目前生产应用的谷子品种就有25个。现赤峰市农牧科学研究院保存拥有种质资源近2 000余份，其中入国家种质资源库的资源1 231份。这些种质资源在全国育种上的应用，对于赤峰乃至全国谷子的生产及产业都将起到重大的影响。

6.4 有稳定的生产种植面积

赤峰目前谷子种植面积已达到13.33万hm^2，随着社会的发展，人民膳食结构的调整，国家现代农业产业体系的建立，赤峰市农牧科学研究院谷子遗传育种功能研究室的建立，市场小米价格的提升，赤峰的谷子生产面积还有上升的趋势。有稳定的谷子种植面积，是谷子形成产业的前提。原料基地的建设将会进一步促进加工业的发展和兴起，加工业的发展，将会促进谷子生产进一步向产业化发展。

6.5 有蓬勃发展的加工企业

赤峰目前有各种杂粮包括小米加工企业34家，每年加工总量大约34 000万kg，这些企业是刚刚起步的小企业，多数企业仅是原料初加工，随着赤峰经济的发展，社会的进步，赤峰必将出现一批小米深加工企业，这些企业在赤峰谷子生产的产业化进程中必将起到龙头带动作用。

6.6 有广阔的市场空间

小米是我国北方人民膳食结构中的传统粮食作物，谷子以其耐贮，小米以其营养全面、价值高而备受人民的青睐。近年来，赤峰的谷子销售市场稳定，市场需求空间广阔。通过国家现代农业产业技术体系的建立，使赤峰谷子生产向区域规模化、种植标准化、无公害化的方向发展，成为全国的谷子有机食品基地。同时，加强流通企业、加工企业的联合，培养深加工品种，可进一步促进谷子产业的健康发展，实现企业增效，农民增收的目的。

7 赤峰谷子产业中存在的问题

7.1 品种问题

虽然赤峰市近年来大力推广谷子优良新品种，使谷子的良种覆盖率达80%以上，但局部地区仍用老品种，有些老品种仍存在着混和乱的现象，并且退化也很严重。一方面需要科研部门和种子企业加大新品种的推动力度，对这些地区的老品种进行更新，另一方面，需要加大宣传力度，实现科学种植，以提高产量和质量，改善守旧不良的种植习惯。

7.2 田间管理问题

赤峰山旱地面积较大，依靠自然降雨获得收成。谷子是赤峰山旱地的主要粮食作物之一，有些地区没有像玉米、蔬菜等高产高效作物那样引起足够重视，一般田间管理比较粗放，病虫防治也不那么及时，缺乏政策支持和技术引导，缺乏新技术的支撑，这是赤峰谷子生产中存在的普遍问题。

7.3 机械化问题

赤峰目前的谷子生产，仍沿用老祖宗的“弯弯犁杖，尺二垄”。人工播种，人工间苗，人工收获，机械化程度很低，不但浪费了时间，还增加了生产成本，减少了应有的效益。应在国家政策支持下尽快改善传统的种植习惯，加强机械化的程度，提高机械化作业水平和工作效率，使谷子生产向产业化方向发展。

7.4 生产投入问题

赤峰谷子大部分种植在山旱地，生产投入不足，是谷子产量一直低而不稳的主要原因。谷子生产缺乏像水地玉米、蔬菜和经济作物一样的生产投入，由于生产投入不足，有些先进的科学技术的应用规模和范围十分有限。由于生产投入不足，我市的谷子虽然面积较大，但生产水平一直很低，没有充分发挥旱地生产的潜力。

7.5 产业问题

赤峰市谷子的生产经营管理总体上还是农民的自营行为，大多数地区没有形成农民协会和中间经纪人进行有目的联合规模化生产和标准化生产。农民生产谷子对于产业化发展的愿望较强，但产业化程度不高，以原料出售较多，缺乏加工企业的联合，缺乏科技力量的支撑。

8 赤峰谷子产业的发展前景展望

8.1 赤峰需要节水耐旱作物

谷子具有耐旱、节水、耐瘠、抗旱 、备荒、耐贮的优势。赤峰历年的生产实践表明，在山旱地、丘陵、漫甸种植谷子，只要年度雨水均衡，都有较好的收成，种植其他作物可能绝收。谷子以耐旱、节水成为这一地区的优势作物。

8.2 赤峰需要粮草兼丰的作物

谷子是粮草兼丰作物，赤峰的农牧业生产需要粮草兼并的作物。随着畜牧业的发展，谷子不仅是粮食作物，还是饲料作物。赤峰北部旗县是牧区和半农半牧区，发展畜牧业需要大量的优质饲料，谷子除了籽粒外，其干草的营养价值也较高。秸秆中蛋白质含量高达 15% 以上，并且草质柔嫩，仅次于紫花苜蓿。大力发展谷子产业不仅增加粮食产量，而且有利于发展赤峰畜牧业。

8.3 赤峰需要谷子产业的加工企业

赤峰市谷子产业发展缓慢，经济效益相对低，一个直接的原因是龙头企业规模小，产品未形成规模和档次，加工手段落后。赤峰市 34 家谷子加工收购企业，大多数不具备产业化发展水平。解决的有效办法就是培育加工企业，实施品牌战略。一是要扶持和壮大现有企业，多方筹集资金实施技术改造，扩大生产规模，提升加工规模和水平，改变目前零星分布的小作坊加工格局；二是要按照现代企业要求，培育建设新兴企业；三是要在保护好现有品牌的同时，打造开发新的名、优、特加工品牌，通过引进先进技术和设备，努力提高加工品质和品位，培育和开拓国内外市场；四是通过企业重组和整合，形成一批能真正带动谷子产业发展的大企业，推进产业化进程。

8.4 赤峰需要规划谷子产业生产基地

大力发展“企业＋基地＋农户”的生产经营规模，促进谷子产业基地上规模，上档次，建设优质稳定的谷子生产基地。首先要加强对外宣传，扩大赤峰市作为国家四大谷子主产区的影响力和知名度。同时要实施优惠政策，鼓励龙头企业和农民联合创建基地，发展订单农业，建立企业与农户、企业与市场稳定的产销协作关系，形成利益共享、风险共担的产业化联合体，切实保护农民、企业两方面的利益和积极性，促进谷子产业的快速发展。

8.5 赤峰需要畅通的市场销售渠道

首先，要立足谷子的产业优势和品牌优势，积极开拓产品市场，畅通谷子初级产品销售渠道，确保谷子产品销得出去，确保谷农的基本利益；二是研发谷子精深加工品种，提高产品档次，满足不同群体的需求，提高产品附加值，提高谷农效益；三是完善市场营销网络，改进营销方式，减少流通环节，降低交易成本，有效解决千家万户的小生产与大市场大流通之间的矛盾，创造良好的流通销售环境。

8.6 赤峰需要加强谷子产业的标准化生产

充分利用工业对农业的反哺政策，加快谷子产业化推进速度。紧紧抓住国家支持“三农”和新农村建设的各项政策，积极争取农田水利等各种基础设施建设资金，改善农业生产条件。积极吸引社会资本投资农业产业化项目，鼓励和支持大中型国有企业、民营企业投资农业产业化龙头企业，用发展工业化的理念指导农业产业化，提升农业产业化发展水平。

8.7 赤峰需要提高谷子效益

各级农业研究机构和农业科技推广机构要把谷子产业化发展列为重要研究课题，设立研究专项，加大技术研发力度，全面提高谷子产业的科技含量和水平，新技术的普及率和应用水平。制定谷子生产技术标准，实行标准化生产，彻底改变农村靠天吃饭的历史，走依靠科技发展的道路。

8.8 赤峰需要加快谷子新品种的更新速度

采取切实有效的措施，加强品种引进和选育力量，加快促进品种更新换代，多在品种的提纯、引进和选育上下工夫，建立种子繁育田，扩大良种覆盖率，加快优良品种的推广速度和换代步伐。

二、产业技术创新

（一）遗传育种与资源

产业化生产背景下的谷子育种目标 *

程汝宏

（国家谷子产业技术体系遗传育种研究室 / 国家谷子改良中心 / 河北省农林科学院谷子研究所，河北石家庄 050035）

摘　要：本文回顾了我国谷子育种目标的演变，针对未来产业化生产和市场需要提出了我国谷子育种的近期和中长期目标。

关键词：谷子；育种目标

Breeding Target of Foxtail Millet in Industrializational Production Background

Cheng Ruhong

（Section of Genetics and Breeding, China Industrial and Technological Research System of Millet; National Millet Improvement Center; Institute of Millet Crops,Hebei Academy of Agricultural and Forestry Sciences, Shijiazhuang 050035, China）

Abstract: In this paper, the evolution of foxtail millet breeding targets in China were reviewed briefly. The recent, interim, and long-term breeding targets on foxtail millet were proposed based on the requirement of industrializational production and market.

Key words: Foxtail millet; Breeding targets

谷子 [*Setaria itlica*（L.）Beauv.] 起源于黄河流域，在我国有着 8 700 多年的栽培历史 [1]，年种植面积曾高达 987 万 hm^2，是中华民族的哺育作物。谷子以其营养保健、抗旱耐瘠和耐贮存特性，在我国的农业生产和人民生活中发挥着独特的作用。新中国成立以来，随着水利设施的改善及玉米等高产作物的发展，特别是“以粮为纲”年代人为政策的导向，谷子被冠以“低产作物”而逐渐从中高产田向旱薄地退缩，种植面积从“大跃进”前 1957 年的 840 万 hm^2 减少到 1995 年的 152.3 万 hm^2。

* 基金项目：现代农业产业技术体系建设专项资金资助；国家科技支撑计划 2006BAD02B02 项目资助，河北省杂粮研究实验室资助。

作者简介：程汝宏，男，1963 年出生，研究员，主要从事谷子遗传育种。

通讯地址：河北省石家庄市高新技术产业开发区恒山街 162 号，河北省农林科学院谷子研究所。Tel：0311-87670706，E-mail：Chengruhong88@hotmail.com。

此后由于我国粮食紧缺形势的改变，谷子种植面积大幅度下滑的趋势得到遏制，目前仍保持在87万 hm^2 左右。近年来，随着旱情的发展、富贵病的增加、农产品国际竞争的加剧以及谷子产量水平的大幅度提高，谷子的抗旱节水特性、营养保健价值、国际竞争力和产量潜力被重新认识，有的省份出现了谷子面积回升的势头。随着世界性杂粮热的兴起和农业产业化的发展，小米加工与内外贸易已形成了一项不可忽视的产业。面对新的形势，谷子育种目标的调整也势在必行。

1 我国谷子育种目标的演变

1.1 古代谷子育种目标与品种类型

在长期的劳动生产中，中国农民自发地培育了大量的谷子品种。史料记载表明，2 000 多年前，古人已开始有目的地培育不同类型谷子品种。最早提及谷子品种的是秦代的《吕氏春秋》（公元前239 年），距今已有 2 200 多年，该书介绍种谷子应根据农时种植早熟或晚熟的品种。最早正式介绍谷子品种的古书是晋代的《广志》一书，该书介绍了 11 个谷子品种。北魏时期的《齐民要术》、后魏贾思勰的《齐民要术》、清朝的《授时通考》均记载了许多不同类型的谷子品种[2]。

尽管中国古代的谷子育种是自发的，但却不是盲目的，而是有目的的行为。最早记载不同谷子品种类型的文献是北魏时期的《齐民要术》（公元前 534 年），该书不仅介绍了 64 个谷子品种，还对品种进行了分类：“早熟、耐旱、免虫的有十四个”；“有毛耐风、免雀暴的有二十四个”；“味美的三个、味恶的三个”等。千百年来，我国农民培育出了千姿百态的谷子品种，其名称也民俗化、形象化。如“十石准、压塌车、媳妇笑”等高产类型；“气死风、水里站、不死苗”等抗逆类型；“六十天还仓”等早熟类型；“羊毛糯酒谷”、“乌黑金、干捞饭、十里香”等优质专用类型等。还育成了号称“四大贡米”的“沁州黄”、“桃花米”、“金米”、“龙山米”等优质名牌品种。由此可见，古人已很重视不同类型谷子品种的用途，自发的育种却不是盲目的育种。至 2000 年，中国共编目入库谷子种质资源 27 059 份，为今后的谷子育种工作奠定了材料基础。

中国有组织有计划的现代谷子育种工作始于 20 世纪 20 年代，原金陵大学、燕京作物改良试验场和华北农科所等单位先后开展了谷子育种工作，并育成了燕京 811、开封 48、华农 4 号等谷子品种。解放战争期间，晋察冀边区农林牧殖局所属的灵寿县马家庄农场选育出了边区 1 号等。

1.2 现代谷子育种目标的变化

我国现代谷子育种目标的变化大致可分为 3 个阶段：高产育种阶段；高产、多抗兼顾优质阶段；优质、高产并重阶段[3]。

1.2.1 高产育种阶段

从 20 世纪 50 年代初期到 20 世纪 80 年代中期，由于粮食短缺，谷子育种的主要目标是高产，代表品种有跃进 4 号、昭谷 1 号、豫谷 1 号等，特别是 1981 年育成的豫谷 1 号，该品种使我国谷子产量登上了一个新台阶，小面积单产突破了 8 250kg/hm^2，且抗倒伏、抗旱耐瘠，适应性广泛，年推广面积曾达 40 万 hm^2，在适宜范围内覆盖率达 70%以上。由于这些品种的推广应用，全国的谷子平均单产由 1949 年的 847.5kg/hm^2，提高到 1985 年的 1 800kg/hm^2，提高幅度达 112%。

1.2.2 高产、多抗兼顾优质阶段

20 世纪 80 年代中期到 20 世纪末，谷子育种的目标是高产、多抗兼顾优质。这个阶段的初期，由于豫谷 1 号的抗谷锈病能力丧失，谷子锈病在谷子主产区特别是华北夏谷区严重流行，导致谷子产量水平大幅度下滑，年际间起伏很大。为此，谷子育种目标主要是培育抗病高产品种，并先后育成和推广了豫谷 2 号、冀谷 14 号等一批抗病高产品种，至 1992 年，谷锈病流行得到有效控制，新品种的抗倒伏能力也大幅度提高，产量水平随之明显上升，到 1996 年，全国谷子平均单产达到 2 359.5kg/hm^2，较 1985 年提高了 31.1%。随着粮食紧缺状况的缓解，人们对小米的品质提出了新的要求，使得优质育种逐步得到重视，“七五”和“八五”期间开展了优质专用品种选育工作，并育成了一批优质专用新品种，如“冀特 2 号（金谷米）”、“晋谷 21 号”等优质米用类型，“冀特 1 号”等高蛋白、高维生素加工专用类型，“冀特 4 号”等长穗鸟饲类型等。到 1994 年召开了三届全国性的“优质食用粟品质鉴评会”。但这个阶段生产上仍以高产品种为主，优质专用品种多数存在着产量水平偏低或抗性差等问题，应用开发情况并不理想，导致“九五”期间优质专用谷子品种选育工作落入低谷，“优质食用粟品质鉴评会”也出现了六年停顿。

1.2.3 优质、高产并重阶段

20 世纪末以来，由于世界性杂粮热的兴起，以及我国告别了粮食短缺，优质农产品成为市场的热点，谷子育种目标随之转变为优质、高产并重，并出现了多元化的发展趋势。在优质育种方面，经过近 10 年的探索，优质品种在产量、抗性等方面有了较大提高，育成了与高产对照产量持平的“小香米”和较高产对照增产 10%左右的“冀谷 19”、“晋谷 35 号”、“长农 36”等一批品质好、产量水平高的优质品种。在高产育种方面，新品种产量潜力普遍达到 9 000kg/hm^2，杂交种产量达到 12 150kg/hm^2。在专用品种选育方面，育成了富硒保健专用品种“冀谷 18”等。2001~2008 年，连续召开了四届“全国优质食用粟品质鉴评会”，一批优质高产新品种进入了实质性的产业化开发阶段，小米加工与内外贸易形成了一项不可忽视的产业，有力地促进了优质品种选育工作。

2 产业化背景下谷子生产需求与育种目标调整

生产和市场的需求决定着育种目标调整的方向。随着谷子产业化的发展，作者认为，未来 10~20 年内我国谷子生产和市场的需求将主要集中在以下几个方面。

2.1 简化栽培品种 / 杂交种

谷子是小粒半密植性作物，千粒重仅 3.0g 左右，每千克种子多达 30 万 ~35 万粒，而适宜的留苗密度为 37.5 万 ~75.0 万株 /hm^2，即用种量仅为 2.55~4.5kg/hm^2，精量播种不仅很困难，而且由于谷子幼苗弱小、顶土能力差，且多种植在旱薄地，管理粗放，墒情难以保证，精量播种难以保证全苗。为此，千百年来，我国农民形成了根深蒂固的“有钱买种无钱买苗”的思想意识，谷子生产一直采用大播种量（15~30kg/hm^2）通过群体顶土来保证全苗、再通过人工间苗达到适宜的留苗密度的栽培方式；同时，普通谷子品种缺乏适宜的除草剂，谷田除草一直靠人工作业。人工间苗、除草不仅是繁重的体力劳动，而且苗期一旦遇到连续阴雨天气，极易造成苗荒和草荒导致严重减产甚

至绝收，常年因此减产 30%左右。这种落后的生产方式不符合现代农业的要求，成为制约谷子规模化生产的瓶颈难题，也是近年来谷子种植面积不断萎缩的主要原因之一。

2.1.1 谷子抗除草剂育种的背景

1981 年以来，法国的 H. Darmency 等在谷子的近缘种野生青狗尾草（Setaria Viridis $2n = 2X = 18$）群体中发现了抗除草剂的突变体，经过筛选和遗传研究，得到受细胞质基因控制的抗阿特拉津（Atrazine）材料；加拿大从野生青狗尾草中发现受核显性单基因控制的抗拿捕净（Sethoxydim）材料，以及受 2 对连锁的细胞核隐性基因控制的抗氟乐灵（Trifuraline）材料。通过杂交、回交等手段，将青狗尾草的抗除草剂基因转移到栽培谷子中[3,4]。1993 年，河北省农林科学院谷子研究所王天宇等将法国、加拿大的谷子抗除草剂基因引入中国栽培品种中，创制出谷子抗除草剂材料，并分发到全国很多谷子育种单位，开始了我国的谷子抗除草剂育种[5]。但是，十几年过去了，抗除草剂谷子品种仍未在生产上大面积应用，育成的抗除草剂品种也寥寥无几，造成这样局面的主要原因有四点：（1）单一的抗除草剂品种不能解决谷子人工间苗的难题；（2）抗氟乐灵类型抗性水平偏低，除草剂浓度不易掌握；（3）抗拿捕净类型虽然抗性水平高，但拿捕净对双子叶杂草无效，除草不彻底，需要与专杀双子叶杂草的除草剂配合使用，导致除草成本过高；（4）细胞质抗阿特拉津基因是由叶绿体突变产生的，对光合作用有不利影响，应用细胞质抗阿特拉津基因要在产量上付出代价。同时，细胞质抗阿特拉津基因抗性遗传不稳定，杂种后代抗性易出现分离[6,7]。由于上述原因，致使谷子抗除草剂育种出现了前期热、近期冷的局面。

2.1.2 谷子抗除草剂育种的发展

2003 年，河北省农林科学院谷子研究所程汝宏等提出了综合运用育种手段和栽培措施实现谷子简化栽培的技术思路[8]，2006 年，“简化栽培谷子品种选育及其配套栽培方法”获得国家发明专利（专利号：ZL200410058088.9）。该方法的核心技术是，改变国内外普遍采用的单纯培育抗除草剂品种的育种方法，利用现有的抗除草剂基因，通过杂交、回交等育种手段，培育出抗除草剂、不抗除草剂或抗不同除草剂的同型姐妹系或近等基因系，把 2~3 个同型姐妹系或近等基因系按一定的比例混合播种，仍采用较大的播种量，发挥群体顶土保全苗的作用，出苗后通过喷施特定除草剂达到同时实现化学间苗、化学除草的目的，同时杀掉人工间苗难以辨认的谷莠子。目前，河北省农林科学院谷子研究所采用该方法已经育成了新品种冀谷 25 号、冀谷 29 号、冀谷 31 号等简化栽培品种，并在生产上大面积示范成功。

谷子简化栽培技术是一项全新的谷子生产技术，代表着未来谷子生产的发展方向。每公顷可节省间苗、除草用工 90 ~ 120 个，以每个劳动力 25 元 /d 计算，每公顷节省用工费 2 250 元，同时，由于及时实现了间苗除草，减轻了苗荒、草荒和谷莠子危害，谷子表现秸秆粗壮，每公顷可增产 375kg 以上，去除谷种和配套除草剂成本，每公顷节支增收 2 250 元以上。因此，简化栽培品种是未来我国谷子育种的主要目标之一。

2.1.3 抗除草剂杂交种的选育

谷子抗除草剂材料的创制深刻影响着谷子杂交种的研究与推广。20 世纪 70 年代，张家口市坝下农业科学研究所崔文生等育成了国内外首个谷子杂交种，在春谷区示范表现出较强的杂种优势；

20世纪90年代，河北省农林科学院谷子研究所王天宇等育成了国内外首个夏谷杂交种。此后，我国多个谷子育种单位相继育成了一批谷子杂交种，但由于制种困难、需要人工拔除不育株等问题，杂交种一直未能在生产上大面积推广。

抗除草剂育种材料的创制，特别是抗拿捕净材料的创制有力地推动了谷子杂交种选育与推广，因为抗拿捕净性状是显性性状，采用抗拿捕净的恢复系与不抗拿捕净的不育系杂交，杂交种表现抗拿捕净，而自交的不育系不抗拿捕净，因此，可以通过喷施拿捕净来杀除自交苗，从而大大降低了劳动强度。此外，抗除草剂杂交种大幅度降低了对不育系的不育度以及杂交种制种纯度的要求。因此，抗除草剂杂交种选育成为今后谷子杂种优势利用的主要途径。

2.1.4 谷子简化栽培发展方向

现有的谷子简化栽培技术存在着必须使用两种除草剂、除草成本较高的问题。今后的谷子简化栽培应重点发掘对单双子叶杂草均有效的抗除草剂基因，大幅度降低除草成本。

2006年，河北省农林科学院谷子研究所程汝宏从加拿大新引进了抗咪唑乙烟酸（Imazethapyr）除草剂的青狗尾草材料，经室内和田间鉴定，该抗除草剂材料遗传稳定，抗性强，受显性寡基因控制，其相应的除草剂不仅可以防治禾本科杂草而且适用于例如苘麻、反枝苋、藜等阔叶杂草，因此，可以使用单一除草剂达到较彻底除草的目的，同时，咪唑乙烟酸是目前广泛应用于大豆田除草的常用除草剂，价格低廉，除草成本只有“拿捕净 + 谷友”成本的1/3，因此具有更广阔的应用前景。目前，河北省农林科学院谷子研究所已将狗尾草抗咪唑乙烟酸基因转入谷子中，育成了一批性状基本稳定的抗咪唑乙烟酸谷子育种材料，预计3年内可应用于谷子生产。

2.2 超高产品种 / 杂交种

新中国成立以来，尽管谷子单产提高了1.5倍，在高水肥地块，推广品种小面积单产超7 500kg/hm^{2}也并非难事，有的达到9 000kg/hm^2，但由于干旱、瘠薄、病害、倒伏等不利因素的胁迫，谷子品种的产量潜力远未能发挥出来，全国谷子平均单产仍不高，总体产量潜力还很大。未来应培育产量潜力大幅度提高的超高产品种和杂交种，常规品种小面积实打实收10 500kg/hm^2，6.7hm^{2}平均7 500kg/hm^{2}以上；杂交种小面积12 750kg/hm^2，6.7hm^{2}平均9 000kg/hm^{2}以上。超高产品种可大幅度降低谷子生产成本，使谷子应用于饲料产业、拓宽谷子应用范围成为可能。

2.3 优质高产的米用型品种

尽管目前我国的谷子优质育种取得了较大进步，培育出一些适口性较好的品种，小米加工与内外贸易也取得了长足发展，但由于优质育种起步较晚，目前的育成品种多数难以兼顾适口性、商品性和丰产性。丰产性差导致开发成本过高；商品性差难以提高产品档次。目前，我国小米年交易量约10亿kg，但由于缺乏优质、高产适宜小米开发的品种，小米主要是大包装、低价格的形式，精包装优质小米市场份额仅占3%左右。因此只有培育适口性和商品性均好且产量水平较高的品种才能满足市场要求。要求品质达一级优质米，抗逆抗病性强，适合绿色栽培，常规品种小面积实打实收8 250kg/hm^2，6.7hm^{2}平均6 000kg/hm^2；杂交种小面积10 500kg/hm^2，6.7hm^{2}平均500kg/hm^2。

2.4 培育多种类型的专用品种

谷子具有营养全面平衡、易消化等优点，是孕妇、儿童和病人的良好营养食物，这已为全世界所公认。与小麦、水稻、玉米等粮食作物相比，谷子最突出的优点是含有丰富的维生素 B_1、维生素 B_2、维生素 A 和微量元素硒，可提高人体免疫力、防治皮肤病、防治克山病、大骨节病和癌症等作用。随着小米深加工技术的发展，将给谷子育种提出新的育种目标，即符合特殊加工需要的谷子品种。例如，适宜谷糠油加工的高油品种；适合加工膨化食品的品种，适合出口的糯质品种、鸟饲品种，以及培育维生素 B_1、维生素 B_2、维生素 A 和微量元素硒含量更高、保健作用更好的专用品种等。此外，赖氨酸是谷子的限制性氨基酸，今后应重点发掘高赖氨酸资源，通过轮回选择等手段创制高赖氨酸谷子新品种，使谷子营养更全面平衡。

2.5 草用品种 / 杂交种

众所周知，谷草是大牲畜的优质饲草，古代的军草主要是谷草。但是，在畜牧业日益发达的今天，谷草在畜牧业饲料构成中比例很小。据刁现民、吴宝华等研究，抽穗期的谷草粗蛋白含量达15%，远高于其他禾本科牧草。被称为饲草之王的豆科苜蓿，其干草蛋白质含量 18% ~20%，因此谷草的饲料价值接近豆科牧草，但产量显著优于苜蓿，因此培育饲草专用品种，将引领出一个前景广阔的谷子饲草产业。

2.6 适合机械化收获的品种 / 杂交种

谷子联合收割是未来谷子产业化生产的必然要求。因此，培育适合机械化收获的谷子品种成为未来的谷子育种目标之一。但是在这方面大家都缺乏经验，根据笔者对谷子机械收获的了解，认为应包括以下 5 个方面的性状：一是抗倒伏能力强；二是穗层整齐；三是穗码紧凑易脱粒；四是完熟期落粒少；五是耐穗发芽。

3 讨论

上述育种目标仅仅是未来 10 年左右的主要育种目标，随着谷子产后加工产业的发展，育种目标会日趋多元化。此外，各个育种目标之间并不矛盾，长远目标是实现多个优良性状的聚合，例如培育抗除草剂、优质、超高产、适合机械化收获的谷子新品种和杂交种等。

参考文献

[1] Houyuan Lu，Jianping Zhang，Kam-biu Liu,*et al*. Earliest domestication of common millet (Panicum miliaceum) in East Asia extended to 10 000 years ago［J］. PNAS，2009，106：7 367~7 372

[2] 李荫梅 . 谷子育种学［M］. 北京：中国农业出版社，1997：22~31

[3] 程汝宏，刘正理 . 我国谷子育种目标的演变与发展趋势［J］. 河北农业科学，2003，7 (增刊)：95~98

[4] H Darmency，J pernes. Use of Wild *Setaria viridis* (L.) Beauv. to Improve Triazine Resistance in Cultivated *S. italica* (L.) by Hybrridization［J］. Weed Research，1985，25：175~179

[5] Tianyu wang，H. Darmency. Inheritance of Sethoxydim Resistance in Foxtail Millet，*Setariia italica* (L.) Beav［J］. Euphytica 1997，94：69~73

[6] 王天宇，辛志勇 . 抗除草剂谷子新种质的创制，鉴定与利用［J］. 中国农业科技导报. 2000，2（5）：62~66

[7] H Darmency，J Pernes，Agronomic Performance of Atruzine Resistant Foxtail Millet（*Setaria italica*（L.）Beav.)［J］. Weed Research，1989，29（2）：147~150

[8] 籍贵苏，杜瑞恒 . 胞质抗除草剂谷子发育及与敏感型常规品种的差异［J］. 中国生态农业学报，2003，11（1）：30~32

[9] 程汝宏，师志刚，刘正理等 . 简化栽培谷子新品种冀谷 25 的选育及其配套栽培技术研究［J］. 云南农业大学学报，2006，21（增刊）：186

黑龙江省谷子育种工作回顾及展望*

王绍滨　李志江

（国家谷子产业技术体系哈尔滨综合试验站 / 黑龙江省农业科学院作物育种研究所，
黑龙江哈尔滨　150086）

摘　要：阐述了黑龙江省谷子育种60年来在不同历史阶段所采用的多种途径和发展历程，回顾和总结了育种工作经验。为提高谷子遗传育种水平，提出了今后的设想。

关键词：谷子；育种；回顾

Review and Prospects of Foxtail Millet Breeding in Heilongjiang Province

Wang Shaobin，Li Zhijiang

(Harbin Comprehensive Experiment Station, China Industrial and Technological Research System of Millet; Crop Breeding Institute, Heilongjiang Academy of Agricultural Sciences, Harbin 150086, China)

Abstract: In the past 60 years, there were many ways used in the course of development of foxtail millet breeding in Heilongjiang Province in different historical periods. We reviewed and summarized the historical experiences in order to improve the level of foxtail millet breeding, and some prospects for the future were proposed..

Key words: Foxtail millet; Breeding; Review

谷子 [*Setaria italica* (L.)Beauv.] 是黑龙江省旱地农业的粮草兼用作物，栽培历史悠久，分布广泛，在盐碱干旱、丘陵坡地以及水资源贫乏的地区种植面积较大。黑龙江省谷子育种，自1949恢复研究工作以来，至今已有59年的历史，多年来，坚持从谷子生产实践出发，以高产、多抗、质佳、适应性强为主要育种目标，采取系统育种、杂交育种、辐射诱变等多种途径和方法，先后育成和推广“龙谷号”、“哈尔滨号”、“备荒号”等区域化系列谷子新品种100多个，其覆盖面占全省谷子品种的85%以上。对不断实现谷子良种更新换代、增强品种抗逆性、改善品质、提高产量、促进不同时期谷子生产的发展，起到了积极作用，并带来了显著的社会效益和经济效益。

1　黑龙江省谷子育种工作的回顾

新中国成立之初，黑龙江省生产上利用的谷子主要是利用农家品种，由于栽培时间较长，混

---

*基金项目：现代农业产业技术体系建设专项资金资助。

第一作者简介：王绍滨，男，1952年出生，研究员，主要从事谷子遗传育种工作。

通讯地址：哈尔滨市学府路368号，黑龙江省农业科学院作物育种研究所。Tel：0451-86668742，E-mail：wshb1952@163.com。

杂退化现象较重。20世纪50年代后期，为了提高谷子品种的纯度和产量，当时以“产量高、质量好、病虫害轻”为主要育种目标，以改良和鉴定农家品种的方法，选出了讷河干尖、龙江大金苗等一批农家良种推广利用。到20世纪60年代，调整了育种目标，确定在熟期适中、喜肥水、秆强、抗倒伏、白发病和螟虫轻的要求下，以高产为主要目标，在农家品种征集整理的基础上，通过集团选种和系统选种的方法，育成和推广了44个谷子新品种，在生产上替代了一批混杂退化的农家品种，基本实现了谷子品种的良种化。平均产量比过去的农家品种增产10.8%~15.8%；20世纪70年代，以“早熟、高产、抗逆、质佳、适应性强”为谷子的育种目标，并以“早熟高产”为主攻方向，通过品种间杂交的方法，选育和推广了安谷68、克育18号、绥谷1号、合光9号、龙谷23、龙谷24等28个谷子优良新品种，在生产上代替了系选品种，从而不断地适应了农业生产全面发展对谷子品种的需要，平均产量又比20世纪60年代系选的品种增产11.0%~15.7%，获得了明显的经济效益。70年代推广的品种，面积超过667hm^2以上的有龙谷23（10万hm^2）、安谷18（8.6万hm^2）、绥谷1号（8万hm^2）、合光9号（6.6万hm^2）等4个品种。20世纪80年代以后，以“高产、多抗、优质”为主要育种目标，积极开展了品种间杂交、辐射诱变、杂种优势利用和与生物技术相结合的育种方法。1980~1990年先后选育和推广了龙谷25、海良1号、嫩选12号、嫩选13号、嫩选14号、龙谷26、龙谷27、龙谷28等10个优良的谷子新品种。其中谷子优良品种龙谷25硒的含量为49μg/kg，比一般良种含量高1.7~2.0倍，由于营养丰富，小米色、香、味超过了我国四大名米。1986年被全国粟类专业委员会评为一级优质米，“优质富硒谷子龙谷25的选育与开发”于1989年获黑龙江省科技进步三等奖。1986~1994年在黑龙江省的累计推广面积已达到16万hm^2。1988年选育推广了超早熟、耐寒的谷子新品种龙谷26，是我国最北部高寒区有史以来第一个谷子新品种，龙谷26的推广应用，已将我国谷子栽培区域北纬50°扩大到北纬53°29'，向北延伸385km，填补了我国最北部高寒地区谷子的空白；“谷子品种龙谷26的选育与开发利用”于1989年获黑龙江省农业科技进步三等奖。高产、多抗、优质谷子新品种龙谷28，因其生理抗性强，丰产性能高，1989年在黑龙江省首次出现了百亩面积亩产千斤（500kg）的高产纪录，一举摘掉了谷子低产的帽子，1991年被国家计委、科委、财政部评为“七五”科技攻关重大成果。“谷子新品种龙谷28选育与推广”于1991年获黑龙江省科技进步四等奖。20世纪90年代至今，加强了谷子品质育种和多抗性育种，在育种途径和方法上，多是以常规育种为主，以亲本材料创新为突破口，实行常规育种技术与生物技术密切结合。在育种目标上注重高产优质多抗的综合性。改变了过去侧重高产育种的问题，从而使谷子新品种在高产的前提下，抗性和品质得到了明显的加强和改善，不断地提高了谷子育种水平。在谷子杂种优势利用方面也取得了很大的进展，1996年审定推广了黑龙江省第一个强优势春谷两系杂交种龙杂谷1号。1992~2007年先后育成和推广了嫩选14号、嫩选15号、嫩选16号和龙谷29、龙谷30、龙谷31、龙谷32 7个谷子新品种。其中谷子新品种嫩选16号的蛋白质含量为12.6%，脂肪含量为4.18%，属于高蛋白、高脂肪品种，生育期105d，是黑龙江省第二、第三积温带的主栽品种。粮草兼优的谷子新品种龙谷29，由于具有根系发达，喜肥水，茎秆韧性强、增产潜力大、适应面广的特点，1992年被黑龙江省审定推广，当时也是黑龙江省第一积温带的谷子主栽品种。1990年在肇东市突破了千亩面积亩产千斤（500kg）大关，创造了国内外谷子大面积高产纪录。“谷子新品种龙谷29选育与应用”于1997年获黑龙江省农业科技进步三等奖。1993~1995年在黑龙江省的累计种植面积已达9.4万hm^2。高产、优质谷子新品种龙谷30，生育期125d。2002年经全国统一抗病鉴定为一级，在黑龙江省的区域试验中，平均单产比对照品种龙谷 29 增产 10.3%，生产试验增产 12.45%。1996~1997 年在吉林、辽宁和黑龙江本省的区域试验结果，平均单产比对照品种增产 9.7%。表现历年高产稳产，1999 年通过黑龙江省品种审定委员会审定；2001 年通过全国品种审定委员会审定推广，该品种适宜在黑龙江省的第一、第二积温带及吉林、辽宁省等市县种植，1999~2002 年在黑龙江省的推广种植面积达 7.7 万 hm^2。“谷子新品种龙谷 30 选育与推广”于 2002 年获黑龙江省科技进步三等奖。

2 谷子育种的基本经验

2.1 根据谷子生产和市场的需求，不断调整育种目标，是搞好谷子育种的前提

谷子新品种选育的目标，是根据生产水平和栽培技术的发展而在不断变化的，这样才能使谷子的育种水平逐步提高。20 世纪 50 年代，育种目标是根据当时农家品种混杂退化严重的情况，以“产量高、质量好、病虫害轻”为主要育种目标，提纯了一些农家品种。20 世纪 60 年代，由于栽培技术的提高，农家品种则表现出了丰产性能不高、抗性差的不足，也满足不了农业生产的需要，所以提出了以“熟期适中、喜肥水、秆强、抗倒伏，白发病和螟虫轻”为谷子育种目标。通过集团和系统的选种方法，选育出了一大批谷子新品种，使黑龙江省的谷子品种基本实现了良种化。到了 20 世纪 70 年代，又根据栽培技术的提高和气候的变化，于 1973 年重新修订了谷子育种目标，以早熟高产为主攻方向，并通过杂交的方法，育出了一批谷子新品种，从而代替了部分系选品种，产量也得到了很大提高。20 世纪 80 年代以后，随着市场经济的深入发展，人民生活水平的日益提高，小米的营养价值也普遍受到了人们的重视，育种目标又进行了相应调整，不仅把高产、抗逆性作为主要目标，而且把优质提高到很重要的位置，不但考虑谷子的营养品质，还兼顾了食用品质。

2.2 加强种质资源的收集、整理与鉴定工作，是搞好谷子育种的物质基础

多年来，黑龙江省在谷子育种研究方面，始终坚持挖掘种质资源、利用种质资源、创新新种质。20 世纪 50 年代，通过对地方农家品种的整理与归并，入选了 602 份农家品种。并从中筛选出了一批抗性较强的品种，已成为谷子育种的优异的基础材料，加以利用。同时，又根据植物学特征、生物学特性及不同来源进行了归类，划分为大粒黄、大青苗、老来变、粘谷和刀把齐等 12 个基本生态类型。在此基础上，又把黑龙江省划分了 7 个不同的谷子生态区，为谷子生态育种提供了科学依据。20 世纪 60 年代，以系统选种为主，相应地开展了杂交育种。推广的品种就有耐盐碱的刀把齐、抗病虫的老来变和米质好的大粒黄等农家品种。20 世纪 70 年代对谷子的种质资源进行了抗病鉴定工作，筛选出免疫抗源 30 多份、蛋白质含量在 13.0% 的优质源 10 多个。通过系统选育和杂交的方法，培育出了对白发病免疫的品种哈 71-3012。20 世纪 80 年代，加强了谷子品质育种和多抗性育种，黑龙江省的谷子育种已由高产、多抗向高效、优质转变，改变了过去侧重高产育种的倾向，在育种目标上特别注重“高产、优质、多抗”的综合性。利用优质品系或品种作为杂交亲本，先后育成和推广了含硒量高达 49μg/kg 的龙谷 25、超早熟品种龙谷 26 和优质品种龙谷 31 等一批谷子品种，不断提高了谷子的育种水平。

2.3 以常规育种为主，多种方法相结合，是搞好谷子育种的最好途径

20 世纪 50 年代，黑龙江省的谷子育种以混合选种和集团选种为主。20 世纪 60 年代后期开展了杂交育种，20 世纪 70 年代以后，以杂交育种为主，相应地开展了辐射育种、辐射与杂交育种相结合、杂交育种与生物技术相结合的育种方法，致使育种水平有了很大提高，也取得了明显效果。20 世纪 50 年代通过系统选种方法，以沙里淘金的方式，到 20 世纪 60 年代中期就育成和推广了龙谷号、安谷号、合光号等一批谷子新品种，当时在黑龙江省的农业生产中就发挥了重要的作用。20 世纪 70 年代积极开展了谷子杂交育种，选育出了更为优良的谷子新品种。采用杂交方法育成的品种就有 30 多个，明显超过了 20 世纪 60 年代的系选品种。20 世纪 80 年代以后，加强了辐射育种，先后育成和推广了龙谷 27、龙谷 28、龙谷 29 和龙谷 30 等一批高产、抗病、优质的谷子新品种，见证了品种间杂交与辐射诱变相结合，是谷子育种的又一新途径。

2.4 加强中间试验，注重选、繁、推相结合，是新品种推广的重要工作

谷子品系的中间试验，是新品种推广的特别重要的中间环节，品种的区域试验和生产试验是必不可少的重要步骤，选育、繁殖、推广相结合，可以加速新品种的推广速度。以龙谷 30 为例，该品种是 1992 年决选的品系，1995~1996 年参加黑龙江省谷子品种区域试验，1997 年升入生产试验，历年表现高产稳产，增产效果显著，1999 年通过黑龙江省品种审定委员会审定推广，但在 1996~1997 年，就进行了大面积良种繁殖和生产示范，到 2002 年，在黑龙江省的累计推广面积就达到了 7.7 万 hm^2。另外，优质谷子新品种龙谷 31，于 2003 年通过省级认定推广，由于加强了新品种的示范与扩大推广工作，2004~2006 年龙谷 31 累计推广面积就将近 6 万 hm^2。

3 谷子育种工作设想

3.1 加强种质资源的利用与创新，搞好谷子的多抗性和品质育种

实践证明，种质资源的收集、保存、评价是新品种选育的前提和基础，要使谷子育种有新突破，就必须有大量的基础材料，同时进行评价，才能更好地利用。要利用自然环境条件和人工创造的生态条件来筛选抗旱、耐瘠、耐涝和抗倒伏等材料；要通过人工接种鉴定方法，筛选抗病虫害的材料；还要通过化验分析和口感鉴定的方法来筛选符合优质米标准、食用品质好和各种维生素含量高的材料；另外，还要加快抗除草剂品种的选育，利用优质、高产、多抗的优异材料与现有的抗除草剂品种为亲本进行杂交，尽快选育出综合性状优良的高效优质谷子品种和抗除草剂品种。

3.2 加强育种基础理论和方法的研究，尽快提高谷子育种水平

育种实践证明，育种技术和理论的每一次提高都会给育种研究工作带来突破性的进展。过去，笔者结合谷子育种工作，在开花习性、杂交技术、理化诱变和生态分类等方面进行了一些探讨，起到了很好的作用，也加快了优良品种的育种步伐。随着谷子育种水平的不断提高，今后还要进一步加强对多抗性和品质育种等方面的理论和方法研究。筛选具有多抗性和品质优异的种质资源为亲本，进行品种间有性杂交，探讨其主要性状的遗传变异规律和各种抗性与生理基础。对优质品种要

做更进一步的研究工作，研究它的植物学特征、生物学特性和经济性状，探讨优质米的口感性和食用品质的优劣谷子形态表现及遗传参数，为谷子的品质育种提供科学依据。要加强常规育种与多种途径相结合的方法来提高育种效率，加快谷子育种步伐，使育种水平有一个显著的提高。

参考文献

[1] 李景春 . 黑龙江省谷子育种三十五年［J］. 黑龙江农业科学，1986，2：1~6
[2] 刘晓辉，杨明，杨悦林等 . 吉林省谷子育种二十年回顾［J］. 杂粮作物，2004，24（6）：332~335
[3] 张海金 . 辽宁省谷子育种成就及今后育种目标［J］. 杂粮作物，2006，26（5）：333~335

饲草专用谷子饲草产量和品质性状鉴定研究初报 *

智 慧[1,2] 李 伟[2] 牛振刚[1] 贾冠清[1] 陈宝珠[3] 王永芳[2] 李海权[2] 柴 杨[1] 刁现民[1,2]

(1. 国家谷子产业技术研发中心 / 中国农业科学院作物科学研究所，北京 100081；
2. 河北省农林科学院谷子研究所，河北石家庄 050035；3. 河北省张家口市塞北农牧业管理区农业局，
河北张家口 076576)

摘 要：本文对包括农家品种和育成品种在内的47个谷子品种在河北坝上进行了饲草生产的产量和品质鉴定，以筛选适合饲草专用的谷子品种，并了解谷子饲草品质性状的分布情况。结果表明，供试材料鲜草产量变异范围为每667m^{2}产1 087~4 362kg，变异系数28.85；干草产量变异范围421~1 443kg，变异系数30.49；粗蛋白含量变异范围6.77%~15.05%，变异系数15.99；木质素和纤维素也表现了较大的变异。而ADF（酸性洗涤纤维）、NDF（中性洗涤纤维）、IVDMD（体外干物质消化率）和灰分等表现了相当小的变异。综合分析了饲草产量和粗蛋白含量，七月黄、东方亮、双挂印、鹅羊谷、跑死马和红根谷是最适合坝上高寒和农牧交接区种植的饲草专用品种。本文还对饲草谷子育种的方向和应注意的问题进行了讨论。

关键词：谷子；饲草；粗蛋白；秸秆

Primary Report on Straw Characteristics of Foxtail Millet for Hay Production Specific Breeding

Zhi Hui[1, 2], Li Wei[2], Niu Zhengang[1], Jia Guanqing[1], Chen Baozhu[3], Wang Yongfang[2], Li Haiquan[2], Chai Yang[1], Diao Xianmin[1, 2]

(1. China Industrial and Technological Research Center of Foxtail Millet, Institute of Crop Sciences, Chinese Academy of Agricultural Sciences, Beijing 100081, China; 2. Hebei Academy of Agricultural and Forestry Sciences, Shijiazhuang 050035, China; 3. Agriculture Bureau of Saibei Distict, Zhangjiakou 076576, China)

Abstract: This essay identifies the production yield and straw quality characteristics of 47 foxtail millet accessions in Baishang, Hebei, so as to select suitable varieties for hay production. The primary result showed that fresh yield ranged from 1 087~4 362kg per 667m^2 with an variation index of 28.85, and the hay yield ranged from 421~1 443kg per mu with an variation index of 30.49. Protein content varied from 6.77%~15.05% with an

---

* 基金项目：现代农业产业技术体系建设专项资金资助；中国农业科学院作物科学研究所基本科研业务费和国家科技支撑计划（2006BAD02B02）资助。

第一作者简介：智慧，1963年出生，女，研究员，主要从事谷子遗传育种、功能基因组研究。

通讯地址：北京海淀区中关村南大街12号，中国农业科学院作物科学研究所。Tel：010-62126889，E-mail：zhihuidiao@yahoo.com.cn

variation index of 15.99. Other hay characteristics, such as ADF, NDF, IVDMS, were also tested and analysed. Other aspects regarding foxtail millet for hay production were also discussed.
Key words: Foxtail millet; Hay; Quality

谷子［*Setaria italica*（L.）Beauv.］不仅是重要的粮食作物，也是重要的饲草作物，在其近万年悠久的栽培历史中，一直作为粮饲兼用作物栽培，我国古代战争的军草多数是指收获籽粒作为粮食后的谷子秸秆，说明谷子一直是优质饲草。在禾本科植物中，谷子作为突出的优质饲草，这已有定论，而在美洲、澳洲和世界其他地区，谷子则是专业的饲草作物，用于优质干草的生产。谷子作为粮饲兼用作物栽培收获籽粒后的秸秆粗蛋白含量约8%，但对于饲草专用谷子栽培的饲喂品质一直缺乏系统的研究。随着我国畜牧业的发展，对优质饲草需求大量增加，内蒙古、河北坝上等地已出现许多牧农自发栽培谷子用于干草生产的现象，且正在加速发展。但目前农民种植的饲草谷子是随机从市场买来的粮食用栽培谷子，在饲草产量、生育期、抗旱性表现和饲草品质等方面都不能保证，缺乏饲草专用品种已成为限制饲草谷子发展的瓶颈。本研究旨在鉴定筛选出适合张家口坝上等高寒地区的饲草谷子专用品种，并初步认识和了解饲草谷子专用品种的一些基本特性和栽培技术，为饲草谷子发展提供材料和理论基础。

1　材料与方法

1.1　研究材料

供试各类谷子品种材料共47个，其中育成品种或品系11个，包括鲁谷10号、谷丰1号、冀优2号、冀谷14号和新品系397等，农家品种36个，主要来源于河北和山西两省，包括三变丑、洋谷、毛剪谷、榆次黄、鹅羊谷、东方亮、红根谷和红腿谷等。

1.2　田间试验

所有材料均于2007年在河北省石家庄市国家谷子改良中心栾城试验站繁种。2008年在河北省张家口塞北农牧业管理区试验农场种植，小区面积5m^2，2次重复。2008年6月6日播种，9月12日收割，收获后按小区称量鲜草重，然后田间自然风干，称量干草重。所有材料全生育期不进行任何浇水施肥管理，完全靠自然降水生长。

1.3　品质分析

采用近红外漫反射光谱法测定秸秆样品的粗蛋白、木质素、纤维素、ADF、DNA、IVDMD和灰分的含量（白琪林等，2007），结果以干基（%）表示。使用的仪器为VECTOR/22N近红外反射光谱仪（德国BRUKER公司产）。品质分析测定时间为2009年7月。

1.4　数据统计与分析

按照两个小区的平均值和小区面积换算出鲜草和干草的亩产量。利用Excel软件计算均值和变异系数，并分析各项指标的分布情况。粗蛋白、木质素、纤维素等近红外测定结果换算标准曲线因目前尚无谷子的专用曲线，应用了已有的玉米标准曲线。

2 结果与分析

2.1 谷草鲜重产量分布和变异

供试的 47 个品种以品种东方亮的鲜草产量最高，每 667m^2 产量达到 4 362kg；其后依次为鹅羊谷、黄谷、跑死马和七月黄，它们的鲜草产量分别达到 4 218kg、3 962kg、3 862kg 和 3 774kg。罗马尼亚 5 号和系 144 的鲜草每 667m^2 产量最低，分别为 1 087kg 和 1 276kg；说明不同谷子品种间的鲜草产量表现了很大变异，选育鲜草产量高的品种有很大的空间。将所有供试品种的鲜草产量结果进行分布分析，结果见图 1。由图 1 可见，谷子鲜草产量的分布基本表现了正态分布形式，但受供试材料数量限制，其正态分布并不均匀。 鲜草产量最高为每 667m^2 产 4 362kg，最低为每 667m^2 产 1 087kg，平均为亩产 2 699.69kg，变异系数（CV）为 27.85，说明品种间表现较大的变异。

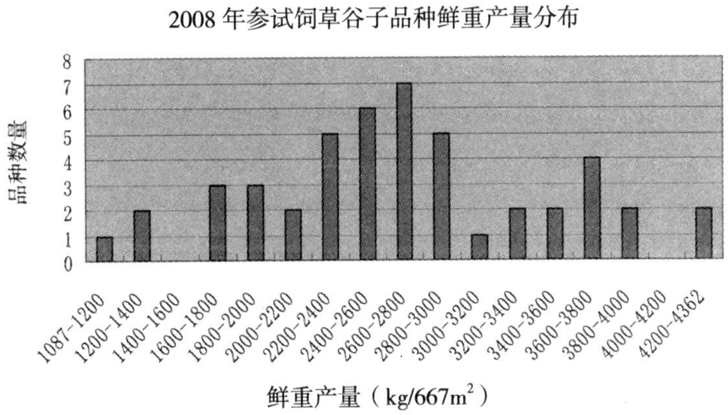

图 1 谷子鲜草产量品种分布

2.2 谷草干草产量分布和变异

供试的 47 个品种，以鹅羊谷的干草产量最高，每 667m^2 达 1 443kg，其后依次为跑死马、东方亮、黄谷和双挂印，它们的每 667m^2 干草产量均达到 1 420kg、1 354kg、1 243kg 和 1 221kg；在 47 个供试品种中，干草产量超过 1 000kg 的有 18 个。干草产量最低的品种是小谷，其次是系 659，它们的干草产量单产分别为 421kg/667m^2 和 444kg/667m^2。所有供试品种干草单产最高为 1 420kg/667m^2，最低为 421kg/667m^2，平均为 875.59kg/667m^2，品种间变异系数（CV）为 30.49，说明谷子品种间干草产量也表现了很大的变异。将所有品种的干草产量进行分布分析，结果如图 2 所示，说明本研究的材料干草产量并不表现正态分布。

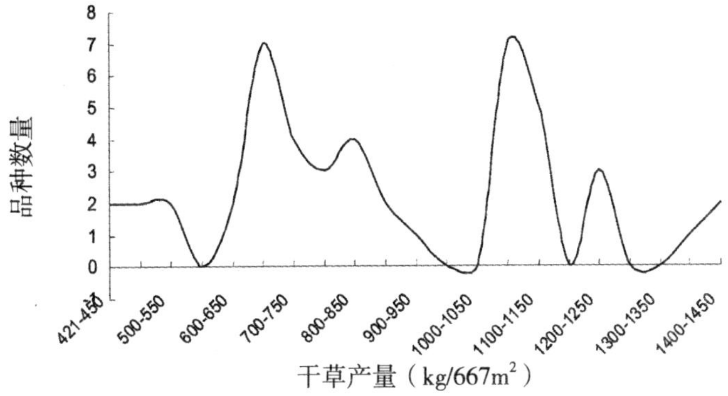

图 2 供试谷子品种干草产量分布

2.3 谷子品种干草出草率的变异和分布

供试品种出草率结果分别列于图 3。出草率最高的是双挂印，其干草产率高达 52.7%，说明该品种在收获时水分含量已很低。出草率高的其他品种依次为罗马尼亚 5 号、红腿谷、灰良谷和乌龙早，它们的出草率分别为 46.9%、42.9%、40.0% 和 39.8%。20 多个品种的出草率在 29%~35%，出草率最低的品种为小谷，其干草出率仅为 17.51%。供试品种的干草出率平均值为 32.77%，变异系数为 18.10，说明谷草干草率也存在很大的变异。

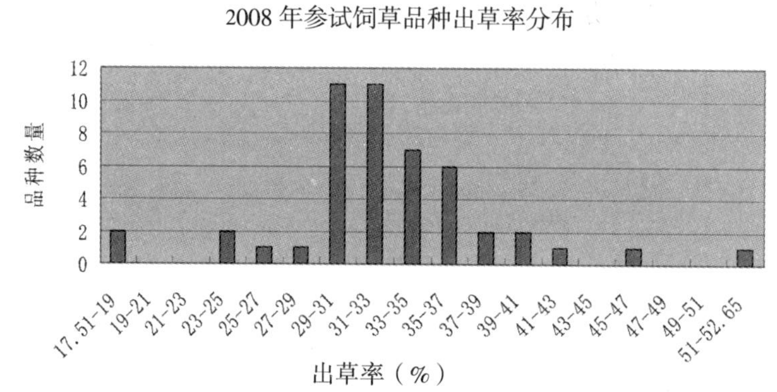

图 3 供试品种干草出草率分布

2.4 干草粗蛋白含量的变异和分布

粗蛋白含量是谷草品质的重要指标，用玉米的曲线标准经近红外法测得的谷草粗蛋白含量分布如图 4 所示。系 569 的粗蛋白含量最高，达 15.06%，多数品种分布在 10%~12.5% 的范围内，粗蛋白含量超过 12.5% 的只有 6 个；系 295、W67 和饿死驴的粗蛋白含量分别为 13.27%、13.03% 和 12.90%。这些结果说明谷草粗蛋白含量很高，的确是优质饲草。所测品种谷草粗蛋白含量最低的是罗马尼亚 5 号，仅为 6.77%。所有供试品种的粗蛋白含量平均为 10.55%，变异系数为 15.99，说明品种间也存在大的变异。

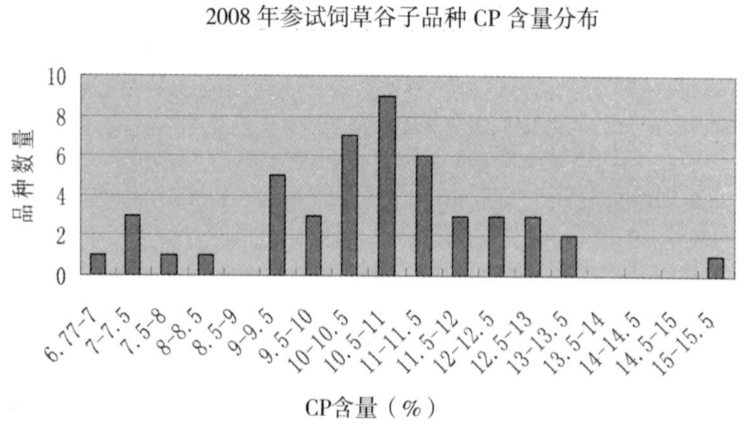

图 4 谷子干草饲草粗蛋白含量分布

2.5 谷子干草其他饲喂品质性状的变异和分布

除粗蛋白含量外，利用玉米的曲线，还分析了所有供试谷子品种秸秆饲草的木质素、纤维素、ADF（酸性洗涤纤维）、NDF（中性洗涤纤维）、IVDMD（体外干物质消化率）和灰分的含量变化，结果列于表1。

表1 谷子品种饲草产量和品质性状的变异和分布

性状名称	最大值	最小值	均值	变异系数 CV%
鲜重亩产（kg/667m^2）	4 362.00	1 087.00	2 699.68	27.85
干重亩产（kg/667m^2）	1 443.00	421.00	875.59	30.49
出草率（%）	52.65	17.51	32.77	18.10
粗蛋白（CP）含量（%）	15.05	6.77	10.55	15.99
木质素含量（g/kg）	105.09	40.72	74.40	16.99
纤维素含量（%）	33.81	14.67	23.95	16.70
ADF 含量（%）	56.56	39.81	47.68	8.99
NDF 含量（%）	80.15	71.69	74.62	2.47
IVDMD 含量（%）	71.07	45.25	61.54	8.30
灰分含量（g/kg）	111.65	75.84	97.92	8.47

从表1的结果可以看出，不同品种的木质素含量和纤维素含量表现了较大的变异，说明存在着较大的选择空间。而ADF（酸性洗涤纤维）、NDF（中性洗涤纤维）、IVDMD（体外干物质消化率）和灰分的变异系数较小，均小于10，其中NDF变异最小，仅为2.47，说明这些指标在谷子品种间选择空间较小。

3 结论与讨论

3.1 适合饲草专用栽培的谷子品种

饲草谷子栽培最终目标是高的干草产量和优良的饲草品质，按照干草产量排序，从高到低依次为：鹅羊谷、跑死马、东方亮、黄谷和双挂印；在饲草品质中最重要的是粗蛋白含量，按照亩产总蛋白从高到低排序，则依次为七月黄、东方亮、双挂印、鹅羊谷和跑死马。干草产量较高的黄谷因蛋白质含量较低（8.35%），总蛋白产量较低，排名在第14位；而红根谷虽干草产量排第13位，但蛋白质含量高（11.53%），总蛋白含量排名为第6位。综合分析干草产量和总蛋白产量等因素，我们认为：七月黄、东方亮、双挂印、鹅羊谷、跑死马和红根谷最适合坝上高寒和农牧结合区等饲草谷子应用。

3.2 品种类型对饲草谷子筛选的影响

从本研究的结果看出，在关键的鲜草产量、干草产量和总蛋白产量等因素中，排在前列的均是农家品种，尤其是多为晋北和河北省北部的农家品种，华北平原的育成品种均表现较低饲草产量，不适合在高寒的坝上地区作饲草谷子。这很可能与华北平原是夏谷区，品种需光温高有关。但我们同时试验了从张家口农业科学院抽取的20多个品种的产量表现，也表现了较低的饲草产量，虽然张家口市的品种在坝下培育。由于本研究所采用的品种数量仍有限，什么样的品种及何地的品种适合作饲草谷子还需更进一步的研究。

3.3 玉米曲线对谷子测定的适用性

除鲜草产量、干草产量为实测结果外，本研究的饲草品质性状的粗蛋白、木质素、纤维素、ADF（酸性洗涤纤维）、NDF（中性洗涤纤维）、IVDMD（体外干物质消化率）和灰分的含量采用近红外分析法，因目前还缺乏谷子的专用标准曲线，所以借用了玉米的标准曲线，尽管谷子和玉米同属禾本科的黍族，亲缘关系很近，二者之间应该存在一定的不同，所以这些品质性状的结果，仅供参考。但根据我们用常规化学法测得的蛋白质含量结果，两种方法之间的相关性高达0.7852，为极显著相关，说明用玉米曲线测得的蛋白质含量结果基本是可靠的，而其他性状的结果尚不能肯定。目前常规测定正在进行中。

另外，本研究的样品为2008年9月初收获，在田间自然状态下放置了10月之久，玉米上曾有报道长时间放置，养分损失较多，因此谷子饲草的蛋白质等含量可能应更高些。

3.4 饲草专用品种选育的育种方向

本研究结果表明，谷子饲草的鲜草产量、干草产量、出草率、粗蛋白含量、木质素和纤维素含量均表现了较大的变异，说明在这些性状上，饲草谷子专用品种培育有很大的改良空间，除这些性状外，品种的抗旱性和适当的生育期也是应注意的重要性状。因为饲草谷子的种植区均是高寒的牧区和农牧结合区，这些地区在我国北方和西北地区，均干旱少雨，鉴定和选育抗旱性强的品种十分必要。谷子和玉米等其他禾本科作物一样，灌浆开始后秸秆和叶片的蛋白质迅速下降，导致饲草品质下降，因此饲草专用品种最佳的生育期是在饲草生产地区能生长至孕穗到抽穗期即可，而其种子繁殖则到中南部温暖地区，在温暖地区籽粒产量越高越好，这就在育种上需要异地穿梭鉴定。

致谢：中国农业大学陈绍江教授及胡海晓等帮助样品品质分析，作者表示诚挚谢意。

参考文献

[1] 彭玉梅．天然羊草草地和贝加尔针茅草地地上生物量及营养动态的研究［J］．中国草地，1997（5）：25~28
[2] 彭玉梅，崔鲜一．牧草生理特性及营养动态的研究［J］．四川草原，1997（1）：7~11
[3] 彭玉梅，程渡．天然羊草草地生物产量的动态研究［J］．牧草与饲料，1991（3）：11~l4
[4] 崔鲜，彭玉梅．羊草草地生长发育规律调查研究［A］．见：中国草原学会．中国草原学会第六次学术会议论文集［C］．海南，1991：102~108
[5] 王鑫，马永祥，李娟．紫花苜蓿营养成分及主要生物学特性［J］．草业科学，2003，20（10）：39~40
[6] 白琪林，陈绍江，戴景瑞．我国常用玉米自交系秸秆品质性状及其相关分析［J］．作物学报，2007，33（11）：177~178
[7] 李浩波．秸秆饲料学［M］．西安：西安地图出版社，2002：50~100
[8] 任勇，陈柔屹，唐祈林等．新型饲草玉米生长动态及收割期的研究［J］．作物学报，2007，33（8）：1 360~1 365

谷子杂交种的研究与示范推广进展 *

赵治海

（国家谷子产业技术体系遗传育种研究室 / 张家口市农业科学院，河北张家口　075000）

摘　要：张家口位于春谷生态区，是谷子的传统种植区域。本文对杂交谷子品种的特点、播种关键技术、示范推广及产业化发展进行了总结。

关键词：谷子；杂交种

A Research Report on Foxtail Millet Hybrid Breeding and Utilization

Zhao Zhihai

(Section of Genetics and Breeding, China Industrial and Technological Research System of Millet; Zhangjiakou Institute of Agricultural Sciences, Zhangjiakou 075000, China)

Abstract: Zhangjiakou city locates in the eco-region of spring sowing foxtail millet region, which is a conventional foxtail millet planning area. This paper focuses on the development of hybrid foxtail millet, the key technology for hybrid foxtail millet planting, hybrid foxtail millet extension and industrialization management.

Key words: Foxtail millet; Hybrid seed production

1　杂交谷子品种

张家口市农业科学院于 2000 年选育成功首个光温敏两系杂交种“张杂谷 1 号”，到目前，育成张杂谷系列品种 8 个，形成适宜水旱地、春夏播、不同生育期配套的品种格局。

这 8 个品种分别是：

春播、适宜旱地、适应性广的“张杂谷 1 号”；

春播、适应性广、首个抗除草杂交品种“张杂谷 2 号”；

春播、适宜旱地、抗除草剂、适应性广的“张杂谷 3 号”；

春播、适宜水地、高产的“张杂谷 5 号”；

春播、适宜旱地、生育期较短地区的“张杂谷 6 号”；

适宜夏播的“张杂谷 8 号”；

抗旱、耐瘠的“张杂谷 9 号”；

* 基金项目：现代农业产业技术体系建设专项资金资助。

作者简介：赵治海，男，河北张家口人，研究员，研究方向：谷子杂种优势利用。

通讯地址：河北省张家口市清水河南路，河北省张家口市农业科学院。Tel：0313-4025889；E-mail：zhaozhihai58@163.com。

高产、优质的“张杂谷 10 号”。

2 杂交谷子特征特性

杂交谷子有以下特征特性：根系发达，节水抗旱；茎秆粗壮，抗倒力强；谷穗粗长，粒多高产；米色黄亮，甜香优质；适宜化除，简便省工；耐瘠抗病，适应性广。

杂交谷子的优势：

（1）高产：最高产量 12t/hm^2，一般产量 6~9t/hm^2。张家口市宣化县赵川镇农民宋斌说：“我种了一辈子地，从没见过这么好的谷子，过去 3 亩谷子打 1 000 斤，现在 1 亩谷子就能打 1 300 斤”。

（2）节水：在中国，年降水 400mm 缺水地区是粮食低产区，该区降水是决定粮食产量的主要因子，每毫米降水量生产粮食 0.5kg；杂交谷子每毫米降水量生产粮食 1~1.5kg。生产等量干物质，杂交谷子每公顷较玉米、小麦至少节水 1 500m^3。

（3）耐瘠：杂交谷子根系发达，养分利用率更高，耐瘠性更强。

（4）优质：杂交谷子米色黄亮，入口香甜，被粟类行业协会评为优质米。

（5）省工：杂交谷子可采用除草剂除草，配合机械精量播种，省工、省力。

3 谷子杂种优势利用四项关键技术

不育系繁种产量稳定通过 750kg/hm^2；

制种产量稳定通过 2 250kg/hm^2，最高 4 950kg/hm^2；

解决了杂交种中不育系自交种去除问题；

提出并推行稀植大穗栽培技术，高产、节水、省工。

4 杂交谷子的作用

玉米、水稻等粮食作物杂交种的成功应用，提高了水地粮食作物产量，杂交谷子将提高干旱贫瘠地区的粮食产量，在不增加水资源消耗的前提下，增加粮食产量，保护生态环境。

杂交谷子加快贫困地区脱贫步伐。谷子多种在干旱、贫瘠的贫困地区。杂交谷子单产 500kg/667m^2，收入超千元，每人种 667m^2 杂交谷子就可脱贫（我国脱贫标准为人均 1 067 元）。

5 示范推广情况

杂交谷子在中国 11 个省已累计推广种植 13.3 万 hm^2，增产粮食约 2 亿 kg，节水超过 2 亿 m^3。

2006 年种植 0.59 万 hm^2，2007 年种植 1.09 万 hm^2，2008 年种植 1.65 万 hm^2，2009 年达到 6.67 万 hm^2，增长速度快。平均产量 400~600kg/667m^2，最高产量达到 810kg/667m^2。在山西、内蒙古、河北等省区大面积推广，2008 年在埃塞俄比亚试种成功，单产 300kg/667m^2 左右，比当地作物增产 1 倍以上。

6 种子产业化

（1）育繁体系建设。在海南建立育繁基地，以河北为主建立制种基地，2009年制种800hm^2，预计产量200万kg，可提供26.67万hm^{2}地用种子。

（2）营销网络建设。以宣化巡天种业和河北治海科技有限公司为龙头，吸收全国11个省份的200多家经销商组成营销网络。确立“推广服务”的理念，经销商由以往单纯的销售种子转变为以技术跟踪服务为主、以销售为辅的“张杂谷”推广模式，为实现良种良方配套、充分挖掘杂交种的增产潜力提供新的思路。

7 评价

（1）埃塞俄比亚著名农业专家、全国农作物品种注册委员会主要成员Even.Do.Desu博士认为，杂交谷子穗子像狐狸尾巴，产量高，对解决埃塞俄比亚和非洲人民吃饭问题意义重大。

（2）2009年6月1日，联合国粮农组织总干事雅克·迪乌夫一行组成的考察团到张家口市就杂交谷子的研究和推广工作进行考察。双方就外派专家和杂交谷子在国外推广种植、制种等事宜进行了交流。雅克·迪乌夫表示，世界很多国家都种植谷子，但是因为气候干旱等问题，谷子的生长情况不尽如人意。河北省研究的杂交谷子提高了谷子的产量和质量，这对中国和世界的粮食安全是非常重要的，希望扩展同中国包括同河北的合作，来帮助其他发展中国家。

（3）联合国秘书长行政办公室全球协议高级顾问Fred.Dubee先生2008年9月3日考察杂交谷子时说，对中国和面临粮食挑战的世界来说，杂交谷子对减少饥荒、保证足够的食物，将是一个无比巨大的贡献。看到这样大的穗子，特别是农民那么的自豪，如果联合国秘书长，特别是前任秘书长安南在这里的话，他也一定会和我们大家一样非常高兴。因为你们今后还将到非洲推广杂交谷子，这也是对建设一个更加和谐、更加包容的新世界的贡献，我很希望能把你们的成果在全世界广为推广。

（4）中国科学院院士杨焕明先生2008年8月9日到宣化县、怀来考察杂交谷子说，不到18h时间，感到两次震撼，受到两次爱国主义教育：一是奥运会开幕式圆满成功，二是杂交谷子长势喜人。杂交谷子对我国乃至世界解决粮食危机问题，应对全球性气候变化具有前瞻性意义，可以很好地解决将来人类吃饭问题。

（5）河北省省委书记张云川在视察谷子杂交种示范基地后指出，杂交谷子研究是造福全人类的事业。

（6）中国工程院院士董玉琛对杂交谷子发展提出期望，加快杂交谷子产业化步伐、加强加工转化方面的研究、研究主食食品向大众推广。

谷子雄性不育系创制与鉴选利用研究 *

闫宏山　刘金荣　王素英　路志国　刘海平　蒋自可　宋中强

（国家谷子产业技术体系安阳综合试验站 / 河南省安阳市农业科学研究院，河南安阳　455000）

摘　要：本文以 2001~2008 年谷子杂交育种中所配制的杂交组合为基础材料，利用其中杂交后代所产生的不育株进行雄性不育系选育研究，选育出一些雄性不育系，并对这些不育系进行了授粉结实性及杂交 F_1 育性可恢复性测定。指出利用谷子品种间杂交选育雄性不育系应用于常规育种杂交组合配制，解决谷子人工杂交难的问题，是一条可行的方法和途径。

关键词：谷子；品种间杂交；雄性不育系

A Study on the Development of Male Sterile Lines by Crossing Between Varieties in Foxtail Millet

Yan Hongshan，Liu Jinrong，Wang Suying，Lu Zhiguo，Liu Haiping，Jiang Zike，Song Zhongqiang

(Anyang Comprehensive Experiment Station, China Industrial and Technological Research System of Millet; Academy of Agricultural Sciences in Anyang of Henan, Anyang 455000, China)

Abstract: The paper reported the breeding of male sterile lines by crossing between varieties in foxtail millet. Several male sterile lines were developed with the crosses made in 2001~2008. By test crossing of these lines, it was pointed out that the breeding of male sterile line by crossing between varieties is a feasible way.

Key words: Foxtail millet; Crossing between varieties; Male sterile line

杂交育种是当前谷子育种的主要方法，而谷子属于严格的自花授粉作物，花器小，颖壳扣合紧密，人工杂交难度大，短时间难以配制大量组合，从而限制了谷子杂交育种的进程 [1]。为此，探索新的育种方法与技术具有重要的理论与实践意义。安阳市农业科学研究院从 2001 年开始进行雄性不育系选育研究，旨在选育各类遗传背景不同、性状各异的雄性不育系应用于常规育种杂交组合配制，解决人工杂交难度大，短时间难以配制大量组合的问题，同时为今后开展谷子杂优利用积累雄性不育材料。

* 基金项目："十一五" 国家科技支撑计划 (2006BAD02B02-01-02)。

第一作者简介：闫宏山，1973 年出生，男，助理研究员，主要从事谷子育种及栽培研究工作。

通讯地址：河南省安阳市紫薇大道东段，河南省安阳市农业科学研究院。Tel：0372-2526552。

1 材料与方法

以安阳市农业科学研究院历年谷子杂交育种中所配制的杂交组合为基础材料，利用其中杂交后代所产生的不育株进行雄性不育系选育研究，经多年河南、海南两地对不育株进行异地加代交替动态选育，并对农艺性状基本稳定的不育系进行测配，鉴定其雌蕊是否发育正常，能否接受外来正常花粉完成受精结实，并对其杂交 F_1 代育性可恢复性鉴定。

2 结果与分析

2.1 选育不育组合的概率

2001~2008 年我们共配制杂交组合 625 份（表 1），鉴定为真杂交组合 411 份，平均成功率为 65.8%；在其中 89 份真杂交组合后代 F_1 或 F_2 代中出现不育株，占真杂交组合数目的 21.7%。通过对 2001~2007 年的 72 份不育组合中的不育株进行选育研究，有 19 份不育组合的不育性可得到较好的遗传，占不育组合数目的 26.4%，占真杂交组合数目的 5.7%，占共配制杂交组合数目的 3.6%。由此表明从谷子品种间杂交选育雄性不育系具有可行性。

表 1 2001~2008 年不育组合选育情况

年份	杂交组合	真杂交组合	不育组合	不育性可遗传的组合
2001	60	48	10	4
2002	48	28	4	1
2003	77	48	16	4
2004	114	79	16	3
2005	106	71	14	4
2006	72	42	9	2
2007	54	20	3	1
2008	94	75	17	–

2.2 选育出的雄性不育系

2.2.1 B04-1167

2001 年在海南三亚从杂交组合“豫谷 1 号 × 日本绿”F_1 代中发现 3 株真杂交株高度不育，2002 年单株种植，共 38 株，不育株率 63%，不育度 70%~90%。连续在河南、海南两地对优良不育株进行异地加代交替动态选育，2004 年在安阳种植时，以区号 1167 不育性状及综合农艺性状表现较好且稳定，不育率达 98%，不育度在 95% 左右，测交可结实，表现为高度雄性不育。该系幼苗绿色，为 115cm，穗纺锤形，穗长 22.6cm，穗粗 3.18cm，穗码排列松紧适中，花期柱头外露好，接受花粉能力强，综合抗病性较好。安阳夏播（6 月 22 日）8 月 2 日抽穗，属中熟类型。

2.2.2 B05-1330

2003 年在河南安阳种植在杂交组合“安 93-15 × 红粘谷”，F_1 代中发现 2 株真杂交株不育，同年冬单株种植，共 168 株，不育株率 70%，不育度 75% 左右。连续在河南、海南两地对优良不育株进行异地加代交替动态选育，2005 年在安阳种植时，以区号 1330 不育性状及综合农艺性状表现较好且稳定，不育率达 90%，不育度在 97% 左右，测交可结实，表现为高度雄性不育。该系幼苗叶鞘浅紫色，为 125cm。穗纺锤形，穗长 18.4cm，穗粗 3.36cm，穗码排列松紧适中。安阳夏播（6 月 22 日）8 月 5 日抽穗，属中熟类型。

2.2.3 B07-7048

2004 年在海南三亚种植杂交组合“济 9249 × 立紫谷”F_2 代中发现 1 株不育株，2005 年单株种植，共 87 株，不育株率 95%，不育度 70%。连续在河南、海南两地对优良不育株进行异地加代交替动态选育，2007 年在安阳种植时，以区号 7048 不育性状及综合农艺性状表现较好且稳定，不育率达 95%，不育度在 85% 左右，测交可结实，表现为雄性不育。该系幼苗绿色，为 127cm。穗纺锤形，穗长 16.5cm，穗粗 2.24cm，穗码排列较松且码小粒少。安阳夏播（6 月 22 日）8 月 8 日抽穗，属晚熟类型。该系虽然不育度稍低，但其叶色深绿，株型结构较好，上部叶片挺拔上冲，中下部叶片随叶位的降低逐渐增大与茎的夹角，是谷子株型改良育种中一个较好利用的不育材料。

2.3 选育雄性不育系注意事项

（1）配制杂交组合时多选用纬度、海拔、亲缘关系相差大的亲本杂交，可提高雄性不育组合的出现的概率；（2）不育株多出现在杂交一代，约占 90%，因此杂交一代要注意选择不育株；（3）在不育系选育过程中，对不育度小于 95% 的不育株可进行单株选择，对大于 95% 的高度不育株可在本株系内按株高、成熟期、穗型等性状分类混选，相同类型混收、混脱、混播，防止单株选择收获种子过少，播种后单粒种子顶土能力弱，造成苗少或绝苗，导致不育基因丢失；（4）对不育率较高（大于 50%）的不育系应尽早测交，鉴定其雌蕊是否发育正常，能否接受外来正常花粉完成受精结实。

2.4 雄性不育系授粉结实性及杂交 F_1 育性可恢复性测定

2007 年冬天在海南三亚对农艺性状已基本稳定、不育度大于 75% 的不育系（12 个组合 34 个株系）进行人工测配，统一以抗拿捕净除草剂品系安 5014 为父本，每个株系选 2 个处于盛花期的不育穗进行一次性人工授粉，成熟后单穗收获脱粒。2008 年对 34 个杂交组合 68 个单穗进行单穗单行种植，谷苗 3 叶 1 心时喷施拿捕净除草剂来去除假杂种，10 天后调查苗数即真杂种数，调查结果见图 1。

结果表明，各不育系均可接受外来花粉授精结实，各不育系两单穗间苗数差异不明显，但各不育系间苗数差异显著，34 个杂交组合两行合计苗数在 13~66 株，平均苗数为 36.5 株。

谷子成熟后调查杂种一代的育性恢复度即结实率，调查结果见图 2。结果显示，各杂交组合全部恢复可育，但恢复程度不同：恢复度接近 80%的组合有 3 个，占 8.8%；恢复度小于 40%的组合有 9 个，占 26.5%；67.6%的组合处于半恢复状态。虽然种植密度不同，但从田间观察看，这些组合均较父本表现出较为明显的杂种优势。

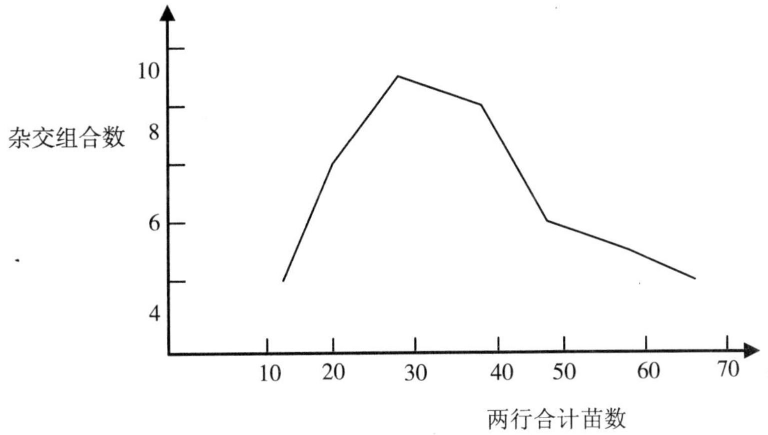

图 1　各不育系苗数情况

综上所述，从谷子品种间杂交选育的雄性不育系多数可应用于常规育种杂交组合配制，部分可应用于谷子杂优利用育种。

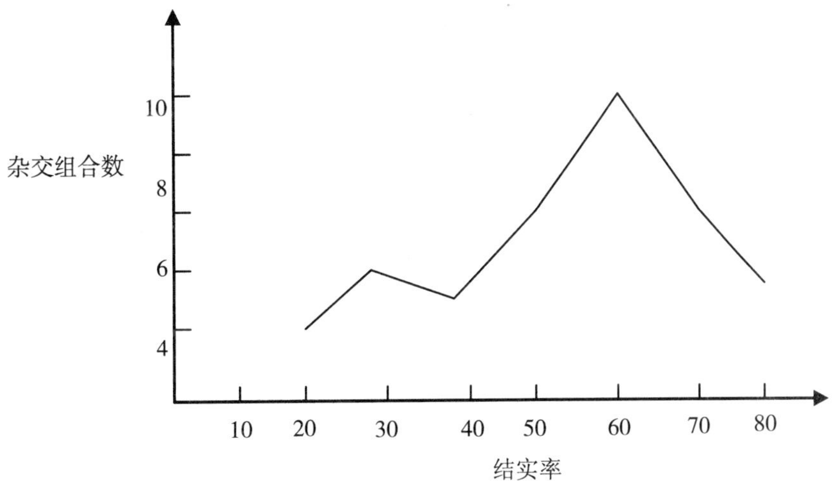

图 2　杂种一代育性恢复度比较

3　结论与讨论

利用谷子品种间杂交选育各类遗传背景不同、性状各异的雄性不育系应用于常规育种杂交组合配制，解决谷子人工杂交难度大，短时间难以配制大量组合的问题，是一条可行的方法和途径。但由于出现不育组合的概率较小，需要谷子育种者长久坚持不懈的努力。多数不育系来源于远缘杂交，往往携带有较多不利基因，需要进一步改良转育，育种者要边利用边改良转育，并同时研究其遗传机制。豫谷 12 号就是利用河北省谷子所提供的豫谷 2 号显性雄性不育系为母本，迅速配制大量杂交组合，杂交一代表现出强优势组合 [2]。实践证明，将不育基因应用于谷子常规育种的方法是经济有效的，在谷子育种上具有很好的前景。

由于携带显性抗除草剂“拿捕净”基因的谷子新品种、新品系不断涌现，并在谷子杂优利用育种上作为恢复系得以应用，通过一次施用除草剂就可同时去除假杂种、杂株和杂草，获得整齐一致的杂种群体，使杂优利用育种对雄性不育系的不育度要求大大降低，一般要求不育系的不育度在 85% 以上既可。育种者要在选育雄性不育系过程中要注意这一变化和趋势。

参考文献

[1] 李荫梅. 谷子育种学［M］. 北京：中国农业出版社，1997：211~217
[2] 蒋自可，刘海萍，刘金荣等. 高产优质大穗谷子新品种豫谷 12 号的选育［J］. 河南农业科学，2006，11：29~30
[3] 王天宇，辛志勇，石云素等. 抗除草剂谷子新种质的创制、鉴定与利用［J］. 中国种业，1999，10：62~66

黑龙江地区春谷遗传多样性研究必要性和紧迫性 *

李志江　李延东　王绍滨　马金丰　赵丽娟

（国家谷子产业技术体系哈尔滨综合试验站 / 黑龙江省农业科学院作物育种研究所，
黑龙江哈尔滨　150086）

摘　要：黑龙江省春谷在我国谷子产业中占有重要的地位，黑龙江有着丰富的春谷种质资源，其中蕴含着大量的抗寒、耐盐、抗病等优异基因，挖掘优异资源，对拓宽春谷遗传基础十分重要。传统的育种工作有其局限性，亲本也是根据经验随机选择的，所选的亲本存在重复性，并且没有针对性，不同育成品种以及农家品种之间的亲缘关系迫切需要弄清楚，为育种杂交选育提供指导，因此利用谷子中开发的SSR分子标记对黑龙江省地区的春谷进行多态性研究，是很有必要的。随着生物技术的发展，特别是分子标记的应用，为研究谷子亲本以及农家品种的亲缘关系以及它们之间的多样性提供了便利。

关键词：春谷；分子标记；多态性

The Importance on the Genetic Diversity Study of Germplasm of Foxtail Millet in Heilongjiang Province

Li Zhijiang，Li Yandong，Wang Shaobin，Ma Jinfeng，Zhao Lijuan

(Harbin Comprehensive Experiment Station, China Industrial and Technological Research System of Millet; Crop Breeding Institute, Heilongjiang Academy of Agricultural Sciences, Harbin 150086, China)

Abstract: Spring sowing foxtail millet production of Heilongjiang Province in China occupies an important position, and Heilongjiang is rich in Spring sowing foxtail millet germplasm resources, which contains a large number of cold and salt tolerance, disease resistance and other useful genes. It is important to broaden the genetic basis of Spring sowing foxtail millet from useful resources. Traditional breeding has its limitations, which is the choice of parents is randomly selected based on experience, and a lot of work is repetitive. The relationship between the different cultivars and varieties is not yet clear. It is urgent to clarify the genetic relationship between them, which provides guidance for breeding. It is necessary to use SSR molecular markers developed in foxtail millet to study the Spring sowing foxtail millet polymorphism in Heilongjiang Province. At the same time, along with the bio-technological development, especially the application of molecular markers, it provides us with a convenience for parental varieties selction and genetic relationships and diversity between them.

* 基金项目：现代农业产业技术体系建设专项资金资助。

第一作者简介：李志江，1982 年出生，男，实习研究员，主要从事谷子育种和分子生物学研究工作。

通讯地址：黑龙江省哈尔滨市学府路 368 号，黑龙江省农业科学院作物育种研究所。Tel：0451-86668742，E-mail：lizhijiang12@163.com。

Key words: Spring millet; Molecular marker; Polymorphism

1 谷子在我国农业中的地位不容忽视

谷子 [*Setaria italica*（L.）Beauv.] 起源于中国，在中国北方各省份均有分布，是重要的粮食作物之一[1]。谷子的营养价值较高，富含多种维生素和人体必需氨基酸，并且它的营养成分与鸡蛋接近，目前在中国的北方地区，印度、日本、非洲等国家均有较为广泛的播种面积。

谷子具有抗旱、耐贫瘠等特性，在中国乃至世界水资源日益短缺的情况下，谷子的这种特性具有其他作物无法替代的作用和意义。2009 年 8 月，内蒙古中东部、东北地区西部、华北西南部和江南西部等地区降水偏少，尤其是黑龙江西南部、吉林西部、辽宁西部部分地区降水量不足 5mm，造成大面积的玉米、大豆等作物减产甚至绝产。据统计，吉林西部受旱面积为 121 万 hm^2，严重受旱面积为 34 万 hm^2，干枯面积为 1.3 万 hm^2；辽宁西北部地区农作物受旱面积已达 68 万 hm^2，其中重旱 23 万 hm^2，干枯 6 万 hm^2。另外，甘肃和宁夏局部、山西南部和湖南西北部、新疆部分地区等地存在旱情[2]。面临日益干旱的环境，必须加大力度种植抗旱节水的谷子优良品种。谷子产业体系的建立，为加速谷子育种和加工以及基础研究提供了可能。

2 黑龙江地区春谷多样性研究基础

2.1 黑龙江地区春谷资源丰富

春谷在我国北方一年一熟或两年三熟地区的播种期多在 4 月下旬到 5 月中旬，播种面积占全国面积的 85%左右。主要分布在东北三省、内蒙古、山西、宁夏、甘肃以及陕北、冀北等地区。种植春谷比重较大的地区，是从黑龙江西部到山西的东南部这一长的丘陵山区和邻近的平原地带。

黑龙江地区谷子研究基础比较好，掌握了较为丰富的种质资源。黑龙江省农业科学院作物育种研究所将征集到的 1 973 份谷子地方品种材料整理出具有典型性状的谷子地方品种 602 份，按来源、生育特性和经济性状不同，划分为 12 个类型：大粒黄类型；大青苗类型；薄地租类型；白沙谷类型；勾根类型；刀把齐类型；老来变类型；鸭子嘴类型；糟皮类型；黄沙谷类型；黏谷类型；爪谷类型[3]。这为系统研究春谷遗传多样性提供了物质基础。

2.2 黑龙江地区的春谷类型多样化

黑龙江省谷子种质资源丰富，许多农家品种都是农艺性状良好的品种，它们经过长期的风土驯化和人工选择，对当地的自然条件有较强的适应性，并具有育种工作需要的抗逆性状和经济性状，如具有抗白发病、抗螟虫、抗旱、耐贫瘠、早熟的“老来变”；抗旱性强、耐盐碱，米品质好的“刀把齐”（包括抗旱、高产、抗逆、超早熟、耐寒、品质以及高含硒等特殊品种）等类型。多样性的种质资源也为鸟饲、药膳等专用品种的开发提供了基础资源，超早熟品种不仅能够实现积温不足的高寒地区作物的多样性，而且深入研究发掘这些农家品种基因资源，开展多元化育种，对于谷子育种生产具有重要的意义。

同小麦（*Triticum aestivum* L.）、玉米（*Zea. mays* L.）、大豆（*Glycine max* L.）等其他作物相比，谷子具有较高的多态性（44.3%），我国生态环境多元化，造成谷子生态类型繁多，即使是在一个生态型区域内，由于饮食习惯的不同，不同地区的品种也有很大的差异，因此我们可以从形态类型、染色体、生化、DNA等不同水平上对谷子多样性进行研究[4~8]。

3 黑龙江地区春谷多样性研究的手段

谷子在不同的生态环境下进行培育，由于环境的不同，造成它们在形态学性状和农艺性状均有较大的变异。随着分子生物技术的不断发展，研究人员开始利用分子标记对作物的优良农艺性状和遗传多样性进行分析，比如在小麦、水稻、玉米等作物进行抗病、优质、高产等重要农艺性状基因进行作图和标记，并且多采用操作方法简单，多态性高，可靠性强，成本低的SSR标记。谷子虽然起步比较晚，但是也取得了较大的进步，已经开发了将近1 000对SSR引物[9]，这为谷子生物技术研究提供了方便。因此我们利用从谷子中开发的SSR标记对黑龙江省的农家品种和育成品种进行多样性检测，长期以来，育种都是基于植株的表型性状进行选择的，植物的性状大多是数量性状，受许多微效基因的控制，在杂交育种中，仅根据育种材料的表型特点选配亲本，往往会受到环境条件的干扰。如果在育种过程中以DNA分子标记的差异性分析，将使得亲本选配更为快速、准确，从而提高育种效率。DNA分子标记的应用，使得能够在整个基因组范围内对大量的亲本材料之间的遗传距离进行评估，更为有效的预测具有杂交优势的组合。

4 黑龙江春谷种质资源遗传多样性研究的必要性和紧迫性

春谷在我国谷子产业发展中占有很重要的地位，黑龙江地区作为春谷的主产区，对春谷的研究有着良好的基础，但是近年来由于多种原因，造成谷子种植面积减少，科研工作不受重视等因素的影响，谷子育种工作发展不太乐观，许多研究机构纷纷改行，但仍保留了大量的农家品种材料，为我们利用农家品种中蕴含的优异基因的开发提供了方便。

黑龙江春谷种质资源遗传多样性研究能够对黑龙江地区的种质资源遗传多样性有一个全面的了解，对于拓宽遗传基础的育种策略十分重要。1997年，贾继增利用21条染色体上473个RFLP探针对小麦遗传多样性分析发现，小麦不同位点不同染色体上的遗传多样性各不相同，这对于小麦育种中引进新的遗传变异具有重要的意义。而谷子中各个品种之间差异更大，变异更广泛，这不仅为谷子育种工作能够引进新的遗传变异，而且开发谷子中抗旱节水、耐贫瘠等优良基因性状，利用转基因技术将这些优良基因导入其他作物，对于世界日益干旱的气候也具有重要的意义。另一方面，对于了解黑龙江地区不同地域谷子品种亲缘关系并且组配杂交组合具有指导作用。

谷子的每个性状都是由一个或多个基因控制，黑龙江省农业科学院作物遗传育种研究所观察到的性状和谷子控制该性状发育的基因之间的关系密切。谷子按性状分为质量性状和数量性状两大类，控制芽鞘、叶鞘、花药、籽粒等的颜色，穗的形态，刺毛的长短，抗病性等都属于质量性状，而控制株高、单穗粒数，籽粒产量，蛋白含量，脂肪含量，干物质产量等则属于数量性状。黑龙江春谷种质资源遗传多样性研究也能够通过分析，探讨SSR分子标记同基因之间的相关性以及将这些分子标记同性状之间建立桥梁，最终建立起分子标记与谷子性状联系的桥梁即分子标记库，为以后分子标记辅助育种等工作奠定基础。

目前育种工作中存在重复性育种，即不同地区做基本相同的杂交试验，造成资源的浪费，另一方面，谷子遗传资源狭窄、主要育成品种之间遗传基础相似、多态性较差是谷子育种工作中普遍存在的问题，比如夏谷中的育成品种基本都带有豫谷一号的亲本日本60日的血缘，在春谷中也有类似的情况，因此弄清楚农家品种的亲缘关系，在育种过程中尽量选择遗传差异较大的材料，避免造成育种遗传基础狭窄，对于拓展利用农家品种中有益资源具有重要的意义。

参考文献

[1] 刁现民．谷子生物技术研究成果与未来方向［J］．河北农业科学，2005，9(4)：61~68

[2] 中国天气网．内蒙辽吉等地旱情发展，旬末降水缓旱情 http://weather.news.sina.com.cn/news/2009/0814/44669.html2009

[3] 李景春，那海智，陈丽华，刘树人．黑龙江谷子品种生态类型及其分布［C］．东北谷子科学研究文集，1985：142~147

[4] 杨天育，黄相国，何继红等．谷子遗传资源多样性研究进展［J］．西北农业学报，2003，12（1）：43~47

[5] 王军，谢皓，郭二虎等．DNA 分子标记及其在谷子遗传育种中的应用［J］．北京农学院学报，2005，20（1）：76~80

[6] 郝晓芬，王节之，王潞英等．SSR 标记分析谷子遗传多样性［J］．山西农业科学，2005，33（4）：29~31

[7] 王节之，郝晓芬，王根全等．谷子种质资源分子标记的多态性研究［J］．生物技术，2006，16（1）：10~14

[8] 杨延兵，管延安，张华文等．谷子品种遗传差异的 RAPD 标记分析［J］．华北农学报，2007，22（4）：134~136

[9] 李志江，刁现民．谷子分子标记与功能基因组研究进展［J］．中国农业科技导报，2009，11（4）

谷子理想株型育种研究初报 *

闫宏山

（国家谷子产业技术体系安阳综合试验站 / 河南省安阳市农业科学研究院，河南安阳　455000）

摘　要：为了进一步提高谷子产量，谷子理想株型成为谷子高产育种所追求的目标。新种质立绿谷和立紫谷在株型上与其他品种显著不同，利用它们作亲本已选育出一些具有谷子理想株型的后代。本研究着重分析了该种质在育种上的遗传特点，并总结出一些理想株型育种经验。提出了理想株型与杂种优势利用相结合是未来实现谷子单产突破的重要途径之一。

关键词：谷子；理想株型；育种

A Preliminary Report on the Breeding of Ideal Architecture Lines in Foxtail Millet

Yan Hongshan

（Anyang Comprehensive Experiment Station, China Industrial and Technological Research System of Millet; Anyang Academy of Agricultural Sciences, Anyang 455000, China）

Abstract: To further increase foxtail millet yield, the ideal architedture plant in foxtail millet has become the goal of high yield breeding. Taking crossbreeding or dynamic breeding technique as dominant and technologies such as selection or system selection as subsidiary, progenies with ideal architecture plant are selected by using new germplasms such as Lilvgu and Lizigu with the significant difference in plant type to other cultivars as parents. The genetic characteristics of new germplasms in breeding are also emphatically analyzed to summarize the breeding experience of ideal plant, which has been proved that the combination of ideal plant and heterosis utilization is one of the important ways to raise millet yield breakthrough.

Key words: Foxtail millet; Ideal plant; Breeding

对于作物而言，其干物质生产除有少量来源于土壤中的矿质元素外，光合作用是其干物质生产的唯一来源，它占作物干物质总量的 90% ~95%，提高作物产量的关键在于提高作物的光能利用率。目前，作物的平均光能利用率不足 1%。而以光合作用的量子效率推算，光能利用率可达 10% 左右，作物的实际光能利用率远远低于这个数值。为了提高作物的光能利用率，多年来，国内外许多育种家都一直致力于通过改变作物的株型结构、构建作物的理想株型，来提高作物光能利用率，

* 基金项目：“十一五”国家科技支撑计划 (2006BAD02B02–01–02)；现代农业产业技术体系建设专项资金资助。

作者简介：闫宏山，1973 年出生，男，助理研究员，主要从事谷子育种及栽培研究工作。
通讯地址：河南省安阳市紫薇大道东段，河南省安阳市农业科学研究院，Tel：0372–2526552。

从而提高作物的产量。这在玉米、水稻、小麦等作物上已获得成功，通过培育理想株型新品种使其光能利用率和单产水平得到了显著提高。

谷子属光合强度较高的 C_4 植物，其原始基因也具有水稻、玉米、高粱等高产作物的基因框架，从遗传到生理也具有超高产的可能，但从我国谷子生产现状来看，平均单产水平尚不到 3 000kg/hm^2，光能利用率不到 1%。目前生产上应用的多是株形披散、对光照资源利用率低的谷子品种，这是造成谷子低产和低光合利用率的重要原因之一，研究株型育种理论，并通过培育具有理想株型的高光效谷子新品种[1]，从而有效提高谷子的单产水平是谷子育种者面临的一个紧迫课题。

图 1 立绿谷

2003 年笔者在杂交组合“小黄谷三万 × 安 5012”后代材料中发现 2 个株系，其叶群结构较符合谷子理想株型形态特征（图 1），由此展开了谷子理想株型育种研究工作。现对该材料株型性状的遗传特点进行初步分析总结，以期为育种和亲本材料创新工作提供有益的信息。

1 材料与方法

1.1 育种材料及其特点

2003 年笔者在杂交组合“小黄谷三万 × 安 5012”后代材料中发现 2 个株系，其穗短粗，直立，穗柄较粗，上部叶片挺拔上冲，中下部叶片随叶位的降低逐渐增大与茎的夹角，且叶色深绿，较符合谷子理想株型形态特征。其中一个株系幼苗鞘色为绿色，另一个为紫色，我们分别命名为“立绿谷”和“立紫谷”。这两个姊妹系虽然株型良好，但是其他农艺性状表现较差，主要缺点是：①秆高，较易倒伏；②生育期长，较晚熟；③产量性状差，穗小，开花授粉不集中，成熟灌浆速度慢，结实性差，秕谷多。同年冬在海南南繁加代时我们针对其缺点依据亲本性状互补的原则配制杂交组合对其进行重点改良，将其具有的株型优点转育到其他综合农艺性状较好的品种（系）中，由此展开了谷子理想株型育种研究工作。

1.2 育种方法

本研究项目主要内容为搜集、创造和研究具有理想株型形态特征特性的谷子种质资源，采用以杂交育种、动态育种技术为主，理化诱变、系统选育等育种技术为辅的育种技术路线，利用具有理想株型形态特征特性的谷子种质资源运用单交、复交、回交、聚合集团杂交方式及以不育系为基础创建的动态基因库、目标性状基因库等聚合杂交方式对当前生产上几个主推谷子品种进行配制杂交组合加以株型改良，经多年河南、海南两地对杂交后代进行异地加代交替动态选育，将不同种质资源的理想植株形态、生理状态等优良性状整合到同一品种（系）内，做到结构和功能相适应，培育出具有理想株型的高光效谷子新品种（系）。

2 结果与分析

2.1 谷子理想株型新种质创制

经过5年多代选育，笔者选育出了较多的具有良好叶群结构的新种质（图2~图5），其中综合性状表现较好的有3个，它们的农艺性状较原始亲本有了较大的改良（表1），并较好地遗传了原始亲本的叶群结构（表2），说明利用该原始亲本开展谷子理想株型育种具有可行性。

表1 三个稳定新材料与亲本性状比较

品系名称	茎高（cm）	穗长（cm）	穗粗（cm）	单穗重（g）	单穗粒重（g）	出谷率（%）	生育期（d）	抗倒性（级）
立绿谷	143.7	12.6	1.7	9.4	6.4	68.1	97	4
立紫谷	139.3	11.8	1.8	9.2	6.1	66.3	97	4
立谷1	130.7	16.5	2.3	11.8	9.5	80.5	86	2
立谷2	123.2	14.7	2.0	10.2	7.6	74.5	84	3
立谷3	125.2	15.4	1.9	10.4	8.1	77.9	92	2

2.1.1 立谷1的特征特性

立谷1由济9249×立紫谷杂交选育而成，其幼苗为绿色，生育期86d，茎高130.7cm，纺锤形穗，穗子偏紧，穗脖稍弯，穗长16.5cm，单穗重11.8g，穗粒重9.5g，出谷率80.5%。其叶群结构特征为：上部叶片（1~4叶）的叶基角幅度为12°~18°，平均为15°，叶开张角幅度为28°~48°，平均为37°，叶披垂度幅度为16°~30°，平均为22°；中部叶片（5~8叶）的叶基角幅度为25°~30°，平均为27°，叶开张角幅度为58°~82°，平均为66.8°，叶披垂度幅度为30°~52°，平均为39.8°；下部叶片（9~13叶）的叶基角幅度为24°~45°，平均为31.8°，叶开张角幅度为48°~108°，平均为74.6°，叶披垂度幅度为23°~71°，平均为42.8°。由于其叶片较长，叶开张角、叶披垂度幅度都较大。该材料主要特点为：中熟，叶色深绿，穗码均匀，开花授粉集中，成熟灌浆快，结实特好但秆高，抗倒性稍差。因其开花散粉较集中，花粉量大，配杂交组合时较适宜作父本，且其良好的结实性有较强的遗传传递力。

表2 三个稳定新材料的叶倾角大小及特点

组合 叶序	性状	立谷1	立谷2	立谷3
1	叶基角	12	5	5
	开张角	35	5	7
	披垂度	23	0	2
2	叶基角	12	5	13
	开张角	28	7	35
	披垂度	16	2	22

续表

组合 叶序	性状	立谷 1	立谷 2	立谷 3
3	叶基角	18	12	6
	开张角	37	27	12
	披垂度	19	15	6
4	叶基角	18	16	20
	开张角	48	26	52
	披垂度	30	10	32
5	叶基角	25	15	16
	开张角	64	27	30
	披垂度	39	12	14
6	叶基角	28	15	21
	开张角	58	34	30
	披垂度	30	19	9
7	叶基角	25	18	24
	开张角	63	38	33
	披垂度	38	20	9
8	叶基角	30	16	27
	开张角	82	48	58
	披垂度	52	32	31
9	叶基角	30	20	23
	开张角	54	54	38
	披垂度	24	34	15
10	叶基角	24	25	25
	开张角	95	57	48
	披垂度	71	32	23
11	叶基角	45	26	25
	开张角	108	57	52
	披垂度	63	31	27
12	叶基角	35	30	28
	开张角	68	64	62
	披垂度	33	34	34
13	叶基角	25	35	28
	开张角	48	56	54
	披垂度	23	21	26

注：叶序自上而下；叶基角是茎秆向上方向与叶片直立部分的夹角，开张角系茎秆向上方向与叶尖至叶耳连线的夹角，披垂度表示叶片的披垂角度，等于开张度与基角之差。

2.1.2 立谷 2 的特征特性

立谷 2 由立绿谷 × 豫谷 7 号杂交选育而成，其幼苗为绿色，生育期 84d，茎高 125.2cm，穗长 14.7cm，纺锤型穗，松紧适中，直立，单穗重 10.2g，穗粒重 7.6g，出谷率 74.5%。其叶群结构特征为：上部叶片（1~4 叶）的叶基角幅度为 5° ~16°，平均为 9.5°，叶开张角幅度为 5° ~27°，平均为 16.3°，叶披垂度幅度为 0° ~15°，平均为 6.8°；中部叶片（5~8 叶）的叶基角幅度为 15° ~18° ，平均为 16.0°，叶开张角幅度为 27° ~48° ，平均为 36.8°，叶披垂度幅度为 12° ~32°，平均为 20.8°；下部叶片（9~13 叶）的叶基角幅度为 20° ~35°，平均为 27.2°，叶开张角幅度为 54° ~64°，平均为 57.6°，叶披垂度幅度为 21° ~34°，平均为 30.4°。其叶片较短，株型直立，全株叶片叶基角、叶开张角、叶披垂度幅度都较小。该材料主要特点为：中低秆，早熟，叶色深绿，株型直立超亲但穗小，早衰，熟相较差，结实性稍差，抗倒性差。其株型结构有较强的遗传传递力，但与其不良性状基因连锁遗传，因此在其杂交后代选择过程中，在注重株型结构选择的同时，要注意选择克服其缺点的植株。

图 2　具有良好叶群结构的新种质（单株）

2.1.3 立谷 3 的特征特性

立谷 3 由豫谷 9 号 × “立绿谷 × 豫谷 7 号” F_3 杂交选育而成。2005 年冬在海南南繁加代时发现组合“立绿谷 × 豫谷 7 号” F_3 代材料中分离出株型直立超亲遗传且抽穗较早的植株，不足之处是根系不发达，较易倒伏。笔者针对其缺点迅速配制组合，以本地生产上主推品种豫谷九号为母本，该品种综合性状较好，生育期适中，根系发达，一级高抗倒伏[2]，以组合“立绿谷 × 豫谷 7 号” F_3 代材料中分离出的株型直立超亲遗传且抽穗较早的植株为父本，采用人工单花去雄杂交法配制组合，经海南安阳两地三年六世代异地加代交替选育而成。其幼苗叶色为绿色、鞘色紫色，生育期 92d，茎高 123.2cm，穗长 15.4cm，纺锤型穗，松紧适中，直立，穗柄短粗，单穗重 10.4g，单穗粒重 8.1g，出谷率 74.5%。其叶群结构特征为：上部叶片（1~4 叶）的叶基角幅度为 5° ~20°，平均为 11.0°，叶开张角幅度为

图 3　具有良好叶群结构的新种质（单株）

7° ~52°，平均为 26.5°，叶披垂度幅度为 2° ~32°，平均为 15.5°；中部叶片（5~8 叶）的叶基角幅度为 16° ~27°，平均为 22.0°，叶开张角幅度为 30° ~58°，平均为 37.8°，叶披垂度幅度为 9° ~31°，平均为 15.8°；下部叶片（9~13 叶）的叶基角幅度为 23° ~28°，平均为 25.8°，叶开张角幅度为 38° ~62°，平均为 50.8°，叶披垂度幅度为 15° ~34°，平均为 25.0°。其主要特点为：中低秆，晚熟，叶片上冲、短、直、厚，结实稍好但穗小需改良。

2.2 育种材料遗传特点

经过五年多代选育研究，对“小黄谷三万 ×5012”材料遗传特点有了初步的认识。由于该材料与当前生产上几个主推高产谷子品种亲缘关系较远，杂交组合后代会发生疯狂分离，分离类型非

图 4　具有良好叶群结构的新种质（群体）

图 5　具有良好叶群结构的新种质（群体）

常丰富，后代材料纯合稳定速度较慢；其株型性状属于数量遗传，F_1 代株型形态特征呈中间型，较易辨别真假杂交植株；其株型性状遗传传递力较强，后代材料较易选出具有理想株型性状的材料，甚至出现超亲遗传的材料；其株型性状与其他较差农艺性状（上述缺点）间存在高度相关性，且不易被打破，可能是基因连锁的结果。针对其遗传特点，笔者在育种过程中采取了以下措施：①采用南繁动态育种技术对杂种后代进行异地加代交替选育，加快后代材料基因纯合速度；②扩大杂种后代种植规模，增大超亲遗传材料出现的概率；③配制大量杂交组合，利用基因交叉互换规律或采用理化诱变、目标性状基因库等育种技术打破理想株型性状基因与不利性状基因间的连锁，从而育出综合性状较好的材料。

3 结论与讨论

选育出的材料的农艺性状较原始亲本有了较大的改良，在产量性状、抗倒性等方面仍然存在缺点与不足，但理想株型性状本身与这些不良性状并无必然联系，深信通过育种者坚持不懈的努力，必将打破理想株型性状基因与不利性状基因间的连锁，育出综合性状较好的新材料、新品种。今后应加强理想株型材料的选择和利用，加强应用基础研究，推动高产理论与实践的发展，发挥理想株型的优点，扬长避短，在育种中应注意改善产量性状、抗倒性等缺点。

利用谷子理想株型目标性状基因库[3]已培育出叶片直立纵卷的新种质和株型直立紧凑的高度雄性不育系。谷子长叶易披垂，卷叶致使叶片直立，可解决叶片长与直的矛盾，拓宽了直立株型的遗传基础。选育高度雄性不育系应用于常规育种配制杂交组合可较好地解决谷子花器小、颖壳扣合紧密、杂交难度大而短时间难以做大量组合的问题，同时为今后开展谷子理想株型育种与杂优利用育种相结合奠定坚实的物质基础。

株型改良是今后一段时间内谷子育种的重要内容，使谷子的根型、茎型、叶型、穗型达到和谐完美统一不是一蹴而就的，是一项长期而艰巨的工作。株型固然重要，但育种过程中在注意株型性状选择的同时要注意形态与机能相结合，理想株型仅可以保证从空间结构上提高对光能的利用，要获得高产，还必须具备良好的光合生理特性，比如 CO_2 补偿点低、光呼吸低、净光合速率高、灌浆速率高。因此在谷子理想株型育种过程中，要重视种质资源研究工作，发现和创造具备良好的光合生理特性的材料并加以利用，才能做到形态与机能兼顾，达到高产育种的目标。

从水稻、玉米、高粱等高产作物的高产育种历程[4~6]来看，均经历了塑造理想株型的高光效育种阶段、利用杂交优势的杂优育种阶段到目前的两者相结合的超高产育种阶段，产量水平不断取得新突破。今后谷子的长远育种方向也应该是株型育种与杂种优势利用相结合的超高产育种，为此培育株型理想、一般配合力优秀的亲本和将理想株型基因转育到相应的不育系就成为现阶段的工作任务。

参考文献

[1] 李荫梅. 谷子育种学［M］. 北京：中国农业出版社，1997：389
[2] 闫宏山，王润生，王素英等. 谷子新品种豫谷 9 号的选育［J］. 河南农业科学，2002，7：11
[3] 刘正理，程汝宏，李素英等. 谷子目标性状基因库育种研究［J］. 华北农学报，2004，19（增刊）：40~44
[4] 石利娟，邓启云，刘国华等. 水稻理想株型育种研究进展［J］. 杂交水稻，2006，21（4）：1~6
[5] 高士杰，李树强，刁玉先等. 作物株型育种研究与进展［J］. 吉林农业科学，1997，2：21~24
[6] 李登海. 从事紧凑型玉米育种的历史回顾与展望［J］. 莱阳农学院学报，2001，18（1）：1~6

秩次分析法对谷子品种区试产量性能评价的有效性分析 *

范惠萍　郭二虎　李瑜辉　王丽霞　程丽萍　王秀清

（国家谷子产业技术体系栽培植保研究室 / 山西省农业科学院谷子研究所，山西长治　046011）

摘　要： 秩次分析法对作物品种区域试验中产量性能的评价是一种实用、可行的数据处理方法。本文采用秩次分析法对谷子二年多点、供试材料滚动式的区试结果进行分析，验证了该方法在谷子品种区试中应用的有效性。

关键词： 秩次分析法；品种区域试验；非平衡数据

Effective Analysis of Implementing Rank Method to Performance Evaluation of Foxtail Millet Yield Trails

Fan Huiping，Guo Erhu，Li Yuhui，Wang Lixia，Cheng Liping，Wang Xiuqing

（Section of Cultivation and Plant-protection, China Industrial and Technological Research System of Millet; Shanxi Institute of Agricultural Sciences, Changzhi 046011, China）

Abstract: Rank method is a practical and executive data processing method in carrying evaluation of foxtail millet cultivar trails. This essay, based on the foxtail millet trails, testifies the effectivity of rank method.

Key words: Rank method; Region test; Imbalance data

作物新品种大面积推广应用之前，必须通过多年多点的品种比较试验，以鉴定新品种的生产适用性、平均表现和产量潜力，也是新品种选育与良种繁育推广之承前启后的中间环节，为品种审定和品种布局区域化提供主要依据。

近年来，各省市甚至农业部组织的全国农作物新品种区域试验获取的资料基本上都是非平衡资料：每年供试品种滚动进出，变化甚大，再加上数据缺失、试验地点受灾资料报废等。传统的方差分析方法不能对这类材料进行综合分析。金文林等根据生物统计学的基本原理和方法提出了作物区试中品种评价的非参数秩次分析法，本文进一步利用谷子的区域试验结果对该分析方法的有效性进

* 基金项目：现代农业产业技术体系建设专项资金资助。

第一作者简介：范惠萍，女，助理研究员，主要从事谷子栽培、育种、植保等方面的研究。

通讯地址：山西省长治市漳沂西路科研巷 2 号，山西省农业科学院谷子研究所。Tel：0355-2204169，E-mail：gzsfhp@yahoo.com.cn。

行验证。

1 材料与方法

选用2007~2008年国家谷子品种区域试验（西北春谷区组）晚熟组区试资料。2年间共设置了14个点次（称为环境点）的谷子品比试验（表1）各年供试品种滚动进出，每年保持13个，参试品种数为20个，试验方案由全国谷子品种鉴定委员会设计，各承试点统一执行，各品比试验均按随机区组设计，3次重复，小区面积13.34m^2，生产管理水平同当地大面积生产。

表1 供试品种（系）

年份	2007		2008	
品种（系）数	13		13	
品种（系）名称	太选3号	汾选8号	长生07	朝66
	太选5号	2003-755	长农38号	汾选1号变
	长农38号	2003-834	太选5号	兴谷66
	长生07	朝108	太选7号	2002XY
	长谷1号	朝273	汾选8号	蒙金谷一号
	兴谷77	长农35号ck	朝新208	长农35号(CK)
	汾选7号		朝108	

本试验先后提供了20个品种（系），其中5个品种进行2年，14个品种进行1年（表1），1个对照品种，两个年份试验环境点见表2。

2 结果与分析

2.1 方差分析

对14个环境下品种间产量分别进行单因素分析，北京门头沟2007年和2008年的环境因子不显著予以剔除，剩下12个环境的试验资料供分析使用。

2.2 各环境参试品种平均数的分级值（H_1）

将12个试验环境下的误差方差（S^2_{Me}）和用公式（1）计算的最小显著差数（$LSD_{0.05}$）列于表2。

$$LSD_{Ma}=(2S^2_{Me}/k_M)^{1/2}\times t_{Ma} \quad (1)$$

表2 12个试验环境下试验误差方差（S^2_{Me}）及最小显著差数（$LSD_{0.05}$）

项目	试验环境											
	1	2	3	4	5	6	7	8	9	10	11	12
S^2_{Me}	0.289	0.155	0.123	0.149	0.143	0.485	0.062	0.059	0.092	0.157	0.137	0.191
$LSD_{0.05}$	0.906	0.663	0.591	0.651	0.637	1.168	0.420	0.409	0.511	0.668	0.624	0.737

$t_{0.05(24)}=2.064$

第 M 环境中各品种产量性状平均数（$\bar{x}$）从大到小排序，用公式（2）和（3）计算各参试品种产量性状的平均分级值 H_{1Mi}，列于表 3。

当 $\overline{X_{Mj}}-(\overline{X}_{Mi}-LSD_{Ma})>0$ 时，$b_{Mij}=0$；$(i, j=1, 2\cdots, v; i \neq j)$ （2）

当 $x_{Mj}-(\overline{X}_{Mj}-LSD_{Ma}) \leqslant 0$ 时　$b_{Mij}=1$　$(i, j=1, 2\cdots, v; i \neq j)$

$H_{1Mi}=\sum b_{Mij}$　　$(i, j=1, 2\cdots, v; i \neq j)$ （3）

2.3 各环境下参试品种秩次值（H_{2M}）

各环境下 H_{1mi} 值从大到小排序，设 H_{1mi} 值为最大，则 i 品种秩次值为 1；设 H_{1mj} 值为最小，则 j 品种的 H_{2mj} 令为 v；其他各品种的 H_{2m} 大小分别令为 2，3，…，$v-1$。

当 p 品种的 H_{2mp} 值按序令为 n（$1 \leqslant n < v$）时，若有 $H_{1mp}=H_{1mq}=H_{1mz}$（共有 w 个），则 p 品种的 H_{2mp} 值为 $n+(w-1)/2$。将 H_{2m} 值列于表 4。

环境区分指数是某一环境区分显著基因型的效率的一个统计数，记作 Y_M。若所有参试品种的产量表现均有显著差异，则品种间排序无并列秩次，v 个品种的秩次平方之和 $C=1^2+2^2+3^2+\cdots V^2=V(V+1)(2V+1)/6$。若所有参试品种的产量表现无显著差异，所有品种并列秩次，则 V 个品种的秩次平方之和 $C'=V(V+1)^2/4$。

上述 C 是能区分全部参试品种的环境值，C'则是对参试品种完全不能区分的环境值。C 和 C'描述了环境区分品种能力的两个极限值，其差用 p 表示，$P=C-C'$；实践中每一品种的秩次平方之和 $\sum H^2_{2Mi}$ 都介于 C 和 C'之间。

表 3　西北春谷区 2007~2008 晚熟区 20 个品种的分级值 H_{1Mi}

品种	试验环境											
	2007-1	2007-2	2007-3	2007-4	2007-5	2007-6	2008-1	2008-2	2008-3	2008-4	2008-5	2008-6
太选 3 号	3	6	0	2	6	1						
长谷 1 号	0	6	0	3	4	2						
兴谷 77	3	0	3	3	4	2						
汾选 7 号	0	0	1	1	3	1						
2003-755	6	1	0	3	0	1						
2003-834	10	0	0	10	5	1						
朝 273	0	12	0	0	0	1						
长生 07	0	3	2	7	6	9	11	4	4	3	5	9
长农 38 号	3	1	2	5	6	2	1	4	2	3	5	9
太选 5 号	6	0	1		5	2	10	0	2	3	10	5
汾选 8 号	0	7	1	2	0	1	5	6	2	0	3	1
朝 108	1	8	1	0	0	1	8	9	1	1	0	2
太选 7 号							9	4	2	3	7	9
朝新 208							1	8	0	0	0	0
朝 66							3	9	1	0	4	4
汾选 1 号变							0	9	2	1	0	0

续表

品种	试验环境											
	2007-1	2007-2	2007-3	2007-4	2007-5	2007-6	2008-1	2008-2	2008-3	2008-4	2008-5	2008-6
兴谷 66							1	0	11	1	10	9
2002xy							1	2	1	3	0	1
蒙金谷 1 号							5	4	1	2	0	0
长农 35 号（CK）	0	5	0	5	4	1	3	2	1	2	3	2

表 4 西北春谷区 2007~2008 晚熟区 20 个品种的秩次值 H_{2M}

品种	试验环境											
	2007-1	2007-2	2007-3	2007-4	2007-5	2007-6	2008-1	2008-2	2008-3	2008-4	2008-5	2008-6
太选 3 号	5	4.5	10.5	8.5	2	9.5						
长谷 1 号	10.5	4.5	10.5	6	7	3.5						
兴谷 77	5	11.5	1	6	7	3.5						
汾选 7 号	10.5	11.5	5.5	10	9	9.5						
2003-755	2.5	8.5	10.5	6	10.5	9.5						
2003-834	1	11.5	10.5	1	4.5	9.5						
朝 273	10.5	1	10.5	11.5	10.5	9.5						
长生 07	10.5	7	2.5	2	2	1	1	7.5	2	2	3.5	2.5
长农 38 号	5	8.5	2.5	3.5	2	3.5	10.5	7.5	5	2	3.5	2.5
太选 5 号	2.5	11.5	5.5		4.5	3.5	2	12.5	5	2	1.5	5
汾选 8 号	10.5	3	5.5	8.5	10.5	9.5	5.5	5	5	11.5	7.5	9.5
朝 108	7	2	5.5	11.5	10.5	9.5	4	2	10	9	11	7.5
太选 7 号							3	7.5	5	2	3	2.5
朝新 208							10.5	4	13	11.5	11	12
朝 66							7.5	2	10	11.5	6	6
汾选 1 号变							13	2	5	9	11	12
兴谷 66							10.5	12.5	1	9	1.5	2.5
2002xy							10.5	10.5	10	2	11	9.5
蒙金谷 1 号							5.5	7.5	10	6.5	11	12
长农 35 号（CK）	10.5	6	10.5	3.5	7	9.5	7.5	10.5	10	6.5	7.5	7.5
YM	28	96	87	5.21	46.42	74	96.7	95	89	59	85	95

将第 M 环境能够区分品种性能的指数 Y_M 定义为：

$$Y_M=(\sum H^2_{2Mi}-C')/p\times 100\ (i=1,\ 2,\ \cdots v) \quad (4)$$

将计算结果列于表 3 下行，Y_M 的区间为（0，100）。Y_M 值越小，说明相同秩次并列的品种越多，反之并列的品种数越少，同时也说明第 M 环境条件对参试品种的差异区分能力越强。

2.4 有效试点中品种间秩次值平均数的显著性差异多重比较

依据环境区分指数剔除 Y_M 值小的试验环境点，计算各参试品种在有效点 m^* 环境下所处秩次平均数 H_{2i}：

$$H_{2i}=\sum H_{2i}/m^*\ (M=1,\ 2,\ \cdots m^*)$$

将 H_{2i} 由小到大排序，进行差异显著性多重比较，凡品种间差值达到 1 的均认为其差异达到 a 的显著水平。将 12 个有效点的$\sum H_{2i}$、H_2 和差异显著性列于表 5。

表 5　12 个环境点各参试品种平均秩次值 H_2、多重比较

品种	多重比较		
	$\sum H_{2M}$	H_2	差异显著性
长生07	23	3.10	a
太选7号	23	3.83	ab
长农38号	25.5	4.75	b
太选5号	26.5	5.30	bc
兴谷77	31	5.75	bc
兴谷66	31.5	6.17	c
长谷1号	35.5	6.38	c
太选3号	36	6.63	cd
朝108	37	7.10	cde
朝66	39	7.17	cde
汾选8号	43	7.25	de
朝273	47.5	7.88	ef
长农35号	52	8.25	fg
汾选1号变	52.5	8.67	fg
蒙金谷一号	53	8.75	fg
汾选7号	53.5	8.88	fgh
2002xy	62	8.92	gh
2003-834	71	9.00	gh
2003-755	72.5	9.75	hi
朝新208	82.5	10.33	i

3 结论与讨论

从秩次分析法对谷子区试分析结果看，该方法能较准确地评价品种的产量性能。本轮谷子新品种（系）区试，通过环境区分指数 Y_M 剔除 2007-1 和 2007-4 无效试验点，在 12 个有效试验点下，对先后供试的 20 个谷子品种（系）用秩次值进行筛选，长生 07、太选 7 号、长农 38 号、太选 5 号表现突出，秩次值小，与对照品种有显著差异，得到专家和承试单位的认可。长生 07、长农 38 号、太选 5 号已通过国家谷子品种审定委员会审定。太选 7 号明年继续参加区试。

参考文献

[1] 金文林，白琼岩 . 作物区试中品种产量性状评价的秩次分析法 .［J］作物学报，1999，25（5）：633~638
[2] 金文林，白琼岩 . 秩次分析法对作物品种区试产量性能评价的有效性［J］. 中国油料作物学报，2004，（3）：18~22

谷子抗除草剂杂交种张杂谷 3 号的选育与应用 *

赵治海　朱学海　王天宇　王晓明　杜　贵　张文英　王　锋　邱风仓　宋国亮　王德权

（国家谷子产业技术体系遗传育种研究室 / 张家口市农业科学院，河北张家口　075000）

摘　要：利用光温敏两系法选育出抗除草剂杂交种张杂谷 3 号，表现产量高，米质优，抗旱耐瘠，抗病抗倒，适应性广，高抗除草剂拿捕净；繁种产量达 750kg/hm^2，制种产量平均达到 2 250kg/hm^2，杂交率在 60%~ 80%。解决了谷子杂交种利用繁种、制种的关键技术，为谷子杂交种的应用提供了成熟的技术支撑，谷子杂交种的应用进入了实用化阶段。

关键词：谷子；杂交种；抗除草剂；不育系；繁种；制种

The Breeding and Application of Herbicide-resistant Foxtail Millet Hybrid Zhangzagu 3

Zhao Zhihai，Zhu Xuehai，Wang Tianyu，Wang Xiaiming，Du Gui，Zhang Wenying，Wang Feng，Qiu Fengcang，Song Guoliang，Wang Dequan

（Section of Genetics and Breeding, China Industrial and Technological Research System of Millet; Zhangjiakou Institute of Agricultural Sciences, Zhangjiakou 075000, China）

Abstract: Utilization of photo-thermo-sensitive genic male sterile two-line system, the herbicide-resistant foxtail millet hybrid Zhangzagu 3 was developped, which has fine characters such as higher yield and good grain quality, drought resistance and barren resistance, diseases resistance and lodging resistance, wide adaptability and herbicide resistance to sethoxydim. The sterile line is used as multiplication with 750kg/hm^2, and as F_1 seed production with 2 250kg/hm^2, which is 60%~80% in crossing rate. The key technology of multiplication and F_1 seed production in utilization of hybrid seed of Foxtail Millet was solved, so as to provide ripe technique support for utilization of hybrid seed , and this system is more practical.

Key words: Foxtail millet; Hybrid seed; Herbicide resistance to sethoxydim; Sterile line; Multiplication; F_1 seed production

谷子［*Setaria italica* (L.) Beauv.］为禾本科狗尾草属，在世界上分布很广，主要产区是亚洲东南部、非洲中部和中亚等地。国外 Takahahi, N. 在 1942 年报道了谷子雄性不育受一对隐性核基因控制，此后虽有多例谷子与狗尾草的种间杂交的报道，但均未涉及杂交后代的不育系选育；国内在

* 基金项目：现代农业产业技术体系建设专项资金资助；河北省重大技术创新子项目 (082309072-1-4)；国家科技支撑计划子项目 (2006BAD12B03, 2006BAD02B02-02)；河北省科技支撑计划子项目 (09220101D-3)。

第一作者简介：赵治海，男，河北张家口人，研究员，主要从事谷子杂种优势利用。

通讯地址：河北省张家口市清水河南路　河北省张家口市农业科学院。Tel：0313 4025880，E-mail：zhaozhihai58@163.com。

20世纪60年代，开始谷子杂种优势利用研究[1]。

延安地区农业科学研究所（1967）首先在宣化竹叶青品种中发现雄性不育现象，为全不育类型，繁种以不育株分离出的可育株为父本，给不育株授粉，不育系中恒有半数可育株，制种时必需拔除，因此难以利用[2]。1969年崔文生等[3]从红苗蒜皮白谷中发现雄性不育现象，并育成高度雄性不育系蒜系28，不育株有5%左右的自交结实率，这种高度雄性不育系的母本繁殖比全不育简单得多。此后各单位先后选育出了不育1号、338A、1066A、丹1、长10A等数十个高度雄性不育系[4, 5]。1984年胡洪凯等[6, 7]从澳大利亚谷 × 吐鲁番谷组合的 F_3 中发现了显性雄性不育基因，育成 Ms^{ch} 显性核不育系，并在其姊妹系中发现了抑制显性不育基因的上位基因，研究得到了纯合一型系。1989年崔文生等[8]首次在组合材5 × 测35-1杂交后代中发现光温敏型核不育材料292，在长日照（14.5h）条件下表现雄性不育，不育率100%，不育度99.4%；在短日照（11.2h）条件下表现雄性可育，结实正常。以292为不育源，选育出“821”光温敏雄性不育系。1995年王玉文等[9, 10]从张家口市坝下农业科学研究所引入光敏雄性不育材料“683”，选育出4个新光敏不育系SMPA1-SMPA4。1991年朱光琴等[11]选育出了Ve雄性不育系，其是以轮生狗尾草四倍体种为母本，以谷子同源四倍体种为父本进行杂交、回交选育的异源细胞质雄性不育系，遗传分析认为其质型雄性不育明显。

在一系两用模式中，制种收获的种子中有不育系自交种子即假杂交种存在。在种子出苗后需依靠苗色指示性状人工去掉假杂交种。王天宇等[12, 13]创新出抗除草剂“拿捕净”的谷子新种质，其抗性为一对显性核基因作用，转育到恢复系中可配制抗除草剂杂交种，通过喷施除草剂就可去除假杂种，提高了谷子杂种优势利用的水平。

20世纪80年代，崔文生等人利用高度雄性不育系选育出第一个春谷两系杂交种蒜系28 × 张农10号；20世纪90年代，杜瑞恒、王天宇等人选育出第一个夏谷两系杂交种两杂-1，黑龙江农业科学院作物所育成了春谷两系杂交种龙杂谷1号[14~17]。这些杂交种制种产量在525~750kg/hm^2，不育系繁种产量为225~375kg/hm^2。由于繁种、制种产量低，这些杂交种未能在生产上推广开来。本项研究在选育强优势杂交组合的同时，研究了谷子不育系繁种、制种技术。

1 材料

1.1 A2不育系

不育系A2是用张家口市农业科学院的谷子光温敏不育系821与1066A杂交选育而成。

1.2 冀张谷1号

冀张谷1号为张家口市农业科学院选育成功的谷子优良品种。

1.3 抗除草剂种质SR3522

SR3522由中国农业科学院作物科学研究所王天宇提供。SR3522高抗除草剂“拿捕净”，其抗性由显性单基因控制。

2 张杂谷 3 号选育结果

2.1 张杂谷 3 号选育经过

2.1.1 高异交结实率不育系的筛选

用谷子不育系制种从 20 世纪 70 年代就开始试验，但制种产量一直在 525~600kg/hm²。制种产量低是制约谷子杂交种应用的关键技术问题。2000 年开始，我们用不育系 A1 试验制种，产量 375kg/hm²。在田间发现一些结实率高的不育系穗子，然后单独收获，冬季到海南繁殖。第二年在张家口、邢台巨鹿制种结实率比对照 A1 提高了 3.3 倍，而套袋自交结实率却没有显著的变化，表明该不育系具有较高的异交结实率，解决了不育系制种的关键问题，该不育系命名为 A2。不育系 A1、A2 制种异交结实率、套袋自交结实率比较分别见表 1、表 2，制种产量比较见表 3。

表 1　不育系 A1、A2 在张家口、邢台巨鹿两地不同播期制种异交结实率的比较　%

不育系	张家口 5 月 1 日	张家口 5 月 10 日	张家口 5 月 20 日	张家口 6 月 1 日	张家口 6 月 10 日	张家口 6 月 20 日	邢台巨鹿 6 月 10 日	邢台巨鹿 6 月 20 日	平均值
A1	23.1 ± 4.3	21.3 ± 5.6	19.5 ± 3.7	22.8 ± 4.5	20.6 ± 2.9	23.5 ± 4.8	22.4 ± 3.7	21.7 ± 4.9	21.9
A2	76.5 ± 13.8	85.7 ± 8.2	67.6 ± 11.9	80.3 ± 9.9	72.6 ± 13.4	65.0 ± 15.3	68.5 ± 8.7	60.0 ± 18.7	72.0

表 2　不育系 A1、A2 在张家口、邢台巨鹿两地不同播期套袋自交结实率的比较　%

不育系	张家口 5 月 1 日	张家口 5 月 10 日	张家口 5 月 20 日	张家口 6 月 1 日	张家口 6 月 10 日	张家口 6 月 20 日	邢台巨鹿 6 月 10 日	邢台巨鹿 6 月 20 日	平均值
A1	6.1 ± 5.2	5.6 ± 3.8	5.2 ± 4.5	6.5 ± 3.1	4.9 ± 4.7	5.4 ± 3.4	5.3 ± 4.4	6.6 ± 3.9	5.7
A2	5.9 ± 4.3	6.2 ± 3.7	5.5 ± 5.1	6.4 ± 4.6	6.1 ± 5.4	5.8 ± 4.7	6.7 ± 3.3	5.6 ± 4.6	6.0

表 3　不育系 A1、A2 在张家口、邢台制种产量的比较　kg/hm²

不育系	张家口市下花园	张家口市怀来县	邢台市巨鹿县	平均值
A1	439.5 ± 85.5	503.3 ± 65.3	483.8 ± 98.3	475.5
A2	1 445.3 ± 161.3	1 607.3 ± 218.3	1 558.5 ± 117.0	1 536.8

分析不育系 A1、A2 异交结实率差异原因，观察了两个不育系的柱头外露率、柱头长度并没有明显变化，观察却发现两个不育系在开花整齐度方面存在明显差异，调查不育系开花初期、中期、末期谷子开花比率，结果表明 A2 不育系开花集中、整齐，开花过程所需时间较短，能够最大限度利用恢复系花粉，从而提高了异交结实率。不育系 A1、A2 制种不同开花时期开花率的比较见表 4。

将 A2、A1 在海南三亚繁种，在不同播期下，两个不育系繁殖结实率没有明显的变化。说明 A2 不育系既可用来制种，提高制种产量，又可用来繁种，繁种产量不受影响。不育系 A1、A2 繁种产量的比较见表 5。

表 4　不育系 A1、A2 在张家口制种不同时期开花率的比较　%

不育系	开花 5d	开花 11d	开花 17d
A1	5.7 ± 3.8	23.3 ± 8.4	44.5 ± 12.3
A2	[illegible]	67.8 ± 7.1	91.3 ± 10.8

表 5　不育系 A1、A2 在海南三亚不同播期条件下繁殖结实率的比较　%

不育系	播期Ⅰ	播期Ⅱ	播期Ⅲ	播期Ⅳ	平均值
A1	5.2 ± 2.8	27.3 ± 8.2	39.5 ± 9.3	61.3 ± 12.1	33.3
A2	4.8 ± 3.3	33.1 ± 9.6	37.6 ± 9.9	63.5 ± 9.1	34.8

2.1.2　张杂谷 3 号选育经过

2000 年河北省审定了两系杂交谷子品种张杂谷 1 号，其组合为“A2 × 冀张谷 1 号”。该组合 1999~2000 年参加张家口市谷子品种区域试验（代河北省），比对照冀张谷 5 号增产 29.7%，其中 1999 年是历史上罕见干旱年份，比对照增产 40.7%。2000 年参加张家口市生产鉴定，较对照冀张谷 5 号增产 34.9%。2001~2002 年参加国家谷子西北区早熟组区试，两年 12 个试点 11 点表现居第 1 位，1 点居第 2 位，两年平均产量 5 494.5kg/hm^2，较对照大同 14 号增产 19.78%，生产试验较大同 14 号增产 22.67%。2004 年 3 月通过国家品种鉴定。

1998 年夏以张杂谷 1 号父本冀张谷 1 号为母本，以抗除草剂“拿捕净”种质 SR3522 为父本杂交，再与母本冀张谷 1 号回交 4 代，2001 年自交 2 代，得到纯合抗除草剂恢复系 1484-5，其外部农艺性状与冀张谷 1 号一致。1484-5 与 A2 不育系进行组合测配，得到抗除草剂杂交组合“A2 × 1484-5”。2003~2004 年“A2 × 1484-5”参加了国家谷子西北区早熟组区试，2005 年 3 月通过国家品种鉴定。

2.2　张杂谷 3 号杂交种特征特性

该品种生育期 125d，株高 112.4cm，穗长 23.4cm，穗重 19.2g，呈棍棒穗型，松紧适中，穗粒重 16.0g，出谷率 82.0%，千粒重 3.23g，黄谷黄米。该品种表现抗逆性较强，谷锈病、谷瘟病、纹枯病为 0 级，白发病、线虫病的发病率为 0，耐旱性为 1 级，有红叶病、黑穗病发生，发病率分别为 0.25%、3.49%，抗倒性为 3 级，虫蛀率为 0.21%。该品种综合性状表现优良，增产潜力大，结实性好，出谷率高，抗病、耐旱，高抗除草剂拿捕净，在全国优质食用粟评选中被评为二级优质米。

2.3　不育系繁、制种技术

利用光温敏理论，在海南三亚短日高温环境下繁种，在北方长日低温环境下制种；繁种产量达到 750kg/hm^2；制种父本、母本同期播种，行比为 2∶6；母本留苗密度为 60 万 ~75 万株 /hm^2，制种产量平均达到 2 250kg/hm^2，杂交率在 60% ~ 80%。谷子不育系繁种、制种技术为谷子杂交种的应用提供了成熟的技术支撑，谷子杂交种的应用进入了实用化阶段。

2.4　杂交谷子配套栽培技术

①整地：每 667m^2 施农家肥 2 500~3 000kg 作基肥；②播期：暖区、较暖区 5 月下旬播种，较冷凉区 4 月底至 5 月初播种；③播量：每公顷播量 7.5kg；④喷除草剂：在幼苗三叶期喷除草剂拿捕净，剂量 3 000g/hm^2，对水 30~50kg，均匀喷于地面；⑤留苗密度：依地力亩留苗在 2.25 万 ~12 万株 /hm^2；⑥追肥：抽穗前追尿素 225~300kg/hm^2。

在田间喷施 0.3g/m^2 拿捕净的剂量下（推荐），田间禾本科杂草及不育系自交苗死亡，杂交谷子表现安全；更为简便的办法，用我们研制的特殊种衣剂对种子处理，杂交种中的自交苗发芽而不出土，杂交种不受影响可正常出苗。

2.5 适用范围

张杂谷 3 号适宜在河北、山西、陕西、甘肃及内蒙古、辽宁、黑龙江等省≥ 10℃积温 2 800℃以上地区种植。2008 年在北方 8 省推广种植 26.67 万 hm^2。

3 讨论

谷子杂种优势利用研究开始于 1969 年，长期以来不育系难繁殖和杂交种制种产量低是制约谷子杂交种应用的瓶颈。本项研究利用光温敏两系技术在海南短日高温环境条件下繁种，在长日低温环境条件下制种；不育系繁殖方便，产量达 750kg/hm^2，制种父母本同期播种，制种产量平均达到 2 250kg/hm^2，杂交率在 60%~80%。本项研究解决了谷子杂交种利用繁种、制种的关键技术，为谷子杂交种的应用提供了成熟的技术支撑。

张杂谷 3 号在张杂谷 1 号的基础上将谷子抗除草剂拿捕净基因引入谷子杂交种，在苗期喷施拿捕净，即可同时去除谷田禾本科杂草和杂交种中的假杂交苗，使谷子杂交种的应用简便易行。

在对杂交谷子栽培技术研究中，发现杂交谷子更适合于稀植，留苗密度视地力在 12 万 ~22.5 万株 /hm^2。稀植条件下，单株穗粒重达 51~74g，而产量比常规品种增加 30% 甚至 100%，究其原因可能是提高了水分的有效利用效率。在干旱少雨年份，常规谷子很难抽穗，而杂交谷子抽穗则很难被抑制，在常规谷子严重减产、玉米接近绝收的情况下杂交谷子仍能取得较好的收成。稀植大穗栽培技术是适合杂交谷子发挥增产潜力的一项新技术。

谷子品种对气候条件的适应性很强，俗称谷子“腿短”。张杂谷 3 号苗壮、根系发达，抗旱耐瘠，抗病抗倒；在过去几年的推广中，在我国西北、东北、华北北部等地区表现广泛适应，谷子杂种优势不仅表现在了产量方面同时表现在了适应性方面。

张杂谷 3 号杂交种，产量高、米质优、抗逆性强，繁、制种产量满足了生产应用，谷子杂交种的应用进入了实用化阶段。

参考文献

[1] 李荫梅. 谷子育种学［M］. 北京：中国农业出版社，1997

[2] 卢庆善，孙毅，华泽田. 农作物杂种优势［M］. 北京：中国农业科学技术出版社，2001

[3] 崔文生，马洪锡，张德勇等. 谷子雄性不育“蒜系 28”的选育与利用［J］. 中国农业科学，1979，(1)：43~46

[4] 王天宇，杜瑞恒，郝风. 夏谷高度雄性不育系的研究与利用［J］. 中国农业科学，1993，26（6）：88

[5] 王玉文，李会霞，王高鸿等. 谷子高度雄性不育系长 10A 的选育［J］. 甘肃农业科技，1998，12：12~13

[6] 胡洪凯，马尚耀，石艳华. 谷子显性雄性不育基因的发现［J］. 作物学报，1986，12（2）：73~78

[7] 胡洪凯，石艳华，王朝斌等.“Ch 型”谷子显性核不育的遗传及其应用研究［J］. 作物学报，1993，19(03)：208~217

[8] 崔文生，孔玉珍，赵治海等. 谷子光敏型隐性核不育材料“292”选育初报［J］. 华北农学报，1991，6（s1）：177~178

[9] 王玉文，王殿瀛. 光敏雄性不育谷子“683”的育性及其性状观察［J］. 山西农业科学，1998，26（4）：31~33

[10] 王玉文，王随保，李会霞等．谷子光敏雄性不育系选育及应用研究［J］．中国农业科学，2003，36（6）：714~717
[11] 朱光琴，吴权明，马云彤．谷子 Ve 型不育系的选育［J］．陕西农业科学，1991（1）：7
[12] 王天宇，辛志勇．抗除草剂谷子新种质的创制、鉴定与利用［J］．中国农业科技导报，2000，2（5）：62~66
[13] 王天宇，杜瑞恒，陈洪斌等．应用抗除草剂基因型谷子实行两系法杂种优势利用的新途径［J］．中国农业科学，1996，29（4）：96
[14] 姜文元．杂交谷子——黄系 4 × 1007 与蒜系 28 × 张农 10 号［J］．现代农业，1987（12）：12
[15] 杜瑞恒，王天宇．高产优质夏谷杂交种两杂 -1［J］．作物杂志，1993（4）：38
[16] 王绍滨．谷子两系杂交种龙杂谷 1 号及其制种技术［J］．黑龙江农业科学，1999（2）：3
[17] 李延东．谷子两系杂交种“龙杂 101”及其制种技术［J］．杂粮作物，1997（1）：51~52

谷子新品种长生 07 号选育*

王根全　王节之　郝晓芬　王晓宇　王路英

（国家谷子产业技术体系栽培植保研究室 / 山西省农业科学院谷子研究所，山西长治　046011）

摘　要：长生 07 号是山西省农业科学院谷子研究所以长农 35 号变异株经过系选而获得的优质、高产、多抗谷子新品种，2009 年 3 月通过了国家谷子品种鉴定委员会鉴定。该品种生育期 125d，属中晚熟品种。该品种综合性状表现优良，适应性强，稳产性好，活秆成熟。

关键词：谷子；长生 07；新品种选育

The Development of a Novel Foxtail Millet Cultivar, Chang-sheng 07

Wang Genquan，Wang Jiezhi，Hao Xiaofen,Wang Xiaoyu，Wang Luying

（Section of Cultivation and Plant-protection, China Industrial and Technological Research System of Millet; Millet Research Institute, Shanxi Acedemy of Agricultural Sciences, Shanxi ,Changzhi 046011，China）

Abstract: Chang-Sheng 07 is developed by the Millet Research institute of Shanxi Acedemy of Agricultural Science by line selecting from field variation of Chang-nong 35, which is high quality, high-yield, multi-resistant. In March 2009 it passed the national foxtail millet variety Certifying commission appraisal. This cultivar, with a growing period of duration about 125 days, is one of the late-maturing varieties. The comprehensive character performance is fine, the adaptability is strong, the stable production is good.

Key words: Foxtail millet; Chang-sheng 07; New variety selective breeding

长生 07 号谷子新品种是山西省农业科学院谷子研究所选育的中晚熟品种，品质优良，高产稳产。2009 年 3 月通过了国家鉴定，2008 年 1 月获全国一级优质米称号。其综合性能居国内外先进水平。

1　选育过程

长生 07 号由长农 35 号谷子品种发生自然变异，定向选育而成。2003 年秋季，在长农 35 繁殖田中发现一株植株较矮，抗性好，穗为纺锤形，叶片微宽稍披的特殊植株。收获后，于当年冬季下海南种植，收获了 20 个穗子。2004 年春季，在谷子所试验田每穗播 2 行，共种植 40 行观察，从

* 基金项目：现代农业产业技术体系建设专项资金资助。

第一作者简介：王根全，1977 年出生，男，助理研究员，主要从事植物保护和生物技术研究工作。

通讯地址：山西省长治市漳沂路科研巷 2 号，山西省农业科学院谷子研究所。Tel：0355-2204210，E-mail：gqwang1111@163.com

中筛选出了综合性状好、性状较稳定的材料长农35变-1，2007年定名为长生07号。

2 产量表现

2005年参加所内品比试验，结果平均产量322kg/667m^2，比对照晋谷34号增产16%，比长农35增产11%。2006年继续所内品比试验，平均产量352kg/667m^2，比对照晋谷34号增产20%，比长农35增产15%。2007年参加国家西北区春播中晚熟区试，平均产量274.3kg/667m^2，比对照长农35增产11.0%，13个品种排名第二；2008年平均产量321.9kg/667m^2，增18.16%，排名第一。同年参加了生产试验，4个点平均产量315.3kg/667m^2，比对照增17.08 %，位居第一。两年参加区试平均产量301.7kg/667m^2，比长农35号增14.58%。累计区试点共14点，其中13增1减，增产点次达93%。

3 主要特征特性

3.1 农艺性状

长生07号幼苗叶鞘叶色绿色，穗为纺锤形，株高162cm，穗长23.5cm，穗粗3.2cm，单穗重29.1g，单穗粒重24.2g，出谷率83.16%，千粒重3.1g，穗松紧度中等，刚毛中等，籽粒半圆，谷壳白色，米色金黄，抗病、抗倒、抗旱，田间生长整齐健壮，成熟时能保持绿叶黄谷穗。

3.2 抗性表现

该品种抗倒、抗病，对谷子白发病、黑穗病表现均为高抗。在参加国家区试的14点区域试验以及所内的多年品比鉴定、生产示范中，均未发现白发病、黑穗病、谷瘟病等真菌性病害和倒伏现象。

3.3 小米品质

该品种品质优、米色黄，商品性好。经农业部谷物品质监督检验测试中心检验品质分析，小米粗蛋白（干基）11.65%，粗脂肪（干基）2.42%，赖氨酸0.21%，直链淀粉（脱脂样品）16.75%，胶稠度136.5mm，糊化温度（碱消指数级别）3.7级，维生素$B_1$0.37mg/100g。

4 栽培技术要点

该品种生育期125d，属中晚熟品种。在山西省的晋城、晋中、临汾、长治等春播区均可种植。生育期比晋谷21号稍晚，在无霜期较短地区推广时应注意。

（1）选地及轮作倒茬：选择肥旱地或中等肥力的土地，整地细致均匀，并应避开上茬作物是谷子的茬口种植，以免加重病害的发生。

（2）播期播量：该品种适宜播期为5月中旬，播量可根据播种时间、土壤墒情、整地质量及土质情况而定，一般播种量为0.75~1kg/667m^2，留苗2.5万~3万株/667m^2。

（3）施肥情况：施底肥，一般施有机肥2 000~3 000kg/667m^2，硝酸磷肥20kg/667m^2，一次深施，生育期间不需追肥。

（4）防治病虫害：在谷苗三叶一心期喷杀虫剂，可有效预防和防治谷子钻心虫为害。

（5）田间管理：在谷苗“猫耳叶”时压青苗1~2次，时间在中午前后，全生育期中耕除草3次，第一次在谷子定苗后中耕围土，第二次在清垄后深中耕；第三次在孕穗中、后期再深中耕培土。

（6）适时收获：抽穗后50~60d，谷码100%变黄，谷粒90%以上变黄即可收获。不可过早，灌浆不充分，影响产量与品质；也不可过晚，落粒严重，造成浪费。

参考文献

[1] 张绶，张天娥，朱玉等．高产、优质、抗病谷子新品种大同32号的选育及配套栽培技术［J］．杂粮作物，2009，29（3）：180~183

[2] 张宝金，胡祥岐．谷子新品种朝谷13号选育及栽培技术要点［J］．杂粮作物，2005，25（3）：151

晋谷 34 号丰产性、稳产性、适应性及品质分析 *

马建萍　刘晓东　独俊娥　吕建珍

（国家谷子产业技术体系太原综合试验站 / 山西省农业科学院作物遗传研究所，山西太原　030031）

摘　要：为详细了解谷子新品种晋谷 34 号的生产特性，采用 1998~2000 年国家西北 7 省区（晚熟区）联合区域试验结果，分别对晋谷 34 号和对照品种（晋谷 16 号）的丰产性、稳定性、适应性和品质进行比较和分析。结果表明，晋谷 34 号具有优质、高产、抗病、绿叶成熟和适应性广的特点，其丰产性、稳定性和适应性优于对照品种，该品种品质优良，为国家一级优质米，是一个比较理想的高产谷子新品种。2004 年至今一直被山西省种子管理站定为谷子中晚熟区区试的对照品种。

关键词：晋谷 34 号；丰产性；稳定性；适应性

Analysis of the Prolificacy, Stability, Adaptability and Quality of Foxtail Millet Cultivar Jingu 34

Ma Jianping，Liu Xiaodong，Du June，Lv Jianzhen

（Taiyuan Comprehensive Experiment Station, China Industrial and Technological Research System of Millet; Institute of Crop Genetics, Shanxi Academy of Agricultural Sciences, Taiyuan 030031, China）

Abstract: In order to comprehensively understand the production characters of a new foxtail millet cultivar Jingu 34, it was compared and analyzed with the check variety (Jingu16) on prolificacy, stability, adaptability and quality by using the regional test result from national northwest seven provincial capital areas (late-maturing area) from 1998 to 2000. The result showed that the Jingu 34 with quality, high yield, disease resistant, green-leaf maturing and wide adaptability is superior to the check variety (Jingu16) on prolificacy, stability and adaptability, and it was appraised as the 1 st grade high quality millet. So it is a quite ideal new high yield millet variety. Since 2004, it has been used as a standard millets variety grown in the medium-late regional trial in Shanxi.

Key words: Jingu34; High-yield; Stability; Adaptability

晋谷 34 号（晋遗谷 85-2）系山西省农业科学院作物遗传研究所选育出的谷子新品种，于 2002 年 4 月分别通过国家和山西省农作物品种审定委员会审定。该品种具有优质、高产、抗病，绿叶成熟，适应性广的特点，由其加工的小米营养丰富，被评为国家一级优质米。本研究分析了晋谷 34 的丰产性、稳定性和适应性，旨在全面了解其生产性能，使其在生产中能因地制宜、合理利用。

* 基金项目：国家“十一五”科技支撑计划项目（2006BAD02B02-02）；现代农业产业技术体系建设专项资金。

第一作者简介：马建萍，1957 年出生，女，研究员，主要从事谷子栽培、生理及遗传育种研究。

通讯地址：太原市农科北路 16 号，山西省农业科学院作物遗传研究所。Tel：0351-7132953，E-mail：nkymjp@126. com。

1 试验材料与方法

分析数据来自 1998~2000 年国家西北 7 省区（中晚熟区）联合区域试验结果，分析所用对照品种为晋谷 16 号。采用与区域试验所用对照品种相比较的方法进行分析；产量稳定性分析参照 Francis 的方法进行[1]；以变异系数来度量产量的稳定性；根据作物产量是由基因和环境条件共同作用的原理，将参试品种在各试验点的平均产量作为依变量，以各参试点全部供试品种的平均产量（环境指数）为自变量进行回归分析，以二者间的回归系数大小来度量品种的适应性[1~4]。

2 结果与分析

2.1 丰产性

1998~2000 年，晋谷 34 在全国西北 7 省区（晚熟区）联合区试，三年六地 18 点试验，平均产量为 4 370.75kg/hm^2，14 点增产，在甘肃、山西、陕西 3 省表现尤为突出，其中，2000 年在各点的 8 个参试品种中产量均位居第一。

2001 年陕西、甘肃、山西、北京三省一市 8 点进行跨省适应性生产试验，晋谷 34 号平均单产 4 029.9kg/hm^2，比当地推广的对照品种增产 18.6%，增幅在 5.5%~36.5%，表明晋谷 34 号具有较好的丰产性及增产潜力。

2.2 稳定性

变异系数反映了品种的稳产性。变异系数小，说明在不同环境中的变化小，稳定性好；变异系数大，稳定性亦差，因此以各品种在各区试点的产量的变异系数的大小来衡量品种的稳定性。晋谷 34 号及对照品种不同年度区试平均产量变异系数见表 1。1998~2000 年，晋谷 34 号的变异系数均明显小于对照晋谷 16 号，说明晋谷 34 号的稳定性显著高于对照。

表 1　1998~2000 年晋谷 34 号产量、变异系数和回归系数

项　目	品　种	区　试			生产试验
		1998	1999	2000	2001
产量 (kg/hm^2)	晋谷 34 号	4 869.00	4 100.75	4 142.50	4 029.90
	对照	4 519.50	4 236.20	3 981.20	3 420.30
变异系数 CV(%)	晋谷 34 号	43.99	13.32	22.93	30.96
	对照	47.60	16.50	29.63	32.65
回归系数	晋谷 34 号	1.04	0.94	0.99	1.06
	对照	1.06	1.15	1.36	0.94

2.3 适应性

以各试验点参试品种的平均产量作为依变量，各参试点所有供试品种的平均产量（环境指数）

为自变量进行回归分析，以其回归系数的大小来度量品种的适应性。b=1，表示该品种具有平均适应性；当 b<1，表示该品种的适应性高于平均适应性；当 b>1，表示该品种的适应性低于平均适应性。

由表 1 可见，1998~2000 连续三年的联合区试中，晋谷 34 号的回归系数均小于对照品种的回归系数，三年度分别为 1.04，0.94，0.99，三年平均值小于 1，说明该品种对不同生态条件适应性高于平均适应性，其适应性优于对照品种，加之在各年度区域试验中晋谷 34 号的产量明显高于对照品种，表明该品种是一个高产而适应性强的品种。

2.4 晋谷 34 的品质特点

该品种品质优良，其小米营养丰富，米粒鲜黄，香味浓郁，黏糊炼汤。2001 年在全国第四次优质米品质鉴评上荣获国家一级优质米称号。

1998~1999 年两次经农业部谷物品质监测中心分析，蛋白质含量最高为 11.91%，脂肪含量为 5.30%（高于国家一级优质米标准），维生素 B_1 为 0.63，直链淀粉为 15.62%，胶稠度 132mm，糊化温度 5.30，品质与目前生产上大面积推广的优质谷子品种晋谷 21 号相当，从表 2 可以看出其粗脂肪含量和糊化温度都大于国家一级优质米标准，蛋白质、直链淀粉、胶稠度均高于国家二级优质米标准。

表 2　晋谷 34 品质分析结果汇总

指　标	年份		平均	最高值	国家一级米标准	国家二级米标准	与标准比较
	1998	1999					
蛋白质 (%)	11.91	11.81	11.86	11.91	12.50	11.80	> 二级
粗脂肪 (%)	5.30	4.50	4.90	5.30	4.60	4.20	> 一级
直链淀粉 (%)	24.21	15.62	19.92	15.62	14.00~17.00	17.10~20.00	> 二级
胶稠度 (mm)	124.00	132.00	128.00	132.00	150.00	115.00	> 二级
糊化温度	3.60	5.30	4.45	5.30	3.50	2.50	> 一级
维生素 B_1 (mg/100g)	0.63			0.63		0.65	

3 讨论

晋谷 34 号自审定以来，已被山西省种子管理站确定为山西省谷子中晚熟区和杂交谷子两个区试点的对照品种，并获“十五”国家首批主要农作物新品种后补助。目前在适宜种植地区已累计推广种植 20 万 hm^2，新增社会经济效益 2 亿多元。因此促进了农业和农村经济的发展，增加了农民收入。

试验结果表明，晋谷 34 号具有较好的丰产性、稳产性和适应性。该品种耐旱，抗倒伏，抗红叶病、黑穗病、白发病，高抗谷瘟病，在中、低水肥条件下，表现高产、稳产，在高水肥条件下增产潜力巨大；另外该品种品质优良，为国家一级优质米，是一个极具推广应用前景和潜力的谷子新品种。

致谢：诚挚的感谢白琪林博士对本文所做的修改。

参考文献

[1] 茹振钢，赵虹，胡铁柱等．豫麦 54 丰产性，稳产性，适应性及品质分析［J］. 麦类作物学报，2005，25（1）：86~89

[2] 陈岳徐，徐大熊，陈文贞．杂交稻特优 524 的丰产性、稳产性和适应性分析［J］. 中国农学通报，2003，19（30）：21~23

[3] 李世平，张哲夫．品种稳定性参数和高稳系数在小麦区试中的应用及其分析［J］. 华北农学报，2000，15（3）：10~15

[4] 明道绪．生物统计［M］. 北京：中国农业科学技术出版社，1998

优质谷子新品种晋谷 40 号的选育 *

史关燕　陈　瑛　杨成元　侯国亮　史更生

（国家谷子产业技术体系汾阳综合试验站 / 山西省农业科学院经济作物研究所，山西汾阳　032200）

摘　要：晋谷 40 号是山西省农业科学院经济作物研究所于 1998 年以糯谷 87-151 为母本，晋谷 21 号为父本，利用化学杀雄杂交选育而成的谷子新品种，代号为 2012。2001~2005 年在各级产量试验中表现高产、稳产、优质、抗病，2006 年 3 月通过山西省农作物品种审定委员会认定，定名为晋谷 40 号。

关键词：谷子；优质；新品种

The Development of a High Quality Foxtail Millet New Cultivar Jingu-40

Shi Guanyan，Chen Ying，Yang Chengyuan，Hou Guoliang，Shi Gengsheng

（Fenyang Comprehensive Experiment Station, China Industrial and Technological Research System of Millet; Institute of Industrial Crops, Shanxi Academy of Agricultural Sciences, Fenyang 032200, China）

Abstract: Jingu-40, also named as 2012, was a new foxtail millet cultivar which was developed by chemical hybridizing in the way of Nuogu 87-151 as the female parent and the Jingu 21 as the male parent in Economic Crops Research Institute in Shanxi Academy of Agricultural Sciences. The all levels tests showed characteristics of high yield, stable yield, quality and resistance during 2001 to 2005.the 2012 was certified in Shanxi province on March 2006, and named Jingu 40.

Key words: Millet; High quality; New variety

山西省是全国谷子主产区之一，年播种面积约 26.2 万 hm^2，其中中晚熟区年播种面积达 23.3 万 hm^2，占全省播种面积的 87.8%，是山西省主要小米商品化地区。自 1991 年优质谷子新品种晋谷 21 号审定及推广以来，全省各个品牌的优质小米纷纷上市，谷子商品化程度逐步提高，跃居全国小杂粮之首，已成为山西谷子栽培区农业增效、农民增收的重要组成部分。由于晋谷 21 号品质优、商品性好，在全国累计推广 133.3 万 hm^2，在山西年播种面积达 18.3 万 hm^2，占同熟期类型品种的 78.6%[1]，成为山西省中晚熟区的主栽品种。但是，晋谷 21 号种植时间长达 15 年之久，退化现象严重。山西虽然继晋谷 21 号以后又审定中晚熟区品种 10 多个，在产量水平、抗病性等方面比

* 基金项目：现代农业产业技术体系建设专项资金资助；山西省科技厅科技攻关项目 (051015-1)。

第一作者简介：史关燕，女，1968 年出生，研究实习员，主要从事谷子育种和栽培研究工作。

通讯地址：山西省汾阳市，山西省农业科学院经济作物研究所。Tel：0358-3321359，E-mail：jzsguanyan@126.com。

晋谷21号有所改进，但终因外观品质及商品性不够理想而没能得到大面积推广，优质谷品种单一已经影响了山西省谷子生产的发展。因此，利用晋谷21号的优质基因开展了高产、优质谷子新品种选育。

1 亲本来源及选育经过

晋谷40号是以87-151为母本、晋谷21号为父本杂交选育而成。87-151是本所自选系，该品种米质为糯性，黄谷黄米，直链淀粉含量低（每100g脱脂米粉只含0.49g），胶稠度高180mm，丰产性能好，抗病性强。晋谷21号是本所育成品种，该品种农艺性状好，以其品质优，商品性好著称，自1991年审定以来一直是山西省中晚熟区主栽品种，但其不抗白发病，必须通过“甲霜灵”拌种有效预防白发病才能保持高产。

根据丰产、优质、多抗、适应性强的育种目标，1998年通过化学杀雄杂交搭配组合，当年冬在海南种F_1，经过南繁北育4个世代的选育，2000年在F_4代中决选，表现突出的材料升入品系鉴定圃，通过综合测产鉴定，其中第12区表现中熟，产量表现突出，抗病能力强，株系内整齐一致，米色金黄，编为2012；2002~2004年参加所内品比试验，同时在全省各区进行区域适应性鉴定和生产示范；2005年以品系名2012参加山西省中晚熟区试并大面积示范，2006年3月通过山西省农作物品种审定委员会认定，定名为晋谷40号。

2 品种特征特性

2.1 生物学特性

该品种生育期128d，幼苗绿色，单秆不分蘖，主茎高120.3cm，主穗穗长21.3cm，穗型纺锤形，穗刚毛短，支穗密度4.82个/cm，比晋谷21号5个/cm稍稀，小码紧，秕谷少，穗粒重14.1g，出谷率82.3%，千粒重3g左右，白谷黄米，商品性好，抗旱性能强，成熟期保绿性好，抗倒伏。试验几年来未发现白发病，抗性水平明显优于晋谷21号。

2.2 品质性状

经农业部谷物品质监督检验测试中心化验，晋谷40号籽粒粗蛋白含量11.97%，粗脂肪5.69%，赖氨酸0.24%，钙158.4mg/kg，铁44.51mg/kg，锌44.51mg/kg。小米适口性优于晋谷21号，比晋谷21号细绵，黏糊性强。

2.3 产量表现

2002~2004年所内品比试验，产量为3 010.5~3 840kg/hm^2，三年平均产量为3 489kg/hm^2，比对照晋谷21号2 964kg/hm^{2}增产17.71%。2005年参加山西省谷子中晚熟组区域试验，平均产量为4 438.5kg/hm^2，比对照晋谷34号增产14.0%。2003年在汾阳、交口、柳林、襄垣等地进行生产试验，单产为3 550.5~5 190kg/hm^2，平均产量4 398kg/hm^2，比对照晋谷21号产量4 007.7kg/hm^{2}增产9.74%。2004年在柳林、交口、襄垣等地进行生产示范，6点次单产达5 670~6 525kg/hm^2，平均产量5 228.6kg/hm^2。目前，该品种以作为更新晋谷21号的新品种在山西大面积推广。

3 栽培要点及适宜区域

3.1 注意轮作倒茬，防重茬。

3.2 适时早播，山西东、西两山冷凉地区4月底5月初播种，其他地区小满前后播种。

3.3 合理施肥，每生产100kg谷子籽粒需纯氮25kg，与玉米需氮量基本相等；需五氧化二磷1.3kg，所以，必须采取两肥下地（基肥、追肥），以肥攻苗、攻棵，攻穗粒，彻底改变谷子耐瘠薄就少施肥的旧观念。

3.4 加强田间管理，3～4片叶期间苗，5～6片叶期定苗，留苗30万~37.5万株/hm^2。拔节前后及时进行中耕，清除田间杂草和病弱苗。拔节期、抽穗期有条件的要及时灌水。

3.5 防治病虫害，间苗前后至拔节期用“触即倒”、“大灭亡”或“全杀”等农药防治钻心虫（粟灰螟和玉米螟）的为害。米质优易鸟害，在灌浆到成熟期注意防鸟害。成熟后及时收获，防养分倒流，防杂保纯，保证小米品质。

3.6 适宜区域，适于无霜期150d以上地区春播，无霜期180d以上地区复播。

4 体会

4.1 优质谷子是营养保健食品的原料，选育品种不仅要求高产、抗病，更要求优质，随着人民生活水平的提高，吃饭讲营养讲保健，对品质要求越来越迫切。事实证明，开展品质育种首先应考虑亲本选配，选择米色黄，含支链淀粉高的品种作为亲本，低代开始观察米质，注重米色、米质，选优汰劣，进入高代及早进行适口品质鉴定。

4.2 病害是谷子高产、稳产的重要限制因子，病毒病是春谷区的主要病害之一，发生普遍而且严重。个别品种发病率可达到30%以上，特别是“日本60日”作亲本的杂交后代红叶病更为严重，给生产带来很大损失，目前尚没有有效防止措施，因此我们在育种过程中只有注意抗病亲本的选择及严格逐代筛选抗病材料，才能有效提高谷子品种的抗性水平。

参考文献

[1] 王玉文等．对我省谷子品质改良的思考［J］．山西农业科学，2004，32(1)：13~17

高产、优质、抗病谷子新品种大同32号的选育及配套栽培技术*

任月梅 张 绶 杨 忠 郭瑞锋 朱 玉

（国家谷子产业技术体系大同综合试验站/山西省农业科学院高寒区作物研究所，山西大同 037008）

摘 要： 大同32号是山西省农业科学院高寒区作物研究所2005年以母本（黄软谷×张纯一）F_2代、以晋谷9号为父本组配选育的谷子新品种。2009年3月7日通过全国谷子品种鉴定委员会鉴定。该品种在春播早熟区的生育期为125d左右，长势健壮，综合性状表现优良，适应性强，稳产性较好，抗病抗倒，熟相好。该品种的配套栽培技术宜精细整地、精选种子、适时播种、加强田间管理、及时防治病虫草害等措施，使优良品种与科学栽培技术紧密结合，有利于谷子高产和大面积推广。

关键词： 谷子；大同32号；新品种选育；栽培技术

Development and Corresponding Cultivation Techniques of a New High-yield,Good Quality and Disease-resistance Foxtail Millet Cultivar, Datong 32

Ren Yuemei，Zhang Shou，Yang Zhong，Guo Ruifeng，Zhu Yu

(Datong Comprehensive Experiment Station, China Industrial and Technological Research System of Millet; Shanxi Academy of Agricultural Science, High Latitude Crops Institute, Datong 037008, China)

Abstract: “Datong 32” is developed by the High Latitude Crops Institute of Shanxi Academy of Agricultural Sciences using a cross in 2005. On March 7, 2009 it was appraised through the national foxtail millet variety Certifying commission. This growing duration of this variety in the spring sowing precocious area’ is about 125 days, the growing trend is vigorous and healthy, the comprehensive characters performance is fine, compatible. The cultivation techniques of this variety were also reported in this paper.

Key word: Foxtail millet; Datong 32; New variety breeding; Corresponding cultivation technique

农业耗水约占总耗水的60%，是最大的水消耗源。尤其是地处降水量仅有300mm左右、半干

* 基金项目：现代农业产业技术体系建设专项资金资助。

第一作者简介：任月梅，1964年出生，女，副研究员，主要从事谷子育种和栽培研究工作。

通讯地址：山西省大同市迎宾东路18号，山西省农业科学院高寒区作物研究所。Tel：0352-5338501，E-mail：ghsrym@163.com。

旱大陆性季风气候的华北西部和西北地区，随着生态环境改变干旱形势的发展，发展旱作农业成为该地区农业发展的必由之路。另外随着人们生活水平不断提高富贵病不断增加，人们的主食结构也开始向多元化方向发展，近年来，绿色保健食品开始成为市场需求的主流。经过加工的小杂粮食品逐渐被人们关注和喜爱。谷子是我国传统特色作物，抗旱、耐瘠且营养丰富，是北方主食之一，还是粮、草兼用作物，是牲畜、家禽的良好饲料。作为优势作物是从不同方面多元化地满足这些地区农业发展的需要。因此，选育适宜山西省春播早熟区种植的综合性状优良、抗逆性强、高产的谷子新品种，则是提高当地谷子单位面积产量的重要途径。大同 32 号谷子就是根据当地生产要求选育出的谷子新品种。

1 主要育种目标的确定

选育过程在注意穗长、粒重等密切相关性状选择的同时，更要注重株型、抗病性、抗逆性的选择，并兼顾品质。黄软谷是当地黄软谷是当地糯性农家种，其特点是早熟、抗旱、抗病、适应性强、米品质好；晋谷 9 号是 20 世纪 80 年代的主干品种，丰产性好、适应性很强，抗旱抗病，生育期适中。通过二者的优良基因重组，我们发现选育出高产、优质、多抗的优良品种的目标是可行的。

2 品种来源及选育过程

大同 32 号是山西省农业科学院高寒区作物研究所以母本（黄软谷 × 张纯一）F_2 代、父本晋谷 9 号杂交选育的谷子新品种。1995 年组配杂交组合，1996 年 F_1 代，选育其真杂种，1997 年从分离群体中单株选择，1998~2000 年根据育种目标，三个世代进行集团选择，组成混合株系，加代稳定。2001 年进行单株选择，培育成新品系 9523-22。2002 年选种圃试验，表现整齐、稳定一致。2003 年进入品鉴圃试验，因综合性表现突出，2004~2005 年提升新品系比较试验，表现耐旱、抗病、抗倒、适应性强、丰产性好等。2007~2008 年参加全国早熟区试验，综合性状优良，丰产性状突出。2009 年通过全国谷子品种鉴定委员会鉴定。

3 产量表现

3.1 品比试验

2004~2005 年提升新品系比较试验，两年平均单产 444.25kg/667m^2，比对照种大同 14 号平均单产 391.63kg/667m^2，增产 13.44%。其中，2004 年单产 406.25kg/667m^2，比对照种单产 365.5kg/667m^2，增产 11.49%；2005 年单产 482.25kg/667m^2，比对照单产 417.75kg/667m^2，增产 15.4%。

3.2 全国区试

2007~2008 年参加全国春播谷子早熟区区域试验，两年平均单产 362.8kg/667m^2，平均比对照种大同 29 号增产 11.49%，居参试品种的首位。其中，2007 年区域试验平均单产 364.9kg/667m^2，比对照种增产 15.06%，居参试品种的首位；2008 年平均单产 360.7kg/667m^2，比统一对照种大同 29 号增产 8.12%，居参试品种的首位，变异系数为 43.11%。两年 18 点试验中 16 点增产，增产幅度为4.34%~34.98%，2点减产，减产幅度为3.33%~9.81%，增产点率为88.9%。（表1、表2）。

表1 2008年全国早熟组区域试验各试点大同32号产量结果

试点	小区产量（kg/13.34m²）			总和（kg）	平均（kg）	单产（kg/667m²）	比CK±%	位次
	Ⅰ	Ⅱ	Ⅲ					
内蒙古赤峰	8.34	8.23	6.70	23.27	7.76	387.8	-3.33	8
山西灵丘	6.75	6.08	7.07	19.90	6.63	331.7	11.11	4
陕西榆林	6.64	6.80	6.70	20.14	6.71	335.7	4.34	2
山西大同	8.67	10.07	8.79	27.53	9.18	458.8	6.46	1
甘肃兰州	3.94	4.09	3.72	11.75	3.91	195.8	10.77	5
河北张家口	5.08	4.50	6.54	16.12	5.37	268.7	13.46	2
宁夏西吉	11.98	12.35	12.00	36.33	12.11	605.5	20.62	1
宁夏固原	2.52	2.55	2.49	7.56	2.52	126.0	-9.81	10
内蒙古呼和浩特	10.84	10.54	10.80	32.18	10.73	536.3	8.39	3

表2 2008年全国早熟组参试品种产量结果汇总

品种	小区产量（kg）	平均单产（kg/667m²）	较CK±%	位次
08-219	6.125	306.2	-8.20	8
06-218	6.441	322.0	-3.47	6
大同32号	7.214	360.7	8.12	1
A2-2038	6.926	346.3	3.81	2
A2-2241	6.102	305.1	-8.54	10
9931-2-1-2	6.737	336.9	0.98	3
太选9号	6.103	305.2	-8.53	9
汾选5号	6.353	317.6	-4.79	7
2004-1630	5.772	288.6	-13.50	11
2003-1123	6.628	331.4	-0.65	5
大同29号(CK)	6.672	333.6	0.00	4

3.3 生产试验

2008年同时参加全国早熟区谷子跨省（区）生产试验，在河北、山西、内蒙古三省（区）设4个点试验，4个点全部增产。平均单产380.4kg/667m²，比统一对照种大同29号增产17.74%，居参试品种的首位（表3）。

表3 2008年全国早熟组生产试验产量结果

品种	产量（kg/200m²）				平均	折单产（kg/667m²）	比CK±%	位次
	河北张家口	山西灵丘	内蒙古呼和浩特	山西大同				
2003-1085	83.50	102.00	159.80	93.00	109.60	365.30	13.05	2
大同32号	91.00	107.00	162.00	96.50	114.10	380.40	17.74	1
A2×2038	94.50	87.00	142.00	94.00	104.40	347.90	7.68	3
大同29号	79.00	85.00	132.70	91.00	96.93	323.10	0.00	4

4 品种的主要特征特性

4.1 主要形态学特性

大同32号，幼苗叶片绿色、叶鞘浅紫色、谷粒黄色、米黄色，茎高133.9~156.6cm，穗长25.5~28.9cm，穗形呈长鞭形，单穗重23~28g，穗粒重20~23g，千粒重3.8g左右。

4.2 生物学特性

幼苗发苗快，生长迅速，整个生育期内植株生长健壮，在春播早熟区生育日数125d左右，株型为单秆大穗大粒披散型。

4.3 抗性强

该品种抗逆性较强，抗倒性为2级，耐旱性为2级，谷锈病、谷瘟病为0级，纹枯病为1级，白发病发病率为0.5%，黑穗病发病率为0.75%,红叶病发病率为1.6%，线虫发病率为0，虫蛀率为1%。

4.4 商品品质优良

大同32号谷子谷粒黄色，商品品质好，出谷率81%，出米率80%。经农业部谷物品质监督检验测试中心检测结果，谷子粗蛋白10.72%、粗脂肪4.31%、赖氨酸0.29%。品尝结果：口感绵软，食味香。

经多年多点和全国区试试验结果看，该品种抗逆性强，适应性广，结实性好，出谷率高、丰产性好，市场前景十分看好。

5 配套栽培技术

5.1 精细整地

山西省春旱问题较为严重，导致出苗不齐，影响了谷子产量的提高。通过秋翻地（一般耕深16~20cm）达到蓄墒保墒目的，改善土壤物理性状，改善谷子根系分布与促进其生长发育。没有条件进行秋整地的区域，可在次年春天进行春耕整地，减少水分流失、保住底墒是关键所在。早春拖、耙、镇压也是保墒保苗的有效措施。

5.2 适时播种

大同32号在春播早熟区一般播种日期为4月25~30日为宜。如果太早播种可能因地温过低或轻霜冻影响谷子出苗。

5.3 加强田间管理

夏季是杂草容易滋长，各种病虫害繁殖的更快，加上天气变化太快，很容易发生自然灾害。这样根据谷子不同的生育阶段及养分、水分的需求，加强不同时期的田间管理，就显得尤为重要。

5.3.1 及时间苗

一般幼苗长出3~4片真叶时，应先疏苗一次，先间开一定距离，到5~6叶时定苗最好，最好用手间开。间苗越迟，产量越低。间苗时，注意距离要留匀，大小要一致；要去弱苗留壮苗、去小苗留大苗、去病苗留健苗；同时必须要剔除杂草和病株。

5.3.2 合理密植

要合理密植，首先要种子好，尽量保证全苗，而后才能在间苗时再根据需要选留，以达到合理密植的目的。所谓合理密植，就是有计划的控制一定面积谷苗分布的密度，因地制宜地增加单位面积的株数，扩大绿色叶面积和根系的吸收范围，充分利用光、温、水、肥条件，发挥群体的增产作用。使谷子的个体（单株）发育、群体（每亩总株数）发育、地面营养（茎叶对光照、二氧化碳等的利用）与地下营养（谷子根系对土壤养分的吸收）达到统一协调的发展，通过谷子穗多、穗大、籽粒饱满来实现高产的目标，这是谷子增产的重要一环。但是需要注意谷子不是越密越好，必须根据栽培条件合理密植。在水肥条件较好、土壤有机质含量较高的情况下，可适当密植，反之应适当稀植。以大同32号为例，一般水地留苗2.5万~3万株/667m^2，产量低的瘠薄旱地留苗2万株/667m^{2}比较合适。

5.3.3 中耕培土

大同32号谷子的第一遍中耕，可在苗高3~4cm进行，由于苗小，要浅锄。其作用是去除杂草，防旱保墒。第二遍中耕，在定苗以后，要深锄，让谷苗长的敦实，根扎的深。深度应在6.6cm以上。拔节以后，苗高33cm时，不宜再深锄。因为此时谷子根系在土壤表层大量分布，再深锄就要伤根，影响谷苗生长。中耕时，一定要注意培土。第一次在定苗后深锄时，用少量土壅根，以保护谷子是次生根生长；第二次培土时应在拔节以后，培土量比第一次要多，至少要埋住分蘖节。培土封垄后，不宜再中耕。如果杂草多，可以拔除不必再锄。此次培土以后，行距须形成垄沟，利于灌溉和排除多余积水。谷子在进行高培土后，由于垄高通风透光，扎根层次多，根系分布深广发达，容易促进谷子穗大、粒多，秕谷少，有利于谷子高产增产。

5.3.4 适时追肥

大同32号谷子除了要施足底肥以外，为了高产，必须施用氮肥（一般用尿素）进行追肥。尤其是未施基肥的麦茬谷更要追肥。据试验，大同32号以拔节期施用最合适。如底肥不足，幼苗生长不良，可在定苗后增施一次；如果幼苗生长旺盛，可改在抽穗时追肥一次。丰产田以拔节、抽穗施用效果更好。施肥用量为300kg/hm^2。具体用量依据地力等条件来调节。追肥以后，应及时、适当浇水，才能更大的发挥肥效。只有肥水结合，才是丰产的重要保证。

5.3.5 合理灌溉，及时排水

谷子除了浇底墒水保证苗全苗壮以外，还要根据生育期间不同需水量，适时适量的做到合理灌溉。总的原则是天旱多浇，不旱不浇；肥地多浇，薄地适当少浇。具体各个时期浇水情况如下：

（1）苗期，除了特别干旱外，一般不浇水，以中耕保墒为主；拔节期的20多天里，叶面蒸腾量占全生长期的20%左右，必须浇水，以促进根的生长和幼穗的良好分化；（2）抽穗期是谷子生长最旺盛的时期，也是需水、需肥最多的时候。叶面蒸腾量占全生长期的32%左右，为防止“掐脖旱”，这时一定注意浇水；（3）谷子灌浆的时候浇水，可以促使籽粒饱满，秕谷少，产量高。但因此时谷穗逐渐加重，不宜浇大水，以防止倒伏，应轻浇勤浇，或隔行浇水。水量要小，次数宜多。同时要多注意天气变化，做到有风不浇，以防倒伏，阴天不浇，以防温度降低。

谷子耐旱但怕涝，到了雨季要注意排水。结合培土，使行间起垄沟，有积水可以及时排出去。以防止叶斑病、根茎腐病等病害。

5.3.6　防止倒伏，适时收获

为防止倒伏，应采取以下措施：（1）合理施肥，氮肥不宜过量，且注意中期施用，不可施用过早，致使幼苗徒长，茎秆柔嫩细长，容易倒伏。（2）注意浇水。幼苗期少浇水利于扎根，灌浆期浇水应勤浇少浇，同时注意排水防止土壤过于松软。（3）密度适宜。苗稀相互不依靠，过密成荫蔽，光合作用弱，导致秆不壮实易倒伏。（4）精细培土。培土可促进根系发育生长，增强土壤对植株的支持作用。丰产地培土后，可随即浇一水，使得土壤塌实，减少倒伏。（5）对已经倒伏的谷子应分情况不同作出相应的处理：处于灌浆期的谷子，如果倒伏不太严重，因其有自行向上的特性一般不要扶持；如果到了将近成熟期，就必须用人工扶持。

大同32号一般在九月下旬成熟，此时应适时收获，因土壤肥力和病害情况的不同，不能单以茎秆和叶子的颜色判断成熟。而是看籽粒的成熟程度、硬化程度而定。

6　适宜区域

大同32号谷子适宜山西省春播早熟区及陕西榆林、甘肃会宁、宁夏西吉、河北张家口、内蒙古呼和浩特和包头等地区的部分县（区）种植。

参考文献

[1] 山西省农业科学院．中国谷子栽培学［M］．北京：农业出版社，1987：1~9

[2] 师志刚，程汝宏，刘正理等．高产抗旱谷子新品种“冀谷22号”的选育［J］．河北农业科学，2007，11（1）：95~96

高异交结实谷子雄性不育系晋汾1A的选育研究*

杨成元　陈　瑛　史关燕　侯国亮　史更生　史　宏

（国家谷子产业技术体系汾阳综合试验站/山西省农业科学院经济作物研究所，山西汾阳　032200）

摘　要：谷子等自花授粉作物杂种优势利用的基本途径就是选育雄性不育系、保持系和恢复系，配制出优势杂交组合。本文以引进的谷子雄性不育材料“683”为不育源，转育新的雄性不育系，通过研究其具有光敏特性。只从应用的角度，以“683”与高出谷率品种81-16测交，利用测交、多代回交、长短光对照处理等方法选育出新的高异交结实谷子雄性不育系晋汾1A。通过晋汾1A的选育研究得出，要对不育源进行细致研究，转育时少走弯路；转育亲本必须具备符合不育系的基本要求，选择穗直立、半直立、开花比较集中出谷率高、生育期适当的谷子品种作为转育对象。

关键词：谷子；杂种优势；雄性不育；光敏特性

Development of a Male Sterile Line with Higher Crossing Ability in Foxtail Millet

Yang Chengyuan，Chen Ying，Shi Guanyan，Hou Guoliang，Shi Gengsheng，Shi Hong

（Fenyang Comprehensive Experiment Station, China Industrial and Technological Research System of Millet; Institute of Industrial Crops, Shanxi Academy of Agricultural Sciences, Fenyang 032200, China）

Abstract: Utility of hybrids vigor needs the development of male sterile lines, preparation and restorer lines, and identification of heterosis.This paper reports the development of a foxtail millet male sterility line with higher crossing ability.Male sterile line “683” crossed with cultivar 81-16, and generations of backcross, Jin-fen-1A was developed. It was demonstrated that Jin-fen-1A is much easier to adopt foreign pollens for hybrid production.

Key words: Millet;Heterosis; Male sterile; Light sensitive characteristic

杂种优势是自然界中普遍存在的一种现象，利用杂种优势可以大幅度提高农作物产量。自花授粉作物杂种优势利用的基本途径就是选育雄性不育系、保持系和恢复系，配置出优势杂交组合。

谷子是自花授粉作物，自然异交率在5%以下，穗是一个分枝繁杂的岁状圆锥花序，一般穗长

---

* 基金项目：现代农业产业技术体系建设专项资金资助。

第一作者简介：杨成元，1970年出生，男，助理研究员，主要从事谷子育种和栽培研究工作。

通讯地址：山西省汾阳市　山西省农业科学院经济作物研究所　Tel：0358-3321350，E-mail：[illegible]@126.com

15~25cm，有完全花 3 000~10 000 枚，甚至还要多些，花非常小，雌雄同花。利用人工去雄实现谷子大规模杂交进行杂优利用非常困难。谷子杂种一代的产量一般明显优于亲本，比生产推广常规品种平均增产 20%~40%。所以发现、创造、选育符合育种目标的谷子雄性不育材料成为谷子杂种优势利用的关键措施。

在国外，谷子杂种优势研究报道甚少。Takahahi，N. 于 1942 年报道了谷子雄性不育基因受一对隐性核基因控制，此后虽有多例谷子与狗尾草的种间杂交的报道，但均未涉及杂交后代不育系选育。在国内，开展谷子杂种优势利用研究最早的是延安地区农业科学研究所 1967 在宣化竹叶青品种中发现了雄性不育现象，进而育成延型雄性不育系[1]。1968 年中国科学院遗传与发育生物学研究所育成了水里混不育系；1969 年河北坝下农业科学研究所育成蒜系 28[2]；1984 年内蒙古赤峰农业科学研究所胡洪凯育成了“Ch 型显性核不育材料[3]。1989 年，河北坝下农牧业科学研究所崔文生等首次发现谷子光（温）敏核不育材料，育成光敏不育系 292A 及两系杂交种 292/490 × 材 80，比试验对照增产 14.5%，实行两系谷子杂种优势利用的简便途径[4]；目前根据相关报道，在赵治海研究员的潜心研究下，已经选育出 8 个谷子杂交种，在生产上已有一定规模。

1995 年山西省农业科学院谷子研究所从河北坝下农业科学研究所引入谷子雄性不育材料“683”，后来，由高粱育种专家牛天堂主持，谷子研究所牵头，山西省农业科学院高粱研究所、山西省农业科学院经济作物研究所参与成立山西省谷子杂优利用研究协作组。同时开始山西省谷子新不育系转育和谷子杂交种选育研究[5]。

1 晋汾 1A 及亲本特征、特性

1.1 晋汾 1A

高异交结实谷子雄性不育系晋汾 1A，是山西省农业科学院经济作物研究所以谷子雄性不育材料“683”为母本，以山西省农业科学院经济作物研究所自己选育的中早熟谷子品系 81-16 为父本，经测交、多代回交及长、短光对照处理等方法于 2003 年选育而成。其幼苗浅紫，叶片绿色，株高 145cm 左右，生育期穗长 18~22cm，穗型纺锤形，穗码松，穗直立半直立，在汾阳地区自然光照下表现雄性不育，不育株率 100%，不育度达 99% 以上，开花时花期集中，柱头发达外露长，羽状分枝多。异交结实率达 50% 以上。短光照下 11h 平均结实 25%~35%，个体间有差异。

1.2 雄性不育材料“683”

“683”，经谷子研究所试验具有明显的光敏雄性不育性，在长治春播自然日照下不育株率为 100%，不育度达 99.7%；在短光照下 11.5 平均结实 30%~50%，但个体差异较大[6]。引入山西汾阳地区，也具有明显的光敏雄性不育性。

1.3 父本 81-16

81-16 是经济作物研究所选育的中早熟谷子新品系，幼苗浅紫，叶片绿色，株高 145cm 左右，穗长 18~22cm，穗型纺锤形，穗码松，出谷率高达 95% 以上，开花时花期集中，柱头外露长。

2 晋汾 1A 的选育过程

2.1 测交组合的配制及 F_1 代观察

1998 年配制 683A × 81-16 组合，1998 年冬天在海南进行 F_1 代鉴定。按照光敏不育材料遗传机制的研究，F_1 代全部恢复可育。而在 683A × 81-16 花期调查发现 36 株全部为不育花，随即用父本 81-16 回交 6 对，其余套袋自交。成熟套袋自交不结籽，回交结实率达 50% 以上，看出其异交结实率较高。

2.2 回交转育 683A 的不育性和 81-16 的柱头性状

从 683A × 81-16 的 F_1 代表现全不育偶然发现，与已有的理论不相符合，似乎其不育性由细胞质不育基因导致的，而与 81-16 的核基因无关，于是设想通过回交把 683A 的核基因替换为 81-16 的核基因，那么所转育得到的新不育系和 81-16 即为新的不育系和保持系，重新探讨谷子三系配套的杂交种选育道路。在此思路指导下，我们从 1998 年冬季到 2003 年连续进行了三次回交重复，进行了大量田间工作。第一次回交 7 代，第二次回交 6 代，第三次回交 5 代。并对其认真观察记载和育性田间花期调查和成熟期异交结实调查。结果见表 1、表 2。

表 1　测交、F_1 代及回交各代调查结果

年份	地点	代数	总株数	不育株	不育株率（%）	不育度（%）	异交结率（%）
1998		F_0					20
1998	海南	B_0F_1	36	36	100	100	53.2
1999	汾阳	B_1F_1	85	52	61.2	99.6	76.2
1999	海南	B_2F_1	—	—	—	—	—
2000	汾阳	B_3F_1	524	173	33.02	99.5	76.7
2001	汾阳	B_4F_1	2 077	941	45.31	99	75.3
2001	河南	B_5F_1	440	157	35.68	98	73.2
2002	汾阳	B_6F_1	429	152	35.43	97.4	73.6
2003	汾阳	B_7F_1	178	33	18.54	97.3	72.8
1998							
1998	海南	F_0					20
1999	汾阳	B_0F_1	42	42	100	100	52.7
1999	海南	B_1F_1	—	—	—	—	
2000	汾阳	B_2F_1	433	118	27.3	99.1	77.6
2001	汾阳	B_3F_1	821	349	42.51	97.6	73.2
2001	河南	B_4F_1	481	172	35.76	97.3	72.4
2002	汾阳	B_5F_1	1 206	546	45.27	97	71.6
2003	汾阳	B_6F_1	346	128	36.99	97.8	71.2
1998							
1998	海南						
1999	汾阳	F_0					22
1999	海南	B_0F_1	—	—	—	—	—
2000	汾阳	B_1F_1	269	122	45.35	99.3	78.0
2001	汾阳	B_2F_1	197	75	38.07	98.9	75.6
2001	河南	B_3F_1	381	119	31.23	98.2	75.3
2002	汾阳	B_4F_1	924	544	58.87	98.0	72.5
2003	汾阳	B_5F_1	417	150	38.13	97.6	72.2

表 2　回交重复各代育性及结实调查平均值

代数	总株数	不育株	不育株率（%）	不育度（%）	异交结实率（%）
B_1F_1	85	52	61.20	99.05	77.1.0
B_2F_1	630	193	37.14	99.00	76.60
B_3F_1	1 726	641	45.79	98.43	75.07
B_4F_1	3 482	1 657	47.59	98.10	73.40
B_5F_1	2 063	562	41.78	97.59	72.40
B_6F_1	775	280	36.13	97.60	72.40
B_7F_1	178	33	18.54	97.30	72.80

注：表中异交结实率指回交套袋时与回交父本相靠一面的结实率。

从调查结果分析，从 B_1F_1 开始，回交后代出现了育性分离，平均不育株率为 61.2%，B_2F_1 不育株率下降为 37.14%，随后又有回升，到 B_4F_1 上升为 47.59%，接近 1∶1，及个别株行出现全不育现象。不育株率最高数值超不过 5 代。而后随回交代数增加，B_7F_1 不育株率很快下降为 18.54%，不会出现大量完全不育行而形成新的不育系和保持系，三系配套的探讨受到阻碍，不育系的选育走了弯路。但从 B_2F_1 植株性状已接近父本 81-16，不育株表现出开花时花期集中，柱头发达外露长，羽状分枝多，花药橙黄细扁不开裂，无花粉，说明父本的穗部性状及柱头性状转育成功。其遗传行为有待进一步研究。

2.3　长、短光对照处理研究晋汾 1A 的光敏特性和繁殖方法

2001 年回交后代中不育株率开始下降，于是对其低代回交中不育株率大于 60% 的剩余种子，在自然光照和遮光条件下进行长短光对照处理。结果在遮光条件下（11h 光照）各穗行内植株全部结实，自然光照下继续出现育性分离。选自然光下不育株率高且短光下结实率在 20%~50% 的单穗 2002~2003 年继续进行长、短光对照选育。

2002 年共种植 25 行，对比较理想的株行进行育性调查。其中 13-6 自然光照（15h）下 14 株，15-8 自然光照下 20 株均表现不育，柱头性状好，与其相对应行在遮光条件下 11h 结实率平均为 25%~30%，符合入选条件；2002 年冬对 13-6、15-8 等穗行进行海南加代繁殖。结果如表 3。

表 3　2002 年调查结果

	自然光照下		遮光条件下	
区号	总株数	不育株率	总株数	结实 20%~50% 株数
13-2	17	17	11	8
13-5	8	6	9	9
13-6	14	14	11	11
14-7	14	14	—	—
15-8	20	20	8	8

2003 年对繁殖材料以二分法一半留种，另一半进行穗行鉴定，共种植 116 行，其中由 15-8、

13-6 的后代出现了连续 99 行 1 577 株的群体不育，农艺性状稳定一致，晋汾 1A 的雏形已经形成，穗部性状与 81-16 基本相同，柱头发达外露长，羽状分枝多，活期维持 7d 左右，而另一半成为其原原种。2003 年进行加代繁种，2004 年开始测交利用。调查结果见表 4。

表 4　2003 年自然光照下对晋汾 1A 育性鉴定结果

区号	每区行数	上年编号	每区株数	不育株数	不育株率（%）
60	2	13-6	27	27	100
61	7	13-6	114	114	100
62	7	13-6	110	110	100
63	7	13-6	114	114	100
65	3	13-6	49	49	100
66	7	13-6	110	110	100
67	7	15-8	103	103	100
68	7	15-8	101	101	100
69	7	15-8	117	117	100
70	7	15-8	124	124	100
71	7	15-8	112	112	100
72	7	15-8	119	119	100
73	7	15-8	127	127	100
74	4	15-8	65	65	100
83	7	15-8	95	95	100
84	6	15-8	90	90	100
总计	99		1 577	1 577	

3　结论与讨论

自花授粉作物谷子自然异交率在 5% 以下，大量异交得到杂交种子实现杂种优势利用的关键是选育谷子雄性不育系、保持系、恢复系，配制出优势杂交组合。

培育谷子雄性不育系的关键是创造、发现或引进优良的不育源，对其进行细致的不育机理和遗传、繁殖方法进行研究。在转育新的不育系时少走弯路。

转育新的雄性不育系时，要根据不育系应该具备的基本要求，选择穗直立、半直立、开花比较集中出谷率高、生育期适合的谷子品种作为转育对象。同时要考虑品质因素。

参考文献

[1] 朱光琴 . 谷子雄性不育育种小结［J］. 陕西农业科技，1972（5）

[2] 崔文生，马洪锡，张德勇等 . 谷子雄性不育系“蒜系 28”的选育与利用［J］. 中国农业科学，1979（1）：43~46

[3] 胡洪凯，马尚耀，石艳华等 . 谷子（*Setaria italica*）显性雄性不育基因的发现［J］. 作物学报，1986，19（2）：73~78

[4] 崔文生，孔玉珍，赵治海等，谷子光敏型隐性核不育材料“292”选育初报［J］. 华北农学报，1991，6（增刊）：177~178

[5] 王玉文，王随保，李会霞等 . 谷子光敏雄性不育系选育及应用研究［J］. 中国农业科学，2003，36（6）：714~717

[6] 王玉文，王殿瀛，李会霞等 . 谷子雄性不育谷子“683”育性及其性状观察［J］. 山西农业科学，1998，26（4）：31~33

张杂谷8号谷子优质高产栽培技术*

张现民[1] 胡风雨[1] 钟会盘[2] 张正午[3]

（1. 伊川县科技局，河南伊川 471300；2. 伊川县农技站，河南伊川 471300；
3. 伊川县鸦岭乡农业服务中心；河南伊川 471300）

摘 要：张杂谷8号是全国唯一的一个夏播杂交谷子新品种。2008年、2009年在洛阳市伊川、洛宁等县进行试验示范种植，产生了较好的经济效益和社会效益。本文的主要目的是总结近2年张杂谷8号在洛阳市示范种植过程中存在的主要问题，并提出相应的解决办法，以期为进一步推广张杂谷8号提供科学依据。

关键词：谷子；张杂谷8号；栽培技术

Precautions on the Extension of Zhangzagu 8 in Luoyang

Zhang Xianmin，Hu Fengyu，Zhong Huipan，Zhang Zhengwu

（1.Yichuan Bureau of Technology, Yichuan 471300, China; 2. Yichuan Station of Agriculture and Technology Yichuan 471300, China; 3.Yaling Agriculture Service Center, Yichuan 471300, China）

Abstract: Zhangzagu 8 is the only new foxtail millet hybrid, which can be planted in summer sowing regions. This paper reports the main problems in extention trails in Luoyang, and provides certain solutions, for further extension of Zhangzagu 8.

Key words: Millet; Zhangzagu 8; Cultivation technique

洛阳市位于豫西丘陵地区，耕地面积36.7万hm^2，646万人，境内山川丘陵交错，地形复杂多样，年平均气温14.2℃，降水量546mm，且分布不匀，无霜期217d。特殊的地理环境和气候条件，非常适合谷子生长。洛阳市常年种植面积16 934hm^2，单产3 440kg/hm^2，且低而不稳。

张杂谷8号是全国唯一的一个夏播杂交谷子新品种。2008年、2009年在洛阳市伊川、洛宁等县进行试验示范种植，产生了较好的经济效益和社会效益，受到当地群众的欢迎。

1 适时抢足墒播种，确保一播全苗

豫西丘陵山区，十年九旱，谷子生产中常出现缺苗断垄现象，因此一定要注意抢足墒下种。张

*基金项目：现代农业产业技术体系建设专项资金资助。

第一作者简介：张现民，1965年出生，男，河南省伊川县人，主要从事秋粮作物的新品种推广。

通讯地址：河南省洛阳市伊川县科技局。Tel：0379-68336273。

杂谷8号生育期夏播90d，在小麦收获后至小暑前均可播种。从近两年的播种情况来看，洛阳市以6月8日前后播种较为适宜。由于张杂谷8号抽穗比常规谷子早，若播种过早，后期鸟害较严重。播种时可“硬茬”播种，对犁过的松软的地块或土壤硬实的地块，播后一定要注意覆土镇压，确保一播全苗。

2 合理密植

一般用种量12 kg/hm^2，为了确保播匀，播种时可加入7.5~10.5kg/hm^{2}的小米或熟谷，忌对颗粒尿素播种，以防“烧种烧苗”。行距保持在33.3~40cm，播深1~3cm，留苗密度30万~42万株/hm^2。对缺苗断垄地块，在谷子株高15cm前带土移栽或补种。

3 适时喷洒间苗剂

谷子生产中的突出问题是间苗定苗。一般常规谷子由于播种量大，间苗定苗任务繁重。张杂谷8号可通过喷施间苗剂和助壮素达到间苗、除草（只限禾本科杂草）和防止倒伏的目的。具体方法是：在谷苗长到3~5片叶时，用谷子专用间苗剂1 500ml/hm^{2}加15支助壮素，对水375~450kg，均匀喷洒在谷苗和地面。间苗剂要在晴朗无风天使用，切忌药剂飘散到其他作物上。注意对水过多或喷洒时期晚（谷子拔节期），常导致药效差（自交苗杀不死）现象发生。

4 中耕除草

谷子幼苗期、拔节期和孕穗期中耕2~3次。第一次中耕结合间定苗进行，浅锄细锄。第二、第三次在拔节孕穗期进行，锄地时要深一些，增加土壤的通透性，同时进行培土，提高产量，防止倒伏。

5 科学施肥

张杂谷8号的需肥特点是前轻后重。土壤普查表明，洛阳地区土壤中钾的含量基本能满足谷子生长需求，因此，拔节期可亩施尿素112.5kg/hm^2，二胺复合肥120kg/hm^2。抽穗期施尿素225~300kg/hm^2。旱地要趁墒追肥，墒情好时，可适当增加追肥量。水浇地可结合追肥浇水。灌浆期可用1%~2%的尿素水溶液或叶面宝、磷酸二氢钾等喷洒，提高产量。

6 病虫害防治

为防止地下虫等为害谷子幼苗，在播种后，可用麦麸60kg/hm^{2}加上一定量的农药，撒在田间地头，也可在刚出苗时，喷药防治，以保证一播全苗。

杂交谷子的主要虫害是谷子钻心虫，在拔节期要连喷两次有机磷加菊酯类农药。用药时，根据农药说明书要求施用。发生谷子黏虫为害时，可用高效氯氰菊酯、毒死蜱等药防治。

张杂谷8号在洛阳地区的主要病害是穗瘟病，防治方法：在谷子抽齐穗到开花前，用三环唑或稻瘟灵防治一次，若有穗瘟病发生，可适当加大药量间隔7~10d再喷洒一次。

参考文献

[1] 吴洁，张克．超级杂交谷，推广之路有多远 [N]. 科技日报，2008
[2] 吴洁．谷子地每亩能产 1 300 斤？ 你得相信科学 [N]. 人民日报，2008
[3] 闫凤岐，张雅丽，姚瑞．杂交谷子亩产创世界之最［J］. 河北农业科技，2008，1

优质、高产、多抗春谷新品种公矮5号选育及栽培技术*

李淑杰　胡喜连　李继红　王　阳

（国家谷子产业技术体系长春综合试验站/吉林省农业科学院作物育种研究所，吉林公主岭　136100）

摘　要：公矮5号米香色鲜，是优质、高产、多抗春谷新品种，该品种以夏谷矮88为母本，以春谷四谷2号为父本，杂交选育而成。2005~2006年省区域试验，平均比对照增产6.56%。生产试验比对照增产9.57%。2007年通过吉林省农作物品种审定委员会审定。

关键词：谷子；公矮5号；高产；优质；栽培技术

Development and Cultivation Technology of a New Spring Sowing Cultivar Gongai 5

Li Shujie，Hu Xilian，Li Jihong，Wang Yang

（Changchun Comprehensive Experiment Station, China Industrial and Technological Research System of Millet; Institute of Crop Genetics, Jilin Academy of Agricultural Sciences; Gongzhuling 136100, China）

Abstract: This paper reports a new spring sowing foxtail millet cultivar, Gongai 5, which is good-quality, high-production and multi-resistance.

Key words: Foxtail millet; Gongai 5;High-Production;Good-quality; Planting technology

谷子是我国北方的主要粮草兼用作物，也是干旱、半干旱地区的优势作物。它抗旱、抗灾能力强，分布广泛，在吉林西部干旱、半干旱地区占有重要地位，被誉为扶贫保产作物。优质谷子是旱区的主要细粮，目前已培育出系列优质谷子新品种，公矮5号是其中之一。

1　选育经过

公矮5号（H069）以夏谷矮88为母本，以春谷四谷2号为父本，通过品种间杂交选育出的优质、高产、多抗谷子新品种，经多年选育，于2001决选出稳定品系，2002~2004年产量鉴定，设

* 基金项目：现代农业产业技术体系建设专项资金资助。

第一作者简介：李淑杰，副研究员，女，主要从事谷子育种和栽培工作。

通讯地址：吉林省公主岭市科贸西大街303号，吉林省农业科学院作物育种研究所。Tel：0434-6283196，E-mail：Shujie-li@163. com。

相应的穗行圃，同时进行异地鉴定。2005~2006 年进行吉林省区域试验。2006 年同时参加吉林省生产试验和示范，抗病性鉴定和品质分析，表现优异。2007 年通过吉林省农作物品种审定委员会审定，明确其推广价值和应用区域。

公矮 5 号在选育过程中特别注重谷子株型的选择，重视优质、高产、抗逆性的提高。

2 主要特征特性

2.1 主要性状表现

籽实圆形，种皮粗糙，谷黄色，米黄色，粳性。千粒重 3.1g，穗长 25.1cm，单穗粒重 14.7g，穗筒状，穗松紧中等，刺毛长度中等；幼苗绿色、叶鞘浅红色，秆高 117.5cm，生育期 124d 左右，抗白发病、谷瘟病，抗黑穗病、粟秆蝇，适应性广。

2.2 品质性状表现

公矮 5 号的商品价值较高，小米外观品质好，粒大色鲜，适口性佳，出米率 80% 左右，整米率 98%，蛋白质含量 10.62%，脂肪 2.37%，赖氨酸 0.22%，直链淀粉 19.84%，胶稠度 116mm，糊化温度 2.08（碱消指数级别），维生素 $B_1$3.8mg/kg，微量元素硒 27.09μg/kg。

3 产量表现

2005~2006 年在吉林省的中、西部地区参试 8 个点次，增减产比为 7：1；2005 年平均产量 4 409.4kg/hm^2，比对照公谷 60 号增产 5.59%；2006 年平均产量 4 583.4kg/hm^2，比对照公谷 60 号增产 7.53%；两年区域试验平均产量 4 496.4kg/hm^2，比对照公谷 60 号增产 6.56%；2006 年生产试验平均产量 4 186.7kg/hm^2，比对照公谷 60 号增产 9.57%。

4 栽培技术要点

4.1 选好地块、整地保墒

谷子对茬口比较敏感，应避免重、迎茬种植。上茬作物收获后，秋翻、秋耙，垄播的随后起垄蓄墒。春整地在播前顶凌耙平、耢平、镇压。

4.2 适时播种

适时早播，一般 4 月下旬至 5 月上旬播种。即当 10cm 土层温度达 8℃时即可播种，充分利用土壤水分、温度、光照等保全苗。播前晒种 2~3d 或用盐水选种，开沟条播的播深 3~4cm，播幅 12cm 左右，播量 10kg/hm^2，播后镇压。

4.3 密度

每公顷保苗 60 万株左右。

4.4 施肥

施足底肥，基施磷酸二铵 150kg/hm^2，拔节期追肥尿素 150~200kg/hm^2。

4.5 及时防治病虫害

播种时撒毒谷或毒土等，防治地下害虫，6 月下旬注意防治黏虫、玉米螟。

5 适应区域

该品种适宜种植在吉林省的中、西部地区及辽宁相邻的市（县）。

（二）栽培生理研究

2009 年山西省长治地区谷子灾情调查研究 *

郭二虎

（国家谷子产业技术体系栽培植保研究室 / 山西省农业科学院谷子研究所，山西长治 046011）

摘 要：随着我国农业现代化进程的加快，我们需要更多的灾情应急措施，来确保农业生产，对于各地灾情的调查研究是很有必要的。2009 年山西长治地区旱情严重，对此，我们进行了调研汇总。

关键词：灾情；干旱；减产

A Survey on Natural Disaster in Foxtail Millet Production in Changzhi, Shanxi Province, 2009

Guo Erhu

(Section of Cultivation and Plant-protection, China Industrial and Technological Research System of Millet; Crop Research Institute, Shanxi Academy of Agricultural Science, Changzhi 046011, China)

Abstract: This paper focuses on the natural disaster that hinder foxtail millet production, especially in Changzhi, Shanxi province. Among the many disasters drought is the most severeone in foxtail millet production in 2009.

Key words: Natural disaster; Drought; Production reduction

2009 年我国北部地区出现了百年不遇的干旱灾情，这对于农业基础设施薄弱、靠天吃饭的干旱地区来说影响之大是不言而喻的，按照国家谷子产业技术体系研发中心的工作安排，我们对所在地长治市的灾情进行了调研，调研情况汇总如下。

* 基金项目：现代农业产业技术体系建设专项资金资助。

第一作者简介：郭二虎，1965 年出生，男，山西长治人，硕士，副研究员，主要从事谷子栽培、育种、植保等方面的研究。

通讯地址：山西省长治市漳沂西路科研巷 2 号，山西省农业科学院谷子研究所。Tel：0355-2204248，E-mail：Guoerhu2003@yahoo.com.cn。

1 长治市基本情况

长治市位于山西省东南部，地处北纬 35° 50′ ~37° 08′，东经 113° 01′ ~113° 40′。东倚太行山，与河北、河南两省为邻；西屏太岳山，与临汾市接壤；南部与晋城市毗邻；北部与晋中市交界。长治市为太行山、太岳山所环绕，构成高原地形，通称“沁潞高原”，又称“上党盆地”。境内山地、丘陵、盆地纵横交错，海拔大都在 800~1 500m，最高的太岳山北台顶，海拔 2 453m。总面积 13 864km^2。总人口 316 万（2003 年）。长治市所辖 13 个县（市）区：长治县、长子县、屯留县、壶关县、黎城县、平顺县、襄垣县、武乡县、沁县、沁源县和城区、郊区及潞城市。全市共有 146 个乡镇，3 507 个行政村。

2 当地气候特点

长治属典型中温带半湿润大陆性季风气候，全年冬无严寒，夏无酷暑，雨热同季。年平均气温在 4.9~10.4℃，气候条件与承德避暑山庄相近。1 月份最冷，平均最低气温为 -6.9℃；7 月份最热，平均最高气温为 22.5℃，号称“无扇之城”。年日照时数 2 418~2 616h，一般年降水量在 537.4~656.7mm，7 月最多，为 132.2mm，1 月最少，为 5.5mm，年平均无霜期在 156.8~181.9d，年平均风速为 1.5~3.0m/s。

3 当地主要自然灾害

当地农业生产与生活中遇到的主要自然灾害为干旱、冰雹、洪涝。其中干旱是影响农业生产的主要自然因素之一，当地素有十年九旱的说法，干旱是造成粮食产量低而不稳的重要气候因子。2009 年干旱面积之大、持续时间之久是历史上少有的和百年不遇的，对农作物的产量、品质等造成很大影响。

4 当地农业生产及谷子种植情况

长治地区主要粮食作物有玉米、小麦、谷子、豆类、薯类等，其中玉米面积最大，谷子作为当地特色作物也受到了当地政府及群众的重视。根据长治市农业局对各县区农作物种植面积的不完全统计，全市谷子种植面积 1.87 万 ~2.0 万 hm^2。受近年来谷子收购价格影响，同 2008 年 1.65 万 hm^2 相比，面积略有增加，在秋粮作物面积中约占到 6%，谷子种植面积在各主产县区种植情况见表 1。

表 1　2009 年长治市几个谷子主产县谷子播种面积　（单位：万 hm^2）

县区	2009年	2008年	增减量
襄垣县	0.178	0.118	+0.060
武乡县	0.637	0.519	+0.118
沁源县	0.132	0.120	+0.012
沁县	0.407	0.373	+0.034
合计	1.354	1.130	+0.224

5　2009 年长治地区农作物受灾情况

5.1　旱情对农作物及谷子的影响

5.1.1　降水情况

长治各地区 1~8 月份平均总降水量为 340mm，2009 年比历年平均降水量减少 86.3mm，其中 1、4、6 月份出现严重干旱；1 月份各地降水均为 0；4 月份平均降水量为 10mm；6 月份平均降水量为 27.8mm。长治市谷子主产县主要有：武乡县、沁县、襄垣县、屯留县、壶关县、黎城县等，其他县区也有小面积的种植，2009 年各县区均受到了不同程度的干旱影响，农作物产量受到不同程度的影响，作物生育期间各地降雨情况详见表 2。

表 2　长治市 2009 年 5~8 月份降水情况　（单位：mm）

县区	5月		6月		7月		8月		当年合计	历年合计	距平均
	当年	历年	当年	历年	当年	历年	当年	历年			
武乡	76.0	36.0	20.0	70.2	131.0	135.8	76.0	112.0	303.0	354.0	-51.0
沁县	78.0	41.2	21.0	73.4	137.0	144.4	94.0	126.9	330.0	385.9	-55.9
襄垣	86.0	40.0	16.0	65.1	66.0	138.0	57.0	102.5	225.0	345.6	-120.6
沁源	84.0	43.6	27.0	74.2	64.0	161.4	99.0	124.1	274.0	403.3	-129.3
壶关	107.0	39.7	33.0	74.7	67.0	145.3	110.0	119.9	317.0	379.6	-62.6
长治	117.0	45.5	41.0	71.0	36.0	137.8	84.0	114.2	278.0	368.5	-90.5
平顺	90.0	39.1	29.0	68.9	56.0	164.4	103.0	132.3	278.0	404.7	-126.7

5.1.2　受害程度及产量预测

2009 年全年干旱少雨，由于 2008 年冬季干旱，播前底墒不足，给农作物的播种造成较大的影响，特别对玉米等播期较早的作物影响较大。5 月 10 日左右的普遍降雨对保证谷子的播种提供了很好的基础，大面积谷子于 5 月中下旬正常播种，出苗情况良好。自谷子出苗后到 7 月底，几乎滴雨未降，对谷子的拔节、孕穗、抽穗造成较大的影响，多数地区谷子株高较常年低。总体上看谷子减产幅度在 10% 左右，同玉米等主要农作物相比减产幅度较小，玉米减产幅度在 20%~30%。

5.1.3　长治市几个谷子主产县旱情及产量情况调查结果

5.1.3.1　沁县旱情及产量情况调查结果

沁县是长治市谷子主产县之一，也是谷子产业化开发较好的县区之一。沁县谷田面积约 0.33 万 hm^2，旱情不太严重，与往年相比谷子产量基本持平，生育期间几次 10mm 以下的降雨，对保证谷子的正常生长发育起到了积极的作用，但降水量偏低对玉米等需水量大的作物来说影响较大。少数地方谷子表现增产，原因有二：一是迟播，抽穗晚避开旱情；二是使用专用肥有一定的抗旱作用。2009 年虽是旱年，比往年平均 280kg/667m^2 增产 10%~15%。沁县玉米面积 2.53 万 hm^2，一等田 1.67 万 hm^2，二等田（沟坡地）1 万 hm^2，其余是丘陵地。玉米减产较重，减产幅度在 15%~25%。

5.1.3.2 武乡县旱情及产量情况调查结果

武乡县是长治市种植谷子面积最大县之一，全县谷子种植面积约 0.67 万 hm^2，总体上与往年相比持平或略有增加，具体表现在：一般年份沟地产量明显优于丘陵地，2009 年丘陵地与沟地一样表现良好；一般年份产量约 250kg/667m^2，今年的产量超过 250kg/667m^2。全县玉米 1.63 万 hm^2，中等以上占 40%，其余为丘陵地，平川地玉米估计减产 15%，丘陵地减产幅度 30% 左右。降雨情况是：5 月 10 日降透雨一场，作物生长期间的 7 月和 9 月又有几次降雨，后几次降雨对玉米来说没解决旱情，而对于谷子，可以说是及时雨，充分表现了谷子抗旱节水的特点，少量的降雨为谷子的生长发育提供了保证。

5.1.3.3 襄垣县旱情及产量情况调查结果

襄垣县谷子种植面积约 0.33 万 hm^2，由于襄垣县煤矿区较多，地下水资源比其他县区缺乏，降雨的多少对农作物的影响较大，2009 年与往年比较产量表现不同程度的减产。在 5 月 10 日下了一场透雨，谷子播种保证了全苗。整个伏天没下雨，表现有轻微的卡脖旱，个别地块表现秃尖现象，从整体上看谷子产量比往年略有减产。玉米减产幅度较大，全县玉米 3.07 万 hm^2，沟地占 1/3，减产 1~2 成；平地占 1/3，减产 3~4 成；丘陵地占 1/3，减产 4~5 成；个别地块无收。因为该县有煤矿，年轻人在矿上打工，对种田不重视，靠天种田，这些也是给农业生产造成很大影响的关键因素。

5.1.3.4 壶关县旱情及产量情况调查结果

壶关县是长治地区有名的缺水县，干旱时吃水都是问题，地下水在 500~600m，全县只有在县城打了井，农田全靠天降雨。全县谷子种植面积约 0.07 万 hm^2，当地农户在谷子种植与管理方面有较高的水平，有名的晋庄谷子旱作经验就出自壶关县。由于干旱，2009 年壶关县谷子的产量比往年 250kg/667m^2 减产 1~2 成。全县玉米 1.33 万 hm^2，其中一类田 0.5 万 hm^2 左右，比往年 600kg/667m^2 减产约 2 成，山坡地往年 400kg/667m^2 减产 5~6 成。2009 年的降水情况是播前下了一场雨，4、5、6、7 月一直没雨，8 月下了一场小雨。

5.1.3.5 黎城县旱情及产量情况调查结果

黎城 2009 年在 5 月 10 日下了一场透雨，整个生长季节缺雨，种谷面积 0.03 万 hm^2，和往年相比 2009 年谷子因干旱穗小但整齐干净无病害（风调雨顺季节年份谷穗通常发黑），往年平均产量 250kg/667m^2，2009 年估计产量 175~200kg/667m^2，减产约 20%。主产玉米 0.53 万 hm^2，水浇地 0.4 万 hm^2，丘陵地 0.13 万 hm^2，一类田（平川、沟地）减产 30%，丘陵地减产 50% 以上，有少部分地块甚至绝收。2009 年个别玉米田浇水，大多数田不浇，谷田根本不浇，靠天吃饭。

5.2 洪涝、冰雹等灾害气候的影响

本年度暴雨和冰雹影响面积较小，冰雹影响较大的是 7 月 25 日晚，襄垣县王村、下良村等 6 个乡镇 55 个村遭遇了不同程度的冰雹灾害袭击，受灾面积 0.43 万 hm^2，成灾面积 0.37 万 hm^2，绝收面积 0.18 万 hm^2，主要作物为玉米、谷子、大豆等，谷子约占到 15%。

6 应对干旱采取的主要措施

由于长治市地处干旱丘陵山区，农业基础设施较差，属典型雨养农业，靠天吃饭，对于谷子本身的生长特性也不会考虑使用浇水等办法，对于干旱主要在农作物的管理方面采取一些应对措施，

主要措施如下。

6.1 调节播期，增大播量，保证全苗

谷子在当地播种时期较长，从5月初至5月下旬播种均可以保证谷子的正常成熟（不含高寒山区）。可通过等雨播种、播后待雨、镇压等办法解决播种保全苗问题。

6.2 增施有机肥或谷子专用肥提高谷田的保墒效果

谷子产业的兴起与发展，促使当地谷子的价格连年增长，提高了谷子种植的效益，农民对种植谷子的投入也逐年增加。小米加工企业推广谷子有机专用肥的举措进一步提高了谷田的肥力水平和蓄水保墒的能力，在提高谷子品质的同时也增加了谷子的产量。

6.3 加强谷田田间管理，促进谷子的生长发育，提高水分利用率

在对谷子种植重视并具有丰富种植经验的地区，如壶关县晋庄，通过改变谷田浅中耕的时期、增减中耕次数有效减少地下水分的蒸发，提高水分利用率，在干旱年份玉米明显表现减产的情况下，谷子长势良好。

7 谷子在应对全球气候变化中的作用评价

谷子以其抗旱耐瘠、营养丰富的特点在农业生产中占有重要的地位。面对全球气候变化，谷子在保证粮食安全、提高农村经济发展水平、改善人民膳食结构方面越来越发挥出更大的作用。在2009年全国北部气候严重干旱的条件下，谷子充分地发挥出独特的抗旱特点，产量影响较小，对稳定农村经济发展起到了积极的作用。

参考文献

[1] 赵姚阳，刘文兆，胡梦珺．旱作条件下川地与梯田谷子水量平衡过程的比较［J］．干旱地区农业研究，2003，21（4）：109~112

[2] 张喜文，武钊．谷子栽培生理［M］．北京：中国农业科技出版社，1993：150~164

[3] 山西省农业科学院．中国谷子栽培学［M］．北京：中国农业科技出版社，1987：275~281

谷子简化栽培技术研究进展与发展方向*

程汝宏　师志刚　刘正理　夏雪岩

（国家谷子产业技术体系遗传育种研究室 / 国家谷子改良中心 / 河北省农林科学院谷子研究所，
河北石家庄　050035）

摘　要：谷子是小粒半密植作物，精量播种困难，且一般品种缺乏适宜的除草剂，千百年来，谷子生产一直依赖人工间苗、除草，不仅劳动繁重，而且苗期一旦遇到连续阴雨天气，极易造成苗荒和草荒导致严重减产甚至绝收；此外，农机科研和生产单位出于效益的考虑，基本不从事谷子生产机械的研发，导致谷子生产仍人工操作。上述问题使得谷子生产不符合现代农业的要求，严重限制了谷子的规模化、集约化栽培。本文介绍了近年来谷子简化栽培技术研究进展，并提出了培育抗除草剂简化栽培谷子品种、研发关键生产环节配套农机、通过农机农艺结合实现谷子简化栽培的发展方向。同时提出了通过育种与植保手段减轻谷子鸟害的思路。

关键词：谷子；简化栽培

Progress and Developing Direction of Simplified Cultivation Techniques on Foxtail millet

Cheng Ruhong，Shi Zhigang，Liu Zhengli，Xia Xueyan

（Section of Genetics and Breeding, China Industrial and Technological Research System of Millet;
National Millet Improvement Center；Institute of Millet Crops,Hebei Academy of Agricultural and Forestry Sciences, Shijiazhuang 050035, China）

Abstract: Foxtail Millet (*Setaria italica* Beauv.), a cereal crop with small seed and suitable for semi-compact planting, is difficult for accurate sowing. For ordinary varieties, it is not easy to control weeds due to the lack of suitable herbicide in foxtail millet. For thousands of years, thinning seedlings and weed rely on manual work all the time, which is not only labor costing, but also hard to distinguish the millet seeding with some kindred-wild weeds. Furthermore, once the weather of successive rain occurs at the seeding stage, the over-growth of seedlings and weeds is likely to happen. That usually leads to serious yield loss, even harvest nothing in the same stubble replicated field. Besides, we are short of agricultural machinery on foxtail mille production because none willing to research that since the small production scale. All these have restricted the large-scale cultivation

* 基金项目：现代农业产业技术体系建设专项资金资助；国家科技支撑计划 2006BAD02B02 项目资助；河北省杂粮研究实验室资助。

第一作者简介：程汝宏，1963 年出生，男，研究员，主要从事谷子遗传育种。

通讯地址：河北省石家庄市高新技术产业开发区恒山街 162 号，河北省农林科学院谷子研究所。Tel：0311-87670706，E-mail：Chengruhong88@hotmail.com。

and intensive culture of foxtail millet today. In this paper, the progress of simplified cultivation techniques on foxtail millet were introduced. Also, we indicate that breeding for herbicide resistant, developing foxtail millet production machinery are the developing direction of Simplified cultivation techniques on foxtail millet.
Key words: Foxtail millet (*Setaria italica* Beauv.); Simplified cultivation

谷子起源于我国，已有 8 700 多年的栽培史[1]，种植面积占世界的 80%，是我国的特色作物。近年来，随着杂粮热的兴起，谷子市场前景看好，价格日益攀升，2008 年河北小米加工企业的普通商品谷子收购价格达到 3.6 元 /kg，是玉米市场价格（1.65 元 /kg）的 2.18 倍。也就是说，谷子 4 500kg/hm^2，相当于玉米 9 825kg/hm^2 的产值，而在瘠薄旱地上，玉米产量低而不稳，化肥农药投入也远高于谷子，因此，谷子已经成为干旱地区的高效作物和农民增收的重要经济来源。但是，当前的谷子生产技术仍十分落后，间苗、除草、收获仍依赖人工操作，不符合现代农业的要求，成为制约谷子规模化生产的瓶颈难题。

1 我国谷子生产存在的问题

新中国成立初期全国谷子年种植面积高达 987 万 hm^2，在我国农业生产史上曾发挥过举足轻重的作用。谷子具有营养丰富、耐旱耐瘠、粮草兼用等特点，在杂粮热日益升温、水资源短缺日趋严重，以及畜牧业不断发展的形势下，谷子理应在农业种植结构调整和国际贸易中占有重要的地位。而实际情况却恰恰相反，近年来，我国谷子种植面积已逐渐萎缩至目前的 87 万 hm^2。出现这种不正常现象的主要原因有以下四个方面。

1.1 长期以来谷子一直被看作低产作物而受到忽视，种植面积一再被压缩

通过我国谷子科研工作者的不懈努力，谷子已不再是低产作物，而是旱薄地的优势作物，水肥地的高产作物。新品种大面积单产 6 000kg/hm^2，小面积单产 7 500~9 000kg/hm^2 已很普遍，如河北省农林科学院谷子所育成的冀谷 14 号 1994 年最高单产 8 649kg/hm^2 [2]，谷丰 2 号 2002 年最高单产达 9 105.6kg/hm^2 [3]，张家口市农业科学院育成的张杂谷 5 号 2007 年经专家测产创造了单产 12 150kg/hm^2 的高产纪录。

1.2 谷子自身特性的问题

谷子是小粒半密植性作物，千粒重仅 3.0g 左右，每千克种子多达 30 万 ~35 万粒，而适宜的留苗密度为 37.5 万 ~75.0 万株 /hm^2，即用种量仅为 2.55~4.5kg/hm^2，精量播种不仅很困难，而且由于谷子多种植在旱薄地，管理粗放，墒情难以保证，精量播种难以保证全苗。为此，千百年来，我国农民形成了根深蒂固的“有钱买种，无钱买苗”的思想，谷子生产一直采用大播种量（15~30kg/hm^2）保证全苗、再通过人工间苗达到适宜的留苗密度的栽培方式；同时，普通谷子品种缺乏适宜的除草剂，谷田除草一直靠人工作业。人工间苗、除草不仅是繁重的体力劳动，而且苗期一旦遇到连续阴雨天气，极易造成苗荒和草荒导致严重减产甚至绝收，常年因此减产 30%左右，这是近年来谷子种植面积不断萎缩的主要原因之一。

1.3 农村劳动力结构的变化和谷子生产机械化程度的欠缺

近年来，随着农业机械化程度的提高，小麦、玉米生产变得非常简便，大量的农村劳动力务工经商，农村已形成以老人、妇女为主从事农业生产的格局，同时，以往用于晾晒脱粒的晒场逐渐消失。由于谷子面积小、种植分散，农机科研和生产单位出于效益的考虑，基本不从事谷子生产机械的研发，导致谷子生产仍人工操作，高强度的劳动使得老人和妇女难以承受，而晒场的消失，加大了谷子脱粒的难度。

1.4 鸟害使得零星种植的谷田消失，加剧了谷子生产面积的萎缩

2 谷子简化栽培的发展历程

长期以来，为了实现谷子简化栽培，国内外谷子科研工作者从播种量、栽培方式、农机、种子处理、化学除草、矮化育种、抗除草剂育种等方面开展了不懈的探索，并取得了一系列成就。

2.1 精量播种与栽培方式研究

谷子间苗的问题一直是谷子科研工作者关注的主要问题。内蒙古昭乌达盟农科所（1962）提出谷子精量播种不间苗技术[4]，河北省农学会（1965）提出谷子宽垄密植少间苗技术[5]，河北省农林科学院作物所（1983）提出夏谷小密垄不间苗技术[6]。实践证明，宽垄密植少间苗技术和精量播种不间苗技术虽然可以节省间苗用工，但因播种量较小，在旱地往往导致缺苗，全苗地块又往往密度过高，造成田间通风透光性差，病害、倒伏严重，因此，未能大面积推广。目前谷子主产区主要采用撮留苗方式间苗，该方法间苗省工，结合半精量播种技术效果较好。但由于农民习惯于大播种量，致使撮内苗数过多，造成茎秆细弱、穗小、易倒伏等，间苗省工的效益难以补偿产量的损失。李东辉（1987）提出谷子小包装精量播种技术[7]，方法是将用高浓度的尿素处理后不能发芽的谷种与正常谷种混合播种，初步达到了免间苗或少间苗的效果，该方法起到了一定的积极作用，但由于谷粒太小，且多数种植在坷垃较多的旱地上，谷苗顶土力差，要靠群体顶土才能保证出苗，使得小包装精量播种技术的应用范围受到限制。

2.2 机械化播种技术

1980年前后，各地纷纷试验谷子机械化播种技术[8~12]，在平原地区示范效果很好，可将谷种播量控制在4.5~7.5kg/hm^2，能够达到少间苗或不间苗的目的。但是，由于这些播种机械多数只是对小麦播种机进行简单的播量调整，播种质量不高，因为谷子籽粒太小，播种过程中排种器容易堵籽，导致播种不均匀而缺苗断垄。同时，自1985年我国全面实行联产承包责任制以后，各农户谷子种植面积小而分散，且大部分种植在丘陵山区，使得联产承包责任制以前推广的大型播种机械很难操作，目前已很少使用。

2.3 种子处理技术

2.3.1 谷种丸化技术

1993 年，河北省农林科学院谷子研究所试图通过谷种丸化实现精量播种免间苗，但丸化谷种导致谷种吸水困难，出苗率较低，应用效果不理想。

2.3.2 谷子化控间苗技术

2001 年，山西省农业科学院谷子研究所筛选出一种特殊的化学制剂，对谷种进行处理，使其既能正常发芽出苗、发挥群体顶土出苗的作用，又能在出苗后自行死亡，处理谷种与同品种正常谷种按一定比例混合播种，从而实现谷子免间苗的目的。但是，该方法在生产应用中仍存在较多问题，一是不同墒情条件下播种量不好掌握，播种过多仍需人工间苗，播种过少或在干旱条件下导致缺苗断垄。二是该方法不能解决人工除草的难题。

2.4 化学除草技术

为了实现谷子化学除草，国内外曾进行了大量的探索，但研究表明，谷子对所有商业化生产的除草剂均表现敏感[13~15]，只有少数除草剂在低剂量下可勉强使用[16]，如阿特拉津等，但低剂量下除草效果较差。1998 年，南开大学研制出新型除草剂 44%“谷友”可湿性粉剂，推荐剂量 2.1kg/hm^2，对水 750kg/hm^2，于谷子播种后出苗前封地使用。1999 年以来，河北省农林科学院谷子研究所与南开大学合作，经过几年的反复示范和剂型改进，结果表明，该除草剂在墒情条件好、使用剂量适宜的情况下除草效果可达 90%以上。但是，在墒情不足的情况下，除草效果不理想，而在使用过量（超过 2.1kg/hm^2）或苗期阴雨较多的情况下药害明显，对谷苗有明显抑制作用，甚至导致谷苗死亡。因此，该除草剂只能在技术条件较好的地区控制使用，目前应用面积仅为谷子总面积的 3%左右。

2.5 矮化育种研究

为了提高谷子抗倒伏、耐密植能力，进而提高产量水平，我国谷子育种工作者开展了谷子矮化育种研究，并育成“豫谷 8 号”、“冀张谷 6 号（矮 88）”、“赤谷 9 号”等矮秆品种。实践证明，这些矮秆类型虽然可以提高 30% ~ 50%的种植密度，在一定程度上可以减少间苗用工，但却普遍存在着抗旱耐瘠性差、早衰、结实性差等难以克服的问题[16, 17]，仅适宜在水浇地上推广。目前推广的谷子品种 90%以上仍为中、高秆品种。

2.6 抗除草剂育种研究

1981 年以来，法国的 H. Darmency 等在谷子的近缘种野生青狗尾草（*Setaria Viridis* 2n=2X=18）群体中发现了抗除草剂的突变体，经过筛选和遗传研究，得到受细胞质基因控制的抗阿特拉津（Atrazine）[18, 19] 材料；加拿大从野生青狗尾草中发现受核显性单基因控制的抗拿捕净（Sethoxydim）材料，以及受 2 对连锁的细胞核隐性基因控制的抗氟乐灵（Trifuraline）[20, 21] 材料。通过杂交、回交等手段，将青狗尾草的抗除草剂基因转移到栽培谷子中。1993 年，河北省农林科学院谷子研究所将法国、加拿大的谷子抗除草剂基因引入中国栽培品种中，创制出谷子抗除草剂材料，并分发到全国很多谷子育种单位，开始了我国的谷子抗除草剂育种。但是，十几年过去了，抗除草剂谷子品种仍未在生产上大面积应用，育成的抗除草剂品种也寥寥无几，造成这样局面的主要原因有 4 点：（1）单一的抗除草剂品种不能解决谷子人工间苗的难题；（2）抗氟乐灵类型抗性水平偏低，除草剂浓度不易掌握；（3）抗拿捕净类型虽然抗性水平高，但拿捕净对双子叶杂草无效，除草不彻底，需要与专杀双子叶杂草的除草剂配合使用，导致除草成本过高；（4）细胞质抗除草剂基因是由叶绿体突变产生的，对光合作用有不利影响，应用细胞质抗除草剂基因要在产量上付出代价[22]。同时，细胞质抗除草剂基因抗性遗传不稳定，杂种后代抗性易出现分离。由于上述原因，致使谷子抗除草剂育种出现了前期热、近期冷的局面。

3 谷子简化栽培技术新进展

2003 年，河北省农林科学院谷子研究所提出了综合运用育种手段和栽培措施实现谷子简化栽培的技术思路，2006 年，“简化栽培谷子品种选育及其配套栽培方法”获得国家发明专利（专利号：ZL200410058088.9）。该方法的核心技术是，改变国内外普遍采用的单纯培育抗除草剂品种的育种方法，利用现有的抗除草剂基因，通过杂交、回交等育种手段，培育出抗除草剂、不抗除草剂或抗不同除草剂的同型姊妹系或近等基因系，把 2~3 个同型姊妹系或近等基因系按一定的比例混合播种，通过喷施特定除草剂达到同时实现化学间苗、化学除草的目的。

3.1 简化栽培谷子品种选育方法

该项发明具有 6 种育种技术方案：

（1）不抗除草剂的常规品种 + 细胞质抗阿特拉津近等基因系的培育。

（2）常规谷子品种 + 细胞核抗拿捕净近等基因系的培育。

（3）细胞核抗拿捕净品系 + 不抗除草剂的同型姊妹系的培育。

（4）兼抗阿特拉津和拿捕净的双抗品系 + 抗阿特拉津同型姊妹系的培育。

（5）兼抗阿特拉津和拿捕净的双抗品系 + 抗阿特拉津近等基因系的培育。

（6）常规品种 + 兼抗阿特拉津和拿捕净的双抗近等基因系 + 抗阿特拉津近等基因系的培育。

由于抗阿特拉津是细胞质内叶绿体突变产生的抗除草剂特性，对光合产生一定影响，导致产量损失，很难选育出高产类型，因此，目前不将其作为重点使用，而是重点使用细胞核显性单基因控制的抗拿捕净材料。通过多年实践，目前最简单实用的方法是采用第三种方法，即细胞核抗拿捕净品系 + 不抗除草剂的同型姊妹系。目前，河北省农林科学院谷子研究所采用该方法育成的简化栽培新品种冀谷 25 号、冀谷 29 号分别于 2006 年、2008 年通过全国谷子品种鉴定委员会鉴定，并在河北、河南、山东等省大面积示范成功。

3.2 简化栽培谷子品种配套栽培方法

3.2.1 主体播种量

主体播种量为化学间苗后留下抗除草剂品系的播种量，根据种子发芽率、田间出苗率、当地适宜的留苗密度、品种千粒重（不同的品种千粒重不同，应以实际测定结果为准）来计算，其中，主体播种量为抗拿捕净品系的播种量，辅助播种量为不抗拿捕净的同型姊妹系的播种量。主体播种量计算公式如下：

主体播种量（kg/hm^2）＝当地适宜的留苗密度（万株 /hm^2）÷ 发芽率（%）÷ 出苗率（%）× 千粒重（g）÷ 100

3.2.2 混配比例

主体播种量与辅助播种量的比例应适当，一般为 1∶0.5~1∶2。适宜的混配比例与当地习惯的播种量和留苗密度有关，在留苗密度相对固定的前提下，习惯的播种量越大，辅助播种量比例越大；在采用精量播种情况下，辅助播种量比例应较小。

3.2.3 总播种量

总播种量根据主体播种量和最佳混合比例计算。总播种量一般为 0.5~1.0kg/667m^2。几年的试验示范结果表明，在缺少精量播种机械的现实情况下，冀谷 25 在冀中南一般采用 1∶2 的混合比例，总播种量 15.0kg/hm^2，即 5.0kg 抗拿捕净品系加上 10.0kg 不抗拿捕净同型姊妹系，充分混合均匀。生产应用时还要考虑不同地块，平原春白地或贴麦茬播种地块播种量 13.5~15.0kg/hm^2；麦收后耕地后播种的地块，特别是联合收割机收获小麦的地块，由于麦茬较多，影响谷子播种质量，播种量以 15.0~17.25kg/hm^2 最佳；山区丘陵旱薄春播地块播种量以 12.0~13.5kg/hm^2 最佳。

3.2.4 适宜的除草剂喷施剂量与喷施时期

由于拿捕净只能杀灭单子叶杂草，对双子叶杂草完全无效，因此，要实现彻底除草必须采用其他防治双子叶杂草的除草剂与拿捕净配合。通过大量筛选，适合谷田双子叶杂草防治的除草剂有两种，即“谷友”、“百阔净”，两者任选一种。谷友（44% 可湿性粉剂）为苗前除草剂，对单、双子叶杂草均有效，于谷子播种后、出苗前均匀喷施于地表，最佳剂量是 1 500g/hm^2，最高 1 800g/hm^2，对水 750kg/hm^2；百阔净（二甲四氯水剂，有效成分 750g/L）为苗后除草剂，只对双子叶杂草有效，使用剂量为 600~750ml/hm^2，对水 600kg/hm^2。

（1）除草剂使用方法

第一种方法：谷子播种后、出苗前于地表均匀喷施 44% 谷友可湿性粉剂，最佳剂量是 1 500g/hm^2，最高 1 800g/hm^2，对水 750kg/hm^2；谷苗 4~5 叶期喷施 12.5% 拿捕净乳油，剂量为 1 200~1 500ml/hm^2，对水 450~600kg/hm^2。

第二种方法：谷苗 4~5 叶期混合喷施拿捕净和百阔净，拿捕净剂量为 120~1 500ml/hm^2，百阔净剂量为 600~750ml/hm^2，对水 450~600kg/hm^2。

（2）注意事项

1）若谷子播种量过大或杂草出土较早，可以分 2 次使用拿捕净，第一次在谷苗 2~3 叶期使用，剂量为 750ml/hm^2；第二次在谷苗 6~8 叶期使用，剂量为 1 050~1 200ml/hm^2。

2）如果因墒情等原因导致出苗不均匀时，苗少的部分则不喷拿捕净。

3）注意要在晴朗无风、12h 内无雨的条件下喷施除草剂，确保不使药剂飘散到其他谷田或其他作物上。

4）拿捕净兼有间苗和除草作用，垄内和垄背都要均匀喷施，不漏喷。

5）其他管理措施。谷苗封垄前结合追肥进行耘地培土，防除新生杂草，同时促进支持根生长，防止倒伏。

4 谷子简化栽培发展方向

现有的谷子简化栽培技术主要是间苗除草技术，而且存在着必须使用两种除草剂，除草成本较高的问题。今后的谷子简化栽培应从以下两个方向努力。

4.1 发掘对单双子叶杂草均有效的抗除草剂基因，降低除草成本

2006 年，河北省农林科学院谷子研究所从加拿大新引进了抗咪唑乙烟酸（Imazethapyr）除草剂的青狗尾草材料。经室内和田间鉴定，该抗除草剂材料遗传稳定，抗性强，受显性寡基因控制，其相应的除草剂不仅可以防治禾本科杂草而且适用于苘麻、反枝苋、藜等阔叶杂草，因此，可以使用单一除草剂达到较彻底除草的目的。同时，咪唑乙烟酸是目前广泛应用于大豆田除草的常用除草剂，价格低廉，除草成本只有“拿捕净 + 谷友”成本的 1/3，因此具有更广阔的应用前景。目前，河北省农林科学院谷子研究所已将狗尾草抗咪唑乙烟酸基因转入谷子中，育成了一批性状基本稳定的抗咪唑乙烟酸谷子育种材料，预计 3~5 年内可应用于谷子生产。

4.2 研发谷子生产机械

未来的谷子生产，必将走规模化、产业化的发展道路，而要适应这一发展趋势，谷子生产必须在推广抗除草剂品种的基础上，研发关键生产环节的配套农机，走农机农艺结合的发展道路。当前最急需的谷子生产机械依次是脱粒机、收割机、播种机。

长期以来，谷子脱粒一直依靠传统的碾压方法，有的采用小麦脱粒机脱粒，但是，小麦脱粒机脱谷子需要把谷穗晒干，而且要脱粒 2~3 遍，效率很低，在晒场缺乏的情况下更难操作。近年来，河北、山西、陕西等地先后试制了谷子脱粒机，但多数效果不好。效果较好的是河北华勤机械有限公司、河北省农业机械化研究所有限公司以及河北省农林科学院谷子研究所联合研制的中小型谷子脱粒机，脱穗效率为每小时脱粒 1 500kg 左右，收获后可以不经晾晒直接脱粒，一次脱净率 99% 左右；而且可以带秸秆脱粒，效率为每小时脱粒 1 000kg，一次脱净率 98% 左右，机型也较小。

播种机、收割机相对简单，但播种机的关键是播种量的精量控制，而且必须保证播种均匀。目前的普通小麦播种机通过调节播种量可以应用于谷子播种，但每次播种时必须反复调试才能保证播种量适宜。因此最好的办法是研制专门针对谷子播种的小型播种机或者播种耧。谷子收割机可以在小麦割晒机的基础上进行改造，还应研发针对丘陵地区的小型割晒机。最终的发展方向是实现谷子联合收割脱粒。目前，河北省农林科学院谷子研究所与河北省农业机械化研究所、武安市农机推广站、邯郸县冶金机械配件厂等单位合作，研发了谷子播种机 2 台、割晒机 1 台、联合收割机 1 台，经过反复试验改进，播种机、割晒机可望在 2011 年夏季定型，联合收割机已经基本定型并在邯郸县、大名县进行了 1 000 多亩的收割作业，效果良好，可望于 2011 年大面积推广。

4.3 通过育种与植保手段减轻谷子鸟害

谷子鸟害问题尽管难以解决，但减轻危害还是可以实现的。

4.3.1 育种手段

鸟类特别是麻雀喜食谷子，但对不同类型的品种危害程度不同。多年的实践证明，中长刚毛品种比中短刚毛和长刚毛品种危害轻，褐色籽粒品种比黄粒及其他粒色品种危害轻。因此，通过育种手段，将中长刚毛、褐色籽粒聚合于同一品种，可以更有效减轻鸟害。

4.3.2 趋避方法

目前飞机场普遍采用的物理驱鸟方法是非常有效的，但是成本较高，而且驱鸟设施在大田使用容易丢失，因此不适宜在谷子生产上推广。最佳方法是研发对人、畜无毒无味、且不影响谷子品质的鸟类化学趋避剂。

参考文献

[1] Houyuan Lu, Jianping Zhang, Kam-biu Liu, *et al.* Earliest domestication of common millet (Panicum miliaceum) in East Asia extended to 10 000 years ago［J］. PNAS, 2009 106 : 7 367~7 372

[2] 程汝宏，刘正理．冀谷新品种冀谷十四号的选育［J］．河北农业科学，1998，2（2）：16~20

[3] 程汝宏，刘正理．谷子育种中几个主要性状选育方法的探讨［J］．华北农学报，2003，18（院庆专辑）：145~149

[4] 昭乌达盟农科所．谷子自然苗的探讨［M］．见：内蒙古自治区农业科学研究成果汇编（第一集），1962 : 214~217

[5] 河北农学会．谷子宽垄密植试验总结报告［J］．河北农学报，1965，（1）：75~76

[6] 河北作物所谷子室．夏谷小密垄不间苗增产栽培技术要点［J］．农作物研究资料，1983，（1）：18~19

[7] 李东辉．谷子两防技术—良种良法技术小包装［J］．糜谷黍科研通讯，1987，（3）：43~45

[8] 胡凤强．谷子机播产量高［J］．辽宁农业科学，1978，（1）：28

[9] 刘凤亭．谷子机播大有潜力［J］．辽宁农业科学，1979，（3）：28~29

[10] 聂希安．谷子机械簇播栽培法的理论与实践［J］．黑龙江农业，1980，（1）：40~41

[11] 山西农大谷子组点播机研制组．谷子点播机试验成功［J］．山西农业科学，1980，（2）：27

[12] 杨化行．谷子机播省工、节种、苗壮、产量高［J］．河南农业科技，1984，（5）：36~37

[13] DHANAPAL, D.N. 筛选旱地作物除草剂的大田研究［J］. Mysore Journal of Agricultural Science, 1987, 21(1) : 87~88

[14] Norman R.M. & Rachie K.O., The Setaria Millet, A Review of the World Literature［M］. Experiment Station, University of Nebraska College of Agriculture, Neb, USA, 1971

[15] 杜瑞恒．谷田化学除草技术［J］．河北农业科技，1989，（7）：6~7

[16] 陈金桂，张玉宗．赤霉素反应敏感型和不敏感型谷子矮秆突变体的鉴定［J］．华北农学报，1998，12（1）：46~52

[17] 籍贵苏，杜瑞恒，张喜英．高秆矮秆谷子根的遗传、分布差异及根与产量有关性状的相关研究［J］．华北农学报，1999，14（2）：42~47

[18] H Darmency, J Pernes. Agronomic Performance of Atruzine Resistant Foxtail Millet(*Setaria italica*(L.)Beav.)［J］. Weed Research, 1989, 29（2）:147~150

[19] H. Darmency, J Pcrncs. Usc of Wild *Setaria Viridis*（l.）Beauv. to Improve Triazine Resistance in Cultivated S. italica（L.）by Hybrridization［J］. Weed Research, 1985, 25: 175~179

[20] Tianyu wang, H Darmency. Inheritance of Sethoxydim Resistance in Foxtail Millet, *Setariia italica* (L.)Beav［J］. Euphytica, 1997, 94:69~73

[21] 王天宇，辛志勇．抗除草剂谷子新种质的创制，鉴定与利用［J］．中国农业科技导报．2000，2（5）：62~66

[22] 籍贵苏，杜瑞恒．胞质抗除草剂谷子发育及与敏感型常规品种的差异［J］．中国生态农业学报，2003，11（1）：30~32

化控间苗谷种栽培技术研究 *

王节之　郝晓芬　王根全　王晓宇　王潞英

（山西省农业科学院谷子研究所，山西长治　046011）

摘　要：为了促进谷子大面积推广，加速谷子产业化开发。对化控间苗谷种栽培技术进行了研究。试验结果显示：化控间苗谷种效果与土质、肥力、整地质量、土壤墒情、播期等因素有关。不同的栽培条件通过调节配比或播量可以达到化控间苗目的，实现谷子的不间苗或少间苗。土壤黄褐墒情（含水量 15%~18%）和春播谷子采用 35% 1.0kg 或 50% 0.75kg 的配比与播量；土壤黄墒情（含水量 13%~15%）和夏播谷子采用 50% 1.0kg 或 50% 0.75kg 的配比与播量。红土壤与有机质含量高的土壤应适当低于一般壤土地（含瘠薄地）化控间苗谷种的配比或播量。

关键词：谷子；化控间苗谷种；栽培技术

Cultivation Technique on Foxtail Millet Seedling Thinning by Chemical Agent

Wang Jiezhi，Hao Xiaofen，Wang Genquan，Wang Xiaoyu，Wang Luying

（Millet Research Institute, Shanxi Academy of Agricultural Sciences, Changzhi 046011, China）

Abstract: Cultivation Techniques were studied on foxtail millet seeding of thinning by chemical agent for promoting foxtail millet production and industrialization. The result showed that the technique of seedings thinning by chemical agent was effected by some factors, e.g. the quality of soil, soil fertility, moisture content of soil and sowing-time ,etc. 35% 1.0kg or 50% 0.75kg were used to the rich moisture content of soil and early spring sowing. 50% 1.0kg or 50% 0.75kg were used to the poor moisture content of soil and summer sowing. The result showed that the number of leaved greed seedlings for MND pharmacy treating millet seeds was more in the reddish soil and the soil of more fertilizer than loam soil and loamy fine sand. The problem could were solved by adjusting the seed-quantity and the rate of millet-seeding of Thinning by Chemical Agent.

Key words: Foxtail millet; Seedling thinning ; Cultivation techniques

谷子是小粒作物，单粒顶土力差，依靠群体萌芽顶土才能出苗，因此，谷子间苗是生产上存在的老大难题。针对生产上存在问题，山西省农业科学院谷子研究所根据谷子出苗特点，研究出一种能使谷子正常播种出苗，出苗后，在两叶时能够自然死亡的低毒，残效期短，对环境、作物无污染

* 基金项目：国家创新技术基金资助项目“谷子化控间苗技术应用”研究，项目编号：02EFN211400072。

第一作者简介：王节之，1956 年出生，女，研究员，主要从事谷子育种、栽培技术研究。

通讯地址：山西省长治市漳沂路科研巷 1 号，山西省农业科学院谷子研究所。Tel：0355-2204210, E-mail：sxczwjz@163.com。

MND 化学药剂。利用 MND 化学药剂处理谷种和正常谷种按一定比例混匀配制成化控间苗谷种。该谷种播种出苗后，MND 制剂处理谷种苗在两叶时自然死亡，留下正常谷种的种苗，从而实现了谷子的不间苗或少间苗，使谷农摆脱了繁重的体力劳动，提高了劳动效率。化控间苗谷种与常规种相比较其显著特点：一是间苗省工省时，节本增效；二是利于培育壮苗，提高产量；三是操作简便，易于推广；四是不受品种限制，可以广泛推广。为使化控间苗谷种大面积推广，促进谷子机械化种植和产业化开发，我们开展了影响化控间苗谷种效果的因素研究，它将对谷子生产可持续发展具有重大意义。

1　材料与方法

1.1　不同土壤含水量对化控间苗谷种的出苗率试验

根据生产上种谷习惯，选择了有代表性的 4 块地：A. 春耕耙耱整地无镇压。B. 秋耕春季整地较差，地面有坷垃。C. 秋耕春季耙耱镇压，地平细绵。D. 播种前半个月浇水后，旋耕耙耱，精细整地。在播种前用取土器取土测土壤含水量。每块地以播量为 1kg/667m^2 种植 35%（正常种子占混播种子的百分比）配比化控间苗谷种，出苗后每块地选择 3 个点，每点面积 10m^2，然后 3 点进行平均作为该地的出苗率。

1.2　土壤含水量相近整地质量不同对化控间苗谷种出苗影响

选择土壤含水量相等或相近，而整地质量不同的 A、B 两块地，A 块地土壤颗粒小细绵平整，B 块地土壤坷垃大整地粗糙。种植化控间苗谷种，调查其出苗率[1]。

1.3　不同土壤类型对 MND 制剂处理谷种出苗率的影响试验

在山西长治、屯留、阳城等地选代表性土壤 5 种，它们分别是细沙土、沙红土、红土、壤土、豆叶肥土。把不同土壤放置营养杯，每杯分别种上 100 粒 MND 制剂处理种子，以正常种子为对照，重复 3 次，检查种子出苗率、自然死亡率。

1.4　不同土壤质地墒情条件下化控间苗谷种配比与播量处理的产量试验

试验设在山西汾阳试验场、晋城良种场、壶关县良种场、屯留上连乡、山西省农业科学院谷子研究所等地进行，用 35% 的配比、播量 1.25kg/667m^2 与 1.0kg/667m^2 和 50% 的配比、播量 0.75kg/667m^2 与 1.0kg/667m^2，常规谷种为对照，5 个处理，每个处理 133.4m^2，种于红土或壤土黄褐墒地（土壤含水量 15%~18%）和黄墒地（土壤含水量 13%~15%），调查不同处理的产量表现。

1.5　不同配比播量处理的播期试验[2~4]

在山西农业科学院谷子研究所进行了播期试验，用 35% 的配比、播量 1.25kg/667m^2 与 1.0kg/667m^2 和 50% 的配比、播量 0.75kg/667m^2 与 1.0kg/667m^2，常规谷种为对照，5 个处理，每个处理 133.4m^2，分别于 4 月下旬与 6 月中旬播种，观察不同播期种植的合适比例。

1.6 化控间苗谷种不同播期的试验

以晋谷21号35%配比化控间苗谷种为试材，在本所大田进行播期试验，设计5月12日、6月6日、6月15日三个播期，常规种子为对照。行长10m，行距0.33m，小区面积83m^2，播量1kg/667m^2。在田间栽培条件下观察其田间留苗数、植株性状及产量表现。

2 试验结果

2.1 不同土壤含水量对化控间苗谷种出苗率的影响

土壤墒情的好坏对出苗率影响很大（表1），出苗率随着土壤含水量提高出苗率增加。A、C、D三种土壤含水量分别为13.15%、15.88%、17.69%，出苗率为26.4%、41.75%、50%，说明土壤墒情对化控间苗谷种出苗有直接的关系。因此，播种时要根据墒情确定配比与播量，同时抓住墒情机会及时播种。

表1 不同土壤含水量对化控间苗谷种出苗率的影响

类型	A	B	C	D
土壤含水量（%）	13.15	13.52	15.88	17.69
平均出苗率（%）	26.40	15.20	41.75	50.00

整地平整细绵与否对出苗率影响极大。A块地平整细绵，B块地整地粗坷垃多，二者土壤含水量相近，分别是13.15%和13.52%，但它们的出苗率是26.4%与15.2%。前者为细绵土，土壤空隙小，土壤保水性较好，种子萌发出土受风吹日晒影响小；后者表土层含有大小不等的土坷垃，中午温度高，种子萌发出土受阳光暴晒水分蒸发快，不等出土种苗就萎缩致死。因此，种植化控间苗谷种需要精细整地，坷垃大的地块不宜种植。

2.2 不同土壤类型对MND制剂处理谷种的影响

不同的土壤类型对化控间苗谷种有一定的影响。从表2中看出，不同土壤的MND制剂处理谷种的出苗率不同，但同类型土壤的出苗率和对照相比差异不显著。15d后调查留绿苗数，红土壤和有机质高的土壤留绿苗数较高，壤土和瘠薄地较低。细沙壤土、沙红土、红土、豆叶肥土、壤土留绿苗数分别是2、7、8、5、0，留绿苗率分别为2.3%、10%、10.3%、6.5%、0%。说明土壤对化控间苗谷种的出苗率没有什么影响，而对MND制剂处理谷种反应效果不一样。用化控间苗谷种配比时红土壤和有机质含量高的土壤要比一般壤土偏低或适当减少播量。因此，用化控间苗谷种要因地而制，不同的土壤采取不同的配比。

表2 不同土壤类型对处理谷种的影响

土壤类型	细沙壤土	沙红土	红土	肥土	壤土
对照出苗率(%)	87.0	62.0	89.0	75.0	89.0
处理出苗率(%)	85.0	69.7	78.0	77.0	88.3
留绿苗数	2	7	8	5	0
留苗率(%)	2.3	10.0	10.3	6.5	0.0

2.3 不同土壤质地与墒情条件下不同配比与播量的产量结果

从表 3 中看出，35%1.25kg、35%1.0kg 和 50%0.75kg 三个处理表现同样的趋势，在土壤黄褐墒的情况下，与对照产量持平或略高。而在墒情为黄墒的情况下，与对照产量相比显低。处理 50%1.0kg 不论土壤黄褐墒还是黄墒情，产量表现都不低于对照。分析其原因：一是黄墒地出苗率低，再加上实际留绿苗数比理论留绿苗数值随着配比增高而增大[5]，所以 35%1.25kg、35%1.0kg 和 50%0.75kg 三个处理可能因留亩株数少影响产量。二是黄褐墒地出苗率较高，配比低的留绿苗数基本达到大田的要求，早期定苗，光照、养分水分充足，利于壮苗，因而 35%1.25kg、35%1.0kg 和 50%0.75kg 三个处理产量比对照持平或略高。因此，土壤墒情好时，用 35%1.0kg 或 50%0.75kg 处理，土壤墒情不好时，用 50%1.0kg 处理。

表 3　不同配比与播量在不同处理的产量　　(kg/133.3m^2)

不同处理	不同配比播量的产量				
	35%1.25kg/667m^2	35%1.0kg/667m^2	50%0.75kg/667m^2	50%1.0kg/667m^2	对照
红土黄褐墒	55	56	56	57	56
红土黄墒	43	40	43	45	45
壤土黄褐墒	46	47	46	47	45
壤土黄墒	40	38	41	43	43

2.4 化控间苗谷种不同配比播量的播期试验结果

试验结果显示，早春（4 月下旬）播种的不同处理的产量与对照没有明显的差异，出苗率除 35%1.25kg 处理 61% 最高外，其他三个处理 35%1.0kg、50%0.75kg、50%1.0kg 与对照很接近（表 4），分别为 56%、55%、56.5%、55%，这也证明了俗话说的稠出稀不出的道理。而（6 月份）夏播种的略有不同，35%1.0kg 处理的出苗率和产量明显低于其他三个处理。35%1.25kg、50%0.75kg、50%1.0kg 三个处理与对照相比出苗率和产量差异不十分明显。因此，在不减少产量的同时考虑成本因素，春播采用 35%1.0kg 或 50%0.75kg 的配比播量。夏播采用 50%0.75kg 或 50%1.0kg 的配比播量较适宜。

表 4　不同配比播量播期的区产量　　（kg/133.3m^2）

播种日期		配比与播量				
		35%1.25kg/667m^2	35%1.0kg/667m^2	50%0.75kg/667m^2	50%1.0kg/667m^2	对照
28/4	出苗率（%）	61.0	56.0	55.0	56.5	56.0
	产量（kg）	48.3	48.6	47.6	49.0	48.5
12/6	出苗率（%）	49.6	45.0	47.5	48.5	49.0
	产量（kg）	48.5	46.3	50.3	50.6	49.0

2.5 化控间苗谷种不同播期的试验结果

在 5 月 12 日、6 月 6 日、6 月 15 日三个不同播期，播种 35% 配比谷种与对照相比，从表 5 看出，同一播期 35% 配比的留绿苗数、植株性状和产量与对照相比差异不显著。至于第三播期化控间苗谷种的区产量明显高于对照，主要是谷子出苗后正是下雨季节，阴雨连绵 20 多天，对照谷田幼苗因下雨不能间苗形成荒苗造成减产。化控间苗谷种出苗后，在两叶时 MND 制剂处理谷种苗自然死亡，使谷苗早期自然定苗，幼苗粗壮。因此，第三播期化控间苗谷田产量明显高于对照。显然，化控间苗技术不仅不受播期影响，而且在特殊气候条件下比常规种显示优势。

表 5　不同播期成株性状与产量比较

处理	播期	株高（cm）	穗长（cm）	万株 /667m²	区产量（kg/133.3m²）	产量比 ± 对照（%）
35%	21/5	165.0	25.0	2.62	66.4	+1.84
	6/6	163.7	21.8	2.95	90.5	+0.56
	15/6	152.2	20.9	2.95	83.3	+8.60
对照	21/5	167.6	23.2	3.60	65.2	
	6/6	165.9	20.1	3.11	90.0	
	15/6	155.7	20.4	2.25	76.7	

2.6　化控间苗谷种栽培技术

从以上试验数据，说明化控间苗谷种效果不仅受土壤含水量、整地质量的影响，还与土质、土壤肥力、气候等因素有关。理想的化控间苗谷种种植条件是黄褐墒，地平细绵，种植 35% 配比，亩播 1.0kg 最好。不同生态区域土质，年度间土壤墒情不一样，可以采用不同配比或播量进行调节，春播品种采用 35%1.0kg 或 50%0.75kg 的配比与播量。夏季播种用可以采用 50%0.75kg 或 50%1.0kg 的配比与播量。具体播量多少应根据当地生产习惯、气候条件而定。红土地，墒情好，地肥力高，播量宜少，墒情差，瘠薄地，沙壤地应适宜加大播量。至于播后出苗期间出现短时间的雨天，对化控间苗没有什么影响，若出苗后下雨连阴一周以上会影响化控间苗效果，但与常规种比较还是显示间苗省工的优势。

3　结论

影响化控间苗谷种栽培技术的因素归纳起来有两类，一类是属于已知的因素，如土质、墒情、土壤肥力、播期等。这些因素通过调整配比、增减播量可以解决；另一类是未知的因素，如播种后连阴下雨。因为 MND 制剂是化学药剂，下雨时间长会降低药效，影响化控间苗技术的效果。因此，在播种不误农时，预知下雨，最好雨后种植，即使播种后下雨，只要不是连阴雨影响也不大。

化控间苗谷种的特点是，间苗省工、省力，不受品种的限制可广泛应用，但是，它对整地质量要求比较严，若春季无适时耙耱，地高低不平，土坷垃多，造成播种不匀，出苗率下降，直接影响种植化控间苗技术的效果。因此，特干旱年份和整地不好的地块不宜种化控间苗谷种。

化控间苗谷种与常规种比较有许多优点，也有不足地方，一是幼苗间苗靠自然留苗，不像人工间苗株距均匀；二是若土壤地下害虫多，咬伤幼苗产生缺苗断垄现象比例超常规种。这些问题有待于我们进一步研究改进，使化控间苗技术更加完善。

参考文献

[1] 郝驼兰，左人善 . 抗旱技术［M］. 太原：山西科学技术出版社，1993：149~50
[2] 王节之，郝晓芬，郑向阳等 . 不同播期对晋谷 21 号产量及米质的影响［J］. 山西农业科学，2001，29（3）：123~125
[3] 古世禄 . 提高晋中旱地谷子产量的措施［J］. 山西农业科学，1984，（5）：3~7
[4] 古世禄 . 谷子研究新进展［M］. 北京：中国农业科技出版社，1996：53
[5] 孙美荣，王节之，郝晓芬等 . 化控免间苗谷种的研制［J］. 华北农学报，2000，15（增）：127~129

旱地谷子地膜覆盖栽培技术的研究与实践 *

杨天育　何继红　董孔军　任瑞玉　张　磊

（国家谷子产业技术体系栽培植保研究室 / 甘肃省农业科学院作物研究所，甘肃兰州　730070）

摘　要：谷子地膜覆盖栽培技术是旱地谷子生产的一项新技术，由于具有明显的增温、集雨、增产、增收效果而在生产上得到推广，但是随着谷子地膜覆盖栽培技术应用的深入，适宜的应用范围、适合的技术模式选择、配套技术的应用、前瞻性技术研究等都成为需要明确和不断完善的问题。系统总结了旱地谷子地膜覆盖栽培技术的研究成果，提出了谷子地膜覆盖栽培技术体系的比较优势，探讨了谷子地膜覆盖栽培技术增产的光、温、水、土效应和谷子生长发育的响应，评价了旱地谷子地膜覆盖栽培技术的增产和增收效果，明确了旱地谷子地膜覆盖栽培技术具有较广阔的应用前景，也分析了谷子地膜覆盖栽培技术的前瞻性研究方向。

关键词：谷子；地膜覆盖；旱地

Studies and Applications of Mulching Film Cultivation on Foxtail Millet in Dry Areas

Yang Tianyu，He Jihong，Dong Kongjun，Ren Ruiyu，Zhang Lei

(Section of Cultivation and Plant-protection, China Industrial and Technological Research System of Millet; Crop Institute, Gansu Academy of Agricultural Sciences, Lanzhou 730070, China)

Abstract: Mulching film cultivation in foxtail millet is a new technology with advantage of temperature accumulation, precipitation collection and output and profit increase , and also is popularized in dry areas in northwest of China. However, with its widely application, applicable regions, suitable technique choice, matching technology use and prospective technology study should be identified and be perfected constantly. In this paper, the results of mulching film cultivation in foxtail millet was systematically summarized; its advantage was recommended; its effects of solar energy, temperature, water and soil and response of foxtail millet were discussed; its increase in output and profit was also evaluated. The paper suggests that mulching film cultivation in foxtail millet should be extended in dry areas and also be taken further step in research.

Key words: Foxtail millet; Mulching film cultivation; Dry areas

地膜覆盖栽培在玉米、小麦、薯类、棉花等粮经作物和蔬菜作物的普遍应用，促进了中国农业

* 基金项目：现代农业产业技术体系建设专项资金资助。

第一作者简介：杨天育，1968 年出生，男，研究员，主要从事谷子育种和栽培研究工作。

通讯地址：甘肃省兰州市安宁区农业科学院新村 1 号，甘肃省农业科学院作物研究所。Tel：0931-7615568，E-mail：yty681001@yahoo.com.cn。

生产的巨大发展[1]。谷子是中国北方干旱半干旱地区重要的秋粮作物，在旱作农业生产中占有重要地位。20世纪90年代初期，为了解决干旱地区谷子因春旱抓苗难和早霜冻害晚熟品种成熟难的问题，吴国忠等[2]将地膜覆盖栽培技术应用于谷子栽培，初步研究结果表明谷子地膜覆盖栽培具有明显的增产和增收效果。此后，随着生产实践中谷子地膜覆盖栽培技术的应用和发展，从事旱作农业研究的科技人员对谷子地膜覆盖栽培的增产效果[3~10]、技术模式[11~14]、水温效应与生理效应[15~18]、覆盖材料[19, 20]和覆膜时期[21]等开展了普遍探讨，并将该项技术在旱地谷子生产中进行了较大面积的推广[22~25]。实践证明，谷子地膜覆盖栽培技术是一项增产增效的农业实用技术，它改变了旧的谷子耕作栽培习惯，给旱地谷子生产带来了新的发展契机。但是随着谷子地膜覆盖栽培技术应用的深入，适宜的应用范围、适合的技术模式选择、配套技术的应用、前瞻性技术研究等都成为需要明确和不断完善的问题。笔者期望通过对谷子地膜覆盖栽培的研究和实践进行系统回顾和总结，旨在能进一步完善谷子地膜覆盖栽培的技术体系，明确旱地谷子地膜覆盖栽培的前瞻性研究方向，为在北方旱农区应用和推广谷子地膜覆盖栽培技术提供科学决策，从而推动谷子生产的更大发展。

1 旱地谷子地膜覆盖栽培的技术体系与技术优势

谷子地膜覆盖栽培的核心技术包括平膜穴播种植技术和垄膜覆盖膜侧沟播技术，在这两种技术基础上，也发展了如不同带幅垄膜覆盖膜侧沟播方式、地膜与秸秆组合覆盖方式、地膜覆盖与保水剂组合方式以及地膜与补水灌溉组合方式等衍生技术。就两种技术而言，平膜穴播技术前期增温快，保墒效果较好，但集水效果较差，抓苗较难；垄膜覆盖膜侧沟播技术前期增温保墒不如平膜穴播技术，但膜面集雨就地入渗、覆膜抑蒸保墒增温、机械播种和垄沟种植技术融为一体，能保证谷子全苗壮苗、促进生长发育、提高有限降水的利用效率，显著提高谷子产量。旱地谷子地膜覆盖栽培技术有以下优势。

1.1 早期增温增湿保墒，利于旱地谷子全苗壮苗

地膜覆盖栽培技术的增温保墒作用，有利于谷子早出苗、抓全苗、出壮苗。覆膜的增湿保墒作用解决了因春旱造成的谷子播种难和出苗难问题。

1.2 促进谷子生长发育，利于旱地谷子高产

地膜覆盖栽培技术促进谷子根系建成、植株生长、穗分化和籽粒灌浆结实，为高产奠定了基础。同时地膜覆盖能促进早熟，解决了积温不足地区应用晚熟品种难成熟的问题。

1.3 集雨叠加利用，提高雨水生产效率

地膜覆盖栽培不仅具有抑蒸保水作用，而且覆膜后的垄面有引流集雨作用，能使雨水就地入渗叠加利用，提高了旱地谷田子的水分利用效率。

2 谷子地膜覆盖栽培技术应用的增产效果

大量试验证明，谷子地膜覆盖栽培有显著增产作用，谷子地膜覆盖后较露地增产20.00%~77.80%。

据甘肃中部地区试验，旱地平膜穴播覆盖栽培谷粒和谷草产量 5 111.25kg/hm^2 和 12 397.7kg/hm^2，比露地增产 62.26% 和 62.54%[2]；谷子垄膜覆盖膜侧沟播栽培产量 4 788kg/hm^2，比露地增产 62.85%[24]；甘肃东南部地区试验，膜侧沟播栽培谷子平均产量 4 635kg/hm^2，比露地增产 1 100kg/hm^2 [25]。据宁夏南部地区试验，旱地平膜穴播栽培谷粒和谷草分别比露地增产 600~660kg/hm^2 和 140~750kg/hm^2，增产幅度 18.8%~20.6% 和 2.2%~11.9%[6]。平膜穴播覆盖栽培高产达 4 370kg/hm^2，较露地增产 75.78%[17]；垄膜覆盖膜侧沟播栽培高产达 2 137~3 888kg/hm^2，较露地增产 51.64%~56.40%[8,17]。

据山西谷子产区试验，泽州谷子垄膜覆盖膜侧沟播栽培比露地可增产 22.2%~28.7%[20]；忻州谷子垄膜覆盖膜侧沟播栽培平均产量 5 895kg/hm^2，比露地增产 77.8%，最高达 7 500kg/hm^2 [9]；浮山谷子地膜覆盖后比露地增产 1 442.5kg/hm^2，增产 27.2%[10]；大同谷子地膜覆盖后比对照增产 28.29%[3]；寿阳平膜穴播覆盖栽培比露地增产 1 194.0kg/hm^2，垄膜覆盖膜侧沟播栽培比露地增产 694.5kg/hm^2 [11]。据内蒙古准格尔试验，谷子垄膜覆盖膜侧沟播栽培产量 4 188~6 705kg/hm^2，较露地增产 65.73%~104.67%[14]。陕北地区谷子垄膜覆盖膜侧沟播栽培平均产量 2 974kg/hm^2，较露地增产 49.9%[19]。

谷子地膜覆盖栽培试验研究的显著增产效果也为大面积示范所证实。1991 年定西县石泉乡海拔 2 010m 旱地示范 0.153 hm^2 平膜穴播谷子，平均产量 6 458.0kg/hm^2，较露地增产 2.4 倍。1992 年定西地区北部 5 县示范地膜谷子 85.67hm^2，平均产量 5 140.5kg/hm^2，较露地增产 64.4%。1993 年定西地区示范地膜谷子 214.8 hm^2，平均产量 5 463.0kg/hm^2，比露地增产 54.3%，最高产量达到 9 060kg/hm^2 [22]。1995 年定西县西巩乡种植 2.9hm^2 地膜谷子，平均产量 5 130.0kg/hm^2，比露地增产 1 605.0kg/hm^2，最高产量达 6 504.0kg/hm^2；1997 年定西县示范地膜谷子 2 833hm^2，在百年不遇旱灾和早霜冻害的不利条件下，平均产量 4 326.0kg/hm^2，比露地增产 64.1%；1998 年定西县示范地膜谷子 3 025hm^2，平均产量 4 743.0kg/hm^2，比露地增产 32.9%；1999 年定西县示范地膜谷子 3 467hm^2，在跨年度四季连旱情况下平均产量仍达 4 563.0kg/hm^2，比露地增产 53.5%[23]。

1996 年会宁县示范地膜谷子 20hm^2，平均产量 5 205kg/hm^2，最高达 6 189kg/hm^2；1997 年环县毛井乡示范地膜谷子 44hm^2，平均产量 5 160kg/hm^2，比露地谷子增产 60%[6]。2006 年榆中县遭遇严重干旱，2~7 月降水量仅 124.9mm，比同期少 55%，旱作区农作物大面积青枯，全膜双垄沟播玉米几乎绝收，但膜侧谷子平均产量 3 945kg/hm^2，最高产量 4 620kg/hm^2，显示出明显的抗旱增产效果[24]。1999 年山西忻州遭遇历史上罕见周年持续特大干旱，全区 6 013hm^2 地膜覆盖谷子，平均产量 1 330.5kg/hm^2，比露地增产 56.1%，地膜覆盖谷子充分发挥了抗旱、节水、增产特性[9]。

3 谷子地膜覆盖栽培技术的增产机理

3.1 温度效应

由于透光性强，地膜覆盖后可使土壤获得大量太阳辐射能而快速升温，地膜覆盖也切断了土壤太阳辐射能随水汽的散失，可显著提高土壤温度；地膜和垄沟相间的种植方式，也增大了土壤吸收太阳辐射能的表面积。

研究表明，地膜覆盖后，谷子发芽出苗期土壤温度比露地平均高 2.9 ℃；拔节孕穗期比露地平均高 3.2 ℃[10]。另据 0~15cm 土层测定，谷子苗期地膜覆盖比露地净增温 1.3~2.3 ℃，拔节期净增温 0.3~1.1 ℃，全生育期积温增加 150~200 ℃，这对喜温作物谷子前期生长十分有利[2]。在谷子幼苗阶段，0~10cm 土层平膜穴播和垄膜覆盖膜侧沟播平均温度比露地分别高 5.2 ℃和 1.3 ℃[11]。苗期 14 点平膜穴播较垄膜覆盖膜侧沟播和露地土壤温度提高 4.2 ℃和 5.1℃，苗期较好的增温效果，起到了促进生长和提前出苗的作用[8]。

3.2 水分效应

地膜覆盖后，垄面的集雨和覆盖抑蒸作用最大限度地保蓄了自然降水，不仅将地面蒸发降到最低，对 10mm 以下的降水能够有效拦截，使其就地入渗，变成有效降水，从而大大提高了土壤蓄水能力，增强了土壤调水功能，谷田水分得到高效开发利用。

地膜覆盖后，谷田土壤含水量明显提高。分层测定结果，覆膜比露地 0~10cm 土壤含水量提高 4.8%，10~20cm 提高 4%，20~30cm 提高 2.4%[24]。幼苗阶段 0~10cm 土层平膜穴播土壤含水量比露地高 1.7 个百分点，垄膜覆盖膜侧沟播土壤含水量比露地高 0.26 个百分点[11]。谷子苗期到拔节中期，0~20cm 土壤含水量覆膜栽培较露地高 2.96~8.24 个百分点，拔节中期到抽穗前覆膜比露地高 1.01~4.12 个百分点[2]。地膜覆盖在 0~10cm 土层比露地较高的含水量发芽出苗期为谷子保全苗起到决定作用，拔节孕穗期为谷子幼穗分化和发育奠定了好基础[10]。

地膜覆盖后，谷田水分利用效率也明显提高。据测定，谷子全生育期垄膜覆盖膜侧沟播栽培比露地总耗水量少 143.8mm[8]；垄膜覆盖膜侧沟播和平膜穴播 0~30cm 耕层土壤蓄水量比露地高 13.6mm 和 5.4 mm；30~100mm 土层比露地高 5.5mm 和 1.8mm；100~200cm 土层比露地照低 6.5mm 和 15.5 mm，地膜覆盖有调水作用，能使谷子充分利用土壤内可以利用的水分[12]。垄膜覆盖膜侧沟播和平膜穴播分别较露地水分利用效率分别提高了 0.369~0.699kg/m^3 [8,19] 和 0.48~0.822kg/m^3 [14, 15]。

3.3 光效应

谷子产量的形成有赖较大的绿叶面积和光合生产率。地膜覆盖后谷子叶面积明显增加，同时地膜的反光能力也改善了植株下部的光照条件，增加了基部叶片的光照强度，提高了群体的光合作用效率。

据测定，谷子平膜穴播叶面积、光合势、净光合率分别比露地大 0.02m^2、14 931.19m^2·d 和 2.90g/（m^2·d）[2]，蒸腾速率比露地提高 27.5%，光合速率提高 54.0%，光合势增加 38.2%，净光合率提高 134.1%[11]。谷子垄膜覆盖膜侧沟播旗叶叶面积比露地增加 7.6~8.3m^2，净光合生产率增加 6.2~9.0g/（m^2·d）[21]，光合速率、蒸腾速率、气孔导度分别较露地提高 31.83%、42.62% 和 24.50%[16]。研究表明，平膜穴播和垄膜覆盖膜侧沟播的叶绿素含量也较露地高 0.339mg/g 和 0.235 mg/g[17]。

3.4 土壤效应

地膜覆盖后，改变了土壤理化性质，土壤疏松，微生物活动频繁，有机质和矿物元素分解加快，养分供应得到改善。据甘肃省农技总站测定，覆膜土壤比露地土壤各类微生物种群显著增加，其中细菌数量多 88%~140%，放线菌数量多 70%~125%，消化细菌数量多 40%~57%，自生固氮菌数量多 4%~8%。平膜穴播土壤的紧实度比露地降低 63.2%，垄膜覆盖膜侧沟播土壤的紧实度比露地降低 29.0%；平膜穴播和垄膜覆盖膜侧沟播 0~10cm 土层土壤的容重比露地降低了 1.22g/cm^3 和 1.24g/cm^3。土壤容重小，紧实度小，则土壤疏松，有利于土壤水、气、热的调节，为谷子根系生长发育创造了良好的环境条件[11]。

3.5 谷子生长发育的响应

地膜覆盖后，促进了谷子根系生长，为壮苗壮株奠定了基础。据测定，谷子苗期覆膜比露地单株根数多 10.8 条，增加了 67%，单株根重增加 0.13g，增加了 3.2 倍[2]。谷子垄膜覆盖膜侧沟播根长比露地增加 20.86%~27.30%，全苗率提高 36.2%~35.1%，苗重增加 32.5%~37.6%，壮苗度提高了 19.6%~21.4%，根系活力比露地高 0.71~0.91 mg/(h・株)[4]。

地膜覆盖后，谷子生长发育进程提前。据解剖观察，谷子地膜覆盖比露地提前 1~2 个分化阶段，小穗分化期和小花分化期分别延长 4d 和 3d[2]。田间观测，地膜谷子比露地谷子早出苗 4~15d，抽穗期提前 6~15d，成熟期提前 8~15d，全生育期提前 8~10d[22,15]。对营养生长期与生殖生长期关系的进一步分析发现，平膜穴播和垄膜覆盖膜侧沟播的出苗到抽穗的天数缩短 1~2d，抽穗到成熟的天数则延长 2~4d[11]，这为地膜谷子形成多码大穗饱粒奠定了基础。

地膜覆盖后，促进了植株生长发育和干物质积累。据测定，地膜谷子干物质日积累量较露地增加 0.20g，单株干物质最大积累量较露地多 13g，地膜谷子单株穗重较露地谷子增加 7~12g，穗粒重增加 5~8g，千粒重增加 0.15~0.85g，出谷率提高 2.3~3.6 个百分点，地膜谷子单株生产力明显高于露地谷子[2]。谷子覆膜栽培后较露地植株增高 3.4~31.4cm，茎增粗 0.08~0.19cm，穗增长 0.6~8.8cm，小穗数增加 8.6~16.8 个，穗粒数多 2 273~3 204 粒，穗粒重增加 5.20~5.25g，千粒重增加 0.03~0.9g[22,13,16]。覆膜穴播和垄膜覆盖膜侧沟播的穗重增长速率比露地提高 21.4% 和 7.6%，收获指数比露地高 0.012 和 0.022，干物质最大的积累速率比露地高 56.4% 和 33.6%[11]。

4 谷子地膜覆盖栽培技术的效益评价

地膜覆盖栽培较露地栽培增加了地膜投入，但经济效益十分明显。据甘肃会宁试验，谷子覆膜栽培后增产值 1 560 元 /hm^2(谷粒 1.30 元 /kg)，净增收入 974.25 元 /hm^2[2]；甘肃榆中试验，覆膜栽培较露地增产值 2 523~3 288 元 /hm^2（谷粒 2.0 元 /kg），新增纯收益 1 968~2 733 元 /hm^2[17]；甘肃安定测算，谷子地膜覆盖不仅可新增纯收益 900 元 /hm^2 以上，而且还减少播后镇压、人工除草等田间作业次数，减少用工 45~75 个 /hm^2[22]。

宁南地区试验表明，平膜穴播和垄膜覆盖膜侧沟播栽培比露地分别增加纯收入 2 190.7 元 /hm^2 和 1 646.4 元 /hm^2，增收率 250.2% 和 188.0%[12]。也有研究认为，地膜覆盖增加了地膜和覆膜费用，降低了投入回报率，仅较露地增加纯收入 203.6 元 /hm^2 和 565.6 元 /hm^2，地膜覆盖栽培技术表现出的社会效益优于经济效益[15]。

山西忻州地区示范结果谷子地膜覆盖后平均增收 3 345 元 /hm^2[9]。寿阳地区平膜穴播和垄膜覆盖膜侧沟播比露地增产值 1 671.6 元 /hm^2 和 972.3 元 /hm^2，扣除地膜投入后净增 528.3~1 080.6 元 /hm^2，平膜穴播栽培方式更为经济[11]。

生产实践证明，在干旱不保灌地区种植地膜谷子比地膜玉米风险更小，1998 年定西县青岚乡花岔村田家河社在海拔 2 130m 的梯田地种植 0.08hm^2 地膜谷子，产量 5 281.2kg/hm^2，比同一块地种植的 0.067hm^2 地膜玉米增产 780kg/hm^2，增产值 507.28 元 /hm^2[5]。据笔者 2008 年在会宁县中川乡中川村调查测算，垄膜覆盖膜侧沟播的 8.33hm^2 谷子，平均产量 5 250~6 750kg/hm^2，按 2.20 元 /kg 计算，产值 11 550~14 850 元 /hm^2，纯收入 10 050~13 350 元 /hm^2；而当地小麦平均产量 2 250~3 000kg/hm^2，按 1.50 元 /kg 计算，产值 3 600~4 500 元 /hm^2，纯收入 2 400~3 300 元 /hm^2，种植地膜谷子比种植小麦增收 7 650~10 050 元 /hm^2。

5　谷子地膜覆盖栽培技术的应用前景与前瞻性研究方向

谷子地膜覆盖栽培是谷子耕作栽培技术的重大变革，是一项投入高、产出高的实用农业新技术，较好地解决了旱地谷子春旱难抓苗和高海拔地区易受早霜冻害的生产难题，扩大了谷子品种的适种范围，可以大幅度提高旱地谷子产量水平，提高旱地有限降雨的利用效率，在干旱地区有广阔的发展前景。但应该看到，小粒密植作物地膜覆盖栽培技术的应用需要不断完善，也有必要制定标准化的配套技术规范，还要结合新的生产需求开展进一步的技术研究。

由于各地气温、降雨、海拔、土壤等生态条件和农业生产条件迥异，在技术模式选择上，应因地制宜，选择适合本地的、种植户能接受的覆盖技术模式，同时应加强地膜覆盖栽培技术与旱地其他实用新技术的组合配套使用，如地膜覆盖 + 保水剂组合技术、地膜覆盖 + 秸秆覆盖组合技术、地膜覆盖 + 补充灌溉组合技术等；在地膜覆盖时间上，要探讨并明确秋覆膜和春季顶凌覆膜的技术问题和人财物资源统筹协调问题。

针对目前谷子地膜覆盖栽培技术出现的新情况，需要重点开展的研究工作包括：适合种植品种的引育和筛选；谷子免间苗栽培和地膜覆盖栽培的技术集成与应用；地膜覆盖的品种、密肥和模式集成技术研究；地膜覆盖栽培专用播种、间苗和收获机械的研发利用；地膜覆盖栽培实用追肥技术和追肥机具的研发利用；地膜覆盖栽培的雨水集流补灌技术研究与应用；残膜免耕技术的研究与利用；地膜对土壤的污染防治技术研究等。这些技术问题如果在短期内取得突破，谷子地膜覆盖栽培技术一定会在旱地生产中发挥重要的增产增收作用。

6　谷子地膜覆盖栽培技术要点

6.1　垄膜覆盖膜侧沟播技术要点

以 50~60cm 为一带，垄底宽 25~30cm，垄高 10cm，垄间距 25cm 左右，沟垄相间，垄背覆膜引流，沟内集雨种植。使用膜侧沟播机和 35~40cm 幅宽、厚 0.006~0.008mm 超薄膜，起垄、覆膜、播种可一次完成。每垄两侧各种 1 行谷子，沟内共种 2 行谷子，宽行距 30~35cm，窄行距 15~20cm，留苗密度比露地栽培宜高 7.5 万 ~15 万株 /hm^2。

6.2　平膜穴播栽培技术要点

覆膜时不起垄，选用 80cm 宽超薄膜覆盖，垄面宽 60cm，膜间距 20cm，覆膜时间以土壤墒情确定，土壤墒情较好时，可边整地边覆膜；土壤墒情差时，可待雨抢墒覆膜。覆膜要紧贴垄面，两边用土压实，每隔 4~5m 要压一条土腰带。用谷子穴播机点播，每个膜面上种 3 行谷子，行距 25cm，穴距 12cm，每穴下籽 3~5 粒，定苗时每穴留苗 2~3 株，留苗密度比露地栽培宜高 7.5 万 ~15

万株 /hm^2。穴播机点播后镇压 1 次，使种子与土壤完全接触。

参考文献

[1] 中国农用塑料应用技术学会 . 新编地膜覆盖栽培技术大全［M］. 北京：中国农业出版社，1998:1~20
[2] 吴国忠，杨天育，黄毓玮 . 谷子地膜覆盖栽培试验研究初报［J］. 甘肃农业科技，1992，2:10~136
[3] 朱玉，陈有清，任月梅 . 谷子地膜覆盖栽培试验［J］. 山西农业科学，1998，26（2）：15~17
[4] 赵荣华，黄明镜，李萍 . 旱地谷子休闲期地膜覆盖垄作效应研究［J］. 生态农业研究，1998，6（3）：30~32
[5] 杨天育，何继红 . 谷子地膜覆盖栽培研究成效及应用前景［J］. 国外农学 – 杂粮作物，1999，19（4）：39~41
[6] 蒋俊，王俊鹏，贾志宽 . 宁南旱地谷子地膜穴栽培试验初报［J］. 干旱地区农业研究，1999，17（2）：31~36
[7] 古世禄，马建萍，郭志利等 . 提高谷子水分利用效率的研究［J］. 生态农业研究，1999，7（4）：30~33
[8] 张德奇，廖允成，贾志宽等 . 宁南旱区谷子集水保水技术效应研究［J］. 中国生态农业学报，2006，14（4）：51~53
[9] 王海林，张桂英，张素珍 . 旱地谷子地膜覆盖高产栽培技术［J］. 山西水土保持科技，2006，2：19~20
[10] 杨红梅，石龙，王建共 . 春谷子地膜覆盖栽培试验研究［J］. 山西农业科学，2008，36（1）：70~72
[11] 郭志利，古世禄 . 覆膜栽培方式对谷子(粟)产量及效益的影响［J］. 干旱地区农业研究，2000，18（2）：33~39
[12] 马国政，梁小平，方海军等 . 旱地谷子不同栽培方式试验初报［J］. 甘肃农业科技，1997，7：18~20
[13] 金胜利 . 旱地谷子不同覆膜栽培模式试验结果初报［J］. 甘肃农业科技，2004，11：23~24
[14] 李兴，史海滨，程满金等 . 集雨补灌区谷子种植方式对产量及水分利用效率的影响［J］. 灌溉排水学报，2008，27（2）：106~109
[15] 张德奇，廖允成，贾志宽等 . 宁南旱区谷子地膜覆盖的土壤水温效应［J］. 中国农业科学，2005，38（10）：2 069~2 075
[16] 李永平，刘世新，贾志宽等 . 垄沟集水种植对土壤有效蓄水量及谷子生长、光合特性的影响［J］. 西北农林科技大学学报：自然科学版，2007，35（10）：163~167
[17] 张德奇，廖允成，贾志宽等 . 旱地谷子集水保水技术的生理生态效应［J］. 作物学报，2006，32（5）：738~742
[18] 张绪成 . 旱地地膜谷子不同生育期供水效应研究［J］. 甘肃农业科技，1998，6：21~22
[19] 杨开宝，李景林，吴存良等 . 陕北地区谷子双料沟垄组合覆盖增产机理［J］. 西北农业学报，2001，10（4）：63~66，79
[20] 崔福柱，郭秀卿，郝建平等 . 旱地谷子渗水地膜覆盖温度变化研究［J］. 山西农业大学学报：自然科学版，2008，28（2）：172~175
[21] 赵荣华，李萍，黄明镜 . 秋季覆膜对旱地谷子若干生理特性的影响［J］. 干旱地区农业研究，1998，18（1）：41~44
[22] 卢贵山 . 定西地区旱地谷子地膜穴播增产效应及栽培要点［J］. 甘肃农业科技，1998，3：29~30
[23] 胡汉民 . 谷子地膜覆盖栽培增产机理及高产技术［J］. 陕西农业科学，2007（7）：39~40
[24] 张绍军 . 试论干旱半干旱地区膜侧谷子栽培的前景与对策［J］. 中国农机化研究，2008，5：51~53
[25] 周志雄 . 张家川县旱地谷子膜侧沟播栽培技术［J］. 甘肃农业科技，2008，1：52~53

旱地谷子地下滴灌技术与高产创建*

徐 峰 李红梅 田福贵

（内蒙古赤峰市敖汉旗农业技术服务中心 敖汉旗长胜镇农业站，内蒙古赤峰 024300）

摘 要：通过地下滴灌在赤峰市敖汉旗四家子镇旱地谷子栽培技术中的应用，比较出了谷子地下滴灌在灌溉水量、施肥等方面存在的优势，同时与农艺措施相结合，提高旱地谷子的产量和品质。

关键词：地下滴灌；谷子栽培；高产创建

Foxtail Millet High Yielding Technology Through Underground Drip Irrigation in Dryland

Xu Feng，Li Hongmei，Tian Fugui

（Aohan Agricultural Bureau, Chifeng 024300, China）

Abstract: By application of underground drip irrigation in Sijiazi town of Chifeng, foxtail millet high yield was made in dryland. The advantages of foxtail millet cultivation by underground drip irrigation were discussed. At the same time the combination of agronomic measures with the irrigation improved the production and quality of dryland foxtail millet.

Key words: Underground drip irrigation; Foxtail millet cultivation; High production creation

赤峰市敖汉旗是典型的旱作农业区，谷子历年播种面积在2.7万hm^2左右，平均产量水平240kg左右。为了减少气候影响谷子产量因素，提高谷子栽培技术水平，增加产量，改善品质，敖汉旗引进了旱地谷子地下滴灌技术，该项目落实在四家子镇林家地村，在气候干旱情况下，取得了良好地试验示范效果，谷子单产达到450kg/667m^2以上。

1 地下滴灌谷子基本情况

1.1 土壤情况

地下滴灌谷子高产创建示范区选择在敖汉旗四家子镇林家地村，面积200hm^2，土壤为沙壤土，肥力中等。

*第一作者简介：徐峰，1974年出生，男，农艺师，从事农业技术推广工作。

通讯地址：内蒙古赤峰市敖汉旗新惠镇，敖汉旗农业技术推广中心。Tel：0476-4331475，E-mail：cfahxf@163.com。

1.2 设计说明

（1）滴灌管选用美国约翰迪尔公司生产的内嵌式滴灌管，外径 16mm，壁厚 0.3mm，滴头流量 1.4L/h，滴头间距 0.4m。滴灌管铺设间距 1m，埋于地下 0.35m 处。

（2）灌溉示范区设计为 5 个轮灌组，300 个轮灌小区，每个轮灌组设计流量 60m^3/h。示范区内打配机电井 5 个，每个井出水量为 50m^3/h。

1.3 灌溉水量

地下滴灌灌水器（毛管）埋在耕作层以下，灌水均匀，并且都集中在谷子根系 30~40cm 周围，不会产生地表径流，也降低了棵间蒸发损失。地下滴灌谷子较沟灌谷子节水 50% 以上。

2 谷子高产创建应用的技术

2.1 播种

种子品种为赤峰农研所选育的赤谷十，种子籽粒饱满，纯度和净度达到 98% 以上，生活力强，发芽率高于 85%。播种时间于 5 月 15 日，播种行距为 40cm，株距 6cm，理论株数 2.5 万株 /667m^2。

2.2 施肥

播种前，结合整地施入腐熟的有机肥 1 500kg，播种时，每 667m^2 施用磷酸二铵 7.5kg，拔节时，随水每 667m^2 施尿素 7.5kg。

2.3 田间管理

在谷子幼苗长至 3~5 片叶时，及时间苗，6~7 片叶时定苗。及时中耕除草，分别在幼苗期、拔节期和孕穗期进行三铲三趟，疏松土壤，增加土壤的通透性，保墒，促进根系生长，消除杂草，减少养分消耗。

2.4 病虫害防治

用 40% 克瘟散乳油 500~800 倍液喷雾，防治谷瘟病。用每克含活孢子数为 100 亿以上的菌粉配成 1 000~1 500 倍液加入用水量千分之一的湿润剂茎叶喷雾，防治黏虫、粟灰螟、玉米螟等。

2.5 收获

谷子在完熟期收获，即当籽粒变硬呈固有粒行和粒色时，及时收获。收获过程中单收、单运、单储，防止与普通谷子混杂。收获后及时晾晒，脱粒后对籽粒进行清选。

3 效果

3.1 节水增产

地下滴灌是微灌技术的典型应用形式之一，水通过地埋滴管上的灌水器缓慢出流，渗入附近土壤，再借助毛细管作用或重力作用将水分扩散到整个根层供作物吸收利用。由于灌水过程中对土壤结构扰动较小，有利于保持作物根层疏松通透的环境条件，并可减少土面蒸发损失，故地下滴灌技术具有明显的节水增产效益。

3.2 减少污染

在整个作物生育期内，适时适量地通过滴灌施肥技术高效地将肥料、微量元素等作物生长所必需的养分和物质按比例精确的施用到作物根区土壤，这既可以提高肥料利用率，又能减少因灌溉淋洗产生的溶质数量，减轻对地下水的污染，并节省大量施肥劳力。与地面灌溉方法相比，地下滴灌条件下磷肥施用量较少，主要原因就是因肥料被直接施用到作物根层，明显减少了流失量。

3.3 提高产量和品质

地下滴灌技术的应用，保证旱作区谷子在生育期内的需水量，提高化肥利用率，降低病虫害发生率，不但提高谷子的产量，而且有效地改善了谷子的品质，生产无公害、有机谷子意义重大。

4 结论

谷子地下滴灌技术具有节水、省肥、增产、增效的作用，地下滴灌技术的运用，提高了劳动效率，降低了农产品的生产成本，提高了农民的经济收入水平，并且，有效地提高产品的产量和品质，增强了农产品市场的竞争力，也使农民在农业技术应用、管理等观念方面发生了转变和创新。同时，它是传统农业走向现代农业的一次转折，对实现敖汉旗农业走可持续性发展之路，具有重要的现实意义。

提高种植水平，促进谷子产业发展*

郭二虎　李瑜辉　范惠萍

（国家谷子产业技术体系栽培植保研究室 / 山西省农业科学院谷子研究所，山西长治　046011）

摘　要：本文对目前我国谷子生产现状、存在的主要问题及主要技术需求进行了分析，对当前谷子栽培方面的研究进展进行了归纳，提出了近期谷子栽培研究方面达到的目标，为全面提高谷子种植水平，促进谷子产业发展具有一定的指导意义。

关键词：谷子；栽培；产业；技术需求

Promoting Foxtail Millet Production Through the Improvement of Growing Technology

Guo Erhu，Li Yuhui，Fan Huiping

（Section of Cultivation and Plant-protection, China Industrial and Technological Research System of Millet Crops; Millet Research Institute, Shanxi Academy of Agricultural Science, Changzhi 046011, China）

Abstract: This paper focuses on the foxtail millet growing technology situation, problem and main technical requirements in China. The author deduces the researching process of foxtail millet planting, and raises new future objectives.

Key words: Foxtail millet; Planting; Industrial; Technical needs

谷子起源于中国，种植面积占世界的 80%，是我国的传统作物，在旱作农业中占有重要的地位，随着谷子产业的发展，谷子栽培方面存在的问题表现越来越明显，研究分析谷子生产中存在的主要问题和技术需求，进一步明确谷子栽培研究方向，对于全面提升谷子种植水平，促进谷子产业发展具有重要的指导意义。

1　谷子的分布与优势

谷子起源于我国，有悠久的历史，是我国的传统作物，种植面积占世界的 80%。在农业生产史

* 基金项目：现代农业产业技术体系建设专项资金资助。

第一作者简介：郭二虎，1965 年出生，男，山西长治人，硕士，副研究员，主要从事谷子栽培、育种、植保等方面的研究。

通讯地址：山西省长治市漳沂西路科研巷 2 号，山西省农业科学院谷子研究所。Tel：0355-2204248，E-mail：Guoerhu2003@yahoo.com.cn。

上曾是我国的优势作物，发挥过举足轻重的作用，新中国成立前播种面积最高达到 0.1 亿 hm^2。随着改革开放的推进，我国经济呈跨越式发展，人们膳食结构调整、对作物多样性的需求、谷子产业的发展滞后、尤其是终端食品的单一等问题，导致我国的传统作物——谷子的种植面积逐年减少，生产能力停滞不前。谷子主要分布在我国东北、西北、华北地区，目前种植总面积大约在 133 万 hm^2，种植区域内谷子的种植面积比例仅有 8% 左右，而且多数种植在土壤贫瘠的干旱山区，由于地力较差，再加上管理、投入的滞后，致使谷子的面积连年萎缩。但是可以看到，随着近年来谷子产业的发展，谷子的种植效益随着价格的增长而逐年增加，甚至出现供不应求的现象，谷子面积有回升的趋势。

谷子不仅是我国的传统作物，也是优势作物，是我国北方干旱地区的重要作物之一，在农村经济的发展中占有重要的地位。谷子的优势主要表现在：一是谷子抗旱耐瘠，对于农业种植结构调整，水资源的有效利用具有重要意义；二是谷子的营养价值高，蛋白质、脂肪含量较高，特别是含有人体必需的 8 种氨基酸，富含维生素及矿物质，是孕妇、儿童及老弱病残的良好食品；三是随着我国膳食结构的改变，杂粮热的兴起，谷子成为农产品加工的重要原料，为谷子生产增添了活力；四是谷子粮草兼用（性），谷草是非常好的牲畜饲料，谷子生产有利于促进畜牧业的发展。

2 谷子生产现状及存在的主要问题

从对谷子生产现状进行调研的结果看，目前谷子生产存在的主要问题有以下几点。

2.1 生产条件差

谷子主要种植在干旱山区，气候干旱、土壤瘠薄，肥料投入较少或不施肥，产量低而不稳。少数地区由于企业的引导，种植效益较高，有一定面积的谷子种植在肥力较高的土地上。这也是谷子能高产但平均产量低的原因之一。

2.2 品种杂乱，退化严重，产量提高缓慢

生产上品种杂乱、更新慢，老品种的种植年限长，米质良莠不齐，新品种推广速度慢，产量低而不稳。很多地方仍沿用农家品种，好品种缺乏。比如山西的晋谷 21 号，品质很好，种植近 20 年，病害重，退化严重，因市场需求大，种植面积仍很大，但由于产量低，农户种植的效益不高。优质、高产、适于产业化开发的新品种缺乏是影响谷子生产发展的重要因素。

2.3 耕作栽培以传统方式为主，费工费力

谷子的耕作栽培仍以传统方式为主，费工费力，形式单一，生产水平提高缓慢，特别是在农村劳动力大量转移的情况下，谷子很难实现规模化、集约化生产，不适于谷子现代产业的发展。播种是谷子生产过程中的重要环节，生产上以传统的土制木耧为主要播种工具，对掌耧人的技术要求较高，播量对谷子生产影响较大，量小则缺苗断垄，量大则增加间苗难度，播种质量直接影响到谷子的最终产量，专用播种机械缺乏。生产上有使用棉花、小麦等机播耧播种谷子的，但播种质量不稳定；间苗难是制约谷子规模化生产的主要因素，由于投工多，费时费力，直接影响到农户种植谷子的积极性，一般谷子间苗用工在 5 个 /667m^2 左右，一般每户种植面积不超 0.2hm^2，不能多种的主

要原因是间苗（等田间管理）难；谷子生产中机械化利用率很低，从播种、除草、追肥、中耕到收获、脱粒，机械的利用率很低，生产上缺少适用的机械设备。

2.4 栽培管理粗放

同其他作物相比，农户对谷子的栽培管理粗放。主要表现在：一是对品种的选择重视不够，认识不到位；二是肥水管理跟不上，施肥较少，且肥料使用不合理，不能够充分满足谷子生长的需要；三是存在苗荒、草荒现象，对培育壮苗提高产量的认识不够；四是病虫害发生严重，不采取有效措施进行防治，对病虫害的认识不够，甚至认识有误，多数采取不理的态度。

2.5 缺乏综合配套的栽培技术

影响谷子产量的因素很多，谷子从出苗、拔节、抽穗、灌浆到成熟，在不同的生长发育时期对水肥、气候条件有不同的要求，需要合理的栽培管理，而且不同的生态条件、生产条件，不同的品种以及主要病虫害发生规律的差异，均需要相应的综合配套栽培技术。

3 主要技术需求

3.1 品种需求

优良品种是保证粮食生产增产增收的重要前提，目前推广品种不能充分满足谷子生产的需求。谷子生产上需要能够满足市场需求的多样化品种，如优质高产商品性好的品种、适于深加工的专用品种、饲草品种及能够实现简化栽培的品种等。

3.2 适合不同生态和生产条件的配套栽培技术

主要包括以下几方面的类型：

（1）春夏谷不同的栽培技术体系

由于春夏谷存在气候特点及品种特点的较大差异，春夏谷应具有不同的栽培技术模式。

（2）杂交种、常规种不同栽培技术体系

杂交种与常规品种之间存在较大差异，为了发挥不同类型品种的增产效应，需要不同的栽培管理模式，如张杂谷类型的品种多数为稀植大穗类型，同常规品种相比，种植密度需要减小，这样才能充分发挥品种的增产潜力。

（3）特异品种不同栽培技术体系

不同的品种对环境条件的要求有一定的差异，应根据品种类型的差异研究出不同的栽培管理技术模式，特异品种具有特定的管理方法，如抗除草剂类型品种，可以实现同时间苗和除草的效果，这就需要建立这类品种的播量、不同种子的比例以及除草剂的用量、喷施时间等栽培管理的技术模式，保证新品种种植的安全增产有效。

（4）地膜覆盖或秸秆覆盖等栽培技术体系

谷子主要种植在干旱地区，对于降水量在300mm甚至以下地区的谷子，地膜覆盖技术是一项水分高效利用、增产增收的有效方法，这就需要相应的品种、方法、田间管理等配套的技术模式，充分发挥地膜覆盖的良好作用。

（5）不同种植方式的栽培技术体系

地域及传统习惯的差异形成了各地不同的谷子种植方式，如东北多采用垄作的方法，西北、华北多采用平作的方法，少数地方也采用间作套种的模式，因此需要研究不同种植模式下的优质高产栽培技术体系。

（6）不同产品质量要求的栽培技术体系

谷子产业的发展，对谷子的种植提出了不同的质量要求，不仅对品种有要求，对土地的选择、栽培管理提出了不同的要求，如有机食品、绿色食品以及无公害食品等，都有严格的要求，这就需要研究不同质量要求下的优质高产栽培技术体系。

（7）其他简化栽培技术体系

除利用抗除草剂品种实现谷子简化栽培方法外，还有其他类型的简化栽培方法，如化控间苗技术，需要有与之相适用的配套栽培管理技术体系。

（8）与耕作机械配套的栽培技术体系

谷子生产实现机械化是谷子产业化发展未来的目标，机械化的实现需要有与之相适应的配套栽培技术体系作保证。

3.3 病虫草害综合防治技术

病虫草害的有效防治是谷子生产的重要保证，针对春夏谷主要病虫草害发生规律及特殊病虫害发生情况，需要研究制定适应不同生态区域、生态类型、不同种植方式的病虫草害综合防控技术，并对主要病虫害特别是流行性病虫害进行监控。需要研究的主要内容有：（1）夏谷主要病虫害综合防治技术；（2）春谷主要病虫害综合防治技术；（3）主要病虫害的单项防治技术；（4）春谷草害防治技术；（5）夏谷草害防治技术；（6）主要病虫害的动态监控。

3.4 适用的谷子栽培机械

谷子生产仍停留在传统种植水平，除部分产业基地的种植大户使用播种机械和喷药机外，其他农户或在其他生产环节没有使用相关机械，有些地方仅在播种、脱粒上有少量的应用。谷田除草仍以人工锄草为主，化学除草在春、夏谷区均有，但比例都很小。动力多为手扶和小四轮拖拉机，其他机械设备如中耕、收获等还没有采用机械作业。说明谷子生产的机械化程度还是非常低的。这些均严重地影响着谷子产业化的发展。

在农村劳动力大量转移、谷子生产向规模化、集约化发展的情况下，谷子生产上需要使用简便、廉价、适用的谷子栽培机械包括谷田整地（耙、耢等）、播种、中耕、施肥、收获、脱粒等机械。科研、生产与机械制造企业的结合是实现谷子生产机械研发的有效途径。谷子生产的机械化也是实现简化栽培的重要内容之一，研制与谷子生产各环节配套的机械设备，提高生产的机械化程度，才能更好地促进谷子产业化发展。

3.5 信息交流平台

建立信息交流平台是为谷子生产搞好技术服务的有效途径，可以为谷子生产提供及时有效服务，解决生产上存在的问题，并能够及时了解产业发展的动态。信息交流平台还可以起到有效的宣传作用。同时，通过建立国内外谷子市场信息动态变化数据库，包括小米加工企业、深加工企业、价格、种植面积等数据、谷子产业各环节经济性评价，为谷子产业发展提供指导。主要内容包括：建立品种、气候、机械、新技术、资源等数据库及技术档案；建立科研、生产、加工、机械制造等信息交流平台，为生产提供科技服务。

4 研究新进展

在谷子栽培方面，已经研究并形成了多项较成熟的新技术，具有很好的应用和推广价值，这里主要介绍其中三种新技术，供参考、交流。

4.1 旱地谷子地膜覆盖技术

此项技术主要适宜于干旱半干旱地区的谷子生产，特别是干旱又寒冷地区，通过此项技术的应用，达到增温和水分高效利用的效果，最终得到增产增收的目的。谷子的地膜覆盖技术很早就有人进行过研究，增产效果显著，但由于存在播种、铺膜以及放苗等方面的问题，生产难度大，技术不配套，此项技术并没有得到很好的推广。国家谷子产业体系栽培生理岗位、甘肃省农业科学院作物研究所通过对该项技术的深入研究，形成了基本完善的农机农艺配套的技术体系，此项技术通过试验示范，取得了很好的效果，是一项适宜在干旱半干旱推广的新技术。

4.1.1 技术核心

旱地谷子地膜覆盖栽培把“膜面集雨就地入渗、覆膜抑蒸保墒增温、垄沟种植技术”融为一体，集成了机械播种、微垄集水入渗叠加利用、土壤增温、土壤水分抑蒸等技术，可有效提高有限降水资源的利用率，显著提高谷子产量。

4.1.2 覆盖方式

覆盖方式主要包括：

（1）全膜覆盖沟垄穴播栽培。

（2）全膜覆盖沟垄条播栽培。

（3）全膜覆盖平膜穴播栽培。

（4）全膜覆盖平膜条播栽培。

（5）半膜覆盖膜侧穴播栽培。

（6）半膜覆盖膜侧条播栽培。

（7）残膜（垄膜与平膜）免耕栽培。

以上覆盖方式中，以垄膜覆盖膜侧沟播技术较为成熟，形成了机械起垄、覆膜、施肥、播种一次完成的田间作业，操作简便实用，增产效果显著，具有很好的推广应用价值；全膜覆盖沟垄穴播栽培技术，通过与简易穴播机的配合使用，改善了田间作业的可操作性，同时由于集雨面积大，增产显著；残膜（垄膜与平膜）免耕栽培也是一种很好的覆盖栽培方法，此项技术通过上年玉米覆盖留下来的残膜，在不增加投资的情况下起到了很好的集雨、增温作用，增产效果显著。

4.1.3 垄膜覆盖膜侧沟播技术种植方法与规格

一般选用畜力牵引机具，能一次完成起垄整形、垄上覆膜、膜侧播种、覆土镇压等工序，选用宽 35~40cm、厚 0.006~0.008mm 的地膜。该技术操作简单，起垄、盖膜、播种一次完成。垄高 10cm，垄宽 25cm，垄上地膜覆盖，形成了微集水面，可使 7mm 以下的无效降水叠加入渗，变成有效降水，增加根部土壤含水量。具有显著的增温、集水、保墒、增产效果。垄两侧沟内各播一行谷子。

4.1.4 旱地谷子地膜覆盖栽培增产的主要原因

（1）由于地膜覆盖栽培利于降水入渗，径流拦截，叠加利用；同时增加地表覆盖，利于保墒抑蒸，提高了雨水利用效率，解决了旱地谷子生产上下种难、抓苗难的问题。在膜侧谷子苗期降水后一周测定：种植沟 0~10cm 土层土壤含水量比露地高 8.9 个百分点，10~20cm 土层土壤含水量比露地条播增加 4.8 个百分点。

（2）由于地膜覆盖栽培能提高地温，增加了有效积温，不仅能促进苗期生长发育，还可以促进早熟，解决了高海拔地区旱地谷子品种早霜冻害的问题，保证了晚熟品种的安全成熟。据测定：谷子地膜覆盖栽培苗期膜下 0~10cm 土层日平均温度比露地高 3.2℃，播种沟 0~10cm 土层日均土温比露地高 1.3~2.4℃；10~20cm 土层日平均土温比露地高 1.6℃。

4.1.5 谷子垄膜覆盖膜侧沟播技术效益比较

采用该技术种植膜侧良谷，于 4 月中旬播种，有效穗 2.8 万 ~3.5 万株 /667m^2，平均产量 350~450kg/667m^2，市场收购价格 2.20 元 /kg，产值 770~990 元 /667m^2，投入物资 100 元 /667m^2，收入 670~890 元 /667m^2。种植膜侧良谷以前，当地以种植小麦为主，平均产量 150~200kg/667m^2，每千克按 1.50 元计算，经济产量产值 240~300 元 /667m^2，除去化肥、种子投入，收入 160~220 元 /667m^2。种植膜侧良谷比单种小麦增收 510~670 元 /667m^2。成为当地农民增收的支柱产业；膜侧种植的小麦，穗粒重 0.9~1.2g，产量 250~300kg/667m^2，比露地条播增产 17.5%~25.0%，穗粒数增加 3~5 粒，穗粒重增加 0.14~0.2g；膜侧莜麦比露地条播增产 19.1%~20.5%；膜侧胡麻比露地增产 31.8%~40.2%。该技术适用于年降水量 300~500mm 的生态区域。

4.2 化控间苗技术

谷子化控间苗技术是根据谷子籽粒小，单粒顶土能力差，要靠群体萌芽顶土才能出苗特点，研究出一种既能使谷子正常出苗，出苗后又能自然死亡的 MND 药剂，利用 MND 药剂处理谷种与正常谷种按一定比例混匀种植，出苗后，药剂处理种子长出苗在两叶时渐渐自然死亡，留下正常谷种苗，从而实现谷子的免间或少间苗。该项技术特点省工省时，节本增效；培育壮苗，提高产量；操作简便，效益显著。该项技术由山西省农业科学院谷子研究所研究成功，并获得了山西省科技进步二等奖。通过试验示范，该项技术省工、增产效果显著，不受品种的限，具有很好的推广应用价值。

4.3 谷田地下滴灌技术

谷田地下滴灌技术是一种高效的节水灌溉技术，能长期、有效的调节耕地的水分和生理结构，是一项干旱地区改善生产条件的有效措施。内蒙古自治区赤峰市农科所通过该项技术在谷子上的应用，取得了很好的效果，是提高干旱地区谷子生产水平，提高水分利用率的新的技术措施，具有很好的推广应用前景。

地下滴灌技术要点：

（1）滴灌管选用美国约翰迪尔公司生产的内嵌式滴灌管，外径16mm，壁厚0.3mm，滴头流量1.4L/h，滴头间距0.4m。滴灌管铺设间距1m，埋于地下0.35m处

（2）灌溉示范区设计为5个轮灌组，300个轮灌小区，每个轮灌组设计流量60m^3/h。示范区内打配机电井5个，每个井出水量为50m^3/h。

谷田地下滴灌技术的应用效果：

（1）节水增产，改善品质

地下滴灌是微灌技术的典型应用形式之一，灌水过程中对土壤结构扰动较小，有利于保持作物根层疏松通透的环境条件，减少土面蒸发损失，具有明显的节水增产效应，同时可有效地改善谷子的品质。

（2）减少污染

该项技术的应用可适时适量地通过滴灌施肥技术高效地将肥料、微量元素等作物生长所必需的养分，按比例精确的施用到作物根区土壤，既可以提高肥料利用率，又能减少因灌溉淋洗产生的溶质数量，减轻对地下水的污染。

5 五年达到的目标

国家谷子产业技术体系的建立，为谷子产业的发展搭建了一个很好的技术支撑平台，有效地实现了资源的集成共享和综合利用，取得了良好的效果，形成了“众星捧月”的运行机制，为谷子产业的发展注入了活力。通过体系的努力，谷子产业定会得到较快的发展，如期实现目标。提高种植技术方面五年达到的主要目标是：

（1）新品种得到一次更新换代，形成3~5个新的配套栽培技术模式，通过科技培训，基层技术人员及农民的科学技术水平得到显著提高。

（2）以大面积高产优质种植配套技术为支撑，在各生态区建立起5~6个谷子产业化生产示范区。

（3）简化栽培、集约化生产技术、谷子机械化利用等方面获得实质性进展。

（4）提出适于春夏谷生态区病虫害综合防控技术2~3套，有效防治谷子病虫害的发生，提高谷子种植水平。

（5）建立起能够服务于谷子科研、生产、加工、管理的气候、土壤、肥料、机械、病虫害发生与防治等各种数据库和技术档案。

（6）具有服务于农业部及地方农业行政主管部门的处理应急任务的能力。

参考文献

[1] 柴岩，万富世．中国小杂粮产业发展报告［C］．北京：中国农业科学技术出版社，2007，32~43

[2] 张喜文，武钊．谷子栽培生理［M］．北京：中国农业科技出版社，1993：150~164

[3] 山西省农业科学院．中国谷子栽培学［M］．北京：中国农业科技出版社，1987：275~281

[4] 郝晓芬，王根全，王潞英等．在控间苗谷种的栽培技术［J］．山西农业科学，2006，34（4）：45~48

[5] 黄兴法，李光永．地下滴灌技术的研究现状与发展［J］．农业工程学报，2002，18（2）：176~181

谷子锈病研究进展 *

李志勇　马继芳　董　立　全建章　郑　直　刘　磊　甘耀进　董志平

（国家谷子产业技术体系栽培与植保研究室 / 国家谷子改良中心 / 河北省农林科学院谷子研究所，河北石家庄　050035）

摘　要：谷子锈病是谷子上的主要病害之一，为害损失严重，防治锈病最经济有效的措施是使用抗锈品种。20 世纪 80 年代锈病暴发初期，首先澄清了谷子锈病的发生规律，采用化学防治措施控制了病害为害；20 世纪 90 年代澄清了我国谷子锈菌的生理小种的组成与分布，建立了一整套谷子抗锈鉴定技术体系，筛选抗源并培育抗锈品种控制锈病的为害；现在正在开展抗锈基因分子标记、克隆抗锈基因和抗锈机理等研究，进一步提高抗源利用效率和抗锈育种进程，为谷子锈病防治提供新的思路和理念。

关键词：谷子；锈病；防治；生理分化；抗锈基因

Research Progress of Foxtail Millet Rust Disease

Li Zhiyong，Ma Jifang，Dong Li，Quan Jianzhang，Zheng Zhi，Liu Lei，Gan Yaojin，Dong Zhiping

（Section of Cultivation and Plant-protection, China Industrial and Technological Research System of Millet; National Millet Improvement Center, Institute of Millet Crops, Hebei Academy of Agriculture and Forestry Sciences, Shijiazhuang 050035, China）

Abstract: Rust is an important disease of foxtail millet. It can cause great yield losses every year. Planting rust-resistant variety is the most economical and effective way for controlling the disease. In the 80th of last century, outbreak early stage of foxtail millet rust, we clarified the occurrence regularity of foxtail millet rust and controlled the disease prevalence by chemical control measures. In the 90th, physiological race composition and distribution of foxtail millet rust were studied, technical system of rust-resistant identification was estabilshed to screen resistant sources and cultivate resistant variety to control the disease. Now, studies on molecular marker and clone of rust resistance gene and rust-resistance mechanism are carried out to improve the utilization efficiency of resistant sources and accelerate resistance rust breeding process to provide new measure and idea to control foxtail millet rust.

Key words: Foxtail millet; Rust; Control; Physiological differentiation; Rust resistance gene

---

* 基金项目：现代农业产业技术体系建设专项资金资助。

第一作者简介：李杰勇，1976 年出生，男，助理研究员，主要从事谷子病虫害防治技术研究工作。

通讯地址：河北省石家庄市高新技术开发区恒山街 162 号，河北省农林科学院谷子研究所。Tel：0311-87670712，E-mail：dzping001@126.com。

谷子起源于我国，抗旱耐瘠、营养丰富、粮草兼用，是我国特色创汇杂粮，具有广阔的发展前景。谷子锈病是谷子上的重要流行性病害，发生严重时全田植株倒伏，颗粒无收。20 世纪 80 年代以来，全国谷子锈病连续多年大流行，使多年培育出的一批优秀品种如豫谷 1 号、冀谷 11 号等毁于一旦，出现了农民想种谷而不敢种谷的局面。我们植保室针对谷子锈病的特点，立足于解决生产问题，在不同阶段采取不同措施，在控制病害，特别是在抗锈品种选育方面作出了一定贡献。

1 谷子锈病发生规律取得了成果

明确了谷子锈病发生规律，采取农业和化学防治措施，在缺乏抗锈品种的情况下，有效控制了谷子锈病的流行为害。研究成果曾二次获得河北省科技进步三等奖。

谷子锈病暴发初期，生产上没有抗病品种。我们首先研究明确了谷子锈菌的越冬越夏规律、谷子锈病的侵染规律、田间流行规律，筛选出粉锈宁、羟锈宁等化学农药，在病叶率 1%~5%时，每公顷用有效含量 120~150g，间隔 5~7d 用药 2~3 次等田间使用技术可有效控制谷子锈病的流行为害。同时收集全国谷子育种单位的新品系，鉴定筛选出了安 5498（豫谷 2 号）、郑 173（豫谷 3 号）有一定抗锈性，加快了其审定和推广进程。制定出“以应用抗病品种为主、压低初侵染来源、关键期用药”的综合防治方案在生产上大面积推广应用，成效显著。研究成果“粟锈病抗源筛选及用氨基酸、糖进行抗锈病鉴定技术”1993 年获河北省科技进步三等奖；“夏谷锈病流行规律及防治技术”1995 年获河北省科技进步三等奖。

2 阐明了谷子锈菌生理小种的组成与分布

明确了我国谷子锈菌生理小种的组成与分布，建立了一套完善的谷子抗锈鉴定体系，鉴定出的抗源被全国育种单位广泛应用，先后培育和鉴定出一大批抗锈新品种（系），有效遏制了谷锈病的继续蔓延流行。研究成果曾获河北省科技进步一等奖、国家二等奖和河北省省长特别奖。

防治谷子锈病最经济有效的措施是利用抗锈品种，为了准确鉴定抗源和抗锈品种，从 1991 年开始，课题组首先鉴定筛选出 6 个鉴别寄主，将我国谷锈菌区分为 7 群 32 个生理小种，其中强毒性小种是 A_{77}、A_{73}、A_{57} 和 B_{37}，优势小种为 E_3、D_7；建立了以鉴别寄主为主，骨干抗源和代表抗性品种为辅的谷锈菌毒性监测体系；根据谷子锈菌在全国各地越冬越夏能力、谷子锈病发生时间和谷子锈菌生理小种的分布等，将我国谷子锈病常发区划分为华北夏谷锈病流行区和东北春谷锈病流行区，明确了不同流行区系的重病区；建立了以谷锈菌强毒性小种鉴定抗源、用本区系的优势小种鉴定同一区系的谷子新品种的谷子抗锈鉴定体系，先后从 8 个国家 16 800 多份谷子种质资源中鉴定出 89 份抗源陆续提供给全国谷子育种单位应用，并对抗源后代材料进行重点跟踪鉴定筛选，先后鉴定和培育出一大批抗锈新品种（系），累计推广 600 万 hm^2，其中豫谷 2 号是 1995 年以前夏谷区的主推品种，成为我国谷子第一代抗锈新品种；以后逐渐被抗源鲁谷 2 号培育出的系列抗锈新品种（系）所取代，成为我国谷子第二代抗锈新品种。使抗锈品种逐渐代替了化学农药，有效遏制了谷子锈病继续蔓延流行。研究成果“谷锈菌优势小种监测及谷子品种抗性基因研究”1999 年获河北省科技进步一等奖、2000 年获国家科技进步二等奖，“谷锈菌生理分化及在谷子抗锈育种中的应用”2002 年获河北省省长特别奖。

3 培育了抗锈新品系

利用谷子目前仅有的9份高抗抗源，培育出一批不同抗锈性、类型各异的抗锈创新品系，已经提供给全国谷子育种单位应用，其中性状优良的有望通过国家审定，这批材料将为今后谷子抗锈育种和谷锈病防治起到重要作用。

谷子锈菌生理小种随着推广品种的变化而变化，使抗锈品种逐渐变为感病品种，所以，不断发掘和利用新的抗源是长期控制锈病的关键。我们从1995年开始，利用本课题组鉴定出的89份抗源中仅有的9份高抗抗源与优良品种杂交，逐代接种鉴定、选择抗性单株，经过十几年南繁北育、温室加代、承德石家庄等异地抗锈鉴定选择等，选育出了多种类型的抗锈新品系，已经提供给全国谷子育种单位应用。并与张家口坝下农业科学研究所合作，在抗锈杂交种选育、抗锈兼抗除草剂选育方面取得了一定进展。其中抗源十里香杂交后代表现最为突出，其新品系复1通过了2007~2008年全国区试试验，今年参加了全国区试试验的生产试验。2008年谷子科学研究所栾城试验站谷子锈病发生非常严重，资源材料几乎绝产，育种材料高度感病，而抗锈创新材料表现优良，十里香后代几乎看不到锈病，说明抗源十里香能够把抗锈性完全稳定遗传给后代，属于质量性状。目前鲁谷2号培育出的第二代抗锈品种在生产上已经应用了十几个年头，其代表品种豫谷5号已经感病，所以，以抗源十里香等为主的这批抗锈创新材料有望在今后谷子抗锈育种和谷子锈病防治方面发挥重要作用。

4 利用分子技术对谷子基因进行研究

利用AFLP筛选到2个谷子抗锈基因分子标记，并转化为SCAR标记；用RGA技术克隆了51个谷子抗病基因同源序列片段，有的与已知抗锈基因同源性达80%以上，部分片段已经得到了全长，正在利用农杆菌介导谷子进行基因转化。

随着分子生物学技术的飞速发展，筛选抗锈基因分子标记、克隆抗锈基因进行基因转化，可以提高抗源抗锈性的利用效率。课题组开展了以下研究工作。

在谷子抗锈基因分子标记方面，研究表明谷子抗锈资源十里香的抗锈性属于质量性状，是由显性单主效基因控制，利用谷子初级三体把主效基因初步定位在第九条染色体上。在国家和省自然科学基金的资助下，从2006年开始用十里香与豫谷1号杂交，建立抗、感锈基因池，采用AFLP标记技术发现33对引物组合能在两基因池间表现抗感多态性，其中扩增片段大小为250bp的标记与抗锈病基因*RLr1*连锁遗传距离是7.4cM，并成功转化为SCAR标记；还得到另外一个距谷子抗锈基因的距离为27.6cM的SCAR标记。其他抗感差异多态性还在进一步研究之中，最终想找到更多、更近的标记，绘制抗锈基因分子标记连锁图，为谷子抗锈育种分子辅助选择和抗锈基因克隆奠定基础。

在抗锈基因克隆方面，根据农作物抗病基因NBS-LRR和丝苏氨酸激酶蛋白保守结构域设计引物分别扩增抗源十里香和感病品种豫谷1号的cDNA，在十里香中共扩增出51条特异性条带，其中有4个片段分别与小麦（Lr10、Lr21）、玉米(Rp1-D)、高粱(Rp1)抗锈基因同源性达80%以上，通过RACE和Genome Walking技术，目前已经获得了5个基因全长序列。其中长度为2 673bp的基因（暂命名为*RUS1*），已在Genbank中注册（Genbank登录号FJ467296）。该基因编码891个氨基酸，含有抗病基因产物中NB-ARC保守结构域，而且还克隆到了该基因的启动子（675bp）。目前正在利用农杆菌介导谷子进行基因转化，验证是否谷子抗锈或相关基因。

5 研究锈病与谷子的相互作用机理

谷子是二倍体，基因组小，美国将完成谷子全基因组测序，以谷子为材料研究抗锈基因、抗锈机理有更加明显的优势。目前正在建立谷子与锈菌之间亲和和非亲和群体，全面系统研究谷子与锈菌互作机理，为锈病研究和防治奠定理论和应用基础。

锈病是农作物非常重要的一类病害，尽管谷子锈病国内外很少研究，但与之相似的小麦锈病一直是世界各国知名专家专注研究的重点，迄今为止，已发现170多个小麦抗锈基因，多数已被分子标记或定位在特定染色体上，但是，目前仅成功克隆了3个小麦抗锈基因，*Lr21*（2003.2 美国）、*Lr10*（2003.10 瑞士）和 *Lr1*（2007.7 加拿大），其抗锈机理研究进展也非常缓慢，其主要原因是小麦基因组庞大（16 000Mb），是六倍体，重复序列含量丰富（80%）。而谷子是二倍体，基因组较小（515Mb），所以，以谷子为材料研究抗锈基因、抗锈机理有更加明显的优势。

目前利用抑制性差减杂交（SSH）技术，对抗锈病材料十里香受锈菌侵染后基因的表达情况进行研究。获得1个 *SGT1* 类似序列和4个功能未知的序列，与谷子抗锈菌侵染过程相关。目前正对构建的非亲和互作 SSH 文库进一步大规模测序，以寻找非亲和互作中抗锈相关基因，为从分子水平上解释谷子与锈菌互作机理，进而为防治谷子锈病提供新的思路与理论依据。

参考文献

[1] 郑桂春，崔光先，董志平．河北省夏谷锈病田间发生规律观察［J］．粟类作物，1990，2：21~23

[2] 董志平，赵兰波，崔光先等．河北省夏谷区粟锈病生理分化及粟抗锈性研究初报［J］．粟类作物，1994，4：32~35

[3] Raveendran T S. Tenai C. 5— 一个适合于印度泰米尔纳德地区的高产抗锈品种［J］. Madras Agricultural Journal, 1979, 66(12): 771~773

[4] Muthusamy M. 不同谷子品种对锈病的反应［C］．印度国家作物抗病学术讨论会集，1981：33~34

[5] 刘维等．粟品种抗锈性鉴定［J］．沈阳农业大学学报，1989，20（6）：35~40

[6] 梁克恭等．谷子品种对粟锈病抗性鉴定研究［J］．植物保护，1995，21（6）：17~18

[7] 贾璇，杨文香等．小麦抗叶锈基因 Lr38 的 AFLP 标记［J］．植物病理学报，2004，34（4）：380~382

[8] Druka A, Kudrna D, Han F, *et al.* Physical mapping of the barley stem rust resistance gene *rpg4* [J]. Mol.Gen.Genet., 2000, 264: 283~290

[9] Rostoks J M, Zale J, Soule, *et al.* A barley gene family homologous to the maize rust resistance gene *Rp1-D* [J]. Theor. Appl. Genet., 2002, 104: 1 298~1 306

[10] Li Z F, Zheng T C, *et al.* Molecular tagging of stripe rust resistance gene *YrZH84* in Chinese wheat line Zhou 8425B [J] Theor. Appl. Genet., 2006, 112: 1 098~1 103

[11] 杨文香，刘大群．小麦抗叶锈基因 *Lr44* 的 AFLP 分子标记［J］．农业生物技术学报，2004，53：3~12

[12] 杨文香，刘大群．小麦抗叶锈基因的定位及分子标记研究进展［J］．中国农业科学，2004，37(1)：65~71

[13] Helguera M, Vanzetti L. PCR Markers for Triticum speltoides Leaf Rust Resistance Gene *Lr51* and Their Use to Develop Isogenic Hard Red Spring Wheat Lines [J]. Crop Sci. 2005, 45: 728~734

[14] Colin H, Julian T. Locating the broad-spectrum wheat leaf rust resistance gene *Lr52* (LrW) to chromosome 5B by a new cytogenetic method [J]. Theor. Appl. Genet. 2005, 110: 1 453~1 457

[15] Huang L, Steven A, Wanlong L. Map-based cloning of leaf rust resistance gene *Lr21* from the large and polyploid genome of bread wheat [J]. Genetics, 2003, 164: 655~664

[16] Feuillet C, Travella S, Stein N. Map-based isolation of the leaf rust disease resistance gene *Lr10* from the hexaploid wheat (Triticum a*estivum* L.) genome [J]. Proceedings of the National Academy of Sciences USA, 2003, 100

(25)：15 253~15 258
[17] 董志平 . 谷锈菌生理分化及谷子抗锈性研究初报［J］. 河北农业大学学报，1995，18（4）：45~48
[18] 王润奇，高俊华等 . 谷子初级三体系列的建立［J］. 植物学报，1994，36（9）：690~695
[19] Wang Z M，Debos K M，Liu C J，*et al.* Congstruction of RFLP–based map of foxtail millet，*setaria italica*（L.）Beauv.［J］. Theoretical and Appoied Genetics，1998，96：31~36

春谷抗旱备种保全苗技术 *

马建萍　独俊娥　刘晓东　吕建珍

（国家谷子产业技术体系太原综合试验站 / 山西省农业科学院作物遗传研究所，山西太原　030031）

摘　要：针对山西省近年来大部分地区冬季雨雪较少，农田土壤水分严重缺乏，春季少雨风大，造成持续干旱的气候特点，提出了播前准备，播种技术，苗期管理及病虫害防治的抗旱保全苗技术，该技术对春谷获得高产稳产、农业增收至关重要。

关键词：谷子；抗旱；保全苗技术

Techniques for a Full Seedling for Spring-sown Foxtail Millet in Drought Lands

Ma Jianping, Du June, Liu Xiaodong, Lv Jianzhen

(Taiyuan Comprehensive Experiment Station, China Industrial and Technological Research System of Millet; Institute of Crop Genetics, Shanxi Academy of Agricultural Sciences, Taiyuan 030031, China)

Abstract: In view of the few sleet in winter and little rain and strong wind in the spring in recent years, the moisture in farmland soil lacked seriously, which gave rise to the arid climate continually. The techniques of drought resistance and protecting seedlings on spring sown foxtail millet include pre-sowing, sowing technology, seedling management and the control of disease and pest. It is usefull for spring sown foxtail millet to obtain high and stable yield, and it is essential for agricultural income.

Key words: Foxtail millet; Drougt resistance; Techniques of protecting Seedlings

山西省是我国谷子的主产区之一，近年来全省大部分地区冬季雨雪较少，农田土壤水分严重缺乏，春季风大干旱、降雨较少，造成持续干旱的气候条件，在春谷的播种到出苗阶段，大部分地区降雨很少，旱情不能从根本上得到缓解。谷子的抗旱保全苗及苗期管理技术，对春谷获得高产稳产，农业增效，农民增收至关重要。

* 基金项目：现代农业产业技术体系建设专项资金；国家“十一五”科技支撑计划项目（2006BAD02B02-02）。

第一作者简介：马建萍，1957 年出生，女，研究员，主要从事谷子栽培、生理及遗传育种研究。

通讯地址：太原市农科北路 16 号，山西省农业科学院作物遗传研究所。Tel：0351-7132953　E-mail：nkymjp@126.com

1 播前准备

1.1 轮作倒茬

谷子不宜重茬，必须合理轮作倒茬。前茬作物以豆类、绿肥最好，薯类、玉米、高粱、棉花也适宜作春谷的前作。

1.2 整地保墒

在秋深耕的基础上，春季整地以保墒为中心，在土地刚解冻时进行顶凌耙地，切断毛细管，减少水分蒸发。结合施入农家肥或复合基肥，及时浅耕，随耕随耙耱，纵横耙 3 次，保墒提墒。

1.3 选用良种

选用适合当地气候条件的，经种子管理部门审定的优质、高产、多抗新品种。选好种子后，播前最好晒种 2~3d，提高种子发芽率。有条件的，在播前 2~3d 最好用 10%的盐水选种，去除秕谷、草籽，将饱粒捞出用清水冲净，晒干备用。

2 播种技术

2.1 播期

谷子播种期的确定，应根据当地无霜期的长短，针对不同品种的特性，在保证该品种生长发育有充足时间的前提下，使整个生活周期的各生育阶段都能充分利用温、光、水、肥等外界条件，增加营养物质的积累，如：拔节后雨水较多，开花期温度适宜，灌浆期光照充足，昼夜温差大等。一般以 5 月上中旬播种为宜（立夏至小满之间）。一些无霜期短的地方也可在 4 月下旬播种。

2.2 播量

播种量的多少，要根据种子质量、墒情、播种方法等条件来决定，应以一次保全苗、幼苗分布均匀、不出现缺苗断垄为原则。一般每公顷播量为 12~15kg。

3 苗期管理

3.1 播后镇压

播后镇压是一种行之有效的保全苗措施，是我国北方种谷普遍采用的方法。播后土壤比较疏松，种子与土壤结合不紧，在干旱多风的地区播种层容易风干，造成悬苗，对出苗不利。播种后出苗前进行镇压（黄芽砘），促使下层土壤水分上升，帮助全苗。出苗后 2~3 叶期进行镇压（压青砘），防止悬苗，控制地上部生长，促扎根，提高幼苗抗旱能力。在干旱严重地区，增加镇压次数可减少干土层厚度，增加播种层水分含量，提高出苗率。

3.2 查苗补种

谷子出苗后，因干旱底墒不足时，会出现缺苗断垄现象，因此应进行查苗补种。查苗一般在三叶期前后进行，如缺苗断垄严重，可在间苗时移栽幼苗。移栽的谷苗以4~5叶期最容易成活，此时是谷苗次生根大量长出的时期。在幼苗长出白根时带土移栽，栽后及时浇水，并在上面覆盖一层细土，以防土壤板结。如有成片缺苗的现象，应及时补种生育期较短的早熟品种，对移栽或补种的谷苗应吃偏饭，加强管理，促进其生长发育。

3.3 蹲苗壮苗

谷子苗期的生长中心是根系建成，田间管理的主攻方向应该是控上促下，促进根系发育，达到早生根，多生根，深扎根，幼苗蹲实健壮。控制土壤水分，可促使根系深扎，防止徒长，有壮根、防风、灭虫的作用，有利于后期防倒。蹲苗的措施有以下几条。

3.3.1 压青苗

如果土壤水肥条件好，幼苗生长较旺时，应该压青苗。通过砘压起到控上促下的作用。3~5叶期为砘压最适时期。时间最好在下午，浅中耕后再进行砘压，以免伤苗。

3.3.2 深中耕

如果在谷子苗期土壤湿度大，温度高，则应进行深中耕，促进根系的发育，减缓地上部分生长，使茎秆粗壮，提高抗倒能力。

3.3.3 喷施磷酸二氢钾

拔节期喷施磷酸二氢钾，幼苗健壮，叶色黑绿，根量增多，有明显的壮穗、壮秆效果。

3.4 间苗、定苗

早间苗，防荒苗，对培育壮苗十分重要。俗话说：“谷间寸，顶上粪”，早间苗可以改善幼苗的生态条件，主要是改善光照条件，使幼苗壮而不旺，叶色浓绿，根系发育健壮，根量增加。一般在三叶一心期开始间苗，先留够定苗密度1.5~2倍的苗，5叶期内定苗。早疏苗，晚定苗，可防止因虫害形成缺苗，留下壮苗。留苗密度因生态类型、品种特性、种植习惯、播种方法的不同有一定的差异，一般肥力较低的地块，每公顷留苗22.5万~30.0万株（株距10~13cm）；中等肥力旱地或水浇地，每公顷留苗37.5万~45.0万株（株距6.7~8.3cm）。

3.5 及时清垄

从拔节开始，随着气温的逐渐升高，谷子进入旺盛生长阶段，为了避免水、肥的消耗，促进植株良好发育，要及时清垄，将垄眼上的杂草、谷莠子、杂株、残株、病虫株、弱小株及过多的分蘖彻底拔除，增强群体内部通风透光性能，促进个体发育，提高产量。

3.6 及早中耕

拔节期要进行深中耕，围土稳苗，促进次生根的生长，可防止风害伤苗，不仅可以接纳雨水，而且可以拉断部分老根，促进新根生长，做到控制地上茎部节间伸长，又促进根系发育，多吸收水肥。

4 防治虫害

对地下害虫，播前可用杀虫剂进行闷种，或施用毒土防治。苗期害虫的防治应及时，要密切注视虫情动态，防患于未然。特别是对蛀茎虫害的防治，必须赶在蛀茎之前，在产卵期及幼虫期及时喷施“来福灵”、“氯氰菊酯”等杀虫剂灭杀害虫。

杂交谷子稀植栽培技术研究及应用情况初报 *

王 峰 王晓明 范光宇 赵治海

（国家谷子产业技术体系遗传育种研究室 / 张家口市农业科学院谷子研究所，河北张家口 075000）

摘 要：为探索春播区杂交谷子的适宜种植密度，在张家口市 5 个试验点进行了 4 种不同栽培密度处理试验。研究发现适当稀植有助于提高杂交谷子产量。本试验在有水浇条件地块进行，测得最佳栽培密度在 15 万 ~22.5 万株 /hm^2，旱地栽培密度应在此基础上酌情降低。

关键词：杂交谷子；密度；产量；分蘖；春播；稀植

The Preliminary Study of Hybrid Foxtail Millet Low-seedling -density Cultivation Technology and its Application

Wang Feng，Wang Xiaoming，Fan Guangyu，Zhao Zhihai

(Section of Genetics and Breeding, China Industrial and Technological Research System of Millet; Millet Research Institute, Zhangjiakou Academy of Agricultural Sciences, Zhangjiakou 075000, China)

Abstract: The experiment was aimed at exploring suitable densities for the spring sowing hybrid foxtail millet, and designed with four different seeding densities in five sites.It was indicated that proper low seeding density could increase hybrid foxtail millet yield. The best seedling density was 10 000 per 667m^2 to 15 000 per 667m^2 on irrigable land, the seeding density should be reduced on dry land.

Key words: Hybrid foxtail millet; Density; Yield; Tiller; Spring sowing; Low seedling density

光（温）敏两系杂交谷子是张家口市农业科学院选育成功的具有国际领先水平的科研成果。2000 年第一个谷子杂交种“张杂谷 1 号”选育成功，到目前为止，已经选育成功“张杂谷”系列品种 8 个，初步形成了适应水旱地、春夏播、不同生育期配套的品种格局，累计推广种植 13.3 万 hm^2。推广结果表明杂交种比当地常规主栽品种普遍增产 30% 以上，增产增收效果明显。

在谷子杂交种推广初期，沿用常规谷子的栽培技术模式，主要表现为种植密度大，一般密度在

* 基金项目：现代农业产业技术体系建设专项资金资助；河北省重大技术创新项目子课题（082309092-1-4）；国家科技支撑计划子课题（2006BAD12B03）；河北省科技支撑计划子课题（09220101D-3）。

第一作者简介：王峰，1969 年出生，男，高级农艺师，主要从事谷子杂种优势利用研究工作。

通讯地址：张家口市高新区清水河南路，张家口市农业科学院谷子研究所。Tel：0313-4025889，E-mail：wangfeng69@163.com。

37.5 万株 /hm^2 左右，导致实际生产中杂交谷子的总体产量优势并不显著。在总结各地栽培技术中发现，适当缺苗地块的产量表现反而较好，如 2006 年张家口下花园区“张杂谷 5 号”最高产量 9 922.5kg/hm^2，0.67hm^2 平均产量 7 731kg/hm^2，而留苗密度只有 18 万株 /hm^2。为此，我们于 2007 年在张家口市进行了杂交谷子种植密度试验，探讨春播区杂交谷子的适宜种植密度，为大面积推广提供依据。

1 材料和方法

1.1 材料

供试材料为谷子杂交种“张杂谷 3 号”和“张杂谷 5 号”。

1.2 方法

1.2.1 试验地概况

试验选择张家口市农业科学院沙岭子试验基地、蔚县原种场、宣化贾家营镇、下花园区定方水乡武家庄村、涿鹿县辉耀乡 5 个地点。试验地均是具备水浇条件的沙壤土质地块。

1.2.2 试验设计

本试验在 5 个试验点分品种采用完全随机设计，4 个密度处理：15 万株 /hm^2、22.5 万株 /hm^2、30 万株 /hm^2 和 37.5 万株 /hm^2。以 37.5 万株 /hm^2 为对照，3 次重复。小区行长 10m，行距 0.33m，10 行区，面积 33m^2。各试验点占地面积 800m^2。

1.2.3 田间操作

播前浇地，地表稍干后亩撒施三元复合肥 10kg（$N:P_2O_5:K_2O=15\%:15\%:15\%$）作基肥，耕后整平做畦。各试验点在 5 月 2~7 日播种，耧播。

定苗，在 3~5 叶期进行，每个试验点要求一天内完成，不同密度的株距见表 1。

表 1　不同密度对应的株距（行距统一为 33cm）

密度	15 万株 /hm^2	22.5 万株 /hm^2	30 万株 /hm^2	37.5 万株 /hm^2
株距	20cm	13.3cm	10cm	8cm

各试点水肥管理按照统一标准进行。结合浇水在谷子拔节期、抽穗期、灌浆期追施尿素 3 次，追肥量依次为 0.7kg/ 区、0.3kg/ 区、0.25kg/ 区。

各试点均采用适宜的病虫害防范管理措施，保证无病虫害发生。

1.2.4 调查项目

分蘖数：每小区随机调查 10 株，平均计算单株分蘖数。

小区产量：每小区收获中间 8 行，以实收面积 26.4m^2 折算产量。

1.2.5 统计分析

本试验采用 Excel 和 DPS 统计分析软件进行数据分析。

2 结果与分析

2.1 不同栽培密度对产量的影响

综合分析 2 个品种产量数据发现，种植密度为 22.5 万株 /hm^2 时，产量水平最高，“张杂谷 3 号”比对照密度增产 12.69%，“张杂谷 5 号”比对照密度增产 9.77%；其次为 15 万株 /hm^2，两个品种分别比对照密度增产 11.21% 和 6.69%；种植密度 30 万株 /hm^2 的产量水平和对照相当 (表 2)。

表 2 产量结果汇总

处理（万株 /hm^2）	张杂谷 3 号			张杂谷 5 号		
	小区产量（kg）	产量（kg/hm^2）	增产（%）	小区产量（kg）	产量（kg/hm^2）	增产（%）
15.0	17.87	8 124.0	+11.21	18.64	8 472	+6.69
22.5	18.11	8 232.0	+12.69	19.18	8 718	+9.77
30.0	16.43	7 468.5	+2.24	18.01	8 187	+3.08
37.5（CK）	16.07	7 303.5	–	17.47	7 941	–
平均	17.12	7 782.0		18.33	8 328	

如表 3 所示，在 5 个试验点两个品种产量均在 22.5 万株 /hm^2 栽培密度下最高，其次为 15 万株 /hm^2，接下来为 30 万株 /hm^2，最后为 37.5 万株 /hm^2。通过方差分析发现 22.5 万株 /hm^2 和 15 万株 /hm^2 的产量虽有一定差异，但未达到显著水平，30 万株 /hm^2 和 37.5 万株 /hm^2 的产量差异也不显著，但是 15 万株 /hm^2 和 22.5 万株 /hm^2 两个处理与 30 万株 /hm^2 和 37.5 万株 /hm^2 两个处理之间的差异在不同地点、不同品种中大多达到了显著水平，个别处理甚至达到极显著水平。说明在一定范围内稀植有利于提高杂交谷子的产量。在本试验条件下，最佳的栽培密度在 15 万 ~22.5 万株 /hm^2。由于本试验在水浇地进行，所以旱地栽培的密度还应在此基础上适度降低。

5 个试验点均是“张杂 5 号”在 22.5 万株 /hm^2 密度下栽培产量最高，“张杂谷 5 号”的平均产量比“张杂谷 3 号”高 7.02%，说明“张杂谷 5 号”在高水肥条件下种植比“张杂谷 3 号”更具增产潜力。另外，农作物的产量和环境因素是密切相关的，不同地区种植同一作物，产量必然存在一定差异，但在本试验条件下，两个品种在各个试验点的产量都较为稳定，产量最低的蔚县试验点和产量最高的涿鹿试验点理论产量差值仅为 2 100kg/hm^2，说明杂交谷子不仅高产，并且适应性强。

表3　不同栽培密度对产量的影响

地区	品种	处理(万株/hm^2)	均值	5%显著水平	1%极显著水平
沙岭子	张杂3号	15	21.88	a	AB
		22.5	22.40	a	A
		30	19.84	bc	CD
		37.5	19.40	c	D
	张杂5号	15	22.56	a	A
		22.5	22.56	a	A
		30	20.72	b	BC
		37.5	20.68001	b	BC
蔚县	张杂3号	15	19.36	ab	A
		22.5	19.60	ab	A
		30	17.00	c	B
		37.5	15.96	c	B
	张杂5号	15	20.04	ab	A
		22.5	20.48	a	A
		30	19.68	ab	A
		37.5	19.00	b	A
下花园	张杂3号	15	21.56	c	BC
		22.5	21.64	c	BC
		30	20.68	d	CD
		37.5	19.92	d	D
	张杂5号	15	23.64	ab	A
		22.5	24.04	a	A
		30	23.20	b	A
		37.5	22.04	b	B
宣化	张杂3号	15	24.00	abc	ABC
		22.5	24.28	ab	AB
		30	21.84	f	E
		37.5	22.24	ef	DE
	张杂5号	15	23.64	bcd	ABCD
		22.5	24.96	a	A
		30	23.00	cde	BCDE
		37.5	22.60	def	CDE
涿鹿	张杂3号	15	24.80004	a	AB
		22.5	24.80004	a	AB
		30	24.80004	a	AB
		37.5	24.00	ab	AB
	张杂5号	15	24.00	abc	AB
		22.5	25.20	a	A
		30	23.19996	abcd	AB
		37.5	21.99996	b d	B

注：小写字母不同表示在5%水平下达到显著水平；大写字母不同表示在1%水平下达到显著水平。

2.2 不同栽培密度对分蘖数的影响

通过表 4 可以发现，随着栽培密度的降低，杂交谷子分蘖性有加强的趋势，这可能是由于单位土地面积上肥力一定，光照条件一定，稀植条件下杂交谷子植株会在一定范围依靠增加分蘖来增加其产量，这和前人在其他作物上的研究结果基本一致。另外，通过我们多年的实践经验发现，杂交谷子的分蘖性状还和其播种时期、干旱程度及土壤肥力有关，一般而言，在适宜范围内，播种时间早，早期干旱和土壤水肥条件佳均可以增加杂交谷子分蘖数量。同时本试验也发现“张杂谷 5 号”的分蘖能力强于“张杂谷 3 号”。不同地区的差异不显著。

表 4 分蘖数据汇总（单株分蘖率）

处理(万株/hm^2)	张杂谷 3 号	张杂谷 5 号
15	2.10	2.25
22.5	2.06	2.18
30	2.00	2.10
37.5（CK）	1.90	2.00
平均	2.02	2.13

3 稀植栽培技术应用情况

根据密度试验结果，结合各地高产典型种植经验，根据不同土壤气候条件，杂交谷子适宜密度为 15 万 ~22.5 万株 /hm^2。从 2007 年开始，我们确立并推广以稀植为主要内容的杂交谷子栽培技术，取得了良好的示范效果。2007 年张家口市下花园区武家庄村武尚金种植 0.088hm^2“张杂谷 5 号”，平均产量 12 150kg/hm^2，创造了谷子高产新纪录。2007 年陕西省偏关县旱地种植张“杂谷 3 号”667hm^2，采用稀植栽培技术，平均产量 6 075kg/hm^2，最高产量 8 377.5kg/hm^2；2008 年该县种植 1 200hm^2，平均产量 6 375kg/hm^2，最高产量 8 805kg/hm^2，与玉米产量相当。2008 年内蒙古赤峰市示范杂交谷子 20hm^2，平均产量达到 10 350kg/hm^2，比当地常规品种“黄八杈”增产 2 250~3 600kg/hm^2；内蒙古清水河示范 20hm^2，平均产量 6 772.5kg/hm^2，最高产量 8 250kg/hm^2。2008 年承德丰宁县种植杂交谷子 73hm^2，一般产量 6 000~7 500kg/hm^2，最高产量 9 000kg/hm^2；承德市农业技术推广站刘景珍站长引种 0.6hm^2，产量 9 022.5~10 177.5kg/hm^2。通过稀植栽培技术，发挥了杂交谷子的增产潜力，一般比当地常规品种增产 30% 以上，深受广大农民欢迎，谷子杂交种供不应求，大大加快了杂交谷子的推广应用速度。

4 讨论

4.1 稀植是杂交谷子自身特点的要求

杂交谷子和常规谷子品种相比，个体生长势强，有效分蘖数量多，增产潜力大。在同等条件下，利用稀植栽培技术，可以有效缓解光、水、肥等物质条件不足和谷子个体需求旺盛的矛盾。如果种植密度过大，在分蘖后有效穗数达到 75 万 /hm^2 左右，会导致灌浆后期不通风，植株之间光、水、肥竞争激烈，不能满足灌浆后期大量植株群体集中灌浆的生理需求，杂交种的增产潜力被抑制，秕实率高，出谷率低，产量下降。

4.2 稀植是杂交谷子栽培环境的要求

我国谷子面积 90% 分布在干旱半干旱地区，降水量少且分布不均，在谷子生长的关键时期易受干旱困扰。虽然杂交谷子根系发达，比常规谷子品种耐旱能力更强，但由于杂交谷子生长势强，需水量也比一般谷子品种多，如果种植密度过大，易导致谷子生长后期茎秆水分丧失，造成倒伏，影响产量。2008 年 8 月 22 日，张家口市农业科学院沙岭子试验基地遭遇 7 级以上大风袭击，玉米等作物全部倒伏，基本绝收；谷子试验地中常规谷子品种全部为三级倒伏（倾角在 45° ~60°、倒伏面积 30% 以上），对产量有较大影响，而杂交谷子品种由于种植密度低（22.5 万株 /hm^2），为一级倒伏（倾角≤ 30°、倒伏面积小于 15%），对产量基本没有影响。

4.3 结论

在本试验条件下，杂交谷子不同种植密度的产量差异很大，优势密度依次排列为 22.5 万株 /hm^2、15 万株 /hm^2、30 万株 /hm^2、37.5 万株 /hm^2，体现了杂交谷子稀植高产的特征。考虑到本试验的 5 个试验点都具备浇水条件，且每个试验点都结合追肥灌溉 3 次，而在实际生产中谷子大部分种植于干旱地区，所以杂交谷子推荐种植密度在 12 万 ~22.5 万株 /hm^2 为宜。

杂交谷子高产栽培技术是一个多因素综合效应的系统工程，本试验只是就密度一个因素做了初步研究，下一步我们将重点探讨品种、密度、施肥、地膜覆盖等相结合的配套栽培技术。

参考文献

[1] 姚克明，宋殿珍，张喜文等．不同农艺措施对旱地谷子水分利用率的影响［J］．华北农学报，1995，10（3）：94~97

[2] 郝天民，李树范，崔志民．产量密度方程在谷子密度试验中的应用［J］．中国农学通报，2002，18（2）：96

[3] 刘晓辉，侯长俞，张喜文．谷子超高产育种问题探讨［J］．吉林农业科学，1999，24（2）：28~30

[4] 赵治海，崔文生，杜贵．光敏核不育谷子光周期反应的初步研究［J］．华北农学报，1994，9（增刊）：29~32

[5] 赵治海，崔文生，杜贵．谷子光温敏不育系 821 选育及其不育性与光温关系的研究［J］．中国农业科学，1996，29（5）：23~31

金谷 2401 在洛阳市引种情况及高产栽培技术 *

王秀存[1]　布艳茹[2]　李君霞[3]

（1. 洛阳市农业技术推广站，河南洛阳　471000；2. 洛阳市农村能源开发工作站，河南洛阳　471000；3. 国家谷子产业技术体系郑州综合试验站 / 河南省农业科学院粮食作物研究所，河南郑州　450002）

摘　要：“金谷 2401”是北京市农业科研单位培育而成的矮秆高产谷子新品种。2001 年从北京引入洛阳市，2002~2009 年在洛阳市旱地和水地示范种植，获得了成功。根据试验示范表现，总结出金谷 2401 的特征特性及高产栽培技术。

关键词：金谷 2401；引种；高产栽培技术

Agronomic Perfomance and High-yield Cultivation Technology of “Jin Gu-2401” in Luoyang

Wang Xiucun[1], Bu Yanru[2], Li Junxia[3]

（1. Luoyang Agricultural Technology Extension Service Station, Luoyang 471000, China; 2. Luoyang Country Energy Development Service Station, Luoyang 471000, China; 3. Zhengzhou Comprehensive Experiment Station, China Industrial and Technological Research System of Millet; Cereal Crop Research Institute; Henan Academy of Agricultural Sciences; Zhengzhou 450002, China）

Abstract: A dwarf foxtail millet cultivar with high yield, “Jin Gu-2401” was developed by the agricultural institution in Beijing. The cultivar was introduced to Luoyang region in 2001, and high-yield was obtained from establishing model fields in 2001-2009. An appropriate sowing time and high-yield corresponding cultivation technology were proposed on the water and arid fields. In this paper, phenological characteristics and high-yield cultivation technology were provided for “Jin Gu-2401”.

Key words: Jin Gu-2401; High-yield cultivation technology

洛阳市地处豫西丘陵山区，全市耕地总面积 36 万 hm^2，其中旱地面积占 70% 以上。十年九旱的气候条件和旱地土壤瘠薄的自然条件，对洛阳市秋粮生产造成了很大威胁。谷子为禾本科粮草兼用、耐瘠薄、耐干旱、耐贮藏、适应性广的作物，是洛阳市秋季主要杂粮作物，常年种植面积 1.7 万 hm^2，单产 210kg 左右。谷子去壳后称为小米，营养价值很高，被称为健康保健食品，价格平均为 4 元 /kg。因此，旱地种植谷子比种植其他作物效益更高。针对旱地面积大、干旱年份多的特点，

* 基金项目：现代农业产业技术体系建设专项资金资助。

第一作者简介：王秀存，1973 年出生，女，农艺师，主要从事粮食作物新技术推广工作。

通讯地址：河南省洛阳市西工区涧东路 25 号，洛阳市农业技术推广站。Tel：0379-63333816，E-mail；xiucunw01@163.com。

洛阳市积极引进了高产耐旱的谷子新品种“金谷 2401”。

1 “金谷 2401”引种情况及产量分析

“金谷 2401”是北京市农业科研单位培育而成的矮秆高产谷子新品种。2001 年从北京引入洛阳，2002 年在宜阳试验场山坡地试种 8 亩，因播种量太少，播种后出苗不齐全，但该品种分蘖力极强，弥补了缺苗的部分不足。据测定，株高 95cm，穗长 20~28cm，穗粗 5~7cm，667m^2 成穗 2.2 万穗（远远没有达到该品种 667m^2 成穗 4.8 万穗的指标），平均穗粒重 24g，平均 667m^2 产 410kg。2003 年在洛阳市示范种植，宜阳县水浇地种植 3.3hm^2，孟津县旱陵地种植 7hm^2。9 月 15 日，市农业局专家进行验收，宜阳县在该年遭受 1964 年以来秋季降水量最大、涝情最重的涝灾后，3.3hm^2“金谷 2401”平均产量仍达到 7 720kg/hm^2；孟津县多点调查测产，“金谷 2401”在旱陵地平均产量达 6 495kg/hm^2，比对照（常规品种洛阳 872）增产 3 495kg，增产幅度达 116.5%，增产效果十分显著，“金谷 2401”在洛阳市引种获得了成功。2004 年，洛阳市谷子重点县伊川、汝阳、宜阳、孟津等县共推广“金谷 2401”新品种 3 300hm^2；2005 年，该品种在全市各县（市、区）普遍推广，种植面积达到 5 000hm^2；2006~2009 年，该品种在我市推广面积稳定达到 7 000hm^2，占谷子总播种面积的 40%左右。

2 “金谷 2401”的性状表现

2.1 生育期适中

多年的示范结果表明，在常年气候条件下，“金谷 2401”春播生育期 120~130d，夏播生育期 90d 左右，不影响下茬小麦种植，适合洛阳市中水肥和旱薄地种植。

2.2 分蘖力强

据调查，该品种平均单株分蘖 3~5 个，有效穗数多，分蘖苗长势旺，与主茎一样粗壮，每 667m^2 成穗可达到 5 万余穗。

2.3 抗倒力强

该品种茎秆矮壮，株高 80~90cm，茎粗 1.2~1.5cm，抗倒性强、耐旱、耐涝，克服了常规谷子品种株高、茎细、易倒的缺点。

2.4 光合效率高

该品种叶片多而肥厚，单株叶片比常规谷子多 2~3 片，提高了光合效率，利于穗大、粒重，一般穗长 20~25cm，粗 5~7cm，单穗重 20~25g，千粒重 2.5g 左右，为谷子高产打下了很好的基础。

2.5 适口性好

谷皮特薄，出米率 85%。米色金黄，米质优良，黏度好，口感极佳。

2.6 病虫害发生较轻，适应性强，正常年份生育期内基本不需防治

3 高产栽培技术

3.1 及早整地施肥

谷子重茬易感病虫害，田间杂草多，植株根系浅，瘪谷增加，影响到谷子的产量和品质，因此谷子要实行轮作，前茬最好是豆类，其次是薯类、玉米、棉花等。夏播谷子在时间、墒情许可的情况下，麦收后抢时灭茬整地。结合整地 667m^2 施农家肥 3 000kg，磷肥 50kg，钾肥 10kg。

3.2 早播种早定苗

夏播“金谷 2401”，适宜播种期为 6 月上中旬。667m^2 播量 0.5kg，播种深度为 3~4cm，播后顺沟踩一遍，以利保墒。“金谷 2401”是耐密型品种，生产上一定要克服“稀谷子大穗”的传统观念，做到合理密植。一般有灌溉条件的 667m^2 留苗 2.5 万株，旱地 3.5 万株，行距 33cm，株距 6cm 左右。苗高 3~5cm 时要及时间定苗，以防杂草丛生，缺苗地方可留丛苗，每穴 4~6 株。

3.3 中耕除草

夏播谷子生产快，密度大，硬茬播种的间苗后要立即中耕灭茬、除草、保墒。拔节期要进行深中耕，同时进行培土。草荒严重的地块，播种后出苗前可用除草剂进行喷雾。

3.4 巧施肥水

拔节后孕穗前，是谷子对肥水的反应敏感期。有水利条件的要结合浇水进行施肥，无水利条件的要看墒情结合中耕进行施肥。一般亩施磷酸二铵 30kg、尿素 20kg，或谷子专用肥 50kg，促进穗分化。开花灌浆期，可叶面喷洒磷酸二氢钾，能有效提高千粒重，减少秕谷率。

3.5 防治病虫害

苗期要做好黏虫、蝗虫、蟋蟀等虫害防治；干旱时注意防治红蜘蛛；乳熟期以后要利用噪音、天敌驱赶麻雀等鸟害。

3.6 适时收获

及时收获是保证夏谷丰产丰收的重要环节，夏谷到完熟期，麸皮变为固有的色泽，籽粒变硬，成熟断青就要及时收获，以免落粒造成损失。收获后要及时晾晒，防止发霉，保证品质。

不同谷子品种的肥力效应比较分析 *

杨成元　史关燕　陈　瑛　侯国亮

（国家谷子产业技术体系汾阳综合试验站 / 山西省农业科学院经济作物研究所，山西汾阳　032200）

摘　要：本文对施用有机复合肥对优质谷子新品种 2012 与晋谷 21 号的肥力效应进行比较，分析品种对肥料利用率和对土壤环境的影响进行探讨，为生产上如何选择谷子品种和配套施肥技术提供依据。结果为：谷子生产上选择品种优先选择高产、稳产，对加大施肥量不敏感的品种，同时根据品种特性采用相应的田间管理措施，才能提高生产效益。

关键词：谷子；有机复合肥；肥力效应

Comparison Analyses of Effects between Different Foxtail Millet Cultivars with Fertilization Application

Yang Chengyuan，Shi Guanyan，Chen Ying，Hou Guoliang

(Fenyang Comprehensive Experiment Station, China Industrial and Technological Research System of Millet; Institute of Industrial Crops, Shanxi Academy of Agricultural Sciences, Fenyang 032200, China)

Abstact: The effect of feritilizer on foxtail millet cultivar 2012 and Jingu-21 was compared in this paper by using high quality organic compound fertilizers in order to choose corresponding fertilizer application techniques.

Key words: Millet; Organic compound fertilizers; Fertilizer effect

谷子是山西省的种植面积最大的杂粮作物。近年来由于市场对优质杂粮数量的需求不断增加，尤其小米加工企业的数量迅速增加，谷子在众多杂粮中占主要地位。发展谷子生产是农民增加收入的有效途径之一。

山西省地处我国华北地区，属于黄土丘陵沟壑区，农田交通条件很差，水土流失严重，土质基本以黄土为主，少雨干旱尤其春旱是本地区的主要气候特征。农田耕作习惯大多还是以畜力耕田，耕层很浅，蓄水蓄肥能力很差。由于使用农家肥需要投入较多劳力，面对当前农村劳动力相对短缺的条件下，主要以适当使用化肥为主，农家肥使用极少。针对目前山区旱作农业施肥方法及作物需肥特点，市场上出现了多种类型的有机复合肥，既解决了作物对 N、P、K 的大量需求，又解决了缺乏有机肥对作物及土壤造成的不利。所以有机复合肥的合理使用、其增产效应和谷子品种的选择

* 基金项目：现代农业产业技术体系建设专项资金资助。

第一作者简介：杨成元，1970 年出生，男，助理研究员，主要从事谷子育种和栽培研究工作。

通讯地址：山西省汾阳市，山西省农业科学院经济作物研究所。Tel：0358-3321359，E-mail：fynksycy@126.com。

值得进行研究。

1 试验设计

1.1 试验时间地点

2005 年，山西省农业科学院经济作物研究所旱作试验地。

1.2 试验材料和方法

试验材料：优质谷新品系 2012 和目前生产上的主栽品种晋谷 21 号；施用复合肥为辽宁省生产，其氮、磷、钾比例经山西省农业科学院中心实验室检测如表 1。

表 1 氮、磷、钾比例

	氮（N%）	磷（P_2O_5%）	钾（K_2O%）
肥料	11.83	15.54	13.79

试验方法：播前测验土壤养分，掌握试验田基本养分信息；收获后测验土壤养分，再根据产量结果考察施肥的增产效应、肥料利用率等。

田间试验：设空白试验（不施肥区）及施肥量分别为每公顷 375kg、562.5kg、750kg、937.5kg，共 4 个水平，小区面积为 80.004m^2，四周设保护行。试验采用当地常规栽培技术。详见表 2。

表 2 品种与施肥量对应的试验小区编号

	空白	375kg/hm^2	562.5 kg/hm^2	750 kg/hm^2	937.5 kg/hm^2
晋谷 21	1	2	3	4	5
2012	10	9	8	7	6

2 结果与分析

2.1 产量结果及增产效应分析（表 3）

表 3 产量结果及肥力效应

晋谷 21 号编号	折合产量 kg/hm^2	与空白比增产量 kg/hm^2	增肥效应 kg/hm^2	2012 编号	折合产量 kg/hm^2	与空白比增产量 kg/hm^2	增肥效应 kg/hm^2
1	3 997.5			10	4 567.5		
2	4 560.0	562.5		9	4 957.5	390.0	
3	4 747.5	750.0	187.5	8	5 152.5	585.0	195.0
4	4 942.5	945.0	195.0	7	5 220.0	652.5	67.5
5	5 070.0	1 072.5	127.5	6	5 280.0	712.5	60.0

从产量结果分析，增施肥料可以提高谷子产量，但各品种对肥料的效应并不相同。品种晋谷 21 号施肥 375kg/hm^2 比空白试验平均每公顷增产 562.5kg，以后每增施 187.5kg/hm^2 肥料分别增产

187.5kg、195kg、127.5kg，每公顷施肥超过 650kg 时增产效应降低。

品种 2012 施肥 375kg/hm^2 比空白试验平均每公顷增产 390kg，以后每增施 187.5kg/hm^2 肥料分别增产 195kg、67.5kg、60kg，每公顷施肥超过 562.5kg 时增产效应很低。

从绝对产量分析看 2012 的空白试验比晋谷 21 号高 570kg/hm^2，晋谷 21 号属于肥力敏感性品种，肥料对增产效果较明显，单靠施复合肥最适用量为 562.5~750kg/hm^2，2012 应在 375~562.5kg/ hm^2。所以在谷子栽培上对品种的选择要看其需肥特性，敏感型品种可适当多施，不敏感型适当少施。一般应选择像 2012 这样的高产稳产、对高肥力不敏感型品种。

2.2 土壤化验结果和肥料利用率分析

在谷子播种前田间取平均土样，收获后按各小区分别取土样于 12 月在山西省农业科学院中心实验室进行土壤速效养分检测，同时检测了所用复合肥的养分含量。检测结果如表 4、表 5。

表 4　晋谷 21 号种植田化验结果

施肥量（kg/hm^2）	碱解氮（mg/kg）	速效磷（mg/kg）	速效钾（mg/kg）	有机质（%）
0.0　（1）	25.87	11.73	85.0	0.86
375.0（2）	27.72	11.73	95.0	0.85
562.5（3）	27.10	12.71	95.0	0.80
750.0（4）	27.10	9.78	95.0	0.82
937.5（5）	30.18	15.65	105.0	0.81
播前	50.51	14.86	137.5	0.89
	氮（N%）	磷（P_2O_5%）	钾（K_2O%）	
肥料	11.83	15.54	13.79	

对晋谷 21 号种植小区化验结果表明：在同一基础条件下，对不同的施肥量肥料的利用率不同。与播前相比，速效钾除第 5 小区为 105mg/kg，其余均为 95mg/kg，相差不多，从 2 小区到 5 小区中 562.5~750kg/hm^2 的施肥量对钾（K_2O）利用最有效，没有浪费；速效磷（P_2O_5）在 4 小区利用率最高，剩余仅 9.78mg/kg；碱解氮也是 3、4 小区利用率最高；有机质基本为 3 小区最低。结合产量表现确定的 562.5~750kg/hm^2 的最佳施肥量相吻合，这个区间各养分能够协同利用，提高利用率。

表 5　2012 号种植田化验结果

施肥量（kg/hm^2）	碱解氮（mg/kg）	速效磷（mg/kg）	速效钾（mg/kg）	有机质（%）
0.0 （10）	27.72	8.86	95.0	0.83
375.0（9）	28.64	13.49	95.0	0.83
562.5（8）	27.41	16.62	95.0	0.84
750.0（7）	29.88	13.69	110.0	0.88
937.5（6）	32.96	14.86	115.0	0.83
播前	50.51	14.86	137.5	0.89
	氮（N%）	磷（P_2O_5%）	钾（K_2O%）	
肥料	11.83	15.54	13.79	

同样对2012种植小区的化验结果看：与播前相比，碱解氮8小区最低为27.41mg/kg，速效磷（P_2O_5）为9小区最低，速效钾（K_2O）8小区最低。表明375~562.5kg/hm^{2}施肥量是最佳施肥区间。也与产量及增产效应分析结果相近。

2.3 效益分析

2005年谷子市场价平均2.60元/kg，肥料1.2元/kg，计算不同施肥量下的产投比结果如表6。

表6 不同施肥量下的产投比比较

施肥量（kg/hm^2）	晋谷21号 肥料成本（元/hm^2）	晋谷21号 产值（kg/hm^2）	晋谷21号 产投比	品种2012 肥料成本（元/hm^2）	品种2012 产值（元/hm^2）	品种2012 产投比
375.0	450	11 856.0	26.35	450	12 889.5	28.64
562.5	675	12 343.5	28.27	675	13 396.5	19.85
750.0	900	12 850.5	14.28	900	13 572.0	15.08
937.5	1125	13 182.0	11.72	1125	13 728.0	12.20

从产投比分析晋谷21号在每公顷施肥量562.5kg最高，品种2012在每公顷施肥量为375kg时最高。也与上面的最佳施肥量区间相符。

3 结论与讨论

（1）对品种的选择要向育种单位了解品种的需肥特性，优选高产、稳产，对加大施肥量不敏感的品种。这样可以以较小的投入产生较理想的产出。

（2）有机复合肥的合理施用对提高谷子生产效益、提高肥料利用率、降低环境污染是非常有效的。

（3）通过空白试验和必要的检测可以了解种植田块基本肥力信息及产后肥料利用率，有助于栽培技术方案的制定与实施。

（4）通过试验可以掌握不同肥力土壤在不同气候条件下种植不同作物的最高产投比，以最少的或最节省的投入达到同等收入或更高的收入，并改善环境，高效地利用各类农业资源，取得经济效益和环境效益。根据产投比分析，高投入高产出产投比并不是最高，生产成本很高，反而造成资源浪费。

参考文献

[1] 刘巽浩．耕作学［M］．北京：中国农业出版社，1994
[2] 浙江农业大学．植物营养与肥料［M］．北京：中国农业出版社，1991
[3] 山西省农业科学院．中国谷子栽培学［M］．北京：中国农业出版社，1987

谷子（粟）蛋白质品质及其优化栽培 *

马建萍　古兆明　古世禄　吕建珍　刘晓东　独俊娥

（国家谷子产业技术体系太原综合试验站 / 山西省农业科学院作物遗传研究所，山西太原　030031）

摘　要：谷子蛋白质的氨基酸含量较高，其中必需氨基酸的组成，除赖氨酸外，其他氨基酸的含量均接近或超过了 FAO/WHO 建议的标准，是一种优质的植物蛋白质。栽培措施对谷子氨基酸组成有明显的影响。优质栽培的关键，是在选用优质高产品种的基础上，要注意选择海拔在 1 100～1 200m 高度的红土或黄土地上种植，一般以 5 月上旬播种的效果较好。同时，要注意多施有机肥料，其中以每公顷施 2.25×10^4kg 羊粪的效果最好；另外，施同等数量的猪粪也较好，化肥，尤其是氮素化肥，对氨基酸组成有不良的影响。

关键词：谷子；蛋白质；氨基酸组成；优化栽培

Protein Quality and Optimized Cultivation of Foxtail Millet

Ma Jianping，Gu Zhaoming，Gu Shilu，Lv Jianzhen，Liu Xiaodong，Du June

(Taiyuan Comprehensive Experiment Station, China Industrial and Technological Research System of Millet; Institute of Crop Genetics, Shanxi Academy of Agricultural Sciences, Taiyuan 030031, China)

Abstract: The contents of amino acids in foxtail millet are often in a high level. With the exception of lysine, a high-quality vegetable protein. the compositions of other amino acids are close to or exceed the FAO/WHO recommended standards. The cultivation measures of foxtail millet have a significant effect on amino acid composition. The high-quality key of cultivation was that we should choose the red soil or loess to plant at the altitude of 1100~1200m. Generally, with applying high-quality cultivation and high-yielding varieties, it was better to plant in early May. At the same time, we should pay attention to use more organic fertilizer. It was best to apply about 2.25×10^4kg sheep manure per hm^2, and fertilizing the same amount of pig manure was better. Chemical fertilizer, especially nitrogen fertilizer, adversely affected the amino acid composition.

Key words: Foxtail millet; Protein; Amino acid composition; Optimized cultivation

改革开放以后，人们的温饱问题得到了解决。随着生活水平的不断提高，普遍要求改变食物结构，平衡膳食，在城乡居民中掀起了吃粗粮的热潮。2005 年国际会议通过的《维多利亚宣言》，已

* 基金项目：国家“十一五”科技支撑计划项目（2006BAD02B02-02）；现代农业产业技术体系建设专项资金。

第一作者简介：马建萍，1957 年出生，女，研究员，主要从事谷子栽培、生理及遗传育种研究。E-mail：nkymjp@126.com。

通讯作者：古世禄，1936 年出生，男，研究员，主要从事谷子栽培、生理及遗传育种研究。

把小米作为平衡膳食的一种谷类作物。因此，优质小米成为城乡居民首选的极为重要的健康食品。

优质小米，应该既具有良好的适口性品质[1,2]，又具有良好的营养品质[3,4]。对身体健康来说，后者更为重要。通过多年的育种实践，山西省已培育并推广了许多优质品种[5~7]，目前，在谷子生产中，对优质栽培技术的需求越来越迫切。为此，我们在小米蛋白质的营养品质及其优质栽培方面进行了一系列的研究，取得了一些重要的资料和认识，现综合归纳整理，以供谷子生产参考。

1 材料与方法

1.1 试验材料与内容

试验分 3 组进行，一是不同品种的蛋白质氨基酸含量的分析，品种为编入《中国谷子品种志》的 416 个品种和山西省 209 个代表性品种（系）；二是以晋谷 10 号为材料，在防雨棚下，进行盆栽试验。由两部分组成：（1）水分试验，以毛管持水量的 40%、70%、90%在结实期进行处理；（2）温度试验，采用分期播种，造成日均温 24.75℃、23.75℃、21.94℃、20.31℃、19.32℃等不同温度条件；三是栽培试验，除盆栽试验外，以沁州黄为材料，在沁县选择条件近似的红土、黄土和红黄土 3 种土壤，以及 900~1 560m 的不同海拔高度种植试验，同时以猪粪、牛粪、羊粪等农家肥和硝酸铵、碳酸氢铵、过磷酸钙等化肥进行不同肥料试验。

1.2 分析测定方法

各试验除了测定产量及其结构外，主要进行蛋白质营养品质分析。籽粒蛋白质含量分析，是采用 NIR—7000 型近红外分光光度计测定；各种氨基酸含量的分析，是采用 121MB 氨基酸自动分析仪测定。这部分工作由山西省农业科学院综合利用研究所完成。对分析结果，首先将氨基酸换算成每克氮的氨基酸含量，再计算出必需氨基酸的氨基酸分（AAS）、化学分（CS）及氨基酸指数（EAAI）[8]。

2 结果与分析

2.1 谷子蛋白质氨基酸的组成

2.1.1 谷子蛋白质的含量

我国对谷子的蛋白质含量研究较多[4,9~11]。经比较全国谷子主产区的 17 个省、市、自治区 416 个具有代表性品种的蛋白质含量，结果证明，绝大多数品种的蛋白质含量在 10.00%~13.99%，平均含量为 11.73% ±1.40%，品种间差异很大，变异系数高达 11.94%。其中，以内蒙古的玉黄谷蛋白质含量最低，为 8.45%；陕西省的边区 1 号最高，为 17.25%。这与山西省 209 个品种的分析结果极为近似，81.34%的品种蛋白质含量在 10.00%~13.99%，平均为 11.45% ±1.43%。中国农业科学院综合分析室对全国 312 个优良品种的分析及张树森等[10]对河北张家口地区的 754 个品种资源材料分析结果，也与此十分相似。“七五”谷子种质资源营养品质鉴定攻关组对全国 17 337 份资源的鉴定结果，也证明有 64.1%的资源蛋白质含量在 10.01%~14.00%，但平均含量高达 13.24%[12]。这可能是由于分析的资源材料中有一些蛋白质含量高的材料所致，我国谷子主产区尚未发现粗蛋白的含量特别高的种质资源[12]。

2.1.2 谷子蛋白质氨基酸的组成

蛋白质的品质高低与其中的氨基酸含量，特别是与人体不能合成的必需氨基酸含量密切相关。我们引入了一些营养学研究的概念和指标[13]，氨基酸分（AAS）是蛋白质中每种氨基酸含量与FAO/WHO建议标准比较值的评分结果；化学分（CS）是蛋白质中每种氨基酸含量与鸡蛋蛋白质氨基酸比较值的评分结果；必需氨基酸指数（EAAI）是蛋白质中每种氨基酸含量与鸡蛋蛋白质中对应氨基酸含量比值积的n次方根值。资料证明，谷子蛋白质的氨基酸总量为7 788.6mg/gN，其中，谷氨酸、亮氨酸、丙氨酸、脯氨酸、天门冬氨酸是其主要氨基酸，含量之和为4 589.6mg/gN，占氨基酸总量的58.93%。各种必需氨基酸总量为3 262.8mg/gN，占整个氨基酸的41.9%。必需氨基酸总量，比小麦高80.6%，比大米高56.4%，比莜麦高54.4%，比玉米高42.6%，比高粱高26.4%。谷子的AAS值和CS值，除了赖氨酸< 1外，其他必需氨基酸均≥ 1。谷子的EAAI = 92.72，比小麦高65%，比玉米高51.5%，比莜麦高43%，比大米高41%，比高粱高34.3%。因此，谷子的蛋白质是一种优质的植物蛋白质。

2.2 温度和水分条件对谷子蛋白质氨基酸组成的影响

在研究生态环境对谷子氨基酸组成影响中，我们主要是观察了不同温度和水分条件下氨基酸组成的变化情况。

2.2.1 结实期温度条件的影响

相关分析表明，谷子的各种氨基酸总量随温度的升高而增加，相关程度极高，$r = 0.9849^{**}$，$P > 0.01$。其中，苯丙氨酸、谷氨酸、亮氨酸、甘氨酸、丝氨酸、丙氨酸、苏氨酸、缬氨酸和脯氨酸与温度关系最为密切，r值均在0.96以上，$P > 0.01$。其他氨基酸的r值均在0.89~0.95，$P > 0.05$。当结实期的日平均温度下降到20℃以下时，各种氨基酸含量则严重降低。必需氨基酸总量在24.75℃时为2 769.7mg/gN，当温度下降到19.32℃时，则只有1 964.8mg/gN，降低了29.1%。日平均温度每降低1℃，必需氨基酸总量降低140.81mg/gN，回归方程$YEAA = 140.81X-717.53$。从AAS和CS来看，也是随温度下降而降低，如表1所示。当温度由24.75℃下降到19.32℃时，EAAI值则由83.7降低到57.9，$r = 0.99^{**}$。特别是当日温度降低到20℃以下时，EAAI降低在30%以上。由此可见，结实期温度过低，则严重影响谷子蛋白质的质量。

表1　温度对谷子必需氨基酸AAS和CS的影响

氨基酸	氨基酸分（AAS）					化学分（CS）				
	24.75℃	23.5℃	21.9℃	20.3℃	19.3℃	24.75℃	23.57℃	21.94℃	20.31℃	19.32℃
异亮氨酸 (Ile)	1.16	1.10	0.91	1.00	0.86	0.88	0.83	0.69	0.76	0.65
亮氨酸 (Leo)	1.99	1.85	1.69	1.62	1.43	1.64	1.53	1.39	1.33	1.18
赖氨酸 (Lys)	0.52	0.48	0.53	0.41	0.31	0.40	0.37	0.41	0.32	0.24
蛋氨酸 + 胱氨酸 (Met+Cys)	1.20	1.03	0.91	0.81	0.82	0.98	0.59	0.52	0.46	0.47
苯丙氨酸 + 酪氨酸 (Phe+Tyr)	1.47	1.35	1.30	1.19	1.05	0.99	0.91	0.88	0.80	0.71
苏氨酸 (Thr)	0.98	0.95	0.90	0.75	0.70	0.85	0.81	0.77	0.64	0.60
缬氨酸 (Val)	1.17	1.12	0.99	0.95	0.70	0.88	0.85	0.75	0.71	0.59

注：温度系指结实期温度。

2.2.2 结实期水分条件的影响

谷子蛋白质氨基酸含量受土壤水分影响变化很大，在不同的土壤水分条件下，各种氨基酸总量的变异系数，平均为 19.5%。其中，以胱氨酸的变异最大，$CV = 30.4\%$；其次，蛋氨酸、异亮氨酸和酪氨酸的变异也很大，CV 分别等于 26.9%、17.0%和 28.2%。受土壤水分影响，变异比较大的还有丙氨酸、丝氨酸、脯氨酸、谷氨酸、苯丙氨酸、天门冬氨酸和组氨酸，变异系数均在 18%以上。变异最小的是赖氨酸和甘氨酸，变异系数分别为 12.6%和 12.7%。在不同水分条件下，谷子氨基酸含量的变化是，在较低的土壤水分下氨基酸含量最高，当土壤水分增加到适宜的情况下，氨基酸含量明显降低，例如，土壤持水量由 40%增加到 70%时，氨基酸总量由 7 420.8mg/gN 降低 5 119.3mg/gN，减少了 31.0%；土壤持水量由 70%增加到 90%时，氨基酸总量仅相差 12.2%。这充分反映了谷子起源于高温干燥的环境下，体内形成了具有合成氨基酸较强的能力。但是在干旱的条件下，谷子的产量较低，在水分适宜的条件下，虽然氨基酸合成能力有所降低，但产量却大幅度提高了。

谷子蛋白质与氨基酸关系研究证明，除了赖氨酸、甘氨酸、苯丙氨酸、组氨酸、天门冬氨酸和亮氨酸等 6 种氨基酸外，其他氨基酸均与蛋白质的变化有显著或极显著的相关关系，因此，不同水分条件下，氨基酸的变化必然影响着蛋白质的质量。从必需氨基酸的组成来看，如表 2 所示，AAS 和 CS 的降低，主要是蛋氨酸 + 胱氨酸和苏氨酸的降低，在土壤持水量 70%的处理下，AAS 降低为 0.68 和 0.76，CS 降低为 0.39 和 0.65。

表 2 土壤水分对谷子 AAS 和 CS 的影响

氨基酸	氨基酸分（AAS）			化学分（CS）		
	40%	70%	90%	40%	70%	90%
异亮氨酸 (Ile)	1.14	0.87	0.96	1.06	0.65	0.72
亮氨酸 (Leo)	2.31	1.52	1.68	1.90	1.26	1.39
赖氨酸 (Lys)	0.48	0.43	0.55	0.37	0.33	0.42
蛋氨酸 + 胱氨酸 (Met+Cys)	1.17	0.68	0.87	0.67	0.39	0.50
苯丙氨酸 + 酪氨酸 (Phe+Tyr)	1.65	1.12	1.21	1.11	0.75	0.81
苏氨酸 (Thr)	1.07	0.76	0.85	0.91	0.65	0.73
缬氨酸 (Val)	1.24	0.92	0.95	0.94	0.69	0.72

注：40%、70%、90%为土壤毛管持水量。

2.3 栽培措施对谷子蛋白质氨基酸组成的影响

试验证明，不同栽培措施对谷子蛋白质氨基酸的组成，具有明显的影响。通过改进栽培技术，可以明显地收到提高谷子蛋白质质量的效果。

2.3.1 不同品种的影响

众所周知，品种的遗传性是获得优质高产的内在因素，因此，选用优质高产品种十分重要。如前所述，在全国 416 个品种中，蛋白质含量以内蒙古的玉黄谷最低，陕西省的边区 1 号最高，极差为 1.04 倍，山西省的 209 个品种（系）中，以双黑谷的蛋白质含量最高为 15.77%，71-222 谷子最低为 7.78%，极差为 1.03 倍。从蛋白质的氨基酸组成来看，EAAI 以辽宁的毛毛粮和辽东黄最高为 124.67，边区 1 号最低仅 54.66，相差 1.28 倍。这就说明，不同品种间的高产优质性能差异很大，优质高产的栽培，选择适应当地条件的优良品种是其根本基础。山西省现在已经育成了不少的优质高产品种，其中有的适口性良好，有的既适口性良好，营养品质亦佳。例如，由本所培育的 77-322，其小米蛋白质含量 15.19%，蛋白质的氨基酸总量 5 578.8mg/gN，必需氨基酸总量 2 221.2 mg/gN，比成年人人体需要量高 24.5%。各项适口性指标均达或超过全国一级、二级优质米的指标，在全国和省内几次品尝评分中，得分均在 90 分以上。

2.3.2 不同海拔高度的影响

海拔高度不同，谷子所处的生态环境差异很大，从而影响体内氨基酸的合成。研究表明，谷子蛋白质氨基酸含量与海拔高度存在着显著的正相关关系。海拔高度由 900m 的低海拔上升到 1 100~1 200m 时，除赖氨酸外，其他必需氨基酸的 AAS 在 0.676~1.520，基本达到或超过人体的需要水平。其中，主要是亮氨酸、缬氨酸、异亮氨酸、苯丙氨酸 + 酪氨酸和苏氨酸提高得较多，分别提高 18.3%、15.3%、14.9%、13.7% 和 11.1%。其次是蛋氨酸 + 胱氨酸，提高 8.8%。赖氨酸受海拔高度的影响较小，仅提高 3.4% [14]。从海拔高度对必需氨基酸指数的影响来看，当海拔高度上升到 1 100~1 200m 时，提高 7.8%，如果海拔高度再升高，效果明显减小，在海拔达到 1 560m 时，EAAI 仅提高 2.7%。说明选择在 1 100~1 200m 高度的丘陵地块种植，有利于提高谷子蛋白质的质量。

2.3.3 不同土壤质地的影响

不同土壤，由于其中营养成分不同，也影响着谷子氨基酸的合成。在红土上种的谷子，氨基酸含量比红黄土高 24.1%。其次，黄土也不错，其生产的谷子氨基酸含量相对提高 21.3%。这两种土壤上的谷子，必需氨基酸总含量，分别比红黄土高 23.2% 和 21.6% [14]。氨基酸分分布在 0.83~1.63，基本接近或符合人体的需要量，比在红黄土地种植的高 6.0% ~83.6%。特别是蛋氨酸氨酸 + 胱氨酸、亮氨酸、苯丙氨酸 + 酪氨酸、苏氨酸和缬氨酸均高出在 20% 以上，结果必需氨基酸指数提高 21.5% ~21.9%。蛋白质的质量较高，这可能与其土壤中微量元素含量有关，例如，红土中，微量元素含量较高，Fe、Mn、Cu 的含量分别比红黄土高 36.4%、10.7% 和 10.2%。因此，优质栽培时，选地很重要。要尽量选择用红土或黄土来种植谷子。

2.3.4 不同肥料的影响

谷子欲获高产，必须满足每生产 100kg 籽粒，要吸收纯氮 2.00~2.47kg，磷 0.5~2.8kg，钾 2.0~5.7kg。同时，不同肥料对谷子蛋白质质量的作用差异很大。化学肥料虽能使谷子获得高产，但严重影响其蛋白质质量。无论是氮肥还是磷肥，施用后蛋白质的质量均严重降低。不仅氨基酸含量下降而且必需氨基酸组成失调，AAS 和 CS 降低 13.8% ~16.7%。而有机肥料的作用则完全相反，既能提高蛋白质的产量，蛋白质的质量也明显提高。试验结果显示，AAS、CS 和 EAAI 均明显高于对照（表 3）。每公顷施用 2.25×10^4kg 羊粪后，蛋白质产量提高 19.1%，EAAI 提高 9.7%；施用同样数量的猪粪，则严重影响谷子蛋白质的质量，蛋白质产量提高 17.3%，EAAI 提高 4.5%；施用同等数量的牛粪后，蛋白质产量提高 5.4%，EAAI 提高 1.3%。由此可见，羊粪的效果最好，猪粪的效果也较好，牛粪效果较差。因此，科学施肥是优质栽培的重要措施，一定要施用有机肥料。

其中，以每公顷施用 2.25×10^4kg 羊粪最好，施用猪粪也可以。对于化肥，尽可能少施或不施。

表 3　有机肥料对谷子 AAS 和 CS 的影响

氨基酸	氨基酸分（AAS）				化学分（CS）			
	猪粪	牛粪	羊粪	对照	猪粪	牛粪	羊粪	对照
异亮氨酸 (Ile)	0.936	0.965	0.976	0.808	0.708	0.7290	0.737	0.610
亮氨酸 (Leo)	1.661	1.714	1.733	1.727	1.369	1.4239	1.428	1.423
赖氨酸 (Lys)	0.404	0.382	0.402	0.418	0.312	0.2940	0.310	0.322
蛋氨酸 + 胱氨酸（Met+Cys)	0.952	0.683	0.680	0.674	0.543	0.3890	0.388	0.384
苯丙氨酸 + 酪氨酸 (Phe+Tyr)	0.786	0.813	1.343	0.816	0.529	0.5490	0.903	0.549
苏氨酸 (Thr)	0.864	0.896	0.908	0.898	0.742	0.7700	0.774	0.772
缬氨酸 (Val)	0.907	0.939	0.930	0.944	0.684	0.7080	0.701	0.713
EAAI	64.02	62.040	67.220	61.270				

2.3.5　不同播种期的影响

播种期不同，谷子所处的生存环境差异也较大。适宜的播种期能使谷子生长发育与当地降水同步进行，从而满足谷子对水分的要求获得优质高产。分期播种试验证明，播种期对谷子蛋白质产量及其氨基酸组成都有很大的作用。蛋白质产量与播种期的相关系数 $r=0.9717^{**}$，$P>0.01$。变异系数 $CV=14.03\%$。以 5 月上旬播种的蛋白质产量最高，平均为（791 ± 1.45）g/ 盆，比 4 月 15 日早播者增加 27.4%，比 5 月 25 日晚播者增加 20.4%。氨基酸含量随播种期推迟而依次降低，其中，氨基酸总量下降 14.5% ~23.5%，必需氨基酸总量下降 14.1% ~24.6%。17 种氨基酸的变异系数，以胱氨酸、精氨酸和赖氨酸的变异最大，*CV* 分别为 28.69%、22.06%、19.99%。其次为甘氨酸、脯氨酸、组氨酸、蛋氨酸、苏氨酸和丝氨酸，*CV* 在 14.23% ~17.53%，从而导致必需氨基酸组成的改变。表 4 指出，AAS 和 CS 值以 5 月上旬播种的最高，以后随播种期推迟而依次减低，特别是播种期推迟到 5 月下旬以后，则剧烈降低，蛋白质的品质严重变劣，EAAI 下降 15.22% ~25.78%。因此，调节播种期是谷子优质栽培中低投入高产出的有效措施，应该选择在 5 月上旬适期播种。

表 4　播种期对谷子 AAS 和 CS 的影响

氨基酸	氨基酸分（AAS）					化学分（CS）				
	04-05	05-05	05-25	06-15	07-05	04-05	05-05	05-25	06-15	07-05
异亮氨酸（Ile）	1.165	1.100	0.908	1.000	0.858	0.879	0.830	0.685	0.755，	0.647
亮氨酸（Leo）	1.987	1.852	1.690	1.618	1.428	1.638	1.527	1.393	1.334	1.177
赖氨酸（Lys）	0.522	0.480	0528	0.412	0.313	0.402	0.370	0.407	0.317	0.241
蛋氨酸 + 胱氨酸（Met+Cys）	1.196	1.034	0.906	0.810	0.824	0.681	0.589	0.516	0.461	0.469
苯丙氨酸 + 酪氨酸（Phe+Tyr）	1.467	1.355	1.308	1.192	1.051	0.987	0.912	0.879	0.802	0.707
苏氨酸（Thr）	0.978	0.945	0.900	0.753	0.700	0.837	0.809	0.771	0.645	0.599
缬氨酸（Val）	1.167	1.123	0990	0.948	0.780	0.880	0.847	0.746	0.714	0.588

注：播种期以月 – 日表示，如，5 月 5 日，即 05-05。

3 结论与讨论

随着人民生活水平的提高，农产品的优质问题愈来愈受到广泛关注。但是人们对其优质性能的认识存在不同程度的局限性。一般来说，对谷子优质性能的认识，多局限于食味品质，即适口性上[2,15]，在评选优质米时还仍沿用品尝打分的办法。其实优质的营养性能，更关系到人们的生活质量，对身体健康尤为重要。从营养学的角度讲，蛋白质的质量更值得大家关注。本研究已经证明，谷子的蛋白质是一种比较优质的植物蛋白质，不仅氨基酸含量比较高，而且氨基酸的组成也比较合理，必需氨基酸含量和 EAAI 比其他主要粮食作物都高。

目前，培育出的优质谷子新品种比较多，但优质栽培的研究相对滞后，报导也很少。试验证明，环境条件对谷子蛋白质氨基酸组成具有重要影响，优良的栽培技术能有效地提高谷子蛋白质的质量。在我们通过多年研究、筛选出的优质栽培技术中，选用优质高产的优良品种是基础，选择在海拔高度 1 100~1 200m 的红土或黄土地上种植是重要条件，西北春谷区 5 月上旬适期播种和增施有机农家肥料是关键，尤其是施用羊粪效果最好，其次是猪粪。化肥，特别是氮素化肥，严重降低谷子蛋白质的质量，应当尽量少施或不施。

参考文献

[1] 王玉文，王彦龙，田岗等 . 对我省谷子品质改良的思考［J］. 山西农业科学，2004，32（1）： 13~17

[2] 赵淑玲，李洪，吴芳兰等 . 小米食味品质定量指标的初步研究［J］. 作物品种资源，1989（3）: 34~35

[3] 王玉文，李会霞，田岗等 . 我国小米品质研究进展及其改良设想［J］. 中国农学通报，2001，17（5）: 49~51

[4] 岳增富 . 谷子主要性状与蛋白质含量相关性分析［J］. 杂粮作物，2002，22（5）: 257~258

[5] 马建萍，独俊俄，孙常青等 . 优质谷子新品种晋谷 34 号的选育［J］. 华北农学报，2004，19，（作物专集）: 147~149

[6] 郭二虎，郭鸿亮，王军等 . 谷子新品种“晋谷 27 号”产量性状分析［J］. 吉林农业大学学报，2002，24（3）:14~16

[7] 郭二虎，范惠萍，王秀清等 . 优质高产谷子新品种长农 35 号的选育［J］. 中国农学通报，2008，24（8）: 188~191

[8] 古世禄，刘厦 . 中国谷子蛋白质氨基酸组成的研究［J］. 华北农学报，1989，4（1）: 8~16

[9] 贺微仙，王文真，王会龙 . 我国北方谷子资源蛋白质含量研究初报［J］. 中国种业，1985，（3）: 19~21

[10] 张树森，李红平，张志鹏 . 张家口谷子地方品种蛋白质含量的分析研究［J］. 谷子科研通讯，1985（1）: 18~23

[11] 李秀芝 . 吉林省谷子地方品种蛋白质、脂肪含量的分析［J］. 吉林农业科学，1989，（1）: 24~27

[12]“七五”谷子种质资源营养品质鉴定攻关组 . 我国谷子种质资源的主要营养品质［C］. 张玉良主编：粮食作物品质鉴定与评价 . 北京：中国农业科学技术出版社，1992: 103~107

[13] 赵法伋，郭俊生，陈洪章等 . 大豆平衡氨基酸营养价值的研究［J］. 营养学报，1986，8（2）: 153~159

[14] 古世禄，古晓红，耿聚平 . 不同土壤与海拔高度对谷子（粟）蛋白质氨基酸组成的影响［J］. 生态农业研究，2000，8（3）: 32~35

[15] 王润奇，高俊华，田明等 . 谷子蒸煮食味品质的研究［C］. 见：李东辉 . 谷子新品种选育技术 . 西安：天则出版社，1990: 18~24

谷子主要病虫害综合防治技术*

董 立 马继芳 李志勇 全建章 郑 直 宋银芳 刘 磊 甘耀进 董志平

（国家谷子产业技术体系栽培植保研究室/国家谷子改良中心/河北省农林科学院谷子研究所，河北石家庄 050035）

摘 要：谷子病虫害一直是危害我国谷子生产的重要影响因素，近几年，由于耕作制度改变，秸秆还田及免耕技术的推广，病虫害种类及发生程度发生了巨大变化，并且，市场上许多高毒农药被禁用，农产品监测标准进一步提高，这些问题的出现对谷子病虫害的防治提出了新的要求。针对这些情况，我们通过广泛调查和研究，针对当前生产上谷子主要病虫害危害特点，提出了谷子主要病虫害综合防治技术，为谷子产业的健康发展提供技术支撑。

关键词：谷子；病虫害；综合防治技术

Integrated Control Techniques for the Main Diseases and Pests of Foxtail Millet

Dong Li，Ma Jifang，Li Zhiyong，Quan Jianzhang，Zheng Zhi，Song Yinfang，Liu Lei，Gan Yaojin，Dong Zhiping

（Section of Cultivation and Plant-protection, China Industrial and Technological Research System of Millet; National Millet Improvement Center, Institute of Millet Crops; Hebei Academy of Agriculture and Forestry Sciences, Shijiazhuang 050035, China）

Abstract: Diseases and pests in millet is important factors that influence the production of millet. In recent years, its species and occurrence degree has changed a lot because of change of farming system and extension of straw returning and no-tillage technology. In addition, many high-toxic pesticides is banned and monitoring standard of agricultural products is inproved furtherly, these problems raises new requirement for the control of millet diseases and pests. So we widely conducted survey and research and put forward integrated control techniques for the main diseases and pests of millet to provide technical support for healthy development of millet industry.

Key words: Foxtail millet; Diseases and pests; Integrated control techniques

谷子是我国的特色杂粮作物，同时也是我国北方的主要旱粮作物，在产业结构调整、节水型生

* 基金项目：现代农业产业技术体系建设专项资金资助。

第一作者简介：董立，1975 年出生，男，副研究员，主要从事谷子病虫害防治技术研究工作。

通讯地址：河北省石家庄市高新技术开发区恒山街 162 号，河北省农林科学院谷子研究所。Tel：0311-87670712，E-mail：zhibaoshi@yahoo.com.cn。

态农业建设中具有重要意义。近几年，随着高产品种的推广，谷子产量大幅度提高，但病、虫、草害一直是困扰我国谷子生产的重要影响因素，每年因此造成严重的产量损失。而且，随着耕作制度的改变，秸秆还田及免耕技术的推广，谷子有害生物种群结构和数量也随之发生了相应变化。主要表现在新的病虫草害不断发生，一些已控制的病虫又有猖獗，部分次要病虫危害加剧。此外，高毒农药的禁用及市场上对农药残留要求进一步提高等新问题的出现，已经对我国谷子产业的发展构成严重威胁，同时也对谷子病虫草害防治提出了新的要求。

1 谷子主要病虫害种类

近年来，我们对全国各谷子产区的主要病虫害进行了详细调查，初步明确了危害我国谷子的病虫害有几十种，其中病害有 24 种，生产上常发性病害主要有锈病、白发病、谷瘟病、黑穗病、病毒病、线虫病、纹枯病等；害虫有 8 个目、29 科、54 种，其中主要害虫有玉米螟、黏虫、粟灰螟、粟茎跳甲、粟叶甲、拟地甲、粟鳞斑叶甲、双斑长跗萤叶甲、粟芒蝇、红蜘蛛、蝼蛄、金针虫、蛴螬等。

2 谷子主要病虫害综合防治技术

2.1 播种期

（1）选用抗病品种

选用抗病品种是一些病虫害防治的关键。播种时可根据当地病虫害发生情况选用抗病虫品种。如抗锈品种朝 425、豫谷 11、复 1 等。

（2）种子处理

种子处理是防治黑穗病、白发病、线虫病等种子萌发时侵染的病害及苗期害虫如地下害虫、粟鳞斑叶甲、拟地甲等的有效措施。根据各地发生病虫害种类可采用如下方法。

①白发病：用 35%甲霜灵可湿性粉剂按种子量 0.2%拌种。

②纹枯病：用 2.5% 适乐时（咯菌腈）悬浮剂按种子量 0.1%拌种。

③黑穗病：用 40%拌种双可湿性粉剂按种子量 0.2% ~ 0.3%拌种。

④线虫病：用 50%辛硫磷乳油按种子量 0.1%拌种。闷种 4h，晾干。

⑤蝼蛄、金针虫、蛴螬等地下害虫可用辛硫磷拌种。同时可防治粟鳞斑叶甲、拟地甲等苗期害虫。

2.2 苗期

苗期病虫是造成谷子减产的重要因素，轻则造成缺苗断垄，严重发生可导致毁种。所以，做好苗期病虫害防治是保证谷子产量的关键。

春谷区应注意防治粟芒蝇、粟灰螟、粟叶甲、粟茎跳甲、粟鳞斑叶甲、蚜虫等危害。可用 4.5%高效氯氰菊酯乳油 2 500 倍液或 10% 吡虫啉可湿性粉剂 1 000~1 200 倍液喷雾。另外，粟鳞斑叶甲危害较重田块应在出苗后立即进行防治。

夏谷区苗期虫害主要有飞虱、蚜虫、红蜘蛛、粟芒蝇等害虫。可用 1.8%阿维菌素和 4.5%高效氯氰菊酯乳油 1 : 2 混配 2 500 倍液常规喷雾，预防灰飞虱、蚜虫危害，控制病毒病发生，同时兼治红蜘蛛、粟芒蝇。另外，蝼蛄较重地块，可在药剂拌种的前提下，采用田间撒施毒谷进行防治：用50%辛硫磷或40%的毒死蜱乳油100ml对水500ml，加5kg煮半熟的谷子，拌匀，晾干后傍晚撒于田间，每667m^2用3kg。

这一时期病害主要是病毒病、白发病。白发病应注意灰背病株的拔除，防止造成再侵染。病毒病应抓住灰飞虱及蚜虫的防治，减少介体传毒。

2.3 拔节期

在病害方面，这一时期应注意纹枯病、谷瘟病的防治。同时应注意拔除白发病株。

（1）谷瘟病：拔节至抽穗前可用40%克瘟散乳油500~800倍液或6%春雷霉素可湿性粉剂1 000倍液喷雾。

（2）纹枯病：拔节至抽穗前采用12.5%禾果利可湿性粉剂400~500倍液，或用15%的粉锈宁可湿性粉剂600倍液在谷子茎基部喷雾防治一次，7~10d后酌情补防一次。

虫害方面，应注意防治粟芒蝇。另外，春谷区还应注意防治二代黏虫。可用10%吡虫啉可湿性粉剂1 500倍液或4.5%高效氯氰菊酯乳油2 500倍液喷雾。

2.4 成株期

成株期主要病害有锈病和谷瘟病，在春谷区和夏谷区均有发生。锈病可用15%的粉锈宁可湿性粉剂600倍液进行第一次喷药，隔7~10d后酌情进行第二次喷药。谷瘟病主要预防穗瘟的发生，叶瘟病发生较重田块可针对穗部补防一次。另外，白发病、线虫病及黑穗病在这一时期都表现症状，需及时拔除田间病株。

成株期主要害虫在夏谷区有玉米螟、黏虫，春谷区主要为双班长跗萤叶甲。可采用以下方法进行防治。

（1）玉米螟

物理防治：针对玉米螟成虫有趋光习性，可采用黑光灯和频振式杀虫灯诱杀的方法进行防治，单灯防治面积4hm^2，设置高度具地面高2m。

生物防治：在田间卵始盛期（成虫羽化率达15%）和盛期（一般距第一次放蜂7d左右）各放蜂一次。每667m^2设3个点，每点放2 500头，连续放2次。

化学防治：8月中下旬，成虫产卵至初龄幼虫蛀茎前用2.5%溴氰菊酯乳油与40%乐果乳油混配剂1 000倍液喷雾。

（2）黏虫

草把诱杀：在成虫盛发期可结合谷草把引诱成虫栖息和产卵的方法进行防治，具体方法为：每把20根谷草，长50cm，把距10m，早晨用手拍打草把，将掉下的成虫杀死，3~4d换一次草把，连续更换2次，并把换下的草把烧毁。

化学防治：当田间黏虫处于3龄以下时用90%敌百虫晶体、80%敌敌畏乳油800倍液，或20%氰戊菊酯乳油2 500倍液喷雾，可兼治棉铃虫。

（3）双班长跗萤叶甲

可在成虫盛发期用20%氰戊菊酯乳油2 000倍液喷雾。

参考文献

[1] 李济宸，杨大俐，甘耀进．阿普隆（瑞毒霉）复配剂防治谷子白发病试验研究 [G]. 农业科学研究年报摘编，1982：43~45

[2] 甘耀进，李大俐．谷子黑穗病防治研究 [G]. 农业科学研究年报摘编，1982：46~48

[3] 甘耀进，高立起，杨大俐．粟芒蝇发生规律和防治研究 [G]. 农业科学研究年报摘编，1982：55~58

[4] 甘耀进．耕作制度改变后亚洲玉米螟为害夏谷的产量损失调查［J］. 河北农业科学，1993（2）：35~36

[5] 郑桂春，崔光先，董志平．河北省夏谷锈病田间发生规律观察［J］. 粟类作物，1990（2）：21~23

[6] 董志平，赵兰波，崔光先等．河北省夏谷区粟锈病生理分化及粟抗锈性研究初报［J］. 粟类作物，1994（4）:32~35

[7] 董志平，甘耀进．河北省谷子害虫种类调查及防治对策［J］. 河北农业科学，2002，6（2）：49~51

[8] 董志平，甘耀进，董立．粟芒蝇生活习性及防治技术研究概况［C］. 中国昆虫学会 2005 年学术年会论文摘要集：58

[9] 董立，马继芳，郑直．谷子害虫种类调查及防治对策研究［C］. 中国昆虫学会 2005 年学术年会论文摘要集：58

[10] 马清源，董凤珍，孙淑兰．粟灰螟的发生及防治［J］. 新农业，2002（11）：43

[11] 宋书贤，田伯红．冀中南粟灰螟的发生与综合防治［J］. 河北农业科技，1998（5）：22

[12] 史秀捧，乔国梅，谷名德．谷子线虫病防治对策［J］. 中国农技推广，2001（3）：38

[13] 张树发，陈素馨，潘进红等．冀西北谷子害虫粟叶甲的为害与防治［J］. 张家口农专学报，2001，17（1）：53~54

[14] 张新德，张晓辉．喀喇沁旗粟茎跳甲危害严重的原因浅析及综合防治技术［J］. 内蒙古农业科技，1998，增刊：161~162

辽西地区粟灰螟的发生规律及综合防治研究 *

张海金　张文飞

（国家谷子产业技术体系朝阳综合试验站 / 辽宁省水土保持研究所，辽宁朝阳　122000）

摘　要：本文通过 3 年的试验研究，明确了粟灰螟在辽西地区的生活史、发生规律。根据生活史及生活习性，总结出粟灰螟的综合防治技术。

关键词：粟灰螟；发生规律；综合防治

Study on Occurrence and Integrated Control Technique of Foxtail Millet Stem Borer in Western Region of Liaoning

Zhang Haijin，Zhang Wenfei

(Chaoyang Comprehensive Experiment Station, China Industrial and Technological Research System of Millet; Liaoning Institute of Water and Soil Conservation, Chaoyang 122000, China)

Abstract: The paper revealed the life history and occurrence rule of foxtail millet Stem borer in Liaoning western regionthrough experiments and research for three years. According to life history and life habit of the borer, we summarized integrated control technology for foxtail millet Stem borer.

Key words: Foxtail millet stem borer; Occurrence rule; Integrated control

辽西地区气候类型为北温带大陆性季风气候，气候干旱，年降水量 450~580mm。耕地以旱地、丘陵坡地为主，是谷子的主产区，年播种面积 13.3 万 hm^2 左右。粟灰螟是辽西地区粟类作物的一大害虫，每年都有发生，一般受害减产 5% 左右，严重的减产 10%~20%。[1]

1　粟灰螟的发生规律

粟灰螟属鳞翅目螟蛾科，又名二点螟、谷子钻心虫等，学名 *Chilo infuscatellus*（Snellen）[2]。在辽西地区，主要为害谷子、糜子，也为害玉米、高粱等作物。粟灰螟早期以幼虫蛀食谷苗，形成枯心苗，抽穗后蛀食茎秆，被害株形成秕穗、白穗，被钻蛀的茎秆遇风易折断。

* 基金项目：科技部国家“十一五”科技支撑计划项目（2006BAD02-B02-03-02）；现代农业产业技术体系建设专项资金资助。

第一作者简介：张海金，1966 年出生，女，副研究员，主要从事谷子育种和推广工作。

通讯地址：辽宁省朝阳市龙山街四段 235 号，辽宁省水土保持研究所。Tel：0421-2911717，E-mail：ymming123@126.com。

1.1 生活史

根据粟灰螟幼虫、蛹、卵、成虫田间消长调查统计总结粟灰螟年生活史如表 1。从表 1 中可以看出，粟灰螟在朝阳地区一年发生 2 代，以末龄幼虫（5 龄和 6 龄）在谷茬内越冬，于春季 5 月中旬开始化蛹；第一代卵初期为 6 月上旬第一代幼虫初期在 6 月上旬，为害盛期在 6 月下旬到 7 月上旬，约 10 数日，幼虫末期在 8 月上旬。第一代蛹期在 6 月末，盛期在 7 月中旬，蛹末期在 8 月上旬。第一代成虫始期在 7 月上旬，盛期在 7 月中下旬，末期在 8 月中旬。第二代卵初期为 7 月上旬，盛期在 7 月下旬，末期在 8 月中旬。于 7 月下旬始见第二代幼虫，盛期在 7 月下旬，8 月上旬达到为害盛期，末期在 8 月中旬，此后以老熟幼虫在谷茬内越冬。在越冬代幼虫中第一代和第二代幼虫有重叠现象。

表 1　粟灰螟年生活史

月	1~4	5			6			7			8			9~12
虫态＼旬		上	中	下	上	中	下	上	中	下	上	中	下	
越冬代	—	—	—	—	—	—								
			0	0	0	0	0	0						
							成虫未调查							
第一代					…	…	…	…						
					—	—	—	—	—	—	—	—	—	—
							0	0	0	0	0			
								∞	∞	∞	∞	∞		
第二代								…	…	…	…	…		
										—	—	—	—	—

注：“—”为幼虫；0 为蛹；…为卵；∞为成虫。

1.2 产卵习性

根据田间调查发现，粟灰螟产卵对谷苗高度有选择性，第一代卵初期为 6 月上旬，此期正值谷子苗期，苗高 20cm 左右，卵多产在由下往上的第三、第四片叶的中部，第一代的卵盛期在 6 月中旬，末期在 7 月上旬。

2 粟灰螟田间消长与环境因子的关系

2.1 粟灰螟越冬与田间为害

通过 2007~2009 年的调查初步看出，粟灰螟集中在谷茬内越冬。通过调查，在谷茬内的越冬幼虫占 96.9%，在茎秆内的仅占 3.1%。粟灰螟的发生程度与当年越冬幼虫的基数有一定的关系（表 2），从表 2 可以看出，百株活虫数为 4.62 个一代幼虫的蛀茎率为 35.5%，百株活虫数为 1.15 个幼虫蛀茎率为 10.0%。这说明越冬基数大，则危害严重，反之则轻。

表 2 粟灰螟越冬基数与田间为害的关系

调查地点	调查日期年 月 日	调查株数（株）	幼虫数		幼虫死亡率（%）	百株活虫数（个）	一代幼虫蛀茎率（%）	一代幼虫蛀茎调查时间
			活（个）	死（个）				
朝阳	2007.4.20	981	46	35	48.1	4.62	35.5	7 月 6 日
朝阳	2008.4.25	950	11	18	62.1	1.15	10.0	7 月 6 日
朝阳	2009.4.21	450	9	11	55.0	2.00	11.0	6 月 12 日

2.2 播期与粟灰螟发生的关系

从表 3 可以看出，三个不同播期中，以 5 月 19 日播种的受害重，5 月 6 日播的次之。6 月 5 日播的最轻。初步认为，前两个播期的谷子，在幼虫为害盛期时（6 月下旬至 7 月上旬）正值谷子拔节期，茎节幼嫩，易于蛀食，故受害严重。而 6 月 5 日播种的谷子，在幼虫为害盛期时，苗高上不足 15cm，成虫不喜在上产卵。据延安地区农业科学研究所（1958 年）调查，粟灰螟成虫产卵躲在已拔节后较高大的粟苗上。并且有粟叶愈大，所产卵块愈多的趋势。所以，晚播的谷子受害轻，但第二代时则相反，播种早的受害轻，晚播的受害重。因为早播的谷子，在幼虫为害期，茎节较晚播者粗壮，幼虫蛀食较难。从有虫株数看，有虫株数较枯心苗率低，这也说明粟灰螟有转株为害的习性。

表 3 粟田不同播期粟灰螟为害情况

调查日期（月 / 日）	播种期（月 / 日）	调查株数（株）	代数	蛀茎株数（株）	枯心苗率（%）	有虫株数（株）
7/12	5/6	200	一代	38	19.0	11
7/12	5/19	200	一代	43	21.5	10
7/12	6/5	200	一代	5	2.5	1
8/30	5/19	100	二代	9	9.0	3
8/30	6/5	100	二代	21	21.0	9

3 粟灰螟的综合防治技术

为了有效地控制粟灰螟的危害，减少农药污染，保护生态环境，生产绿色农产品，我们制定了以农业防治法为主，使用生物农药、高效、低毒、低残留农药为辅的综合防治策略。

3.1 农业防治

根据粟灰螟的越冬习性采取措施：①处理谷茬。在秋天用犁杖或破茬机将田间的根茬全部挑出或破坏，使之暴露于地表，经一冬之后，即可冻死。翌年 5 月之前拾净田间遗留谷茬，集中烧毁或深埋处理。这样大大降低了粟灰螟的越冬基数；②拔出枯心苗。根据粟灰螟幼虫有转株为害的及在朝阳地区发生两代的特点，在发现幼虫蛀茎后及时拔除枯心苗，带出田外集中深埋沤肥或晒干烧毁，进一步压低一代幼虫的转株为害和二代发生基数；③适期播种。根据前述的试验表 3 适期播种，错过粟灰螟的喜产卵的谷苗高度，可明显降低枯心苗率。据试验朝阳地区以 5 月上旬和 6 月上旬播种有效降低粟灰螟的危害。

3.2 物理防治

用黑光灯诱杀，棋盘状排列，每 3hm^2 放置一盏。

3.3 适时防治

因为粟灰螟是钻蛀性害虫，在进行药剂防治时，必须抓住有利时机，即当幼虫尚未蛀茎以前施药才能有效，否则蛀茎之后就无法防治。据观察，粟灰螟幼虫经分散、转移、到蛀茎的时期只有 3~4d，可见防治的时间较短。在防治策略上，当田间发现第一块卵块时，后推 6~10d 则为田间第一代幼虫防治时间。也可在谷田发现千茎苗有卵 2~5 块时，应立即防治。第二代幼虫的防治时期，在化蛹盛期后 7~10d，即可达到羽化和产卵盛期，初步调查朝阳地区一代幼虫的防治适期为 6 月 15~20 日，二代为 7 月 20~25 日。

3.4 药剂防治

根据赤峰市植保站的药剂试验可用如下药剂[2]：①可用每毫升 100 亿活芽孢苏云金杆菌（BT）生物农药 500 倍液喷雾；② 90% 敌百虫晶体 500~100 倍液喷雾；③ 2.5% 溴氰菊酯乳油 2 500 倍液喷雾；④ 21% 灭杀毙 2 500 倍液喷雾。这些药剂的防效均在 85% 以上。需要强调的是，粟灰螟幼虫防治一定要在幼虫蛀茎前，所以，粟灰螟的药剂防治一定要根据虫情预报，及时防治，才能收到较好的效果。

参考文献

[1] 王利民．赤峰地区粟灰螟发生特点及防治措施［J］．植保技术与推广，2002，22（10）：16~18
[2] 商鸿声．玉米高粱谷子病虫害诊断与防治原色图谱［M］．北京：金盾出版社，2005

谷子黑穗病综合防治技术研究*

王根全　王节之　郝晓芬　王晓宇　王路英

（山西省农业科学院谷子研究所，山西长治　046011）

摘　要：试验表明，谷子不同品种间抗性存在差异；不同药剂对黑穗病的防效存在差异；不同播期对谷子的发病率影响表现差异显著。有效防治谷子黑穗病，应以预防为主，综合防治；选用抗病品种，适时播种，必要时使用高效低毒药剂。这样，才能避免其为害，才能利于保护生态环境，生产绿色食品，提高粮食品质。

关键词：谷子黑穗病；综合防治

Research on Foxtail Millet Smut Disease and Its Integrated Control Technique

Wang Genquan，Wang Jiezhi，Hao Xiaofen，Wang Xiaoyu，Wang Luying

(Millet Research Institute, Shanxi Academy of Agricultural Sciences, Changzhi 046011, China)

Abstract: There were different resistant foxtail millet varieties, and different effect against foxtail millet smut existed for the application of different pesticides. There were significant differences to the disease rate of foxtail millet varieties at different sowing dates. The disease-resistant variety, proper sowing period, the highly-effective and low-poisonous pesticide should be chosen primarily for controlling millet smut and rising millet quality.

key words: Foxtail millet smut; Integrated control

谷子是我国北方的主要旱作农作物。其营养丰富，既有食粮作用又有医疗作用。但是谷子黑穗病近几年在生产上发生为害严重，影响谷子的产量与品质。主要原因，一是土壤带菌，菌在一般土壤中的存活时间据有关资料报道可达20个月以上，春季干旱土壤墒情差影响谷子发芽出苗，谷农只好以早种抓苗为主，一些地方在4月下旬就开始播种，当时温度低，种子在土壤中停留时间长，造成黑穗病真菌侵染机会，引起病害发生。另一个原因是种子带菌，在种子表面越冬的病原菌厚垣孢子，第二年随种子播入土中，萌发后从谷子芽鞘侵入，再随幼苗生长扩展蔓延，最后进入穗部，破坏子房，使谷粒变成黑粉。针对以上发病原因和存在问题，进行谷子黑穗病发病研究，制定一套预防为

*基金项目：山西省农业科学院“青年基金”资助。

第一作者简介：王根全，1977年出生，男，助理研究员，主要从事植物保护和生物技术研究工作。

通讯地址：山西省长治市漳沂路科研巷2号，山西省农业科学院谷子研究所。Tel：0355-2204210，E-mail：gqwang1111@163.com。

主，综合防治措施，是一种科学而环保的方法，防止生态环境污染，生产绿色食品，利于人民健康。

1 试验设计

选择一块近5年未做过黑穗病试验，连续2年没有种过谷子的田块进行试验。

1.1 不同品种抗病性试验

选择山西省不同地区种植的晋谷21号、晋谷29号、长农35号、沁州黄、晋品1号等5个品种，在播种前用黑粉拌种，每个处理20m^2，3次重复，5月13日下种，谷子籽粒灌浆期调查谷子黑穗病发病率。

1.2 不同药剂处理试验

选用高效低毒药剂多菌灵、五氯硝基苯、粉锈宁、退菌特4种药剂在播种前处理种子，设对照进行比较，每个处理20m^2，3次重复，谷子籽粒灌浆期调查谷子黑穗病发病率。

1.3 不同播期谷子抗病性试验

设5月13日、5月20日、5月27日三个播期，分别用药剂处理与不处理晋谷21号进行黑穗病接菌试验，3次重复，谷子籽粒灌浆期调查谷子黑穗病发病率，调查播期对发病率的影响。

1.4 不同环境条件对谷子发病率的影响

设两个不同的环境：一是谷种接菌后种在大田，生长期通风透光好。二是谷种接菌后种在玉米地中间，在生长发育阶段谷地周围被玉米包围，其小气候湿度、温度明显高于普通谷田，3次重复，谷子籽粒灌浆期调查谷子黑穗病发病率。

2 试验结果

2.1 不同品种的抗病性

参试的5个品种均为山西省不同地区种植的谷子品种，从发病率来看，不同品种间抗病性差异显著（表1）。发病率最高的为晋品1号22.7%，最低的为长农35号9.8%。经统计分析，晋品1号与其他4个品种发病率达极显著差异，而晋谷21号、晋谷29号、长农35号、沁州黄4个品种之间发病率无显著差异，说明晋品1号是易感黑穗病的品种，晋谷21号、晋谷29号、长农35号、沁州黄是较抗品种。

表1 不同谷子品种的发病率 （%）

品种	晋谷21号	晋谷29号	长农35号	沁州黄	晋品1号
Ⅰ	6.0	8.2	10.4	9.6	23.6
Ⅱ	11.7	13.3	9.4	10.4	30.5
Ⅲ	14.0	9.2	9.7	14.7	13.9
平均	10.6	10.3	9.8	11.6	22.7

2.2 不同药剂防病效果

从表 2 看出，不同药剂对黑穗病的防效有很大差异，多菌灵防效最好，退菌特次之，五氯硝基苯、粉锈宁分列第 3、第 4 位，与对照相比，4 种药剂比对照发病率降低范围是 7.2%~11.7%。经统计分析，4 种药剂处理种子的发病率与对照发病率差异达显著水平，粉锈宁与其他 3 种药剂处理种子发病率差异也达显著水平，多菌灵、五氯硝基苯、退菌特 3 种药剂处理种子发病率间无显著差异。说明药剂对种子处理起一定作用，不同药剂防病效果也有不同，粉锈宁处理种子防病效果次于多菌灵、五氯硝基苯、退菌特，4 种药剂处理种子的发病率比未药剂处理种子发病率明显降低。

表 2　不同药剂处理晋谷 21 号的发病率　　（%）

农药	多菌灵	五氯硝基苯	粉锈宁	退菌特	对照
Ⅰ	0.0	7.4	4.8	0.0	10.2
Ⅱ	0.0	0.0	4.0	2.0	12.6
Ⅲ	1.0	1.9	5.6	0.0	13.1
平均	0.3	3.1	4.8	0.7	12.0

2.3 不同播期发病率情况

不同播期发病率不同（表 3），播期越早发病率越高。5 月 13 日发病率最高 10.8%，第二、第三播期发病率接近，分别为 4.7%、3.8%，比第一播期降低一半还多。分析原因，可能是播种早，温度偏低，谷种萌发出苗时间长，造成病菌侵染时间延长；随着播期偏晚，温度提升，种子出苗快，减少病菌在土壤中侵染的时间，病害减轻。经统计分析，5 月 13 日播期发病率与 5 月 20 日、5 月 27 日两个播期发病率有显著性差异，第二、第三两个播期发病率无显著性差异。说明谷子除本身抗病性有差异外，播期对它也有影响，播种早发病率高，播种晚发病率低，但第二、第三播期的发病率很接近，无显著性差异。根据谷子本身的特性，播种早生长期越长产量越高，故在 5 月 20 日播种既可增强抗病性，又不影响产量。试验同时进行了包衣种子在 3 个播种期发病率调查，统计分析结果差异不显著，说明药剂处理种子不受季节影响。

表 3　晋谷 21 号在不同播期的发病率　　（%）

播期	5 月 13 日		5 月 20 日		5 月 27 日	
	未包衣	包衣	未包衣	包衣	未包衣	包衣
Ⅰ	14.0	2.4	7.9	0.4	3.5	1.0
Ⅱ	11.2	0.0	3.2	0.0	5.0	0.9
Ⅲ	7.3	0.0	2.9	0.0	3.8	0.0
平均	10.8	0.8	4.7	0.13	3.8	0.6

2.4 不同环境条件发病情况

两种不同环境条件，在玉米田中间湿度大，温度高，大田谷地通风透光好，谷子的生长环境两块田有明显差异，但经统计分析不同环境的两块地发病率差异不显著，说明谷子生长阶段环境的差异对谷子黑穗病没有影响（表4）。进一步证明黑穗病的影响主要在种子出苗前阶段。

表4　谷子品种在不同环境条件下的发病率　（%）

重复		Ⅰ	Ⅱ	Ⅲ	平均
晋谷21	玉米地	29.0	8.5	17.4	18.3
	谷田	14.0	11.2	7.3	10.8
长生04	玉米地	13.7	8.9	6.0	9.5
	谷田	10.2	7.2	13.3	10.2

3 结论

3.1 影响谷子黑穗病发生因素

不同品种间抗病性差异显著，晋品1号是易感黑穗病的品种，晋谷21号、晋谷29号、长农35号、沁州黄是较抗品种；不同药剂防治黑穗病效果不同，粉锈宁处理种子防病效果次于多菌灵、五氯硝基苯和退菌特；播期对谷子黑穗病有影响，播种越早，温度低发病重，5月20日播种比5月13日播种黑穗病发病率明显降低，达显著性差异，与5月27日播种发病率差异无显著性，药剂处理种子发病率受播期影响不明显；谷子生长阶段环境之间的差异对谷子黑穗病发病率影响不大。

3.2 综合防治技术

通过药剂、品种、播期、环境等不同生态条件试验，谷子黑穗病应采取预防为主，综合防治原则。首先选用或引用抗病强的品种；其次感病品种要选用高效、低毒、低残留的药剂（如多菌灵）处理种子，但药剂处理与不处理谷子发病率差异不显著的不使用药剂；再次要适期播种，春播谷子在墒情允许下，宜在5月中旬播种，可使发病率降低。总之，要减少谷子黑穗病为害要以防为主，防治结合，在防的条件不成熟或者不具备时，可以考虑药剂处理。把谷子黑穗病综合防治技术总结成简单的三句话就是：品种要抗病，播期要适中，药剂要高效。

参考文献

[1] 王斌，王招菊．山西省东南部2003年、2004年谷子黑穗病发生情况调查及其防治［J］．陕西农业科学，2007，1：94~96
[2] 刘润堂、温琪芬．谷子品种抗黑穗病的鉴定［J］．山西农业科学，1998（11）：1~3
[3] 李延东．谷子种质资源黑穗病抗性鉴定［J］．黑龙江农业科学，1997（2）：32~33

乙羧氟草醚防治谷田杂草试验初报 *

李明哲　郝洪波

（河北省农林科学院旱作农业研究所，河北衡水，053000）

摘　要：为了探讨谷田阔叶杂草的化学防除技术，2008~2009 年在谷田喷施 10% 乙羧氟草醚乳油 225~450ml/hm^2，试验表明，以 450ml/hm^2 的浓度除草效果最好，经济效益最大。

关键词：乙羧氟草醚；谷子；阔叶杂草；防除效果

Preliminary Report of Fluoroglycofen Ether to Control Weeds in Millet Fields

Li Mingzhe，Hao Hongbo

（Dryland Farming Research Institurte, Hebei Academy of Agriculture and Forestry sciences, Hengshui 053000, China）

Abstract: In order to study how to use herbicide to effectively control Broad-leaved weeds in foxtail millet fields, experiments were made in 2008~2009. 10% Fluoroglycofen ether 225~450ml/hm^2 Sprayed.The result showed that the dose of 450ml/hm^2 was the best.

Key words: Fluoroglycofen ether; Foxtail millet; Broad-leaved weeds; Control effect

人类自从有了农业，便没停止过与杂草的斗争，努力控制杂草的危害 [1]。谷田杂草危害是影响产量的重要因素之一，人工除草费工费时，劳动强度大，在连续的阴雨天气条件下，极易造成草荒影响产量。

目前，大宗粮食作物基本上都实现了化学除草，而谷子 [*Setaria italica*（L.）Beauv.] 生产仍以传统人工除草为主，效益低、效果差，且劳动强度大，落后的除草方式严重制约着谷子产业的可持续发展，因此化学除草就成为谷子生产的必然选择。

尽管目前抗除草剂谷子的大量应用有效减轻了除草工作，但与之配套的除草剂只能杀灭单子叶杂草，对双子叶杂草无效。针对我地受恶性杂草马齿苋等危害严重的现状，我们筛选了大量的除草剂进行研究。

其中，乙羧氟草醚（*Fluoroglycofen-ethyl*）表现较好，该药剂最初是由美国罗姆－哈斯公司开

* 基金项目：河北省农林科学院青年基金（A09040108）。

第一作者简介：李明哲，1976 年出生，男，助理研究员，主要从事谷子育种和栽培研究工作。

通讯地址：河北省农林科学院旱作所。Tel：0318-7920336，E-mail：limingzhe1976@yahoo.com.cn。

发的用于谷类作物芽后施药防除阔叶杂草的二苯醚类除草剂[2]，该除草剂在光照条件下才发挥效力。在水中可迅速降解，生物积聚可能性很小，自推出以来，在小麦、玉米等作物上都进行了广泛的试验，但在谷子上的应用未见有报道。本文旨在为合理使用该药剂经济有效地控制谷田杂草提供参考。

1 材料和方法

1.1 试验材料

本试验采用的除草剂商品名为“削阔”乳剂，有效成分为10%乙羧氟草醚，山东艾思特生物农药有限公司生产。供试品种为冀谷25，地点在河北省农林科学院旱作农业研究所试验田，土壤类型为潮土，质地为黏壤土，前茬为小麦。田间杂草主要为马齿苋（*Portulaca oleracea* L.）、反枝苋（*Amaranthus retroflexus* L.）。

1.2 试验方法及处理

试验采用完全随机设计，5个处理，3次重复，小区面积9.6m^2。6月24日播种，7月20日谷子高度20~30cm时分别用（1）225ml/hm^2；（2）300ml/hm^2；（3）450ml/hm^2 3个浓度均匀喷于各小区内，以（4）人工除草和（5）不做任何处理做对照，分别记为CK_1、CK_2。

1.3 调查内容与方法

1.3.1 除草剂对杂草的药效调查

喷药前每小区分别3点取样，每点取1m^2，调查杂草发生基数；在喷施除草剂后7d、15d、30d，对各小区杂草的种类、数量等指标进行取样调查，共调查3次，取样时每小区各取3点，用1m^{2}的铁丝框来随机取样，施药后30d调查杂草鲜重，计算鲜重防效。

株防效（%）=（对照杂草株数－处理杂草株数）/对照杂草株数 ×100%

鲜重防效（%）=（对照杂草鲜重－处理杂草鲜重）/对照杂草鲜重 ×100%

1.3.2 除草剂对谷子生长发育的安全性调查

喷药后7d、15d、收获前调查药品对谷子的影响，并进行记载，共调查3次，目测谷子生长及叶片的危害情况，成熟后考种，进行统计分析。

2 结果与分析

2.1 对杂草的防除效果

2.1.1 对杂草株的防效

由表1可以看出，在谷子株高30cm左右时喷施“削阔”乳剂225ml/hm^2，药后7d对马齿苋、反枝苋的防效分别为94.64%、90.18%，总防效为93.30%；药后15d，对马齿苋、反枝苋的防效分别为 94.38%、95.69%，总防效为 94.72%；药后 30d，对马齿苋、反枝苋的防效分别为 92.52%、96.09%，总防效为 93.54%；三个处理均明显优于人工除草的效果，且用量越大，除草效果越好。

表 1　除草剂对杂草的株防效　　（%）

处理	喷药后 7d			喷药后 15d			喷药后 30d		
	总防效	马齿苋防效	反枝苋防效	总防效	马齿苋防效	反枝苋防效	总防效	马齿苋防效	反枝苋防效
Ⅰ	93.30a	94.64a	90.18a	94.72a	94.38a	95.69a	91.31a	89.72a	95.31a
Ⅱ	93.83a	95.02a	91.07a	95.64a	95.63a	95.69a	92.87a	91.28a	96.88a
Ⅲ	95.98a	96.93a	93.75a	97.02a	97.19a	96.55a	93.54a	92.52a	96.09a
CK_1	82.32a	80.40b	83.24a	–	–	–	–	–	–

注：表中字母表示 0.05 水平上的差异显著性（后同），CK_1 数据为 7 月 27 日的调查数据。

2.1.2　对杂草鲜重防效

对鲜重防效最好的是处理Ⅲ，高达 93.71%，随着用药量的减少，鲜重防效略有下降；防效最差的为人工除草仅有 55.36%（表 2）。

表 2　喷药后 30d 除草剂对杂草的鲜重防效　　（%）

处理	马齿苋	反枝苋	总防效
Ⅰ	92.29a	94.41a	93.26a
Ⅱ	92.81ab	94.05a	93.37a
Ⅲ	94.50b	94.45a	93.71a
CK_1	56.70c	54.76b	55.36b

2.2　对谷子生长发育的影响

用药后 7d 调查，谷子叶片出现灰白色药斑，但新生叶片正常，药后 15d 药斑逐渐变淡，至成熟时已无明显药害。

由表 3 可以看出，该药剂虽然对谷子的株高、穗长有一定抑制作用，但均有不同程度的增产效果，说明该药剂在试验浓度下对谷子生长无明显不良影响。

表 3　除草剂对谷子生长及产量的影响

处理	株高		穗长		产量（kg/hm^2）	
	高度（cm）	增长率（%）	长度（cm）	增长率（%）	产量（kg）	增长率（%）
Ⅰ	124.8a	-3.5	18.0a	-12.2	3 708.33a	7.9
Ⅱ	125.1a	-3.2	19.1ab	-6.8	3 729.17a	8.5
Ⅲ	126.1a	-2.5	20.0b	-2.4	3 958.33a	15.2
CK_1	129.1a	-0.2	18.7ab	-8.8	4 333.33a	26.1
CK_2	129.3a	—	20.5b	—	3 437.50a	—

2.3 经济效益比较

除草是谷子生产中的一项主要工作，本次试验，CK_1处理为正常管理，共人工除草4次，行间杂草可很好铲除，但对于株间杂草，仍无法有效铲除，因此对产量有一定影响，综合而言，4个处理中，以人工锄草的产值最高（谷子价格按4元/kg计），但由于需要支出大量的人工除草费用，导致总体经济效益最差，而药剂除草的经济效益明显高于人工除草见表4。

表4　不同处理经济效益比较　　（元/hm^2）

处理	除草费用	药剂费用	产值	经济效益
Ⅰ	30	45	14 833.32	14 758.32
Ⅱ	30	60	14 916.68	14 826.68
Ⅲ	30	90	15 833.32	15 713.32
CK_1	3 000	0	17 333.32	14 333.32

注：谷子价格按4元/kg计，收获费用未计。

3 结论与讨论

本试验所采用的3个药剂浓度，对马齿苋、反枝苋均有良好的防效，且对谷子安全，对产量无明显影响，是较理想的苗后阔叶除草剂，较为经济的使用浓度为450ml/hm^2。应用本药剂时，应注意选择在杂草幼龄期、杂草生长旺盛时施用，以降低使用浓度，减少对谷子生长的不良影响。

不同谷子品种、不同生育时期的耐药性可能不尽相同，对于不同品种以及不同生育时期的使用技术还需进行进一步研究，此外，对下茬作物的影响也待于进一步探讨。

参考文献

[1] 王健．杂草治理［M］．北京：中国农业出版社，1997：153~155

[2] P H Maigrot, A Perrot. 新谷类作物田阔叶杂草选择性防除剂乙羧氟草醚［J］．农药译丛，1993，15（3）：63~64

2，4-D 丁酯防治谷田阔叶杂草药剂试验 *

刘金荣　徐淑霞　王素英　蒋自可　李冬花　路志国　宋中强　童　燕

（国家谷子产业技术体系安阳综合试验站 / 安阳市农业科学院，河南安阳　455000）

摘　要：通过施用不同处理 2,4–D 丁酯防治谷田杂草试验，筛选出 70% 2,4–D 丁酯每 667m² 50g 对以马泡为优势杂草的谷田防效较好，重量防效为 80.5%、数量防效为 77.85%；对以马齿苋、苋菜、铁苋杂草，以 70% 2,4–D 丁酯每 667m² 30g 效果较好；各处理对牵牛花防效都好。

关键词：谷子；70% 2,4–D 丁酯；除草剂；重量防效；数量防效

Effect of 2,4-D butyl on Broadleaf Weeds in Foxtail Millet Fields

Liu Jinrong，Xu Shuxia，Wang Suying，Jiang Zike，Li Donghua，Lu Zhiguo，Song Zhongqiang，Tong Yan

(Anyang Comprehensive Experiment Station, China Industrial and Technological Research System of Millet; Anyang Academy of Agriculture Sciences, Anyang 455000, China)

Abstract: This paper reports the experimental result of applying different treatments of 2,4-D butyl to control broadleaf weeds in foxtail millet fields.

Key words: Foxtail millet; 70% 2,4-D ester; Herbicides; Weight control effect

2，4–D 丁酯为苯氧乙酸类激素型选择性除草剂，常用于小麦、大麦、玉米田防治播娘蒿、藜、蓼、芥菜、离子草、繁缕、反枝苋、问荆、苦荬菜、刺儿菜、苍耳、田旋花、马齿苋等阔叶杂草，在谷田杂草防治方面报道较少，本试验做了初步研究，取得一定效果。

1　材料和方法

1.1　试验处理

试验设 4 个处理，分别为 70%2,4–D 丁酯 20g/667m²、70%2,4–D 丁酯 30g/667m²、70% 2,4–D 丁酯 50g/667m² 和清水 50kg/667m²。

* 基金项目：国家科技支撑计划 – 优质谷子新品种选育与增值利用技术研究开发（2006BAD02B02–01–02）。

第一作者简介：刘金荣，1963 年出生，男，研究员，主要从事谷子新品种选育和栽培植保技术研究。

通讯地址：安阳市紫薇大道东段，安阳市农业科学院。Tel：0372–2526552　E–mail：liujinrong@sohu.com。

1.2 试验方法

试验设在安阳市农业科学院谷子试验田，供试品种为豫谷 9 号，出苗日期为 2006 年 6 月 26 日，每 667m^2 留苗 5 万。7 月 5 日施药（4 叶一心），施药工具为工农 -16 型手动背负式喷雾器。田间小区试验，随机区组排列，重复 3 次，小区面积 6.7m^2，喷药量为每小区 500g，对照区喷清水。7 月 28 日调查杂草种类、数量、称重，计算防效。

1.3 效果计算公式

重量防效（%）=（对照区杂草重量—处理区杂草重量）/ 对照区杂草重量 ×100%

数量防效（%）=（对照区杂草数量—处理区杂草数量）/ 对照区杂草数量 ×100%

2 结果与分析

由表 1 看出，70%2,4-D 丁酯每亩 20g、30g、50g 施药 2 周后调查，马齿苋重量防效分别为 55.81%、84.74%、80.85%，数量防效分别为 64.99%、74.88%、75.37%，综合看以 70%2,4-D 丁酯 30g/667m^2 重量和数量防效较好；苋菜重量防效分别为 80.12%、88.3%、66.08%，数量防效分别为 78.99%、75.36%、74.64%，整体看以 70%2,4-D 丁酯 30g/667m^2 防效好；铁苋重量防效分别为 91.21%、98.9%、82.42%，数量防效分别为 89.22%、97.06%、85.29%，也是以 70%2,4-D 丁酯 30g/667m^2 防效好；对马泡重量防效分别为 59.55%、51.15%、80.98%，数量防效分别为 52.6%、41.62%、76.3%，以 70%2,4-D 丁酯 50g/667m^2 防效好；对牵牛花防效都好，重量、数量防效为 100%；对其他杂草防效以 70%2,4-D 丁酯 30g/667m^2、70%2,4-D 丁酯 50g/667m^2 效果较好，为 100%；田间杂草总防效以 70%2,4-D 丁酯 50g/667m^2 效果较好，重量防效为 80.5%、数量防效为 77.85%。

表 1 不同处理 2,4-D 丁酯防治谷田杂草试验

杂草名称	防效	70%2,4-D 丁酯 20g/667m^2	70%2,4-D 丁酯 30g/667m^2	70%2,4-D 丁酯 50g/667m^2	对照 50kg/667m^2
马齿苋	重量（g）	669	231	290	1 514
	防效（%）	55.81	84.74	80.85	
	数量（个）	216	155	152	617
	防效（%）	64.99	74.88	75.37	
苋菜	重量（g）	68	40	116	342
	防效（%）	80.12	88.30	66.08	
	数量（个）	29	34	35	138
	防效（%）	78.99	75.36	74.64	
铁苋	重量（g）	8	1	16	91
	防效（%）	91.21	98.90	82.42	
	数量（个）	11	3	15	102
	防效（%）	89.22	97.06	85.29	
马泡	重量（g）	1342	1621	631	3318
	防效（%）	59.55	51.15	80.98	
	数量（个）	82	101	41	173
	防效（%）	52.60	41.62	76.30	

续表

杂草名称	防效	70%2,4-D 丁酯 20g/667m²	70%2,4-D 丁酯 30g/667m²	70%2,4-D 丁酯 50g/667m²	对照 50kg/667m²
牵牛花	重量（g）	0	0	0	55
	防效（%）	100	100	100	
	数量（个）	0	0	0	41
	防效（%）	100	100	100	
其他防效	重量（g）	51		0	66
	防效（%）	22.73	100	100	
	数量（个）	13		0	24
	防效（%）	45.83	100	100	
总防效	重量（g）	2 138	1 893	1 053	5 386
	防效（%）	60.3	64.9	80.5	
	数量（个）	351	590	243	1 095
	防效（%）	68.00	46.1	77.8	

3 结论

70%2,4-D 丁酯 50g/667m² 对以马泡为优势杂草的谷田防效较好，重量防效为 80.5%、数量防效为 77.85%。对以马齿苋、苋菜、铁苋以 70%2,4-D 丁酯 30g/667m² 效果较好。各处理对牵牛花防效都好。

苯磺隆、二甲四氯防治谷田杂草药害试验研究 *

刘金荣　王素英　宋中强　路志国　闫宏山　刘海萍　童　燕

（国家谷子产业技术体系安阳综合试验站 / 安阳市农业科学院，河南安阳　455000）

摘　要：苯磺隆、二甲四氯两种除草剂防治谷田杂草时，施药前期对谷子表现药害症状，后期消失，影响产量较小。

关键词：谷子；苯磺隆；二甲四氯；除草剂；药害

Experiment on the Harmful Aspects of Application of Tribenuron-methyl and MCPA Herbicides on Foxtail Millet

Liu Jinrong，Wang Suying，Song Zhongqiang，Lu Zhiguo，Yan Hongshan，Liu Haiping，Tong yan

(Anyang Comprehensive Experiment Station, China Industrial and Technological Research System of Millet; Anyang Academy of Agriculture Sciences, Anyang 455000, China)

Abstract: The two kinds of herbicides, tribenuron-methyl and MCPA, were used to control weeds in foxtail millet fields, and the spraying performance of phytotoxicity to foxtail millet was studied. In the early stage after spraying, the harmful symptoms does exist, but it disappears later and its side-effect on grain yield is little.

Key words: Foxtail millet; Tribenuron; MCPA; Herbicide; Phytotoxicity

苯磺隆属磺酰胺类除草剂，为内吸传导型苗后除草剂，可被杂草的茎、叶和根吸收，并在体内传导，通过抑制缬氨酸、亮氨酸和异亮氨酸生物合成导致杂草死亡。常用于小麦、大麦、玉米田防治阔叶杂草繁缕、麦家公、蓼、猪秧秧、野芥菜、马舌草、碎米草、播娘蒿、反枝苋、天芥菜、地肤、田蓟、藜、马齿苋、婆婆纳等杂草。2,4-D 丁酯为苯氧乙酸类激素型选择性除草剂，用于小麦、大麦、玉米田防治播娘蒿、黎、蓼、芥菜、离子草、繁缕、反枝苋、问荆、苦荬菜、刺儿菜、苍耳、田旋花、马齿苋等阔叶杂草。这两种除草剂，用于谷田防治杂草时，施药前期，谷子表现一些药害症状，后期表现正常。这种药害对谷子产量是否有影响，未见文献报道。

* 基金项目：现代农业产业技术体系建设专项资金资助。

第一作者简介：刘金荣，1963 年出生，男，研究员，主要从事谷子新品种选育和栽培植保技术研究。

通讯地址：安阳市紫薇大道东段，安阳市农业科学院。Tel：0372-2526552，E-mail：liujinrong@sohu.com。

1 材料和方法

1.1 试验处理

10% 苯磺隆 5g/667m^2、10g/667m^2、15g/667m^2、清水对照 50kg/667m^2、50% 二甲四氯 100g/667m^2、70g/667m^2、50g/667m^2、10% 苯磺隆 5g/667m^2+50% 二甲四氯 50g/667m^2，共 8 种处理。

1.2 试验方法

试验设在安阳市农业科学院谷子试验田（安阳县棉花原种场），前茬作物为小麦，6 月 9 日收麦，每 667m^2 施复合肥 40kg、鸡粪 100kg，切秆、浇地、犁地、旋耕。试验品种为冀谷 19，6 月 24 日播种，6 月 29 日出苗，每 667m^2 留苗 5 万株。7 月 7 日施药，施药工具电动喷雾器。随机区组排列，重复 3 次，小区面积 23.5m^2，喷药量为每小区 1.76kg，对照区喷清水。7 月 14 日、7 月 27 日，根据株高、叶色等性状受害情况调查谷子药害。7 月 16 日人工除草，10 月 4 日收获，10 月 16 日称重。

2 试验结果

2.1 药害

10% 苯磺隆 5g/667m^2、10g/667m^2、15g/667m^2 施药后对谷子表现的药害，最初症状为心叶褪绿、比对照植株矮，随着时间推移，症状逐渐消失，施药后 20d 调查，各处理与对照无差异。50% 二甲四氯 100g/667m^2、70g/667m^2、50% 二甲四氯 50g/667m^2 施药后前几天，药害症状表现为叶片比对照叶竖、窄，但颜色正常，施药后 20d 调查，表现正常。10% 苯磺隆 5g/667m^2+50% 二甲四氯 50g/667m^2 处理开始时，心叶稍微发黄，后逐渐消失，比 10% 苯磺隆 5g/667m^2 药害轻。详见表 1。

表 1 苯磺隆、二甲四氯对谷子的药害症状

处理	药害		除草效果
	7 月 14 日	7 月 27 日	
10% 苯磺隆 5g/667m^2	心叶发黄、苗稍低	正常	一般
10% 苯磺隆 10g/667m^2	心叶发黄、苗低	正常	好
10% 苯磺隆 15g/667m^2	心叶发黄、苗低	正常	好
清水	正常	正常	
50% 二甲四氯 70g/667m^2	叶窄、竖	正常	好
50% 二甲四氯 100g/667m^2	叶窄、竖	正常	好
50% 二甲四氯 50g/667m^2	正常	正常	一般
10% 苯磺隆 5g/667m^2+ 50% 二甲四氯 50g/667m^2	心叶稍褪绿	正常	好

2.2 产量

10% 苯磺隆 5g/667m^2，产量为 377.17kg/667m^2，比对照减产 0.4%；10% 苯磺隆 10g/667m^2，产量为 365.16kg/667m^2，比对照减产 3.57%；10% 苯磺隆 15g/667m^2，产量为 397.13kg/667m^2，比

对照增产 4.87%（表 2）。三处理平均产量为 379.82kg/667m²，比对照增产 0.3%，说明使用苯磺隆对谷子产量影响较小，可用于谷田防治杂草。

50% 二甲四氯 100g/667m²，产量为 372.49kg/667m²，比对照减产 1.9%；50% 二甲四氯 70g/667m²，产量为 395.43kg/667m²，比对照增产 4.42%；50% 二甲四氯 50g/667m²，产量为 369.98kg/667m²，比对照减产 2.32%。三处理平均单产 378.94kg/667m²，比对照增产 0.07%，说明二甲四氯能用于谷田防治杂草。

表 2　苯磺隆、二甲四氯不同处理产量试验

处理	重复（kg/hm²）			合计（kg）	平均（kg）	增减产 %
	Ⅰ	Ⅱ	Ⅲ			
10% 苯磺隆每 667m² 5g	380.29	357.59	393.63	1 131.51	377.17	−0.40
10% 苯磺隆每 667m² 10g	360.99	357.59	376.89	1 095.47	365.16	−3.57
10% 苯磺隆每 667m² 15g	416.33	387.10	387.96	1 191.39	397.13	4.87
清水	391.64	384.55	359.86	1 136.05	378.68	—
50% 二甲四氯每 667m² 70g	397.60	382.28	406.4	1 186.28	395.43	4.42
50% 二甲四氯每 667m² 100g	367.52	362.41	384.55	1 114.48	371.49	−1.90
50% 二甲四氯每 667m² 50g	355.03	372.35	382.28	1 109.66	369.89	−2.32
10% 苯磺隆每 667m² 5g+ 50% 二甲四氯每 667m² 50g	369.79	361.56	357.59	1 088.94	362.98	−4.15

3　小结

苯磺隆、二甲四氯两种除草剂对谷子，施药前期表现药害症状，后期消失，影响产量较小。

苯磺隆、噻吩磺隆防治谷田阔叶杂草药剂试验*

刘金荣　徐淑霞　刘海萍　王素英　闫宏山　路志国　宋中强　童　燕

（国家谷子产业技术体系安阳综合试验站 / 安阳市农业科学院，河南安阳　455000）

摘　要： 苯磺隆、噻吩磺隆防治谷田阔叶杂草效果较好，重量平均防效分别为 96.2%、99.6%。在生产上，可选择 10% 苯磺隆 5g/667m^2 或 15% 噻吩磺隆 10g/667m^2 防治谷田杂草。

关键词： 谷子；苯磺隆；噻吩磺隆；除草剂；重量防效；数量防效

Pharmaceutical Trials on Tribenuron-methyl and Thifensulfuron-methyl to Control Broadleaf Weeds in Foxtail Millet Fields

Liu Jinrong，Xu Shuxia，Liu Haiping，Wang Suying，Yan Hongshan，Lu Zhiguo，Song Zhongqiang，Tong yan

（Anyang Comprehensive Experiment Station, China Industrial and Technological Research System of Millet; Anyang Academy of Agriculture Sciences　Anyang 455000, China）

Abstract: The effect of tribenuron-methyl, thifensulfuron-methyl controlling broad-leaved weeds in foxtail millet fields is better, and the weight controlling effect on average were 96.2%, 99.6%, respectively. In production, the choice of 10% tribenuron 5g per or 15% of 5g per 667m^2 thifensulfuron-methyl 10g per 667m^2 was used to control broad leaved weeds in fortail millet field.

Key words: Foxtail millet; Tribenuron; Thifensulfuron-methyl; Herbicides; Weight control effect

苯磺隆、噻吩磺隆属磺酰胺类除草剂，为内吸传导型苗后除草剂，可被杂草的茎、叶和根吸收，并在体内传导，通过抑制缬氨酸、亮氨酸和异亮氨酸生物合成导致杂草死亡。禾谷类作物耐药性强，正常用量下不影响生长。常用于小麦、大麦、玉米田防治阔叶杂草繁缕、麦家公、蓼、猪秧秧、野芥菜、马舌草、碎米草、播娘蒿、反枝苋、天芥菜、地肤、田蓟、藜、马齿苋、婆婆纳等杂草。谷田杂草相与玉米较相似，但用这两种药剂防治杂草报道较少。

* 基金项目：国家科技支撑计划 – 优质谷子新品种选育与增值利用技术研究开发（2006BAD02B02-01-02）。
第一作者简介：刘金荣，1963 年出生，男，研究员，主要从事谷子新品种选育和栽培植保技术研究。
通讯地址：安阳市紫薇大道东段，安阳市农业科学院。Tel：0372-2526552，E-mail；liujinrong@sohu.com。

1 材料和方法

1.1 试验处理

10% 苯磺隆每 667m^2 5g、10g、15g、20g，15% 噻吩磺隆每 667m^2 10g、20g，15% 噻吩磺隆每 667m^2 30g，15% 噻吩磺隆每 667m^2 40g 和清水对照每 667m^2 50kg。

1.2 试验方法

试验设在安阳市农业科学院谷子试验田，前茬作物为小麦，2007 年 6 月 11 日收麦，切秆、犁地、旋耕，每 667m^2 施复合肥 20kg，试验品种为豫谷 9 号，6 月 26 日播种，7 月 10 日定苗，每 667m^2 留苗 5 万。7 月 14 日施药，施药工具为工农 -16 型手动背负式喷雾器。随机区组排列，重复 3 次，小区面积 50.7m^2，喷药量为每小区 3.8kg，对照区喷清水。7 月 24 日调查杂草种类、数量、称重，计算防效。

1.3 效果计算公式

重量防效（%）=（对照区杂草重量—处理区杂草重量）/ 对照区杂草重量 ×100%

数量防效（%）=（对照区杂草数量—处理区杂草数量）/ 对照区杂草数量 ×100%

2 试验结果

从表 1 看出，10% 苯磺隆每 667m^2 5g、10g、15g、20g，15% 噻吩磺隆每 667m^2 10g、20g、30g、40g 防治马齿苋重量防效分别为 98.9%、93.9%、92.9%、98.4%、99.6%、99.96%、100%、100%，数量防效分别为 92.4%、78.3%、75.5%、91.5%、96.8%、99.4%、100%、100%，每种处理基本上都能控制马齿苋的危害，重量防效在 93% 以上。两种除草剂平均防治效果上稍有区别，苯磺隆重量平均防效 95.3%，数量平均防效 84.43%，噻吩磺隆重量平均防效 98.9%，数量平均防效 99.1%，噻吩磺隆效果好于苯磺隆。

苯磺隆和噻吩磺隆各种处理在防治苋菜上效果较理想，无论是重量防效还是数量防效，效果都为 100%，在生产应用上，如苋菜为优势杂草的谷田使用低剂量的苯磺隆或噻吩磺隆处理防治即可。

在防治铁苋杂草方面，苯磺隆 4 种处理重量防效分别为 98%、98%、99%、100%，平均防效为 98.75%，数量防效为 95.3%、97.7%、95.3%、100%，平均防效为 97.1%；噻吩磺隆 4 种处理重量防效 96%、96%、88%、94%，平均防效 93.5%，数量防效分别为 58.1%、67.4%、25.6%、51.1%, 平均防效为 50.6%；苯磺隆重量防效和数量防效都优于噻吩磺隆。两种药剂防治马泡效果较好，重量和数量防效都为 100%。

在防治其他杂草方面，苯磺隆 4 种处理重量防效分别为 98.9%、100%、97.7%、100%，平均防效 99.2%，噻吩磺隆 4 种处理重量防效分别为 88.6%、95.5%、72.7%、84.1%，平均防效为 85.2%，苯磺隆效果好于噻吩磺隆；在数量防效上苯磺隆效果也优于噻吩磺隆。

各种处理总重量防效，10% 苯磺隆每 667m^2 5g 为 98.9%、10g 为 94.2%、15g 为 93.2%、20g 为 98.5%，15% 噻吩磺隆每 667m^2 10g 为 99.4%、20g 为 99.8%、30g 为 99.4%、40g 为 99.6%，苯磺隆 4 种处理重量平均防效为 96.2%，噻吩磺隆 4 种处理重量平均防效为 99.6%，噻吩磺隆效果优于苯磺隆。

表 1　苯磺隆、噻吩磺隆防治谷田杂草效果

杂草名称	防效	10% 苯磺隆 每 667m² 5g	10% 苯磺隆 每 667m² 10g	10% 苯磺隆 每 667m² 15g	10% 苯磺隆 每 667m² 20g	15% 噻吩磺隆 每 667m² 10g	15% 噻吩磺隆 每 667m² 20g	15% 噻吩磺隆 每 667m² 30g	15% 噻吩磺隆 每 667m² 40g	清水对照 每 667m² 50kg
马齿苋	重量（g）	31	167	195	44	11	1	0	0	2 740
	防效（%）	98.9	93.9	92.9	98.4	99.6	99.96	100	100	
	数量（个）	24	69	78	27	10	2	0	0	318
	防效（%）	92.4	78.3	75.5	91.5	96.8	99.4	100	100	
苋菜	重量（g）	0	0	0	0	0	0	0	0	49
	防效（%）	100	100	100	100	100	100	100	100	
	数量（个）	0	0	0	0	0	0	0	0	21
	防效（%）	100	100	100	100	100	100	100	100	
铁苋	重量（g）	1	1	0.5	0	2	2	6	3	50
	防效（%）	98	98	99	100	96	96	88	94	
	数量（个）	2	1	2	0	18	14	32	21	43
	防效（%）	95.3	97.7	95.3	100	58.1	67.4	25.6	51.1	
马泡	重量（g）	0	0	0	0	0	0	0	0	7
	防效（%）	100	100	100	100	100	100	100	100	
	数量（个）	0	0	0	0	0	0	0	0	2
	防效（%）	100	100	100	100	100	100	100	100	
其他防效	重量（g）	0.5	0	1	0	5	2	12	7	44
	防效（%）	98.9	100	97.7	100	88.6	95.5	72.7	84.1	
	数量（个）	1	0	1	0	6	2	21	5	17
	防效（%）	94.1	100	94.1	100	64.7	88.2	−23	70.6	
总防效	重量（g）	32.5	168	196	51	18	5	18	10	2 890
	防效（%）	98.9	94.2	93.2	98.5	99.4	99.8	99.4	99.6	
	数量（个）	27	70	81	27	34	18	53	26	401
	防效（%）	93.3	82.5	79.8	93.3	91.5	95.5	86.8	93.5	

在数量防效方面，10% 苯磺隆每 667m^2 5g 为 93.3%、10g 为 82.5%、15g 为 79.8%、20g 为 93.3%，15% 噻吩磺隆每 667m^2 10g 为 91.5%、20g 为 95.5%、30g 为 86.8%、40g 为 93.5%，苯磺隆 4 种处理平均防效为 87.2%，噻吩磺隆 4 种处理平均防效为 91.8%，也是噻吩磺隆效果好于苯磺隆。

3 小结

苯磺隆、噻吩磺隆防治谷田阔叶杂草效果较好，重量平均防效分别为 96.2%、99.6%。在生产上，可选择 10% 苯磺隆每 667m^2 5g 或 15% 噻吩磺隆每 667m^2 10g 防治谷田阔叶杂草。

噻吩磺隆对谷子苗期影响试验 *

刘金荣　徐淑霞　路志国　闫宏山　王素英　宋中强　童　燕

（国家谷子产业技术体系安阳综合试验站 / 安阳市农业科学院，河南安阳　455000）

摘　要：通过在谷子发芽盒内施用噻吩磺隆不同处理，证明噻吩磺隆施用后前期，影响谷子生长，后期影响渐小。

关键词：噻吩磺隆；除草剂；株高

Effects of Thifensulfuron-methyl on Millet Seedling Growth

Liu Jinrong, Xu Shuxia, Lu Zhiguo, Yan Hongsan, Wang Suying, Song Zhongqiang, TongYan

(Anyang Comprehensive Experiment Station, China Industrial and Technological Research System of Millet; Anyang Academy of Agriculture Sciences Anyang 455000, China)

Abstract: It indicated that the growth of foxtail millet could be affected in the early periods after applying the Thifensulfuron-methyl in germination box, and the effect would be decreasing gradually in the later periods.

Keywords: Thifensulfuron-methyl; Herbicides; plant height

噻吩磺隆（Harmongy）是一种低毒内吸传导性性苗后除草剂，每 667m^2 用药量仅为 1g。施药后，被植物叶、根吸收传导，在敏感作物体内抑制缬氨酸、亮氨酸和异亮氨酸的生物合成而阻止细胞分裂，致使作物停止生长而在 7~20d 内死亡，禾谷类作物对其有抗性，正常剂量下安全。噻吩磺隆在土壤中能被微生物迅速分解，30d 后对下茬无药害。噻吩磺隆对阔叶杂草如反枝苋、马齿苋、猪毛菜、婆婆纳、黎、苘麻、荠菜、铁苋菜、苍耳等防治效果较好。噻吩磺隆在小麦、大麦、玉米上防治杂草报道较多，在谷子上较少报道。本试验主要是研究噻吩磺隆对谷子苗期生长的影响。

1　试验方法

试验处理为 25% 噻吩磺隆每 667m^2 2g、4g、6g、8g、10g、12g、14g、16g、18g、20g、25g、30g、40g 和空白对照，每处理 6 重复。施药有两种方法，一是谷子在发芽盒内已出土，二是谷子未出土，按常规喷雾。2006 年 7 月 13 日施药，2006 年 7 月 16 日调查，调查项目为已出土的调查株高、根数、根长；未出土的调查发芽率、株高；每重复处理随机调查 10 株，共调查 60 株，计算平均数。7 月 23 日只调查株高。

---

* 基金项目：国家科技支撑计划 – 优质谷子新品种选育与增值利用技术研究开发（2006BAD02B02-01-02）。
第一作者简介：刘金荣，1963 年出生，男，研究员，主要从事谷子新品种选育和栽培植保技术研究。
通讯地址：安阳市紫薇大道东段，安阳市农业科学院。Tel：0372-2526552，E-mail：liujinrong@sohu.com。

2 试验结果

从表1看出，7月16日调查结果为，各处理株高随着药量增大而降低，最高的降低-23.9%，最小的降低-2.2%；部分处理还增大，最高的增加17.4%，最小的增加6.5%；整体平均降低-2.5%，说明噻吩磺隆前期影响谷子生长。7月23日调查结果为，各处理对谷子生长差异较小，最大的只比对照降低11.4%，平均只降低1.1%。总之，噻吩磺隆对谷子株高影响，施药后时间愈长，影响愈小。

从表1还可以看出，噻吩磺隆影响谷子须根数和长度，平均减少须根数41%，长度减低62.5%，但各处理影响没有规律可循，中间的处理影响较大。

表1 25%噻吩磺隆对已出苗谷子生长影响

25%噻吩磺隆（667m²）	平均株高（cm）2006-7-16	比对照增加（%）	平均株高（cm）2006-7-23	比对照增加（%）	须根数（个）2006-7-21	比对照增加（%）	根长（cm）	比对照增加（%）
2g	4.9	6.5	7.0	0.0	9	-25	3.1	-35.4
4g	3.8	-17.4	6.2	-11.4	9	-25	2.0	-58.3
6g	5.4	17.4	7.0	0.0	7	-41.7	2.0	-58.3
8g	5.0	8.7	7.4	5.7	6	-50	1.9	-60.4
10g	4.5	-2.2	6.5	-7.1	7	-41.7	2.1	-56.2
12g	5.0	8.7	7.0	0.0	9	-25	2.1	-56.2
14g	3.8	-17.4	7.0	0.0	6	-50	1.9	-60.4
16g	4.9	6.5	7.3	4.3	6	-50	2.1	-56.2
18g	4.1	10.9	7.2	2.9	6	-50	1.2	-75.0
20g	4.3	-6.5	6.8	-2.9	6	-50	1.0	-79.2
25g	4.5	-2.2	7.8	11.4	7	-41.7	1.4	-70.8
30g	3.5	-23.9	6.3	-10	6	-50	1.3	-44.9
40g	3.7	-19.6	6.5	-7.1	8	-33.3	1.3	-44.9
50kg	4.6		7.0		12		4.8	
平均		-2.5		-1.1		-41		-62.5

从表2知，7月16日各处理随着药量增大，影响株高也较大，最小的降低17%，最大的降低53.2%，平均降低36.8%；7月23日调查，各处理同上次调查结果趋势相同，但影响明显减少，最大减少26%，有的超过对照，平均减少为8.3%。两次调查说明噻吩磺隆对谷子株高生长有影响，但随着施药后时间增长，影响逐渐减少。

表 2 25% 噻吩磺隆对未出苗谷子生长影响

25% 噻吩磺隆（667m²）	平均株高（cm）2006-7-16	比对照增加（%）	平均株高（cm）2006-7-23	比对照增加（%）	发芽率（%）	比对照增加（%）
2g	3.9	-17.0	5.2	4	91	11.0
4g	3.4	-27.7	5.0	0	92	12.2
6g	3.5	-25.5	4.5	-10	89	8.5
8g	3.0	-36.2	5.0	0	90	9.8
10g	2.8	-40.4	5.0	0	90	9.8
12g	3.4	-27.7	4.8	-4	91	11.0
14g	2.6	-44.7	4.8	-4	90	9.8
16g	2.6	-44.7	4.9	-2	82	0.0
18	2.9	-38.3	4.7	-6	81	-1.2
20g	2.6	-44.7	4.0	-20	88	7.3
25g	2.4	-48.9	4.0	-20	89	8.5
30g	3.3	-29.8	4.0	-20	85	3.7
40g	2.2	-53.2	3.7	-26	80	-2.4
50kg	4.7		5.0		82	
平均		-36.8		-8.3		8.3

3 结论

噻吩磺隆抑制谷子株高生长，随着施药后时间的推移，影响逐渐减少；噻吩磺隆在施药后前期影响须根数及长度。

在旱区农业结构调整中增强谷子的重要地位 *

李君霞　孟昭桂　杨国红　马慧珍　杨晓平　王春义

（国家谷子产业技术体系郑州综合试验站 / 河南省农业科学院粮食作物研究所，河南郑州　450002）

摘　要：分析河南西部、北部农业水资源的利用现状，从谷子在旱作农业生产的潜力出发，阐述谷子在旱作农业生产中的重要意义，指出了水资源约束下豫西、豫北旱区，大力发展谷子生产，调整种植结构，可以保证水的利用效益和农业总产出的稳定增长。

关键词：旱区；农业结构调整；谷子

Enhance the Application of Foxtail Millet in the Agricultural Adjustment in Arid and Semiarid Regions

Li Junxia，Meng Zhaogui，Yang Guohong，Ma huizhen，Yang Xiaoping，Wang Chunyi

（Zhengzhou Comprehensive Experiment Station, China Industrial and Technological Research System of Millet; Cereal Crop Research Institute; Henan Academy of Agricultural Sciences; Zhengzhou 450002, China）

Abstract: This paper analyzed the present utilization situation of agriculture water resource in the West and North of Henan province, the potential harvest of foxtail millet and important strategic role in arid land farming, pointed out the agricultural adjustment direction of planting structure, and developing foxtail millet industry could guarantee the agricultural stable output in water limited situation.

Key words: Dry land farming; Adjustment of agricultural structure; Foxtail millet (*Setaria italica*).

河南省西部、北部地处黄土高原的东南缘，是黄土高原向黄淮海平原过渡的中心地带，山区、丘陵区面积占总土地面积的 80% 以上，属典型的雨养农业地区。年降水量 530~570mm，农业水资源严重不足，季节干旱明显，土壤瘠薄，保水保肥能力差，节水农业技术应用不普遍，干旱缺水、水资源短缺已成为豫西丘陵旱地社会经济发展的制约因素。现阶段种植业结构中高耗水作物比重较大，缺水条件迫切需要节水增收为核心的节水型农作种植制度。

目前河南省正在打造国家粮食核心区建设，为了建立起粮食生产稳定增长的机制，实现 2020 年粮食产量净增 150 亿 kg，达到 650 亿 kg 的目标，“潜力在旱地，难点在旱地，希望也在旱地”已成为学术界的共识。抓好豫西、豫北旱地农业建设，发展谷子生产就显得十分重要。谷子有发达的

* 基金项目：现代农业产业技术体系建设专项资金资助；河南省科技攻关项目“特色杂粮种质资源的挖掘和育种研究”。

第一作者简介：李君霞，1973 年生，女，河南省禹州市人，硕士，助理研究员，主要从事谷子等小杂粮遗传育种栽培研究。

通讯地址：河南省农业科学院粮食作物研究所。Tel：0371-65737614，E-mail：lijunxia@126.com。

根系，叶片细胞原生质胶体亲水性能好，同样干旱条件下，比小麦、玉米等大宗粮食作物受害较轻，就是在降水量少的情况下，也能获得较好的收成。谷子在我国北方有数千年的种植历史，有丰富的营养价值、保健价值、药用价值，发展谷子生产已成为丘陵旱地农民致富的一条重要途径和新的经济增长点。河南省旱区种植谷子比其他作物更稳产，更能对建立河南省高效持续的旱地农业系统，对河南省乃至国家食物安全、生态安全和资源安全具有重要战略意义。

1 谷子在豫西、豫北干旱区农业结构调整中的潜力分析

农业节水的重要性与紧迫性已为大家所认识，生物节水技术在整个农业节水中的地位日益重要。我们知道各种节水措施中，只有利用生物自身的水分利用率才有可能取得节水上的突破，增加粮食供应。谷子是耐旱耐瘠性强的作物，与玉米、大豆等同季旱地作物相比，谷子耐旱性强，稳产性好，在大豆、玉米因干旱严重减产或绝收的条件下，一般都能获得较好的收成。在豫西丘陵旱地农业用水不断紧张，一部分玉米等秋粮作物因缺水干死而导致种植效益大减的情况下，扩大谷子种植面积是一种良好的调整办法。

优化谷子种植的产品结构，扩大特种谷子种植面积，开发谷子新产品，增加谷子产品附加值。由于豫西、豫北旱区地貌的复杂性和水资源分布不均匀性及其总量的有限性，为发挥其区域优势，全方位的调整农作物的品种结构，建立与区域资源特点相吻合的农业结构，建立与水资源时空分布特点相适应，与地域特点相吻合的节水型种植业结构，而谷子种植合乎粮食结构内部调整的优化方向，生产效益和生态效益远高于多数大田作物，所以增强谷子在旱地农业结构调整中作用有十分重要的意义。

2 重新审视和思考发展谷子产业优势的重要意义

豫西、豫北旱区农业发展迫切需要调整农业结构，现行粮食作物的高产出是以高投入为基本前提的。在全国范围内出现了农产品区域性相对过剩的今天，“卖粮难卖菜难”、“增产不增收，增收不增效”成为突出的问题。在谷子等杂粮作物国内外市场普遍看好的形势下，丘陵旱地重新审视和思考发展谷子等杂粮产业，将原来高耗水的粮食作物调整为低耗水的优质谷子等杂粮作物将是一个必然的选择。

另外随着人们饮食习惯和膳食结构变化，对谷子保健作用认识越来越深。国际卫生组织和老人协会曾对长寿老人的饮食习惯进行调查，发现长寿老人将谷子等杂粮当作秘方，而对目前城市人常见多发的糖尿病、高血压、高血脂和心血管病等“富贵病”有预防作用，已为现代医学研究和临床医疗所证实。谷子因营养丰富，调剂生活，强健身体，在“营养、保健、风味、时尚”现代饮食中成为食物构成中的重要粮种。谷子产品具有明显的价格优势和诱人的产量优势，耐旱耐瘠的特点，已成为豫西边远山区和干旱地区生存和致富的重要支撑点，贫困山区群众脱贫增收的一个重要途径。

3 当前干旱区谷子产业中存在的主要问题

由于缺乏正确有效的引导，河南省干旱区谷子生产还未摆脱传统的自由无序状态，生产上重视程度不够，多在田边地角补种，或大田中套种。由于缺少商品经济意识，不大重视种类的增加和品位的提高，优质品种少，种子退化，老化严重。高科技含量品种、名牌产品少，即使有产量，在市

场上，也缺乏竞争力。由于加工手段落后，缺少较先进的加工设备和技术，深加工、精加工开发力度不够，还有附加值难以提升。更为重要的是谷子等杂粮早已退出国家保护价收购范围，客观上限制了谷子产业形成产供加销一条龙的产业开发格局，造成种植谷子经济效益低下的局面。

4 发展谷子生产的建议

河南省是一个农业大省，又是水资源缺乏的省份，旱地面积大、旱灾严重，河南干旱地区的农业发展面临着严峻的考验，一方面难以摆脱高产低效的困扰，同时又受制于水资源的严重不足和面临着生态环境的日趋恶化，实现该区农业的转型与变革成为当前所面临的重大的问题。本文在大量分析的基础上，认为豫西、豫北旱区积极抓住农业结构调整的机遇，大力发展谷子产业。在农业种植结构调整中制定有利于谷子发展的政策措施，优化种植结构，开发名优品种，生产优质、高品位的谷子。树立现代质量意识，打好绿色牌、特色牌，提高谷子产品的科技含量。抓好深加工，组建产购销联合体，创造名牌精品。更为重要的是发挥当地政府的示范引导、服务和监督作用，加强舆论宣传，搞好服务，积极培育市场，使千家万户农民的小生产与千变万化的大市场结合起来，真正把谷子发展成为旱地农业中独具特色的优势大产业。高效利用有限的农业水资源，最大限度地提高水分利用效率是旱作农业生产的发展途径。为了实现丘陵旱地生态环境和农业经济的优化持续发展，强化谷子生产在种植业结构调整中的作用是必然趋势。

参考文献

[1] 段庆林 . 不发达地区农民收入问题：差距、原因、对策［J］. 中国农村经济，1996，8
[2] 刘尚文 . 在农业结构调整中提升杂粮豆类地位［J］. 粮食加工，2004（3）：3~6
[3] 张义丰，王又丰，刘录祥等 . 中国北方旱地农业研究进展与思考［J］. 地理研究，2002（5）：305~311
[4] 山仑 . 逆境生物学研究如何为发展我国旱地农业服务［J］. 河南大学学报 (自然科学版)，2003（9）：1~3
[5] 张正斌 . 作物抗旱节水的生理遗传育种基础［M］. 北京：科学出版社，2003：12
[6] 武继承，王志和，徐建新 . 河南省旱作节水农业建设的技术途径［M］. 郑州：黄河水利出版社，2006：11

金乡金谷种植密度试验初报 *

刘子乾　田英才　翟登玉　程秋岭

（山东省金乡县农业局，山东金乡　272200）

摘　要：金乡金谷传统种植品种“菠菜根”的产量构成要素中，单穗重、穗粒重对密度反应敏感，随种植密度的降低明显增加，密度降低对产量带来的负效应可通过穗子变大、穗粒重的增加来弥补，甚至在一定密度范围内会出现综合的正效应，在 2.4 万～4.0 万株 /667m² 密度范围内，该品种可通过调节自身的单穗重、穗粒重、结实性等因素来保证单位面积的产量。

关键词：谷子；菠菜根；密度；产量；试验

Preliminary Report of Planting Density Experiment of Jinxiang Foxtail Millet

Liu Ziqian，Tian Yingcai，Zhai Dengyu，Cheng Qiuling

(Agriculture Bureau of Jinxiang County, Jinxiang 272200, China)

Abstract: In yield components of “Bocaigen”, which is traditional veriety of Jinxiang foxtail millet, both single panicle weight and single panicle grain weight increased with the decrease of planting density. Increase of single panicle weight and single panicle grain weight could offset the negative effect of density decrease to yield, even positive effects appeared in certain density. The yield had no signficant difference between 24 000 plants/667m² to 40 000 plants/667m².

Key words: Foxtail millet; Bocaigen; Density; Yield; Experiment

谷子是金乡县的传统种植作物，也是该县主要的经济作物之一，所出产的金谷小米以米粒浑圆、色泽金黄、质黏味香、营养丰富闻名于世，被评为全国四大名米之首。国内外对谷子种植密度探讨的文献资料很多，但鲜见在金乡的肥水、光照、传统栽培品种等条件下对谷子种植密度的研究，金乡金谷的栽培密度一直没有定论，谷农只是根据传统的种植经验进行播种、定苗。

本试验研究了金乡金谷主栽品种“菠菜根”的产量及其构成要素在不同密度条件下的变化特征，系统揭示了其产量特性及形成原因，谷子产量及其构成要素随密度的变化情况，寻找金乡种植条件下谷子栽培的最佳密度，为金乡金谷的高产栽培提供理论依据，加快金乡金谷产业化开发的步伐。

* 第一作者简介：刘子乾，男，高级农艺师，山东省金乡县农业局副局长，主要从事农业技术推广工作。

1 试验材料与方法

1.1 试验地基本情况

本试验于 2009 年 5 月在金乡县马庙镇小程楼村进行。该地块位于马庙镇马坡，是传统金谷生产的中心地带，南北走向；试验地前茬作物为大蒜，土壤、肥水条件优越，谷子播种前土壤调查结果显示，碱解氮含量为 87.8mg/kg，速效磷含量为 25.4mg/kg，速效钾 122.3mg/kg，有机质 1.1%。

1.2 供试品种

供试品种为金乡金谷的传统种植品种“菠菜根”，此品种也是目前金谷产区的主栽品种，种子由金乡县农业局科教站提供。

1.3 试验设计

试验设 10 个处理，每个处理对应一个种植密度，分别为：① 1.6 万株 /667m^2；② 2.0 万株 / 667m^2；③ 2.4 万株 /667m^2；④ 2.8 万株 /667m^2；⑤ 3.2 万株 /667m^2；⑥ 3.6 万株 /667m^2；⑦ 4.0 万株 /667m^2；⑧ 4.4 万株 /667m^2；⑨ 4.8 万株 /667m^2；⑩ 5.2 万株 / 667m^2；重复 3 次，随机区组排列；小区长 10m，宽 4m，面积 40m^2；小区内垄宽 22.5cm，株距随种植密度而定；小区四周设 4 行保护行。

1.4 栽培措施

2009 年 5 月 24 日整地；29 日清水洗种，除去秕谷和种子上的病菌孢子；30 日进行耧播镇压；6 月 15 日疏苗除草，21 日定苗；6 月 23 日、6 月 29 日、7 月 8 日各喷助壮素 1 次，剂量分别为 5ml/667m^2、15ml/667m^2、15ml/667m^2；7 月 16 日、8 月 4 日分别进行第二次、第三次中耕；9 月 13 日收获。其他管理同大田。

2 试验结果与分析

2.1 产量结果与分析

（1）产量统计

2009 年 9 月 12 日，课题组组织有关专家对试验区谷子进行测产，结果如表 1。

表 1　不同密度下谷子产量统计

密度（万株 /667m^2）	小区产量（kg/40m^2）			单产（kg/667m^2）			
	重复Ⅰ	重复Ⅱ	重复Ⅲ	重复Ⅰ	重复Ⅱ	重复Ⅲ	平均
1.6	17.14	16.89	17.08	285.6	281.5	284.6	283.9
2.0	21.60	21.81	21.76	360.0	363.6	362.7	362.1
2.4	26.23	26.86	26.85	443.9	447.7	447.6	446.4
2.8	27.68	27.49	27.59	461.4	458.2	459.8	459.8
3.2	28.66	28.63	28.51	477.7	477.2	475.2	476.7

续表

密度（万株 /667m²）	小区产量（kg/40m²）			单产（kg/667m²）			
	重复Ⅰ	重复Ⅱ	重复Ⅲ	重复Ⅰ	重复Ⅱ	重复Ⅲ	平均
3.6	27.98	27.90	27.91	466.3	465.0	465.2	465.5
4.0	27.23	27.08	27.37	453.9	451.3	456.2	453.8
4.4	22.19	22.50	22.42	369.9	375.1	373.7	372.9
4.8	19.32	19.40	19.31	322.0	323.4	321.8	322.4
5.2	14.32	14.15	14.06	238.7	235.8	234.4	236.3

根据产量统计结果作不同种植密度下谷子产量变化折线图（图 1），由折线图可以看出，种植密度小于 2.4 万株 /667m² 时，谷子产量随密度的增加而显著提高，2.4 万 ~4.0 万株 /667m²，产量变化不明显，种植密度高于 4.0 万株 /667m² 时，谷子产量随密度增大而显著降低。

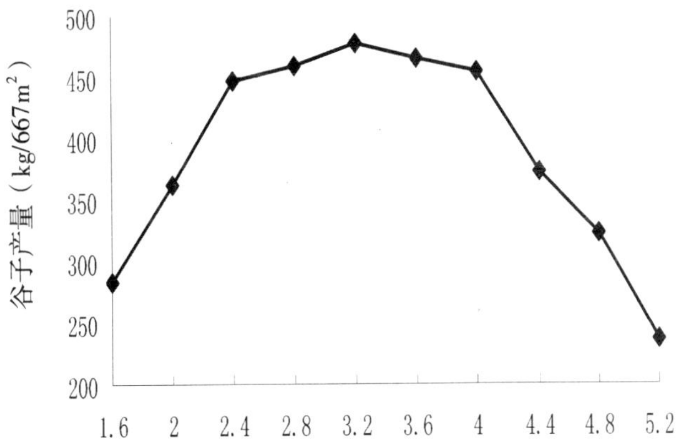

图 1　不同种植密度下谷子产量变化

（2）方差分析

对不同种植密度的谷子产量进行方差分析（表 2），结果显示，处理间 $F > F_{0.01}$，说明在不同的种植密度下，谷子产量差异极其显著；重复间 $F < F_{0.05}$，重复间差异不显著，说明试验设置较为合理，所得数据可靠性较强。

表 2　各密度下谷子产量方差分析表

差异源	SS	df	MS	F	F	F
处理间	197 463.8	9	21 940.42	5 449.682 **	2.4563	3.5971
重复间	0.312	2	0.156	0.0387	3.5546	6.0130
误差	72.468	18	4.026			
总计	197 536.5	29				

利用最小显著极差法对不同种植密度下的谷子产量进行多重比较可知，5 个密度处理的谷子产量之间无显著差异，并都显著的高于其他密度处理的谷子产量，其中 3.2、3.6 两个密度处理达到极显著水平（表 3）。结果表明，谷子种植密度在 2.4 万 ~4.0 万株 /667m² 范围内时，其产量不会发

生中大变化，但高于或低于此范围，谷子产量均显著下降。

表 3 不同种植密度谷子产量的新复极差测验

种植密度（万株/667m²）	小区平均单产（kg/667m²）	产量位次	差异显著性	
			5%	1%
3.2	476.7	1	a	A
3.6	465.5	2	a	A
2.8	459.8	3	a	A B
4.0	453.8	4	a	A B
2.4	446.4	5	a	A B
4.4	372.9	6	b	B
2.0	362.1	7	b	B
4.8	322.4	8	b c	B C
1.6	283.9	9	c	B C
5.2	236.3	10	c	C

2.2 不同密度下谷子产量构成因素的变化

由表 4 可知，谷子单位面积穗数、成穗率均对密度反应比较敏感。单位面积穗数随密度的增加相应增加，反应较为敏感；成穗率的变化趋势与穗数相反，随密度的增加而降低，但敏感度不高；单穗重、穗粒重均随种植密度的增加而逐渐下降，并反应敏感；结实性的好坏通过出谷率来具体体现，随种植密度的增加，出谷率下降但反应不敏感。

表 4 不同密度谷子产量构成因素

种植密度（万株/667m²）	亩穗数（万株/667m²）	成穗率（%）	单穗重（g）	穗粒重（g）	出谷率（%）	穗长（cm）	穗粗（cm）
1.6	1.75	94.3	19.3	17.2	89.1	26.42	3.16
2.0	2.26	94.2	19.2	17.0	88.6	24.05	3.12
2.4	2.81	94.0	19.1	16.9	88.5	22.76	3.10
2.8	3.34	93.6	17.1	14.7	86.0	22.60	2.95
3.2	3.72	93.1	16.7	13.8	82.4	22.54	2.90
3.6	4.05	92.6	15.1	12.4	81.8	22.26	2.78
4.0	4.44	90.4	14.5	11.3	78.2	21.37	2.75
4.4	4.54	86.5	12.4	9.5	76.9	20.80	2.64
4.8	4.65	82.6	11.2	8.4	74.8	20.51	2.64
5.2	4.82	80.3	8.6	6.1	70.7	20.43	2.56

产量构成要素中，谷穗数和穗粒重与产量关系最为直接、最密切。综合穗数、单穗重、结实性及穗粒重对密度的反应可知，由于金乡金谷传统种植品种“菠菜根”的穗数、单穗重和穗粒重对密度反应敏感，从而降低了因种植密度变化带来的谷子产量变化的幅度，该品种具有较强的自我调节能力。

3 小结与讨论

金乡金谷传统种植品种“菠菜根”的产量构成要素中，单穗重、穗粒重对密度反应敏感，随种植密度的降低明显增加，且穗长、穗粗也明显增加，而成穗率、结实性对密度反应的敏感程度较单穗重、穗粒重明显降低，密度降低对产量带来的负效应可通过穗子变大、穗粒重的增加来弥补，甚至在一定密度范围内会出现综合的正效应，即增产效应。

在金乡的地力、水分、光照条件下，传统种植品种“菠菜根”的最适种植密度在2.4万~4.0万株/666.7m^2。在此密度范围内，谷子可通过调节自身的单穗重、穗粒重、结实性等因素来保证单位面积的产量，超出此范围则会导致谷子的单产显著降低。

参考文献

[1] 刘正理，程汝宏，张凤莲等．不同密度条件下3种类型谷子品种产量及其构成要素变化特征研究［J］．中国生态农业学报，2007，5：135~138

[2] 庄云，马尧，牟金明．密度对谷子生长及产量性状的影响［J］．安徽农业科学，2007，36：11 795，11 866

[3] 郝天民，李树范．产量密度方程在谷子密度试验中的应用［J］．中国农学通报，2002，2：96，125

[4] 刘晓明．膜侧谷子密度、品种试验［J］．中国农技推广，2002，2：40

豫西丘陵旱地夏谷高产栽培技术关键*

王自力[1] 李君霞[2] 张正伟[3] 秦家范[1] 刘忠玲[1] 陈 璐[1] 吴要利[1]

（1. 河南省洛阳市农业科学研究院，河南洛阳 471023；2. 国家谷子产业技术体系郑州综合试验站 / 河南省农业科学院粮食作物研究所，河南郑州 450002；3. 河南省偃师市农产品质量安全检测中心，河南偃师 471900）

摘 要：豫西丘陵山区，硬茬播种夏谷为主。播种时，干旱、气候炎热、谷子粒小等问题突出，给播种全苗、壮苗带来相当大的困难，故而全苗、壮苗是豫西丘陵旱地夏谷高产栽培技术关键。通过因地制宜、抢墒播种、播种耧探墒播种、镇压、播后细耙、种肥有效施用等综合措施，达到保全苗、促壮苗，为丘陵旱地夏谷高产奠定基础，生产上示范效果明显。

关键词：丘陵旱地；夏谷；栽培技术

High-yield Cultivation Technologies of Summer Sown Foxtail Millet in Loess Hilly of the West Henan Province

Wang Zili[1], Li Junxia[2], Zhang Zhengwei[3], Qin Jianfan[1], Liu Zhongling[1], Chen Lu[1], Wu Yaoli[1]

（1. Luoyang Academy of Agricultural Sciences, Henan Province, Luoyang 471023, Chian; 2. Zhengzhou Comprehensive Experiment Station, China Industrial and Technological Research System of Millet; Cereal Crop Research Institute, Henan Academy of Agricultural Sciences, Zhengzhou 450002, China; 3. Agro-product Quality Safety Detection Centre of Yanshi City, Yanshi 471900, China）

Abstract: The summer sown foxtail millet is mainly grown as no-tillage planting in loess hilly of the west of Henan Province. It is showed that bigger soil bulk density, drought stress, high temperature stress and smaller seed plays important roles in declining the seed germination. The suitable density and healthy individual in the field is a critical cultivation technology for high-yield. The master strategy were systematically studied with field experiment of foxtail millet plant, sowing with suitable moisture content, pressing after sowing, the reasonable principle of fertilizer application and so on. The purpose will establish a more coordinating individual and colony in loess hilly of Henan Province.

Key words: Loess Hilly; Sumer Foxtail Millet (*Setaria italica*); Cultivation technologies

谷子是传统的优势作物，在当今新的市场形势和新的生态条件下，其自然平衡的营养、抗旱节水的生理特点、广泛的生态适应性，又重新得到人们高度的重视[1]，谷子生产又迎来了一个新的发

* 基金项目：现代农业产业技术体系建设专项资金资助。

第一作者简介：王自力，1965 年出生，男，副研究员，从事红薯、谷子新品种选育及推广应用工作。

通讯地址：河南省洛阳市洛南新区赵村东，洛阳市农业科学院。Tel：0379-65512600，E-mail：lynkswzl@126.com。

展高潮。

河南省豫西地区属于丘陵山区，年平均降水量643.4mm，主要集中在7、8、9月份。年蒸发量1 700mm。气候条件“十年九旱”，非常适合谷子等抗旱作物种植，除了少数高海拔地方种植春谷外，主要以夏谷种植为主。由于豫西地区土壤属于褐土地带，土种多为黄黏土，土壤黏重。夏谷播种时期，干旱气候炎热等问题相当突出，加上谷子粒小，给全苗、壮苗带来一定的困难，所以确保全苗、壮苗是豫西丘陵旱地夏谷高产栽培技术关键。虽然新品种在高产栽培中发挥着重要作用，病虫害综合防治、田间管理等环节与谷子产量的高低也密切相关，但是这些措施操作性强，是谷子高产栽培的共性问题。

1 豫西丘陵旱地夏谷高产栽培全苗壮苗技术

豫西丘陵旱地，以夏谷种植为主，麦收后一般是6月上、中旬，降水量少，气温高，蒸发量大，干旱、炎热、土壤黏重是豫西丘陵旱地夏谷种植时的主要问题。生产上大多采用抢墒硬茬播种。

如果说抢足墒是保证全苗的前提和基础，那么良好的播后作业则是全苗的保障[2]。根据我们的栽培试验研究表明，犁翻耕具有掩肥壮苗作用，在降水量大、土壤水分很充足，整地质量、整地效率较高等条件下可以采用；相反，在一般抢墒播种时，不宜采用。播种耧探墒播种，能够破除板结，起到全苗、壮苗作用；镇压可以使种子与土壤密接接触，有一定的保苗作用；播后细耙具有全苗和壮苗双重作用；种肥壮苗作用是比较明显的[2, 3]。所以，应该围绕硬茬播种，因地制宜，采取相应的播后作业措施来保全苗，促壮苗。

1.1 播种时土壤墒情好

这种情况下，群众很容易做到全苗、壮苗。毕竟墒情能够满足全苗，满足种肥的施入。具体田间操作：可以用单腿精量机播耧播种，以保证全苗。

为了保证壮苗效果，可以在播种前，用播种机将基肥5kg尿素施入，之后再沿着施肥沟播种。或播种后，将5kg尿素、25kg磷肥，随耧沟撒施。最后细耙，或用十齿耙趟两遍。具体是耙还是趟，可以根据地块大小、操作的效率和方便性等来考虑。

1.2 播种时土壤墒情中等

土壤墒情只有“黄墒”，作业及时，措施得当，完全可以保全苗。这种情况下，必须抓紧作业时间，减少土壤水分蒸发量，并采取镇压措施，以保证全苗。毕竟墒情有限，种肥可以不施，先考虑保证全苗，定苗后再结合降雨进行追肥。

具体操作：可以选择早上或傍晚，用单腿精量机播耧播种，随即用人脚踩等镇压措施，最后细耙，或用十齿耙趟两遍。

如果按照上述操作，墒情仍然难以保证全苗，可以用机播耧先探墒，先把播种沟开出来，之后播种，使谷粒能够与湿土充分接触，之后镇压，效果会更好。

第三种情况：播种时土壤墒情很差。土壤墒情很差情况下，如果播种，墒情根本无法保证全苗，而生产上又没有灌水条件，如果时间允许，只有等待降雨。为了保证降中、小雨就能抢时播种，可以提前做好降雨后的播种准备：先开出来播种沟，将钙镁磷或过磷酸钙等不容易挥发的肥料先施入，一旦降雨，就可以播种。并进行镇压和播后细耙。不然，等到降大雨，将会造成晚播。

当然，干籽季种是没有办法的下下策。如果没有墒，降雨又晚，只好采用干籽寄种。

2 豫西丘陵旱地夏谷高产栽培全苗、壮苗技术应用效果

采用以上的操作办法，对群众进行了技术培训，并印发地段档案，严格技术操作规程，在新品种的示范推广过程中，取得明显的效果。

洛谷 871、洛谷 872 是洛阳市农业科学院以豫谷 1 号为母本，鲁谷 2 号为父本，杂交选育而成的谷子新品种，在产量、品质、抗病性、长势、长相等综合性状表现优良，目前是洛阳市谷子生产上种植的主要品种之一。1989~1990 年承担洛阳市科技攻关项目“洛谷 871、洛谷 872 谷子新品种的示范推广”，在伊川县、孟津县进行千亩示范，伊川以洛谷 871 品种为主，孟津以洛谷 872 品种为主。1998 年面积 73hm^2，平均单产 250kg/667m^2，比当地生产平均增产 41.82%；1999 年面积 126.5hm^2，平均单产 258.3kg/667m^2，比当地生产平均增产 42.9%。其中孟津杨凹村 8hm^2，平均单产 369.9kg/667m^2，创造了河南省豫西地区丘陵旱地大面积谷子高产的纪录。

我们的谷子育种试验地，有 1.3hm^2，先浇底墒水，按照操作规程，半天可以播种结束，苗全苗壮，单产多年均在 400kg/667m^2 左右。

2008~2009 年，承担河南省夏谷新品种区域试验，在生产上租群众的地，按照要求抢墒种植，苗情很好，产量突出，产量 350kg/667m^2，群众很满意。

参考文献

[1] 柴岩，万富世 . 中国小杂粮产业发展报告［C］. 北京：中国农业科学技术出版社，2007：32~43
[2] 岳安良 . 丘陵旱地夏谷的整地与施肥［J］. 粟类作物，1990（2）：13~18
[3] 岳安良 . 夏谷全苗壮苗措施初探［J］. 穈谷黍科研通讯，1987（4）：59~62
[4] 杜学勤 . 旱地种谷子能增产［J］. 河南农业科学，1983（5）
[5] 张金元 . 要重视谷子生产［J］. 新农业，1981（8）

（三）加工、产业化生产与产业经济

与时俱进 消费引领 科技支撑，重新构建我国现代谷子产业体系 *

王慧军　李顺国　李明哲

（国家谷子产业技术体系加工与产后经济研究室 / 河北省农林科学院 / 河北省杂粮研究实验室，
河北石家庄　050031）

摘　要：文章通过对谷子由我国传统作物、优势作物、大作物缩减为小作物的原因分析，提出了围绕谷子生产环节要与时俱进，促进生产方式的现代化，消费环节要依赖新产品的开发来创造消费，通过延长产业链，构建包括科技支撑体系、转化与产业组织体系、产业经济与信息平台在内的支撑体系来重新构建我国现代谷子产业体系。

关键词：谷子；效益分析；产业体系；发展对策

Rebuilding a Modernized Foxtail Millet Industrial System in China

Wang Huijun，Li Shunguo，Li Mingzhe

(Section of Processing and End-use Economic, China Industrial and Technological Research System of Millet; Hebei Academy of Agricultural and Forestry Sciences; Laboratory of Cereal Crops Research of Hebei Province, Shijiazhuang 050031, China)

Abstract: Based on analyzing the reasons that foxtail millet has reduced to a small crops from a traditional crop, dominant crop and large crops, this paper presented the ideas of rebuilding modern foxtail millet industrial system in China including the technology supporting system, transformation and industrial organization system and industrial economy and information platform supporting system through extending the industrial chain, advancing with the times and promoting the modernization of production methods in foxtail millet production chain, creating consumption depending on development of new products in foxtail millet consumer chain.

* 基金项目：现代农业产业技术体系建设专项资金资助；河北省农林科学院课题（A09030204）。
第一作者简介：王慧军，1957 年出生，男，教授、博士生导师，河北省农林科学院院长，国家谷子产业体系产业经济与加工功能研究室主任，主要从事产业经济研究。
通讯地址：石家庄市谈固南大街 45 号。Tel：0311-87652003，E-mail：nkywanghj@yahoo.com.cn。

Key words: Foxtail millet; Analysis of benefit; Industrial system; Development strategies

谷子是起源于我国的古老作物，在我国有 8 000 余年的栽培历史，在中华民族的发展历史上曾发挥了重要作用，甚至有人称其为中华民族的哺育作物[1]。北方的粟文化作为中华文明的重要组成而源远流长。这样一个传统作物，一度的北方主要栽培作物，为什么缩减为一个小作物？原因是什么？怎样才能重振我们的谷子产业？这些问题不仅为从事谷子科技工作的同志所关心，同时也为整个中国社会所关注。

1 原因分析

谷子由大作物缩减为小作物，种植面积由解放初期的 1 000 万 hm^2 减少到目前不足 133.3 万 hm^2，总产由解放初期 900 多万 t 下降到 2005 年的 178.5 万 t，令人费解，我们认为有三个问题没有解决好恐怕是主要原因。一是生产环节的与时俱进问题，二是消费环节的食品创新问题，三是产业发展中的科技支撑问题。

首先，谷子的栽培史可以说是我国最早的野生植物驯化史，农业的精耕细作传统史，同时也是依靠人力和畜力的农业生产方式进步史。而当今农业发展越来越依赖于现代物质条件装备的进步，农田灌溉条件的改善，石化能投入水平的提高，没有人再愿用“锄禾日当午，汗滴禾下土”的劳动，人出力牛使劲多使粪的投入来换取有限的收入。

其次，谷子由人们的主粮演化为附属食品，不是小米人们不愿吃或不知道其有多少有益之处，而是因为消费理念没有跟上时代的步伐。如：小米和谷草在传统战争中起着决定性作用，在新民主主义革命时期，我们用小米加步枪打败了日本帝国主义并解放了全中国，是因为当时的战争需要兵马未动，粮草先行。而现在，人们的生活节奏加快、方便快捷是第一需求，只剩下喝小米粥或某些消费人群的调剂食品不可能创造更大的消费。

第三，谷子科技的进步没有能支撑谷子产业的发展。比如：解放初，谷子的单产水平与小麦和玉米差异不大，而现在，有灌溉条件的地区谷子单产水平怎么能和小麦、玉米比试？小麦的播种和收获已基本实现机械化，而谷子基本还依赖人工。玉米已成为农区畜牧业的主要饲料作物，而谷子的副产品的饲料价值一直还没有开发出来。

因此，要重振谷子产业必须解决生产的与时俱进、消费的食品创新和强有力的科技支撑问题。

1.1 生产环节的与时俱进问题

从传说中的后稷“教民稼穑，树艺五谷”，到汉代发明铁犁、木耧，可以说主要是为谷子的耕作栽培服务的。千百年来，谷子的栽培却很少有多大的创新和进步。谷子粒小苗弱，需要群体顶土保全苗，以及普通谷子不抗除草剂，长期以来，谷子生产还是依靠人工间苗、人工除草。同时谷子在播种、收获方面还没有成熟的机械，我们调研发现生产上古老的木耧仍在使用，尤其在黄土高原谷子产区还较为普遍；一些谷子产区虽然在使用畜力播种机和机械牵引播种机，但没有谷子专用播种机械，谷子的生产方式与现代农业距离越来越远。这样，就把谷子的种植由平原挤到山区和丘陵瘠薄地区。因此，推广懒谷和杂交谷子优良品种，研发谷子播种、田间管理、收获机械为产业发展所急需。

1.2 消费环节的创新问题

目前谷子的消费还是原粮为主，人们对小米的消费逐渐由原来的主食和粥食变成以粥食为主的消费方式，消费方式的单一直接导致消费驱动不足。受米粥消费量的限制，谷子的消费市场也相应变小，这在某种程度上也造成谷子播种面积与总产的减少。全国谷子总产的快速下降并没有引起供需的矛盾尖锐化，说明谷子的消费需求在持续下降。谷子在产后加工、功能食品开发、综合利用等方面，研究水平低，产品匮乏，从而也导致谷子深加工产品无法有效开拓市场，进一步减少了谷子消费量。

1.3 谷子产业的科技支撑问题

据统计，全国谷子科研单位从 1985 年的 41 家减至 2005 年 21 家，许多单位整建制地撤销谷子课题，科研人员数量从 200 人减至约 70 人[2]。由于“十一五”以来，国家加大了谷子课题支持力度，特别是国家现代农业产业技术体系的建立，可以称其为谷子产业发展春天的到来，从事谷子科研的人员在上升，但算起来也仅仅有百余人，且大多集中在育种领域。从事谷子基础研究、农机农艺、栽培植保、产后加工等领域的人才极为匮乏。相反在水稻研究领域，在全国仅高级职称的人员就有万余人。

1.4 谷子产业组织方式落后问题

由于谷子由集中集约种植变为散片、散点种植，谷子的产量和质量得不到保证，在一些企业建立的基地中，又缺乏风险共担和利益共享的长效机制，造成谷子产业的组织化程度极低。比如公司和农户的利益纠纷很难协调解决，农户与公司之间的利益连接脆弱，公司对农户承诺的服务（提供资金、技术服务和市场信息）不能满足农户的需要等[3]。在调研中发现，以谷子为主的经济合作组织在河北省很少，农民与企业对接困难。

2 种植谷子的效益分析

2.1 经济效益分析

2008 年对河北省衡水市的调查表明（详见表 1），将谷子与小麦、玉米、棉花等主要农作物投入、产出进行比较：谷子每 667m^2 支出 474 元，小麦 560 元，玉米 393 元，棉花 688 元；谷子每 667m^2 收入 1 166 元，小麦 840 元，玉米 905 元，棉花 1 377 元；种植经济效益谷子 692 元，小麦 280 元，玉米 512 元，棉花 688 元；产投比谷子最高 2.46，其次为玉米 2.30、棉花 2.00、小麦 1.50。从以上数据可以看出谷子种植无论经济效益绝对值还是产投比都是最高的，且全生育期不用浇水，但谷子人工费远远高于玉米、小麦，达 280 元 /667m^2。在无水浇条件的丘陵旱地，干旱年份谷子种植的经济效益相比其他作物优势更加明显。如 2006 年武安大旱，玉米、棉花等作物受旱严重，大幅度减产，部分地块几乎绝收，而谷子表现了抗旱优势，平均每 667m^2 产 350kg 以上，为农民挽回了巨大损失。2009 年 7~8 月份，张家口旱情持续，玉米出现了严重的雌雄不协调现象，雌雄花开花不同期，严重减产。而杂交谷子毫无旱相，植株健壮、根系多、分蘖多，表现出了优越的抗旱性。

表 1　2008 年衡水地区谷子与主要农作物物投入产出情况表　　（元 /667m²）

项目名称	谷子	小麦	玉米	棉花
种子费	9.0	30.0	32.0	32.0
肥料费	100.0	145.0	66.0	120.0
地膜费	0.0	0.0	0.0	30.0
农药费	15.0	20.0	20.0	70.0
机械作业 – 灭茬费	0.0	0.0	0.0	35.0
机械作业 – 旋耕费	70.0	70.0	0.0	70.0
机械作业 – 播种费	0.0	15.0	15.0	15.0
机械作业 – 收割费	0.0	40.0	60.0	0.0
排灌费	0.0	110.0	35.0	0.0
人工费	280.0	75.0	90.0	301.5
支出合计费用	474.0	560.0	393.0	688.5
主产品单产（kg/667m²）	330.0	525.0	625.0	255.0
单价	3.2	1.6	1.4	5.4
产值	1 056.0	840.0	875.0	1 377.0
副产品产量（kg/667m²）	275.0	–	450.0	–
单价	0.2	–	0.0	–
产值	110.0	–	30.0	–
收入合计	1 166.0	840.0	905.0	1 377.0
效益（收入 – 支出）	692.0	280.0	512.0	688.5
产投比（收入 / 支出）	2.46	1.5	2.3	2.0

2.2　生态效益分析

首先，谷子生态效益最突出的特点是节水，在河北省的夏谷区谷子全生育期基本不用灌溉，以小麦、玉米正常年份生育期浇 1 水，每次浇水 50m³ 计，如在河北省黑龙港区年推广 6.67 万 hm² 谷子，可节水 5 000 万 m³，就可以相当于 1 个小型水库容量，这对于漏斗区地下水位回升及用水安全具有重要意义。其次，谷子耐瘠，调查显示在武安等丘陵旱地基本不使用化肥，一般使用农家肥即可；在平原地区使用化肥量约为小麦、玉米的 1/2。第三，谷子秸秆是优质饲草，普通谷子秸秆粗蛋白含量在 8% 左右，是禾本科中最优质的饲草，因此谷子秸秆不焚烧并能产生每 667m² 约 100 元的效益。第四，谷子是鸟类的喜食作物，虽然谷子不同程度的因鸟类而减产，但鸟类是许多害虫的天敌，鸟类在繁衍的同时，消灭了大量的害虫，这样谷子吸引鸟类—鸟类得到保护—鸟类消灭害虫—减少使用农药—保护生态环境，构成了人类与自然的和谐相处，形成了天然的生态农业（图 1）。

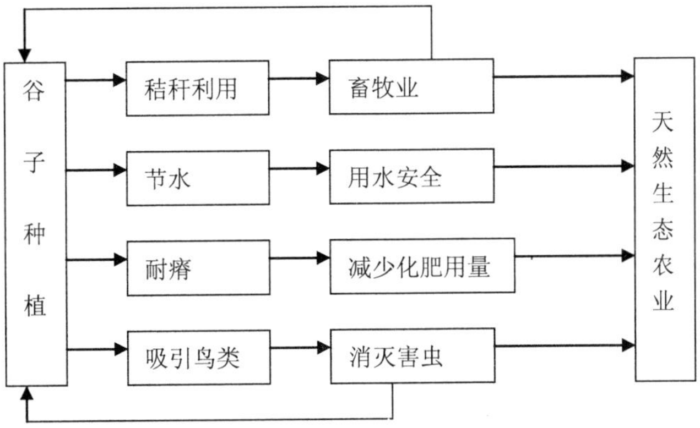

图 1　谷子种植的生态农业示意图

2.3　社会效益分析

目前，谷子多分布在老少边贫以及山区丘陵旱地，这部分地区劳动力丰富，贫困人口多，谷子等杂粮作物是这些地区农民重要的经济来源和主要粮食作物。因此，在这部分地区因地制宜发展以谷子为主的特色杂粮作物，以科技创新支撑标准化、专业化生产，以企业为主延长产业链，提升谷子种植效益，对于这部分地区农民脱贫致富以及新农村建设具有重要意义。谷子营养丰富且均衡，具有营养保健作用，是预防富贵病的健康食物，大力发展以谷子为主的食品对人类健康具有重要意义。

3　构建我国现代谷子产业体系的设想

谷子是中华民族的哺育作物、红色作物，环境友好型作物，同时还是战略储备作物。谷子具有抗旱、耐瘠、营养丰富平衡、粮饲兼用、耐储藏等特点[4]，在干旱日趋严重、杂粮热日益升温、畜牧业不断发展的形势下，谷子产业应迅速发展，而实际生产中，产业链短使谷子产业化水平一直在低水平徘徊。

针对上述问题，重振谷子产业，关键在于与时俱进，创造消费，重新建立谷子种植环节、加工环节、消费环节、流通环节协调发展的产业链[5]。围绕创造消费、延长产业链，构建包括科技支撑体系、转化与产业组织体系、产业经济与信息平台在内的新型谷子产业体系，组织全社会的力量，将谷子产业链的各个环节有效连接起来，形成合力，促进谷子产业新发展（图 2）。

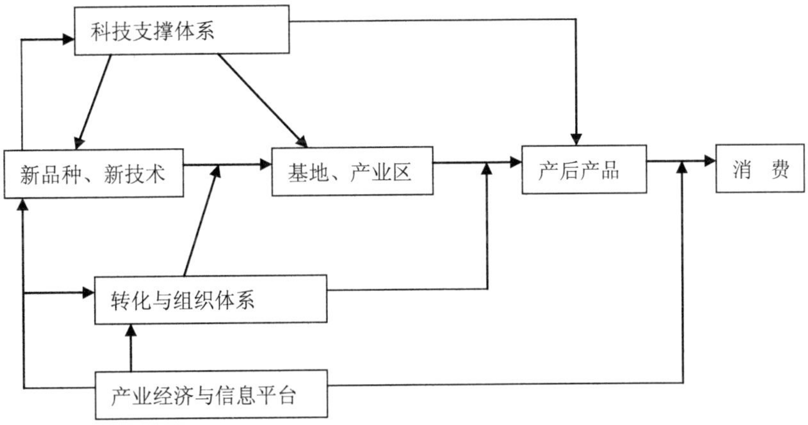

图 2　新型谷子产业体系（示意）

3.1 创造消费，构建产业链

全方面、多方位地创造谷子消费，比如搜集整理民间吃法，用现代加工手段实现工厂化小米食品生产；深入挖掘粟文化，广泛宣传谷子的营养保健特性，细化消费人群，开发老人、孕妇、幼儿食品；培育优质专用饲草谷子，发展饲草谷子产业等。在加工环节中，小麦深加工制品(挂面、馒头等)的获利情况好于初级加工品(面粉)，高端小麦制品的获利情况要好于低端小麦制品[6]。由于谷子深加工产品整体落后，在谷子深加工环节，应大众性消费与高端产品并重，整体推进谷子产后加工水平。重新建立谷子种植环节、加工环节、消费环节、流通环节协调发展的产业链。包括科研单位、农户、生产基地、龙头企业、流通市场、技术推广、安全检测、管理咨询和金融服务等相关支持体系，通过产业链在一定区域内的大量集聚发展，形成产业间的关联和协作效应，成为具有较强市场竞争力的农业产业群落[7]。依托国家谷子产业体系建立的产业化示范区，在产业示范区内示范完成的谷子产业链，园区在组织上从科研人员、企业、农户、农民合作组织、政府等方面结成联盟；在模式上从新技术研发、试验、示范、产业化运作、广泛宣传上打造谷子产业化示范区，以产业区为突破口，推动产品空间集聚和产业升级整合，促进农业发展方式转变，带动全国谷子产业发展。

3.2 建立强有力的谷子产业科技支撑体系

以国家谷子产业技术体系为主体，联合相关企业、经济合作组织（行业协会）以及推广部门，组成技术创新联盟与科技支撑体系。体系内研发工作各有侧重、紧密合作，科技创新坚持从生产中来，到生产中去。研发工作瞄准产业发展，积极深入生产一线，以产前、产中、产后各个环节为对象，以单项技术突破为点，以技术的组装集成为线，根本性地实现谷子生产方式的变革，突破谷子产后加工的瓶颈，实现谷子产业新发展。

3.3 转化与产业组织体系

我国的农业成果转化率低，在谷子上更为明显，如谷子产后加工产品近年来逐渐增多，科研单位新研制的产品达10多种（如“小米速溶强化粉”、“小米酒”、“小米固体八宝粥”、“小米酥饼”等），但产品不能与企业实现有效对接，产品产业化水平低。将科技成果转化和推广融入产业组织体系，建立政府引导、企业为主体、科技创新支撑、农民参与等全社会广泛联合的转化与产业组织体系。具体形式因地制宜，最重要的是企业、农民间建立“利益共享、风险共担”的新机制，在政府的推动下、在科研单位技术支撑下，实现小农户、大产业发展模式。另外鼓励、引导农民成立合作组织，通过专业合作经济组织以合同订单形式对农户的引导、组织、服务，逐步走向农业农场化、农民职工化、生产基地化、产品标准化的“四化”生产经营方式。

3.4 产业经济与信息平台

谷子等小作物的产业经济在国内几乎没有研究，谷子产业的基础数据不足。国家谷子产业体系的建立为此项工作带来契机，我们准备建立谷子产业经济与信息平台，为谷子产业发展提供信息与经济学方面的支撑。主要内容包括：谷子生产、企业、贸易等基础数据库与动态信息；谷子产业发展的前瞻性及趋势性研究；谷子产业发展趋势问题及对策建议；谷子新品种、新技术的技术经济评价及实施后成本效益分析；谷子产业链、生产布局及产业安全评估；谷子营养成分分析、评价及机理研究，为功能食品研发提供技术储备。这些方面的研究与工作将对谷子产业总体发展提供建议、对策，预测谷子产业整体走势，对谷子产业的健康发展起着积极的促进作用。

参考文献

[1] 刁现民．中国谷子生产与发展方向［A］．柴岩，万富世．中国小杂粮产业发展报告［C］．北京：中国农业科学技术出版社，2007：32~43
[2] 程汝宏．我国谷子育种与生产现状及发展方向［J］．河北农业科学，2005，9（4）：86~90
[3] 黄英金，况慧云，郭进耀，潘晓华，石庆华．对发展我国水稻生态产业经济的思考［J］．中国生态农业学报，2007，15（1）：166~169
[4] 李荫梅．谷子育种学［M］．北京：中国农业出版社，1997：2~6
[5] 陈收．麻类产业链的协调发展与产业经济研究［J］．中国麻业科学，2009，31（增刊）：62~66
[6] 秦富，李先德，吕新业，卢向虎．河南小麦产业链各环节成本收益研究［J］．农业经济研究，2008，5：13~19
[7] 崔俊敏．农业产业链、产业集群与粮食主产区农民增收［J］．河北农业科学，2009，13（4）：114~116

谷子产业加工现状、加工产品与未来方向 *

张喜文 李 萍 张艾英 杨 斌 张文兴 芦 明

（国家谷子产业技术体系加工与产后经济研究室 / 山西省农业科学院谷子研究所，山西长治 046011）

摘 要：本文通过对谷子加工企业发展状况、绿色食品中小米发展情况、小米流通市场以及小米加工市场的调研与分析，提出提高谷子产业发展要立足市场，构建良好主食结构，逐步建立小米餐饮公司，与国际餐饮接轨，促进谷子产业发展。

关键词：谷子；加工；产业发展

Current Status of Foxtail Millet Processing and Its Future Development Direction in China

Zhang Xiwen，Li Ping，Zhang Aiying，Yang Bin，Zhang wenxing，Lu Ming

（Section of Processing and End–use Economic, China Industrial and Technological Research System of Millet; Institute of Millet, Shanxi Academy of Agricultural Sciences, Changzhi 046011, China）

Abstract: Based on the survey and research of foxtail millet processing development in China, this paper reports the current situation of foxtail millet processing in China. Its future developing directions were also discussed.

Key words: Foxtail millet; Processing; Industrial development

1 加工业发展现状

1.1 企业发展概况

1.1.1 原材料购入情况

共调研 31 家企业，其中年购入原材料金额小于 100 万元的企业占总数的 32.3%；100 万 ~500 万元的占 22.6%；500 万 ~2 000 万元的占 19.4%；2 000 万 ~4 000 万元占 19.4%；4 000 万元以上占 6.5%；其中 2 000 万元以上的占 25%（表 1）。

表 1 企业原材料购入 （单位：万元）

<100以下	100 ~500	500~2 000	2 000~4 000	>4 000
10	7	6	6	2

* 基金项目：现代农业产业技术体系建设专项资金资助。

第一作者简介：张喜文，1954 年出生，男，研究员，主要从事谷子精深加工及谷子育种研究。

通讯地址：山西省长治市漳沂西路科研巷，山西省农业科学院谷子研究所。Tel：0355–2204019，E–Mail：gzszxw1@163.com。

1.1.2 企业税金情况

共调研 17 家企业，其中年上交利税金额小于 50 万元的占 41.2%；50 万 ~100 万元的占 23.5%；100 万 ~ 400 万元的占 23.5%；400 万元以上的占 11.8%。其中 100 万元以上的占 35.3%；400 万元以上的占 11.8%（表 2）。

表 2 企业税金 （单位：万元）

4~50	50~100	100~400	>400
7	4	4	2

1.1.3 产品销售金额情况

共调研 23 家企业，其中销售额小于 200 万元的占 21.7%；200 万 ~500 万元的占 26.1%；500 万 ~1 500 万元的占 13.0%；1 500 万 ~3 000 万元的占 21.8%；3 000 万元以上的占 17.4%（表 3）。

表 3 企业产品销售 （单位：万元）

<200	200~500	500~1 500	1 500~3 000	>3 000
5	6	3	5	4

1.1.4 企业利润情况

共调研 17 家企业，利润额在 3 万 ~800 万元波动，其中，4 万 ~50 万元的占 29.4%；50 万 ~ 100 万元的占 17.7%；100 万 ~300 万元的占 35.3%；300 万元以上的占 17.6% 。100 万元以上的占 52.9%；300 万元以上的占 17.6%（表 4）。

表 4 企业利润 （单位：万元）

4~50	50~100	100~300	>300
5	3	6	3

1.1.5 企业产值情况

共调研 17 家企业，其中年产值小于 500 万元的占 29.4%；500 万 ~1 000 万元的占 11.8%；1 000 万 ~5 000 万元的占 29.4%；5 000 万元以上的占 29.4%（表 5）。

表 5 企业产值 （单位：万元）

<500	500~1 000	1 000~5 000	>5 000
5	2	5	5

1.2 绿色食品发展概况

截至2010年3月，我国通过绿色食品认证的小米产品有83个，认证的品牌有66个（表6）。其中，产品数最多的省份是辽宁，其次是吉林、黑龙江和山西；品牌数最多的省份是吉林，其次是辽宁，黑龙江和山西。通过绿色认证的小米产品比“十五”期增长明显。这些绿色产品的形成，为我国谷子产业的发展注入了生机。

表6 中国绿色食品发展中心有关小米企业情况

省份	山西	辽宁	吉林	河北	山东	河南	内蒙古	黑龙江	陕西	合计
产品数	10	20	14	8	7	2	8	12	2	83
品牌数	10	11	13	6	6	2	7	10	1	66

1.3 小米流通市场（辽宁建平县朱碌科镇）

近年来，辽宁建平县朱碌科镇小杂粮基地得到了飞跃式发展。由最初的几户小作坊，形成了现在拥有215家加工厂、10余个种植基地、0.267万hm^2有机地块的杂粮生产加工购销基地。全镇现有15个系列50多个品种的杂粮品种，年生产、购销有机杂粮30万t，创产值5.6亿元，实现利税3 000多万元。

该镇以“绿珠杂粮有限责任公司”为龙头，现已开发生产出6个系列，30多个杂粮品种，产品远销国内各主要大中城市，部分出口到日本、韩国、马来西亚、欧盟等国家和地区。该镇已被辽宁省确定为“优质杂粮繁育基地”，其中667m^2杂粮基地通过了有机食品认证。

2 加工产品

2.1 市场产品现状

据不完全调研，在我国琳琅满目的产品市场中，谷子产品中以初级产品小米占主导地位，还有五谷小米营养糊和极少量的初级小米粉和小米含量极低的小米面条。

小米中以无公害小米和绿色A级小米占主流；

还有极少量的小米花、小米锅巴等休闲食品；

调味品中有小米醋；

保健品中有小米醋淹鸡蛋；

谷子的深加工产品小米饮料在一些企业偶尔可见；

小米营养粉的开发在企业中正在组建生产线或生产车间；

滞后的产后加工不能满足市场经济对食品的快捷、方便、独特的要求。

2.2 科研产品现状

据不完全统计，在产后加工科研方面，目前形成的有小米粉蛋糕、小米粉饼干、小米粉面包、小米酥、小米煎饼、小米摊馍等烘烤食品；

小米蒸糕、小米馍、小米凉皮等蒸煮食品；

小米方便粥、小米乳、小米露、小米营养粉、多营养小米、固体小米八宝粥等快捷、方便食品；

小米营养酒等发酵食品；

小米冰激凌、小米膨化食品等休闲食品。

这些产品丰富了谷子深加工产品的种类，拓宽了谷子深加工的路径，展示了谷子深加工的前景，需要市场认知和企业开发。

科研与企业生产间的产品差距是潜力，更是科研产品如何走向市场的重要命题。

3 未来方向

3.1 立足市场需求，针对谷子特点，组建产品构架

以主食化为加工主线，结合谷子文化培育销售大市场；

以功能化为现代需求，探索谷子的功能因子，构建以谷子为主料的功能食品；

以饲料业为新的契机，培育饲料大市场；

以综合利用为突破口，培育增效新产业。

3.2 在三餐中构建以早餐饼、午餐米、晚餐面的主食结构

早餐以饼、粥为主（小米饼干、小米蛋糕、小米面包、小米炒饼、速食米汤、饮料、）；

午餐以小米饭为主（小米十饭快餐系列）；

晚餐以面、粥为主（小米面条、小米馍、小米发糕、小米煎饼、小米调和饭、小米茶等）的餐饮工程。

3.3 培育小米餐饮公司，逐步与国际餐饮接轨，走向世界

以功能化为现代需求，探索谷子的功能因子，构建谷子功能性食品：养胃食品、增乳食品、代乳食品、高纤维食品、美容食品、增智食品、静心食品、健身食品以及太空食品等。

以饲料业为新契机培育饲料大市场，谷子饲料：绿色食品生产的主饲料（如肉驴、肉牛、肉鸡等的饲料）、营养强化剂、免疫增强剂、品质改良剂、促生长剂。

以综合利用为突破口，培育增效新产业：谷糠工业、能源行业、建筑行业、生物行业、环保行业的利用。

论粟与优质小米 *

李君霞　孟昭桂　杨国红　马慧珍　王春义　杨晓平

（国家谷子产业技术体系郑州综合试验站 / 河南省农业科学院粮食作物研究所，河南郑州　450002）

摘　要：本文从粟的耐旱性、营养保健、历史作用、新时期开发利用价值等方面全面论述了新时期消费水平下，突破传统谷子生产观念束缚，加大宣传力度、加强小米优质机理研究、拓宽小米新用途、扶持谷子深加工，注重开发优质小米的多种功能，同时提出了未来谷子生产和产业发展前瞻性的任务和努力方向。

关键词：粟；优质小米；谷子产业

Discussion on Super Quality Foxtail Millet Production

Li Junxia，Meng Zhaogui，Yang Guohong，Ma Huizhen，Wang Chunyi，Yang Xiaoping

（Zhengzhou Comprehensive Experiment Station, China Industrial and Technological Research System of Millet; Crop Institute, Henan Academy of Agricultural Sciences; Zhengzhou 450002, China）

Abstract: As a traditional crop, foxtail millet is widely cultivated in China. It is also important in modern planting systems because it is drought tolerance of nutrient value, its wide utilization in the new period. It is a typical drought-resistant model crop with important values for production and research. Some suggestions about high quality foxtail millet production were proposed.

Key words: Foxtail millet（*Setaria italica*）; Good quality millet; Millet industry

粟，北方通称为谷子，去壳后成为小米。粟耐旱耐储藏，小米食用价值高，粟秕、粟糠、粟草是家畜的好饲料。我国种粟已有 7 000 多年的历史，是北方人依赖生存的主要粮食作物之一。

小米营养丰富，用途广，中国文化史书：中医药典均有论述，如《易经》五行归类有小米黄色得艮土之气较多，所以功效直入脾胃[1],《内经》有“谷肉果菜，食养尽之，无其过之，保其全色。”《金匮要略》《食疗本草》《太平圣惠方卷》等专著中小米均列为食疗主料，有健脾、养胃、补肾气之功效。历代还将小米作为老弱、病、产妇及无乳婴儿的救命粮[2]小米含粗蛋白平均为 11.42%，高于水稻、玉米。小米中人体必需氨基酸除赖氨酸较少外，其他含量较合理，含色氨酸、蛋氨酸较高。小米的维生素 A 和维生素 B_1 分别为 0.19mg/100g 和 0.63mg/g 超过大米、玉米和小麦

* 基金项目：现代农业产业技术体系建设专项资金资助；国家科技支撑计划“优质谷子新品种选育与增值利用技术研究开发”（2006BAD02B02）；河南省科技攻关特色项目“杂粮种质资源的挖掘和育种研究”。

第一作者简介：李君霞，1973 年出生，女，河南省禹州市人，硕士，助理研究员，主要从事谷子等小杂粮遗传育种栽培研究。

通讯地址：河南郑州河南省农业科学院粮食作物研究所。Tel：0371-65737614，E-mail：lijunxia@126.com。

粉。小米的粗脂肪为4.28 %，高于大米和小麦粉，不饱和脂肪酸占脂肪酸总量的85%。小米的矿物质含量如铁、锌、镁、铜均超过大米和小麦粉[3]。谷芽是消食的良药，用粟制的饴糖和小米酿造的黄酒有健胃和血作用，故小米被称为“保健之王”。

干旱是世界性问题，Koelowsk曾指出，干旱对农业危害要大于其他任何一个自然灾害。我国是世界上受自然灾害严重的国家之一，就粮食而言，有一半的粮食减产是由干旱引起的[2]。近年来随着气候变化，经济发展和用水需求增长，我国干旱缺水日益严重。粟根系发达，蒸腾效率高，平均为3.89。蒸腾系数小，平均为25[1]，粟的旱象指数较低，同样干旱粟比玉米萎蔫轻，尤其苗期最耐旱，有“幼苗旱个死，老来一肚籽”的农谚，被称为“铁秆庄稼”、“旱不死的神苗”。粟储藏期间仓库害虫较少，有“五谷之中，唯粟耐陈”，历代均以“陈粮百万”表示“民富国强、国泰民安”。在大旱之年减产较轻，早熟品种在旱涝之后晚播仍能获得一定的收成，粟起到了减灾、救荒的作用。

粟的秸秆是大家畜的主要饲料，在“兵马未动，粮草先行”、“小米加步枪”、“山间铃响马帮来”的年代，马是战争、通讯和交通运输的主要动力，骡、驴又是农耕和粮食加工的主要动力。粟秕粟糠是猪鸡的饲料，家畜家禽的粪便又是农作物的优质肥料，形成了中国特色的“有机农业”。

纵观系称“五谷之首”的粟，是中华民族文明发展的物质基础，是华夏民族的传统主食，1947年全国粟面积为980万hm^2，仅次于水稻、小麦。粟在中国几千年的经济政治文化稳定和发展中起到了重要作用，新中国成立以来，党和政府十分重视农业，兴修水利，建立化肥厂，奖励先进，建立健全科学研究和推广机构，使粮食产量迅速提高。20世纪50年代，河南温县张图书、汤阴县李春渭；山东阳谷县宋长生、博平县的董富海，河北临漳县红光农业社等获得单产511~582kg/667hm^2的春谷高产纪录。在推广先进技术、优良品种的基础上进行了耕作制度的改革，河北、山西夏谷面积迅速扩大，在品种改良方面国家给予了高度重视。据1982年统计大面积推广的有197个品种，实现了3次谷子良种更新，良种面积达70%以上[2]，加之配套技术的应用，使谷子大幅度增产。如河南的豫谷1号在河北南宫县，山东蓬莱县的丰产示范田突破了夏谷千斤关。1986年在河北建立谷子研究所（现国家谷子改良中心）将谷子育种列为“七五”国家重点科技攻关项目，在国家计委、科委、农业部的支持下，组织了多单位、多学科的大协作，开展了常规育种、专用型育种和杂种优势利用研究。“八五”国家科技攻关又增加了抗性鉴定和种质创新研究，选育出高产、优质、多抗新品种“赤谷4号”、“鲁谷7号”及龙谷号、豫谷号、晋谷号、冀谷（特）号等新品种大面积推广，创春谷单产661.1kg/667m^2，夏谷单产604.3kg/667m^2的高产纪录。选育鉴定出矮秆抗倒株型紧凑材料，抗锈抗旱材料，获得谷子初级三体系列，发现显性“MSch”核不育基因[2]，提供谷子育种和遗传研究应用。

20世纪80年代末期，随着水利条件的完善，化肥的增加，土壤肥力大大提高，玉米、水稻面积迅速扩大，谷子面积急剧下降，由于面积小，鸟害相对严重，农民外出务工，劳动力紧缺，不能精耕细作，一度谷子科研经费不足，无力量指导谷子生产，使谷子产量降低，小米无组织销售，伤害了农民种谷的积极性，致使谷子生产滞后，小米和小米加工产品远远不能满足人民的需求。

小米的保健作用被世界所公认，如日本把小米和保健药品放在一起出售，英国、墨西哥的一些医院和欧洲的疗养院把小米列入医疗食谱。20世纪以来世界卫生组织（WHO）及国外医学、营养、保健专家多次提出合理膳食、粗细搭配、营养平衡等战略性健康指导。中国中长期食物发展战略，表明在供给国人200kg粮食中，粗粮占35%[3]。我国的主要粗粮早年是高粱、小米、玉米，其次为杂豆、荞麦等。北方人食用粗粮的时间占一半以上。在满足大米白面的今天，人民仍然要求搭配一定量的粗粮。论小米的适口性和营养保健作用，在杂粮中应具首要地位。小米的保健作用除上述外，近期研究：小米含膳食纤维丰富，对老年人通便防直肠癌有一定的作用。小米中含有丰富的色氨酸和淀粉，食用后使人产生温饱感，可以促进胰岛素的分泌，提高进入脑内色氨酸的量，晚餐食用小米粥，可使人安然入睡[5]。小米富含微量元素硒，平均为71μg/kg[2]，世界卫生组织（WHO）确认硒是人体必需的微量元素，目前科学研究证实“硒”有抗氧化、清除自由基、抗辐射、防衰老、保护肝脏、免疫调节、预防癌症等重要作用[6]。发展谷子生产和小米深加工，对贯彻落实科学发展观有深远意义，特提出此建议。

谷子多种在丘陵干旱、土壤瘠薄的贫困地区，交通不便，水利条件差，农民收入低，无经济实力，生产发展迟缓。国家对贫困地区已做了大量扶贫工作，但还要做些改变贫困地区的基础性工作，即“硬件”建设，如水利工程、中低产田改造，修路造林、风沙治理等。在山区可实施“小流域治理”。因地制宜规划粮棉油规模化种植，进一步走向产业化生产。对谷子生产各级政府可用“助强扶弱”的“扶弱”对待，如种稻、麦、玉米、油料等有种子补贴，种谷子除了有补贴外，还可加上化肥补贴等。能规模化大片种植的可给农机补贴。组织推广新品种，应用高产技术，增加农民收益，使谷子稳步发展。

小米优质是粮食中的佼佼者，但对其优质机理研究的不深不透，知其然，不知其所以然，作为粟的老家——起源地，又是种植面积最大，历史最长的国家，更应当深入研究它，不但从科学方面研究它，还要从中华文化发展史方面研究它。现有历史悠久的沁州黄、桃花米、金米、龙山米、坻坞米等名米（贡米）和新中国成立以来选育出的优质新品种、种质资源中的特用小米红红酒谷、黑黏谷、十里香等。国家可组织多部门、多学科（科研院所、大专院校、粮油、医疗、保健等）进行协作攻关，通过化验分析试验选出食用、食疗、保健用的品种，再配以优质栽培技术，在绿色粮食生产基地生产，统一加工和包装，保证食品质量。打造中华名牌优质小米，销售海内外。

在研究小米优质机理的基础上，拓宽小米的用途，扶持谷子的深加工，在主食中要使粗粮占一定比例，仅喝小米粥是难达到的，要达到食用粗粮的目的，笔者认为以面粉的形式为好，按氨基酸、维生素、矿物质平衡的原则，将小米、玉米、大豆配成“三黄馒头粉”，小米、大米、玉米配成“三米粥粉”进行标准化生产、产业化规模化生产，代替分散的小作坊生产。粟米黍米酿造的黄酒营养价值高，有健脾补血之功效，北方产妇喝黄酒补虚下奶，如果说啤酒称“液体面包”，黄酒则可称为“液体蛋糕”。小米、大麦芽制作的饴糖可加工成“麻糖”、“麻片”、“酥糖”等。随着食品的多样化，可加工成各种糕点和膨化食品。还可创新保健、食疗产品，提高优质小米的经济价值。要达到以上目标，国家应给予扶持，组织乡、村干部、城镇青年、科技户、致富带头人，进行技术培训，对有发展前途的加工企业给予支持，发展城镇食品加工业，既扩大内需，又增加就业岗位，使种粮农民与加工企业达到双赢的目的。

加强对优质小米的宣传，众多年轻人不爱吃杂粮，儿童吃杂粮更少，有的不知道小米能煮粥，不认识“五谷”的有之，不吃“五谷”的亦有之，总之是对五谷杂粮的作用了解得不够，因此粮食部门、科研部门、医疗保健部门要多宣传吃杂粮的好处。宣传小米的保健作用，可将五谷与健康方面的知识选入小学生课本。解决吃杂粮的问题，除了宣传杂粮的认识外，还要解决实际问题，如老年人想吃小米面、窝窝头与白面卷在一起的“银裹金花卷”和“发糕”等，自己买不到料也无能力做，市场上无标准化生产的此类食品，又如有的年轻人早上不做饭，更不煮粥，有的中午吃简单的盒饭，到了晚上则大吃大喝，这种与健康生活方式相反的现象应该解决。可在城镇发展第三产业，多设快餐、饭馆、饭店、小吃部等，使老人、学生、中青年均能吃上舒适的三餐，提高人民的健康水平。

总之，国家对粟的生产发展、科学研究、加工利用等给予多方面的支持，使粟在小康社会、人民健康中再立新功。

参考文献

[1] 山西农业科学院 . 中国谷子栽培学［M］. 北京：中国农业出版社，1985
[2] 李荫梅 . 谷子育种学［M］. 北京：中国农业出版社，1997
[3] 林汝法，柴岩 . 中国小杂粮［M］. 北京：中国农业科学技术出版社，2002
[4] 栾加芹 . 不生病的智慧［M］. 南京：江苏文艺出版社，2008：88~89
[5] 何颖 . 巧用食品助睡眠［J］. 郑州：老人春秋，2009，3（31）
[6] 河南省全民补硒工程办公室（属卫生厅）. 硒与人体健康资料，2008，11

小米脂肪研究进展及其应用前景展望*

李 萍 张文兴 芦 明 张艾英 杨 斌 申海斌 张喜文

（国家谷子产业技术体系加工与产后经济研究室/山西省农业科学院谷子研究所，山西长治 046011）

摘 要：综述了国内外小米脂肪的研究进展，主要包括小米脂肪含量、影响其含量的生态因子及其生理功能等几个方面。基于小米脂肪酸对人体具有特殊的保健作用，对小米脂肪的开发应用前景进行了分析讨论。

关键词：小米；脂肪；不饱和脂肪酸；生理功能；应用前景

Research Progress and Application of Foxtail Millet Fat Prospects

Li Ping, Zhang Wenxing, Lu Ming, Zhang Aiying, Yang Bin, Shen Haibin, Zhang Xiwen

(Section of Processing and End-use Economic, China Industrial and Technological Research System of Millet; Institute of Millet, Shanxi Academy of Agricultural Sciences, Changzhi 046011, China)

Abstract: This paper sums up the research progress of foxtail millet fat at home and abroad, mainly involves fat content in foxtail millet, its affecting ecological factors and physiological functions etc. Since foxtail millet fatty acids has a special health effect on human body, the development and application of foxtail millet fat prospects were discussed.

Key words: Millet; Fat; Unsaturated fatty acids; Physiological function; Application prospects

谷子去壳即为小米，对小米的性质和应用，古代已有研究。据医书记载，小米性味甘、咸凉，能益脾和胃，陈小米性苦寒，入脾胃、肾能和中解毒，治胃热消渴，利小便。煮粥食用有益丹田、开肠胃的作用，外用还可治赤丹及烫火、灼伤等。小米每千克含蛋白质97g、脂肪35g，碳水化合物728g。小米还含有胡萝卜素以及丰富的维生素 B_1、维生素 B_2，此外，小米还含有人体所必需的蛋氨酸、赖氨酸、色氨酸等[1]。其中，色氨酸能够促使大脑神经细胞分泌出催人入睡的“血清素”，能改善人的情绪和提高睡眠质量[2]；蛋氨酸具有降低胆固醇的作用[3]。

已有研究表明，小米脂肪中绝大多数为人体所必需的不饱和脂肪酸，其中亚油酸与亚麻酸对人体具有特殊的保健功能。但目前国内关于小米脂肪的研究大多还集中在育种方面，而对小米脂肪中各种脂肪酸的构成、含量及生理功能并未进行系统深入的研究。本文主要综述了国内外小米脂肪的

* 基金项目：现代农业产业技术体系建设专项资金资助。

第一作者简介：李萍，1957年出生，女，副研究员，主要从事谷子精深加工及谷子育种研究。

通讯地址：山西省长治市漳沂西路科研巷谷子研究所。Tel：0355-2204019。

通讯作者：张喜文，1954年出生，男，研究员，主要从事谷子精深加工及谷子育种研究。E-mail：gzszxw1@163.com。

研究进展，并对其应用前景进行合理分析，旨在为小米脂肪的深入研究提供依据。

1 小米中脂肪含量

油脂是食物中三大产能营养物质之一，是人类从饮食中摄取能量的主要来源，根据脂肪酸的化学结构不同，可分为饱和脂肪酸与不饱和脂肪酸。在一般脂肪中，脂肪酸占95%~96%，所以脂肪的性质及营养功能主要取决于脂肪酸的性质[4, 5]。小米脂肪含量多为4%~5.5%，不饱和脂肪酸含量平均为85.54%，甚至有部分优质品种达到90.39 %[6]。其中，人体的必需脂肪酸如亚油酸含量高达67%~72%。

刘发敏等[6]测定了916份小米品种的脂肪酸含量，结果表明，小米不饱和脂肪酸总量为85.54%，其中亚油酸含量为46.63~76.96%，油酸含量为6.81%~ 43.34%，棕榈酸含量为5.94%~11.58%，硬脂酸含量为0.00%~8.72%，亚麻酸含量为0.29%~3.16%，花生酸含量为0.02%~4.31%。孙海峰等[7]对“汾州香”、“长农0302”两个品种进行测定，发现粗脂肪含量分别为5.86%、4.96%。张蓓[8, 9]发现小米中还含有0.3%左右的廿二烷酸。王海棠等[10, 11]从小米的石油醚－乙醇浸提物中分得3种化合物，分别为二亚油酸甘油酯、一亚麻酸甘油酯及 α,β－二半乳糖基－α′－亚麻酰基甘油酯；从小米的乙醇提取物中分离出甘油－α,β－二亚麻酸酯－α′－鼠李糖苷和一油酸甘油酯。霍权恭等[12]对“吨谷一号”等5个品种进行了测定，发现其粗脂肪含量为1.55%~4.91%，皂化物含量为1.97%~3.98%，不饱和脂肪酸为82.02%~90.39%。以上资料说明，小米脂肪含量略偏低，但绝大多数为优质的不饱和脂肪酸。

2 小米脂肪含量的影响因子[6, 13]

小米脂肪含量除受品种遗传特性制约之外，受环境影响也较大。

2.1 生态因子

2.1.1 肥力

谷子脂肪含量与肥力呈负相关性，即随施肥量的增加而相应呈降低的趋势。

2.1.2 积温

谷子脂肪含量与积温呈极显著负相关性，即谷子脂肪含量随着积温的增加而减少。

2.1.3 日照

谷子脂肪含量与日照时长呈显著负相关性，即随着日照时间的增加，谷子脂肪含量减少。

2.1.4 降水量

谷子脂肪含量与降水量呈显著负相关性，即随着降水量的增加，谷子脂肪含量减少。

2.1.5 地域

不同产地的品种，由于受不同气候、不同土质等各生态因子综合因素的影响，各省间脂肪含量存在较大差异。按照不饱和脂肪酸的含量，可将谷子主产区分为：高含量区（85.9%~90%），包括山西、内蒙古、吉林、黑龙江、辽宁省；中含量区（84.7%~85.9%），包括河北、山东省；低含量区（<84.7%），河南、陕西省。按照亚油酸的含量高低可将谷子主产区分为：高含量区（>72%），包括吉林、黑龙江省；中含量区（70%~72%），包括山西、内蒙古、辽宁、河北省；低含量区（68%~70%），包括山东、陕西、河南省。

综上所述，我国小米的亚油酸和不饱和脂肪酸含量，有北部省份高，中部省份低的趋势。

2.2 品种

小米种质对其脂肪含量及组成也有影响，部分优质品种脂肪含量可高达 6% 以上。因此，在不同的地区选择适宜的优质品种进行种植，可以得到高脂肪含量的小米。

3 小米脂肪生理功能

小米油脂中所含的亚油酸、亚麻酸和花生四烯酸为人体的必需脂肪酸，人体自身不能合成，只能由食物中摄取[14]。亚油酸是合成共轭亚油酸的前体物质，它与 α－亚麻酸、γ－亚麻酸对人体代谢具有重要的生理功能。

3.1 抗血栓及心脑血管疾病

γ－亚麻酸作为前列腺素的前体，一方面通过直接产生前列腺素抑制血小板的聚集，另一方面通过衍生成 DGLA 减少花生四烯酸产生，抑制血小板 TXA_2 合成酶的活性，调整 TXA_2 和前列腺素的比值以改善心脑血管状况[15]。Ascherio 等[16]也研究发现，α－亚麻酸对冠心病具有特异性预防作用。

3.2 降血压、血脂及抗动脉硬化

α－亚麻酸代谢产物对血脂代谢有温和的调节作用，能促使血浆低密度脂蛋白 (LDL) 向高密度脂蛋白 (HDL) 转化，降低低密度脂蛋白，升高高密度脂蛋白，降低血脂，防止动脉粥样硬化[17]。陶国琴等[18]研究结果表明：α－亚麻酸代谢产物还能扩充血管，增强血管弹性，起到降血压作用。此外，赵德义等[19]也发现 α－亚麻酸还能通过影响肾素血管紧张素系统，降低血液黏滞度及减弱血管对缩血管物质的反应性降低血压。

动脉粥样硬化的形成与脂质过氧化损伤有关。γ－亚麻酸可抑制脂质过氧化及降低血浆中低密度脂蛋白含量而发挥抗动脉粥样硬化的作用[20]。田歆珍等[21]还研究发现，γ－亚麻酸可降低血浆甘油三酯、胆固醇和 β－脂蛋白的浓度，临床统计显示，总有效率分别达到 81.5%、68.2% 和 64.8%。

Fiona 等[22]研究发现，共轭亚油酸能够显著地降低血浆总胆固醇、极低密度脂蛋白和低密度脂

蛋白的含量，使早期动脉粥样硬化明显减轻；共轭亚油酸能减少血浆低密度脂蛋白共轭双烯的数目，使低密度脂蛋白共轭双烯化合物形成速率明显减慢。

3.3 抗肿瘤

已有研究表明[23]，γ－亚麻酸能对乳腺癌、肺癌及皮肤癌等40多种肿瘤细胞具有明显的抑制作用。Chen等[24]研究发现，α－亚麻酸能抑制乳腺癌的生长和转移。谢丽涛等[25]研究表明，α－亚麻酸对BEL-7402人肝癌细胞的杀伤作用较强，并具有量效关系。

刘家仁[26]也研究发现，共轭亚油酸能调节细胞色素P450的活性和抑制致癌过程中涉及的如鸟氨酸脱羧酶、蛋白激酶C等酶的活性，并能抑制癌细胞中蛋白质和核酸的合成。Moya等[27,28]对共轭亚油酸抗癌的机理进行了研究，认为共轭亚油酸具有调节脂肪代谢的能力，可能是抗癌作用的关键机制；此外，共轭亚油酸通过增加细胞凋亡，从而抑制早期癌变损伤的建立也是其抗癌作用的机制之一。

3.4 杀菌及抗炎作用

γ－亚麻酸对革兰氏阴性菌、阳性菌及藻类的生长具有抑制作用。γ－亚麻酸进入细胞壁后，结合或插入细胞膜，改变膜的流动性及其他生理性质，从而使菌体生长受到抑制。γ－亚麻酸的摄入还可刺激多形核白细胞产生活性氧自由基(ROS)，调节炎症反应。

Hatanaka等[29]研究发现γ－亚麻酸通过诱导激活嗜中性粒细胞转导通路的多个元件，从而增强嗜中性粒细胞的抗炎作用。Lee等[30]研究证实，α－亚麻酸对蜡状芽孢杆菌和金黄色葡萄球菌有很强的抑制作用，与甘油一酸酯结合后作用更强。Kaku等[31]也发现，α－亚麻酸与大豆蛋白结合后抗炎作用比与酪蛋白结合时的抗炎作用强。

3.5 改善糖尿病并发症

在动物和人体内，亚麻酸代谢成γ－亚麻酸，γ－亚麻酸合成磷脂可增强细胞膜上磷脂流动性，增加细胞膜受体对胰岛素的敏感性，而由γ－亚麻酸生成的前列腺素可增强腺苷酸环化酶活性，提高β细胞胰岛素分泌，减轻糖尿病病情[32]。

共轭亚油酸参与生物体的脂、糖代谢过程，改善失调的脂糖平衡，对于平衡脂肪细胞和血糖有着重要的作用。2000年的美国化学学会年会发表的初步研究结果表明，Ⅱ型糖尿病患者8周内每天饮食中补充6g共轭亚油酸，可降低体重指数和甘油三酯水平，并且血清胰岛素水平也得到改善。动物试验也表明，共轭亚油酸能够提高基因型糖尿病倾向的动物对葡萄糖的利用，并能够改善糖尿病的症状。在饲喂5%含量的共轭亚油酸的大鼠中，其葡萄糖耐受试验血糖反应正常[33]。

3.6 减肥功能

已有研究表明[34]，共轭亚油酸能诱导能量利用并导致体重的下降，且不储存脂肪。它能够降低肝和白色脂肪组织中脂肪酸的增殖和三酰基甘油酯的水平，它是很好的过氧物酶体增殖活化受体的配位体和催化剂，可以促进代谢。

Fatiza等研究了共轭亚油酸对白鼠和鸡的体脂肪的减少效果。试验表明，以添加有共轭亚油酸的饲料喂食与对照组相比，雄性动物的体脂肪减少约57%，雌性动物的体脂肪减少得更多，约60%，而动物肉质增加了约5%。Chin等[35]报道了共轭亚油酸能降低脂肪含量并增加肌肉质量。后来在人及鼠类、鸡等动物中都观察到膳食中补充共轭亚油酸能达到减肥的目的。Delany等[36]研究指出，共轭亚油酸能够显著地降低大鼠腹膜、子宫旁脂肪垫以及身体重量，它对小鼠体脂降脂率高达57%~60%。Berven等[37]研究表明，共轭亚油酸对人体降脂减肥效果也非常显著。

4 几种谷物脂肪产品

目前，市场上已有部分以谷物为主要原料的脂肪产品，但多作为饲料及化工业用途，尚未见有用于保健食品的报道。

4.1 植物脂肪酸钙[38]

植物脂肪酸钙是一种新型的饲料添加剂，脂肪酸钙饲料中含有大量的不饱和脂肪酸，不饱和脂肪酸较饱和脂肪酸容易吸收且代谢能值高，产品代谢能值大，脂肪的利用率高。作为油脂和钙剂的补充剂，适用于多胃类反刍动物和单胃类畜禽的饲喂，既提供了有效能量，又提供了生长需要的有机钙，且易于吸收。饲料中必需脂肪酸含量对养殖的成活率和增重率影响很大。植物脂肪酸钙饲料中含有大量的亚油酸及亚麻酸等不饱和脂肪酸，能够补充养殖动物自身所不能合成的必需脂肪酸，增强免疫力及抗应激能力，提高成活率，改善皮肤着色和肉质，降低高温季节家禽的死亡率。

4.2 米糠蜡

以天然稻谷米糠提取精制而成，可用作化妆品和医药用品；用作水果和蔬菜喷洒保鲜剂，提高保存质量并改善外观，用作食品包装和口香糖、胶姆糖等食品添加剂；制造高级鞋油、地板蜡和家具、汽车、设备等上光蜡，皮革润饰剂等；制造高级印刷油墨、复写纸油墨、打字蜡纸；用作蜡光纸、胶光纸等纸张润饰剂和纸制品添加剂；制造纤维加工用油剂、乳剂，增进纤维织品柔性、滑性和光泽；用于聚氯乙烯作增塑剂，稳定剂及润滑剂；用作石油和润滑脂的抗热性优良的增稠剂；用作电气绝缘材料。

4.3 高碳脂肪醇

以米糠蜡和甘蔗蜡为原料经碱分解，萃取分离，分子蒸馏制取。应用于化妆品可促进血液循环，提高氧的输送能，提高基础代谢率，同时通过涂擦，经皮肤吸收，具有细胞赋活作用，增进皮肤的活性化，消除皮肤皱纹，广泛用于护发素、口红、指甲油、护肤霜等化妆品中。

5 前景展望

由于现代生活节奏的加快，人类生活方式的改变以及饮食结构的不合理性，国人所摄取脂肪中的饱和脂肪酸比例逐年提高，人群平均血清总胆固醇水平正逐步升高。近10年来我国因高血压、高血脂、动脉硬化、冠心病、血栓等心脑血管疾病造成的死亡人数以40%的比例高居各类疾病之首。目前市售降压、降脂类药物并不能起到根治的作用，且不同的药物均对人体有着各种毒副作用。

随着人们生活水平的提高，身体健康水平已成为广泛关注的问题。由于饱和脂肪酸摄入过量造成的糖尿病、肥胖症以及心脑血管疾病患者比例的增加，使得人们愈来愈注重不饱和脂肪酸的研究与综合应用，甚至有部分医学专家提出食用富含不饱和脂肪酸的食物替代药物治疗的口号。目前谷物类不饱和脂肪酸产品多用于饲料、化工行业，在保健食品方面应用研究较少，市售不饱和脂肪酸类保健食品多以价格高昂的深海鱼油类产品为主导。已有研究表明，小米脂肪中所含不饱和脂肪酸对上述疾病具有较好的防治作用，据此可研发出针对这一特殊人群的专用保健食品。此外，谷糠中粗糠的含油量为4.2%，细糠含油量为9.3%，从谷糠中提炼出的小米糠油，还可以作为化妆品及皮肤病治疗药物的优质原料。因此，以经济及营养价值都很高的小米为主料进行不饱和脂肪酸产品的开发利用将会具有广阔的应用前景。

参考文献

[1] 吴宝华，付金宁，孙翔飞．小米的药用营养及研究［J］．现代农业，2007，7：110~112

[2] 史宏，史关燕，杨成元等．小米的营养保健及食疗价值的探讨［J］．杂粮作物，2007，27（5）：376~378

[3] 王尧琴，王伟闽．我国谷子营养成分初探［J］．作物品种资源，1989，（4）：29~31

[4] 杨昌举．食品营养与消费［M］．北京：新时代出版社，1995

[5] 徐学兵．油脂化学［M］．北京：中国商业出版社，1993

[6] 刘发敏，俞尚其，唐章林等．我国小米脂肪酸含量研究［J］．西南农业大学学报，1997，19（4）：371~374

[7] 孙海峰，王丽霞，王玉文等．小米陈化过程中脂肪氧合酶与黄色素变化特征的研究［J］．中国粮油学报，2008，23（6）：93~97

[8] 张蓓．C，C法对小米中廿二烷酸的研究［J］．中国粮油学报，1989，（3）：46~47

[9] 张蓓．气相色谱法测定小米中的脂肪酸组成［J］．理化检验：化学分册，1990，26（1）：50

[10] 王海棠，时清亮，尹卫平．粟米脂质的分离与鉴定（Ⅰ）［J］．中草药，2001，32（4）：291~293

[11] 王海棠，时清亮，尹卫平．粟米脂质的分离与鉴定（Ⅱ）［J］．中草药，2001，32（12）：1 061~1 063

[12] 霍权恭，范璐，毕艳兰等．小米油脂成分研究［J］．中国油脂，2006，31（1）：63~64

[13] 张喜文，武钊．谷子栽培生理［M］．北京：中国农业科学技术出版社，1993

[14] 薛少安．多不饱和脂肪酸的营养作用［J］．中国油脂，1990，（3）：26~28

[15] 徐焰，肖瀛．功能性 γ－亚麻酸代谢研究的进展［J］．食品科学，2005，26（8）：508~512

[16] Ascherio A, Rimm E B, Giovannucei E L , *et al*. Dietary Fat and Risk of Coronary Heart Disease in Men：Cohort Follow up Study in the United States［J］. *Br Med J*, 1996，313：84~90

[17] 刘冬．植物来源的 ω－3 脂肪酸－α－亚麻酸［J］．中草药，1992，9：495~497

[18] 陶国琴，李晨，周秀琴．α－亚麻酸的保健功效及应用［J］．食品科学，2000，21：140~143

[19] 赵德义，徐爱遐，张博勇．紫苏籽油的成分与生理功能的研究［J］．河南科技大学学报（农学版），2004.（24）：47~50

[20] 邢旭光，郭国庆，孙晗笑等．γ－亚麻酸的防病抗病作用［J］．中国公共卫生，2002，18（12）：1 513~1 515

[21] 田歆珍，王贤磊，孙桂琳等．γ－亚麻酸的研究进展［J］．生物技术，2008，18（1）：89~92

[22] Fiona M, Yeow T P, Anne M, *et al*. Conjugated Linoleic Acid Supplementation, Insulin Sensitivity, and Lipoprotein Metabolismin Patients with Type 2 Diabertes Mellitus［J］. *Am J Clin Nutr*, 2004，80：887~895.

[23] 董杰明，吴瑞华，袁昌鲁等．γ－亚麻酸的保健作用［J］．卫生研究，2003，32（3）：299~301

[24] Chen J, Stavro P M, Thompson L U. Dietary Flaxseed Inhibits Human Breast Cancer Growth and Metastasis and Down Regulates Expression of Insulin—Like Growth Factor and Epidermal Growth Factor Receptor［J］. *Nutr Cancer*, 2002. 43（2）：187~192

[25] 谢丽涛，黄济群．不饱和脂酸及其硒化物对 BEL－7402 人肝癌细胞的杀伤作用及 DNA 合成的影响［J］．中国肿瘤临床，1998，25（7）：501~504

[26] 刘家仁．共轭亚油酸的抑癌作用［J］．国外医学卫生学分册，2000，27（1）：18~22

[27] Moya S Y, Belury M A. Species Differences in the Metabolism and Regulation of Gene Expression by Conjugated Linoleic acid [J] . *Nutr Rev*. 1999,57 : 336~340

[28] Schonberg S, Krokan H E. The Inhibitory Effect of CLA of Linoleic Acid on the Growth of Human Tumor Cell Lines is in Part Due to Increased Lipid Peroxidation [J]. *Anticancer Res*, 1995, 15 (4) : 1 241~1 246

[29] Hatanaka E, Levad A C. Systematic Study on ROS Production Induced by Oleic. Linoleic,and γ-linolenic Acids in Human and Rat Neutrophils [J]. *Free Radic Bioi Med*. 2006,41 : 1 124~1 132

[30] Lee J Y, Kim Y S, Shin D H. Antimicrobial Synergistic Effect of Linolenic Acid and Monoglyceride Against Bacillus Cereus and Staphylococcus Aureus [J]. *Agric Food Chem*, 2002,50 (7) : 2 193~2 199

[31] Kaku S, Yunoki S, Ohkura K, *et al*. Interactions of Dietary Fats and Proteins on Fatty Acid Composition of Immune Cells and LTB4 Production by Peritoneal Exudate Cells of Rats [J]. *Biosci Biotechnol Biochem*, 2001,65 (2) : 315~321

[32] Takahashi Y, Takashi I, Fujita H. Dietary Gamma-linolenic Acid in the Form of Borage Oil Causes Less Body Fat Accumulation Accompanying an Increase in Uncoupling Protein 1 mRNA Level in Brown Adipose Tissue [J]. *Comp Biochem Physiol Biochem Mol Biol*. 2000, (127) : 213~222

[33] 刘子睿，王佳丽，张焕春等. 共轭亚油酸的生理功能及安全性研究 [J]. 营养与日粮，2007，(2) : 20~21

[34] 叶凯贞，周家华，黎碧娜等. 功能性油脂共轭亚油酸的研究进展 [J]. 粮油加工与食品机械，2003 (11) : 37~39

[35] Chin S F, Liu W, Pariza M W, *et al*. Dietary Sources of Conjugated Dienoic Isomers of Linoleic Acid, a Newly Recognized Class of Anti Carcinogens [J]. *J Food Compos Anal*, 1992,5 (3) : 185~197

[36] Delany J P, Blohm F, Trueet A A, *et al*. CLA Rapidly Reduces Body Fat Content in Mice without Affecting Energy Intake [J]. *Am J Physiol*, 1999,276 : 1 172~1 179

[37] Berven G A, Bye A, Hais O, *et al*. Safety of CLA in Overweight or Obese Human Volunteers [J]. *Eur J Lipid Sci Technol*, 2000,102 : 455~462

[38] Hastert R C, Baldwin A R. Proceeding of World Conference on Emerging Technologies in the Fats and Oils Industry [J]. *Cham Paign*, 1986, 26 (8) : 56~60

小米淀粉特性研究概述及其前景展望 *

杨 斌　李 萍　张文兴　芦 明　张艾英　申海斌　张喜文

（国家谷子产业技术体系加工与产后经济研究室 / 山西省农业科学院谷子研究所，山西长治　046011）

摘　要：本文主要阐述了国内外小米淀粉理化特性的研究进展及其对产品加工工艺的影响，并在此研究基础上对小米淀粉开发利用提出了一些前瞻性建议。

关键词：小米淀粉；理化性质；抗性淀粉；功能性食品

Research Progress and Application of Foxtail Millet Strach Prospects

Yang Bin，Li Ping，Zhang Wenxing，Lu Ming，Zhang Aiying，Shen Haibin，Zhang Xiwen

(Section of Processing and End-use Economic, China Industrial and Technological Research System of Millet; Institute of Millet, Shanxi Academy of Agricultural Sciences, Changzhi 046011, China)

Abstract: This paper describes the research progress of foxtail millet starch's physicochemical properties at home and abroad ,and describes the impact of product processing technology, besides, a number of forward-looking suggestions has proposed ,based on the development and utilization of foxtail millet starch.

Key words: Foxtail millet starch; Physicochemical properties; Resistant starch; Functional food

谷子又称粟，是我国古老作物之一，有几千年的栽培历史。由于谷子耐干旱、耐贫瘠，因此在我国北方的干旱和半干旱地区分布较广[1]。谷子去壳就是小米，是深受北方人民广泛喜爱的食物，也是一种营养较为全面的杂粮类作物。据医书记载，小米性味甘、咸凉，能益脾和胃，陈小米性苦寒，入脾胃、肾能和中解毒，治胃热消渴，利小便。煮粥食用具有开胃的作用，外用还可治赤丹及烫火、灼伤等。现代营养学研究发现：小米每千克含蛋白质 97g、脂肪 35g，碳水化合物 728g，易于消化，适口性好。小米还含有胡萝卜素以及丰富的维生素 B_1、维生素 B_2，其中维生素 B_1 是保证正常神经功能和碳水化合物新陈代谢不可缺少的物质，维生素 B_1 缺乏常导致神经、消化系统、心脏的炎症和功能衰退；维生素 B_2 是构成脱氢酶的主要成分，为活跃细胞中氧化作用所必需，足够的维生素 B_2 能消除有致癌性的黄色素物质，能够起到防癌作用。此外，小米还含有人体所必需的

* 基金项目：现代农业产业技术体系建设专项资金资助。

第一作者简介：杨斌，1983 年出生，男，研究实习员，主要从事谷子精深加工及谷子育种研究。

通讯地址：山西省长治市漳沂西路科研巷，山西省农业科学院谷子研究所。Tel: 0355-2204019，E-mail：markyoung1983@sina.com。

通讯作者：张喜文，1954 年出生，男，研究员，主要从事谷子精深加工及谷子育种研究。E-mail：[illegible]1@163.com

蛋氨酸、赖氨酸、色氨酸等，小米大部分氨基酸含量高于其他粮食类作物，其中蛋氨酸能够起到降低胆固醇的作用[2, 3]。

淀粉是食品、医药、化工、纺织等工业中重要的基础原料，也是人类膳食中碳水化合物的重要来源，近年来越来越多的国内外的科技工作者对淀粉特性进行了广泛深入的研究，其研究结果表明不同作物淀粉理化性质、结构及功能存在很大差异，甚至同种作物不同品种间差异也很大。淀粉的颗粒粒径、直链淀粉含量、溶解度与膨胀度、热力学特性、糊化特性、糊黏度等均是影响加工工艺的重要指标，即淀粉粒的物理大小、生物降解能力以及非碳水化合物组分的数量和特性将影响淀粉的工业应用。小米的主要可食部分是淀粉，其含量在56%~61%[4]，小米淀粉的特性在很大程度上决定了其产品的加工工艺条件及应用。因此，研究小米淀粉的理化性质对小米产品生产加工工艺、开发以小米淀粉为基质的功能性食品研究以及小米的深加工利用具有非常重要的意义。本文将从小米淀粉的理化特性研究进展以及综合利用展望两个方面进行阐述。

1　小米淀粉的理化性质

1.1　颗粒大小与形状（表 1）

表 1　不同作物淀粉颗粒粒径及形状

	淀粉粒径范围（μm）	淀粉粒径集中范围（μm）	淀粉颗粒形状	颗粒大小
小米	6.14~11.96	—	多为多角形	小颗粒
黄米	0.30~12. 00	2.50~12. 00	多为多角形，少圆形	小颗粒
荞麦	1.40~14.50	2. 00~10. 00	多为多边形，少球形	小颗粒
燕麦	—	1. 00~5. 00	椭圆及棱角形	超小颗粒
薏米	3. 00~14. 00	—	多为圆形	小颗粒
绿豆	2. 00~20. 00	—	卵形及球形	中等颗粒
马铃薯	4.80~72.60	—	多卵形少球形	大颗粒
玉米	4.10~19.30	—	多为多角形，少球形	中等颗粒
小麦	A 型 15. 00~35. 00 B 型 2. 00~10. 00	A 型占总量 12% 左右 B 型占总量 88% 左右	透镜状	A 型中等颗粒 B 型小颗粒
大米	单粒 3~8；多以复合淀粉粒存在，直径 7~25	—	单粒呈不规则多角形 复合淀粉粒呈球形	小颗粒

颗粒大小根据 Nienke[5] 等人的划分：颗粒直径大于 25μm 称为大颗粒淀粉；颗粒直径 10~25μm 称中等颗粒淀粉；小颗粒淀粉直径 5~10μm；直径小于 5μm 的称为超小颗粒淀粉。

国内仅有陈正宏等[6] 通过光学显微镜观察到冀谷一号小米淀粉为多角形，粒径 6.14~11.96μm，可见到偏光十字。国外 Kumari 等[7] 研究发现小米淀粉颗粒的电镜照片显示大部分是多角形颗粒，少数是球形颗粒（图 1）。

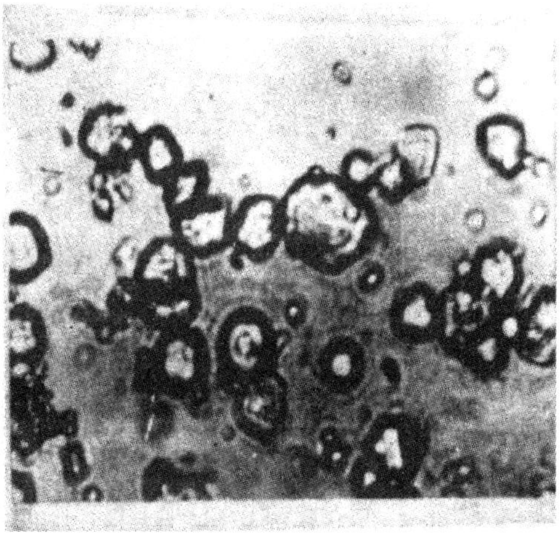

图 1 小米淀粉颗粒（SEM）

1.2 淀粉的糊化及糊化温度

在有水分存在的条件下对淀粉加热，其经历了一个不可逆的无序化转变，此过程称为糊化[8]。糊化温度是指淀粉发生糊化时的温度，是影响加工工艺的又一重要特性。由于淀粉颗粒间结构强度不同，吸水膨胀能力存在差别，所以同一品种淀粉的不同颗粒的糊化难易程度也不同[9]。有的能在较低温度糊化，有的需要较高温才能发生糊化。通常用糊化开始和完成的温度来表示淀粉糊化温度的范围[10]。

Shinoj 等[11]对小米糊化特性进行了研究，发现小米糊化温度为 73.4~ 101.8℃，糊化温度变化范围较宽，为 28.4℃，小米粉的糊黏度随温度增加而增加，在高温维持时开始下降，开始冷却时再次上升。赵学伟[12]对冀优小香米淀粉性质研究发现该小米淀粉的糊化温度为 76.4℃。马力[13]研究了小米淀粉（品种为铁 10）与玉米淀粉糊性质，发现小米淀粉比玉米淀粉糊的糊化温度高。

1.3 淀粉的溶解与膨胀特性

淀粉颗粒的膨胀形式因淀粉品种的不同而有所不同。淀粉的膨胀程度一般用膨胀度（B）表示。淀粉膨胀分为高膨胀型、中等膨胀型和限制性膨胀型[14]。高膨胀淀粉是指在 95℃时，其膨胀度约为 30g/g 或 30g/g，颗粒较大程度的膨胀，并且在水中煮沸的过程中，内部键作用力变弱；限制性膨胀淀粉是指在 95℃时膨胀度为 16~20g/g，在水中煮沸的过程中，颗粒中的交联部分会减少颗粒的膨胀，并使之稳定性足以抗剪切。

赵学伟[12]对冀优小香米淀粉性质研究发现溶胀力、溶解性在 65℃以后明显升高且随温度升高呈线性增加，95℃时分别达到 29.1%、12.9%。马力[13]研究了小米淀粉（品种为铁 10 号）与玉米淀粉糊性质发现小米淀粉比玉米淀粉糊膨胀力高。

1.4 淀粉的老化（回生）特性

Miles 等人[15]认为淀粉的老化可以分为两个阶段：短期老化和长期老化。在淀粉老化的早期，主要是直链淀粉的重结晶，高分子的直链淀粉之间形成交联网络（随后结晶），小分子的则与脂肪形成结晶。该过程可以在淀粉糊化后较短的时间（几小时或十几小时）内完成，淀粉间有序的交联主要是直链淀粉分子间通过氢键形成双螺旋，这种双螺旋结构在直链淀粉凝胶中起着连接点的作用。在直链淀粉双螺旋富集区中，双螺旋可以通过氢键堆积形成结晶。在宏观上，淀粉回生表现为体系的硬化、脆化、水分析出及透明度降低等，它是影响淀粉质构的主要因素。淀粉的老化特性是影响产品加工工艺的重要性质，但目前几乎没有关于小米淀粉的老化特性的研究报道。

1.5 淀粉的凝胶特性

淀粉凝胶是一个非平衡系统，淀粉凝胶在贮藏的过程中会发生重结晶[16]。淀粉乳浓度、直链淀粉含量、颗粒大小和分布、溶胀程度、颗粒硬度以及分子链缠绕状态等都会影响淀粉凝胶的形成速度和黏弹性，如直链淀粉含量高的淀粉生成凝胶的过程极为迅速。

在淀粉凝胶特性的研究方面，目前多采用弹性模量法、DSC 法、核磁共振（NMR）法等研究其糊化、老化特性及热特性等，而采用针入法测量凝胶的刚度、强度和黏弹性[17]。

马力[13]研究了小米淀粉（品种为铁 10）与玉米淀粉糊性质，发现小米淀粉比玉米淀粉糊的凝胶稳定性好。

综上所述，国外对小米淀粉性质及其影响加工的各指标研究较少；国内虽有少量关于小米淀粉理化特性的研究，但其品种单一，由于各小米品种间淀粉性质差异较大，因此测定结果具有一定的局限性，对小米产品生产加工的指导意义甚微。

2 小米淀粉综合利用前瞻

目前玉米淀粉、薯类淀粉由于其价格低廉，已广泛应用于纺织、造纸、油田、食品、医药等行业。但由于小米淀粉理化特性研究较少，加之其价格高昂，因此在工业利用方面具有一定的局限性。因此，小米淀粉的开发利用必须突出自己的优势，突出自己其他粮食类作物不可取代的方面。

2.1 功能性食品

早在《本草纲目》中就有记载，小米可治胃热消渴。充分的说明了小米中抗性淀粉可以有效地缓解糖尿病人血糖的迅速升高。依此特性进行开发研究，不但可以提升小米的产业附加值，而且可以让更多的人了解小米，了解其独特的营养保健作用。

2.2 医药行业

小米淀粉中的变性淀粉在医药工业中可能会用作片剂的赋形剂，按其作用可分为稀释剂、吸收剂、润滑剂、崩解剂及胶黏剂等，主要变性淀粉有白糊精、α-淀粉、羧甲基淀粉、羟乙基淀粉和交联淀粉等。

2.3 食品行业

2.3.1 面类食品

国外已将抗性淀粉作为食品原配料或膳食纤维的强化剂，应用到面类食品中，如面包、馒头、包子、通心面、饼干等面类制品中。在面包中加入小米抗性淀粉，不仅可以使膳食纤维成分得到了强化，而且在气孔结构、均匀性、体积和颜色等感官品质方面均比添加其他传统膳食纤维的营养强化面包好，不但有益于人们的健康，还能有较好的口感。

2.3.2 烘烤食品

由于小米淀粉良好的膨胀性，可在饼干、糕点等制作中加入小米抗性淀粉。饼干中的糖油含量较多，水分含量相对低，对面粉筋力质量要求较低，便于较大比例地添加抗性淀粉，故有利于制作以抗性淀粉功能为主的保健饼干。它的膨胀性使谷物食品和休闲食品有独特的质地，用抗性淀粉制成的饼干较用传统纤维制造的硬度低、脆度高。

2.3.3 饮料及发酵食品

小米中的抗性淀粉因具有较好的黏度稳定性、很好的流变特性及低持水性，所以可以作为食品增稠剂使用。由于抗性淀粉为水溶性物质，在黏稠不透明的饮料中可用抗性淀粉来增加饮料的不透明度及悬浮度，它不会产生沙粒感，也不会掩盖饮料风味。另外抗性淀粉还可以用于汤料中。抗性淀粉不仅是双歧杆菌、乳酸杆菌等益生菌繁殖的良好基质，还可以作为菌体保存剂。如加有抗性淀粉的酸奶，乳酸杆菌的数量明显高于对照，饮用后，菌体的存活率大为提高。

综上所述，小米淀粉作为一种待开发的宝贵资源，具有极大的发展前景及广阔的发展空间。这就需要谷子科研工作者为之不懈地努力，共创谷子产业加工美好的未来。

参考文献

[1] 林汝法，柴岩，廖琴等. 中国小杂粮［M］. 北京：中国农业科学技术出版社，2002：91~107

[2] 吴宝华，付金宁，孙翔飞. 小米的药用营养及研究［J］. 现代农业，2007，7：110~112

[3] 刘发敏. 小米的营养成分及深加工开发利用［J］. 农业科技情报（西南农学院），1991，(3)：10~17

[4] Wankhede D B，Shehnaj A，Raghabendra M R. Carbohydrate Composition of Finger Millet and Foxtail Millet［J］. *Plant Foods for Human Nutrition*，1979，28（4）：293~303

[5] Nienke L，Peter R C，Robert T T. Analytical，Biochemical and Physicochemical Aspects of Starch Granule Size，with Emphasis on Small Granule Starches：A Review［J］. *Starch*，2004，56：89~99

[6] 陈正宏，月静，沈爱光. 小米淀粉特性的研究［J］. 郑州旅食学院学报，1992，(3)：38~43

[7] Kumari S K，Thayumanavan B. Characterization of Starches of Proso，Foxtail，Barnyard，Kodo and Little Millets［J］. *Plant Foods for Human Nutrition*，1998，53（1）：47~56

[8] Zobel H F，Whistler R L，Bemiller J N，*et al*. Starch：Chemistry and Techology［M］. Orlando：Academic Press. 1984：285

[9] 李里特. 食品物性学［M］. 北京：中国农业出版社，1998，98~103

[10] 高群玉，杨宜功. 影响淀粉糊流变特性因素的研究［J］. 食品工业科技，1995（4）：10~14

[11] Shinoj S，Viswanathan R，Sajeev M S，*et al*. Gelatinisation and Rheological Characteristics of Minor Millet flours［J］. *Biosystems Engineering*，2006，95（1）：51~55

[12] 赵学伟. 小米挤压加工特性研究 [D]. 陕西：西北农林科技大学，2001

[13] 马力，李新华，路飞等. 小米淀粉与玉米淀粉糊性质比较研究［J］. 粮食与油脂，2005，(2)：22~25

[14] *Schoch* T J, Maywald E C. Schoch Preparation and Properties of Various Legume Starches［J］. *Cereal Chemistry,* 1968，45（6）：564~573

[15] Eliasson A C. Retrogradation of Starch as Measured by Differential Scanning Calorimetry［J］. *New Approaches to Research on Cereal Carbohydrate*，1985，157：93~98

[16] Imberty A，Buleon A，Tran V，*et al*. Recent Advances in Knowledge of Starch Structure［J］. *Starch*，1991，43（10）：375~384

[17] Bao J S，Cai Y Z，Corke H. Prediction of Rice Starch Quality Parameters by Near-infrared Reflectance Spectroscopy［J］. *Journal of Food Science*，2001，66（7）：936~939

小米的营养保健研究及开发应用 *

吴宝华[1]　付金宁[2]

（1. 国家谷子产业技术体系呼和浩特综合试验站 / 内蒙古农牧业科学院作物育种与栽培研究所，内蒙古呼和浩特　010031；2. 赤峰市种子管理站，内蒙古赤峰　024000）

摘　要：谷子历来以营养价值高而著称，小米性味甘、咸凉，能益脾和胃，陈小米性苦寒，入脾胃、肾能和中解毒，治胃热消渴，利小便。煮粥食用有益丹田、开肠胃的作用，外用还可治赤丹及烫火、灼伤等，这是古代人经过大量的实践研究出的小米的食疗及药疗作用。小米的营养很丰富，每千克含蛋白质 97g、脂肪 35g，碳水化合物 728g，除脂肪含量低于玉米外，其余各项均比其他粮食含量高，易于消化，口感好。还含有胡萝卜素、维生素 B_1、维生素 B_2 及人体所必需的蛋氨酸、赖氨酸、色氨酸等，是一种营养价值较高的食粮。

关键词：小米；营养种类含量；药用功效；开发应用

Nutritional and Health Effect of Foxtail Millet to Human Being and Their Application

Wu Baohua[1]，Fu Jinning[2]

（1. Hohhot Comprehensive Experiment Station, China Industrial and Technological Research System of Millet; Neimenggu Institute of Crops, Academy of Agriculture Sciences, Hohhot 010031, China; 2. Seed Management Station, Chifeng 024000, China）

Absract: This paper concentrates on the high nutritional value of foxtail millet, which is good for people's stomache and sleeping. Based on a huge amount of practical experiments, the author concludes that foxtail millet is effective both in food-therapy and drug-therapy.

Key words: Foxtail millet; Nutrient, drug; Developing

在现代农业中，谷子是我国粮饲兼用并具有药用价值的作物，也是北方地区人民群众不可缺少的重要粮食作物之一。占我国粮食作物播种面积的 5% 左右，占北方粮食作物播种面积的 10%~15%，在东北丘陵山区面积更大，占粮田面积的 30%~40%，在北方粮食品种中仅次于小麦、玉米，居第三位。内蒙古自治区近几年谷子种植面积也在 20 万 hm^2 左右，最高年份曾达 86.7 万 hm^2。

---

* 基金项目：现代农业产业技术体系建设专项资金资助。

第一作者简介：吴宝华，女，副研究员，主要从事谷子育种和栽培研究工作。

通讯地址：呼和浩特市玉泉区昭君路，内蒙古农牧业科学院。Tel：0471-5901080，E-mail：nmgnkywbn@163.com

我国谷子的种植面积及产量均居世界首位。

1 谷子的发展概况及特征特性

谷子历来以营养价值高而著称，随着人们生活水平的提高，人们对食物品质的要求也越来越高，并且兴起了世界性的食用五谷杂粮的热潮，国外还把小米作为营养保健食品出售，在以畜牧业为主的内蒙古自治区，谷草也发挥出巨大的作用，并有“草中之王”美称，可作奶牛、肉牛、骡马的上等饲料，谷糠中细糠可作猪、鸡、鸭的精饲料，粗糠可做羊、鹅、兔的上等饲料。谷子之所以久盛不衰，沿用至今，不仅由于它口感好，营养丰富，而且还具有抗旱、耐瘠、耐储藏等特性，非常适合我国北方干旱少雨地区种植，并且投入少，产出多。在内蒙古地区种植面积较多的有中熟品种“赤谷 4 号”、中晚熟品种“赤谷 8 号”以及早熟品种“赤谷 6 号”。内蒙古农牧业科学院新近育成的谷子新品种“蒙金谷一号”以及“内蒙金米”等品种均于 2003 年被评为“国家一级优质米”，其谷草产量及粮食产量超过目前的主推品种；一些鸟饲品种、富硒食疗型品种等等也相继培育成功。近年来对谷子的营养成分的分析探索也取得了多方面的进展，各项数据基本上为谷子的营养研究作出了科学的评价。

2 小米的营养成分分析及其药用价值

谷子去壳就是小米，对小米的性质和应用，古代已有研究，据医书记载，小米性味甘、咸凉，能益脾和胃，陈小米性苦寒，入脾胃、肾能和中解毒，治胃热消渴，利小便。煮粥食用有益丹田、开肠胃的作用，外用还可治赤丹及烫火、灼伤等，小米每千克含蛋白质 97g、脂肪 35g，碳水化合物 728g，除脂肪含量低于玉米外，其余各项均比其他粮食含量高，易于消化，口感好。还含有胡萝卜素、维生素 B_1、维生素 B_2 及人体所必需的蛋氨酸、赖氨酸、色氨酸等，是一种营养价值较高的食粮。

2.1 蛋白质和氨基酸含量

众所周知，蛋白质与人类的生命活动休戚相关，营养学研究表明成人每天需要摄入蛋白质 70g。根据中国农业科学院保存编目的“中国谷子品种志”及近些年来谷子育种工作者的化验分析研究结果表明，小米中蛋白质平均含量为 12.71%，目前最高的为 20.82%，为品资 025873 品种，超过一半以上的品种其蛋白质含量在 10%~12%；小米中蛋白质含量均高于大米、小麦粉和玉米（表 1）。根据几年来的研究试验结果表明，品种间蛋白质含量差异相当大，同一品种种植在不同的地区，不同的海拔、不同雨量及温度、不同的土壤性质其蛋白质含量也不一样。

表 1 小米和主要禾谷类籽粒蛋白质含量的比较

粮食名称	小米	大米	小麦粉	玉米
蛋白质含量（%）	12.71	8.3	9.4	8.5

蛋白质的营养成分又取决于蛋白质含量的多少和构成蛋白质的氨基酸种类及其含量，特别是必需氨基酸的种类和含量。小米中含有 17 种氨基酸，丝氨酸、亮氨酸、丙氨酸、脯氨酸、天冬氨

酸、构成了氨基酸的主要组成成分，占总量58.95%，其中人体必需氨基酸8种，占整个氨基酸总量的41.9%，且含量较为合理，以亮氨酸、苯丙氨酸+酪氨酸及缬氨酸含量较高，以赖氨酸的含量最低，据文献报道中国谷子色氨酸较丰富，平均含量为130.8mg /kg（中央卫生研究院），在所有谷物中独占鳌头，色氨酸能促进人体内褪黑激素的分泌转化，褪黑激素是一种天然的抗衰老激素，它能调节人的睡眠、情绪、免役、生殖及生物节律，脑白金的主要保健成分即为松果体分泌的褪黑激素，因而食用小米粥还可起到催眠、保健、美容、长寿的作用。

与大米、小麦、玉米、高粱相比，必需氨基酸指数（EAAI）分别为41%、65%、51.5%和34.3%，从化学成分来看，除了均缺乏赖氨酸外，其他必需氨基酸组成相对比较合理，营养价值最高，这也是我国北方人民把它作为营养品的主要原因之一，详见表2。

表2　谷子与其他粮食作物几种主要氨基酸成分的比较

氨基酸名称	谷子	大米	小麦	玉米
异亮氨酸	1.06	0.97	0.82	0.87
亮氨酸	2.02	1.07	0.78	1.52
赖氨酸	0.33	0.49	0.40	0.41
蛋氨酸+胱氨酸	0.65	0.30	0.24	0.31
苯丙氨酸+酪氨酸	1.29	0.50	0.54	0.50
苏氨酸	1.00	0.81	0.62	0.86
色氨酸	2.08	1.05	0.76	0.38
缬氨酸	1.00	0.53	0.65	0.72
EAAI	92.72	65.82	56.25	61.24

2.2 脂肪和脂肪酸含量

脂肪是有机体的重要组成部分，是体内储存能量的重要物质，脂肪还能促进脂溶性维生素的吸收，脂肪含量和脂肪酸的组成也是谷子重要的营养组成部分，是小米品质的重要特征之一（也即是群众评价的油性大小）。根据近年来对谷子品种粗脂肪大量资料研究表明谷子的脂肪主要储存在胚的油质体中，胚的油分含量为34.7%。脂肪含量范围主要集中在2.1%~4.0%，其中又以含量3.1%~4.0%的脂肪含量比例最高，含量在5.0%以上、2.0%以下的品种只有少数，然而025858品种高达6.93%。表3说明，除玉米外，小米中脂肪的含量均高于大米和小麦粉。小米的粗脂肪含量平均为4.28%，其中不饱和脂肪酸占脂肪酸总量的85%。谷子的脂肪酸主要由棕榈酸、硬脂酸、油酸、亚油酸、亚麻油酸和花生酸组成，其中能防止动脉粥样硬化、能软化血管的亚油酸含量，粳性品种占脂肪酸含量的13.44%~78.4%，变幅平均为45.92%，糯性品种为66.81%~75.05%，变幅平均为70.93%，即糯性品种高于粳性品种。

表3　小米和主要禾谷类籽粒脂肪平均含量的比较

粮食名称	小米	大米	小麦粉	玉米
脂肪含量（%）	4.28	2.50	1.90	4.3

其副产物谷糠中粗糠含油率为4.2%，细糠含油率为9.29%，因而谷糠中可提炼出一种油性物质，即小米糠油，小米糠油可添加其他药品制成软膏用来治疗皮肤病，疗效显著。

2.3 谷子的维生素含量

维生素是具有生物活性的一类低分子有机化合物，人类对其需要量很微少，但它是维持机体正常生命活动所必需的营养素，大多数维生素在体内不能合成，必须由食物供给，它参与人体许多重要的生理过程，并且是辅酶组成成分，因此与人的正常发育及健康密切相关。

谷子含有的维生素主要有胡萝卜素（维生素A）、维生素B_1、维生素B_2和维生素E，一般含维生素A 0.19mg /100g，维生素B_1 0.63mg /100g，这两种维生素的含量均超过稻米、小麦粉和玉米及高粱，尤以小米中维生素B_1含量为最高，维生素B_1对预防和缓解心肌病有显著疗效，较高的维生素含量对于提高人体抵抗力有益，并可防止皮肤病的发生，因此北方妇女产后有食用小米粥的习俗，笼鸟要喂小米才生蛋的习惯。缺乏维生素A会引起皮肤干燥、呼吸道感染、眼部干燥、畏光、多泪、视物模糊等，并与防癌有关，1973年克利夫临床医学基金会的香伯格博士总结对小鼠、兔子、仓鼠的一系列致癌试验后说："当局部地、系统地（内部地或外部地）投给维生素A时，它能够阻止良性和恶性肿瘤的发展并抑制他们的发生。"1973年马萨诸塞州总医院的科恩博士在美国整形与复型外科医学会的会议上说"维生素A有增强实验室动物战胜感染的能力，没有任何微生物（细菌）能从它们的血液里培养出来"。

维生素B_1还能治脚气病，神经炎和癞皮病；维生素B_2能治口臭、失眠、头疼、精神倦怠、皮肤"出油"、头皮屑增多等，美籍日人金松衫博士试验说明，B族维生素有防治肝癌的作用。

维生素E又叫生育酚，对生殖力和预防关节炎、动脉硬化、未老先衰、贫血、血栓有作用，1973年美国科学家认为"维生素E是强抗氧化剂，这种抗氧化物质能够预防染色体破裂，很可能和预防衰老化和癌的发生有重大关系。维生素E又分为E_a和E_b，谷子中的E_a含量很高。缺乏维生素E时，可出现四肢乏力，易出汗，皮肤干燥、头发分叉、妇女痛经等症状。从表4可知，几种粒色比较，以黄谷和黑谷含量较高，金谷和红谷含量偏低，不同米质相比，糯性品种略高于粳性品种，因此培育高维生素E谷子新品种有着很大的发展潜力。

表4 粳性和糯性谷子品种维生素E含量的比较

项目	红谷		白谷		黄谷		黑谷		金谷		青谷	
	粳谷	糯谷	粳谷	糯谷	粳谷	糯谷	粳谷	糯谷	粳谷	糯谷	粳谷	糯谷
维生素E_a含量(mg/100g)	7.86	11.50	11.66	12.97	11.70	15.62	14.99	14.59	7.06	10.54	12.19	12.23

2.4 矿物质含量

矿物质又称无机盐，在人体内含量很少，占人体重量的4%左右，但起着十分重要的作用，在粮食作物中，小米含铁量占优势，铁是构成红细胞中血红蛋白的重要成分，缺铁可导致贫血，所以食用小米有补血壮体作用。小米中铁的含量超过大米，小麦、高粱和玉米，钙、磷的含量小于低于小麦粉和玉米，且钙磷的比值偏高，达 11∶4（钙磷理想的比值为 1∶2），小米中锌、铜、镁均大大超过稻米、小麦粉和玉米。“锌”和儿童生长发育关系很大，1985 年北京儿童医院已经成立缺“锌”服务部，缺“锌”智商低、嗜眼、倦怠。小米中“钠”的含量较低，低钠对于减轻肾脏病、高血压、体力衰弱、下肢浮肿有效果。

2.5 微量元素

小米中微量元素主要以硒为较多，平均含量为 0.071mg/kg，变幅为 0.040~0.101mg/kg，变异系数为 14.51%，品种间有明显差异，可以培育富硒的谷子品种。人们对硒的认识较晚，它是一种多功能的营养素，1985 年 7 月在北京召开的营养学会专题资料报道了硒有明显的抗癌作用，另外一些地方病如克山病、大骨节病，主要致病因子是缺硒。在全国人口普查中发现百岁老人头发含硒量较高等揭示有机体对硒的摄入量取决于粮食的种类和土壤含硒量，因而一些地区纷纷在研究开发富硒品种，根据近年来的研究表明黄谷和黑谷含硒量较高，金谷和红谷含量偏低，糯性品种略高于粳性品种。据有些资料介绍硒又与维生素 E 共存。

2.6 开发应用

小米的食用粗纤维含量是稻米的 5 倍，它可促进人体消化。日本朝日大学科研人员通过动物试验，发现米糠中含有的神经酰胺糖苷对抑制黑色素生成有着不可思议的功效，且不含有攻击制造色素细胞的毒素；米糠磨碎后装在布袋里浸泡在水中，每天早晚用米糠水来清洁面部肌肤，长期坚持下来，肌肤变得水嫩白净。

由于小米具有上述营养品质，所以是孕妇、儿童、病人的理想营养食品，总之谷子是粮饲兼用并具有药用价值的作物，且经济及营养价值都很高，发展保健食品前途极为乐观，也符合未来食物结构调整的要求，同时还能促进内蒙古自治区畜牧业及养殖业的发展，增加肉蛋奶的产量。这对于提高人民生活水平，改善食品结构，都将起重要的作用，因此我们要充分挖掘这一古老的传统作物，焕发生机，使其成为农民增产增收的经济增长点。

参考文献

[1] 古世禄．中国谷子蛋白质氨基酸组成的研究．山西农业科学院作物遗传研究所，1989
[2] 中国农业科学院作物品种资源研究所．中国谷子及其他粟类作物遗传资源目录，2000
[3] 周歧贵．北方八省主要谷子品种蛋白质含量的分析研究，1981
[4] 李荫梅．谷子育种学．北京：中国农业出版社，1997

汾州香优质小米及其副产物增值利用技术研究*

冯耐红　卫天业　郑洪源　侯东辉　李晋花　杨成元

（国家谷子产业技术体系汾阳综合试验站 / 山西省农业科学院经济作物研究所，山西汾阳　032200）

摘　要：介绍“汾州香”优质小米深加工取得鉴定成果、国家发明专利和目前研究重点，对小米及其副产物增值利用技术进行深入研究，为小米深加工产业链的延伸及产业化的开发指明了研究和发展方向。

关键词：小米；副产物；深加工；增值利用

Study on Technique to Increasing the Value of Superior Quality Foxtail Millet “Fenzhouxiang” and its byproducts

Feng Naihong，Wei Tianye，Zheng Hongyuan，Hou Donghui，Li Jinhua，Yang Chengyuan

(Fenyang Comprehensive Experiment Station, China Industrial and Technological Research System of Millet; Institute of Industrial Crop Research, Shanxi Academy of Agricultural Sciences, Fenyang 032200, China)

Abstract: Superior quality mille cultivar, “Fenzhouxiang” was comprehensively introduced in this paper. Techniques on increasing in value to make use of the millet and byproducts were proposed. The Show the course of studding and tapping natural resources of deepen processing millets for the industry chain of extension and the industry turn of development.

Key words: Millet; Byproduct; Deep process;

1　汾州香优质小米概述

“汾州香”优质小米（国家发明专利，专利号 ZL 93116626.8）系山西省农业科学院经济物物研究所利用当地独特的生态自然环境和资源优势，运用现代科学技术和先进工艺研究开发出的国家级新产品。本产品米色金黄，饱满纯净；制食方便，蒸煮皆宜，米饭清香，黏糊性强，口感细腻，回味悠长。经国家有关部门检测：含蛋白质 15.12%、粗脂肪 5.67%、赖氨酸 0.28%，并含有多种维生素和矿质元素，营养成分与可口性、品质皆优于其他历史名米。自 1992 年以来连续五届获中国农业博览会最高奖、国家级新产品、国家级名牌产品以及省部级以上奖项十余项，被誉为中国小米

* 基金项目：国家科技支撑计划项目 2006BAD02B02-05。

第一作者简介：冯耐红，1973 年出生，女，工学学士，助理研究员，主要从事农产品深加工研究。

通讯地址：山西省农业科学院经济作物研究所。Tel：0358-3320057，E-mail：fengnh@126.com。

之冠，2001 年获中国国际农业博览会名牌产品，在 2005 年第二届中国东盟博览会先进适用技术展中“汾州香小米及饮料”荣获优秀展项目。但小米的传统食用方式数千年未变，一直停留在简单加工销售小米的水平上，品种单一，难以适应现代生活快节奏的需求和市场经济的潮流，因此，研究开发小米及其副产物深加工产品，使小米及其副产物实现增值利用，就显得越来越迫切。

2 “十五”期间汾州香优质小米深加工取得成绩

“十五”期间农产品深加工研究开发中心已在小米深加工方面做了大量工作，并取得了良好成绩，其中“汾州香小米方便粥”和“小米饮料”两项成果均通过省级成果鉴定，达到国内领先水平，并获得国家发明专利。

2.1 一种小米饮料及其制备方法

创造性地运用生物酶解技术，有效解决了谷物类饮料的沉淀问题，提高了产品的稳定性，本产品固形物含量≥ 11%，酸度≤ 0.1%，氨基酸≥ 0.1%，还原糖≤ 5.0%，其他理化指标与卫生指标均符合规定标准，为不发酵型饮料，具有方便快捷、营养丰富、易于消化吸收、高硒、低糖等特色，不加糖及防腐剂，保持了小米的色、香、味及营养价值，达到了理想的效果，尤其抗癌元素硒的含量达到 0.08mg/kg，符合今后天然、低糖、营养、复合饮料的发展趋势，于 2005 年 11 月获得国家发明专利，专利号是 ZL03140882.6[1]。

2.2 一种小米方便粥及其制备方法

是将利用喷雾干燥制得的小米全粉和真空冷冻干燥制得的小米粒经合理调配而成，米色金黄，米粒绵软，米汤黏糊性强，香味浓郁，回味悠长，蛋白质含量≥ 10%，保持了小米的色、香、味、形及营养价值，冲调性好，复水时间短，仅为 1min，实现了小米快餐粥研制上的新突破，具有广阔的开发前景，于 2007 年 3 月获得国家发明专利，专利号为 ZL03141350.1[2, 3]。

2.3 一种八宝粥及其制备方法

是根据传统腊八粥的配料，将不同性味、不同品种、不同颜色的食物，经油炸或冻干等不同加工工艺制成各种方便熟化食品，然后按照一定比例合理搭配，再配以一定的辅料，起到了滋补祛寒，增强体质的作用，而且营养互补、价廉物美，用开水冲泡 8~10min 或稍煮 2~3min 即可食用，如此简单方便的食用方法，迎合了现代人们饮食结构的全新观念，是现代城市居家生活讲究“平衡营养、科学膳食”的理想食品，是旅行及家庭早餐的方便食品。这是在 2005 年 11 月申请的又一项专利，申请号为 200510130703.7，初审通过，已进入实审阶段[4]。

3 “十一五”期间汾州香优质小米及其副产物深加工研究重点

发展食品工业是构建社会主义新农村的重要推动力，在“十一五”期间，应以人为本，站在消费者角度去研究市场，通过自主创新，技术进步，提供适销产品，开发新产品，这样不仅会受到市场的认可，得到消费者的欢迎，我们的企业也会在市场竞争中立于不败之地。因此，有了以下对

“十一五”期间的规划。

3.1 强化营养小米

我们研究的主要有四类：第一类是蒸谷米，其特点是先将谷子蒸一下，再碾米，这样虽没有添加强化剂，但保持了米粒外层原有的多量营养素不受损失；第二类是通过小米与其他杂粮混合搭配，使食物营养素间发生协调、互补、强化效果；第三类是单一营养强化小米，比如在小米中单纯添加一种营养素，其生产工艺较为简单；第四类是复合营养强化米，这类营养强化米不仅添加氨基酸，而且还添加维生素、矿物质等，其营养较为全面，是今后强化营养米发展的方向[5]。

3.2 小米芳香物及色素的提取与成分分析研究

关于小米芳香物提取的设想可以追溯到20世纪90年代，由于当时缺乏合理有效的提取手段，只能是纸上谈兵。在90年代，业已兴起的许多高新提取技术诸如CO_2超临界萃取、分子蒸馏、超滤等，不仅在基础研究上取得了很大进展，而且在动植物中提取天然香料、香物的成功应用也不乏其例。气相色谱、高压液相色谱、核磁共振谱、质谱以及气相色谱－质谱联用、气相色谱－红外光谱联用等到高新超微量分析技术在食品化学领域的应用，为小米芳香物的提取和成分分析提供了可靠保证，并且为优质谷子的定向培育提供了科学依据，为小米深加工产品的推广创造了条件[6]。

3.3 小米糠膳食纤维的研究

膳食纤维是一种资源丰富并有各种生理功能的多糖类物质，对防止现代富贵病和保障人们的身体健康起着及其重要的作用，是一类比较理想的功能性食品原料。在一些发达国家十分重视膳食纤维资源的开发利用，且膳食纤维已在食品工业中获得了一定的应用，目前，我国对此方面的研究也开始高度重视。随着人民生活水平的提高，对产品加工精度的要求越来越高，产品加工的副产品也越来越多，膳食纤维资源也随之增多，因此，如何合理利用我国巨大的膳食纤维资源对改善人们的膳食结构，提高人民的健康水平具有十分重要的意义。小米糠是小米加工生产的主要副产品，目前大多用作饲料，经济价值不高，而其中含有大量的膳食纤维，具有重要的开发价值。

本项目合理利用多项现代高新技术，研究开发一种高品质小米糠膳食纤维食品，将小米糠变废为宝，提高其利用价值和经济效益，为小米糠的合理利用开辟了一条新的途径，为小米的进一步产业化开发提供了新的思路，对促进农产品的深加工和当地农业的发展具有更深远的意义，符合新世纪社会发展和食品变化趋势，具有广阔的市场前景[7, 8]。

3.4 小米糠油提取工艺及功能因子的分析研究

小米细糠是谷子（粟）脱壳后加工成精小米时的副产物，富含多种营养素，但长期以来一直作为廉价饲料不进行深加工，不仅造成营养素的浪费，而且影响到农副产品的加工增值。细糠中含油量高达15%~20%，其中不饱和脂肪酸的含量占70%以上，特别是人体最主要的必需脂肪酸含量较高，还有维生素E、甾醇、谷维素等脂质都有利于人体的消化吸收，有清除血液中胆固醇、降低血压、加速血液循环、刺激人体内激素分泌、促进生长发育等作用。总之，小米糠油是一种功能性营养保健植物油，其营养价值超过一般普通植物油，市场前景广阔[9]。

3.5 米糠快餐用具的研究开发

利用谷子粗糠加工成一次性快餐用品，达到绿色、无公害、无污染、降解快，符合或超过国家有关标准，使小米加工过程中的废料加工增值。

4 结束语

“汾州香”优质小米及其副产物增值利用技术的研究，将使小米深加工工作得以更好的完善，极大地延伸小米深加工产业链，提升小米的综合利用价值，完全实现产业化。

参考文献

[1] 冯耐红，卫天业，郑洪源等．小米南瓜复合饮料的研制［J］．中国食品学报，2006（3）：65~69

[2] 冯耐红，卫天业，郑洪源等．南瓜小米快餐粥的研制［J］．粮油加工与食品机械，2002（8）：55~56

[3] 郑洪源，冯耐红，卫天业等．无油绿豆小米方便粥的研制［J］．食品科技，2002（6）：34，37

[4] 冯耐红，卫天业，郑洪源等．固体方便八宝粥的研制［J］．食品工业科技，2006（2）：118~120

[5] 劳民帝．强化营养米的种类与生产［J］．农牧产品与开发，1998（5）：28~35

[6] 陈文伟，王震宙．超临界萃取技术的应用研究进展［J］．西部粮油科技，2003（6）：38~40

[7] 章达礼，徐焱．膳食纤维膨化食品研制［J］．粮油食品科技，1998（6）：16，19

[8] 王领军．米糠营养纤维的生产和应用［J］．西部粮油科技，2003（3）：37~38

[9] 孙冀平，计咏燕，裘爱泳．超临界 CO_2 萃取茶籽油初步研究［J］．粮食与油脂，2002（5）：2~4

固体方便八宝粥的研制 *

冯耐红　卫天业　郑洪源　李晋花　侯东辉

（国家谷子产业技术体系汾阳综合试验站 / 山西省农业科学院经济作物研究所，山西汾阳　032200）

摘　要：固体方便八宝粥是将软小米、糯米、黑香米等米类经油炸脱水干燥，将豇豆、红小豆、花生豆、莲子等豆类经速冻—干燥，将红枣等营养补品经简单蒸制—烘干等工艺加工而成的各种主料，辅以其他汤料，用开水冲泡 8~10min 即可食用，稍煮 2~3min 效果更佳。

关键词：方便八宝粥；油炸；速冻；蒸制；干燥

Development of the Solid Convenience Eight Precious Ingredients Gruel Using Foxtail Millet and Other Cereals

Feng Naihong，Wei Tianye，Zheng Hongyuan，Li Jinhua，Hou Donghui

(Fenyang Comprehensive Experiment Station, China Industrial and Technological Research System of Millet; Institute of Industrial Crop Research, Shanxi Academy of Agricultural Sciences, Fenyang 032200, China)

Abstract: The process flow of solid convenient gruel with eight precious ingredients is as follows:glutinous millet, sweet rice, black fragrant rice and other cereals, are fried in oil to dehydrate; cowpea, red adzuki bean, peanut kernel, lotus seeds, are quick-frozen and dried; that all kinds of nutrition tonics, for example, red jujube which is steamed simply and dried. After preparation, we max the above materials and auxiliary by other ingredients. It is edible after swelling 8~10min with the boiled water, and it will be better after boiling with the boiling water 2~3min.

Key words: The convenient eight precious ingredients gruel; Fries in oil; Quick-freeze; Steam; Dry

农历十二月初八是我国传统的节日，叫“腊八节”。每逢这天，家家户户习惯吃腊八粥，含有喜庆和预祝来年五谷丰登之意。腊八粥又叫“五味粥”、“七宝粥”、“八宝粥”。但传统的腊八粥费火、费力、费时，不符合现代生活快节奏的需求，而国内外市场上所见八宝粥大多是用易拉罐等包装的液态流质八宝粥，这种包装成本高，运输携带也较麻烦，既费财又费力，营养损失也较多。我们研制的方便八宝粥属固态型，是根据传统腊八粥的配料，将不同性味、不同品种、不同颜色的食物，经油炸或冻干等不同加工工艺制成各种方便熟化食品，然后按照一定比例合理搭配，再配以

* 基金项目：国家科技支撑计划项目 2006BAD02B02-05，2006BAD02B07-11。

第一作者简介：冯耐红，1973 年出生，女，工学学士，助理研究员，主要从事农产品深加工研究。
通讯地址：山西省农业科学院经济作物研究所，Tel：0358-3320052　E-mail：fengnh@126.com。

一定的辅料，起到了滋补祛寒，增强体质的作用，而且营养互补、价廉物美，用开水冲泡 8~10min 或稍煮 2~3min 即可食用，如此简单方便的食用方法，迎合了现代人们饮食结构的全新观念，是现代城市居家生活讲究“平衡营养、科学膳食”的理想食品，是旅行及家庭早餐的方便食品。

1　材料和方法

1.1　材料

汾阳市售：江米、糯小米、黑小米、花生豆、豇豆、红小豆、莲子、红枣等，起酥油。

1.2　仪器和设备

浸泡缸、数显温度调节仪、蒸煮锅、低温冰箱、电热鼓风恒温干燥箱。

江米、糯小米、黑香米等米类→分别淘洗浸泡→油炸→脱油→方便米类
花生豆、豇豆、红小豆、莲子等豆类→分别淘洗浸泡→蒸制→速冻-干燥→方便豆类
红枣→清洗→去核→蒸制→干燥
其他辅料
（以上合并）→混合调配→包装→成品

1.3　加工工艺

2　结果和讨论

各种原料要求色泽均匀、颗粒整齐、无虫害、无霉变、无杂质。

2.1　方便米类的研制

2.1.1　将各种米类淘洗后用60~70℃温水浸泡24h，至水分含量为40%左右为止，这样脱水后米粒酥软，复水性好，用水量不宜太多，以没住小米1~2cm为宜，以免损失米中营养成分。

2.1.2　用筛网沥干米中多余水分，然后用起酥油分别油炸米类，使米类脱水、熟化。脱水温度以180℃左右为宜，米质酥脆，无焦味，复水性好。然后脱油，含油少，易于保存，而且符合传统风味。

2.2　方便豆类的研制

2.2.1　豆类淘洗后用开水冲泡，用水量依据豆类的吸水量而定，要求浸泡24h后，豆类不但能全部膨胀，而且能把浸泡用水吸收完全，这样既可保证豆类的吸水性好，又可避免豆类中营养成分的损失（建议豆类：水=1:1）。

2.2.2　豆类蒸制时间以 30min 为宜，豆类既完全熟化，又全部膨胀，软硬适宜，不烂粒，色泽仍呈原色。

2.2.3　速冻－解冻－干燥。在 -30~40℃的低温冰箱中速冻，使豆类内外完全冻结，然后在

鼓风恒温干燥箱中升华解冻 3~5min，如此反复 5~8 次，待其结构基本确定后在 80℃左右干燥，直到含水量≤ 6%，既易于保存，复水性又好。该工艺是本项研究的关键，速冻是为了使豆类内部水分在固体状态下升华干燥，最大限度地保持其内部的网状结构，升华解冻的温度对干燥效率至关重要。

解冻温度选择 150~170℃为宜，升华速度较快，不易产生焦味。

干燥温度选择 80℃左右为宜，干燥后豆类较酥脆，无焦味，且复水性好。

2.3 方便红枣的研制

2.3.1 红枣用清水洗净后去核，这样人们吃起来比较方便，省去了唾枣核的麻烦，尤其是小孩子，省得家长们操心，而且去核后红枣易保存，复水性又好。

2.3.2 红枣蒸制时间以 20min 为宜，熟化效果好，枣皮不易分离，枣色仍呈原红色，感官较好，复水后较软。

2.3.3 干燥温度跟豆类干燥相似，选择 80℃左右为宜，干燥后易保存，无焦味，复水性好。

3 结论

我们所研制的方便八宝粥根据米类、豆类、枣类等的不同特性，采用不同的加工工艺，分别加工成方便米类、方便豆类、方便枣类。如红枣工艺较简单，只用蒸制－热风干燥工艺即可；豆类用速冻－解冻－干燥等工艺；米类则采用浸泡－油炸－脱水干燥等工艺。若糯米类采用速冻－干燥等工艺，则在煮制－蒸制时易粘块，干燥后不易分散成原粒状，易烂粒；若豆类采用浸泡－油炸－脱水等工艺，则不易熟化，会产生外焦内生的结果。因此，根据原料的不同特性分别采用不同的加工方法，这是本项研究取得理想效果的关键，这样，既可保证各类原料的熟化效果好，不易粘块、烂粒，而且复水性也好，达到方便快捷的效果。

参考文献

[1] 苗影志，朱宝艳等 . 山珍小米速食粥的加工工艺［J］. 粮食与油脂，1994,（3）: 27~28

[2] 吴方元，刘协文等 . 方便粥的研制［J］. 食品科学，1987,（9）: 33~35

[3] 李凤翔，张俭波 . 小米方便粥的研制［J］. 食品科学，1993,（10）: 70~71

[4] 李凤翔 . 小米方便粥的加工方法［J］. 天津粮油科技，1993,（3）: 30

[5] 熊善柏 . 人造米高温高湿干燥研究［J］. 食品科学，2000,（8）: 31~34

小米南瓜复合饮料的研制 *

冯耐红　卫天业　郑洪源　李晋花　侯东辉

（国家谷子产业技术体系汾阳综合试验站 / 山西省农业科学院经济作物研究所，山西汾阳　032200）

摘　要：本研究主要涉及一种小米南瓜复合饮料的制备方法，先将小米经过酶工程等技术处理，然后与不同营养风格的南瓜混合，加工成稠稀适中，色泽鲜艳，口感舒爽的高硒低糖复合饮料。研究中设计了几种不同加工工艺和条件，通过模糊数学，多层次综合评判，确定最佳加工工艺：在小米饮料加酶酶解液化反应后与南瓜浆混合，一同预煮、灭酶，工艺简单实用，兼有小米与南瓜的营养特征；通过正交试验分析比较，确定最佳加工条件：小米与南瓜的用量比为 3∶3，料液比为 1∶10，淀粉酶量（以小米量计）20mg/kg，蛋白酶量（以小米量计）6.6mg/kg，作用温度 50℃，作用时间 40min。

关键词：小米；南瓜；复合饮料；酶解液化

The Development of a Compound Drink Using Foxtail Millet and Pumpkin

Feng Naihong，Wei Tianye，Zheng Hongyuan，Li Jinhua，Hou Donghui

(Fenyang Comprehensive Experiment Station, China Industrial and Technological Research System of Millet; Institute of Industrial Crop Research, Shanxi Academy of Agricultural Sciences, Fenyang 032200, China)

Abstract: In this study we developped a preparation method of a compound drink of millet and pumpkin. First, millet was treated by enzymes; second, it's mixed with pumpkin with different nutrition; then it's processed to a high selenium and low sugar compound drink which is suitable thicken, bright-coloured and feeling happy. It was designed for several processing technology and condition. The best processing treatment was determined through mathemastic statistics. Pumpkin paste was mixed with millet reacted with enzyme, then cooked and enzyme destroyed. The technology is simple and practical. The product has the nutrition character of millet and pumpkin. The best processing condition is determined through the orthogonal experiment. The proportion of millet and pumpkin is 3:3 and that of raw material and water is 1:10. The amylase is 20mg/kg and the protease is 6.6mg/kg of the millet. The reaction temperature is 50℃ and the time is 40min.

Key words: Foxtail millet; Pumpkin; Compound drink

小米是一种营养丰富，具有医疗保健作用的优质粮源。据记载，小米有清热、消渴、利尿等

---

* 基金项目：国家科技支撑计划项目 2006BAD02B02-05。

第一作者简介：冯耐红，1973 年出生，女，工学学士，助理研究员，主要从事农产品深加工研究。

通讯地址：山西省农业科学院经济作物研究所。Tel：0358-3320052，E-mail：fengnh@126.com。

作用，可治脾胃气弱、食不消化、反胃呕吐等症。食用小米可防止幼儿贫血，对孕妇有安胎助产之效。小米中所含的硒有明显的防癌效果[1]。南瓜是一种具有丰富营养物质和天然保健功能的传统蔬菜，能促进人体胰岛素的分泌，有效预防糖尿病和高血糖等症[2]，有资料表明：南瓜籽与肉质部分（扣除皮、瓤）比例为 1：30~45，我国每年生产南瓜籽在数千吨以上，但果实肉质部分利用不到 30%，其余 70% 因得不到合理开发利用被白白弃掉[3]，实属可惜。本研究根据谷类与南瓜营养特征的优劣，将不同品种的营养素组合，进行优势互补，相互取长补短，更好的发挥小米和南瓜的营养作用，提高营养价值，为广大消费者服务[4]，符合今后低糖营养复合饮料的发展趋势。

1 材料与方法

1.1 供试材料

汾州香小米：色泽均匀，颗粒整齐，无虫害，无霉变，无杂质，免淘洗，由山西省汾州香科技发展中心提供。

各种酶：由天津市诺沃生物技术有限公司提供。

南瓜：汾阳市售。

1.2 仪器和设备

J100 系列五合一型多功能食物加工机：广州市松美电器有限公司；

XF-98A 型旋风精密试样粉碎机：河北省黄骅市振兴电器仪器厂；

电子分析天平：Denver Instrument Company；

BS2-I 型电热三用水箱：北京市医疗设备厂；

LXJ-64-01 型离心机：北京医疗仪器修理厂；

GYB30-6D 型高压均质机：上海东华高压均质机厂；

YXQ.SG41.280A 型电热手提式压力蒸汽灭菌器：上海医用核子仪器厂。

1.3 方法

水分含量测定 :GB5497—85

总还原糖的测定 : GB5009.7—85

蛋白质测定 : GB/T14965—1994

酶活力测定 : 比色法

固形物含量 : GB12143.1—89

计算公式 : 利用率 $=(A-AB-X)/(A-AB)\times 100\%$

A 为试验用物料量（g），B 为物料水分含量（%），X 为残渣量（g）。

1.4 加工工艺及操作要点

1.4.1 加工工艺

工艺 1：南瓜预处理
↓
小米浸泡→磨浆→煮沸→酶处理→过滤→均质→罐装→灭菌→冷却→成品

工艺 2：南瓜预处理→磨碎→加水→预煮→过滤→南瓜汁
↓
小米浸泡→磨浆→煮沸→酶处理→过滤→小米汁→均质→罐装→灭菌→冷却→成品

工艺 3：南瓜预处理→磨浆
↓
小米浸泡→磨浆→煮沸→酶处理→混合预煮、灭酶→过滤→均质→罐装→灭菌→冷却→成品

1.4.2 操作要点

南瓜预处理：主要操作包括整理、分级、洗涤、去皮等。首先根据南瓜的色泽和成熟度进行整理分级，同时除去病虫为害的部分，并进行去皮去瓤处理；然后将南瓜进行充分洗涤，一般采用喷水冲洗或流动水冲洗[5]。

浸泡－磨浆、粉碎：为了增加表面积，加快酶促反应的进行，提高取汁率，将原料浸泡磨浆或粉碎至过 40 目筛。

蒸煮：使原料中淀粉充分糊化，破坏淀粉颗粒，舒展淀粉分子；破坏蛋白质结构，有利于酶促反应，加快液化速度。

加酶酶解液化：利用淀粉酶及蛋白酶降解大分子物质成小分子物质，使可溶性物质增多，提高提取率，并易于消化吸收，此过程对产品品质也有很大影响。经初步试验，将中性蛋白酶与木瓜蛋白酶研制的饮料相对比，前者香味淡，甜味寡，色灰；而后者香味浓，甜度大，色泽黄亮，因此本研究选用木瓜蛋白酶。

灭酶：酶促反应后需加热灭酶，使各种酶失活。

过滤：利用离心机将米汁与米渣分离。本试验采用低速离心，转速 3 000r/min，时间 10min。

均质：通过滤质阀，物料在高压下进入可调节间隙的阀件内，使物料获得极高的流速，从而在均质阀里形成一个巨大的压力下跌，在空穴效应，涡流和剪切力的多种作用下，将原先粗糙的乳浊液或悬浮液加工成极细微的、均匀稳定的乳化物，可提高保存质量，节约昂贵的添加剂，能提高人体的吸收质量等。本试验采用 400kg 以上压力均质[6]。

灭菌：为了增加饮料的保质期，采用 0.1MPa 高压灭菌。

2 结果与分析

2.1 复合工艺的选择

通过模糊数学，多层次综合评判，根据三种不同工艺制得复合饮料的感官品质等分析比较，选

择最佳加工工艺。

在三种工艺中，将小米与南瓜分为3∶2，3∶3，3∶4三个比例，得到9个样品进行试验，如表1中试验安排。

表1　样品试验安排

样品编号	工艺	比例
1	1	3:2
2	1	3:3
3	1	3:4
4	2	3:2
5	2	3:3
6	2	3:4
7	3	3:2
8	3	3:3
9	3	3:4

用多层次综合评判，由15位专家组成评判组，按其质量特性逐一进行单因素评价，结果由专家填写在品评表中，汇总每个样品的各因素所得票数，见表2。

表2　评价复合饮料因素统计

样品编号	色泽			香气			滋味			黏稠度			质感		
	上	中	下	上	中	下	上	中	下	上	中	下	上	中	下
1	0	3	12	0	5	10	2	4	9	0	1	14	0	5	10
2	8	5	2	2	10	3	7	6	2	5	6	3	6	6	3
3	3	8	4	2	9	4	3	5	7	5	4	6	4	9	2
4	2	6	7	0	8	7	1	6	8	3	3	9	2	8	5
5	0	5	10	1	6	8	3	5	7	0	2	13	2	4	9
6	0	6	9	0	8	7	3	6	6	0	4	11	2	6	7
7	2	7	6	2	8	5	4	5	6	3	6	6	5	10	0
8	11	3	1	8	7	0	11	4	0	9	5	1	14	1	0
9	13	2	0	5	8	2	10	4	1	8	4	3	10	3	2
权重	0.2			0.2			0.25			0.1			0.25		

然后将所得票数折算成赞成的比率，联合因素集中所有因素的评价结果则得到形如R_1的模糊矩阵：

$$R_1 = \begin{pmatrix} 0 & 0.200 & 0.800 \\ 0 & 0.333 & 0.667 \\ 0.133 & 0.267 & 0.600 \\ 0 & 0.067 & 0.933 \\ 0 & 0.333 & 0.667 \end{pmatrix}$$

当确定的权重系数集为：

X =（0.2 0.2 0.25 0.1 0.25）时有：

$Y_1 = X$，R_1 =（0.03325 0.26330 0.70345）

以此类推，得到下列模糊变换结果（表 3）。

表 3 模糊变换结果

样品编号	模糊变换结果		
	上	中	下
1	0.033 25	0.263 30	0.703 45
2	0.363 25	0.440 00	0.169 85
3	0.216 65	0.486 55	0.296 80
4	0.096 60	0.439 85	0.463 30
5	0.046 65	0.309 90	0.593 45
6	0.083 25	0.413 30	0.503 45
7	0.223 20	0.490 00	0.286 60
8	0.729 70	0.250 20	0.020 10
9	0.626 80	0.276 65	0.096 60

综合评判结果及归一化排序如表 4 及表 5。

表 4 综合评判结果

评判结果	样品编号			
上	8	9		
中	7	3	2	
下	1	5	6	4

表 5 归一化后综合排序

综合排序	1	2	3	4	5	6	7	8	9
样品编号	8	9	7	3	2	1	5	6	4

显然利用工艺 3，即在小米饮料加酶酶解液化反应后与南瓜浆混合，一同预煮、灭酶，且选择小米与南瓜比例为 3∶3 时，研制的复合饮料稠稀适中，色泽鲜艳，口感芳香，兼有小米与南瓜的营养特征，且工艺简单实用，效果最好。

2.2 酶技术处理工艺及条件的选择

2.2.1 加工工艺的选择

两种不同加工工艺，在各温度下对小米利用率及口感的影响的研究。

工艺 1：取 30g 小米，加水 300ml，浸泡，磨浆（工艺 2：取 30g 小米粉，加水 300ml），煮沸 15min，冷却，加 α－淀粉酶 0.8ml，木瓜蛋白酶 3mg，在不同温度下作用 40min，煮沸 10min 灭酶，分离 10min 得米汁与米渣，将米渣干燥得残渣。结果见表 6、图 1。

表 6 温度对饮料利用率的影响

温度（℃）		50	55	60	65	70	75	80	85
工艺 1	残渣量（g）	5.7	6.6	6.65	6.7	6.8	6.85	7.45	7.3
	利用率（%）	78.41	75	74.81	74.62	74.24	74.05	71.78	72.35
工艺 2	残渣量（g）	6.15	6.7	6.8	7.0	7.2	7.3	7.55	7.3
	利用率（%）	77.01	74.95	74.57	73.83	73.08	72.71	71.77	72.71

注：测得本试验用小米水分为 12%，小米粉水分为 10.83%。

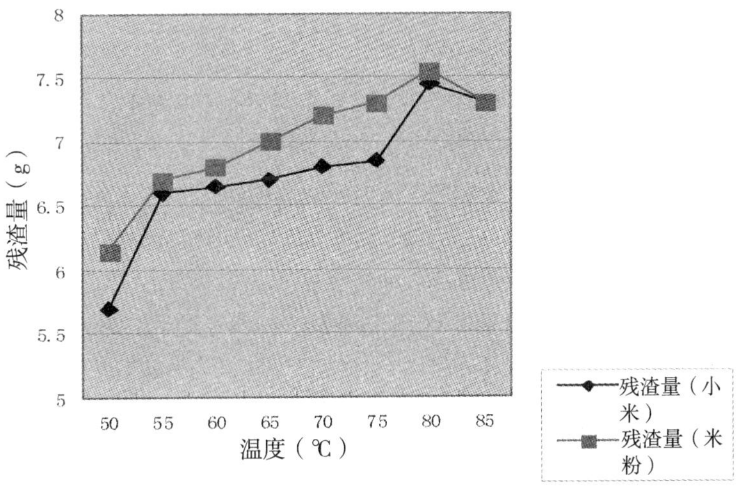

图 1 残渣量与温度的关系

根据以上试验及残渣量与温度关系分析得出如下结论：

①用小米直接磨浆做的饮料较稠，色淡黄，香味浓，甜。

②用小米粉做的饮料较稀，色黄，香味较淡，甜味较差。

③用小米直接磨浆做的饮料产生的残渣量比用米粉做的残渣量少，利用率高。

④不论用哪种工艺，都是在 50℃时产生的残渣量最少，利用率最高，同时饮料气味清香、口感怡人，说明 50℃为最佳反应温度。

2.2.2 最佳工艺条件的确定

以下试验采用工艺 1，选择 50℃，按 4 个因素三水平设计正交试验，进一步确定最佳工艺条件（表 7）。

表 7 试验因素及水平

水平	因素			
	A 料液比	B 淀粉酶量（ml）	C 蛋白酶量（mg）	D 作用时间（min）
1	1:8	0.6	0.1	30
2	1:10	0.7	0.2	40
3	1:12	0.8	0.3	50

试验方法：取 30g 小米，加水，浸泡，磨浆，煮沸 15min, 使之充分糊化，加入淀粉酶及蛋白酶，置于 50℃恒温水浴锅内，作用一定时间，加热煮沸 10min 灭酶，离心 10min 分离得米汁与米渣，分析、品尝米汁，并计算利用率。结果见表 8（请专家品尝、观察分析，米汁口感按香味、甜味从浓到淡排序）。

表 8 正交试验结果

试验号		因素 / 水平				米汁口感	残渣量（g）	利用率（%）
		A	B	C	D			
1		1	1	1	1	⑤	7.40	72.774
2		1	2	2	2	②	7.05	74.003
3		1	3	3	3	①	7.30	73.112
4		2	1	2	3	⑧	6.70	75.322
5		2	2	3	1	③	7.20	73.480
6		2	3	1	2	④	7.60	72.007
7		3	1	3	2	⑥	6.70	75.322
8		3	2	1	3	⑨	7.80	71.270
9		3	3	2	1	⑦	6.80	74.953
利用率	Ⅰ	219.889	223.380	216.020	221.117			
	Ⅱ	220.899	218.780	224.300	221.362			
	Ⅲ	221.545	220.070	221.970	219.704			
	Ⅰ/3	73.296	74.460	72.006	73.725			
	Ⅱ/3	73.603	72.926	74.760	73.787			
	Ⅲ/3	73.848	73.356	73.970	73.234			
	极差	0.552	1.530	2.760	0.553			

根据以上正交试验，从极差分析，影响利用率的 4 个因素中，蛋白酶量最重要，其次是淀粉酶量，再次是作用时间和料液比。从口感上考虑，当料液比增大时，饮料的香味、甜味就会变淡；料液比过小时，虽然饮料的米香浓郁，但利用率低，产品成本高。综合各因素对饮料的影响，选择工艺条件为：料液比 1∶10，淀粉酶量 0.6ml（以小米量计为 20mg/kg），蛋白酶量 0.2mg(以小米量计为 6.6mg/kg)，作用时间 40min。

3 结论

3.1 复合饮料的加工选择工艺 3，在小米饮料灭酶前与南瓜浆混合，一同预煮、灭酶，工艺简单实用。

3.2 选择小米与南瓜比例为 3∶3，研制的复合饮料稠稀适中，色泽鲜艳，口感芳香，兼有小米与南瓜的营养特征。

3.3 酶技术处理时选择工艺 1，直接浸泡磨浆后研制，最佳工艺条件为：料液比 1∶10，淀粉酶量 20mg/kg（以小米量计），蛋白酶量 6.6mg/kg（以小米量计），作用温度 50℃，作用时间 40min。

3.4 研制的复合饮料主要含氨基酸、葡萄糖等低分子物质和维生素、矿物质和微量元素等营养物质，易于消化吸收。

3.5 研制的复合饮料不加糖及防腐剂、色素等添加剂，属天然、低糖饮品，符合今后饮料发展趋势。

参考文献

[1] 郭淑春，钱丽燕，张凤清等 . 荞麦、小米营养成分的开发和利用［J］. 粮油食品科技，1998，1：12~13

[2] 金桂英，贾芬 . 南瓜粉的营养、药用价值与开发利用［J］. 福建农业科技，1998，2：26~27

[3] 刘志强，傅承新，杨志坚等 . 食用菌深层发酵法制备南瓜汁脱糖营养液工艺研究［J］. 食品科学，2003，24（9）：88~91

[4] 葛毅强 . 复合蔬菜汁的研制［J］. 饮料工业，2001，4（5）：12~15

[5] 艾志录，张欣 . 软饮料工艺学［M］. 北京：中国农业科技出版社，1996：106~116

[6] 刘恩歧，程创基，常泓 . 粮油产品贮藏加工学［M］. 太原：山西高校联合出版社：1994：193

便捷小米营养粉的研制 *

李 萍 张文兴 芦 明 杨 斌 张艾英 张喜文

（国家谷子产业技术体系加工与产后经济研究室 / 山西省农业科学院谷子研究所，山西长治 046011）

摘 要：便捷小米营养粉是将小米作为主料，经精选粉碎蒸制烘干后按一定比例与熟化的配料混合均匀而形成的。食用时，用一定量的开水冲调后即可食用。营养平衡、风味厚重，保持了小米粉固有的色香味。

关键词：小米粉；便捷；营养；原味；蒸制；干燥；无菌

The Development of a Convenient and Nutritious Foxtail Millet Powder

Li Ping，Zhang Wenxing，Lu Ming，Yang Bin，Zhang Aiying，Zhang Xiwen

(Section of Processing and End-use Economic, China Industrial and Technological Research System of Millet; Institute of Millet, Shanxi Academy of Agricultural Sciences, Changzhi 046011, China)

Abstract: This paper is a deliberate attempting to probe into the technique of processing nutritious millet powder. Firstly, millet was crumbled to dust, then steamed; at last, it was dried and mixed with other ingredients. After recombined with boiling water, the product can be eaten. The characteristic of this millet powder is nutritionally balanced and original taste and flavor.

Key words: Foxtail millet powder; Convenience; Nutrition; Original taste; Steaming; Drying; Asepsis

小米是五谷中的营养珍品，不但营养丰富且各种成分平衡[1]。在养殖业不发达的时代，它常作为重要的养身作物，如妇女产后的主要食物、婴幼儿的哺乳食物、体弱病残者的主要食物、高强度劳动者的耐饥食物等。家庭养殖者也常将小米作为哺乳动物的主要乳源，如牛犊、小马驹、乳猪、乳羊、小狗、小猫、幼鸡等。还是饥渴病人的主要饮食来源。由于人类生活节奏的加快，谷子作为食品中的费时、耗能、误事的缺点也日益凸显[2]。如何能够既保持小米原有的营养和风味，又食用方便快捷？就此，我们进行了相关研究，形成了一种便捷实用的营养米粉。该产品用一定量的开水一冲即可食用。同时，按照“平衡营养、科学膳食”的理念，在产品的配方中，改善了原有小米中赖氨酸含量的不足，进一步提高了小米的营养价值。是一种人人皆宜食用的营养食品。可作为早晚

* 基金项目：现代农业产业技术体系建设专项资金资助。

第一作者简介：李萍，1957 年出生，女，副研究员，主要从事谷子栽培育种及加工研究。

通讯地址：山西省长治市漳沂西路科研巷，山西省农业科学院谷子研究所。Tel：0355-2204019。

通讯作者：张喜文，1954 年出生，男，研究员，主要从事谷子栽培育种及加工研究。E-mail：gzszxw1@163.com。

餐、加餐、饮料、医院病人流食等方便食品。

1 材料与方法

1.1 材料

小米来源于本所绿色食品原料生产基地。脱脂大豆粉购于当地超市。

1.2 仪器和设备

粉碎机、蒸煮箱、电热鼓风恒温干燥箱、搅拌机、电子天平、包装机。

1.3 加工工艺

谷子→精选加工→小米→粉碎→蒸制→干燥→混粉→包装→产品。

2 结果和讨论

2.1 生产原料要求

对加工原料的要求必须符合相应标准，如生产无公害的原料标准；生产绿色A级食品的原料标准；生产有机食品的原料标准[3]。本产品使用的是绿色A级谷子原料。

2.2 生产环境的要求

加工车间一定要符合国家卫生许可要求[4]。

2.3 加工机械的要求

加工机械必须保证运转正常，符合规定卫生条件[4]。

2.4 生产人员的要求

参加加工过程的工作人员不能带有任何病菌源，不得接触任何致病源[4]。

2.5 便捷营养米粉的研制

2.5.1 精选原料。对加工使用的谷子及配料要认真精选，在保证生产产地和规程合格的前提下，进一步保证收获和精选质量。确保无杂质、无霉变、无虫害。

2.5.2 精细粉碎。将精选后的原料输送到粉碎机内进行粉碎，保证粉剂细腻，小米粉粒度120目。

2.5.3 高温蒸制。将粉碎后的米粉在高温高压锅内蒸制30min左右，蒸制时间根据小米粉的厚度调整，确保熟化。

2.5.4 干燥。蒸制后的米粉含有一定量的水分，在80℃进行烘干脱水，使水分点低于10.0%。

2.5.5 混粉灭菌。根据配料要求，将配料与主料在搅拌机中混合后搅拌均匀。搅拌过程中，用紫外线灭菌。

2.5.6 包装。包装过程要严格注意卫生条件，保证无菌包装环境，定量装袋、封口。

2.5.7 储存。将产品置于常温阴凉处保存，低温更好。

2.6 其他便捷米粉的研制

将小米粉作为主料，与其他食用粉剂进行合理搭配，微调工艺，即可形成多品种、多类型、多口味、多色调的便捷小米粉系列。

2.6.1 山药红枣小米粉

配料选择山药和红枣。

将完好新鲜的山药清洗干净，去皮，切成薄碎片，烘干后研磨成粒度 120 目的粉剂，按比例加入小米粉中，初搅拌后进入 2.5.3 工艺。

将红枣洗净去核，把果肉切碎烘干，研磨成 80~120 目粉剂；使其与按 2.5.1~2.5.4 的生产工序生产出小米粉一起进入 2.5.5 工序。

2.6.2 绿豆南瓜小米粉[5]

配料选择绿豆、南瓜。

在超市中购回新鲜绿豆粉，按比例加入小米粉中混合，进入 2.5.3 工艺。

将南瓜洗净去皮，把果肉切成薄碎片蒸熟烘干，研磨成 120 目粉剂。

使其与按 2.5.1~2.5.4 的生产工序生产出小米粉一起进入 2.5.5 工序。

3 结论

便捷营养小米粉的研制是立足于营养平衡、食用方便、保持原味、节省投入、便于生产、利于消费的指导思想进行的。具有以下特点。

3.1 营养平衡

谷子是众所周知的营养平衡食物，但赖氨酸相对贫乏[6~8]。生产中，通过添加一定量的富含赖氨酸的脱脂大豆粉，进一步改善了小米营养的不足，提高了小米粉的品质。

3.2 技术路线优化

农业产业是低效广用的产业。民以食为天。食品加工过程中，过高的附加值会使消费者望而却步。因此，降低生产成本是企业生存中终身必须考虑的问题。在选择加工技术路线中，我们避开了将小米酶解生产粉剂的高投入工艺，选择了此低耗工艺。

3.3 保持了原有的食用特性

在市场消费调研中，多数消费者希望加工后仍能喝到小米粉的原有香味。选择本工艺的主要原因也在此。特别是小米膳食纤维的保留，有利于保持食物的营养结构。

3.4 营养损失极少

由于加工过程简单，小米的营养元素损失极少，高度保留了其本身的营养成分。

3.5 食用方便

该产品食用时，仅需用一定量的开水冲调即可。稠稀依个人口味通过用水量即可调整。食用时，还可根据个人口味添加蜂蜜、白糖或咸盐等调味剂。

同时，产品还具有运输携带方便、货架存放期较长等特点。

生产工艺的简便性，利于多种配方产品的生产。

参考文献

[1] 刁现民．中国谷子生产与产业发展方向[C]．见：柴岩，万富世．中国小杂粮产业发展报告．北京：中国农业科学技术出版社，2007:32~43
[2] 冯耐红，卫天业，郑洪源等．固体方便八宝粥的研制［C］．见：牛西午，刘作易．中国杂粮研究．北京：中国农业科学技术出版社，2007:304~305
[3] 张喜文，李萍，张文兴．山西谷子新品种及系列栽培技术［M］北京：台海出版社，2005:84~89
[4] 朱维军，陈月英，高伟．面制品加工工艺与配方［M］．北京：科学技术文献出版社，150~161
[5] 吴忠会，李宏高．绿豆营养粉深加工的探讨［J］．陕西科技大学学报，2005，23（4）：44~48
[6] 卢健鸣，杨春，康继民等．小米杂粮保健主食品的研制开发［J］．农业工程学报，2004，20（7）：239~241
[7] 薛月圆，李鹏，林勤保．小米的化学成分及物理性质的研究进展［J］．中国粮油学报，2008，23（3）：199~203
[8] 刘发敏．小米的营养成分及深加工开发利用［J］．农业科技情报（西南农学院），1991，（3）：10~17

小米蛋白研究及应用前景展望 *

张艾英 李 萍 张文兴 芦 明 杨 斌 申海斌 张喜文

（国家谷子产业技术体系加工与产后经济研究室 / 山西农业科学院谷子研究所，山西长治 046011）

摘 要：为合理利用我国丰富的谷子资源，本文以小米蛋白在加工应用中的研究为切入点，比较详细的综述了国内外该领域的研究进展，给谷子深加工增值探索新出路，且对小米蛋白深加工应用前景做了一些建议性的展望。有助于谷子产业体系的建设和完善。

关键词：小米；蛋白；研究；展望

Research Progress and Perspective of Foxtail Millet Protein*

Zhang Aiying，Li Ping，Zhang Wenxing，Lu Ming，Yang Bin，Shen Haibin，Zhang Xiwen

(Section of Processing and End-use Economic, China Industrial and Technological Research System of Millet; Institute of Millet, Shanxi Academy of Agricultural Sciences, Changzhi 046011, China)

Abstract: In order to utilize reasonably our abundant resources of foxtail millet, This paper provided an overview of research field of millet protein processing and application at home and abroad. It explores a new value-added way to process deeply millet and does some of the recommendations of prospect about millet protein intensive processing application. It contributes to the millet industry system's construction and consummation.

Key words: Foxtail millet; Protein; Research; Expectation.

小米是谷粒去壳后的产品，是我国北方谷区人民一种主要的粮食[1]。众所周知，蛋白质与人类的生命活动休戚相关，营养学研究表明，成人每天需要摄入蛋白质 70g。蛋白质是极其复杂的含氮有机化合物，是体现生命现象的物质基础，一切生命活动均与蛋白质密切相关。蛋白质供给状况，直接关系到人们的身体素质和智力水平，同时也是衡量一个国家经济和科学文化发达程度的重要标志[2~5]。保证蛋白质供应量、提高优质蛋白质供给水平是我国食品计划的主要任务之一。据国外文献报道，小米蛋白质未发现过敏原物质[6]，具有提高血浆中高密度脂蛋白胆固醇水平的效果，对预防动脉粥样硬化有益及具有调节胆固醇新陈代谢的功能[7]。就此，小米蛋白产品的开发利用为合理利用我国丰富的小米资源，给深加工增值探索新出路，具有重要的科学价值。特将有关研究内容综

* 基金项目：现代农业产业技术体系建设专项资金资助。

第一作者简介：张艾英，女，助理研究员，主要从事谷子精深加工及谷子育种研究。E-mail：zay 1012@126.com。

通讯作者：张喜文，男，研究员，国家谷子产业体系岗位科学家，主要从事谷子精深加工及谷子育种研究。

E-mail：gzszxw1@163.com。

述如下。

1 小米蛋白的营养价值

1.1 小米蛋白质含量比较

小米蛋白分为清蛋白、球蛋白、醇溶谷蛋白和谷蛋白，其中醇溶谷蛋白和谷蛋白占小米总蛋白组分的75%，小米的赖氨酸和色氨酸在其清蛋白（白蛋白）中含量最高，在其球蛋白中含量最低[8]，根据中国农业科学院保存编目的“中国谷子品种志”及近些年来谷子育种工作者的化验分析研究结果表明，小米中蛋白质平均含量为12.71%。由图1可知小米中蛋白质含量均高于大米、小麦粉和玉米。

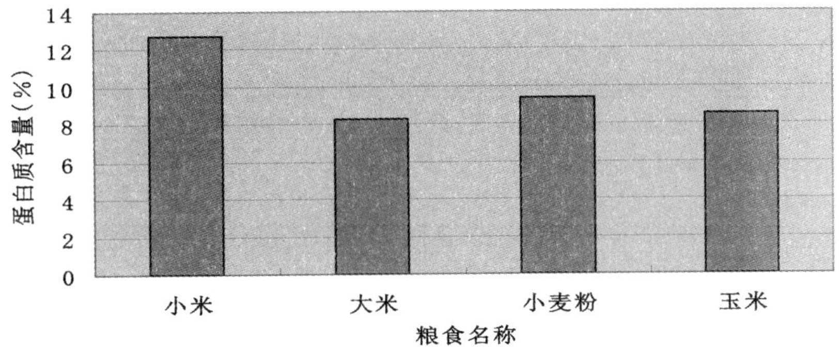

图1 小米和主要禾谷类籽粒蛋白质含量的比较

1.2 小米蛋白质的品质评价（表1）

表1 小米和鸡蛋必需氨基酸量与FAO／WHO模式及氨基酸评分和指数[9]

必需氨基酸	代号	小米	AAS	mg/（1g蛋白质）	
				鸡蛋	FAO/WHO
异亮氨基酸	a	41.18	102.95	54	40
亮氨酸	b	127.09	181.56	86	70
赖氨酸	c	19.56	35.56	70	55
蛋氨酸＋胱氨酸	d	48.80	139.43	57	35
苯丙氨酸＋酪氨酸	e	78.46	130.77	93	60
苏氨酸	f	33.5	83.75	47	40
色氨酸	–	–	–	17	10
缬氨酸	g	52.13	104.26	66	50
组氨酸	h	19.58	115.18	22	17
ΣEAA		420.30		512	377

从表1看出，小米中必需氨基酸(除色氨酸外)占蛋白质的42.03%，多数必需氨基酸的AAS值均大于100，能满足人体的需求，所缺乏的仅是赖氨酸和苏氨酸。与优质鸡蛋蛋白质比较，除色氨酸外的必需氨基酸指数EAAI为76.22，高于其他粮食（65.09~73.62）。色氨酸虽未测定，但文献[10]报道它在小米中的含量为0.198%。由此可见，小米是一种优质蛋白质来源食品。

1.3 小米蛋白中氨基酸的特殊营养价值

小米蛋白与其他谷物相比含丰富的蛋氨酸和色氨酸。蛋氨酸在体内除组成蛋白质外，主要是协助肝内脂肪的转变，缺少其成分易产生脂肪肝，甚至造成肝硬化；蛋氨酸还是合成肌酸胆碱，转化成胱氨酸的主要原料，有降低胆固醇的作用。所以，小米蛋白具有预防肝损伤和动脉硬化，调节血脂，保护肝脏的潜在功效。色氨酸能促使大脑神经细胞分泌一种催人欲睡的“血清素”。小米中色氨酸含量高，且含易被消化的淀粉，进食后易产生饱足感，促进人体胰岛素的分泌，进而提高人脑中色氨酸的数量，达到催眠效果。色氨酸缺乏会影响睡眠质量，还易引起糙皮病等疾病。色氨酸含量和糖尿病之间有着紧密的联系。小米中色氨酸含量在所有谷物中独占鳌头，能够有效的补充糖尿病患者体内所缺乏的色氨酸[11]。

2 小米蛋白在加工应用中的研究

2.1 小米蛋白质的营养强化

蛋白质的营养价值取决于各种氨基酸数量的比例是否平衡，食物中必需氨基酸的比例越接近成人需要的模式值，营养价值越高，利用程度也越大。在日常膳食的植物蛋白中占49%的谷物类蛋白质由于一些限制性氨基酸影响营养价值较低，所以需要与其他蛋白互补结合，进行营养的强化。含量丰富的氨基酸使小米蛋白具有独特的营养价值，而赖氨酸的缺乏也影响了小米蛋白的生物效价。

小米中大部分必需氨基酸的比例符合理想模式值，但赖氨酸的比例最低，只相当于理想模式的18%；大豆中赖氨酸丰富，而蛋氨酸是许多豆类食物的限制性氨基酸；玉米蛋白质中几乎不含色氨酸。小米蛋白的生物效价为57，如果将25%的小米蛋白与23%的玉米蛋白，52%的大豆蛋白混合进食，其生物效价将提高到73。以25：1的比例与芝麻、杏仁、花生仁、核桃仁、葵花仁等做成的五仁小米营养糊，产品不但有很好的口感，营养价值也大幅度提高，蛋白质含量提高35%，赖氨酸提高183%，补足了原小米中赖氨酸的不足，达到了全价蛋白质的水平[12]。各种豆类、荞麦、莜麦、高粱、小麦和薯类都是蛋白质互补的好食材，在我国华北地区，人们常将小米、玉米和黄豆一起磨粉食用，以达到氨基酸的互补。营养专用米方面，小米搭配其他米类(粳米、糙米、黑米、薏米、血糯米)、豆类(小豆、绿豆、黑豆、豌豆、大豆蛋白)和坚果类(葵花子仁、花生仁、松子仁、核桃仁、南瓜子仁、莲子)、干果类(大枣、葡萄干)、蔬菜类(胡萝卜、甘薯)、菌藻类(黑木耳、银耳、海带)以及药用食物类(杏仁、枸杞子)，靠它们相互间营养成分、营养素量的互补及各自具有的独特的天然功能来满足不同人群对营养成分、营养素量和保健功能的要求[12]。

蛋白质的营养价值取决于各种氨基酸数量的比例是否平衡，动物蛋白大部分是完全蛋白质，氨基酸数量比例比较平衡，是全价营养，所含氨基酸最接近人体的需要。植物蛋白的氨基酸数量比例不平衡，且含有抗营养素、不易消化、营养价值较低。若将小米与肉类和大豆类混合搭配食用，其蛋白生物价值将明显提高。如13%的小米蛋白与22%的大豆蛋白、26%的牛肉蛋白、39%的小麦蛋白混合进食，其蛋白生物效价将提高到89。将1∶1的纯羊奶蛋白质和纯小米蛋白质混合制成的乳香小米蛋白粉，动植物蛋白间的互补作用良好，蛋白质评分为91.4；必需氨基酸组成良好，氨基酸评分为85.45[13]。以配方动物蛋白∶植物蛋白=2∶1(质量比)，花生和小米为主要原料制成的新型婴儿断奶食品，最终产品的溶解度为98 26%。该产品具有较高的蛋白质含量和很好的溶解性，适合断奶期婴儿食用[14]。

2.2 加工过程对小米蛋白质的影响

小米糊粉层和胚中的蛋白质氨基酸比例合理，生物价值较高，而越向胚乳内部，蛋白质中赖氨酸的含量越低。外层质量较高的小米蛋白在加工精制过程中易损失，而且碾磨越精损失越多。研磨较好的形成小米蛋白糊状物的质地较为紧密，反之则较为疏松。研磨造成小米蛋白和脂类随着12%的干物质从食物中损失；挤压降低了小米蛋白的溶解性，也会造成一定量的蛋白质损失，水溶性蛋白、盐溶性蛋白、醇溶性蛋白和碱溶性蛋白的含量减少，其中醇溶性蛋白变化最明显[15]。这是由于小米蛋白质在自然状态下多以蛋白体的形式存在，由于挤压过程中的热效应和剪切效应，蛋白体遭到破坏，并进一步发生变性[16]，导致内部疏水基团暴露。这样，蛋白质就可以通过疏水作用而形成分子量较大的聚集体。分子量增加，导致变性蛋白质的溶解性降低[17]。

脱色增强了6.56%的蛋白质的体外消化，但也损失了6.74%的蛋白质；去皮增强了79.1%~78.6%蛋白质的消化同时，也损失了小米中的蛋白质、不溶膳食纤维、脂肪、赖氨酸和其他氨基酸。去皮后小米蛋白的质量分数为6.3% ±0.6%。热水处理虽然可以加强胚乳的质地，降低小米去皮的难度，也会损失更多的蛋白质和赖氨酸。

经微波处理[18]后，小米蛋白质含量略有下降，但变化不大，而小米水溶性蛋白质含量增加，小米游离氨基酸含量也降低，可能微波促使氨基酸与还原糖的美拉德反应[19]，导致游离氨基酸下降。

2.3 小米蛋白质消化率提高的研究

小米蛋白消化率为83.4%。蛋白质消化率是衡量食物蛋白质营养价值的重要指标，因此提高小米蛋白的消化率有重要意义。通过乳化、发酵等手段可以提高小米蛋白质的消化率。

将小米蛋白溶解在胰凝乳蛋白酶中，溶解的蛋白在一定条件下与半乳甘露聚糖结合或与转谷氨酰胺酶聚合。将不同方法处理过的小米蛋白在各pH值下的溶解度进行比较：经过胰凝乳蛋白酶消化的蛋白在pH值2.0~5.0不溶，转谷氨酰胺酶聚合物在pH值为4.0时有轻微的不溶，半乳甘露聚糖结合物在不同pH值下都能溶并且能在一定范围内抵制由于加热导致的蛋白质凝聚，经过乳化的蛋白质的消化水平有了很大提高。

对小米进行发酵，每隔两小时测定自然条件下蛋白消化情况和发酵过的蛋白消化情况，结果显示随着时间的增加蛋白质的成分发生极限变化，发酵过的蛋白消化率也得到很大提高[19]。发酵使小米蛋白的体外消化率增强了82%～84%。

意大利小米蛋白质和钙的含量高于其他小米，其蛋白浓缩后的产物除赖氨酸和精氨酸外的必需氨基酸的比例远大于浓缩前小米蛋白中的比例。用胃蛋白酶、木瓜蛋白酶和胰岛素分别消化意大利小米蛋白，胰岛素的消化能力较低，对小米蛋白进行酸处理可以增强胰岛素的消化作用。

2.4 小米蛋白质的提取率的研究[20]

王丽霞等，小米营养蛋白粉制备技术试验确定的碱法提取小米蛋白质的适合条件为：提取碱液浓度为 0.1mol/L，提取时间为 2h，提取温度为 25℃，料液比为 1：5~1：6，在选用的适合条件下小米蛋白质的提取率达 35% 以上，在中和、等电点沉淀、脱盐等工序后，经干燥制得的小米蛋白粉产品其蛋白质纯度达 75% 以上。

3 小米蛋白质深加工应用探究

小米蛋白质的理化和应用功能特性，营养价值等研究工作在进行中，提取小米蛋白，开发具有营养保健功能的小米蛋白粉产品不仅可以充分利用山西丰富的小米资源，也对其附加值的提高有积极的意义[20]。

可食性蛋白膜虽各方面性能不太完善，但其一些引人注目、独一无二的特点 (如良好的阻氧性能、可食性、营养性、保鲜性等) 正迎合了食品工业对食品包装的要求，因而越来越引起重视，成为科学研究的热点。可食性蛋白膜是以蛋白质为基质的可食用膜，现主要有大豆蛋白膜、小麦蛋白膜、玉米蛋白膜等。若应时代需求，开发小米可食性蛋白膜是拓宽小米多用途的有效途径。

人类通过食物摄取蛋白质，这些蛋白质就是许多生物活性肽的来源，源于食物蛋白质的活性肽，有些是天然存在的，有些是蛋白酶催化酶解的产物，作为人类食物蛋白的卵蛋白（禽鸟蛋）、大豆蛋白、大米蛋白、玉米蛋白、高粱蛋白、小米蛋白，通过合适的酶，合理的酶配方，对其进行酶解也可产生具有免疫活性的肽，而且有些肽除了具有巨噬细胞的吞噬能力外，还能抑制肿瘤细胞的生长。随着蛋白质工程和生物酶工程和食品科学技术的迅速发展，还会有大量的生物活性肽不断地被发现，通过生物技术的应用，可生产出众多的生物活性寡肽，应用于食品添加剂、寡肽终端产品、保健药物、化妆品添加剂、植物生长素、动物饲料添加剂、防腐剂，21 世纪将是肽的世纪，生物活性肽具有极强的活性和生理功能多样性，将在世界范围内引起关注，希望小米蛋白在此方面有所突破。

健康食品需兼具浓厚风味，将传统食品重新配方，使之成为健康食品而不失其原味，这将是新产品开发的趋势。随着我国科学技术的进步、经济的发展和生活质量的普遍提高，人们崇尚绿色、回归自然的意识的加强，以胶原蛋白为原料和添加剂的化妆品、食品将会受到人们的欢迎，这是因为胶原蛋白具有特殊的化学组成及结构，天然蛋白具有合成高分子材料不可比拟的生物相容性和生物降解性。随着对胶原蛋白的进一步研究，人们的生活中将会越来越多的接触到含有胶原蛋白的产品，胶原蛋白及其产品将会越来越广泛地被应用于医药、工业、生物材料等方面。开发小米胶原蛋白也应是一件很有意义的事。

综上所述，在粮食作物中小米是一种高蛋白，营养丰富的优质谷物，以其为原料可加工成的食品种类繁多，经过营养强化的小米食品营养价值更高，有良好的保健作用。小米蛋白的研究与开发，必将为食品蛋白质营养价值增添新的内涵，促进谷子深加工增值，加速谷子产业体系的建设和完善。我们的工作任重道远，需要我们科研工作者不断创新的思维和艰辛的付出。

参考文献

[1] 解喜明，张剑波．小米营养分析与深加工［J］．食品科学，1990(4)：18~21

[2] Norman Kretchmer，Michael Zimmermann.DeveloPmental Neutrition［M］.Allyn&B ac on ComPany，1996

[3] GordonM Wardlaw.PersPective ln Nutrilion[Ml.McGraw-Hill ComPany，1999

[4] 何志谦．人类营养学［M］．北京：人民出版社，1988

[5] 蔡美琴．医学营养学［M］．上海：上海科学技术文献出版社，2002

[6] J Serra Bonvehi Investigation of aromatic compounds in roasted cocoa powder［J］.Eur food Res Technol,2005,221：19~29

[7] Andrew J Taylor.Food flavor technology［M］.USA：CRC Press LLC,2000

[8] Mason M E, Johnson B,Hamming M C.Volatile components of roasted peanuts：the major monocarbonyls and some noncar-bonyl components［J］.J Agric Food Chen,1967,15：66~70

[9] 杨春，栗红瑜，邓晓燕等．小米蛋白质的氨基酸组成及品质评价分析［J］．农产品加工，2008（12）：8~10

[10] 卢健鸣，陕方，马晓凤等．利用多种蛋白资源提高膳食营养水平［J］．山西食品工业，1995(3)：10~14

[11] 刘敏．常吃小米好处多［J］．健康饮食，2007（10）：42

[12] 蔡泓．营养保健专用米的研制与开发［J］．粮食与食品工业，2005，12（1）：17~20

[13] 林争鸣，王学文．乳香小米蛋白粉的研制［J］．粮油加工与食品机械，2004，（4）：54~55

[14] 张国农，吕兵．新型婴儿断奶食品的研究［J］．中国乳品工业 2004，32（6）：16~19

[15] 张学伟，魏益民，张波等．挤压对小米蛋白溶解性和分子量的影响［J］．中国粮油学报 2006，21（2）：16~19

[16] Shefi J. Effect of Specific Mechanical Energy on Protein Badies and a-Zeins in Corn Flour Extrudates. Cereal Chem，1999，76（2）：316~320

[17] Pomeranz．Y．Functional Properties of Food Components．San Diego：Academic Press，1991，147~189

[18] 周继成等．微波处理对几种粮食品质影响的比较研究．《粮食与饲料工业》2008（9）：5~7

[19] 郑文华，许旭．美托德反应的研究进展［J］．化学进展，2005，17（1）：122~129

[20] 王丽霞，孙海峰，赵海云等．山西小米资源开发利用的研究—小米营养蛋白粉制备技术［J］．食品农业科技 2007，（28）1：173~175

传承八千年文化　做大做强谷子产业*

徐　峰

（内蒙古赤峰市敖汉旗农业技术服务中心，内蒙古赤峰　024300）

摘　要：敖汉旗位于赤峰市东南部，科尔沁沙地的南缘，气候干旱少雨，特别适合杂粮种植。敖汉旗是农业大旗，也是赤峰谷子生产最重要的大县，全旗现有耕地面积 22 万 hm^2，谷子年播种面积 2.7 万 ~3.3 万 hm^2。全面介绍了敖汉旗生产谷子的自然优势、粟文化起源、生产加工品牌以及为打造“华夏第一米”所采取的政策、技术手段等综合情况。

关键词：敖汉；谷子；文化；加工；品牌

Extension of Foxtail Millet Industriliazed Production in Aohanqi, Chifeng

Xu Feng

(Agricultural Technology Service Center in Aohan, chifeng 024300, China)

Abstract: Aohanqi is located in the south of Chifeng and south margin of Horqin sand, the climate is drought and little rain, especially suitable for foxtail millet planting. Aohanqi is a big agricultural county, and it is the biggest county for foxtail millet production.The whole county now has 330 million hectares cultivated field acreage ,annually sowing acreage of foxtail millet is 40~50 million hectares.This paper introduced the integrated situation of natural advantage, foxtail millet culture origin, production and processing plants and the policy for building“the first brand of foxtail millet in China” , and so on.

Key words: Aohan; Foxtail millet; Culture; Process; Brand

敖汉旗位于内蒙古赤峰市东南部，地处燕山山脉努尔儿虎山北麓，科尔沁沙地的南缘，是燕山山地丘陵向松辽平原的过渡地带。南与辽宁省毗邻，东与通辽市接壤，总土地面积 8 300km^2，辖 15 个乡镇苏木、2 个办事处，总人口 60 万人。

敖汉旗地理条件优越，地处环渤海经济圈，毗邻东北老工业基地，距京津唐等大中城市均在 500km 以内，距锦州港仅有 130km，是内蒙古距离出海口最近的地区，京通铁路横贯东西，赤通、赤朝高速公路穿境而过。

敖汉旗生态建设享有盛誉，全旗有林面积 37.4 万 hm^2，人工牧草保存面积 10 万 hm^2，是全国人工造林第一县、全国人工种草第一县、全国生态建设示范区、全国再造秀美山川先进旗。2002

* 作者简介：徐峰，男，1974 年出生，农艺师，一直从事农业技术推广工作。

通讯地址：内蒙赤峰敖汉旗新惠镇敖汉旗农业技术推广中心。Tel：0476-4331475，E-mail: cfahxf@163.com。

年6月被联合国环境规划署授予“全球500佳”荣誉称号，是全国唯一获殊荣的县级单位。

敖汉旗是农业大旗，产粮大县，全旗现有耕地面积22万hm^2，历年粮食作物播种面积17.3万hm^2，粮食产量8亿kg，主要粮食作物有玉米、谷子、高粱、荞麦、水稻等，谷子是敖汉旗除玉米之外的第二大作物，主要分布在南部山区，品种有赤谷4号、赤谷8号、赤谷10号、山西红谷和少部分农家品种。全旗历年种植面积在2.67万~3.33万hm^2，占全旗耕地面积的12%，正常年份平均每667m^2产200kg左右。总产量近1亿kg。2009年，敖汉旗发生了50年一遇的历史罕见旱灾，谷子在旱灾中表现了特有的抗旱性，为稳定全旗粮食产量作出了贡献，全旗1.87万hm^2山旱地玉米全部绝收，但是1.9万hm^2旱地谷子获得了六成以上产量，总产量达到近0.18亿kg。

1 八千年灿烂的文化，传承粟的起源

人文初始吉祥地，敖汉华夏第一村。敖汉旗不仅有着同中原文化并驾齐驱的草原文化，还有着更为久远的远古文明。早在8 000多年前，这里就成为中国北方各民族活动的舞台。现已发现各个不同历史时期的古文化遗址和墓葬4 000余处，确立的考古学文化类型有小河西文化、兴隆洼文化、赵宝沟文化和小河沿文化四种史前文化类型。境内有“大甸子夏家店下层文化遗址”、“兴隆洼原始聚落遗址”、“城子山山城遗址”三处国家级重点文物保护单位。距今8 000年的“兴隆洼文化遗址”被中国考古界誉为“华夏第一村”，出土的玉器被确立为“中国玉器之源”；“大甸子夏家店下层文化遗址”中有生居的城址，又有死葬的营区，被称为“海内外孤篇”。敖汉旗博物馆现有藏品5 000余件（套），在全国县级博物馆中位居首位。各具特色的文化遗址，丰富多样的馆藏精品，印证着“人文敖汉”光辉灿烂的历史，也为敖汉的发展提供了丰富的人文资源和巨大的精神财富。

农业起源是一项重大课题，经过多年的研究，主要谷物如水稻、玉米、小麦、大麦的起源基本上都有了定论，而次要谷物如谷子、糜子的起源一直争论不休。目前世界上对谷物的研究由主要谷物转向次要谷物，目光也从传统的起源中心转向了非中心地带如东北亚地区。研究发现，赤峰地区具备了农业起源的环境特点，即生物的多样性和生态环境的脆弱性。多样性的环境为先民们从一种生产方式向另外一种生产方式转移提供了条件，从狩猎、采集向农耕生产方式转化提供了多种选择。而生态环境的脆弱性给先民们的生存带来压力，当狩猎、采集满足不了生存要求时，不得不转向农耕。以赤峰为中心的西辽河上游地区就具备了生物多样性和生态环境的脆弱性两大特性。因此，中国社会科学院考古所的专家们将目光锁定在赤峰地区。

2001~2003年，考古专家在敖汉旗兴隆沟发掘时，提取了1 500多个土样，到实验室进行识别、鉴定，发现了1 500多粒碳化谷粒，其中糜子占90%，谷子占10%。加拿大、英国的专家鉴定后认为，这些糜子、谷子是人工栽培形态的。加拿大多伦多大学进行的^{14}C鉴定结果认为，这些谷物距今7 700~8 000年，这比中欧地区发现的谷子早2 000~2 700年。经过精确测定和准确种属鉴定，世界上最早的人工栽培糜子、谷子在内蒙古赤峰市敖汉旗兴隆沟被发现。

2 得天独厚的优势，造就敖汉谷子产业的发展

2.1 生产源于天然

敖汉自然气候适合谷子生产，有效积温高，昼夜温差大，光照充足，在这种气候下生产出的杂粮在品质上是其他地区无法比拟的，所以有“敖汉杂粮，悉出天然”一说。敖汉旗南部山区气候、

土壤适宜种植优质谷子，且有利于连片种植，规模发展。近几年来，敖汉旗建设以林家地为中心谷子产业带，谷子集中产区的南部丘陵山区，幅员广阔，土质主要为褐土类，土壤耕层养分含量丰富：其中有机质 1.2%、全氮 0.1%、碱解氮 70mg/kg、速效磷（P）8mg/kg、速效钾（K）120mg/kg。矿物质含量高，微量元素丰富，污染少，生态环境良好，谷子病害少，籽粒个大饱满，产量高、品质优，利于发展绿色保健无公害谷子产品，独特的气候条件，不同的土壤类型，使敖汉谷子生产更具地方特色，南部生产的小米比北部口感好。谷子生产正发挥地方的优势，逐渐形成区域化种植、规模化生产、产业化经营的格局。悠久的农耕条件，良好的生态环境，传统的种植方式，朴实的乡土人情，铸就了敖汉谷子的绿色品牌。谷子大部分种植在山地或沙地，土质和空气都是无染区，施用积造的农家肥，少施或不施化肥，大多采用生物技术防治病虫害。无过量农药和化肥残留之忧，再现了敖汉杂粮的天然特性，也赢得了“中国杂粮出赤峰，绿色杂粮在敖汉”的美誉。

随着人们对农产品质量安全问题的重视，全旗各地千方百计提高本地农产品市场竞争力，农业标准化生产越来越被重视，敖汉旗也不失时机把谷子无公害生产抓起来，进一步提高谷子品质。制定了《谷子标准化生产技术规程》，并组织科技人员深入农户，指导农民生产，严格按照规程要求操作。同时又加强了谷子无公害生产基地的申请认证工作，已认证面积 2 万 hm^2。在谷子生产上加强了基地建设，优质谷子基地达到 2 万 hm^2，主要分布在新惠、四家子、贝子府、宝国吐、牛古吐、丰收等乡镇。在产品上，认证无公害谷子品种 8 个，有机小米 1 个。

2.2 加工铸就品牌

敖汉杂粮的发展得益于良好的生态环境。敖汉人民自力更生，艰苦奋斗，付出几代人的汗水、智慧甚至生命治理荒漠，控制水土流失，极大改善了农业生产条件，为无公害、绿色农产品的生产提供了环境支持，也为杂粮的发展创造了良好的机遇。郁郁葱葱的农田防护林，为农田筑起绿色屏障，扼住了风沙的肆虐，即使大面积种植谷子这类作物，也不再有农田沙化之忧，大可放开手脚去发展。披满绿装的青山，巧夺天工的梯田，不会有水土流失之患，尽可多多种植谷子。正是敖汉生态建设取得的成果，赢得了“全球 500 佳”的荣誉，也使敖汉旗农产品有了一个无形的品牌：那就是来自世界环境“全球 500 佳”的产品，这是其他地区不能享有的无形资产，敖汉杂粮的知名度迅速提高，推动了谷子加工和销售的发展。

敖汉谷子加工企业，遍布全旗各乡镇。近些年，打造了一部分谷子知名品牌。林家地村有一家杂粮加工企业，年加工能力达到 200t，注册商标为“沃野”牌小米系列；四家子镇以加工小米为主，年加工能力达 100t，注册商标为“天然”牌免淘小米；为了加快敖汉旗杂粮发展，招商引资 1 000t 大型杂粮加工企业——赤峰市敖汉旗蒙丰粮食有限公司，已在新州工业园区落户，这对敖汉旗谷子产业发展产生巨大的拉动，注册了“华夏第一村”牌小米，深受国内外客商欢迎，运作方式是“公司 + 农户”，企业根据自身经营能力和对市场需求的判断，与农户签订购销合同，规定双方的权利与义务，近似于订单农业，与农民结成利益均沾、风险共担的经济利益共同体，在价格上给农民一个“定心丸”。企业为杂粮杂豆生产经营提供多功能、全过程、全方位的服务。产供销一条龙，实现生产、加工、储运、销售一体化。为稳定企业与农户的关系，企业要让利于民，把农户当作自己的一个个生产车间，充分调动其积极性，例如在化肥、种子、农药等方面给予优惠，以形成连利贴心的机制，实现双赢。近几年，随着合作社法的颁布实施，杂粮种植合作社成为谷子产业发展的生力军，敖汉旗惠隆杂粮种植农民专业合作社就是敖汉诸多杂粮种植合作社中的佼佼者。合作社的基地建在内蒙古“五星级文明生态村”的新惠镇扎赛营子村，拥有优质杂粮基地 667hm^2，其中谷子 400hm^2，合作社已经同中国国际贸易促进会供销分会、中国农产品加工专家评价中心、北京农爸爸合作社产品专卖中心、内蒙古绿谷清禾杂粮有限公司等多家单位签订了基地种植和产品供销合同，合作社加工的“孟克河”牌有机小米具有色泽光、口感好、味道纯、质地软、不回生、营养丰富等特点，经过中国农业大学有机农业技术研究中心的专家指导，北京东方嘉禾认证中心的有机认证，中国有机农业产业发展联盟的推广，已经开始进入到全国各大中心城市。

谷子生产是敖汉旗种植业中的优势产业，优越的自然环境，独特的地理条件，使敖汉旗生产的小米在品质上独具特色，敖汉旗生产的谷子产品在国内外市场上具有较强的竞争力，销售市场前景广阔，在国内外有很高的知名度。兔淘小米销往华中、华北和东北地区各大城市，每年还没有加工时，就被预订一空，特别畅销。2002 年在北京举办的农博会和东北地区（大连）国际农业博览会上，国内外客商对敖汉旗展出的小米系列产品极感兴趣，争相订购，展销会仍在进行中，已有客商到敖汉旗来购货。并有多家公司、超市愿意代理、代销、网络宣传敖汉旗小米，敖汉小米先后多次参展北京农展会、赤峰农展会，受到国内外客商的欢迎，现在北京、大连、沈阳等城市基本有了敖汉小米直销处。敖汉小米正以绿色的产品、“全球 500 佳”的效应、健康的标志占领国内外市场。

3 资源、科技、品牌并举，倾力打造“华夏第一米”

3.1 合理利用资源，确定优势产区

谷子适应性广，耐干旱、耐瘠薄，抗逆性强，在高山丘陵或土壤干旱地块上种植要比其他作物易获得较高的产量和效益，非常适宜旱作，在干旱区和山区发展区域特色生产是实现农业增产、增效，农民致富的一条途径。敖汉旗谷子产区主要集中在新惠、四家子、贝子府、宝国吐、牛古吐、丰收等乡镇，当地稳定通过 10℃的日数约 145d，活动积温 2 900~3 200℃，而且雨热同期。光、热、水、土资源条件完全可以满足谷子生长的需要。以具有种植面积和发展潜力较大的新惠镇和四家子镇为重点，培育发展优势产业区。

3.2 发挥技术优势，打造敖汉有机谷子产品

为使全旗谷子生产尽快向产业化迈进，整合资源，多措并举，发挥整体功能。以新惠、四家子、贝子府、宝国吐 4 个优质谷子重点生产示范乡镇为建设平台，大力推广良种综合配套技术，积极实施“谷子高产栽培技术”措施。按照农民发展生产的要求，成立旗、乡、村配套服务组织体系，形成政策促、政府帮、技术扶、农民参与的谷子生产环境氛围。

3.2.1 政府制定发展谷子生产的优惠政策

基地示范乡镇扶持加工、营销龙头企业，扩大基地规模生产，各环节制定优惠政策，通过减免税收、低息信贷、稳定市场，保障生产资料以及能源的顺畅供应给予有效的支持。

3.2.2 强化产前、产中、产后配套服务

3.2.2.1 科技兴农，培训先行。旗、乡、村三级技术培训：每年 3 月初组织培训旗、乡技术人员一次，举办专家讲座。再由技术人员进村召集农民办班集中培训 3 次，谷子生长期主要采取热线

电话、大喇叭广播、集市宣传、印发明白纸，以及农业技术部门结合生产实际进行田间技术指导。

3.2.2.2　产前生产资料准备工作要做实。抓物资准备工作，保证科技生产的顺利进行，旗、乡积极调集种子、化肥、农药、农具等生产资料。特别是产业开发的重要生产资料—优良种子，必须满足农户生产和科技试验的需要。

3.2.2.3　以销促产，做好产品流通服务。政府部门积极帮扶企业做好加工销售工作，以合作社为组织形式，架起农民与市场的桥梁。

3.2.2.4　调动各方积极性，抓好管理，落实技术承包。每年春季，旗、乡农业部门要抽调技术干部进村入户进行技术承包。参加项目实施的领导和技术干部蹲点包片，建立自己的指挥田、高产攻关田和试验田。以管理为手段，结合实际制定奖惩办法：一是科技人员搞联产技术承包，把效果优劣纳入年终考核目标；二是乡镇包村包片干部，建立示范点和联系户，示范方要插标立牌，写明责任人、技术要点、产量指标，同时建立技术跟踪档案；三是对参与项目生产经营户，经统计摸底，每户送交一份技术明白纸，载明技术指标和实施要点；四是生产后期，根据管理效果，评选出高产示范方和示范户、科技达标户。对选出的高产典型，干部计入考核成绩，颁发给一定奖励。农民来年无偿供应良种，优先回收产品，签订来年生产合同。

3.3　加强基础设施建设，依靠技术进步，提高产量增加效益

3.3.1　谷子虽然耐干旱、耐瘠薄，抗逆性强，但在极端干旱的条件下，瘠薄的土地上仍然不会有好的收成，往往会出现“种一坡，拉一车，打一簸箕，煮一锅”的现象。所以，干旱地区在有水源的情况下仍然要加强谷子生产基地的农田水利基础设施建设。敖汉旗的四家子镇林家地村在市政府节水灌溉项目的支持下，采取地埋式滴灌种植谷子效果非常明显，单产量可达到450kg/667m^2，按当前谷子市场收购价格（3元/kg）计算，其效益远超过900kg玉米的种植效益。今后大力推广旱作节水技术，提高谷子高产、稳产能力。

3.3.2　引进新优品种，推广新技术。为尽快提高谷子生产能力，扭转低产低质的谷子生产状况，以品种为突破口，适应市场需求，加强优质高产新品种的培育、引进、试验、示范、推广工作。尽快实现谷子品种的更新换代。农业部门尽快与全国各谷子研究单位联系，通过在集中产区建立良繁基地，实行统繁统供，使全旗良种覆盖率达95%以上。要抓关键技术的更新，科学的规范品种、播期、密度、施肥、病虫害综合防治等关键技术措施，实现良种良法配套。以此提高谷子的种植效益，增加农民收入。

3.4　整合谷子加工资源，打造敖汉“华夏第一米”品牌

着眼于特色小米的长远发展，在小米加工产品的研究开发上下工夫，扶持优势龙头企业，通过龙头企业连基地形式发展，基地为企业提供原料，企业为基地创效益。企业发展和壮大具备一定实力后，可以逐渐使全旗小米加工统一起来，转变原来作坊式加工厂为加工分厂，统一生产基地，统一产品标准，统一产品包装，统一产品品牌，力争在规模经营的带动下，积极开发精深加工项目，培育名牌产品。以营养、保健、易制作、无污染为特色，以质求存，搞品牌战略，进一步提高小米的附加值，增强小米产品的市场竞争力和发展潜力，在国内外市场上树立起敖汉“华夏第一米”良好的品牌形象。

通过谷子基地建设和产品加工体系的形成，使敖汉旗谷子生产达到一个目标：谷子种植品种优良化，栽培措施科学化，产品质量标准化，商品销售品牌化，最终实现企业增效、农民增收、地方经济增长。

将谷子生产建设成为粮食生产特色产业*

景振举　王学梅　张　静

（内蒙古赤峰市喀喇沁旗农业技术推广站，内蒙古赤峰　024400）

摘　要：喀喇沁旗位于赤峰市的南部，是赤峰地区重要的谷子生产县之一。本文主要介绍了喀喇沁旗谷子的生产、加工、种植品种、加工现状及主要的生产技术。

关键词：喀喇沁旗；谷子

Building Foxtail Millet Production into Agricultural Industry with Special Characteristics in Kalaqinqi, Chifeng

Jing Zhenju，Wang Xuemei，Zhang Jing

(Station for Popularizing Agricultural Technique in Kalaqinqi, Chifeng 024000, China)

Abstract: Kalaqinqi is located in the south of Chifeng and it is one of the foxtail millet production counties in Chifeng. This paper describes the foxtail millet production, processing, plant varieties, and the main production technologies in Kalaqinqi.

Key words: Kalaqinqi; Foxtail millet

喀喇沁旗位于西辽河支流，老哈河与锡泊河两河流域之腹地，现有耕地统计面积 5 万 hm^2，其中有效灌溉面积 2.6 万 hm^2，保灌面积 2.1 万 hm^2，旱作农田 2.7 万 hm^2，有着得天独厚的粮食作物生产条件。旗内土壤属华北褐土带向北延伸，地带性土壤属褐土、棕壤、草甸土、黄土、山地黑土 5 个土类。主要是沙性壤土 1.7 万 hm^2，占耕地总面积 33.6%，大部分分布在河谷平原地区。土壤总的养分含量趋势为缺氮、适磷、富钾，非常适宜粟类作物种植。

气候特点属北温带大陆性季风气候，年平均气温 4.1~6.9℃，无霜期 114~145d，≥ 10℃活动积温 1 900~3 100℃，降水量 340~580mm，且分布不均，7~8 月份降雨集中，春旱、伏旱持续时间长。

主要粮食作物是玉米、谷子和马铃薯，2009 年总播面积 5.3 万 hm^2，粮食作物播种面积 4.1 万 hm^2，其中玉米面积 2.7 万 hm^2，谷子 1 万 hm^2，马铃薯 0.4 万 hm^2。2008 年粮食作物播种面积达到了 3.5 万 hm^2，总产实现了 1.78 亿 kg，比前三年平均总产提高了 27%；粮食平均单产达到 337.5kg，比前

* 基金项目：现代农业产业技术体系建设专项资金资助。

第一作者简介：景振举，男，1966 年出生，高级农艺师，主要从事农业技术推广工作。

通讯地址：赤峰市喀喇沁旗锦山镇喀喇沁旗农业技术推广站。Tel：0476-3751590。

三年平均单产提高 47.4%。全面实现了粮食面积恢复性增长、总产和单产大幅度提高。2009 年预计总产 2.1 亿 kg，平均单产可达 350kg/667m²，人均占有粮 700kg。粮食生产稳定增长。

1　谷子生产现状

谷子生产是喀喇沁旗有史以来最早的农事操作，《汉书·食货志》称："春秋它谷不书，至于麦粟不成则书之，以此见圣人于五谷最重粟也。"虽然由于近年来玉米生产发展，其他粮食作物受到一定冲击，而谷子在喀喇沁旗粮食生产中的地位仍在稳定增长和提高。形成了喀喇沁旗种植业以玉米为龙头以谷子为特色的种植格局。老哈河流域"黄金米"种植基地、锡泊河流域"王府贡米"种植基地以及小牛群优质米种植基地成为喀喇沁旗三大谷子种植优势区域。

几年来，本着基地开发、合作推广、技术创新、产业升级的原则，围绕发展粮食生产、促进农民增收和全面提升粮食生产能力建设这一主题，采取有效措施，抓住喀喇沁旗优质米生产这一特色，使喀喇沁旗谷子生产得到长足发展。2009 年种植面积已经突破 1 万 hm²，产量可达 5 万 t，产值 1.1 亿元。

2　谷子生产加工

由于谷子生产面积和生产水平的提高，引领小米加工产业的迅速扩大，并带动优质米加工产业的优化升级。

2.1　谷子产品品牌逐渐显现优势

全旗 1 万 hm² 谷子已全部经过国家无公害产地认证；乃林镇 333hm²　1 000t"黄金米"已经过国家绿色小米产地和产品认证；王爷府 667hm²　2 000t"王府贡米"已经过国家无公害小米产品认证；小牛群优质米正在申请国家绿色谷子认证。

2.2　谷子加工推动产品转化

全旗现有小型谷米加工厂近 300 家，拥有加工机械 300 余台；固定资产 100 万元（中型）以上加工厂 8 家，年加工能力 7 000t，年销售收入 900 万元。其中东城民丰、乃林谷物、锦山中军等加工企业早已在全国各地享有盛誉，带动了谷子生产的发展和谷子产品转化。

2.3　完善的市场建设促进谷子产品流通

旗内建有西桥恩洲杂粮市场等 4 个以谷子为重要产品的粮食购销贸易市场，日成交额 10t 以上。喀喇沁旗与东北、广浙、北京等地建立了长期稳定的谷子购销机制，促进了地区谷子产品的流通。同时，由于喀喇沁旗谷子籽粒干物质含量高，品质好，市场价格比南部粮食市场高出 0.02~0.04 元 /kg，特别有利于优质米的生产开发，具有独特的产品特色和广阔的市场前景。

2.4　活跃的民间组织为谷子产业的发展发挥重要作用

全旗农村经济合作组织达到 128 个，其中与粮食购销有关的 80 余个；农民经纪人 4 200 人，大部分都从事粮食购销业务。

3 谷子生产的品种资源

3.1 喀喇沁旗谷子种植历史悠久，品种资源尤为丰富

由于米质好，营养丰富，曾被作为进贡朝廷之物，素有“王府贡米”的美誉。有比较古老的黄金谷（大八杈）、小白米、朱砂谷、糯米谷、大黄谷等品种10余种，为喀喇沁旗谷子生产积累了非常丰富的种质资源。

3.2 新品种推广速度加快

20世纪90年代以来，由于谷子品种选育能力的提高，品种更新速度加快，涌现出了赤谷系列品种、吨谷1号、山西红谷、蒙谷系列等常规谷子新品种；近几年又引进了张杂三号等谷子杂交品种。其中由赤峰市农业科学研究所选育的赤谷系列和峰谷系列品种，占喀喇沁旗谷子生产的70%以上，进一步丰富了谷子品种，推动谷子生产向优质丰产方向迈进。

3.3 谷子生产铸就喀喇沁旗粮食生产一大特色

喀喇沁旗海拔适中、昼夜温差大、有效积温充足、土壤矿物质丰富等自然条件特别有利于谷子生产。喀喇沁旗旱作农业面积近2.7万hm^2，干旱是当地的主要气候特点。因此，谷子作为抗旱作物是适应地区气候条件的重要作物，成就了粮食生产的一大特色。

4 谷子生产的主要技术特点

多年来，农业科技人员在谷子生产技术方面进行了长期不懈的研究和探索，总结了诸多有益的技术措施。

4.1 无公害、绿色谷子生产技术

使谷子栽培更加符合绿色谷子生产要求，达到了绿色谷子质量标准，为谷子的品牌建设奠定了基础。谷子价格由2.2元/kg提高到3.0元/kg。

4.2 谷子穴播覆膜技术

提高了谷子栽培的抗旱性，为谷子优质丰产创造了条件，同时简化了谷子定苗工序。平均每667m^2增产140kg，增产23.3%。

4.3 谷子全膜覆盖技术

在谷子覆盖技术的基础上，减少了谷子的地面蒸发，增加了谷子生长积温，提高了谷子田间降水利用率，使谷子生产的安全性得到了进一步提高，促进了谷子增产增效。

谷子生产栽培将谷子测土配方施肥、谷子病虫草防治、谷子抗旱栽培等技术融为一体，集成创

新，正逐步形成谷子优质高产技术体系，为谷子产业发展提供强有力的技术储备和支撑。

5 采取有效措施，推动谷子生产发展

5.1 因地制宜实施谷子产业开发

紧紧围绕把谷子生产作为全旗粮食生产的一个特色产业项目进行开发，合理有效地运用当地气候、土壤等生产资源，依靠谷子产业技术体系，采用正确的政策与决策，建设开发谷子生产产业带，实现谷子生产稳步发展。

坚持一区一业，一村一品的发展方向，重点培育谷子优势产区，盘活优势资源，突出集约经营、逐步推进产业运行方式，提高谷子产业的比较效益。科学布局，适当集中，建设一批优质高产的谷子商品基地，稳定和巩固谷子产业生产格局，促进其协调发展。

5.2 广泛合作，争取各涉农部门支持谷子生产

工作开展过程中，我们深深地认识到，提高粮食生产能力是一项浩大的系统工程，仅靠农业部门本身是很难取得理想效果的。为此，我们要积极依靠国家谷子产业技术体系，全面协调各方面力量，争取各涉农部门支持谷子生产。全旗形成市场拉动、养殖带动、上下总动员的谷子发展的创新思路和各方面共同促进粮食生产的良好氛围。

5.3 把粮食市场建设作为发展谷子生产的重中之重

进一步完善以恩洲粮食市场、锦山粮食市场等 4 个农贸市场为主的粮食市场建设，主打“黄金米”和“王府贡米”等知名品牌，将旗内外加工企业、养殖大户、经营单位和种粮农民通过市场和协会的形式紧密地联系起来，形成谷子生产、经营、加工、利用的运行架构，实现谷子生产的可持续发展。

5.4 依靠产业体系，为粮食生产提供技术支撑

充分发挥谷子产业技术体系的主导作用，以粮食生产为主，粮经协调发展为目标，推广谷子主导品种集约化、主推技术标准化、主体培训加强化等三化措施，基本实现恢复扩大春播面积，全面增强谷子生产的科技含量。全面落实老哈河流域“黄金米”种植基地、锡泊河流域“王府贡米”种植基地以及小牛群优质米种植基地等三大谷子种植示范基地。

总而言之，发展谷子生产，提高农民种粮积极性，恢复和扩大春播面积，增加谷子生产科技含量，是多年来农业生产的主要工作之一。全旗广大农技人员以饱满的工作热情，牢固树立促进农业发展、构建农民与社会交流的桥梁这一主导地位；充分发挥技术传播的纽带、技术成果转化和创新、提高粮食生产竞争力等方面的重要作用；主动通过农业产业技术体系发挥重要职能作用的生产实践，总结谷子乃至粮食产业发展的宝贵经验，把喀喇沁旗的谷子生产作为旗帜性的农业产业推向前进。

基地加农户 合作社联市场 *

刘国栋

（敖汉旗惠隆杂粮农民专业合作社，内蒙古赤峰 024300）

摘 要： 惠隆杂粮农民专业合作社是新兴的农民专业合作组织。本文重点绍介了合作社的组织结构、经营项目、品牌创立及合作方式发展前景等。

关键词： 合作社；谷子

Foxtail Millet Marketing Development Through the Establishment of Farmers Cooperative Union

Liu Guodong

（Cereal Farmer Cooperatives of Huilong in Aohan, Chifeng 024300, China）

Abstract: Farmer cooperatives of Huilong grains is a new specialized cooperative organization of farmers. This article focuses on organizational structure of cooperatives or the union, management projects, brand creation and development prospects of cooperation and so on.

Key words: Cooperative unions; Foxtail millet

扎赛营子村位于敖汉旗政府所在地新惠镇南 5km 处，孟克河西岸，交通便利，全村现有耕地 1 667hm^2，主要种植是玉米、谷子、高粱三大作物，其中谷子面积 400hm^2，为了提高谷子的种植效益，2007 年 8 月份，由扎赛营子村两委班子组织 10 户农民创办了“敖汉旗惠隆杂粮种植农民专业合作社”。它是敖汉旗首批成立的农民专业合作社，2008 年 8 月份被命名为敖汉首批“四有”合作社示范社，成员出资总额达 300 万元。主要经营谷类、豆类散装杂粮、小包装杂粮以及农家散养禽蛋，并成功开发系列农产品礼盒包装。合作社目前已有成员 180 多人，拥有自己的网站，产品注册商标为“孟克河”牌。

“孟克河”牌系列小杂粮自 2007 年投入生产至今，已销往上海、北京、沈阳、大连等大中城市，备受消费者喜爱，合作社产销两旺，发展势头良好。成立以来已实现销售收入 500 多万元，利润 80 万元，二次分配 10.6 万元。目前已在扎赛营子村建有 267hm^2 有机谷子生产基地，带动 1 000 多农户发展谷子种植，全村谷子面积正由原来的零星种植向规模化种植发展，经济效益也有了显著提高。

* 作者简介：刘国栋，1967 年出生，男，惠隆杂粮合作社副总经理。

通讯地址：赤峰市敖汉旗新惠镇扎赛营子村。Tel：13522165773。

在2009年赤峰市农产品展销会上，“孟克河”牌系列小包装杂粮以质优、价廉、新鲜一举获得市级畅销产品奖。

1　加大宣传力度　让更多的人加入合作社

刚开始成立时，惠隆杂粮合作社的情况和其他合作社一样，就几个发起人，好多农民不理解，不支持，说什么的都有，不愿意加入。针对这种情况，我们加大宣传力度，在全村悬挂以“发展农民专业合作社，建设社会主义新农村”、“加入农民专业合作社，享受政府政策扶持”、“农民专业合作社是农民自己的经济合作组织”等为内容的横幅，采取上门动员和会议宣传相结合的方式，以发起人亲戚为突破口，动员他们加入合作社，合作社成员入股以200元为一股，最多十股。保底收益为同期同额银行利息，二次收益根据成员在合作社购买的农资量和与合作社的杂粮交易量来进行分配。通过一系列的措施，合作社刚成立不到2个月时间，就发展成员50多人。2009年2月份，合作社还组织部分成员，参观了旗内设施农业、高效种植、养殖业，是敖汉旗首支农民参观队伍，通过参观回来后每个人都深受启发。合作社成员迅速扩大，总数已达180多人，为敖汉旗成员数量最多的农民专业合作社。

合作社的成立为谷子生产基地打下了基础，通过考察学习，认识到发展有机谷子效益十分可观，而我们村又有发展有机谷子得天独厚的有利条件，于是合作社成员一拍即合，建立了扎赛营子村有机谷子生产基地，基地资质部门的认证和监督下采取“统一供种、统一用肥、统一管理、统一加工销售”的运作方式，取得了很好的经济效益，极大地调动了成员参与合作社和种植谷子的积极性。

2　强化品牌建设　让更多的人认识合作社

在基地建设的基础上加强品牌建设，为使产品尽快进入超市，首先是注册了“孟克河”牌商标，申请了产品条形码，为产品尽快走向市场做好前期准备工作。申请有机农产品认证是产品质量的保证。目前，人们对健康饮食有了新的认识，绿色、有机农产品有着很广阔的前景，因此，申请权威部门进行认证显得非常重要。

从国内市场看，改革开放以来，很多现代文明病成为威胁人类健康的一大因素。随着健康知识的普及，人们对此有了清醒的认识，更加追求保健，讲究粗细粮搭配，酸碱度平衡，饮食向多样化的方向发展。随着我国全面建设小康社会的步伐加快，人们生活水平显著提高，科技的发展，健康知识的普及，关注健康成为人们的第一需要，科学健康饮食成为人类追求的时尚。小杂粮的供应状况普遍短缺。在国际市场上，出口1t杂粮的经济价值相当于出口2.75t大宗粮食，效益十分可观。杂粮生产是新兴的产业，特别是小杂粮系列产品，营养丰富，含有人体需要的多种营养成分，好多产品还有着药食两用的功效。我们坚信小杂粮也能做出大文章，合作社肯定会有好前途。

3　创新合作内容　让更多的人喜爱合作社

合作社根据工商部门核定的经营范围，用足用活政策，在合作内容上求突破，一是积极引进杂粮新品种供成员种植，再以保护价回收，坚持一切以高效为中心，想方设法增加成员收入。目前已经建成有机谷子生产基地267hm^2；二是和旗农业局土肥站合作，在合作社开展耕地地力调查、推广有机肥培肥地力项目，把优质的有机肥料科学的应用于农产品生产中，达到提高作物产量、改善农产品品质、节省开支、保护环境的目的。并举办了以合作社成员为主要对象的知识讲座，受到了成员的好评；三是组织有一定文化基础、有一定想法的种养大户、经纪人成员培训，以创业培训、有机农产品生产、种养知识、合作社的发展前景等为主要培训内容，该班还得到了旗扶贫部门的资金帮助；四是根据市政府文件精神，积极尝试成员之间资金互助工作，帮助成员在生产、生活中一时遇到的资金困难。目前已经吸收资金互助股金 50 多万元，放贷 30 多万元，手续能简则简，对农户以投入再生产为贷款用途的，金额在 2 000 元以内的无需担保，单凭借条随到随办。

在产品加工方面我们与旗内加工实力较强生产条件好的企业联合，实行带料加工、定点加工，产品由合作社统一包装，统一品牌，统一价格，统一销售。

在今后的发展道路上，惠隆杂粮农民专业合作社总是站在高起点上，在销售窗口、商标、产品编码和网站等资源上与成员共享，相互学习，共同完善，积极争取政策扶持和项目帮助，为敖汉旗特色农产品的品牌创建，为敖汉旗农业增效、农民增收做出惠隆杂粮合作社应有的贡献。

发挥谷子抗旱优势　扩大谷子产业影响 *

赵　敏　李书田　刘　斌　柴晓娇　张立媛　潘翔磊　张　野

（国家谷子产业技术体系遗传育种研究室 / 赤峰市农牧科学研究院，内蒙古赤峰　024031）

摘　要：2009 年赤峰地区发生 50 年一遇的旱灾，很多地区旱坡地玉米绝收。9 月中旬，全国谷子大会结束后，开展了赤峰 5 个谷子主产县 19 个乡镇的旱地谷子与玉米种植、产量、销售等情况的调查，对种植谷子与玉米的经济效益做了分析，总结了旱地发展谷子生产的优势及生产需求。

关键词：赤峰；旱地；谷子；生产；优势

Enhancing the Application of Foxtail Millet in Agricultural Industrialization Development in Arid Regions

Zhao Min，Li Shutian，Liu Bin，Chai Xiaojiao，Zhang Liyuan，Pan Xianglei，Zhang Ye

(Section of Genetics and Breeding, China Industrial and Technological Research System of Millet; Chifeng Academy of Agricultural and Animal Husbandry Sciences, Chifeng 024031, China)

Abstract: In 2009, Chifeng region encountered a heavy drought situation, and many areas of the dry slopes of corn crops got no harvest. In the mid-September, after the Meeting of National Foxtail Millet, Chifeng carried out a survey of five main foxtail millt producing counties. 19 townships were investigated for their maize and foxtail millet cultivation, production and sales, and comparison analysis of economic benefits with the cultivation of foxtail millet and maize was made. The advantages of developing of foxtail millet production in drylands was obvious.

Key words: Chifeng; Dryland; Foxtail millet; Production; Advantage

2009 年 8 月 22~26 日，首届全国谷子大会在赤峰召开，2009 年赤峰又遭遇了 50 年一遇的大旱，部分乡镇粮食绝收，人、畜饮水发生困难。温家宝总理 8 月份来到赤峰受旱最重的敖汉旗视察灾情，为此应国家谷子产业技术体系的要求，赤峰市谷子产业体系技术人员，于 9 月中旬至 10 月 30 日，对赤峰市 5 个谷子主产旗县区 19 个乡镇的 146 户农户进行了旱地谷子、玉米的种植、产量、销售情况的调研。通过调研，获得了丰富的第一手资料，比较详细地了解和掌握了本区域在大旱之年谷子生产与其他作物相比存在的明显优势、存在的主要问题及技术需求情况，为如何发挥产业优

* 基金项目：现代农业产业技术体系建设专项资金资助；“十一五”国家科技支撑计划项目。

第一作者简介：赵敏，1966 年出生，女，副研究员，主要从事谷子育种和栽培研究工作。

通讯地址：内蒙古赤峰市松山区科研路 1 号，赤峰市农牧科学研究院。Tel：0476-5893385，E-mail：zm0476@163.com。

势的决策提供了可靠依据。

1 调研的基本情况

1.1 时间及调研内容

赤峰谷子研究室团队成员共5人参加了本次调研。调研工作从2009年9月15日开始，至10月底结束。主要调研内容：2009年旱地谷子的生产情况，包括面积、产量、粮食价格；玉米的生产情况，包括面积、产量、粮食价格；面对干旱不断加剧的现状谷子生产中急需解决的问题及全国谷子大会在赤峰召开后对本地区谷子产业的影响。

1.2 调研范围

本次调研范围包括：翁牛特旗、敖汉旗、喀啦沁旗、松山区、宁城县5个旗县19个乡镇146户农户。主要通过所在旗县区的产业信息员完成对农户面对面或电话调研。

1.3 谷子与玉米生产情况

1.3.1 谷子、玉米生产及产量情况

2009年赤峰地区发生了50年一遇的特大旱灾，全年最低降水量100mm左右。春季降雨充足，所以很多旱坡地都大量种植了覆膜玉米，而谷子面积在旱坡地及旱平地有所减少。进入7月份后，作物从抽穗－开花－授粉－灌浆期间，持续高温干旱，7~9月份日平均气温32℃，最高达38℃。作物受旱严重，很多水地及旱平地玉米绝收。在146户农户中，户均种植谷子0.2~0.67hm^{2}最多的种植4hm^2，最少的种植0.067hm^2。水地及旱平地谷子与玉米面积比1∶2，旱坡地谷子与玉米面积比为2∶1或2.5∶1。谷子平均单产284.93kg/667m^2，最高单产600kg/667m^2（2009年肥水浇地），最低单产45kg/667m^2（2009年纯旱坡地），玉米水地平均单产425kg/667m^2，旱地玉米基本绝收。敖汉旗四家子镇谷子大面积高产示范区90hm^2，采用地下节水滴灌措施，谷子平均单产350kg/667m^2，玉米平均单产450kg/667m^2。覆膜及清种玉米产量分别为50kg或绝收。松山区老府镇河东村水地谷子平均单产430.3kg/667m^2，最高产量600kg/667m^2，相同地块玉米平均产量500kg/667m^2，最高产600kg/667m^2。

1.3.2 投入情况

玉米种子平均价格8.0元/kg，用种量3.0kg/667m^2。施肥量谷子施用化肥（含二铵和追肥用尿素）150~160元/667m^2，水费30~40元/667m^2，用工（从种到收）150元/667m^2，合计每667m^{2}总投入354元。谷子种子平均价格7.0元/kg，用种量0.35~0.5kg/667m^2，化肥（含种肥和追肥）60元/667m^2，水费（春水1次）10~15元/667m^2，用工（从种到收）170元/667m^2，总投入248元/667m^2。玉米每667m^{2}投入较谷子高100元以上。

1.3.3 2009年粮食价格

由于2009年干旱严重，粮食产量受很大影响，价格较往年上涨。谷子单价3.0~3.2元/kg，小米价格由往年的6.0元/kg涨至7.2~8.0元/kg，玉米单价1.3~1.4元/kg。敖汉四家子大面积高产

示范谷子全部被一家加工企业订购，单价 3.6 元 /kg；松山区河东村水地谷子全部被收购，平均单价 3.4 元 /kg。2009 年由于旱情严重，山旱地玉米绝收，谷草价格上涨较快，由以往的 50 元 /667m^2 涨到 100 元 /667m^2。

1.3.4 2009 年谷子大会召开对当地谷子产业的影响

2009 年 8 月份，全国首届谷子大会召开，全国 11 个省的政府、科研、加工、农业推广等几十家单位 360 多人汇聚赤峰，对赤峰的谷子生产、科研、加工做了全面的了解和考察，使赤峰对外界有了更多的了解，使外界对赤峰的谷子产业产生了浓厚的兴趣。据调查，10 月份以来，赤峰的谷子供不应求，特别是高产优质小米急缺，价格上涨幅较大，其中很重要的原因是外地客商增加，需求量增大。

2 调研资料分析

2.1 赤峰地区谷子与玉米生产情况分析

2.1.1 谷子种植面积及产量变化

近年来，由于谷子及小米价格不断攀升，种植面积逐年扩大，且有由山地向平川发展的趋势，谷子单产水平也在逐年提高。2006 年谷子播种面积为 10.4 万 hm^2，到 2008 年全市谷子播种面积达到 12.1 万 hm^2，增加了 1.7 万 hm^2。旱坡地平均单产也由 2006 年的 157.48kg/667m^2 增加到 2008 年的 208.31kg/hm^2，比前两年的平均单产增加 50.91kg（赤峰市 2006~2008 年统计数）。少数水浇地及肥旱地最高单产达 600kg。

2.1.2 谷子品种情况

通过调查，目前赤峰市栽培的谷子品种主要以赤谷 4 号、5 号、6 号、8 号、10 号及峰谷 11 号、峰谷 12 等高产系列品种为主，占赤峰市谷子总播种面积的 70% 左右。优质农家品种黄金苗（大八杈）、山西红谷、金香玉等也有一定面积。张杂系列的杂交谷子在本地也有小面积的试种，且有较大发展潜力。

2.1.3 耕作栽培情况的变化

据调查 5 个旗县区的 19 个乡镇 146 户中，80% 的山旱坡地以谷子种植为主，也有少部分高产、优质品种种在平川水浇地。在谷子种植面积较大的乡镇，播种多数使用机械播种，农户在玉米播种机的基础上自行改造，减小垄距和播种量，且多采用精量播种，每 667m^2 播种量 0.25~0.3kg，以减少间苗的劳动强度，脱粒也已经使用多功能脱粒机为主。

2.1.4 谷子与玉米经济效益情况

根据对 5 个旗县区的 19 个乡镇的调查结果表明：赤峰谷子的产量对本地及其他省区市场影响较大。谷子的收购价格和小米的销售价格随着干旱程度的加重而有较大幅度的上涨趋势。2007~2008 年，谷子原粮销售价格 3.0~3.2 元 /kg，小米销售价 5.6~6.0 元 /kg。2009 年 3.0~3.4

元 /kg，小米 7.2~8.0 元 /kg。优质品种价格较普通品种高 0.6~0.8 元 /kg。按调查结果平均单产 284.93kg，原粮 3.0 元 /kg，谷草 80 元 /667m^2 计算，每 667hm^2 毛收入 934.79 元，667m^2 投入成本 248.0 元，667m^2 纯收益 686.79 元。种植玉米每 667m^2 投入 354.0 元左右，同等条件下玉米平均产量 450kg 左右，玉米粮食价格 1.30 元 /kg，纯收益 199.38 元，谷子较玉米旱地收益高 487.4 元，对比效益明显。

2.1.5 旱地谷子与玉米比较的抗旱优势

赤峰地区，十年九旱，且旱坡地面积占总耕地的 70% 以上。玉米的种植主要通过旱地覆膜的措施来实现，通过干旱年份的产量对比知道，谷子的抗旱能力远远高于玉米。在干旱年份，旱坡地清种及覆膜玉米产量剧减直至绝收，而谷子因自然的抗旱耐瘠能力强，总有所收获。且谷子的投入少，最低也能保持投入与产出的平衡；同样在干旱年份水浇地谷子与玉米相比，谷子需水量小，能获得高产。同样的水分条件却不能满足玉米的生长需求，因而造成减产。

2.1.6 旱地谷子与玉米比较的效益优势

由于赤峰生产的谷子供应当地及全国加工企业及消费市场，市场空间广，需求量大。越干旱的年份，产量减少，价格越高，因而效益也就越高。而玉米生产是全国性的，干旱年份当地产量减少，并不影响全国的玉米价格，且投入大，因而效益没有种植谷子明显。

2.1.7 谷子对环境的优势

在全球气候变暖的趋势下，旱灾越来越重，缺水成为人类共同面对的难题。谷子的抗旱耐瘠相对于其他需水量大的作物，如玉米、小麦等，更加适应旱作农业的发展。具有其他作物不可比拟的优势。

调查范围内旱地谷子与玉米产量及收益情况见表 1。

表 1 2009 年旱地谷子与玉米产量及收益

地　点	调查户数	谷子单产（kg/667m^2）	玉米单产（kg/667m^2）	谷子收益（元 /667m^2）	玉米收益（元 /667m^2）	比较效益（元）
敖汉四家子镇	4	280.00	60.00	840.00	78.00	762.00
敖汉四家子镇高产示范田	50	300.00	400.00	900.00	520.00	380.00
松山区夏家店东新井	13	20.54	绝收	61.62	0	61.62
松山区老府河东村	35	425.70	601.10	1 277.10	781.43	602.53
翁旗四分地	15	257.00	50.60	773.00	65.78	705.22
翁旗巴林道	7	448.30	700.00	1 344.00	910.00	434.90
宁城八肯中	10	250.00	574.22	750.00	746.49	3.51
喀旗于湾子	12	295.80	500.00	887.40	650.00	237.40
平　均		284.76	425.68	854.26	468.96	385.30

3 发展旱地谷子存在的问题

品种问题，限制赤峰旱作谷子发展的主要因素是缺少高产、抗旱及优质相结合的抗病新品种；机械化问题，传统的耕作方式限制了谷子向大面积集约化的产业发展；产业化程度低，龙头企业的辐射带动作用小。

4 赤峰市发展谷子生产的几点思考

4.1 加快谷子抗旱、简化栽培新品种的选育及品质改善的研究

建议利用谷子产业体系的平台，促使各岗位专家进行联合攻关，加快简化栽培品种及优质高产适应性广的抗旱品种的研究和引进速度，解决谷子生产中优质与高产的矛盾、解决生产中间苗、收割人工劳动的问题，使谷子生产实现高产与优质相结合，间苗和收获与机械化相结合，以提高种植谷子的收益，提高农户种植谷子的积极性。

4.2 建立谷子产业化模式，发展地区特色产业

通过2009年8月在赤峰召开的全国谷子大会搭建的科研与基地与加工企业的平台，发展壮大龙头企业，加大企业的辐射推动能力，建立和完善“科研+生产+加工+市场”的一体化模式。形成从产地到餐桌，从生产到消费，从研发到市场的环环相扣的产业化局面。充分发挥地区特色经济，推动赤峰市谷子产业的迅速发展。

4.3 大力开展新技术培训，加强轻小型机械的研究

大力开展对各级农技人员和广大农户的技术培训，通过新品种高产示范、集中培训、田间技术观摩指导等方式，实现科技入户，提高农民的谷子生产技术水平和品种对市场的适应能力。加快播种机械、收获机械、脱粒机械的研制，以满足丘陵地区谷子生产的需要。

综上所述，谷子的抗旱增产潜力巨大，生产效益高，又是粮草兼丰的环境友好型作物，特别适合旱作农业的发展。赤峰地区自然条件优越，谷子种植面积大，以谷子产业体系建立为契机，充分利用外部的科研与加工优势，大力发展谷子集约化种植，建立谷子特色生产加工基地，谷子产业的发展前景十分广阔。

三、产业体系与产业组织

（一）国家谷子产业技术体系

现代农业产业技术体系与国家谷子产业技术体系

1　现代农业产业技术体系基本架构和根本目标

基本架构：现代农业产业技术体系按照农产品区域布局规划，依托具有创新优势的中央和地方科研资源，在全国选择水稻、玉米、苹果、生猪、奶牛等50个产业，针对每一个农产品设立一个国家产业技术研发中心，同时在优势农业主产区建设综合试验站（图1）。

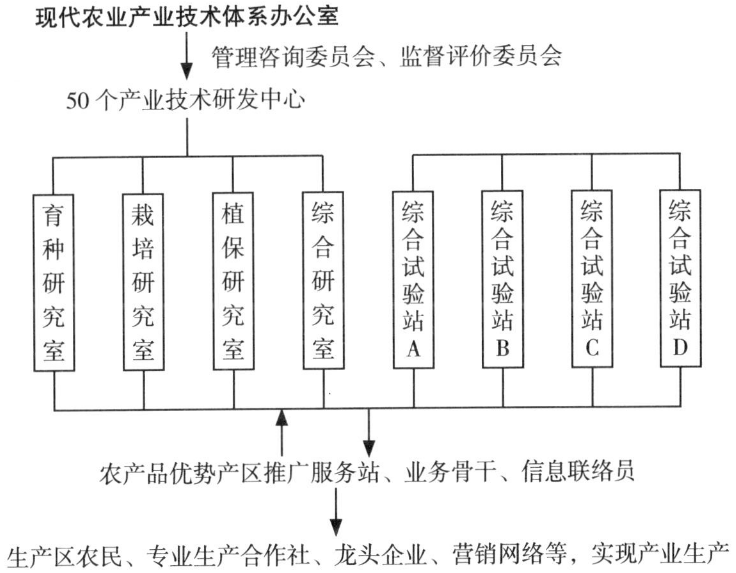

图1 现代农业产业技术体系基本架构示意图

根本目标：围绕产业发展需求，进行共性技术和关键技术研究、集成和示范，以农产品为单元、产业为主线，建设从产地到餐桌、从生产到消费、从研发到市场各个环节紧密衔接、环环相扣、服务国家目标的现代农业产业技术体系，提升农业科技创新能力，从而增强我国农业竞争力。

2　国家谷子产业技术体系

国家谷子产业技术体系是农业部现代农业产业技术体系50个体系之一，由国家谷子产业技术研发中心和综合试验站两个层次构成。研发中心下设3个功能研究室，分别是遗传育种研究室、栽培植保研究室、加工与产后经济研究室，进行谷子的遗传改良、栽培与耕作、病虫草害防控、生产设备与机械、产品加工与综合利用等方面的研究，技术研发范围包括产前、产中到产后各环节，覆盖谷子产业各技术领域。综合试验站共 10 个，其中，西北春谷生态区 5 个、华北夏谷生态区 2 个、东北春谷生态区 3 个（图 2）。

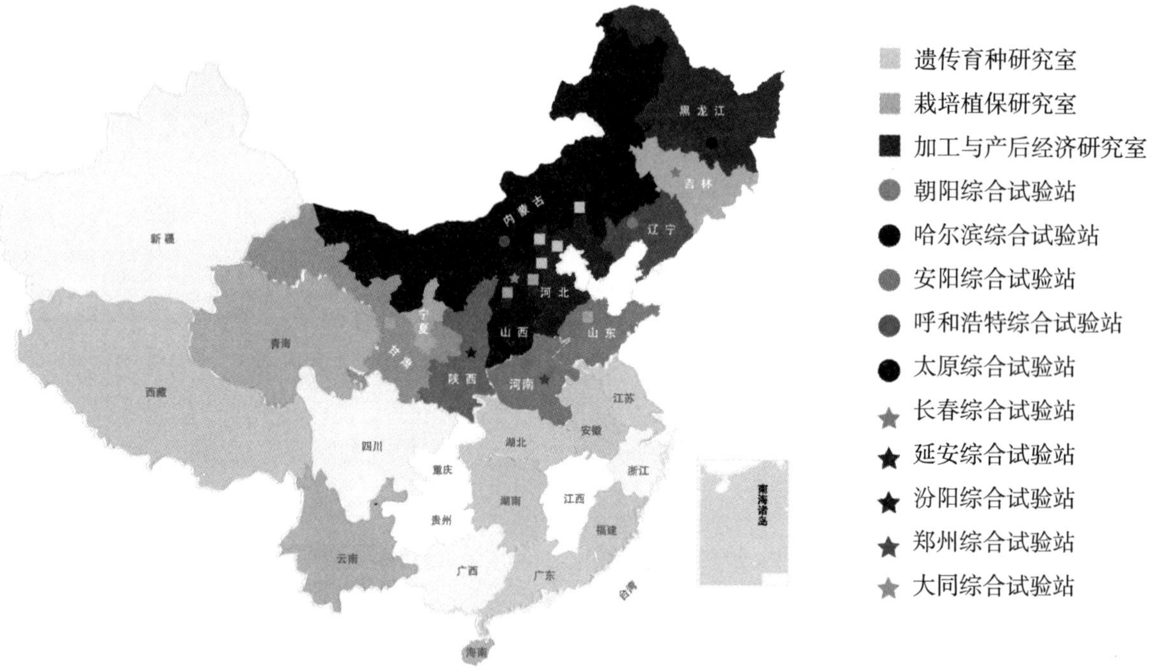

图 2　国家谷子产业技术研发中心和综合试验站分布示意图

3　国家谷子产业技术体系任务规划核心内容

3.1　重点任务

重点解决谷子产业化生产技术需求和落后生产方式之间的矛盾，通过育种栽培等技术实现生产轻简化，解决谷子消费途径窄等问题，拓宽谷子消费途径延伸产业链，提高谷子生产效益。包括两项任务。

3.1.1　大面积高产优质种植及简化栽培配套技术试验示范

筛选适合不同区域种植的高产优质多抗谷子新品种、杂交种 15 个左右，提出与其配套的大面积示范种植栽培技术；从品种培育、栽培技术和适宜的专用农业机械研制等多个方面入手，组装配套栽培简化的、适应产业规模生产的技术体系。在谷子主产区进行大面积种植试验示范，形成 3~5 个高产种植技术模式后，由遗传育种研究室、栽培植保研究室和各综合试验站共同培训服务区谷子主产县的农技人员，并提供给“农业科技入户示范工程”、“新型农民培训工程”和其他国家与地方的技术普及活动。

3.1.2　主产区的产业化示范

以各生态区谷子主产区的重点市（县）为基础，以大面积高产优质种植配套技术和加工技术为支撑，建立 5~6 个谷子产业化生产示范区，延长产业区内的谷子产业链，形成初步的产业体系。产业区的建设和示范以三个功能研究室为主，相关区域试验站配合；产业区的产业经验由三个功能研究室和各综合试验站共同培训服务区谷子主产县的农技人员和生产农户。

3.2 基础性工作

建立谷子产业发展的基础性、公益性技术和数据平台，由不同功能研究室与综合试验站协作完成。其中：

遗传育种研究室：丰富与充实谷子种质数据库，增加资源数量和类型；建立核心种质数据库；建立谷子主栽品种特征特性及系谱数据库；建立谷子种植制度及生态资源数据库。

栽培植保研究室：建立谷子各主产区土壤质量档案和缺素状况数据库；建立谷子各区域肥料利用情况和肥料品种数据库；各区域气候资源、物候期技术档案，建立谷子主要病虫草害（如谷锈病、白发病、线虫病、谷瘟病、纹枯病、黑穗病、红叶病、钻心虫、粟芒蝇等）各区域发生、危害及致害型变化情况数据库；建立主要病虫害防治的推广技术档案；建立谷子栽培机械机具数据库（包括制造和生产厂家的档案等）。

加工与产后经济研究室：建立谷子种子企业基本情况数据库；建立谷子主要加工企业数据库（包括加工企业装备、加工品种类型和市场营销等）；建立贮藏和加工的推广技术档案；建立谷子市场信息动态变化数据库；开展谷子生产、市场和流通等各环节的分析和相关政策评估；建立谷子产业信息传播平台；建立谷子主产县数据库。

产业技术研发中心：建立全国谷子科研和推广项目数据库（地级以上科技计划每年立项）；建立全国谷子研发人员数据库；建立全国谷子研发设施、大型仪器设备数据库；建立国内外谷子及相关领域历史文献数据库；建立年度国内外谷子技术发展档案（包括当年发表的论文、专利、成果等）并提供技术进展综述；跟踪其他国家谷子生产和研发动态。

3.3 前瞻性研究

针对我国面临的人口、资源、环境等问题，开展谷子产业发展的储备性、跟踪性和前沿性研究。包括：

（1）具有高产、广谱抗性、耐逆境（干旱、低温等）的优质育种材料创制和重要性状的功能基因标记与开发；在种质创新、育种新技术方面引进结合国外先进技术和水稻等作物经验，促进生物技术和常规育种的结合，提升谷子育种技术水平（由遗传育种研究室牵头，联合各试验站共同执行）。

（2）针对全球气候剧变，谷子种植技术和市场需求的变迁等，培育与之相适应的谷子新品种；拓宽谷子用途，在适宜区建立饲草谷子示范基地，筛选和培育饲草谷子品种及其他用途的新产业（由遗传育种研究室牵头，联合各试验站共同执行）。

（3）研究新形势和气候条件下，适合谷子各主产区新的栽培技术体系；研究谷子简化栽培的新方法和技术；研究不同生产条件下水肥高效利用技术；同有关厂家结合或合作，研发和改进新的适宜谷子各时期的栽培生产机械，提升谷子生产机械化水平（由栽培植保研究室牵头，联合各试验站共同执行）。

（4）研究潜在的暴发、流行性病虫害发生规律与控制技术；研究耕作制度改变下重要和新发病虫害的发生规律；筛选和研制高效、安全的病虫害防治技术；研究和集成相关技术，建立适用于不同生态区的谷子病虫害综合治理技术体系（由栽培植保研究室牵头，联合各试验站共同执行）。

（5）研究大众化广消费谷子新型加工产品、谷子精深加工及特殊有益功能成分开发、谷子综合利用技术研究（由加工与产后经济研究室牵头，联合各试验站共同执行）。

（6）研究分析谷子生产者的技术采用特点及主要影响因素、技术贡献率等；研究含生态效益在内的谷子生产整体效益和效益提升策略（由加工与产后经济研究室牵头，联合各试验站共同执行）。

3.4 应急性任务

调研谷子产业动态信息和突发性生产问题，完成农业部交办的临时性应急任务，提出解决突发性生产问题的切实可行的建议与措施方案。

4 国家谷子产业技术体系结构设置

4.1 国家谷子产业技术研发中心（图 3）

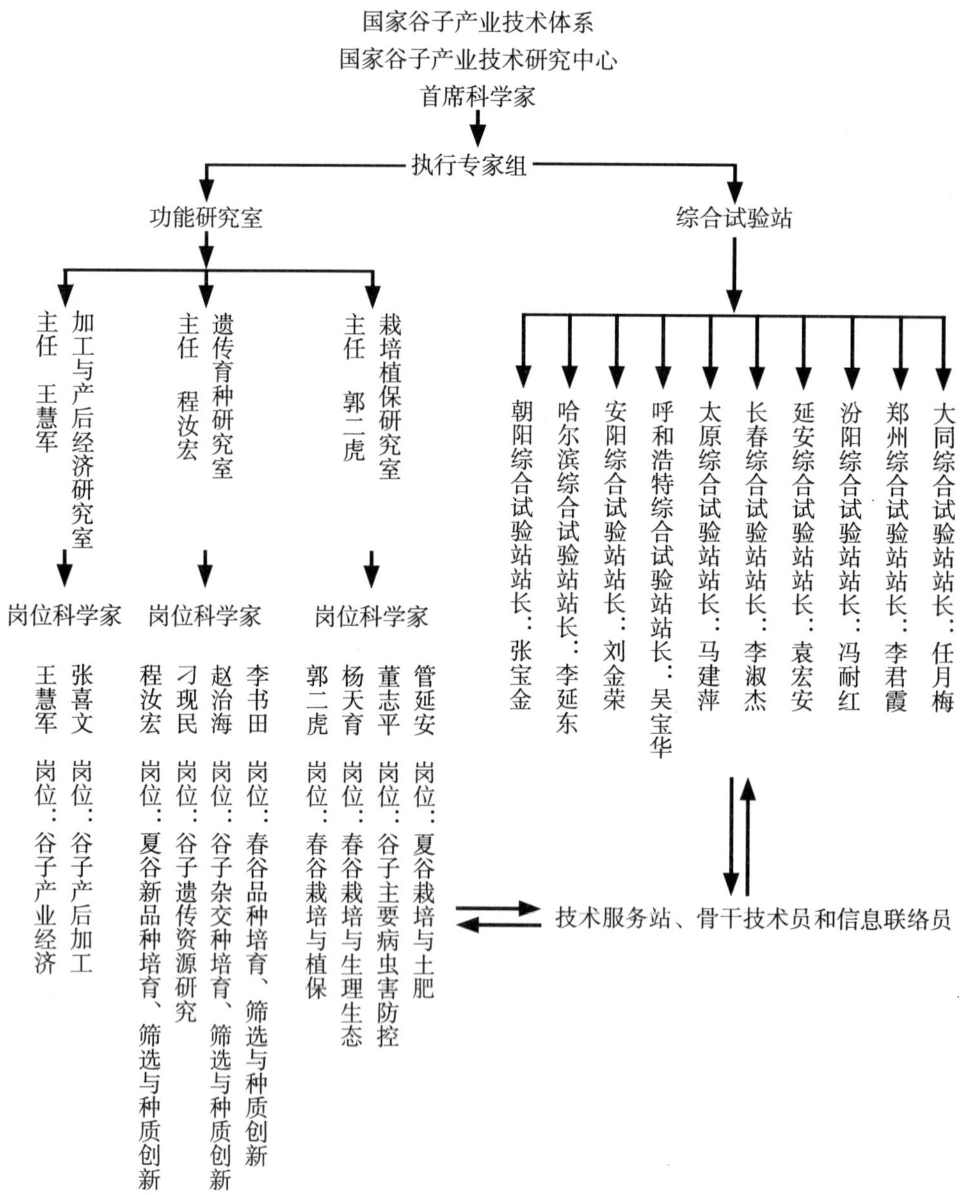

图 3　国家谷子产业技术研发中心框架示意图

国家谷子产业技术研发中心的职责是全面组织协调谷子产业体系的建设、制定谷子行业发展规划、组织实施谷子行业科技计划、组织协调实验室的研究及各试验站的成果示范转化工作、组织召开谷子行业科技发展战略会议等。

国家谷子产业技术研发中心的依托单位是中国农业科学院作物科学研究所，该所是国家农作物综合研究所，中国作物学会的依托单位，组织了国家多项重大产业项目和工程。在谷子研究方面，掌握有全国及世界各地的各类谷子种质资源 27 600 多份，鉴定选育出“日本 60”等在我国谷子育种历史上起到关键作用的骨干种质。

4.2 功能研究室

4.2.1 遗传育种研究室

职责：根据全国谷子不同生态类型区的生产条件和耕作制度，以及谷子产业化发展的需求，培育适应性广、优质、丰产、抗逆性强及特异专用类型的谷子新品种，满足谷子产业化发展对品种的需要，开展谷子育种新技术新方法的研发，搜集、整理鉴定和利用各类谷子资源，创新谷子种质，并在遗传和生物技术等新领域为谷子育种水平的提高提供基础（表 1）。

建设依托单位：河北省农林科学院谷子研究所。

表 1　遗传育种研究室的主要成员情况及分工与职责

姓名	学历 / 职称	单位	分工与职责
程汝宏	硕士 / 研究员	河北省农林科学院谷子研究所	研究室主任 夏谷新品种选育
刁现民	博士 / 研究员	中国农业科学院作物科学研究所	谷子遗传与资源研究
赵治海	本科 / 研究员	张家口市农业科学院	谷子杂种优质利用及新品种选育
李书田	本科 / 研究员	赤峰市农业科学研究所	春谷新品种选育

程汝宏，男，1963 年生，硕士，研究员，国家谷子产业技术体系遗传育种研究室主任，夏谷新品种培育、筛选与种质创新岗位科学家，河北省农林科学院谷子研究所副所长，河北省有突出贡献的中青年专家。主要从事谷子遗传育种工作，曾育成谷子品种 16 个。近年主攻谷子简化栽培技术研究，主持完成的“简化栽培谷子品种选育及配套栽培方法”获国家发明专利，育成冀谷 25 等简化栽培品种，实现了化学间苗和化学除草。获省级奖励 12 项，主编、参编著作 7 部，发表论文 31 篇。

岗位团队成员：刘正理、夏雪岩、师志刚。

刁现民，男，1963 年生，理学博士，国家谷子产业技术体系首席科学家，遗传育种研究室谷子遗传资源研究岗位科学家，中国农业科学院作物科学研究所研究员，博士生导师，国家谷子品种鉴定委员会主任。从事谷子科研 21 年，收集构建了首个谷子近缘野生种基因库，从细胞学和分子分类方面弄清了狗尾草属的系统进化关系；建立了谷子的体细胞育种和转基因技术；正在开发谷子的 SSR 标记并建立谷子的分子育种基础平台；采用常规技术、远缘杂交和生物技术等方法，先后培育出创 19 等品种和材料并提交生产和育种应用，获国家和省部级奖励 7 项，发表论文 50 余篇。

岗位团队成员：智慧、陆平、王永芳、李伟、李海权。

赵治海，男，1958 年生，研究员，国家谷子产业技术体系遗传育种研究室谷子杂交种培育、筛选与种质创新岗位科学家，十一届全国人大代表，现任张家口市农业科学院谷子研究所所长。长期从事谷子杂种优势利用研究，选育成功强优势谷子杂交品种 8 个，已在我国北方 11 省区和埃塞俄比亚推广、试种。解决了杂交种中假杂交种去除难题，将制种每 667m^2 产量提高到 150kg，大田最高每 667m^2 产量达到 810kg，品质达到优质米标准，实现了谷子杂交制种的产业化生产。

岗位团队成员：王晓明、宋国亮、张进京、朱学海。

李书田，男，1960 年生，研究员，国家谷子产业技术体系遗传育种研究室春谷品种培育、筛选与种质创新岗位科学家，现任赤峰市农业科学研究所谷子研究室中心主任，赤峰市有突出贡献中青年专家。自 1984 年以来一直从事谷子研究，审（认）定的品种在我国北方内蒙古、河北、山西、陕西、甘肃、黑龙江、辽宁 7 省区推广面积 80 万 hm^2，曾获国家科委、财政部和农业部一委二部重大科技成果荣誉奖励。在应用基础研究方面，进行了“谷子显性矮秆基因发现”、“谷子显性核不育基因”及“杂种优势利用”等研究，创建的“谷子叶龄指数栽培模式”显著提高了谷子栽培水平。

岗位团队成员：赵敏、刘斌、柴晓娇。

4.2.2 栽培植保研究室

职责：研究不同生态区谷子优质、丰产栽培技术及相应的生理基础，研究谷子主要病虫草害的发生规律和防治技术。建立不同生态区谷子优质栽培技术体系和谷子病虫害综合防治技术体系（表 2）。

建设依托单位：山西省农业科学院谷子研究所。

表 2　栽培植保研究室的主要成员情况及分工与职责

姓名	学历 / 职称	单位	分工与职责
郭二虎	硕士 / 研究员	山西省农业科学院谷子研究所	研究室主任。春谷优质、丰产栽培技术及主要病虫害研究
杨天育	硕士 / 研究员	甘肃省农业科学院作物研究所	栽培生理研究
董志平	硕士 / 研究员	河北省农林科学院谷子研究所	病虫害发生规律及其防治方法研究
管延安	硕士 / 研究员	山东省农业科学院作物研究所	营养与土肥、夏谷优质丰产栽培技术

郭二虎，男，1965 年生，硕士，研究员，国家谷子产业技术体系栽培植保研究室主任、春谷栽培与植保岗位科学家。1985 年毕业于山西农业大学植保专业，现任山西农业科学院谷子研究所副所长，谷子育种研究室主任，国家谷子产业技术体系栽培植保研究室主任，山西省品评审定委员会委员，全国谷子鉴定委员会委员。主要从事谷子育种、栽培及植保研究，先后主持国家、省攻关项目、“863”项目、支撑项目及院育种工程等项目，培育谷子新品种 9 个，获省科技进步二等奖 2 项、三等奖 1 项、星火特等奖 1 项，发表论文 20 余篇。

岗位团队成员：王玉文、王节之、范惠萍、李瑜辉、王丽霞。

杨天育，男，1968 年生，理学硕士，研究员，国家谷子产业技术体系栽培植保研究室春谷栽培与生理生态岗位科学家，甘肃农业科学院作物科学研究所副所长。长期从事谷子等小杂粮种质资源、品种改良与推广和栽培技术研究与推广工作。育成谷子品种 6 个，糜子、荞麦品种 3 个，获省级科技奖励 7 项。在《作物学报》等期刊上发表论文 20 多篇。目前主要开展西北干旱、半干旱地区谷子地膜覆盖栽培技术研究与技术推广工作。

岗位团队成员：张磊、任瑞玉、董孔军、王自忠。

董志平，女，1965年生，硕士，研究员，国家谷子产业技术体系栽培植保研究室谷子主要病虫害防控岗位科学家。1988年毕业于河北农业大学，到河北省农林科学院谷子研究所一直从事农作物病虫害研究，先后主持研究课题20余项，发表论文30余篇，获科技成果10余项。其中，主持研究的“谷锈菌优势小种监测及谷子品种抗性基因研究”2000年获国家科技进步二等奖、“谷锈菌生理分化及在谷子抗锈育种中的应用”2002年获河北省省长特别奖。主持完成的“无公害谷子（粟）主要病虫害防治技术规程”2007年由河北省技术监督局发布实施。第二主持编著的《粟芒蝇》研究专著2007年由科学出版社以中英文双语出版。

岗位团队成员：董立、马继芳、李志勇、全建章、郑直。

管延安，男，1965年生，硕士，研究员，国家谷子产业技术体系栽培植保研究室夏谷栽培与土肥岗位科学家，山东省农业科学院作物研究所谷子杂粮室主任。自1985年以来一直从事谷子遗传改良及栽培理论与技术研究。2002年获山东省青年科技奖。曾分别赴国际半干旱热带作物研究所（ICRISAT）和美国内布拉斯加大学林肯分校培训学习和访问研究。主持完成省部级科研课题20余项，育成谷子品种近10个，其中2个品种获国家新品种后补助。获省部级科技进步奖6项，其中省二等奖（第一名）1项。发表研究论文40余篇。

岗位团队成员：杨延兵、秦岭、尹庆良。

4.2.3 加工与产后经济研究室

职责：研究谷子精加工、深加工及谷子的综合利用技术，开发小米功能性食品，拓宽利用途径，提高谷子经济价值和种植效益。研究我国谷子的生产技术经济、科技创新投入、产后经济的加工、市场营销及谷子生产的经济效益、社会效益和生态效益及相关产业经济问题（表3）。

建设依托单位：河北省农林科学院。

表3　加工与产后经济研究室的主要成员情况及分工与职责

姓名	学历 / 职称	单位	分工与职责
王慧军	博士 / 研究员	河北省农林科学院	研究室主任。谷子综合利用与产业经济
张喜文	本科 / 研究员	山西省农业科学院谷子研究所	谷子精深加工、产业化组织

王慧军，男，1957年生，国家谷子产业技术体系加工与产后经济研究室主任、谷子产业经济岗位科学家，教授、博士生导师、河北省管优秀专家，现任河北省农林科学院院长、党委副书记。王慧军教授在农业推广学、农业经济理论与政策等研究领域有较深的造诣，与国内一些学者共创了农业推广学学科。发表学术论文50多篇，主编、副主编专著10余部，先后培养博士、硕士20多人。现主要从事谷子等杂粮作物产业经济方面的研究。

岗位团队成员：张玉宗、李顺国、王桂荣、刘敬科。

张喜文，男，1954年生，研究员，国家谷子产业技术体系加工与产后经济研究室谷子产后加工岗位科学家，1978年毕业于山西大学生物系，同年就职于山西省农业科学院谷子研究所至今。现任所党委书记、副所长。兼任中国作物学会粟类作物专业委员会副主任，中国谷子品种鉴定委员会副主任，中国农学会杂粮分会常务理事。共获得省部级重大科技成果8项，发表学术论文43篇，主、参编学术著作7册。参制了国标《地理标志产品 沁州黄小米》，研制了小米蛋糕、酥饼、速溶米粉、小米饮料等产品，搜集整理了《小米传统食法》。

岗位团队成员：赵晋峰、张艾英、张文兴、李萍。

4.3 综合试验站

规划总数10个，其中，西北生态区5个、东北生态区3个、华北生态区2个。综合试验站职责、建设依托单位及站长情况如下。

4.3.1 朝阳综合试验站

主要负责辽西及辽西北生态区中熟谷子新品种选育及栽培技术研究与推广。依托单位辽宁省水土保持研究所。

张宝金，男，1950年生，研究员，国家谷子产业技术体系朝阳综合试验站长，辽宁省水土保持研究所所长。长期从事谷子育种及高产栽培技术研究，先后主持选育出7个谷子新品种应用于生产，对品种更新、提升单位面积产量水平有很大的贡献，取得了显著的增产增收效果。获得省市级科研成果奖多项。目前，带领团队成员主要负责辽西北生态区春谷新品种选育及栽培技术研究与推广，建设谷子产业化基地，促使辽西的谷子产业有更大的发展。

团队成员：张海金、张文飞、王凯玺、黄瑞。

4.3.2 哈尔滨综合试验站

主要负责黑龙江及其以北地区谷子新品种选育及栽培技术研究与推广。依托单位黑龙江省农业科学院作物育种所。

李延东，男，1961年生，副研究员，国家谷子产业技术体系哈尔滨综合试验站站长，现任黑龙江省农业科学院作物育种所谷子研究室主任。自1983年开始一直从事谷子遗传育种研究。突出成果有优质谷子品种龙谷25和龙谷31，米质的色、香、味、营养等俱佳，评为国家一级优质米；超早熟谷子品种龙谷26，可在北纬53° 29′ 的高寒地域种植，突破了我国谷子栽培区域的北限；高产型品种龙谷28、龙谷29、龙谷30、龙谷32等，在生产上曾多次实现大面积单产500kg/667m^{2}以上，为谷子生产和科研发展作出了贡献。

团队成员：王绍滨、马金丰、赵丽娟、李志江。

4.3.3 安阳综合试验站

主要负责夏谷新品种选育及示范推广。依托单位安阳市农业科学研究所。

刘金荣，男，1963年生，研究员，国家谷子产业技术体系安阳综合试验站站长，安阳市农业科学院谷子室主任。主持国家谷子星火课题1项、省重点攻关课题2项，参加了国家谷子“863”计划课题和国家支撑计划课题研究，获省市成果奖多项，其中主持的“富硒优质高产谷子新品种豫谷11选育及应用”2008年获河南省科技进步2等奖，选育了豫谷11号、豫谷12号、豫谷13号、豫谷14号等国审谷子品种，在核心期刊发表20多篇论文。

团队成员：王素英、路志国、闫宏山、刘海萍。

4.3.4 呼和浩特综合试验站

主要负责内蒙古地区谷子新品种选育及栽培技术研究与示范推广。依托单位内蒙古农牧业科学院作物研究所。

吴宝华，女，1962 年生，研究员，国家谷子产业技术体系呼和浩特综合试验站站长，内蒙古农牧科学院作物研究所研究员。从事谷子遗传育种和产业化研究工作多年，并在谷子的特殊用途（饲草专用品种和谷糠）的应用研究上有特色。蒙金谷一号的种植推广十分突出，非常适合内蒙古自治区特色，区内外各大媒体都给予了报道。在国家及省级以上刊物发表学术文章 20 余篇。主持选育自治区认定谷子品种 5 个、国家审定谷子品种 1 个，获得两项国家一级优质米证书，三项国家二级优质米证书。

团队成员：陈连发、陈宇、乌兰、石华。

4.3.5 太原综合试验站

主要负责西北春谷生态区中晚熟谷子新品种的选育以及栽培技术研究与示范推广。依托单位山西省农业科学院作物遗传研究所。

马建萍，女，1957 年生，研究员，国家谷子产业技术体系太原综合试验站站长，山西省农业科学院作物遗传研究所谷子研究室主任，长期从事谷子遗传育种和栽培研究及示范推广工作。近年来，共主持、承担国家、省、院级研究课题 26 项，取得获奖成果 6 项，已在适宜地区累计推广 20 多万 hm^2。参编科技论著 1 部，在省级以上学术刊物发表论文 30 余篇，其中第一作者 20 余篇。

团队成员：刘晓东、独俊娥、郭志利、吕建珍。

4.3.6 长春综合试验站

主要负责吉林地区春谷新品种选育及栽培技术研究与示范推广。依托单位吉林省农业科学院作物研究所。

李淑杰，女，1963 年生，副研究员，国家谷子产业技术体系长春综合试验站站长，吉林省农业科学院作物育种研究所副研究员，谷子育种研究室主任。吉林省谷子区域试验主持人，一直从事谷子育种及栽培技术研究工作。参加国家科技部、农业部重点项目、省科技厅和省农委的谷子育种课题多项。获省科技进步三等奖 4 项，发表文章 10 余篇，参加的国、省审（认）谷子品种 10 余个。

团队成员：王阳、李继洪、胡喜连、高鸣。

4.3.7 延安综合试验站

主要负责延安及西北春谷生态区晚熟谷子新品种选育及栽培技术研究与示范推广。依托单位延安市农业科学研究所。

袁宏安，男，1965 年生，高级农艺师，国家谷子产业技术体系延安综合试验站站长，陕西省延安市农业科学研究所高级农艺师，组织培养研究室主任。主要从事农作物新品种的选育与推广及植物组织培养工作。先后承担了国家“八五”科技攻关项目和国家“十一五”科技支撑计划子专题项目，选育的延谷 11 号、12 号、13 号等农作物新品种分别通过陕西省和国家审定，获奖成果 10 项。编著的《陕北名优杂粮栽培技术》一书由科学技术文献出版社出版发行，撰写了《延安市小杂粮产业"十一五"发展规划》等材料，多篇文章在学术刊物上发表。

团队成员：韩芳、冯海智、贾润成、张水萍。

4.3.8 汾阳综合试验站

主要负责小米深加工技术试验示范。依托单位山西省农业科学院经济作物研究所。

冯耐红，女，1973 年生，助理研究员，国家谷子产业技术体系汾阳综合试验站站长，山西省农业科学院经济作物研究所农产品产后加工研究室副主任。主持和参与国家科技支撑、山西省科技攻关、山西省财政支农、山西省星火、山西省专利实施推广资助等有关谷子研究 10 余项，获得省级鉴定成果 2 项、国家发明专利 2 项，均达到国内领先水平，目前又申报 3 项国家发明专利，在国家级核心期刊发表论文 10 余篇。

团队成员：王宏丽、侯东辉、杨成元、卫天业。

4.3.9 郑州综合试验站

主要负责夏谷新品种的选育及栽培技术研究与示范推广。依托单位河南省农业科学院作物研究所。

李君霞，女，1973 年生，民盟成员，助理研究员，国家谷子产业技术体系郑州综合试验站站长。从事谷子等小杂粮类作物的品种改良、资源创新、高效栽培及技术推广研究。参加完成多项省、国家级科研项目，现为"十一五"国家科技支撑计划子专题主持人，参与河南省科技攻关、郑州市科技攻关、省计划外项目等。先后发表核心期刊论文 8 篇。

团队成员：方保停、王淑君、范艳萍、李丙奇。

4.3.10 大同综合试验站

主要负责西北春谷生态区早熟品种的选育及栽培技术研究与示范推广。依托单位山西省农业科学院高寒区作物研究所。

任月梅，女，1964 年生，助理研究员，国家谷子产业技术体系大同综合试验站站长，山西省农业科学院高寒区作物研究所谷子研究室主任。从事谷子育种、品种推广以及栽培技术研究工作。参加过省科技攻关项目、省财政支农项目、院育种工程项目等工作，现为国家谷子产业技术体系大同综合试验站站长。先后育成国家审定品种 4 个、省审定品种 7 个；获省科技进步三等奖 1 项，大同市科技进步一等奖 1 项、二等奖 3 项、三等奖 1 项；省农技承包一等奖 1 项、三等奖 1 项。在省级刊物上发表论文 8 篇，在国家级刊物上发表论文 1 篇。

团队成员：杨忠、张绥、郭瑞峰、杨富。

各综合试验站示范县见表 4。

表 4 各综合试验站的基本情况

综合试验站	示范县	负责人	依托单位	产业规模（万 hm^2）
朝阳综合试验站	建平县	赵凤喜	建平县农业技术推广中心	3.33
	朝阳县	李庆海	朝阳县农业技术推广站	1.33
	北票市	杜国田	北票市农业技术推广中心	1.33
	阜新县	谢春友	阜新市农业技术推广站	1.2
哈尔滨综合试验站	肇东县	扬玉成	肇东市经管站	1.33
	双城市	刘士学	双城龙珠鑫米业	0.33
安阳综合试验站	安阳市	张志华	安阳市农技站	0.4
	林州市	胡小红	林州市农科所	0.6
	安阳市龙安区	曹祖松	龙安区科协	0.73
	辉县市	牛雪亮	辉县市农业局	0.53
	鹤山区	徐令超	鹤壁市农科所	0.66
呼和浩特综合试验站	喀喇沁旗	刘建强	赤峰市农业局	1.33
	敖汉旗	张复信	农业综合开发办	1.0
	乌兰察布市四子王旗	王荣贵	农业综合开发办	0.8
太原综合试验站	左权县	武美英	左权县农业局农技推广中心	0.2
	榆社县	张俊斌	榆社县农业局	0.2
	榆次区	罗治中	寿阳县农业局	0.2
	阳曲县	许新清	阳曲县农业局农技推广中心	0.33
	盂县	梁新华	盂县农业局	0.13
长春综合试验站	乾安县	刘宽	乾安县种子管理站	0.67
	镇赉县	周海田	镇赉县莫莫格蒙古族乡	0.67
	通榆县	王桂华	通榆县农业技术推广中心	0.33
	双辽市	张建华	双辽市农业技术推广中心	0.33
延安综合试验站	志丹县	姜保民	志丹县农业局	0.8
	安塞县	张俊峰	安塞县农业局	0.53
	宝塔区	董占军	宝塔区农业局	0.67
汾阳综合试验站	汾阳市	王文娟	汾阳市农业技术推广站	0.33
	柳林县	刘虎应	柳林县永盛石磨面粉加工专业合作社	0.47
	临县	高乃明	临县安家庄乡后庄村	0.93
	石楼县	李泽浩	石楼县农业局种子管理站	0.53
郑州综合试验站	宜阳	王自力	市农科所	0.33
	伊川	司马青焕	市农技站	0.67
	汝州	胡新正	市农科所	0.2
大同综合试验站	阳高县	杜恒伍	阳高县农业局	0.27
	广灵县	曹志德	广灵县农业局	0.33
	天镇县	薛江	天镇县农业局	0.33
	浑源县	李志山	浑源县农业局	0.27

谷子产业发展与产业技术创新

——国家谷子产业技术体系工作总结梳理

刁现民

（国家谷子产业技术研发中心 / 中国农业科学院作物科学研究所，北京　100081）

自 2008 年国家谷子产业技术体系启动以来，谷子产业发展和产业技术创新进入了新的时代，产业生产技术创新、产业化生产组织、产业技术前瞻性研究、产业合作和人才培养与研发队伍建设取得了前所未有的发展。同时，近年来国外对谷子营养认识和在作物遗传育种理论基础研究的重要性的认识都有了质的改变，谷子正在发展成为禾谷类作物功能基因组研究和起源驯化研究的另一模式作物。国家谷子产业技术体系 2009 年底组织了“2009 年谷子产业发展报告”和“国家谷子产业技术体系 2009 年工作总结”，中国作物学会组织了“粟类作物学科发展报告”等有关研究，这些报告从不同方面总结了谷子产业的发展形势和发展建议，我在此将这三个报告的主题内容汇总，并重新分析，以期能给读者提供一个整体的谷子产业和产业技术体系工作进展概貌。

1　国内外谷子生产与贸易概况

1.1　国际谷子生产与贸易概况

谷子原产于我国，是世界上最古老的粮食作物之一，在农业中占有重要地位。谷子是喜温作物，由于它生长期短、适应力强，并且具有忍受炎热及抗旱的能力，因此在全世界都有广泛栽培。南起澳大利亚南纬 45°，北至我国黑龙江省的北纬 53°，这中间都有分布，如果将谷子作为青贮或干草饲料种植，其范围还可向北推进。谷子主要分布在中国、印度、日本、朝鲜、俄罗斯、乌克兰、西班牙、意大利、伊朗、阿富汗等国。我国是谷子生产大国，播种面积占世界谷子播种面积的 80%，产量占世界谷子总产量的 90%；印度是世界第二谷子主产国，约占世界总面积的 10%；澳大利亚、美国、加拿大、法国、日本、朝鲜等国家有少量种植，用途除作为粮食外，有的是用作饲草或鸟饲；谷子在美洲、澳洲和欧洲部分国家多是作为饲草作物栽培。

谷子的国际贸易量很少，各谷子主产国既是主产国又是消费国。我国作为谷子生产大国，近年来常年播种面积约 100 万 hm^2，总产量约为 210 万 t，2007 年全国谷子面积 83.9 万 hm^2，总产 150.7 万 t，只有 2.44 万 t 用于出口，进口量为零。随着谷子产业化发展及价格的持续上涨，2009 年种植面积略有回升。

我国谷子出口主要销往日本、韩国、印度尼西亚等 30 多个国家和地区，其中包括我国台湾。

销售价格189~303美元/t。日本是我国小米出口的最大国家，年出口量6 200~8 700t，占日本小米进口总量的60%左右。我国谷子出口可分为食用和饲用两种形式，食用谷子主要销往日本、朝鲜和东南亚国家，要求谷子的商品性和食味品质好、无污染；饲用谷子主要销往欧洲和美洲，要求籽粒的千粒重较大、色泽鲜艳、整穗出口的要求穗子较长等。2009年我国谷子出口量为1.424万t，外汇交易额732.29万美元，进口量为零。日本是2009年我国谷子的最大出口国，出口量为5 203t，其次为韩国（1 890t），第三位是印度尼西亚（1 172t），英国为第四位（867t），其后依次为德国、法国、意大利、荷兰等32个国家和地区。出口韩国多为谷子原粮，其他国家原粮和小米均有。

我国谷子生产具有显著的数量和品种类型优势，但目前宣传和海外市场开拓均不够，欧洲和美洲对谷子等杂粮在食用方面同样存在一定的市场，我国谷子的海外市场还具有很大潜力。

1.2 国内谷子生产与贸易概况

谷子在我国分布极为广泛，主要集中分布在东北、华北和西北地区，其中以山西、河北、内蒙古种植面积较大，南方省区有一些零星分布。谷子的种植面积呈显著下降趋势。1949年，全国谷子的种植面积为920.66万hm^2，约占粮田面积的10%，绝大多数是春谷；随着农业生产的发展和耕作改制，谷子面积逐渐压缩，在20世纪80年代稳定在250万hm^2；进入21世纪以来，全国的种植面积进一步减少，基本上平均稳定在100万hm^2。2007年，谷子的种植面积为83.9万hm^2。据2009年国家谷子产业技术体系组织调研，近两年谷子种植面积略有回升，单产水平有所提高。

据谷子产业体系调研，在谷子主产区，谷子种植面积占耕地面积的比例一般在15%~25%，内蒙古赤峰市比例最高，约为25%。谷子生产已形成初步的优势地区，如内蒙古赤峰、河北的武安和蔚县、山西的沁县和汾阳、辽宁的建平县等地，但规范化的适合产业化操作的谷子栽培技术规程较为缺乏。从单产水平看，总体来说，河北、河南、山东夏谷区产量水平最高，单产多在300~350kg/667m^2，但农户之间的差异也很大，春谷区的东三省产量水平较高，产量区间主要在250~400kg/667m^2，河北张家口地区是杂交谷子主要生产区，近年来谷子产量有较大幅度增长，从200kg/667m^2左右增长到550kg/667m^2左右，高产的年份是种植了杂交谷。山西省单产多为250~300kg/667m^2；甘肃、陕北是干旱严重的省份，谷子单产最低。

谷子等杂粮流通在一些地区已形成了具有明显特色的市场，如辽宁省建平县朱隶科镇的杂粮市场最具规模，已成为东北的杂粮集散地，这有利于促进产业化。从2009年市场需求调查看，谷子稍显供不应求，销售渠道主要以加工企业收购为主，农户自留占44.4%，销售55.6%，谷子产业发展潜力巨大，企业的发展是带动谷子生产发展的源动力。

目前市场上可见的谷子加工食品包括小米锅巴、小米方便粥、小米快餐粉等，虽有一定的消费量，但并不是主流食品，消费有限，谷子产业链的延伸亟待加强。

2 国际谷子产业技术研发进展

我国作为谷子的生产大国，对谷子的遗传育种、栽培、植保、产品加工、生理生化、功能因子及基因定位等进行了比较系统的研究。世界其他各国，由于谷子种植很少，所以相关的研究很少。国外对谷子的研究主要侧重于对营养成分及其功能的研究。

2.1 重视谷子功能成分研究

在国外，日本、印度等国家对谷子研究较多，其中日本在谷类籽粒蛋白质功能的基础性研究方面较为突出。日本岩手大学 N. Nishizawa 研究发现，谷类籽粒蛋白质能显著提高血浆中高密度脂蛋白的浓度，高密度脂蛋白具有抗动脉粥样化的功能。同时谷类籽粒蛋白质对胆固醇的新陈代谢也有一定调整作用。这一研究结果将有力推动谷子蛋白质功能的研究，同时也有利于谷子食品的研究与开发。通过发酵对谷子蛋白质营养的研究表明，发酵有利于提高谷子的营养价值，虽然不同的品种蛋白质含量不同。除作为营养食品外，德国海德堡大学的 Taucher 博士在谷子中发现了一种具有超强凝聚作用的蛋白质（私人通讯），可用于污水处理等工业中。

2.2 谷子作为功能基因组研究的模式作物

自 1971 年日本学者 Ben 实现世界第一例组织培养再生谷子以来，世界各国科学家在谷子及狗尾草属植物组织培养、原生质体培养、体细胞无性系变异和利用、转基因技术、分子标记图谱与禾谷类比较遗传学、重要功能基因定位等相关领域做了大量工作，提升了谷子遗传育种的发展水平，也对其他作物的遗传育种起到了促进作用。谷子分子标记与基因定位方面的研究，构建了谷子 RFLP 连锁图谱。20 世纪 90 年代，在勒克菲洛基金资助下，河北省农林科学院谷子研究所同世界著名的英国 Jhon Inners Center 合作，开展了谷子 RFLP 标记图谱构建，这是谷子分子标记研究的开端。

在应用分子标记进行谷子起源进化和遗传多样性分析方面，利用 RAPD 技术，Li 等研究了不同来源的谷子、青狗尾草和金色狗尾草等狗尾草属植物的遗传关系，结果表明谷子和青狗尾草有着较近的亲缘，谷子同金色狗尾草和 *S.sphacelata* 的亲缘关系较远；法国学者 Schontz 等用 PAPD 分析了来自欧亚大陆的 37 个谷子农家品种的遗传变异，这些材料可清楚地分为 3 组并同起源地相配：欧洲起源、亚洲北纬度以南起源和以北起源，亚洲品种具有多样的变异；D’ Ennequin 等应用 AFLP 标记分析不同来源的谷子和青狗尾草，进一步肯定了青狗尾草是谷子野生祖先，来自中国的材料表现了丰富的多态性，同中国是谷子起源中心相吻合，来自欧洲和非洲的材料表现了一定特异性，预示着为次生多样性中心。在谷子与狗尾草的植物学分类方面，Wang 和 Diao 分别从基因组、基因片段方面进行了研究，结果表明谷子和青狗尾草在植物学上是一个种，可以将它们分别命名为谷子亚种和青狗尾草亚种。应用分子标记进行性状标记和 QTL 分析，分析了谷子的抽穗期、落粒性、株高、穗长、穗粗、分蘖数、穗下节长、颖壳色、米色和千粒重等数量性状的相关位点（QTL）。

植物学界公认的理想模式植物往往具有基因组小、繁殖周期短、种子量大、易于种植、便于转化和再生性好等特点。谷子及其近缘野生种青狗尾草不仅具有其中多数优点，而且属于禾本科，具有突出的抗旱耐逆及高光效的特点，在生育期短、易种植等方面远优于水稻，这些特点为植物功能基因组学的发展带来了新的发展机遇，且同水稻基因组共线性强的特点，其基因组研究具有突出的后发优势（Doust *et al*., 2009；Minorsky, 2009）。谷子的功能基因组研究的具体方向，除普遍关注的重要农艺性状和抗病性外，谷子在抗旱性、耐瘠薄和营养高效性、禾本科植物株型架构等方面具有突出的特色和优势，以谷子为材料有可能在这些方面取得突破性进展。另外，研究植物高光效形成的机制是植物功能基因组学研究的热点之一，也是长期以来一直困扰植物科学界的主要问题之一。认识植物高光效的形成机制对认识植物产量的形成及提高主栽农作物的光合潜力具有重要的意义。谷子及狗尾草在这一研究领域具有不可替代的突出优势（Brutnell *et al.*, 2010），可以预见，谷子及狗尾草作为模式植物研究体系的建立和完善必将为这一领域的研究带来突破性的进展。

2.3 谷子产业经济研究

国外对谷子产业经济方面的研究较少，主要体现在某些具体的问题上缺乏系统、全面的研究。J.P. Wilson 等人在 2007 年针对谷子是否成为一种家禽饲料的替代品进行了生物和经济方面的可行性研究，在经济可行性的研究过程中把谷子和玉米在成本方面进行了比较，最终得出了可行的结论。Lamissa Diakit é 等人在国际食品政策研究中心（International Food Policy Research Institute）的内部讨论稿中对马里（Mali）谷子种子产业的价值链进行了分析研究，在回顾马里谷子种子机构发展和结构变化的基础上，分析了马里当地农民谷子种子的来源渠道，其中政府的谷子种子机构仍是主要的来源，而当地的农民缺乏相关的信息，因此建议增加相应的政府机构设置、建立新的运行机制，最后分析了当地的合作组织发展情况，指出合作组织之所以发挥重要作用，正是由于市场机构发展落后有待完善的重要表现。

3 国内谷子产业技术创新研发进展

3.1 产业技术创新取得多项进展

3.1.1 多个谷子和黍稷新品种获得国家和省鉴定，新品种的示范和推广为粟类作物生产和产业发展作出了贡献

2008 年到 2009 年谷子共有 37 个品种通过国家（省）鉴（审）定，其中，18 个品种通过国家鉴定，19 个通过省鉴（审、认）定，包括抗除草剂类型、高产多抗类型、优质类型和杂交种。上述品种在以下几个方面实现了突破：（1）抗除草剂品种实现了谷子简化栽培。河北省农林科学院谷子研究所育成的谷子新品种冀谷 25 号、冀谷 29 号，不仅抗拿捕净除草剂，而且通过栽培技术配套，实现了化学间苗、化学除草，栽培省工省时，每 667m^2 节支增收 100 元以上，为谷子规模化、集约化生产奠定了基础；（2）实现了优质高产的协调统一。优质新品种冀谷 26 号、长农 36 号、龙谷 31 号品质优良、商品性好，被评为一级优质米，而且产量取得了较大突破，在国家区域试验中较对照增产 10% 左右，实现了优质高产的协调统一；（3）谷子杂交种选育取得突破。杂交组合张杂谷 5 号，2007 年创造了单产 810kg/667m^2 的高产纪录，2009 年以张杂谷 5 号等组合为主，在全国各地示范，多数表现增产显著。谷子杂交种长杂 2 号不仅产量高（区域试验较对照增产 16.5%），而且抗除草剂，能够通过喷施除草剂除草并去除假杂种，同时制种产量达到 100kg/667m^2 左右，突破了谷子杂交种制种技术难题。2008 年春，中国作物学会粟类作物专业委员会组织了第七届全国优质米评选，评出了 5 个一级优质米（冀谷 26 号、保谷 18 号、冀谷 28 号、2008-446、安 04-4783）和 8 个二级优质米（冀谷 29 号、豫谷 14 号、济 07610、龙谷 32 号、9914-4、蒙谷 10 号、2004-2221、济 07607），对谷子品质育种和小米产业开发起到了促进作用。

2008 年宁糜 17 号通过宁夏省级鉴定，山西、内蒙古、河北等不同生态区建设黍稷示范基地 6 个，推广晋黍 7 号、雁黍 7 号、雁黍 8 号等新品种面积 3.3 万 hm^2，起到了很好的示范效应和辐射作用，产生了显著的经济效益、社会效益和生态效益。陕西省榆林市组织的“千亩糜子高产示范”

项目创造了千亩糜子高产纪录，集中连片高产示范田 1 440 亩，平均单产达 301.4kg/667m^2，其中 2.8hm^2 核心攻关田平均单产达 402.1kg/667m^2。

2009 年的苗头品系有 12 个：国家夏谷区试中，抗除草剂谷子新品系济 0515 表现良好，在今年的国家区试中比对照冀谷 19 增产 5.8%，列 15 个参试品种的第四位；206058 较对照品种冀谷 19 号增产 8.05%，居参试品种第 3 位。太原试验站的太选 8 号在春谷中晚熟区试中，比对照品种长农 35 号增产 15.23%，居参试品种之首。太选 10 号、太选 11 号准备明年继续参加山西省区试；延安综合试验站选育的延 04-017-9 拟参加国家谷子品种区试；东北春谷区朝阳综合试验站选育的稀植大穗型品系 9429、抗除草剂品系 9365；已组配的杂 9484、杂 9487 具有较强的杂种优势，表现穗粗、穗长、单株生产力高；郑州试验站参加国家及省级区域试验的品系有 3 个，郑 05-1 品系两年在省区试中表现突出。

3.1.2 研制谷子简化栽培技术规程 1 项，开展了不同生态区多项栽培技术的攻关研究

国家谷子产业技术体系遗传育种研究室制定的河北省地方标准《谷子简化栽培技术规程》通过了河北省质量技术监督局组织的专家鉴定，2009 年 8 月 25 日实施（DB13/T 1134—2009）。该标准的实施，将有效规范谷子简化栽培技术措施，推动河北省谷子产业化的发展。栽培植保团队在甘肃进行了旱地地膜覆盖技术配套研究与示范，还在山西研究示范了化控间苗技术；遗传育种团队在内蒙古赤峰进行了滴灌技术配套栽培，吉林试验站进行了谷子的机械化收获，山西汾阳、太原、河南安阳综合试验站等从多个方面开展了较为系统的工作，多套栽培技术正在逐步走向成熟。

3.1.3 新型农产品加工取得新进展

汾阳综合试验站申报国家发明专利 1 项，获得 1 项国家发明专利。其中，复合营养强化米目前已通过北京市营养源研究所进行的营养成分检测，申报国家发明专利。配合国家知识产权局审核修订“一种八宝粥及其制备方法”发明专利，获得专利证书，专利号：ZL200510130703.7。产后加工岗位团队在大众化消费产品方面，一是研制了速食小米粉，形成了谷子便捷小米营养粉生产标准；二是进行了烘烤食品方面的研制，如蛋糕、面包、酥饼、饼干等，初步形成了产品；三是进行了饮料食品的研制，如小米乳等，产品基本定型。这些研究为拓宽谷子的消费渠道增加了新内容。同时还进行了小米面条、小米营养酒的研制，为下一步深入研究打下了基础。

3.1.4 谷子生产配套机械研究取得实质性进展

夏谷新品种培育、筛选与种质创新岗位团队从 2008 年以来，与河北省农业机械化研究所等 5 个单位合作，开展谷子配套农机研究，2009 年，共研发出谷子播种机 2 台、割晒机 1 台、脱粒机 2 台、联合收割机 1 台，经过反复试验改进，2 个型号的脱粒机基本定型，脱粒效果达到预期目标要求；播种机可望在明年夏季定型，联合收割机已经基本定型并在河北邯郸县、大名县进行了 1 000 多亩的收割作业，效果良好。春谷栽培与植保岗位团队开展了用于谷子播种、收获及脱粒等机械的研制，取得初步成效。试制出中、小型可用于试验和大田生产的谷子脱粒机两种，通过 2009 试用，效果良好，并根据试用中存在的一些问题进行改进和完善；与生产稻麦收割机厂的合作，对小型稻麦收割机进行了改造，用于收割谷子，经初试效果良好；谷子简易播种机的研制已与浙江一播种机生产厂家签订合作研制协议，正在设计试制中。

3.2 前瞻性原始创新研究增加了基础积累

3.2.1 黍稷和谷子起源进化方面取得巨大进展

黍稷和谷子起源研究将粟类作物在我国驯化历史显著前移，对研究粟类作物在古文明发展中的作用和中华文明起源与发展有着重要意义。

在粟类作物的起源进化方面近年取得巨大进展。Barton 等在对我国甘肃的大地湾遗址的研究发现距今 7 900~7 200 年前，黍稷首先被驯化栽培，该时期栽培以黍稷为主，到距今 5 900 年左右，谷子变为主栽作物，并维持以后的很长时期。中国科学院地质与地球物理研究所的吕厚远博士对河北省武安磁山遗址的研究发现，早在 10 300 年前，黍稷在磁山文化中已是栽培作物，而谷子在 8 700 年前被栽培，这对于黍稷和谷子都是最早的考古发现，不仅提早了这两种作物的驯化历史，而且使我国原始农业起源和作物驯化与世界两河流域的原始农业文明相并列，对研究粟类作物在古文明发展中的作用和中华文明发展有着重要意义。

3.2.2 完成了谷子和黍稷的核心种质构建

谷子和黍稷均完成了核心种质构建，抗除草剂新材料创新进展突出，狗尾草属新基因组 C 和 A 基因组同源四倍体的发现为遗传进化和材料创新提供了新的基础。

2008~2009 年中国农业科学院作物科学研究所按照地理来源分组的方法，构建了谷子和黍稷的核心种质。谷子的初级核心种质从 26 670 份资源中入选了 2 057 份，进一步田间鉴定，从中筛选出 221 份材料构成谷子的核心种质，其中，包括农家品种 177 个、育成品种 32 个、国外品种 12 个；性状分析证明，该核心种质覆盖了谷子资源总变异的 91%。黍稷的核心种质从 8 016 份资源入选了 780 份材料构成初级核心种质。这为谷子和黍稷资源、遗传和育种研究提供了良好基础。在资源创新方面，谷子在原来的抗拿捕净和阿特拉津基础上，抗咪唑乙烟酸材料的培育也取得进展，河北省农林科学院谷子研究所已获得了可育种应用的抗性材料，增加了谷子对除草剂的抗性多样化。谷子资源研究另一个亮点是河北省农林科学院谷子研究所利用基因组原位杂交分析鉴定出 *S.grisebachii* 具有不同于已知 A 和 B 基因组的新基因组 C，是狗尾草属一个新的基因组；同时鉴定出了澳大利亚起源的 *S.queenslandica* 是 A 基因组的同源四倍体，这是狗尾草属基因组研究新的发现，不仅对狗尾草属系统进化有重要意义，而且为改良谷子人工同源四倍体的结实性差的问题提供了材料。

3.2.3 新型谷子抗咪唑乙烟酸除草剂材料创新进展显著

在抗除草剂材料创新方面，夏谷新品种培育、筛选与种质创新岗位团队 2009 年创制出一批性状稳定的抗咪唑乙烟酸谷子育种材料，其中 M1220、M933、M1078 等 3 份材料表现丰产性较好，拟在 2010 年春季向全国谷子科研单位发放作为育种亲本。该创制方法将为我国谷子抗除草剂育种开辟一条新的途径。该团队还创制育种苗头新材料 5 份，其中，抗拿捕净除草剂、2 级抗倒伏的材料 3 份，抗除草剂、中抗谷锈病的材料 1 份，高产、1 级高度耐旱材料 1 份。

3.2.4 功能基因标记群体构建和抗锈基因标记

遗传资源研究岗位团队 2010 年在顺义试验站、石家庄、安阳、中国科学院昌平试验站、新疆农业科学院玛纳斯试验站等地种植各世代功能基因标记 RIL 群体 33 个，分离时代从 F_2 到 F_7 不等，涉及驯化性状、抗病、矮秆、粒重、抗旱等多个重要农艺性状，各群体继续稳定一代。对其中的“N10 × 大青秸”、“安矮 9 × 济冲 26”等 6 个重点组合进行了农艺性状调查，获得了“N10 × 大青秸”组合在 4 个环境的分离表现数据，4 个环境的结果都说明该组合表现了丰富的多态性，是未来谷子功能基因标记与克隆的重点组合。

在谷子抗锈基因标记方面，筛选了 436 对 *EcoR* Ⅰ /*Mse* Ⅰ引物组合，获得了 3 个与谷子抗锈基因 *Rus*1 连锁的 AFLP 分子标记，经计算标记与该抗锈基因的遗传距离分别为 7.4cM、9.2cM 和 27.4cM。另外根据同源序列候选克隆方法克隆了十里香抗病调控关键基因 SGT、RAR、NPR，它们分别为组成型表达。构建十里香非亲和互作的 SSH 文库，已得到 11 个抗锈相关基因序列。目前通过农杆菌介导的谷子转基因技术，已得到抗锈候选基因 RUS1 的转基因后代，正在验证转基因后代。目前正在摸索茎尖诱导愈伤组织，以加快谷子转基因研究。

3.2.5 旱作集雨高效栽培技术光合、水分生理和营养代谢研究已经起步

为了揭示旱作集雨节水栽培技术的高产机理，春谷栽培与生理生态岗位设计了全膜双垄沟播栽培、垄膜覆盖膜侧栽培、平膜全覆盖穴播栽培、残膜免耕栽培、秸秆覆盖栽培和露地栽培共 6 种不同高效栽培模式，并在谷子生长发育不同时期对不同栽培模式下的光合、水分生理和土壤养分代谢进行了检测，如期完成了计划任务，数据整理分析正在进行中。初步试验结果表明，平膜全覆盖穴播栽培产量最高。

3.2.6 谷子产后加工与营养机理研究成绩明显

营养机理研究方面：通过文献检索、专家调研对谷子和小米的营养成分进行总结，对其具有的营养价值功能进行了归纳。整理了有关谷子基础性研究方面的资料，包括蛋白质和氨基酸组成研究、氨基酸组成和氮的相关性研究、淀粉含量和类型与产品品质关系的研究。通过查找国家相关标准和相关研究资料，整理了检测谷子中的蛋白质、脂肪、维生素矿物质元素（钙、磷和铁）、维生素（V_A、V_E、V_B 族维生素）的分析方法。这些检测方法还需要通过下一步试验进一步改进和完善。产后加工岗位进行了谷子淀粉和蛋白质的性能研究的试验设计，为谷子的深加工提供技术理论依据。2009 年从全国各地征集回鲁谷 10 号等谷子种质 66 份，进行了试验观察和扩繁，为基础研究所需种质打下了基础。他们还进行了谷子重金属含量及相关的其他研究指标的测定，为食品安全提供技术参数。

加工产品研发方面：产业经济岗位开发出了小米营养粉系列和小米营养酒 2 个谷子产后加工产品。夏谷栽培与土肥岗位自列的“谷子（小米）加工专用粉加工工艺研究”项目于 11 月下旬通过省级技术鉴定，成果达到国内领先水平，并申报专利，已受理。目前成果的转让与合作开发工作正在进一步商谈中。产后加工岗位的小米馒头和面条的研制正在研发中。

3.2.7 种植效益评价进展顺利

产业经济岗位对河北省黑龙港地区的南宫、威县等 8 县进行了实地调研，收到有效调查问卷

260份。调查内容包括谷子、小麦、玉米、棉花的产量和效益等，并对饲用黑麦+谷子、饲用小黑麦+谷子、小麦+谷子、小麦+玉米、棉花等几种种植模式进行了效益分析。初步完成了黑龙港地区谷子种植效益评价调研报告。

4 谷子产业化生产示范和产业区建设

4.1 产业技术培训提升了技术水平

谷子产业技术体系开展各种类型培训37次，培训基层业务骨干和农民2.49万人次，发放宣传材料32.6万余份/册。2009年度，在河北、甘肃、内蒙古、山西和山东等地通过办培训班、安排季节性生产现场、田间技术指导、送技术下乡、通讯技术咨询、多媒体、编印宣传册、会议、新闻、广播、报纸等各种新闻媒体进行技术培训，成功推广了旱地地膜集雨技术、简化栽培技术、系列杂交种应用及谷子生产加工等新技术。在扩大了技术培训对象的同时，对体系也起到了很好的宣传作用。如编印的培训书籍有《谷子适种品种及栽培技术》《谷子产业技术体系50个问答》《甘肃省谷子主要病虫草害及综合防治技术体系》《谷子的营养与食品》《谷子优质高产栽培技术》《山西省谷子区划及新品种介绍》《谷子病虫草防治图册》《甘肃省谷子主要病虫草害及防治技术体系》《谷子传统食法》等。此外，还编印有谷子病虫害防治技术宣传彩页、新品种介绍资料、栽培技术规程等材料。影像培训有栽培技术专题片。会议培训如12月17日，河北省农业厅邀请岗位科学家王慧军教授在农业厅中心组学习做培训和报告，主要主题为"现代农业发展及丘陵旱地谷子产业带分布"，到会人员为农业厅系统副处级以上干部103人。

4.2 谷子主产区正在发展成为产业区

在全国谷子主产区的产业化示范区全面铺开，河北武安、山西长治、内蒙古赤峰、辽宁建平等30余个示范区，示范新品种新技术8 500hm^2，增产效果显著，带动了优势生产区和产业区的形成。夏谷新品种培育、筛选与种质创新岗位团队在河北省武安市建立667hm^{2}亩大面积示范样板，经专家测产，平均单产333.18kg/hm^2，还建立了784.6hm^{2}的产业化示范区。西北春谷区在沁县、武乡、左权、潞城等地，示范区的建设以企业为龙头，以新品种、新技术为支撑，以技术培训为手段开展工作，较好地促进了示范区的建设，2009年新品种、新技术示范面积400hm^2。杂交谷子团队示范张杂谷3号、张杂谷5号、张杂谷6号、张杂谷8号等，示范达到3.3万hm^2，均收到良好的效果。2009年，张家口市发生50年不遇的干旱，农业受灾严重。全市1.3万hm^{2}张杂谷平均单产151.8kg/hm^2，比粮食作物（平均单产116.3kg/m^2）增产30.5%，比常规谷子（平均单产44.1kg/hm^2）增产244.2%，显示出张杂谷较强的抗旱增产特性。哈尔滨综合试验站团队在谷子高产示范及产业化基地建设中在双城、肇东两个示范区种植谷子中心示范田33hm^2，示范区333hm^2。这些示范工作促进了产业化水平的提升，辽宁建平、山西沁县、河北武安、内蒙古赤峰的产业化生产正在形成。

5 国家谷子产业技术体系组织的主要活动

5.1 首届全国谷子产业大会的召开促进了我国谷子产业化生产水平的提升

由国家谷子产业技术研发中心/中国农业科学院作物科学研究所主办，2009年8月31—33日，首届全国谷子产业大会在内蒙古自治区赤峰市召开。本次会议汇集了谷子科研人员、全国主产县市领导、基层技术人员、谷子加工企业和农民合作社等涉及完整谷子产业链条的各类人员350余人，在会议内容、参会人数等多方面创新了纪录，会议交流了谷子科研、生产和产业化发展的经验，促进了谷子生产区域优势化，提升了产业技术水平，并就组建国家谷子产业联盟达成了意见，会议的组织和成果得到了农业部领导和与会代表的称赞。

5.2 对谷子产业发展的决策和咨询情况

谷子体系在杂交谷子示范推广、丘陵旱地谷子生产和优势区形成等方面提供了咨询服务，并向省部有关单位提供了信息。其中河北省政府采纳了谷子杂交种良种补贴政策；岗位科学家王慧军教授在河北省农业厅中心组学习会上做培训报告，主题为“现代农业发展及丘陵旱地谷子产业带分布”，到会人员为农业厅系统副处级以上干部103人。在谷子产业化生产和市场营销方面，体系在2008年底以多种方式发布了2009年谷子市场评估信息，为市场流通提供了体系服务。

在农业部科教司的组织下，呼吁国家自然科学基金委员会重视我国起源杂粮作物的基础研究，并提出了谷子基础研究继续解决的7个重点问题，供国家自然科学基金委考虑。按照中国工程院山仑院士和董玉琛院士的呼吁和意见，正在组织我国丘陵旱地稳产优势作物调研和丘陵旱地种植结构调整建议。

谷子体系首席科学家刁现民提出谷子、黍稷等抗旱节水应对气候变化的战略储备作物的思想被越来越多的领导、专家和新闻媒体接受，并广泛宣传，扩大了各界对谷子的重视。刁现民提出的用我国数千年的粟文化来发展谷子产业的思想，也得到了谷子产业界的呼应和认可，山西沁州黄米业集团、山东省金乡金米公司、河北武安仓盛行等开始谋划将粟文化同谷子产业发展相联系，刁现民还为几家龙头米业提供了文化服务米业发展的咨询。

5.3 全面启动谷子育成品种资源入库工作

2009年谷子产业体系从东北、华北、西北三个谷子主产区搜集近年来育成谷子品种和新育成品系116个，并在北京房山杂粮新品种示范展示区种植，调查了主要农艺性状表现。同时开展了全国范围谷子育成品种搜集整理工作，搜集整理从1980年以来没有入国家长期库的地方和国家审（认）定品种。由于从1980年以来我国育成谷子品种和行业评议优质品种约有300个，但除个别重视品种入库的单位将少数品种入库保存外，多数未进行搜集整理和入库。为同国家谷子产业技术体系工作结合，系统部署安排了这项工作，预计到2011年完成。同时，由于已构建的核心种质基本为农家品种，结合育成品种搜集，将适合的育成品种添加到谷子核心种质的工作正在进行。

5.4 构建国内外谷子文献数据库，启动了谷子过往内刊文献的整理工作

谷子产业技术体系搜集了从1979~2009年的国内外谷子栽培耕作、生理生化、遗传育种、品种资源等谷子研究的基础文献，对文献进行初步分类和整理，启动了建立可检索的文献数据库的工作。春谷新品种选育、筛选与种质创新岗位团队建立了本区域谷子发表文献数据库，系统整理已发表的所有文献，形成方便可查的文献数据库系统。

5.5 进行了原始创新培训以提示体系业务骨干产业技术创新能力

2010 年 4 月 17 日，由国家谷子产业技术研发中心举办、山东省农业科学院作物研究所承办的国家谷子产业技术体系原始创新及 2010 年工作会议在济南举行。会议以突出原始产业技术创新为主题，中国农业大学郭顺堂教授作了“谷子农产品加工动态与方向”、李立会研究员作了“作物种质资源创新”、王国英研究员作了“作物转基因技术与应用”、王慧军教授作了“谷子原始创新中的几个问题”、刁现民研究员作了“近年来谷子研究文献综述与回顾”的学术报告。这次会议有利于进一步加强整个谷子产业体系人员团结协作，培养产业技术原始创新意识，促进谷子原始创新研究，对于提升谷子的科研与产业发展水平有积极的推动作用，也为谷子产业体系发展进一步明确了方向。

6 国家谷子产业技术体系核心工作和产业发展展望

6.1 国家谷子产业技术体系的核心工作应放在产业技术的原始创新

按照国家现代农业产业技术体系的规划设计，体系的工作包括重点任务、基础性工作、前瞻性研究和应急任务等四项。这四项任务都很重要，但性质不同，要分类完成，且都要完成好。这四项任务的关系是联系的和整体的。基础性工作和前瞻性研究为原始创新服务，是原始创新的保证和源泉，原始创新则为重点任务和应急性任务的完成提供保证。针对我国谷子生产水平低和产业技术创新落后的实际情况，提升谷子产业化生产水平的需求与产业技术落后的矛盾是我们要解决的主要矛盾，其中矛盾的主要方面是产业技术创新，有了源源不断的产业技术原始创新，才能保证产业技术水平的提升，才能保证重点任务和应急任务的完成。因此，我个人认为国家谷子产业技术体系的核心工作在于产业技术的原始创新。谷子产业技术原始创新的方向应该包括高产超高产品种和杂交种的培育、高产优质栽培技术和植保技术、高效土肥技术、效益提升的加工技术、产业化生产的组织等，抓住了这些技术创新就等于抓住了谷子产业发展的“纲”，才能保证其他工作的顺利开展。

6.2 谷子产业发展展望

国家谷子产业技术体系的成立为谷子产业技术创新和产业发展提供了组织和经济保证；世界范围的食物多样性需求和对杂粮等健康食品要求的增加为谷子产业发展提供了市场保证；同时，干旱形势的日趋严重和全球气候变暖增加了对作物多样性的环境需求，谷子等抗旱作物越来越重要。国家谷子产业技术体系启动 2 年多来的工作说明体系的成绩是卓有成效，一支有战斗力的谷子产业技术研发团队正在构建，且已具备了雏形。谷子生产上产业化生产组织也在自发或有组织的形成，河北武安、山西长治、辽宁建平、内蒙古赤峰、河南伊川等一批谷子主产区正在向产业化生产区转变，在未来 5~10 年我国有可能建成一批谷子高效生产的核心产业区，产业化生产的水平也将有较大幅度的提升，我国在谷子产业技术研发和保证市场需求的能力将具有更强的竞争力。

（二）谷子产业技术研发单位

我国拥有世界上研究力量最雄厚、研究内容最全面的谷子科研队伍，主要分布在北京、河北、山西、内蒙古、陕西、甘肃、辽宁、吉林、黑龙江、山东、河南等 11 个省（区、市）。全国从事与谷子相关的研究机构、大中专院校及企业有 30 余个，其中，国家级研究机构 1 个、省级研究机构 9 个，以及地（市）级农业科学院（所）、大中专农业院校和小米加工企业。研究内容包括谷子育种、栽培、生理生化、植物保护、种质资源创新、种子繁育、分子遗传、基因组学、基因工程、食品加工、产业经济领域。中国农业科学院作物科学研究所、河北省农林科学院谷子研究所、山西省农业科学院谷子研究所等少数单位从事谷子基础科学研究，其他多数研究机构从事谷子育种、栽培及种子繁育推广等应用基础及应用性研究，为各地的谷子生产提供了有效的技术服务。

“十五”以来，农业部先后以河北省农林科学院谷子研究所和山西省农业科学院谷子研究所为依托单位建设了国家谷子改良中心和国家谷子改良中心长治分中心，谷子研究条件得到显著改善，研究力量得到了充实。“十一五”期间国家谷子产业技术体系组建，设置了遗传育种、栽培植保、产品加工与产后经济 3 个功能研究室和 10 个综合试验站，稳定和增强了国家谷子研究团队，加强了谷子研究机构同谷子生产及加工企业的联系。谷子研究机构遍布我国北方谷子主产省份，为各地的谷子生产提供了有效的技术支撑，有力地促进了谷子产业的发展。

近年来，各地谷子科研单位先后选育出一大批优良品种，研究出不同生态区配套栽培技术，特别是在谷子的抗除草剂育种、谷子杂交种的选育、简化栽培技术的研究与推广、谷子深加工产品的研发以及地膜覆盖抗旱节水栽培技术等方面取得重大突破，有力地促进了谷子产业的发展。在谷子生物技术研究方面，开展了谷子 SSR 标记，构建了谷子 BAC 文库和全长 cDNA 文库，进行了农家品种、育成品种和近缘野生种的群体结构分析，开展了以分子标记为基础的组合配制和分子设计育种，谷子的基础研究得到较快发展，处于世界领先水平。

本书对全国 27 个主要从事谷子研究的单位进行了简单介绍。

中国农业科学院作物科学研究所

中国农业科学院作物科学研究所是以作物种质资源、遗传育种、分子生物学和栽培生理为主要研究领域的国家非营利性研究机构，是从事基础和应用基础性研究的国家级作物科技创新中心，是国家谷子产业技术研发中心的依托单位。通过加强涵盖种质资源保护生物学、资源鉴定评价、种质创新、遗传育种、基因工程、分子育种、基因组学、蛋白组学、生物信息学、栽培与生理学等学科群建设，保护作物种质资源，挖掘优异基因，发展作物育种新理论、方法与技术体系，培育高产、优质、多抗、高效作物新品种，研发配套栽培技术，农产品加工和产品研发，为保障我国粮食安全和生态安全、建设现代农业、推进新农村建设提供科技支撑。全所现有在职职工 321 人，具有博士学位 93 人。包括两院院士 3 人，长江计划特聘教授 1 人，国家级有突出贡献中青年专家 2 人，国家杰出青年基金获得者 2 人，国家百千万人才工程人选 4 人，国家 973 首席科学家 4 人，省部级有突出贡献中青年专家 10 人，中国农业科学院杰出人才一级岗位 9 人，二级岗位 19 人，博士生导师 44 人，研究员 68 人。该所拥有农作物基因资源与基因改良国家重大科学工程、国家种质库、国家农作物种质资源保存中心、国家植物转基因研究中心、国家农作物种质资源野外观测研究圃网、农业部作物遗传育种重点开放实验室、农业部作物种质资源与生物技术重点实验室、农业部谷物品质监督检验测试中心、农业部作物种质资源监督检验测试中心等科技创新平台。

中国农业科学院作物科学研究所是我国唯一对谷子品种资源进行系统搜集整理和发掘利用的单位，现保存有谷子种质资源 27 545 份，其中，国外资源 526 份、国内农家品种资源 23 669 份、育成品种（品系）3 350 份；中国农业科学院作物科学研究所 2009 年和 2010 年组织了全国过去 20 年育成品种的整理入库和全国青狗尾草的收集整理，收集育成优良品种 280 余份，收集全国各地青狗尾草 1 700 余份；编辑出版了《中国谷子品种志》《中国谷子及其他粟类作物遗传资源目录》《谷子种质资源描述规范和数据标准》等谷子研究专著。

中国农业科学院作物科学研究所拥有一支从事谷子资源收集保存鉴定评价创新利用的研究队伍，协作网络覆盖全国各省区，在国外资源引进和抗病抗旱优质种质鉴定及新基因挖掘利用方面具有明显优势，鉴定选育的骨干谷子材料培育的品种覆盖我国夏谷 80% 以上面积，合作培育的抗除草剂材料正在引领谷子的轻简栽培和杂种优势利用。中国农业科学院作物科学研究所是我国最早开谷子现代育种研究的单位，20 世纪 70 年代鉴定选育出了“日本 60 日”骨干亲本，在全国育种单位得到普遍应用，利用该材料培育的“豫谷 1 号”获国家发明二等奖，谷子产量水平上取得了革命性的突破，在一定程度上改变了谷子是低产作物的名声，目前利用“日本 60 日”全国培育出了近百个品种，这些品种的推广面积占夏谷面积的 80% 以上，经济效益和社会效益巨大。20 世纪 90 年代以来，中国农业科学院作物科学研究所同河北省农林科学院谷子研究所、法国国家农业科学院等合作，利用远缘杂交开展谷子抗除草剂育种，培育的抗阿特拉津、抗拿捕净等除草剂品种正在谷子生产上发起一场轻简栽培技术的革命；同时利用这些抗除草剂品种，实现了谷子杂种优势的生产利用，再一次提升了谷子的产量水平和生产潜力。在谷子功能基因组和分子标记育种等先进生物技术方面，该所开发了国内外首批谷子 SSR 标记，构建了谷子 BAC 文库和全长 cDNA 文库，进行了农家品种、育成品种和近缘野生种的群体结构分析，率先开展了以标记为基础的组合配置和分子设计育种。

河北省农林科学院谷子研究所

河北省农林科学院谷子研究所是在原河北省农林科学院农作物研究所谷子研究室基础上，1984年由农业部和河北省共同投资建立的专业谷子研究所，主要从事谷子、高粱、糜子资源创新、生物技术、遗传育种、植保栽培、食品加工、产业经济等方面的研究，现为国家谷子改良中心、国家高粱改良中心河北分中心的依托单位。建所以来连续主持国家攻关、国家"863"、国家科技支撑计划等谷子科研课题。获省级以上成果奖励50项，其中，国家二、三等奖3项，省长特别奖1项，省部级一、二等奖6项。发表论文1 200余篇，影响因子最高达14.7。主编《谷子育种学》《粟芒蝇》等著作7部。保存谷子资源9 730份；建立了我国首个谷子近缘种基因库，首次将狗尾草属分为青狗尾草组和金色狗尾草组；在国内外首创4种类型的谷子抗除草剂材料。首次实现谷子原生质体再生。构建了世界上首个谷子RFLP连锁图谱。构建了国内外唯一的一整套谷子初级三体材料。育成高产、优质、富硒、糯质、超早熟、抗除草剂等类型谷子品种30个，其中，冀谷16号是我国第一个通过省级审定的两系杂交种；冀谷19号优质、高产、多抗，成为近年来华北夏谷区主导品种；在国内外首次提出"简化栽培谷子品种选育及其配套栽培方法"并获发明专利，应用该技术育成冀谷25号、冀谷31号等能够化学间苗和化学除草的简化栽培品种。在谷子病虫害研究方面，"谷子锈病优势小种监测及谷子品种抗性基因研究"获国家科技进步二等奖；在栽培方面，制定了夏谷每公顷产量5 250kg栽培技术规程、谷子简化栽培技术规程等，并开展了生产机械化研究。在优质机理与品质检测方面，制订的河北省地方标准《优质食用粟品质及检测方法》是国内第一个谷子品质检测标准，全国参照执行至今；在加工方面，先后开发出小米酥卷、米油冰激凌、米豆冰激凌、小米营养粉、小米果酒、膳食纤维、米糠油等系列产品，获得发明专利1项，正在申报专利3项。

河北省农林科学院旱作农业研究所

河北省农林科学院旱作农业研究所成立于1955年。主要从事小麦、玉米、棉花、谷子、牧草高产抗旱新品种选育，以及旱作–节水农业、作物病虫害生物防治研究和开发。取得科研成果100余项，其中，国家级成果10项，省部级成果64项。先后育成冀谷1号、衡研4号、冀谷15号、冀谷17号、衡谷9号等优良品种，其中冀谷15号、冀谷17号获河北省科技进步奖，特别是冀谷17号实现了优质与高产的统一，到2003年该品种累计推广40万 hm^2；衡谷9号2005年通过全国谷子品种鉴定委员会鉴定，并被列为科技部星火计划项目。此外，在谷子抗除草剂育种、化学杀雄、辐射诱变等方面均进行了大量的探索，积累了宝贵的第一手资料，获得了大量的育种材料，为新品种选育奠定了坚实的基础。

河北省张家口市农业科学院谷子研究所

河北省张家口市农业科学院谷子研究所多年来一直承担国家、河北省科技厅、河北省自然科学基金和张家口市科技局研究项目。取得获奖成果10项，其中，河北省科技进步二等奖1项、三等奖4项、四等奖1项，山区创业三等奖1项，张家口市科技进步奖3项。在育种技术上，应用"谷子综合动态基因库育种法"，选育出冀张谷1号、冀张谷2号、冀张谷3号、冀张谷4号、坝矮2和坝谷214等谷子新品种，在生产上大面积推广，累计取得社会经济效益4.1亿元，为当地谷子品种更新换代 3~4 次。在谷子杂种优势利用方面，利用光（温）敏两系法选育出了张杂谷 1 号、张杂谷 2 号、张杂谷 3 号、张杂谷 5 号、张杂谷 6 号、张杂谷 7 号、张杂谷 8 号、张杂谷 9 号、张杂谷 10 号等一系列谷子杂交新品种。在大面积示范推广中，平均增产 30%，示范最高产量达 $810kg/667m^2$。杂交谷子米质好、产量高、适应性广、抗除草剂，解决了杂交种中假杂交种去除难题，在我国的谷子栽培区和低产玉米区有着十分广阔的应用前景，全国 11 省区已累计推广种植 13.3 万 hm^2，并在非洲埃塞俄比亚试种成功。

河北省沧州市农林科学院

河北省沧州市农林科学院始建于 1955 年，是沧州市唯一一所地市级综合性农林科研单位，2000 年 7 月 14 日并入沧州职业技术学院。建院 50 多年来已取得国家级研究成果 5 项，省部级研究成果 45 项，市厅级科研成果 128 项；在省级以上学术期刊发表论文 500 余篇，其中谷子论文 40 多篇。在谷子新品种选育方面，选育出冀谷 6 号（青到老）、沧 615、冀谷 12 号（青丰谷）、沧谷 3 号、沧谷 4 号等 5 个品种，其中冀谷 6 号、沧谷 3 号、沧谷 4 号通过国家审（鉴）定。冀谷 6 号于 1982 年获得农牧渔业部一等奖；冀谷 12 号获得沧州市科技进步一等奖，河北省科技进步三等奖；沧谷 3 号于 2005 年获得沧州市科技进步二等奖。在栽培技术研究方面，根据沧州的自然地理环境条件，对谷子大面积种植的旱薄盐碱地栽培技术进行了研究，形成了一整套栽培技术体系，使沧州的谷子生产摘掉了低产的“帽子”。在种质资源创新方面，曾创制出特异的“高粱谷”等。在基础理论研究上，针对沧州地区盐碱地多、自然灾害频繁、特别是风大谷子容易倒伏的情况，对谷子的耐盐碱性及谷子抗倒指标和抗倒品种选育进行了研究，研究结果分别发表在《作物学报》和《Euphytica》上。

河北省保定市农业科学研究所

河北省保定市农业科学研究所始建于 1958 年，是保定市唯一综合性农业科研单位，现有农业部现代农业产业技术体系综合试验站 2 个。建所以来，共承担各类研究课题 256 项；取得科研成果 178 项；选育出各种农作物新品种 52 个；获奖成果 150 项；在各级各类刊物上发表论文 985 篇。在谷子研究领域，先后培育出谷子品种有春谷品种铁 16、铁秆黄谷、群育 1 号、冀谷 4 号、铁头碰、百把子、磨里谷；夏谷新品种铁秆早，冀谷 13 号和保谷 18 号等一批谷子品种，其中保谷 18 号通过全国谷子品种鉴定委员会鉴定。这些新品种在谷子适宜种植区得到了大面积推广应用，取得了良好的经济效益、社会效益和生态效益，为农业生产的发展作出了巨大贡献。现从事谷子研究工作的有 4 人，其中，正高职称 1 人、副高职称 3 人，主要从事谷子新品种选育和谷子高产栽培技术的研究。

河北省承德市农业科学研究所

河北省承德市农业科学研究所始建于 1949 年，前身是热河省农林厅承德农事试验站，1956 年改名河北省承德农业试验站，1961 年更名为承德市农业科学研究所。建所以来，先后完成重大及有价值的科研成果 110 多项，累计推广面积 1 000 万 hm^2。在谷子新品种选育方面，经省级以上农作物品种审定委员会审定的谷子品种有承农二号、冀（承）谷三号、承谷 4 号、承谷 6 号、承谷 7

号，承谷 8 号、承谷 9 号、承谷 11 号、承谷 12 号，其中承谷 8 号、承谷 11 号、承谷 12 号通过了国家审（鉴）定；承谷 8 号由于高产、广适、多抗，连续 20 多年作为全国谷子品种区域试验西北七省区中熟组的对照品种。在谷子栽培方面，“甲霜胺拌种防治谷子白发病”分别获国家科技进步三等奖和河北省科技成果二等奖。

山西省农业科学院谷子研究所

山西省农业科学院谷子研究所前身为 1942 年建立的“晋冀鲁豫边区农业试验场”，1979 年改称现名。目前是国家谷子改良分中心技术依托单位。主要从事谷子、玉米、小麦、大豆新品种选育、高产优质高效栽培、植物病虫害防治等方面应用基础研究等。近年来承担国家、省、院（市）各级研究与开发课题 50 多项，完成各级科研成果 150 多项。在谷子品种选育方面，先后选育出晋谷系列号，乌谷 870，长农 35 号、36 号、39 号，长谷 1 号、4 号，长生 04、07，长治 0301、长治 0302、长农 35 号、39 号，长杂谷 2 号等 31 个国、省审定品种。其中长杂谷 2 号谷子杂交种的成功选育实现了我国中晚熟区谷子杂交种的零突破。在栽培技术研究方面，研究出了“晋庄旱地谷子高产栽培技术”、“晋东南旱地农作物高效增产技术体系”、“旱地谷子省工节本高产高效配套技术”、“谷子化控间苗技术”等在全国有影响的科研成果，分别获省（部）科技进步二、三等奖。研制的谷子不间苗播种机，获国家专利；制定了山西省地方标准《谷子栽培技术规程》和国家标准《地理标志产品 沁州黄小米》。编写了《谷子栽培生理》《山西谷子新品种及系列栽培技术》等书籍；基础理论研究方面，对谷子的光反应特性和温反应特性进行了较深入地研究，明确了谷子的生态适应特点，主持完成了全国谷子生态区划和山西省谷子生态区划；研究了谷子多种病虫害的发生机理流行规律，形成了多种综合防治技术；生物技术上，建立了谷子无性系变异繁殖体系，创制了抗真菌病的谷子种质；进行了谷子种质的 DNA 多态性分析；谷子产后加工研究方面，研究出了便捷小米营养粉、小米面包、小米酥饼、小米饼干、多彩小米乳等杂粮产品，正在准备申报相关专利。搜集整理编辑了《小米传统食法》。

山西省农业科学院经济作物研究所

山西省农业科学院经济作物研究所创建于 1950 年，建所以来，共取得科研成果 115 项，获省部级以上奖励 77 项。在谷子品种选育方面，先后选育出晋谷系列号、汾选系列号及清珍珠、余三谷、吕谷 2 号等 19 个谷子新品种。其中晋谷 21 号是我国优质谷子新品种选育的里程碑，先后获国家科技进步三等奖和山西省科技进步一等奖。以其为原料，采用专利技术开发出的“经作”牌汾州香小米，在中国农业博览会上连续五次夺魁，被誉为“中国小米之冠”。晋谷 29 号是该所继晋谷 21 号之后育成的又一优质谷子新品种，其部分营养指标超过晋谷 21 号，且富含抗癌硒元素。近年来又育成 6 个不育系晋汾 1A~ 晋汾 6A，汾杂 1 号、汾杂 2 号已进入区域试验，2009 年汾杂 2 号通过田间鉴定。谷子产后加工研究方面，先后开展了小米酸奶、小米粉膨化食品、方便八宝粥、小米方便粥、小米饮料、小米糠膳食纤维等多项研究；获得发明专利 3 项。

山西省农业科学院作物遗传研究所

山西省农业科学院作物遗传研究所先后主持和承担了各级各类科研项目650余项；选育并通过审（认）定的各种作物新品种共135个；获得各级科技进步奖151项；获得发明专利2项，获得5个品种保护权。发表学术论文800余篇，出版《中国谷子栽培学》《遗传育种学》等学术著作50余部。谷子品种选育方面，经省级以上农作物品种审定委员会审（认）定的谷子品种有晋谷8号、17号、34号、36号、41号、42号、45号、46号、77-322、4072、太选1号。近年选育的晋谷34号、晋谷36号、太选1号等新品种分别获全国第四至六届优质小米鉴品会一、二级优质米称号。栽培技术研究方面，在国内外首次揭示了谷子器官建成、产量形成和结实的三大规律，阐明了中国谷子的营养遗传规律，首创了两项谷子高产高效栽培体系和理论模式，填补了国内外同类研究的空白，丰富了谷子栽培学和谷子遗传育种学的内容。“谷子结实规律及防秕增粒技术”、“谷豆分带种植高产高效技术”、“谷子喷施硼肥技术”等分别获省（部）科技进步二、三等奖和太原市科技成果奖。主编论著2部，参编论著2部；在省级以上学术刊物发表论文共计60余篇。

山西省农业科学院高寒区作物研究所

山西省农业科学院高寒区作物研究所建所以来，共有80多项科研成果获得国家、省、部级奖励；有96个农作物品种通过了国家或省品种审定委员会审定；在省级综合刊物以上发表论文315篇；获国家级奖1项、获省部级奖9项、发明专利1项、科技成果转让3项。拥有马铃薯、玉米、谷子等十多种作物的国内外种质资源近万份。在谷子品种选育方面，经省级农作物品种审定委员会审（认）定的谷子品种有晋谷4号、晋谷5号、晋谷9号、大同8号、大同14号、晋谷23号、晋谷25号、晋谷31号、晋谷33号、晋谷37号、晋谷39号、晋谷43号等12个品种。通过国家审（认）定的品种有晋谷23号、晋谷25号、大同27号、大同29号、大同32号。其中，晋谷23号、大同14号、晋谷25号、晋谷31号、晋谷33号、晋谷37号获得了山西省科技进步奖和大同市科技进步奖。在谷子栽培技术方面，优质米工程获山西省农村技术承包集体集体二等奖、优质谷黍高产高效技术的推广应用获大同市科技进步二等奖。

内蒙古赤峰市农牧科学研究院

内蒙古赤峰市农牧科学研究院始建于1948年，其前身为热河省试验农场、昭乌达盟农业科学研究所、赤峰市农业科学研究所，2009年改称现名。先后承担国家、自治区科研项目200余项；获国家、自治区、赤峰市各类奖励177项，编写专著70多部，发表论文780篇。曾育出昭农号、昭谷号、赤谷号、蒙谷号、峰谷号等谷子品种，通过省级以上审（认）定的谷子品种有：昭谷1号、昭谷2号、赤谷3号、4号、5号、6号、7号、8号、9号、10号、蒙谷6号、峰谷11号、峰谷12号等十几个品种。其中，昭谷1号是我国春谷区具有划时代意义的品种，昭谷1号、赤谷4号两品种曾在北方七省区累计推广153.3万hm^2；赤谷8号、赤谷10号累计推广超66.7万hm^2。曾有世界领先、国内首次的两大发现：谷子显性雄性核不育基因发现、谷子显性矮秆基因发现。谷子显性雄性核不育研究为谷子杂种优势利用提供了新的理论基础，获得内蒙古科技进步一等奖和国家自然科学四等奖。谷子显性矮秆基因的利用，为谷子的矮化、抗倒、高产提供了矮化基因源。并展了谷子叶龄指数与旱地谷子高产栽培技术研究；曾研究出小米儿童营养粉、小米酥饼、小米涮面等杂粮产品。

内蒙古农牧业科学院作物研究所

内蒙古农牧业科学院是2005年由原内蒙古自治区农业科学院和原内蒙古自治区畜牧业科学院合并而成，前身为绥远农试场。1957年成立谷子研究室，选育出谷子品种近30个，其中内谷4号曾推广3.3万hm^2以上；早熟品种小早谷和内谷2号使谷子的生育期提前到85d成熟，为耕作制度的改革，提高复种指数提供了技术支撑；通过国家鉴定的蒙谷10号具有高蛋白、低脂肪、粮饲兼用等特点；“9952、9953”被评为国家一级优质米；蒙金谷1号株高达到2.2m，高度抗倒伏、耐密植，符合内蒙古对粮饲兼用谷子新品种的需求，得到了国家及自治区一些领导的高度好评和重视；应用三倍体育种培育出了千粒重超过5g的鸟饲品种蒙饲谷12号。对谷子的副产物谷草和谷糠的营养和加工利用研究上有特色，2006年在营养含量上做了全项的化验，提出目前谷草的最高蛋白含量为15.75%，谷糠中粗糠蛋白含量在10.46%，细糠中蛋白含量为8.81%，并且粗糠中硒的含量是小米的1倍左右。研究了春谷幼穗发育与叶龄指数的关系，针对谷子不同发育阶段的要求采取相应的丰产栽培措施，为增加谷子产量提供科学依据，并出版了《谷子栽培与育种》。

辽宁省水土保持研究所

辽宁省水土保持研究所始建于1960年，是辽宁省农业科学院的下属专业研究所之一，是一个以水土保持技术研究和旱地农业研究为主的综合性科研单位。承担着国家谷子产业体系建设和国家现代高粱产业体系综合试验站建设的工作。建所以来，主持、参加各级项目150余项，取得科技成果132项，获得不同层次奖励85项，规划设计并进行综合治理典型小流域10余条，发表科技论文400余篇。在谷子品种选育方面，选育并经省级以上农作物品种审定委员会审（认）定谷子品种10余个，其中“朝谷9号”、“朝谷12号”均被评为优质米；获辽宁省科技进步三等奖3项、朝阳市科技进步一等奖3项、省农业厅和市政府二三等奖多项。在谷子栽培方面，“谷子大面积综合高产栽培技术开发试验”、“果园间种矮秆谷子高产高效栽培试验”分别获得省政府科技进步三等奖和朝阳市科技进步二等奖。“引进谷子简化间苗栽培技术”已经在辽西地区试验成功。对谷子多种病虫害的发生机理流行规律进行了研究，形成了多种有效的综合防治技术。

吉林省农业科学院作物育种研究所

吉林省农业科学院作物育种研究所主要从事高粱、小麦、谷子、葵花、大麦、糜子和杂豆的新品种选育及推广。先后承担国家、省部级科技攻关项目28项。“十五”以来，获得1项省科技进步二等奖、9项省科技进步三等奖、1项农业部神农中华农业科技奖二等奖。在谷子研究方面，共保存500多份品种资源；选育出了公谷系列品种及公矮2号、3号、4号、5号、6号等26个品种。其中公谷68号通过国家鉴定。公谷63号、公矮6 8号和70号等品种被评为优质米。公谷6号获得全国科技大会奖和省人民政府重大成果奖。公谷60号、公谷62号获省科技进步三等奖，谷子系列新品种选育与推广获省科技进步三等奖，优质新株型系列谷子新品种选育与推广获省科技进步三等奖。公谷65号、公谷68号、公矮2号、公矮5号已成为吉林省主推品种，并取得显著的经济效益和社会效益；在谷子栽培方面，总结出了吉林省谷子丰产栽培技术，提出了谷子高产田防倒伏栽培技术措施，并对吉林省谷子生态区和地方品种种类进行了划分。在国家级和省级刊物上共发表谷子研究论文 60 余篇，著作 4 部。

吉林省吉林市农业科学院作物研究所

吉林省吉林市农业科学院作物研究所开展谷子新品种选育及新品种推广应用工作已有 60 多年历史，具有较强的科研实力和丰富的育种资源。先后承担农业部、科技部、吉林省科技厅、财政厅、吉林市科技局等科研课题 20 余项。采用粳糯复合杂交、人工聚合杂交、多点异地鉴定，北种南繁等不同的育种方法和手段以及不同的栽培模式，交替进行选育和鉴定，先后选育出小果谷子 1 号、九谷 2 号、3 号、九谷 15 号等系列“九字号”高产、优质、抗逆性强的谷子新品种，其中“九谷 8 号”、九谷 13 号、九谷 14 号、九谷 15 号通过全国谷子品种鉴定委员会鉴定。“优质高产谷子新品种九谷 10 号”、“特色谷九谷 11 号”分别于 2001 年、2005 年获吉林省科技进步三等奖。发表专业学术论文 20 余篇。选育的谷子新品种陆续在吉林乌拉街、舒兰、永吉、桦甸、九台、农安等地进行示范推广，具有广阔的推广应用前景。

吉林省白城市农业科学院

吉林省白城市农业科学院始建于 1958 年，是吉林西部半干旱特殊生态区唯一的农业综合性科研单位。全院下设 12 个研究所、一个农业综合化验中心。研究学科涉及农作物育种、土肥耕作、植物保护、旱田节水灌溉、农产品深加工、蔬菜花卉等多个领域，与 20 多个国家建立了长期的科研合作关系。其中在燕麦、向日葵、杂粮杂豆的研究上居全国领先地位。“八五”以来，承担并完成农业部、科技部、水利部、外国专家局以及省、市级各类农业科研项目 190 余项，其中有 120 余项分获国家、省、市级奖励。在谷子品种选育方面，经省级农作物品种审定委员会审定的谷子品种有白谷 6 号、白谷 7 号、白谷 9 号。其中，“白谷 7 号”1999 年获白城市科委科技进步二等奖，“白谷 9 号”2002 年获白城市科技进步二等奖。“白谷 9 号高产栽培技术推广”2006 年获白城市科教兴农三等奖。在《白城农业科技》等学术刊物上发表学术论文 10 余篇。

黑龙江省农业科学院作物育种研究所

黑龙江省农业科学院前身为黑龙江省农业科学研究所，下设若干研究系，其中粮作系 1963 年改称作物育种研究所。先后承担国家、省部级科研项目 170 余项，参加国际合作和开发专项 10 余项。各作物共审定推广的良种 180 余个。该所谷子育种研究室始建于 1956 年。自“八五”以来。共承担国家级课题 12 项，省级课题 6 项；获各级科技进步奖 15 项；发表各级论文 30 余篇；主编参编著作 5 部。在谷子育种方面，采取多种育种途径及方法，多年来，先后育成和推广“龙谷号”、“哈尔滨号”、“备荒号”等区域化系列谷子品种 40 余个，累计推广面积 766 万 hm^2，其覆盖面占全省谷子品种的 85% 以上。其中“龙谷 25”含硒量比一般谷子品种高 1.7~2.0 倍，填补了我国食补和食疗品种的空白；超早熟谷子耐寒新品种龙谷 26 的推广应用，将我国谷子栽培区域北纬 50° 扩大到北纬 53° 29′，填补了我国最北部高寒地区谷子的空白。在栽培方面，2007 年与黑龙江省农业科学院农产品质量检验中心合作，制订了黑龙江省地方标准《无公害食品 谷子生产技术规程》。

黑龙江省农业科学院齐齐哈尔分院

黑龙江省农业科学院齐齐哈尔分院（原黑龙江省农业科学院嫩江农业科学研究所）处于黑龙江省西部风沙干旱区。嫩江农业科学研究所始建于1958年，2008年更名为黑龙江省农业科学院齐齐哈尔分院，是从事作物育种、耕作栽培、土壤肥料、农业气象、生理生态、植物保护等多学科、多专业综合性农业科研单位。

50多年来，共取得获奖成果264项，科技成果转化率66.7%。谷子研究室先后承担国家“七五”、“八五”、“九五”谷子攻关项目，黑龙江省科技厅重点项目等6项。共选育出高产、优质、抗逆性强的谷子新品种19个，其中经黑龙江省农作物品种审定委员会审（认）定的谷子品种有11个（嫩选6号、嫩选7号、嫩选8号、嫩选9号、嫩选10号、嫩选11号、嫩选12号、嫩选13号、嫩选14号、嫩选15号、嫩选16号）。获奖成果7项，其中“嫩选15号”2002年获得齐齐哈尔市科技进步一等奖和黑龙江省科技进步三等奖。

山东省农业科学院作物研究所

山东省农业科学院作物研究所始建于1959年，建有品质分析、分子生物学、栽培生理、农作物种子质量检测和植物新品种测试等高标准实验室。“十五”以来，先后获得国家和省部级成果奖励12项；各种农作物新品种18个，其中15个品种通过国家审（鉴）定；在国家核心期刊和SCI收录期刊发表论文100余篇，主持编写专著16部。在谷子研究方面，选育出了鲁谷系列号、8062-8、济谷12号、济谷13号等11个谷子新品种。其中鲁谷10号1993年创出了当时全国夏谷最高产量纪录604.4kg/667m^2，获1999年山东省科技进步二等奖。“夏谷宽垄宽幅高产栽培技术”、“小麦夏谷一体化亩产吨粮配套栽培技术”分别获山东省科技进步三等奖。制订了山东省地方标准《绿色食品谷子生产技术规程》。编写了《谷子栽培技术》、《山东省谷子品种志》等书。率先对夏谷的群体光合作用特性光反应特性进行了较深入地研究，并对夏谷的胚胎发育特点进行了系统研究。

河南省安阳市农业科学院

安阳市农业科学院是安阳市建立最早、规模最大的一家综合性农业科研单位。先后承担国家、省、市科研项目120多项，荣获省部级三等奖以上成果60项，地市级成果奖106项；出版专著7部；在国际、国内发表学术论文500余篇；育成通过国家、省级审定的农作物新品种40个。在谷子品种选育方面，先后选育出豫谷1号、豫谷2号、豫谷5号、豫谷7号、豫谷9号、安93-15、豫谷11号、豫谷12号、豫谷13号、豫谷14号等10个国、省审定品种，其中，豫谷1号为划时代意义的品种，年推广面积达到33.3万hm^2，1988年荣获国家发明二等奖，为迄今谷子品种获得最高荣誉奖。豫谷2号是继豫谷1号后的高产优质抗锈品种，为同时代品种佼佼者，1990年获河南省科技进步二等奖。另外，豫谷5号、豫谷11号分别于1998年、2008年荣获河南省科技进步二等奖；豫谷1号、豫谷2号、豫谷9号、豫谷11号、安04-4783荣获国家一级优质米称号。

河南省农业科学院粮食作物研究所

河南省农业科学院粮食作物研究所是以玉米、水稻、谷子、高粱等秋粮作物新品种选育及其相关农业技术研究与应用为主的研究机构。2008 年以该所为依托建立了国家谷子产业技术体系郑州综合试验站。建所以来，长期承担国家攻关、省（部）重大（点）研究项目，先后选育出玉米、水稻、谷子等优良新品种 69 个，获省（部）级以上科技成果奖 40 余项，其中省一、二等成果奖 14 项，国家科技进步一、二、三等成果奖各 1 项。1958 年谷子课题组成立，先后开展了谷子品种资源的搜集、整理分类、农艺性状、品质评价、抗逆性鉴定等项工作。承担和主持完成国家及省谷子科技攻关项目及国家、省级新品种区域试验和生产示范试验。育成郑谷 2 号、4 号、豫谷 3 号、6 号、8 号、10 号等品种。利用多种方法进行资源创新，选出农艺性状优良、生态适应性强、遗传基础丰富的中间材料 320 余份，截至 2008 年保存省内、外亲本资源材料 2 000 余份。获省、部级科技成果奖 11 项。

河南省洛阳市农业科学研究院

河南省洛阳市农业科学研究院前身始建于 1941 年，2006 年更名为洛阳市农业科学研究院，主要承担农作物新品种的培育和各项农业新技术的研究、引进、试验、示范和推广工作。先后获得科技成果 200 余项，50 多个品种通过国家、省、市审定，在省级以上刊物发表科技论文 400 多篇。在谷子研究方面，参与完成了《中国谷子品种资源目录的整理与编写》，收入材料 68 个；1980 年获得农业部技术改进一等奖。在谷子栽培研究及新品种引进方面共获各级科技成果奖 6 项，其中，“豫西谷子生态型观察结果与分析”及“夏谷品种丰产性状指标研究”分别于 1982 年、1984 年获得河南省农业科学院科研成果三等奖；“谷子良种良法示范”研究 1983 年获得河南省农业科学院科研成果四等奖；谷子新品种“新农 761 的试验示范与推广”1982 年获得洛阳地区行署科技成果二等奖。在谷子育种研究方面，选育出了洛谷 871、洛谷 872 谷子新品种。其中洛谷 871 获国家一级优质米称号。

河南省汝州市农业科学研究所

河南省汝州市农业科学研究所成立于 1958 年，原名“临汝县农业科学研究所”。期间几经更名，至 1988 年，临汝县撤县建市，改为现名“汝州市农业科学研究所”。主要从事谷子、玉米、小麦等农作物新品种选育与高产优质高效栽培和病虫害防治研究、旱作农业研究、农业科技成果转化等工作。近年来年承担国家、省、院（市）各级研究与开发课题 30 多项，先后完成重大及有价值的科研成果 25 项，累计推广 16.67 万 hm^2，为促进农业发展、农民增收、提升农业综合生产能力作出了积极贡献。2009 年在汝州市政府的支持下成立旱作农业试验站，主要开展旱地小麦、红薯、谷子、花生、油菜、油葵、绿豆等旱地作物试验示范工作，收集旱地作物种质资源，引进示范推广旱地作物新品种，选育适合当地的旱地作物新品种。

陕西省延安市农业科学研究所

陕西省延安市农业科学研究所是延安市唯一的以应用研究和科技推广为主的农业科研单位。自十一届三中全会以来，共获得科技成果 96 项，其中国家级 4 项、省部级 30 项、地市级 62 项。出版科技书籍 30 多部，发表学术论文 584 篇。先后选育出农作物新品种 40 多个。在谷子育种方面，曾育成谷子新品种 13 个，其中，延谷 12 号通过了国家级审定，并荣获延安市科技进步一等奖及陕西省科技进步三等奖；延谷 13 号于 2007 年 1 月通过了省级鉴定。在谷子资源和栽培方面，“陕西省谷子品种资源征集研究与编目”、“谷子种质资源抗粟瘟病鉴定及病菌生理小种研究”、“黄土高原和内蒙古高原粟种质资源抗粟瘟病鉴定研究”、“谷子栽培技术与秕谷关系的研究结果及其应用”等分别获省（部）科技进步二、三等奖，制定出台了延安市地方标准《延安市绿色谷子生产技术标准》、国家地理标准产品——“安塞小米”《质量技术要求》及《栽培技术规范》等文件资料，编写了《陕西省谷子品种资源目录》《谷子优质高产栽培技术》等书籍。

陕西省榆林市农业科学研究所

榆林市农业科学研究所创办于 1958 年，是全市唯一的综合性农业科研机构。先后取得科研成果 62 项，其中获奖 47 项。谷子科研始于 20 世纪 70 年代，主要开展了品种资源鉴定研究、新品种选育以及配套栽培技术试验与示范推广，先后育成“榆谷 1 号”、“榆谷 2 号”、“榆谷 4 号”、“秦谷 1 号”、“秦谷 5 号”等适宜于陕北种植的谷子新品种，研究制订了山旱地谷子丰产栽培技术规程。其中，榆谷 4 号、秦谷 5 号、榆林丘陵沟壑区山旱地谷子丰产栽培技术等三项成果获省科技奖，榆谷 1 号、榆谷 2 号、秦谷 1 号分获榆林市科技进步奖。这些成果的推广应用为榆林谷子生产发展作出了巨大贡献。

甘肃省农业科学院作物研究所

甘肃省农业科学院作物研究所是在原甘肃省农业科学院粮食作物研究所基础上，整合原经济作物研究所于 2007 年成立的公益类专业研究所。曾育成农作物新品种 80 多个，取得各类成果 200 多项，其中获全国科技大会奖 1 项、国家科技进步三等奖 3 项；农业部农牧渔业丰收一等奖 3 项，省科技进步一等奖 6 项。谷子科研工作始于 1956 年，主要从事谷子、糜子品种资源、遗传改良和新品种选育。谷子品种资源研究方面，联合应用形态、生化和分子标记对谷子资源的遗传多样性进行了研究和评价，研究成果在《作物学报》发表。曾育成陇粟 1 号、陇粟 2 号和陇谷系列谷子新品种 9 个，其中国家鉴定品种 1 个；陇谷 5 号、陇谷 6 号、陇谷 8 号获得甘肃省科技进步二等奖；陇谷 11 号是甘肃育成的第一个抗拿捕净除草剂的谷子新品种。在谷子栽培技术研究方面，20 世纪 90 年代初期，在国内率先研究并示范推广了谷子地膜覆盖栽培技术，提出了旱地谷子地膜覆盖栽培技术规程。系统研究了甘肃省不同生态区谷子品质与环境的关系，初步确定了甘肃省优质谷子开发带，提出了甘肃省优质谷子地方标准；提出了甘肃省谷子种植区划。在谷子加工产品研发方面，开发出谷子啤酒等产品，申报了谷子酸奶生产专利技术。

（三）全国谷子主产县

谷子在我国分布广泛，目前有统计面积的多达 23 个省区，包括北京、天津、山西、河北、内蒙古、辽宁、陕西、河南、黑龙江、山东、甘肃、吉林、宁夏、贵州、新疆、湖北、江苏、安徽、江西、广东、广西、福建、云南，但是主要分布在山西、河北、内蒙古、辽宁、陕西、河南、黑龙江、山东、甘肃、吉林 10 个省区。据农业部统计，2005~2009 年全国谷子年种植面积平均为 83.13 万 hm^2，平均年总产 150.42 万 t，平均单产 120.64kg/667m^2。10 个省区谷子面积占全国的 96.9%，按 2005~2009 年平均年种植面积计算，由大到小的顺序是山西（22.07 万 hm^2）、河北（17.57 万 hm^2）、内蒙古（13.84 万 hm^2）、辽宁（8.39 万 hm^2）、陕西（6.64 万 hm^2）、河南（3.45 万 hm^2）、甘肃（2.57 万 hm^2）、黑龙江（3.23 万 hm^2）、山东（1.85 万 hm^2）、吉林（1.33 万 hm^2）；10 个省区谷子总产占全国的 95.6%，按平均年总产量计算，由大到小的顺序是河北（38.02 万 t）、山西（26.95 万 t）、内蒙古（22.55 万 t）、辽宁（20.64 万 t）、河南（10.44 万 t）、陕西（9.76 万 t）、山东（6.09 万 t）、黑龙江（5.71 万 t）、甘肃（3.63 万 t）、吉林（3.59 万 t）。谷子主产省为山西省、河北省和内蒙古自治区，均属于华北地区，3 个主产省区谷子面积和总产分别占全国的 64.3% 和 58.2%；按经济区划分，中部、东部和西部谷子种植面积分别占全国的 55.64%、32.13% 和 13.23%。

下面介绍的全国谷子主产县涉及 12 省区，155 个主产县，谷子总面积 73.73 万 hm^2 以上，占全国谷子总面积的 90% 左右。其中，包括山西省 45 个县（市），河北省 35 个县市，内蒙古自治区 10 县（旗），辽宁省 5 个县（市），陕西省 10 县（市），河南省 16 县（市），甘肃省 8 个县（市），黑龙江省 7 个县（市），山东省 4 个县（市），吉林省 8 个县（市），宁夏回族自治区 5 个县（市）、北京 2 个县（区）。从生态类型上划分，主要集中在西北春谷生态类型区，约占 155 个县（市）谷子总面积的 60%，华北夏谷生态类型区约占 23%，东北春谷生态类型区约占 17%。有些地区如冀西太行山区，冀东燕山丘陵区，豫西及鲁西南丘陵区，辽宁南部，山西汾河河谷、临汾、运城盆地，泽州盆地南部，陕西渭北旱塬和关中平原，北京、天津等地，虽然许多谷子在丘陵旱地春播种植，但品种类型主要属于夏谷生态类型，有的地区春夏谷类型品种交叉种植。辽宁省主要属于西北春谷类型区，少部分属于东北春谷类型区。随着不同生态类型区之间品种资源交流地加深，品种类型的界限越来越模糊，夏谷类型有逐渐向春谷类型区渗透的趋势。

全国谷子主产县介绍有助于从事谷子科研和推广工作的人员全面了解谷子生产布局、主产县资源条件和主栽品种类型，有助于谷子加工贸易企业掌握谷子货源信息，对于促进谷子产业发展具有指导意义。

北京市

1. 密云县

密云县位于北京市东北部燕山山脉脚下，属燕山山地与华北平原交接地，总面积 2 226.5km^2，人口 45.7 万人。年降水量 600~700mm，主要降雨集中在 7~9 月，≥ 10℃的有效积温为 3 400℃，属温带大陆性季风气候。谷子常年种植面积为 0.053 万 hm^2，属西北春谷区和华北夏谷区交叉地区，主要品种为 132、吨谷一号等老品种及农家品种，近年推广了冀谷 19、冀谷 20、冀谷 31 等新品种。一般产量为 250kg/667m^2 左右，高产可达 300kg/667m^2，投资 100 元 /667hm^2，毛收入 1 000 元 /667m^2，效益 900 元 /667m^2。主要销售渠道为加工成小米后市场销售，当地没有大型加工企业，有少数种植大户进行小米加工销售，但未形成品牌优势。一般为农户自己种植，自己食用，剩余产品在小市场销售，个别在商场超市销售。

2. 房山区

房山区位于北京市西南，总面积 2 019km^2，山地、丘陵、平原各占 1/3。总人口 87 万，农业人口 47 万，耕地 2.67 万 hm^2。属于暖温带半湿润、半干旱大陆性季风气候区，气候特征为季风气候明显、四季分明，夏季盛行温暖的偏南风，冬季盛行干冷的偏北风。房山区谷子种植主要集中在丘陵、山区地带，谷子常年种植面积为 0.033 万 hm^2，属西北春谷区和华北夏谷区交叉地区，谷子种植一年一季，种植品种多数为自留农家品种，近年推广了冀谷 19、冀谷 20、冀谷 31 等新品种。5 月随自然降水土壤墒情改善后播种，适当施肥，人工除草，在管理较好的情况下，谷子产量 250kg/667m^2 左右。当地谷子分散种植，主要满足自己的需要，兼顾亲朋，基本不做销售。个别农业合作社的杂粮礼品盒、精包装小米，也是不种植、不加工，直接采购，自己另做包装再销售。

内蒙古自治区

1. 赤峰市松山区

松山区位于内蒙古自治区东部，赤峰市中南部，总人口50.9万人，其中农业人口42.7万人。全区现有耕地14.11万hm^2，其中水浇地5.71万hm^2，是一个以农业为主、农牧结合、工农结合、城乡结合的经济类型区。松山区农业资源比较丰富，全年日照时数2 800~3 000h，有效积温2 400~33 000℃，无霜期115~135d，年降水量为350~400mm。主要种植玉米、谷子、水稻、葵花、马铃薯、大豆、蔬菜、甜菜、烤烟等十几种农作物。全区谷子年种植面积在1.33万hm^2以上，分布在全区14个乡镇。谷子为一年一季，春季播种，秋季收获。主栽品种以赤谷系列品种为主，搭配黄金谷、山西红谷、千斤谷等品种，平均产量200kg/667m^2左右，最高产量达500kg/667m^2，纯收益达到300~500元/667m^2。多数种植在山旱平地上。随着种植谷子经济效益的不断提高，谷子的种植面积逐年加大，近几年谷子种植区域有向水浇地转移的趋势。谷子销售大部分通过客商销往黑龙江、北京、山东等地市场，当地谷子加工企业规模较小。

2. 宁城县

宁城县位于内蒙古自治区赤峰市最南部，燕山山脉东段北缘，河北、辽宁、内蒙古三省（区）交界处，总面积4 305.47km^2，其中，耕地面积11.25万hm^2、林地面积15.77万hm^2。属中温带内陆季风干燥气候区，四季分明，年平均气温6.6~8.2℃，≥10℃有效积温2 400~3 300℃，无霜期104~140d，年日照时数为2 800~2 900h，年平均降水量400~600mm，最高年降水量807.7mm。全县土壤类型分褐土、草甸土、风沙土、棕壤土四种，其中，褐土占75%，棕壤土占10%，其他占15%。土壤有机质含量1.23%，全氮0.08%，速效磷5.3mg/kg，速效钾110mg/kg，速效氮106mg/kg，土壤pH值7.4。宁城县谷子种植属一年一熟制，采用垄作种植。2008年之前，谷子面积在0.67~1.33万hm^2，种植的主要品种有赤谷系列、大寨谷、山西红谷等。近几年，谷子产量在270kg/667m^2左右，纯效益在400元/667m^2以上。宁城县境内有多家小型谷子加工厂，加工的小米销往全国各地。农户生产的谷子一部分被县内小加工厂消化，大部分通过商贩销往京、津、唐、大连等地。

3. 喀喇沁旗

喀喇沁旗位于西辽河支流，老哈河与锡泊河两河流域之腹地。耕地面积5万hm^2，其中有效灌溉面积2.57万hm^2，保灌面积2.12万hm^2，旱作农田2.69万hm^2。土壤类型主要分褐土、棕壤、草甸土、黄土、山地黑土五类。土壤总的养分含量趋势为缺氮、适磷、富钾。属北温带大陆性季风气候，年平均气温4.1~6.9℃，无霜期114~145d，≥10℃活动积温1 900~3 100℃，降水量310~580mm，且分布不均，7~8月份降雨集中，春旱、伏旱持续时间长。主要粮食作物是玉米、谷子和马铃薯，谷子常年播种面积为 1 万 hm^2 左右，老哈河流域“黄金米”种植基地、锡泊河流域“王府贡米”种植基地以及小牛群优质米种植基地成为喀喇沁旗三大谷子种植优势区域。全旗拥有小型谷米加工厂近 300 家，拥有加工机械 300 余台；固定资产 100 万元（中型）以上加工企业 8 家，年加工能力 7 000t，年销售收入 900 万元，其中东城民丰、乃林谷物、锦山中军等加工企业早已在全国各地享有盛誉，带动了谷子生产的发展和谷子产品转化。

4. 翁牛特旗

翁牛特旗位于内蒙古自治区赤峰市中部，地貌特征自西向东依次为西部中山台地、中部低山丘陵、东部平原沙丘三个类型区，总面积 11 872km^2。属于干旱半干旱大陆性季风气候区，全年日照时数为 2 850~3 000h，年平均气温在 0~7℃，旗内≥ 10℃活动积温从西向东呈递减趋势，西部 1 100~1 500℃，中部 2 700~3 000℃，东部 2 800~3 300℃，无霜期平均为 90~140d，年降水量 300~450mm。耕作制度为一年一熟制，实行高粱（或荞麦）—谷子—大豆（或绿豆）三年以上轮作。谷子年种植面积都在 2.67 万 hm^2 以上，水浇地谷子多为小四轮机械播种，人工间苗，机械中耕培土，人工收割，旱地多为早春干埋待雨播种。水浇地谷子播种面积在 1 万 hm^2 左右，旱地谷子播种面积在 1.67 万 hm^2 左右。2009 年杂交谷子播种面积 0.033 万 hm^2 左右。谷子品种有赤谷 8 号、赤谷 10 号、赤谷 11 号、峰谷 11 号以及张杂谷系列。产量水平为 100~500kg/667m^2，投入 80~280 元 /667m^2，产值为 250~1 150 元 /667m^2，纯收益在 170~870 元 /667m^2。当地有谷子企业及合作组织 13 家，所有的谷子均通过企业或合作组织销售。小米加工企业有 7 家，有一定规模的企业有紫辰绿色食品有限公司、龙马粮行、海金山蟹岛有机食品基地、绿海生公司等。年生产加工销售有机、绿色等小米产品约 2 万 t。

5. 敖汉旗

敖汉旗位于内蒙古自治区赤峰市东南部，总面积 8 316km^2。有棕壤、褐钙土、草甸土、潮土、沼泽土及风沙土 7 类，全旗土壤总面积 83.16 万 hm^2。属于半干旱大陆气候，其特点是四季分明，太阳辐射强烈，日照丰富，气温日差较大，冬季漫长而寒冷，春季回暖快，夏季短而酷热，秋季气温骤降。敖汉旗是以农为主，农牧林结合的经济类型区。全旗现有耕地面积 18 万 hm^2，粮食品种主要有玉米、高粱、谷子，年产量超过 6 亿 kg，是国家商品粮基地和自治区产粮十强旗县之一。全旗谷子年种植面积在 2.67 万 hm^2 以上，一年一季，春季播种，秋季收获。主栽品种以赤谷系列品种为主，搭配黄金谷、山西红谷、千斤谷等品种，平均产量 260kg/667m^2 左右，最高产量达 500kg/667m^2，纯收益 300~500 元 /667m^2。随着种植谷子经济效益的不断提高，谷子的种植面积逐年加大，近几年谷子种植区域有向水浇地转移的趋势。谷子销售大部分通过客商销往黑龙江、北京、山东等地市场，当地谷子加工企业多，但规模较小。

6. 巴林左旗

巴林左旗地处内蒙古自治区赤峰市北部，总面积 6 644km^2，年平均温度为 4.5~6℃，年平均风力 2.7m/s，年日照时数 3 000h 左右。年平均降水量 166.4~366.4mm，海拔 485~614m，无霜期为 120~130d。谷子种植属一年一熟制，采用垄作种植。2009 年前，谷子面积在 2.33 万 hm^2 左右，主要种植品种为赤谷系列，少部分农户也种植山西红谷。境内的谷子加工厂为数不多，自产的谷子没有在本地形成大的加工规模，加工的小米主要销往全国各地，农户生产的谷子一部分被县内小加工厂消化，而大部分通过商贩销往京、津、唐、大连等地。

7. 阿鲁科尔沁旗

阿鲁科尔沁旗位于内蒙古自治区中部，赤峰市东北部。年均气温5.5℃，年日照时数2 760~3 030h，极端最高气温40.6℃，极端最低气温 -32.7℃，年平均积温2 900~3 400℃，年均降水量300~400mm，无霜期95~140d，属典型的大陆性气候。全旗谷子年种植面积在1.67万 hm^2 以上，分布在全区18个乡镇。2009年种植1.67万 hm^2。谷子为一年一季，春季播种，秋季收获。主栽品种以赤谷系列品种为主，搭配黄金谷、山西红谷、千斤谷等品种，平均产量230kg/667m^2 左右，最高产量达500kg/667m^2，纯收益达到300~500元/667m^2。该旗山坡地较多，谷子多数种植在山旱平地上，谷子种植面积较大，小米品质较好。虽然旗内有多家小米加工厂，但均以小作坊的形式运行，所生产的谷子大部分运往山西等地加工销售。

8. 清水河县

清水河县位于内蒙古自治区中部，呼和浩特市最南端，总面积2 859km^2。清水河县地处中温带，属半干旱典型的大陆性气候。由于地形复杂，境内地区气候变化差异明显，主要特点为冬长夏短，寒冷干燥，风多雨少，年平均气温7.5℃，1月平均气温 -11.5℃，极端最低气温 -29℃，7月平均气温22.5℃，极端最高气温37.1℃。年日均气温5℃以上的持续天数为198d，日均气温0℃以上的持续天数为232d，全年平均日照2 900h，无霜期平均为135d。年平均降水量410mm，年蒸发量2 577.2mm。属谷子春播区，4月下旬至5月上旬播种，9月下旬收获。多与豆类、黍子、糜子、胡麻、玉米、马铃薯轮作倒茬。习惯耧种平播，近年也有小面积的机械播种。常年种植面积约1.67万 hm^2。当地种植谷子历史悠久，所产小米品质好，群众对谷子品种的品质要求较高。所产谷子除当地群众食用外，部分销售至呼和浩特小米加工企业，部分经当地加工企业销售至全国各地。小米加工企业中以小香米公司规模较大，发展很快，但仅限于小米的初加工。

9. 和林格尔县

和林格尔县位于内蒙古自治区中南部，为自治区首府呼和浩特市所辖旗县之一，面积3 401km^2。属于中温带半干旱大陆性季风气候，其主要特征是干旱、多风、寒冷，日光充足，温差大，冬季漫长而寒冷，夏季时短而温热，春季升温快，秋天降温烈。年平均气温在6.2℃左右。1月平均气温为 -12.8℃，极端最低气温为 -31.7℃，7月平均气温为22.1℃，极端最高气温为37.9℃，年平均降水量为392.8mm。属谷子春播区，4月下旬至5月上旬播种，9月下旬收获。多与豆类、黍子、糜子、胡麻、玉米、马铃薯轮作倒茬。习惯耧种平播，近年也有小面积的机械播种。常年种植面积约0.67万 hm^2，所产谷子除当地群众食用外，部分销售至呼和浩特小米加工企业，部分经当地加工企业销售至全国各地。小米加工企业多，但规模小，生产方式落后，仅限于小米的初加工。

10. 四子王旗

四子王旗位于内蒙古自治区中部，乌兰察布市东北部，阴山北麓，总面积 24 016km^2。旗境地处中温带大陆性季风气候区，其显著特点是冬季漫长寒冷，多寒潮天气，夏季短促凉爽，降水少而集中，温差大，日照充足，春秋两季气温变化剧烈，大风日数多，无霜期短。该旗年平均气温在 1~6℃，由南向北随地势降低气温逐渐递增。主要作物种类有苜蓿、草木樨、草玉米、马铃薯、草谷子，6 月上旬至 7 月下旬播种。当地主要以种草谷子为主，一般为耧播平作，近些年有大面积的机械播种。常年谷子种植面积在 1.13 万 hm^2 左右，主要是加工谷草为主，多数是自给自足，少量销往附近的旗、县。

山西省

1. 武乡县

武乡县位于太行山区东麓，山西省东南部，长治市最北端，全县总面积 1 610km^2。属温带大陆性气候，特征是一年四季分明，冬夏长，春秋短，季风强盛，年均气温只有 3℃左右，平均无霜期在 150d 左右，最长的城关地区，无霜期在 170d，东西两侧山区，无霜期一般在 140d，境内地形、地势差异较大，年降水量分布亦明显不均，西部地区降水偏多，东部偏少。分水岭、故城、涌泉一带年降水量在 580~600mm，洪水、窑湾、韩北一带降水量在 540~580mm。武乡县现有耕地面积 3.13 万 hm^2，人均占有耕地约 0.19hm^2，是上党地区谷子面积最大县之一，谷子种植面积 0.67 万 hm^2 左右，独特的生态气候类型使之成为重要的优质米基地。主干品种为晋谷 21 号、长农 35 号等优质品种，一般产量在 250~350kg/667m^2，是当地农民重要经济收入之一。武乡县是山西省重要的优质米生产基地，山西多家小米加工企业的谷子生产基地设在武乡，当地也注册有多家小型的小米加工企业，产品销往太原、北京、广州等地。

2. 沁县

沁县位于山西省晋东南地区北部，太行、太岳两山之间，总面积 1 297km^2。属于暖温带大陆性气候，年平均气温 8.9℃，全年无霜期 167d，年平均降水量为 606mm，是一个以种植业为主的典型农业县，也是全省的产粮大县之一，大部分地区农作物采用二年三熟制。沁县是上党地区优质小米生产基地之一，全国四大名米之一的沁州黄小米就出自沁县，当地种植谷子历史悠久，种植面积在 0.33 万 hm^2 左右，主要种植品种有晋谷 21 号、长农 35 号、沁州黄等优质品种，独特的地理、气候、文化、品牌优势使沁县谷子的价格明显高于周边地区，次村、漳源、郭村、定昌等主要产谷乡镇已成为小米加工企业的定点供货基地，为当地农民创造了良好的经济效益。沁县谷子的产业化走在的全国的前列，著名的小米加工企业有沁州黄小米集团有限公司、檀山黄小米有限公司等企业，生产基地立足沁县并扩大到周围县区，无公害产品、有机产品认证为当地谷子产业化发展注入活力，产品销售到全国各地，当地农民生产谷子的效益均在千元以上，政府把小米产业作为重要的农业支柱产业来抓，谷子产业发展迅速。

3. 襄垣县

襄垣县位于山西省东南部，太行山西麓，上党盆地之北，属半山丘陵地区，平均海拔在 1 000m 左右。全县总面积 1 160km^2，丘陵占 57.5%，山区占 31.9%，平川占 10.6%。属大陆性气候特别显著，平均气温 8~9℃，四季分明，年平均降水量在 550mm 左右，大部集中于 7、8、9 三个月，无霜期一般为 166d 左右，最短 118d，最长 197d。襄垣县是典型的丘陵山区，水资源缺乏、干旱是当地主要农业生产制约因素。谷子是当地重要农作物之一，良好的土质与气候条件，成为重要的优质谷子生产基地，常年播种面积0.33万hm^2左右，一年一熟，主要品种有晋谷21号、长农35号等优质品种，产量一般在250~350kg/667m^2，产量受气候特别是降水量的影响较大。襄垣县是上党地区重要的优质米生产基地，山西省许多小米加工企业的谷子生产基地放在了襄垣，当地建立了多家小型的小米加工企业，农民的谷子销售渠道主要是通过小米企业和粮食加工企业收购，谷子生产效益良好。

4. 沁源县

沁源县位于山西省会太原市东南，长治市西北部，土地总面积2 554km^2。境内群山环抱，起伏连绵，均属太岳山系，年均气温8.7℃，1月－6.5℃，7月22.4℃，年降水量600mm，霜冻期为10月上旬至次年4月下旬，无霜期50~180d。沁源县由于多数地区气候较为寒冷，多种植中早熟品种，除少数农家种外，主要种植有晋谷21号、晋谷29号等优质品种，一年一熟，年种植面积在0.13万hm^2左右，一般产量在250kg/667m^2左右。当地有多个小米加工企业，但规模较小。

5. 壶关县

壶关县位于山西东南部，县城距长治市只有13km，是长治市的东大门，总面积1 013km^2。土壤有褐土、草甸土2个土类，分淋溶褐土、山地褐土、粗骨性山地褐土、褐土性土、碳酸盐褐土、浅色草甸土6个亚类。年平均日照时数达2 630.1h，日照率60%。境内年平均气温8.9℃，1月份最冷，平均气温-6.5℃，7月份最热，平均气温22.1℃。年降水量在574.5mm左右。全年无霜期约153d，初霜日出现在10月上旬，终霜日在次年5月上旬。壶关县是长治地区缺水较为严重的县，多年的农业生产实践使当地农民具有丰富的旱作经验，著名的晋庄谷子旱作经验就出自该县，精细的栽培管理保证了谷子在干旱条件下获得较高的产量，全县谷子种植面积在0.13万hm^2左右，主要推广品种有晋谷21号、晋谷29号、长农35号等品种。境内有多家小米加工企业，规模较小，谷子销售多以小米加工企业及粮商收购。

6. 屯留县

屯留县位于山西省东南部，上党盆地西侧，毗邻长治市区。地势西高东低，中部多丘陵，东部平原，为上党盆地的组成部分，总面积1 142km^2。屯留县气候四季分明，年均气温10℃，1月-7.5℃，7月23.5℃。年降水量540mm，霜冻期9月下旬至次年4月下旬，无霜期160d。屯留县是农业大县，谷子是山区重要作物之一，随着谷子产业的发展，谷子生产效益不断提高，种植面积逐年扩大，播种面积0.07万hm^2，谷子产量一般在250~350kg/667m^2，主要种植有晋谷21号、晋谷27号、长农35号等优质品种。境内有多家小米加工企业，以绿色食品开发研究中心生产的“珍珠黄”小米较有名气，当地谷子除自用外，多数销售以企业收购为主。

7. 阳城县

阳城县位于山西省东南部，东与泽州县相连，南与河南省济源市为邻，西与垣曲、沁水县接壤，北与沁水县搭界，总面积 1 968km^2。属暖温带半湿润大陆性季风气候区，受大陆性季风影响，地形地貌复杂，小气候差异大。年平均气温 11.7℃，年降水量 626~674mm。阳城县位于晋城市的南部，气候温和，农作物生长日期较长，一般为一年一熟，全县谷子种植面积在 0.33 万 hm^2 左右，一般产量 250kg/667m^2 左右，主要种植有晋谷 21 号、长农 35 号等优质品种，在晋东南地区是收获偏早的县，有利于产品早上市。随着当地小米加工企业的兴起，谷子种植效益不断提高，谷子规模化生产同样促进了当地小米加企业的发展，谷子的产业化水平稳步提高。

8. 高平市

高平市位于山西东南部，泽州盆地北端，太行山西南边缘，属晋城市内县级市之一，总面积 946km^2，平面轮廓近似方形。高平市属大陆性暖温带季风气候。一年四季分明，雨热同季，季风强盛，年平均气温 9.8℃，平均降水量 589.4mm，由于受地形气候等诸多因素的影响，全市降水时空分布不均，丰枯悬殊。全市共有土地面积 9.79 万 hm^2，其中耕地面积 4.22 万 hm^2，占总面积的 43% 以上。当地农业生产条件较好，玉米、小麦面积较大，谷子在当地的农业生产中同样占有重要的地位，年播种面积 0.13 万 hm^2 左右，为一年一熟，主要品种有晋谷 21 号、晋谷 35 号、长农 35 号等，一般产量在 250~350kg/667m^2。谷子作为当地主要杂粮作物，产业化开发不断深入，境内有多家加工企业，发展较好的有高平市绿是金食业有限公司等杂粮加工企业。

9. 陵川县

陵川县位于山西省东南部，太行山南端最高地带，北邻壶关，西连高平，西北接长治县，西南连晋城，东部和南部与河南省辉县市、林州市、修武县毗邻，总面积 1 751km^2。陵川县为典型石山区，境内万峰环列，崖悬壁峭，沟壑纵横。平均海拔 1 058m。无霜期 160d，年平均降水量为 600~700mm，年平均气温 7.9℃左右，冬暖夏凉。县东部为石山区，中部为土石丘陵区，西南部为平川区。全县有耕地 2.95 万 hm^2，主要农作物有玉米、谷子、小麦、马铃薯、红薯、大豆等。谷子播种面积 0.13 万 hm^2 左右，主要种植品种为晋谷 21 号、晋谷 29 号，高海拔较寒冷地方种植晋谷 13 号等生育期较短的品种。山西太行阿珍食品有限公司、陵川锡崖沟土特产品公司等包含小米加工产品在内的企业发展，为谷子的产业化奠定了基础，谷子的种植效益不断提高。

10. 泽州县

泽州县地处太行山南端，是山西通向中原的重要门户，总面积 2 023km^2，其中山区面积 1 328.4km^2，丘陵面积 577.9km^2，平原面积 116.7km^2。属大陆性季风气候，四季分明，全县年平均气温 10~11℃，气温总的分布趋势是由南向北递减，盆地由平地向山区递减。无霜期平均为 192.6d，最多为 226d，最少为 138d。泽州县是山西省的农业大县，全县有耕地 4.8 万 hm^2，传统的农业以种植业为主。粮食作物主要有冬小麦、谷子、玉米、大豆等，经济作物有棉花、油料等。谷子播种面积 0.2 万 hm^2 左右，主要推广品种有晋谷 21 号、晋谷 35 号、长农 35 号等品种。泽州县与晋城市区紧密相连，为谷子等杂粮作物的产业化开发提供了得天独厚的有利条件，小米加工企业逐步建立，小米市场不断扩大，价格与效益逐年上涨，农民的种植效益不断提高，谷子的规模化种植正在形成。

11. 沁水县

沁水县位于山西省东南部，晋城市西北部，中条山东北，黄河支流沁河中游。太行、太岳、中条三大山系衔接处，总面积 2 676.6km^2。境内山峦重叠，沟壑纵横，高差悬殊。海拔高度 511~2 358m，年平均气温 6.5~12.5℃，年平均降水量 560~750mm。谷子是当地主要农作物之一，主要种植在丘陵、山坡地，一年一熟，年种植面积在 0.2 万 hm^2 左右，主要品种有晋谷 21 号等，一般产量 250kg/667m^2 左右。全县小米加工企业有十几家，主要销往晋城、太原等地，除去当地消化一部分外，其余谷子能够全部销售出去，种植效益好，是当地农民重要经济收入之一。

12. 榆次区

榆次区位于山西省中部的晋中盆地北侧，太行山西麓，与寿阳县、清徐县、太谷县、太原市毗邻接壤。全区耕地 4.67 万 hm^2，粮田面积 3.23 万 hm^2，旱地面积占到 51%。属典型的暖温带半湿润大陆性季风气候，夏季炎热多雨，冬季寒冷干燥，春、秋短促，年平均气温 9.8℃，降水量 418~483mm，年日照时数 2 662h，无霜期 158d。谷子主要分布在海拔 900~1 200m 的什贴、东赵、长凝、乌金山等乡镇的丘陵山区。全区谷子种植面积 0.33 万 hm^2 左右，占到旱地粮田面积的 20.2%，主要推广品种有晋谷 21 号、晋谷 29 号、晋谷 36 号等品种。近年来，区委、区政府把谷子产业化的发展作为丘陵旱垣区农民增收致富新的经济增长点来抓，加快了榆次谷子产业化的发展。首先规划了谷子种植的优势区域，进行了 0.33 万 hm^2 无公害农产品产地认证，制定了谷子无公害标准化生产技术规程，引进了优质、高产新品种及化控间苗新技术，扶植和联结了谷子深加工企业，“德御农贸有限公司”主要进行谷子的深加工，产品已经通过 ISO9001 认证，并被农业部和省农业厅认证为无公害农产品。

13. 寿阳县

寿阳县位于山西省东部，太行山西麓，与太原、阳泉、榆次三市相接，总面积 2 100km^2。气候属温带大陆性气候，光照资源丰富，年平均气温 7.4℃，年降水量 513.8mm，全年无霜期 120~140d，≥ 10℃的有效积温为 2 904℃，有利于谷子独特养分的形成和积累。谷子种植主要乡镇为羊头崖等路南乡镇，人均耕地 0.47hm^2，生态环境极挂，无工矿污染，生产出的谷子品质优良。年种植谷子 0.23 万 hm^2 左右，春播一年一熟，一般产量谷子 200kg/667m^2 左右，产值可达 700 元 /667m^2 左右，纯收入达 450 元 /667m^2 左右，效益显著。主推品种有晋谷 21 号、晋谷 29 号、晋谷 34 号等。随着谷子产业不断拓展，涌现出晋荞米业等一大批谷子加工、销售企业和农民经纪人，形成了谷子的销售网络及公司 + 农户 + 基地的产业化经营格局。2009 年晋荞米业新上一条小米生产线，年加工小米能力可达 15 000t，极大地推动了谷子产业的发展。晋荞米业注册的晨亿牌商标被山西省工商局授予“山西省著名商标”，产品获中国“农交会”畅销产品奖，基地获山西省科普示范基地，企业被晋中市人民政府授予晋中市农业产业化龙头企业，食品安全四星级企业。并通过无公害农产品认证和食品安全认证。

14. 榆社县

榆社县地处山西省晋中市东南部，总面积 1 699km^2。属温带大陆性季风气候，春季多风少雨，夏季雨量集中，年平均气温 8.8℃，季度温差、昼夜温差较大，境内光照充足，年平均日照 2 605h，≥ 0℃有效积温 3 703℃，≥ 10℃有效积温 3 160℃，无霜期 130~178d。年平均降水量 560mm，年平均蒸发量为 1 692mm。榆社种植谷子历史悠久，小米已成为城乡居民日常生活必备粮食之一。全县常年谷子种植面积 2.67 万 hm^2，占农作物播种面积 20%，平均产量 250kg/667m^2，平均产值 1 000 元 /667m^2 左右，纯收入可达 750 元 /667m^2 左右。谷子一年一作，一般与豆科作物轮作倒茬，主干品种为晋谷 21 号、晋谷 40 号，搭配晋谷 34 号、晋谷 36 号、晋谷 29 号。谷子产业发展以榆社县河峪小米专业合作社为龙头，通过“合作社 + 品牌 + 基地 + 农户”运作模式，发展合作社基地 0.13 万 hm^2，年加工转换谷子 6 000t，带动农户 1 万户。河峪小米已通过无公害认证，在国家工商局注册“河峪”牌商标，营销方式以总经销、批发、超市零售为主，产品主要销往北京、天津、上海、太原、晋中等地，年销量达 1 250t。

15. 左权县

左权县居太行山主脉西侧，山西省东部边缘，总面积 2 028km^2。境内平均海拔 1 100m，山区丘陵占到总面积的 70% 以上，有着独特的自然地理环境。气候冷凉，昼夜温差大，日照充足，光热资源十分丰富，年均气温 7.4℃，年降水 550mm，无霜期 110~150d，≥ 10℃有效积温为 2 886.9℃。左权县是传统农业大县，95% 以上乡村农业生产无污染，耕地面积 1.86 万 hm^2，谷子面积在 0.23 万 hm^2 左右，主要品种有晋谷 21 号、晋谷 29 号、晋谷 34 号及长农 35 号等品种，龙泉镇是该县主要优质米生产基地之一，随着谷子产业的发展，谷子的种植效益逐年提高。全县畜牧业发达，秸秆肥、底肥、农家肥数量充足，减少了化肥用量，为生产无公害、绿色、有机食品提供了有力保证。随着一些农产品加工企业相继创办，如左权县绿色食品有限公司、左权县鑫通农产品有限责任公司、左权县龙鑫种植专业合作社、左权农家乐食品有限公司、山西聚财农产品科技有限公司等，形成具有当地特色的优势农产品，无公害、绿色标准化生产基地建设，进一步提高了当地谷子产业化水平。

16. 和顺县

和顺县位于晋中地区东部中段，太行山之巅，清漳河上游，总面积 2 251km^2。该县地势高峻，以山地、丘陵居多，海拔均在 1 800m 以上。年均气温 6.3℃，1 月 -10℃左右，7 月 20℃，≥ 10℃有效积温 2 477℃；年降水 600mm 左右，霜冻期为 9 月中旬至次年 5 月中旬，无霜期 124d。气候凉爽，昼夜温差大，无霜期短，光照充足，雨量适中，境内空气清新，水源清澈，无污染，是生产无公害谷子的理想之地。和顺县现有耕地 1.66 万 hm^2，主要农作物有谷子、玉米、马铃薯以及莜麦、荞麦、豆类等小杂粮，经济作物有小麻。宜林宜牧，有发展多种经营的优势。2003 年以来，根据山西省优势农产品区域布局规划，本县被列为省级优质杂粮示范基地。优势区域内谷子种植面积最多，一般为 0.27 万 hm^2，约占优势杂粮区域面积的 40% ~50%，其中覆盖谷子面积 0.2 万 hm^2 左右，平均产量 250kg/667m^2，最高可达 350kg/667m^2，是本县农村经济的主导产业之一。

17. 昔阳县

昔阳县位于山西省东境中部，东与河北省赞皇县、内邱县、井陉市、邢台市接壤，西与寿阳县为邻，南与和顺县毗连，北与平定县相衔，总面积1 952km^2。境内东西两侧地势较高，大部海拔在1 200m以上。年平均气温为10℃左右，1月-6~-5℃，7月22.8℃，年降水量500mm，霜冻期为10月上旬至次年4月下旬，无霜期130~160d。昔阳县是山西省小杂粮基地建设示范县，全县有耕地2.59万hm^2。主要农作物有谷子、玉米、高粱、豆类、麻类、棉花等，谷子面积为0.2万hm^2。近年来，县委、县政府把实施优势农产品区域布局规划和基地建设有机地结合起来，在规模开发、集约管理、无公害生产方面倾注了较大精力。谷子种植区域多数集中在无矿产、无工业污染的赵壁、闫庄、皋落、冶头4个乡镇。另外进行标准化生产，由技术人员分乡划片承包，按照无公害谷子生产技术规程，严格掌控每个关键环节的操作程序，做到了标准化生产、集约化管理。

18. 临县

临县位于山西省吕梁市西部，东依连枝山、汉高山与方山县毗连，南与离石区、柳林县接壤，西濒黄河与陕西佳县、吴堡相望，北与兴县为邻，总面积2 979km^2。临县地处中纬度地区，属暖温带大陆性气候。年均气温8.8℃，1月-8.1℃，7月22.6℃，年降水量521mm，霜冻期为9月中旬至次年4月下旬，无霜期170d左右。谷子一般种在旱薄地，每年春季进行一次深度在16~20cm左右的耕翻整地，旱年采取趁墒早播和雨后抢墒播种方式，为春播、清种，采用30cm左右等行距平播方式播种，留苗密度1.5万~2.0万株/667m^2。现有耕地9.53万hm^2，全县谷子播种面积0.93万hm^{2}左右，占耕地面积10%，基本稳定，小米供求基本平衡。品种以晋谷21号、晋谷29号为主，其余为少数农家品种。平均产量110kg/667m^2，与玉米相比增收200元/667m^{2}左右。产量水平年度间因干旱差异较大。谷子以粗加工、零售为主，主要加工企业有安家庄乡注册的“狼尾巴”商标加工企业。

19. 兴县

兴县位于吕梁地区西北部，东邻岚县、岢岚，南连临县、方山，北倚保德，西隔黄河与陕西省神木县相望，总面积3 165.3km^2。该县气候寒冷，年均气温8℃，1月均温-9℃，7月均温24℃，霜冻期为9月下旬至次年4月中旬，无霜期150~180d，年均降水量500mm，主要集中在7~9月份。谷子一般种在肥旱地，每年春季进行一次深度在20cm左右的耕翻整地，旱年采取趁墒早播和雨后抢墒播种方式，5月下旬春播、清种，采用40cm左右等行距平播方式播种，留苗密度1.5万株/667m^{2}左右。现有耕地9.67万hm^2，全县谷子播种面积0.93万hm^{2}左右，占耕地面积10%，基本稳定。品种以晋谷21号为主占80%，达0.8万hm^{2}左右，其余为晋谷29号和一些农家品种，平均产量300kg/667m^2，价格3.0元/kg，与玉米相比增收200元/667m^{2}左右，产量水平年度间因干旱差异很大。销售主要以小作坊形式加工零售。

20. 石楼县

石楼县位于山西省西都，吕梁山西麓，黄河东岸，总面积1 736km^2。气候属温带大陆性气候，年均气温为9.2℃，1月均温-7℃，7月均温22.7℃，年均降水量为550mm，霜冻期为9月下旬至次年 4 月下旬，无霜期 180~190d。石楼县经济以农业为主，农作物种类繁多。谷子一般种在肥旱地，每年春季进行一次深度在大于 20cm 左右的深翻整地作业，旱年采取趁墒早播和雨后抢墒播种方式，为春播、清种，采用 33cm 左右等行距平播方式播种，留苗 2.0 万 ~2.1 万株 /667m^2。现有耕地 2.53 万 hm^2，全县谷子播种面积由 2008 年的 0.53 万 hm^2 增加到 0.8 万 hm^2 左右，占耕地面积的 32%，面积呈增长态势，谷子供不应求。品种以晋谷 21 号为主。平均产量 200kg/667m^2，高产可达 300kg/667m^2，种谷效益高于玉米。产量水平年度间因干旱差异较大。当地谷子主要销往汾阳，汾阳的加工企业上门收购，价格为 3.6 元 /kg。

21. 岚县

岚县位于吕梁地区东北部，东南与太原市娄烦交界，东与忻州连接，西南与方山接壤，总面积 1 514km^2。属温带大陆性气候，年均气温 6.8℃，1 月 -8℃，7 月 22℃。年降水量 510mm，霜冻期为 9 月下旬至次年 5 月上旬，无霜期 130d。谷子一般种在旱薄地或肥旱地，每年春季进行一次深度在 16~20cm 的耕翻整地，旱年采取趁墒早播和雨后抢墒播种方式，为春播清种，采用 20~22cm 左右等行距平播方式播种，留苗 1.8 万 ~2.0 万株 /667m^2。现有耕地 2.8 万 hm^2，全县谷子播种面积 0.47 万 hm^2 左右，占耕地面积 16.7%，基本稳定。品种以小红谷、东方亮为主，其余为少数农家品种。平均产量 150kg/667m^2，价格 3.0 元 /kg，与玉米相比增收 20~30 元 /667m^2。产量水平年度间差异不大。谷子主要以原粮销往汾阳、交城、文水等地。

22. 柳林县

柳林县位于吕梁山西麓，东邻离石，西靠黄河，北与临县交界，南与中阳、石楼接壤，总面积 1 288km^2。属温带大陆性气候，年均气温 9.2℃，1 月均温 -7℃，7 月均温 22.7℃，年降水量 500mm，霜冻期为 9 月下旬至次年 4 月下旬，无霜期 180~190d。谷子一般种在旱薄地，每年春季进行一次深度在 16~20cm 的耕翻整地的表土作业，旱年采取趁墒早播和雨后抢墒播种方式，为春播、清种，采用 33cm 左右等行距平播方式播种，留苗 1.8 万 ~2.3 万株 /667m^2。现有耕地 3.68 万 hm^2，全县谷子播种面积 0.47 万 hm^2 左右，占耕地面积 12.7%，基本稳定，小米供不应求。品种以晋谷 21 为主，其余为少数农家品种。平均产量 150~200kg/667m^2，与玉米相比基本持平，产量水平年度间因干旱差异较大。当地谷子以零售为主，拥有小型加工企业，但规模不大。

23. 汾阳市

汾阳市位于太原盆地的西南部，吕梁山东麓，为县级市，是吕梁市的交通枢纽，总面积 1 168km^2。气候因地形影响，相差悬殊，境内年平均气温 10℃，1 月均温 -7~- 6℃，7 月均温 23℃，年均降水量 450~500mm，霜冻期为 10 月上旬至次年 4 月中旬，无霜期 150d 左右。谷子一般种在肥旱地，以秋季每年一次深度在大于 20cm 左右的深翻整地作业；旱年采取趁墒早播和雨后抢墒播种方式，为春播、清种，采用 22~25cm 等行距平播方式播种，留苗密度 2.2 万 ~2.5 万株 /667m^2。现有耕地 4.93 万 hm^2，全县谷子播种面积有 0.4 万 hm^2 左右，占耕地面积 9%，面积基本稳定，谷子供不应求。品种以晋谷 21 号、晋谷 40 号为主。平均产量 200kg/667m^2，高产可达 300kg/667m^2。当地有大小谷子加工企业几十家，是吕梁市谷子产后加工企业最集中、最多的区域，其中规模较大的企业有汾州香米业有限公司、吕梁市瑞俪汾阳香米厂、汾阳市颐养土特产贸易中心等，产品销往全国各地，对周边县市的谷子种植有很大的带动作用。

24. 中阳县

中阳县位于山西省西部，吕梁山脉中段西麓，黄河支流三川河上游的南川河流域，总面积 1 432.9km^2。气候属暖温带亚干旱区大陆性季风气候，年平均气温 8℃，年平均降水量 518.6mm，全年日照时数 2 708.4h，无霜期平均为 143d。谷子一般种在肥旱地，每年秋季进行一次深度在 16~20cm 的翻耕整地表土作业，旱年采取趁墒早播和雨后抢墒播种方式，为春播、清种，采用 30~35cm 等行距平播方式播种，留苗密度 1.8 万 ~2.0 万株 /667m^2。现有耕地 1 万 hm^2，全县谷子播种面积有 0.27 万 hm^2 左右，占耕地面积 40%，面积基本稳定，谷子供不应求。品种以晋谷 21 号、晋谷 29 号为主。平均产量 225kg/667m^2，高产可达 300kg/667m^2。近年种谷效益高于玉米，种谷积极性较高，产量水平年度间因干旱差异较大。当地谷子销售渠道主要是初加工后市场零售。

25. 离石区

离石位于吕梁山中段西侧，地处省境中部西侧，吕梁地区中部，总面积 1324km^2。属暖温带大陆性季风气候，年平均气温 8.7℃，1 月均温 -8.2℃，7 月均温 22℃ ，年均降水量 550mm，霜冻期为 9 月下旬至次年 5 月上旬，无霜期为 100~170d。谷子一般种在旱薄地，每年春季进行一次深度在 16~20cm 的翻耕整地表土作业，旱年采取趁墒早播和雨后抢墒播种方式，为春播、清种，采用 30cm 左右等行距平播方式播种，留苗密度 2.0 万株 /667m^2 左右。现有耕地 1.8 万 hm^2，全县谷子播种面积 0.13 万 hm^2 左右，占耕地面积 10%，基本稳定，小米供不应求。品种以晋谷 21 号、晋谷 29 号为主，其余少数为农家品种。平均产量 120kg/667m^2，产量低、效益差，与玉米相比基本持平。当地小米基本平衡，若有些剩余则农民自己到集市上零售，或以散米送往市区小粮油店。

26. 方山县

方山县位于山西省西部，吕梁山中部，东临娄烦、交城，西与临县毗邻，北与兴县、岚县接壤，南与离石相接。境内气候多样，光照充足，属暖温带半干旱气候区，年均气温 8.7℃，1 月均温 -8.2℃，7 月均温 22℃，年均降水量 440~650mm，霜冻期为 9 月下旬至次年 5 月上旬，无霜期为 90~150d。谷子一般种在肥旱地，每年春季或秋季进行一次深度在 16~20cm 的翻耕整地，旱年采取趁墒早播和雨后抢墒播种方式，为春播、清种，采用 33cm 左右等行距平播方式播种，留苗密度 1.8 万 ~2.0 万株 /667m^2。现有耕地 2.2 万 hm^2，全县谷子播种面积 0.2 万 hm^2 左右，占耕地面积 10%，基本稳定，小米供求基本平衡。品种多、乱，农家品种较多，育成品种主要有晋谷 21 号、晋谷 29 号等。平均产量 150kg/667m^2，与玉米相比基本持平。产量水平年度间因干旱差异较大，正常年份可达 250~300kg/667m^2。销售主要以小作坊形式加工零售。

27. 孝义市

孝义市位于省境中部西侧，吕梁市南端，与交口、汾阳、介休、中阳接壤，县级市，总面积 948km^2。属大陆性气候，年均气温 10.1℃，1 月均温 -5.6℃，7 月均温 23.7℃，年均降水量

470mm，霜冻期为10月上旬至次年4月中旬，无霜期170d。谷子一般种在肥旱地，每年春季或秋季进行一次深度在16~20cm的翻耕整地表土作业，旱年采取雨后抢墒播种方式，春播、清种，采用30~35cm等行距平播方式播种，留苗密度1.5万~1.8万株/667m^2。现有耕地2.67万hm^2，全县谷子播种面积有0.13万hm^{2}左右，占耕地面积5%，主要集中在境内西部山区，面积基本稳定，谷子供不应求。品种以晋谷21号为主。平均产量100kg/667m^2。种谷效益低于玉米。产量水平年度间因干旱差异较大。谷子就地初加工销售，县城靠外来小米。

28. 忻府区

忻府区位于山西省北中部，东连定襄，西邻静乐，南靠阳曲，北依原平，总面积为1 954km^2。属季风型大陆性气候，夏季多东南风，冬季多西北风，春温高于秋温，夏季过后秋高气爽。无霜期平均167.1d。年平均降水量为462.5mm，降水集中于7~9月份。年平均气温平川区8℃以上，丘陵区5~8℃，山区5℃以下。1月最冷，7月最热。谷子在当地为春播中晚熟区一年一作，种植习惯为耧播平作单行或三行。种植面积随市场需求、经济效益及谷子产量年度之间不同为0.27万~0.4万hm^2。主干品种为晋谷21号、晋谷29号，产量约为300kg/667m^2，纯收入840元/667m^2，与玉米相比多收入40元/667m^2。当地谷子主要销售给小型加工企业。

29. 静乐县

静乐县地处晋西北高原，汾河水库上游，东部与忻府区、阳曲毗邻，南接娄烦、古交，西邻岚县、岢岚，北靠宁武、原平，总面积2 058km^2。属温带大陆性季风气候区，全县地形属土石山丘陵区，东北两面环山，中南部丘陵起伏，沟壑纵横，境内海拔在1 140~2 421m。全县共有耕地面积3.02万hm^2，总播面积2.24万hm^2，主要种植作物有玉米、谷子、黍子、胡麻、豆类、莜麦、马铃薯、蔬菜、荞麦、牧草、葵花。谷子在当地为春播早熟区一年一作，种植习惯为耧播平作单行或三行。种植面积随市场需求、经济效益及谷子产量年度之间不同为0.4万~0.53万hm^2，主干品种为晋谷21号、晋谷25号，产量约为250kg/667m^2，纯收入700元/667m^2，与玉米相比多收入60元/667m^2。当地谷子主要销售给农民合作组织。

30. 偏关县

偏关县位于山西省西北部，总面积1 682km^2。属北温带大陆性气候，冬季寒冷少雪，春季温暖干燥，夏季炎热而雨量集中，秋季凉爽而明快。年平均气温3~8℃，年平均降水量为425.3mm，无霜期为105~145d。当地主要种植作物有玉米、谷子、黍子、胡麻、豆类、莜麦、马铃薯、蔬菜、荞麦、牧草、葵花。谷子在当地为春播早熟区一年一作，种植习惯为耧播平作。种植面积随市场需求、经济效益及谷子产量年度之间不同为0.33万~0.47万hm^2。主干品种为晋谷21号、张杂谷3号，产量约为230kg/667m^2，纯收入690元/667m^2，与玉米相比多收入30元/667m^2。当地谷子主要销售给农民合作组织。

31. 阳高县

阳高县位于山西省东北，晋、冀、蒙（区）交界处，总面积1 668km^2。境内地形有平川、丘陵、滩地、山地和边山峪口五种自然地形，最高海拔 2420.5m，最低海拔 980m，属典型的内蒙古大陆性季风气候，年降水量 400mm 左右，无霜期 136d。全县耕地面积 5.87 万 hm^2，其中水浇地 2.4 万 hm^2。主要种植玉米、高粱、谷子、薯类、黍子、豆类、莜麦等。经济作物主要有胡麻、葵花、花生、甜菜、瓜类、蔬菜等。另外，绿肥、白麻、烟草、药材等也有种植。谷子在当地为春播早熟区一年一作，种植习惯为耧播平作。种植面积随市场需求、经济效益及谷子产量年度之间不同为 0.4 万 ~0.53 万 hm^2。主干品种为晋谷 39 号、大同 30 号，产量约为 250kg/667m^2，纯收入 660 元 /667m^2，与玉米相比多收入 30 元 /667m^2。当地谷子主要是销售给小型小米加工厂。

32. 天镇县

天镇县位于山西省东北部，地处晋、冀、蒙三省（区）交界处，总面积 1 635.1km^2。属大同断陷盆地，海拔高度在 976~2 016m，地貌特征为山区多、平原少，为大陆性北温带干旱季风气候，年降水量 400mm 左右，无霜期 136d。全县共有耕地面积 5.55 万 hm^2，其中水浇地 1.48 万 hm^2，主要种植玉米、高粱、谷子、薯类、黍子、豆类、莜麦等。经济作物主要有胡麻、葵花、花生、甜菜、瓜类、蔬菜等。另外，绿肥、白麻、烟草、药材等也有种植。谷子在当地为春播早熟区一年一作，种植习惯为耧播平作，少数农民进行三垄播种。种植面积随市场需求、经济效益及谷子产量年度之间不同为 0.27 万 ~0.4 万 hm^2。主干品种为晋谷 39 号、晋谷 25 号，产量约为 250kg/667m^2，纯收入 660 元 /667m^2，与玉米相比多收入 30 元 /667m^2。谷子主要销售给农民合作组织。

33. 广灵县

广灵县县位于省境东北部，东、北与河北毗邻，西南北与浑源县、阳高县、灵丘县相邻，总面积 1 206km^2。当地气候干寒，年均气温 6.8℃，年降水量 420mm，初霜期为 9 月下旬，无霜期为 120d。谷子在当地为春播早熟区一年一作，种植习惯为耧播平作。种植面积随市场需求、经济效益及谷子产量年度之间不同为 0.27 万 ~0.4 万 hm^2，主干品种为东方亮、大白谷、8311 等，产量约为 300kg/667m^2，纯收入 780 元 /667m^2，与玉米相比多收入 150 元 /667m^2。产品主要是销售给山西省东方物华科技有限责任公司以及其他的小米加工企业。

34. 灵丘县

灵丘位于山西省东北部，大同市东南角，总面积 2 732km^2，是大同市第一大县，全省第四大县。属温带大陆性气候。气候总特点是春季时间短、昼夜温差大、降雨少、风沙多，往往出现春旱；夏季雨量集中，但分布不均匀，常常遭受伏旱和冰雹的危害；秋季凉爽，降雨时多时少，年季变化大，多雨年常造成大秋作物返茬和冰雪霜冻的危害；冬季较长，空气干燥，气候寒冷，对越冬作物不利。全县年平均气温 7℃，最高气温 37.3℃，最低气温 -30.7℃，≥ 5℃的积温 3329.5℃，无霜期一般在 150d 左右，年平均降水量为 432.4mm，最高年份降水量 614.6mm。谷子在当地为春播早熟区一年一作，种植习惯为耧播平作。种植面积随市场需求、经济效益及谷子产量年度之间不同为 0.2 万 ~0.33 万 hm^2，主干品种为晋谷 39 号、大同 30 号，产量约为 250kg/667m^2，纯收入 700 元 /667m^2，与玉米相比多收入 40 元 /667m^2。产品主要销售给农民合作组织。

35. 浑源县

浑源县位于山西省东北部，东接广灵，西毗应县，南部以恒山与灵丘县分界，北面由六棱山与大同、阳高二县相连，总面积为 1 966km^2。属中温带干旱半干旱大陆性季风气候，一年四季界限明显。春季干旱升温较快；夏季短暂，温热多雨；秋季凉快，天清气爽；冬季漫长，寒冷干燥。年平均气温 6.2℃，年平均降水量 429.4mm，平均风速 2.5m/s，平均年日照量 2 696h。无霜期平川为 140d，山区为 110~130d。独特的地理位置、地貌特征和气候特点，为浑源特色农业的发展创造了有利条件。谷子在当地为春播早熟区一年一作，种植习惯为耧播平作。种植面积随市场需求、经济效益及谷子产量年度之间不同为 0.2 万 ~0.33 万 hm^2，主干品种为晋谷 23 号、大同 30 号，产量约为 250kg/667m^2，纯收入 660 元 /667m^2，与玉米相比多收入 30 元 /667m^2。产品主要销售给农民合作组织。

36. 大同县

大同县地处山西省大同市东部，县城距市中心 28km，总面积 1 503km^2。大同县气候干寒多风，温差较大，年均气温 6.4℃，1 月 −11.8℃。最低温度 −29.2℃，7 月平均气温 21.9℃，年平均降水量 400~500mm，初霜期为 9 月下旬，无霜期 125d 左右。年日照时数较长，约为 2 800h。谷子在当地为春播早熟区一年一作，种植习惯为耧播平作。种植面积随市场需求、经济效益及谷子产量年度之间不同为 0.13 万 ~0.27 万 hm^2。主干品种为大同 30 号、晋谷 23 号，产量约为 250kg/667m^2，纯收入 660 元 /667m^2，与玉米相比多收入 30 元 /667m^2。产品主要销售给农民合作组织。

37. 平鲁区

平鲁区位于山西省境北部，西与忻州主区为邻，西北与内蒙古自治区交界，总面积 2302km^2。境内气候寒冷干燥，多风沙，年均气温 4.5℃，1 月 −15~−11℃，7 月 19~20℃，年平均降水量 450mm 左右，初霜期 9 月下旬，无霜期 100~200d。谷子在当地为春播早熟区一年一作，种植习惯为耧播平作。种植面积随市场需求、经济效益及谷子产量年度之间不同为 0.13 万 ~0.2 万 hm^2，主干品种为晋谷 25 号、张纯一，产量约为 230kg/667m^2，纯收入 690 元 /667m^2，与玉米相比多收入 90 元 /667m^2。产品主要销售给农民合作组织。

38. 山阴县

山阴县地处内长城雁门关外，属大同盆地，南与忻州地区相接，面积 1 651km^2。年均气温 7.6℃左右，1 月 −10~−9℃，7 月 23~24℃，年平均降水量 410mm。初霜期为 9 月下旬，无霜期 130d。谷子在当地为春播早熟区一年一作，种植习惯为耧播平作。种植面积随市场需求、经济效益及谷子产量年度之间不同为 0.13 万 ~0.2 万 hm^2，主干品种为晋谷 25 号、晋谷 39 号，产量约为 250kg/667m^2，纯收入 750 元 /667m^2，与玉米相比多收入 120 元 /667m^2。产品主要销售给农民合作组织。

39. 怀仁县

怀仁县地处大同盆地中间地带，北与大同市相依，总面积1 224km^2。属大陆性气候，年均气温6.8℃，1月 -11.2℃，7月22.4℃。年平均降水量420mm，初霜期9月下旬，无霜期130~140d。农业基础条件较好，全县现有耕地3.73万hm^2，其中水浇地1.8万hm^2。主要农作物有玉米、小麦、谷子、油料、马铃薯、甜菜、蔬菜、莜麦、豌豆等30多种。有马辛庄为主的小杂粮基地。谷子在当地为春播早熟区一年一作，种植习惯为耧播平作单行或三行。种植面积随市场需求、经济效益及谷子产量年度之间不同为0.13万~0.2万hm^2，主干品种为晋谷39号、晋谷25号，产量约为280kg/667m^2，纯收入900元/667m^2，与玉米相比多收入210元/667m^2。产品主要销售给农民合作组织。

40. 应县

应县地处山西北部、朔州东端，总面积1 699.6km^2。气候寒冷，年均气温7℃左右，1月 -10℃ ~-9℃，7月23~24℃，年平均降水量360mm。初霜期为9月下旬，无霜期100~140d。应县共有土地17.07万hm^2，其中农耕地7.75万hm^2（基本农田5.47万hm^2）。谷子在当地为春播早熟区一年一作，种植习惯为耧播平作，少数农民进行双垄播种。种植面积随市场需求、经济效益及谷子产量年度之间不同为0.07万~0.2万hm^2，主干品种为晋谷39号、晋谷25号，产量约为230kg/667m^2，纯收入840元/667m^2，与玉米相比多收入150元/667m^2。产品主要销售给农民合作组织以及小型加工企业。

41. 阳曲县

阳曲县位于山西省中部，忻州与晋中盆地之脊梁地带，总面积2 070.67km^2。境内地形差异较大，气候也因地而异，全县年平均气温为8.9℃。东部山区平均气温较中部平川偏低2~3℃，西部山区平均气温较中部平川偏低3~5℃。平均海拔1 000m，垂直高差1 301.9m，年平均降水量450mm，主要集中在7、8、9三个月，无霜期120~160d，年平均风速为2.3m/s，光照充足，土壤种类多，四季分明，是一个典型的丘陵旱作区，适宜于谷子生产。阳曲县谷子栽培历史悠久，一年一熟，种植面积0.47万hm^{2}左右，品种多，主要以晋谷21号为主，一般产量260kg/667m^{2}左右，纯收入600元/667m^{2}左右。该县东黄水镇“太后香”牌小米，以色泽黄、黏度大、口感好、营养高而久负盛名，曾获国家农业博览会金奖。泥屯镇“白马掌”小米别有风味，深受城乡人民的喜爱。阳曲县充分发挥区域优势，抓龙头带基地，树典型促发展，发展了“太后香食品有限公司”等一批龙头企业，并采取“公司+基地+农户”的形式，推行订单农业，实施区域化布局，专业化生产，一体化经营，社会化服务，增强农民种植谷子的积极性。

42. 古交市

古交市位于太原市西部山区，县级市，东与太原市清徐县接壤，北、西、南依次与阳曲、静乐、娄烦、交城等县为邻，境内山峦起伏，河谷纵横，地形地貌极其复杂。属北温带大陆性气候，日照充足，昼夜温差大，全年寒暑气温相差甚大，最高气温达40℃，最低气温为 -20℃，年均气温9.5℃。多风少雨，气候干燥，年降水量为338~633mm，蒸发量为降水量的1~2倍，雨量集中在每年的7、8、9月份。无霜期120~150d。该市山地占总面积的95%以上，耕地仅为1.61万hm^2，主要种植谷子、玉米、高粱、薯类等农作物。属土石山旱作农业区，常年谷子播种面积0.2万hm^2。从1991年引进晋谷21号试验示范，目前推广面积已达到全市谷子播种面积的90%以上，平均产量260kg/667m^2，比当地品种增产50%以上。

43. 娄烦县

娄烦县位于太原市西北的吕梁山区腹地，距太原市区97km，为太原市的郊区县，总面积为1 276km^2。属大陆性季风气候，具有气候干旱、雨量较少、气温较低、风力一般、光照充足、四季分明等特征。年平均气温为7.6℃，最高气温32℃，最低气温-20℃，年均降水量为425mm，霜冻期为9月下旬到次年四月中旬，无霜期140~150d。娄烦县农作物总播种面积约1.1万hm^2，其中谷子面积为0.23万hm^2。该县空气清新，气候凉爽，水质良好，农作物病虫害少，主要施用农家肥，适宜种植谷子，大部分达到绿色食品标准。近年来积极引进和推广谷子新品种，面积有上升趋势，全县共有200多户科技示范户，带动了谷子产业的发展。

44. 盂县

盂县位于山西省东部盆地，地处太行山西侧，总面积2 439km^2。属于暖温带、温带大陆性气候，春季干旱多风，夏季高温炎热，秋季凉爽多雨，冬季寒冷少雪，四季分明，年平均气温为8.7℃，年降水量500~618mm，霜冻期为9月下旬至次年4月，无霜期约150d。全县共有耕地3.1万hm^2，主要种植作物有玉米、谷子、马铃薯、蔬菜、小杂粮等，常年种植谷子面积0.33万hm^2，一年一茬。县城周围及东南部乡镇以中晚熟谷子晋谷21号、晋谷29号、晋谷40号为主，西部地区以红谷米和毛毛谷为主。近年来，主要推广种植张杂3号、张杂5号和金谷2401等，谷子常规品种平均产量在250kg/667m^2左右，杂交谷子产量在400kg/667m^2左右，收入800~1 200元/667m^2。全县现有小杂粮加工企业30家左右，以盂县佳佳美小杂粮和东梁乡中华小杂粮合作社为主，从事谷子基地建设、加工和包装销售。产品主要销往太原、石家庄、北京和天津等地，年销售量约在2 000t，无公害基地已经认证。

45. 平定县

平定县地处太行山西麓，位于阳泉市区东南，该县四周群山环绕，海拔均在千米以上，中部黄土丘陵，海拔800~1 000m。属于暖温带大陆性季风气候，四季分明，春季少雨干旱多风，夏季炎热，冬季寒冷少雪。降雨集中在6~9月份，年平均气温10.8℃，最低-21.8℃，最高39℃，年平均降水量550mm。霜冻期为10月上旬至次年4月下旬，无霜期为160~200d。全县现有耕地2.97万hm^2，主要种植玉米、谷子、高粱、小麦、豆类、薯类等，常年谷子播种面积为0.15万hm^2，该县土壤有机质含量高、土质好，大部分乡镇适宜种植谷子。近年来，国家的惠农政策，如粮食直补、农药化肥补助、良种补助等，让农民得到了实惠、尝到了甜头，充分调动了农民种植谷子的积极性，同时由于灌溉条件不好，可灌溉面积越来越少，旱地面积逐年增加，进一步扩大了谷子的种植面积。

河北省

1. 蔚县

蔚县地处冀西北山区南部，西与山西省接壤，总面积 3 185km²。属暖温带大陆性季风气候。冬季寒冷时长，夏季凉爽短促，年平均气温 6.4℃，1 月平均气温 -12.3℃，7 月平均气温 22.1℃，年平均降水量 419mm。盆地区无霜期约 128d，山区无霜期约 90d。蔚县属谷子春播区，于 5 月上旬播种，9 月下旬收获。多与豆类、黍子、玉米、马铃薯轮作倒茬。习惯耧种平播，近年也有小面积的机械播种。2008 年谷子播种面积 1.22 万 hm²，以常规品种冀张谷 5 号和张杂谷 3 号、张杂谷 5 号为主。蔚县种植谷子历史悠久，"四大贡米"之一的桃花米就出产于蔚县。蔚县所产小米品质好，群众对谷子品种的品质要求较高。所产谷子除当地群众食用外，部分销售至山西省小米加工企业，部分经当地加工企业销售至全国各地。小米加工企业多，但规模小，生产方式落后，仅限于小米的初加工。

2. 阳原县

阳原县地处黄土高原、内蒙古高原与华北平原的过渡地带，位于河北省西北部，总面积 1 849.35km²，常用耕地面积 5 万 hm²。属东亚大陆性季风气候中温带亚干旱区，四季分明。春季干旱少雨，风沙多，升温快，气温日差较大。夏季炎热而短促，多雷雨天气，降水量占全年 62%~67%。秋季天气晴朗，气候凉爽湿润，降温快。冬季漫长而寒冷，西北风凛冽。全年平均气温 7.7℃，年平均降水量 364mm 左右，无霜期 136d，是河北省传统的干旱县区之一。阳原属谷子春播区，于 5 月上旬播种，9 月下旬收获。多与豆类、黍子、玉米、马铃薯轮作倒茬。习惯耧种平播，近年也有小面积的机械播种。2008 年谷子播种面积 0.35 万 hm²，以常规品种冀张谷 5 号和张杂谷 3 号、张杂谷 5 号为主。2009 年以来，随着谷子杂交种的推广，单产和种植面积有所提高。所产谷子除当地群众食用外，大部分以原粮销售至当地及山西等地小米加工企业。当地小米加工企业多，但规模小而落后。

3. 赤城县

赤城县位于北京北部，河北省西北部，全县总面积 5 287km²，列张家口市第一位、河北省第四位，人均土地面积 1.8hm²。县境周围群山环绕，河谷之间，高山起伏，沟壑纵横，耕地较少，山地面积较大，素有"八山一水一分田"之称。全县平均海拔 1 000m 左右，属东亚大陆季风气候，中温带干旱区，四季分明，冬季寒冷，夏季凉爽，昼夜温差大。年平均气温为 6.3℃，平均降水量为 421.3mm，平均无霜期 124d。赤城县属谷子春播区，于 4 月下旬至 5 月上旬播种，9 月下旬收获。多与豆类、黍子、玉米、马铃薯轮作倒茬。习惯耧种平播，近年也有小面积的机械播种。2008

年谷子播种面积 0.23 万 hm^2，以常规品种冀张谷 5 号和张杂谷 3 号、张杂谷 5 号为主。2009 年以来，随着谷子杂交种的推广，单产和种植面积有所提高。所产谷子除当地群众食用外，大部分以原粮销售至当地、蔚县及山西等地小米加工企业。当地小米加工企业少且规模小，生产方式落后，仅限于小米的初加工。

4. 宣化县

宣化县位于张家口市中心，有良好的区位优势，总面积 2 050.5km^2。全县处于温带偏北，属大陆性季风气候，冬长而寒冷，夏短而炎热。年平均气温 7.6℃，1 月平均气温 -10.8℃，7 月平均气温 23.3℃。年平均降水量 381.1mm，且多集中在 7、8 月。年日照 2880.9h，无霜期约 135d，10℃以上活动年积温 2 368.2~3 673.0℃。年大风日数 45~60d。宣化县属谷子春播区，于 4 月下旬至 5 月上旬播种，9 月下旬收获。多与豆类、黍子、玉米、马铃薯轮作倒茬。习惯耧种平播，近年也有小面积的机械播种。2008 年谷子播种面积 0.37 万 hm^2，以常规品种冀张谷 5 号和张杂谷 3 号、张杂谷 5 号为主。2009 年以来，随着谷子杂交种的推广，单产和种植面积有所提高。所产谷子除当地群众食用外，大部分以原粮销售至当地、蔚县及山西等地小米加工企业。小米加工多为家庭作坊，规模小，生产方式落后，仅限于小米的初加工。近年由于杂交谷子的大量种植，出现正在建设的小米加工企业，以小米的初加工为主。

5. 平泉县

平泉县位于河北省东北部，为辽宁、内蒙古、河北三省交界地，东与辽宁省的凌源市接壤，北与内蒙古自治区赤峰市宁城县相连，总面积 3 297km^2。总人口 47 万。属于温带半湿润半干旱大陆性季风型燕山山地气候。年平均降水量为 487mm，年平均气温为 15℃，无霜期 165d。属谷子春播区，于 4 月下旬至 5 月上旬播种，9 月中下旬收获。2008 年谷子播种面积 0.24 万 hm^2，平均产量 231kg/667m^2。主栽品种有承谷 8 号、承谷 12 号等。

6. 承德县

承德县地处河北省东北部，总面积 3 376km^2，人口 41 万，耕地总面积 3.0 万 hm^2。属南部燕山地槽和北部内蒙古台背过渡带。山地、丘陵占全县总面积的 94.6%，河谷、陆地占 5.4%，耕地面积 2.98 万 hm^2。境内山峦叠幛，有大小山峰 4 100 余座。属于温带半湿润间半干旱大陆性季风型燕山山地气候，具有光照充足，四季分明，雨热同期和局部气候差异明显的特点。昼夜温差较大，年日照时数 2 600~2 700h，年平均气温 6~9.1℃，≥ 10℃的积温 2 600~3 500℃，无霜期 127~155d，年降水量为 450~850mm。属谷子春播区。2008 年谷子播种面积 0.2 万 hm^2，平均产量 276.5kg/667m^2。主栽品种承谷 8 号、承谷 12 号等。

7. 丰宁满族自治县

丰宁满族自治县位于河北省北部，承德市西部，全县总面积 8 765km^2。属于中温带半湿润半干旱大陆性季风型高原山地气候。冬季气候寒冷干燥；夏季盛行偏南风，气候较温和；春秋两季，是两种气团的转换季节，风向多变，气温变化剧烈。年平均气温 6.8℃，年平均降水量 450mm 左右。丰宁县属谷子春播区，于 4 月下旬至 5 月上旬播种，9 月中下旬收获。多与豆类、玉米、马铃薯轮作倒茬。习惯耧种平播，近年也有小面积的机械播种。常年谷子种植面积 0.2 万 hm^2，以常规品种吨谷、小红谷和张杂谷 3 号、张杂谷 5 号为主。近年来，在引进种植“张杂谷”的同时，组建了丰宁县第一家谷子种植合作社——绿禾源谷子种植专业合作社。专业社对内实行统一采购、培训、生产、收购、加工、销售，对外以“潮河源牌”精包装小米为品牌，开辟国内外大市场，逐步发展成为具有一定规模、覆盖全县的产业化龙头企业。产品已销到北京、天津、香港等城市，产品供不应求。

8. 迁安市

迁安市位于河北省东北部，燕山南麓，滦河岸边。总面积 1 208km^2，耕地面积 5.03 万 hm^2。属暖温带半湿润季风性气候。全年平均气温 11.5℃。全年降水量 711.9mm。全年日照 2 292.5h，无霜期 198d。迁安县属谷子春、夏混播区，春播于 5 月上旬播种，9 月下旬至 10 月上旬收获；夏播于麦收后播种。常年种植面积 0.13 万 hm^2，平均产量 250kg/667m^2 左右。主栽品种有冀谷 18、冀谷 20、小香米、张杂谷 3 号、张杂谷 5 号。迁安按照谷子产业龙头带动、标准化生产、规模化经营、品牌化销售的思路，及时组织实施谷子产业化项目，提高产业附加值和商品化率。2003 年，迁安市加工 0.3 万 t 小米的生产线顺利投产，新开发的“阜安”牌小米获得“绿色产品标志”，并在第八届中国（廊坊）农产品交易会暨 2004 年中国国际农业博览会获“名优产品”称号。

9. 青龙满族自治县

青龙满族自治县位于河北省东北部，秦皇岛市境内，地处燕山东麓古长城北侧，面积 3 309km^2，人口 53 万。青龙县为重要的水果和杂粮生产县，为“中国苹果之乡”和“河北杂粮之乡”。境内山多地少，素有“八山一水一分田”之称。属暖温带半湿润大陆性季风气候，年均气温 8.9℃，无霜期 180d 左右，年平均降水量 741mm。属谷子春播区，主要种植在丘陵坡地，一般为就墒播种，没有浇水条件，完全雨养。2008 年谷子种植面积 0.37 万 hm^2，平均产量 198kg/667m^2。主栽品种为冀谷 20、冀谷 19、锦谷 12 等。

10. 曲阳县

曲阳位于河北省保定市西部，太行山东麓，总面积 1 084.6km^2，人口 54 万。年均气温 12℃，年均降水量 500mm，属暖温带大陆性季风气候。距省会石家庄 70km，为半山区县，地势西北高、东南低，素有“六山一水三分田”之说。谷子主要种植在丘陵坡地，土层浅，干旱瘠薄，一般为就墒半春播，没有浇水条件，完全雨养。2008 谷子种植面积 0.39 万 hm^2，平均产量 257.2kg/667m^2。主栽品种为冀谷 19、冀谷 26、冀谷 22、冀谷 31（懒谷 3 号）、保谷 18 等。境内有河北青龙山农贸公司等企业从事小米开发，青龙山牌小米、缸炉小米烧饼具有较高的知名度。

11. 涞源县

涞源县位于河北省保定市西北部，太行山北端，取“涞水源头”之意。总面积 2 448km^2，人口 22.19 万。常年降水量 530mm，无霜期 190d。距保定 89km，距北京 160km。西邻山西省灵丘县。属全山区县，境内群山起伏，沟谷纵横，海拔 1 000m 以上的山峰 78 座，1 500m 以上的山峰 32 座，2 000m 以上的山峰 5 座。谷子主要种植在丘陵坡地，土层浅，干旱瘠薄，一般为就墒半春播，没有水浇条件，完全雨养。2008 谷子种植面积 0.15 万 hm^2，平均产量 153kg/667m^2。主栽品种为冀谷 19、冀谷 26、冀谷 22、保谷 18 等。所产谷子除当地群众食用外，当地小型企业加工后外销周边地区。

12. 唐县

唐县位于保定市西部，太行山东麓，总面积 1 417km^2，其中丘陵山地占总面积的 82%。海拔最高 1 898.8m，最低 52m。唐县属于暖温带大陆性季风气候，空气湿润，气候温和，光照充足。年平均温度 12.2℃，无霜期 195d，常年降水量 539.2mm。谷子主要种植在山区半山区，一般为就墒半春播，没有水浇条件，完全雨养。2008 年谷子播种面积为 0.3 万 hm^2，平均产量 195.5kg/667m^2，高产田 400kg/667m^2。主干品种为冀谷 19、保谷 18 号。所产谷子除当地群众食用外，外销周边地区。

13. 盐山县

盐山县位于河北省沧州市东南部，地处华北滨海平原，总面积 796km^2。属温带季风气候，四季分明，光照充足，全年平均温度 12.1℃，雨热共季，年平均降水量 624mm，无霜期 200d 左右。由于谷子主要种植在旱薄地，前茬大多是空白地，播种期主要根据降雨的情况来确定，春播或夏播。以清种为主，存在少数套种。常年谷子播种面积在 0.2 万 hm^2 左右，平均产量 200kg/667m^2 左右，高产田可达 400kg/667m^2。主栽品种为冀谷 19、沧谷 3 号、冀谷 20、冀谷 31（懒谷 3 号）、豫谷 2 号等。盐山发展了一批小米加工户，多年来已经形成了规模，加工的小米主要销往东北及山东、上海等地，同时满足本地需求，目前的加工只限于初级加工，没有深加工的大型企业。

14. 黄骅市

黄骅市位于河北省东南部，东临渤海、南近山东、西界沧州、北倚京津，总面积 2 251km^2。黄骅市处于暖温带半湿润季风气候区，因为靠近渤海而略具海洋气候特征，季风显著，四季分明，夏季潮湿多雨，冬季干燥寒冷。年平均降水量 627mm。谷子主要种植在旱薄地，前茬大多是空白地，播种期主要根据降雨的情况来确定，春播或夏播。以清种为主，存在少数套种。常年谷子播种面积在 0.2 万 hm^2 左右，平均产量 200kg/667m^2 左右，高产田可达 400kg/667m^2。主栽品种为沧 170、沧谷 3 号、冀谷 19、冀谷 20、冀谷 31（懒谷 3 号）等。谷子的销售主要是个体经营，小米初加工，没有深加工产品，也没有大型加工企业。

15. 献县

献县位于河北省东南部，沧州市西部，东与沧县交界，西与武强、饶阳县连境，南与泊头市为邻，北与河间市、肃宁县接壤，总面积 1 191km^2。属暖温带大陆性季风气候，年平均气温

12.30℃，年降水量580mm，无霜期208d。谷子主要种植在旱薄地，前茬大多是空白地，播种期主要根据降雨的情况来确定，春播或夏播。以清种为主，存在少数套种。常年谷子播种面积0.13万 hm^2，平均产量250kg/667m^2左右，高产田可达400kg/667m^2。主栽品种为沧谷3号、冀谷19号、冀谷31（懒谷3号）等。谷子的销售主要是个体经营，小米初级加工，没有深加工产品，也没有大型加工企业。

16. 武安市

武安市位于河北省南部，太行山东麓，总面积1 806km^2。武安市是中国谷子发源地，境内有著名的磁山文化遗址，谷子栽培史达8 700年以上。2004年被命名为“河北小米之乡”，2005年被命名为“中国小米之乡”。武安处于半湿润、半干旱大陆性季风气候区，年降水量平均560mm，无霜期190d左右，全年日照时数2 297h。具有雨热同季、干寒同期，干湿季节明显，气候温和，光照充足，昼夜温差大的特点。武安市种植谷子一般都在旱地，一年一熟，常与玉米、豆类等作物轮作；水浇地一年两熟即前茬小麦、后茬谷子也有种植，但面积不大。播期春播5月15~25日；夏播在6月上旬。2009年种谷面积达1.62万 hm^2，平均单产273kg/667m^2。主要种植品种为冀谷19号、冀谷20、冀谷25（懒谷1号）、冀谷31（懒谷3号）。目前武安有大型小米加工企业一个，中小型小米加工厂6个，产品主要销往北京、天津、山东的济南、青岛、山西的太原、河南的郑州等粮油市场和超市。河北仓盛兴粮油工贸有限公司投资1 700多万元建成了年加工能力达1.5万t的优质小米生产线，注册了“武安小米”地理商标和“磁山粟”和“晶秋”商品商标，进行了小米的有机食品认证和绿色食品认证，小米营养粉、小米糠油、高纤素等系列深加工产品已进入中试阶段。

17. 涉县

涉县位于河北省西南部，总面积1 509km^2。土壤类型为壤质石灰性褐土，平均气温12.5℃，≥0℃积温4 705℃，≥10℃积温4129℃，无霜期186d，年降水量平均540.3mm，其中6~8月份降水344.6mm，占全年降水量的63.78%，年平均日照2 497h。全县耕地1.37万 hm^2，其中纯旱地0.9万 hm^2。2009年全县谷子播种面积0.27万 hm^2，平均产量219kg/667m^2，总产量8 979t。种植制度东南部以一年两熟夏播为主，播期一般在6月10~25日，西北部以一年一熟春播为主，播期一般在5月10~25日。以晋谷21号、冀谷31（懒谷3号）为春播当家品种，懒谷3号、冀谷19等为夏播当家品种。涉县优质农产品开发中心是本县谷子的主要加工销售企业，该中心现拥有谷子加工流水线一套，日加工能力10t，娲皇宫牌优质小米获得第七届中国廊坊农产品交易会“名优产品奖”。产品主要销往邯郸、石家庄等地。

18. 磁县

磁县古称磁州，地处河北省最南端。隶属河北省邯郸市，总面积1 015km^2。自然地势西高东低，西部属太行山东麓，东部为山前冲积平原，自西向东依次为山区、丘陵、平原，约各占1/3。属于北温带半湿润半干旱大陆性季风气候，四季分明，年均气温13.8℃，常年降水量500~700mm，无霜期一般为200d。2008年谷子种植面积0.5万 hm^2，单产210kg/667m^2，总产量15 870t。在谷子生产上，以推广应用优质谷、杂交谷和谷子简化栽培技术为重点，主要品种有冀谷19号、冀谷20号（高抗旱）、小香米（优质抗旱）、冀谷25号（懒谷1号）、张杂谷8号。谷子多数种植在丘陵旱地上，实行晚春播。谷子销售大部分通过客商销往北京、石家庄、邯郸、河南、山东等地市场，当地谷子加工企业规模较小。

19. 永年县

永年县南距邯郸市20km，北距省会石家庄150km，全县总面积908km^2，耕地6.4万hm^2，人口84万。处于半湿润、半干旱大陆性季风气候区，年平均降水量550mm，无霜期190d左右，全年日照时数2 297h。以京广铁路为界，东部为平原区，西部为低山丘陵区。谷子主要种植在西部丘陵旱地，一般5月中下旬就墒半春播，没有浇水条件，完全雨养；东部有少量夏谷种植。2008谷子种植面积0.25万hm^2，平均产量216kg/667m^2。主栽品种为冀谷19、冀谷20、冀谷31（懒谷3号）、张杂谷8等。境内有文兰种养公司等企业从事小米开发。

20. 邯郸县

邯郸县位于河北省南部太行山东麓，晋、冀、鲁、豫四省交界处，环抱邯郸市区。总面积522km^2，总人口38.49万。县境内地势西高东低。以京广铁路为界，西部为低山丘陵区，海拔在115m以上，东部为洪冲积扇形平原区，地势平坦开阔，平均海拔52.8m。邯郸县属暖温带半湿润半干旱大陆性气候区，四季分明。年平均降水量550mm，无霜期190~200d。谷子生产东部平原为麦收后夏茬种植，西部丘陵山区以半春播为主。2008谷子种植面积0.26万hm^2，平均产量265.2kg/667m^2。主栽品种为冀谷19、冀谷31（懒谷3号）等。

21. 馆陶县

馆陶县隶属河北省邯郸市，位于华北平原南部，河北省南端偏东冀鲁交界处，总面积456.3km^2。属温带半湿润大陆性气候区，四季分明，气候温和，光照充足，雨量适中，雨热同季，无霜期长，干寒同期。即春季多风、夏热多雨、秋季凉爽、冬干少雪。属麦茬夏谷类型区。常年种植面积0.07万hm^2，平均产量365kg/667m^2，种植品种主要有冀谷19、冀谷31（懒谷3号）等。耕作制度主要一年两熟，谷子均为夏播，效益高于玉米，随着简化栽培品种和配套机械的推广，谷子规模化种植呈现良好的发展势头。馆陶县谷子产业还缺乏加工规模大、带动力强的龙头企业，其销售主要销往外县。

22. 枣强县

枣强县位于河北省东南部，衡水市南端，总面积892.3km^2。属于温带大陆性季节气候，冬季寒冷，夏季炎热，气温的年温差较大，降水季节分配不均匀，表现出明显的大陆性气候特征。在一年四季中，冬季寒冷降雪少，春季干旱风沙多，夏季高温多雨，秋季天气晴朗，冷暖适中。谷子种植习惯为留春地5月底至6月中旬播种或小麦收获后于6月中下旬整地、播种，平播、清种，生长中期趁雨追肥一次，并进行中耕培土。2008年谷子种植面积0.37万hm^2，平均产量285kg/667m^2。主栽品种为冀谷19、衡谷9号、冀谷31（懒谷3号）等。产品多数为外地收购商上门收购，一部分为本地销售，小米加工业不发达，多为粮食加工小作坊，没有专门加工企业。

23. 冀州市

冀州市是河北省辖县级市，由衡水市代管。位于河北省中南部。东与枣强县为邻，南与南宫市、新河县接壤，西与宁晋县、辛集市相连，北隔衡水湖与桃城区相望，总面积 918km^2。冀州市地处黑龙港流域，地势平坦，西高东低。滏阳河、滏阳新河、西沙河由西南流向东北。东北部的千顷洼（衡水湖）面积 75km^2。年均气温 12.7℃，年降水量 510mm。谷子种植习惯为留春地 5 月底至 6 月中旬播种或小麦收获后于 6 月中下旬整地、播种，平播、清种，结合中耕培土。属麦茬夏谷类型区。谷子种植面积 0.2 万 hm^2，平均产量 200kg/667m^2。主栽品种为冀谷 19、衡谷 9 号、冀谷 31（懒谷 3 号）等。产品多数为外地收购商上门收购，一部分为本地销售。小米加工业不发达，多为粮食加工小作坊，没有专门加工企业。

24. 南宫市

南宫市位于河北省东南部的冀、鲁两省交界处，属华北平原黑龙港流域。属大陆性季风气候，年平均气温 13℃，1 月平均气温 -3.1℃，7 月平均气温 26.7℃，最低气温 -22.4℃，最高气温 42℃。≥ 0℃积温 4 936.3℃，≥ 10℃积温 4 449.7℃。年日照 2 955h。年平均降水量 584mm，多集中在 7、8 月份。早霜始于 10 月中旬，晚霜终于 4 月上旬，无霜期约 200d。属麦茬夏谷类型区。2007 年谷子种植面积 0.53 万 hm^2，单产 276kg/667m^2，总产量 21 758t；2008 年谷子种植面积 0.67 万 hm^2，单产 300kg/667m^2，总产量 30 309t。主栽品种冀谷 19、冀谷 20、冀谷 31（懒谷 3 号）等。谷子销售大部分通过客商销往北京、石家庄、山东等地市场，当地谷子加工企业规模较小。

25. 巨鹿县

巨鹿县隶属河北省邢台市，地处河北省南部古黄河、漳河冲积平原上，东与南宫、广宗两县相连，西与隆尧、任县交界，南与平乡县接壤，北与宁晋、新河县毗邻。总面积 648km^2，耕地 4.6 万 hm^2。属于温带大陆性季风气候。属麦茬夏谷类型区。2008 年谷子播种面积 0.15 万 hm^2，单产 231.6kg /667m^2，总产 5 113t。主栽品种张杂谷 8 号、冀谷 19。近年来，与科研单位合作，开展了谷子杂交种制种与开发。巨鹿县是国家级小杂粮良种繁育基地。按照“抓农业抓出工业化来，抓农业产业化抓出工业项目来”的思路，先后实施了农业财政资金整合、国家级小杂粮基地等项目，加速了农业产业化进程。目前谷子销售大部分通过客商销往北京、石家庄、山东等地市场，当地谷子加工企业规模较小。

26. 南和县

南和县位于河北省南部，地处太行东麓冲积平原，属邢台市管辖。全县总面积 418km^2，耕地 2.61 万 hm^2。属温带气候，四季分明，全县处于大陆性季风气候区，年平均气温 13℃，≥ 0° 积温 4 890℃。≥ 10℃积温 4 599℃，年日照 2430h。年平均降水量 502mm，7、8 月份为雨季。早霜始于 10 月下旬，晚霜终于 3 月下旬，无霜期 210d。南和县是个传统的农业县，有着土壤中性、高有机质、水质软硬适中，环境无污染等得天独厚的自然和地理条件优势，生产出的小米因米粒金黄，微量元素含量丰富、熬粥快且香黏，在历史上就被称作金米。属麦茬夏谷类型区。2008 年谷子种植面积 0.02 万 hm^2，单产 220kg/667m^2，总产量 899t。近年来，引进张杂谷 8 号等新品种，着力推广绿色、无公害食品生产技术，新品种杂交谷产量达到了 500kg/667m^2，比常规农作物玉米增效 700 元 /667m^2 以上，有效推动了南和金谷产业的迅猛发展。按照“先示范、再推广”、“专家 + 公司 + 基地 + 农户”的模式，逐年扩大谷子基地面积，使南和金米成为该县一张农业名片，南和金米已获得中国绿色食品发展中心颁发的绿证。

27. 威县

威县地处华北平原南部，属冀南低平原区，总面积 994km^2，人口 52 万。威县自然环境优越，境内地势平坦，土壤肥沃，地下水资源充裕，水质优良。气候四季分明，为暖温带大陆性半干旱季风气候，年平均降水量 584mm，集中在夏末秋初，无霜期 198d，年平均温度 13℃，全年日照 2 574.8h。属麦茬夏谷类型区。2008 年谷子种植面积 0.69 万 hm^2，单产 372.5kg/667m^2，总产量 38 277t。主栽品种有冀谷 19、冀谷 20、冀谷 25（懒谷 1 号）、冀谷 31（懒谷 3 号）等，谷子销售大部分通过客商销往北京、石家庄、山东等地市场，当地谷子加工企业规模较小。

28. 新河县

新河县位于河北省中南部，地处黑龙港流域。总面积 366km^2，人口 16.7 万。属于北半球暖温带地区，大陆季风气候特点显著，雨热同季，四季分明，光照充足，宜于作物生长。年平均气温 12.7℃，最冷为 1 月份，平均气温 -4.2℃，最热为 7 月份，平均气温 27.1℃，年降水量平均 510.3mm，年平均光照时数为 2 571.2h，无霜期平均为 192d。属麦茬夏谷类型区。2008 年谷子种植面积 0.27 万 hm^2，单产 231kg/667m^2，总产量 9 089t。主栽品种有冀谷 19、冀谷 20、冀谷 25（懒谷 1 号）、冀谷 31（懒谷 3 号）等，谷子销售大部分通过客商销往北京、石家庄、山东等地市场，当地谷子加工企业规模较小。

29. 临西县

临西县位于河北省东南部，邢台市东部，西望太行，东瞻岱岳，地处冀鲁平原腹地，东与山东省临清市隔河相望。总面积为 542km^2，耕地面积 2.47 万 hm^2，人口 31 万。全县地势平坦，海拔为 28~36m。属暖温带亚热大陆性季风型气候，四季分明。年平均气温 13℃，平均降水量 559.6mm，年日照 2 516.2h，无霜期 194d。属麦茬夏谷类型区。2008 年谷子种植面积 0.22 万 hm^2，单产 286.5kg/667m^2，总产量 9 420t。主栽品种有冀谷 19、冀谷 20、冀谷 25（懒谷 1 号）、冀谷 31（懒谷 3 号）等，谷子销售大部分通过客商销往北京、石家庄、山东等地市场，当地谷子加工企业规模较小。

30. 沙河市

沙河市面积 982km^2，人口 50 万，地处太行山东麓，河北平原西缘，自西向东依次为山地、丘陵、平原，面积各占约 1/3。山地群峰耸立，沟谷纵横，丘陵区山丘低缓，谷地开阔，沙河市属大陆性季风气候，四季分明。年平均气温 13.1℃，平均无霜期 207d，平均降水量 529mm，多集中于夏季。山地和丘陵为春谷，完全雨养，平原为麦茬夏谷。2008 年谷子种植面积 0.25 万 hm^2，单产 130kg/667m^2，总产量 4 943t。主栽品种有冀谷 19、冀谷 20、冀谷 26、冀谷 31（懒谷 3 号）等。

31. 邢台县

邢台县位于河北省西南部、太行山东麓，环绕邢台市区。西邻山西省昔阳、和顺、左权三县，东界任县、南和县，北靠内邱县，南连沙河、武安两市。面积 1 983km^2，人口 45 万。邢台县是一个山区大县。山区面积大，七山一滩二分田，地势西高东低，从西到东呈梯次分布，分为深山区、浅山丘陵区和平原三种地形，其中山区 1 286km^2，占全县总面积的 67%。年平均气温 13.1℃，平均无霜期 205d，平均降水量 530mm。山地和丘陵为春谷，完全雨养，平原为麦茬夏谷。2008 年谷子种植面积 0.19 万 hm^2，单产 218.3kg/667m^2，总产量 6 356t。主栽品种有冀谷 19、冀谷 20、冀谷 26、冀谷 31（懒谷 3 号）等。

32. 辛集市

辛集市位于河北省石家庄市东部 65km，地处华北平原上，隶属于石家庄市。总面积 951km^2，总人口 62 万。年平均气温 12℃，降水量 488mm，市内地势平坦，气候四季分明，夏秋两季相对湿度大，冬春两季相对湿度小。属暖温带半湿润大陆性气候，无霜期 206d。为麦茬夏谷。2008 年谷子种植面积 0.38 万 hm^2，单产 347.5kg/667m^2，总产量 19 909t。主栽品种有冀谷 19、冀谷 20、冀谷 31（懒谷 3 号）等。生产的谷子主要当地消费。

33. 晋州市

晋州市位于河北省中南部的滹沱河流域，地处华北平原上，隶属于石家庄市。面积 619km^2，耕地 4 万 hm^2，人口 53 万。年平均气温 12℃，降水量 480mm。属暖温带半湿润大陆性气候，气候四季分明，夏秋两季相对湿度大，冬春两季相对湿度小。无霜期 206d。为麦茬夏谷。2008 年谷子种植面积 0.19 万 hm^2，单产 309.2kg/667m^2，总产量 9 104t。主栽品种有冀谷 19、冀谷 20、冀谷 25（懒谷 1 号）、冀谷 31（懒谷 3 号）等。生产的谷子主要当地消费。

34. 井陉县

井陉县隶属于石家庄市，位于河北省西陲，太行山东麓，西部、西南部与山西盂县、平定、昔阳三县接壤，北部同平山县为邻。总面积 1 381km^2，人口 32 万。境内山峦起伏，河谷盆地错落期间。属温带大陆性气候。井陉县位于暖温润气候区，年平均气温 12.7℃。无霜期 140~180d。降水量为 500~650mm。谷子多种植在丘陵坡地，半春播，完全雨养。2008 年谷子种植面积 0.14 万 hm^2，单产 145.1kg/667m^2，总产量 2 975t。主栽品种有冀谷 19、冀谷 20、冀谷 25（懒谷 1 号）、冀谷 31（懒谷 3 号）等。生产的谷子除当地消费外主要销往石家庄等地。

35. 平山县

平山县是革命老区，土地总面积 2 648km^2，耕地 3 万 hm^2，人口 46 万。全县地貌属山地类型，有亚高山、中山、低山、丘陵、平原 5 个亚类，并兼有阶地、岗坡、谷地、凹地等多种地貌类型。全县面积 26.48 万 hm^2，其中亚高山海拔 2 000~2 281m，地势高而坡缓，面积 0.03 万 hm^2。中山区海拔 1 000~2 000m，面积 3.47 万 hm^2。海拔 500~1 000m 的低山区面积最大，为 9.35 万 hm^2。500m 以下丘陵区面积 6.99 万 hm^2。山前平原区平原 6.64 万 hm^2。平山县属暖温带半湿润季风大陆性气候。由于高差悬殊，立体气候明显，年平均气温 12.7℃。无霜期平均 140~180d。谷子多种植在丘陵坡地，半春播，完全雨养。2008 年谷子种植面积 0.11 万 hm^2，单产 109kg/667m^2，总产量 1 905t。主栽品种有冀谷 19、冀谷 20、冀谷 25（懒谷 1 号）、冀谷 31（懒谷 3 号）等。小米加工业较好，建有绿色谷子生产基地，“老区人”牌小米知名度较高。

陕西省

1. 绥德县

绥德县位于陕西省北部，榆林市东南部。地势西北高，东南低，海拔608~1 287m，总面积1 878km^2。气候属温带半干旱大陆性季风气候，一年四季，降水偏少。光照较充沛，年均日照2 615.1h，年均气温9.7℃，无霜期165d，年均降水量486mm。光能、热能、降水多集中在夏秋两季。绥德县谷子年种植面积0.47万hm^{2}左右，总产量1.3万~2.0万t。主栽品种有晋谷21号、晋谷29号。梯田多以垄沟种植，坡地多以水平沟种植，5月上中旬播种，9月底收获。一般产量200kg/667m^{2}以上，产值800元/667m^{2}以上，经济效益高。全县小米主要用于自食，只有少量作为商品出售，销售渠道也是赶集式的初级市场，或是直接出售给上门收购的"粮贩子"。没有形成规范的销售渠道。全县涉及谷子的加工企业有"三十里铺杂粮"、"西部农庄绿色农业"和"健康多多实业"等3家。

2. 米脂县

米脂县位于陕西省北部东侧，无定河中游，地形属黄土高原丘陵沟壑区，峁梁交错、沟壑纵横，平均海拔1 019m。气候属半干旱大陆性季风气候，四季分明、光照充足、雨量集中。年平均气温8.3℃，无霜期165d，日照2 800h，降水量年平均440mm。全县谷子年种植面积3 333~6 667hm^2，总产量1.3万~2.0万t。70%种植于丘陵沟壑山地，多以水平沟种植，主栽品种晋谷21号、晋谷29号。5月上中旬播种，10月初收获。一般产量150~200kg/667m^2，产值500~800元/667m^2，种植效益良好。当地人们喜食小米，所产产品除自食外，只有少量作为商品出售，销售渠道也是赶集式的初级市场，或是直接出售给上门收购的"粮贩子"。没有形成规范的销售渠道。县域谷子加工企业较少，且规模小、设备落后，只能开展初加工生产，年加工转化1 200多t。加工企业现有榆林市王成商贸有限责任公司、米脂县兴德贡米有限责任公司、米脂婆姨农产品有限责任公司等6家，现拥有固定资产400万元，设备50多台（套），年销售收入可达500多万元。

3. 横山县

横山县位于陕西省北部，榆林市中部，无定河中游，平均海拔1 250m。属温带干旱、半干旱大陆性季风气候。一年里寒季长，热天短，温差大，富日照，降水少，风沙多，季风气候特别明显。常年日平均气温8.6℃，最高气温在7、8月份，最低气温在1、2月份。无霜期146d。年平均降水量397.8mm，降水日76d。全县谷子种植面积3 467hm^2，主要用于自食，只有少量作为商品出售，销售渠道也是赶集式的初级市场，或是直接出售给上门收购的"粮贩子"，没有形成规范的销售渠道。全县涉及谷子的加工企业有"银州综合服务责任有限公司"。

4. 神木县

神木县位于陕西省北部，晋、陕、蒙三省（区）接壤地带，全县总面积 7 635km^2，是陕西省面积最大的县。属半干旱大陆性季风气候，年平均日照 2876h、气温 8.5℃、无霜期 169d、降水量 440.8mm。神木县谷子年种植面积 5 000hm^2 左右，主栽品种当地称“小香米”、石炮谷。梯田多以垄沟种植，坡地多以水平沟种植，5 月上中旬播种，9 月底收获。一般产 100~120kg/667m^2，产值 500 多元 /667m^2。全县小米主要用于自食，只有少量作为商品出售，销售渠道也是赶集式的初级市场，或是直接出售给上门收购的“粮贩子”。没有形成规范的销售渠道。全县涉及谷子的加工企业有“四妹子杂粮食品厂”、“怡亲人杂粮”、“丰禾杂粮食品有限公司”等。

5. 府谷县

府谷县位于陕西省最北部，北与内蒙古准格尔旗和伊金霍洛旗、东与山西省保德县和河曲县、南与陕西神木县相邻，总面积 3 212km^2。地势西北高、东南低，海拔 780~1 426.5m。属中温带半干旱大陆性季风气候，冷暖干湿四季分明，冬夏长，春秋短，雨热同期，年平均气温 9.1℃，年平均日照为 2 894.9h，无霜期 177d，年平均降水量 453.5mm，降水主要集中在 7~9 月（占年降水量的 67%）。府谷县谷子年种植面积 3 334hm^2 左右，主栽品种有五安谷、沁州黄等。梯田多以垄沟种植，坡地多以水平沟种植，5 月上旬播种，9 月底收获。一般单产 150~180kg/667m^2，产值 800 元 /667m^2 以上。全县小米主要用于自食，只有少量作为商品出售，销售渠道也是赶集式的初级市场，或是直接出售给上门收购的“粮贩子”，没有形成规范的销售渠道。涉及谷子的加工企业有府州杂粮加工厂。

6. 安塞县

安塞县地处西北内陆黄土高原腹地，属典型的黄土高原丘陵沟壑区。总面积 2 950km^2，其中耕地 70 933hm^2，95% 属于山地。属中温带大陆性半干旱季风气候，年平均气温 8.8℃，年平均降水量 505.3mm（最多为 645mm，最少为 296.6mm），年日照时数为 2 395.6h，日照百分率达 54%，无霜期 157d。谷子种植地块主要以梯田地和坡度在 25° 以下的坡地为主。种植方式主要采用大垄沟技术和耧播，留苗 2.5 万株左右。播种面积 6 667hm^2 以上，年产量达到 10 000t。主要品种以大红袍及晋谷、延谷系列为主，搭配其他品种。随着优良品种的引进推广和种植技术不断改进，安塞谷子单产逐年提高，产量由 1949 年的 25kg/667m^2 提高到现在的 300kg/667m^2，销售收入 1 300 余元 /667m^2。近年来，安塞县大力发展订单农业，由农业局提供种子、技术支持，然后由农产品经销公司加工包装后统一销往西安、北京等 10 多个大中城市，每年外销均在 5 000t 以上。小米价格从几年前的 1.50 元 /kg 渐涨到现在的 7 元 /kg。

7. 志丹县

志丹县地处延安市西北部，陕北黄土高原丘陵沟壑区，面积 3 781km^2，其中耕地 31.5 万亩。属中温带大陆性半干旱季风气候，年平均气温 7.9℃，年平均降水量 527.6mm，年平均日照为 2 324.7h，无霜期 142d。主要自然灾害有干旱、大风、冰雹、霜冻等，尤以干旱最为严重，谷子是该县的传统作物，在农村经济中占据重要地位，常年播种面积5 333hm^{2}左右。近年来，随着退耕还林政策的落实和产业结构调整，播种面积逐年减少，2009年全县谷子种植面积3 000hm^2，占全县农作物播种面积的13%，平均产214kg/667m^2，总产8 988t。农民具有长期种植谷子的习惯和经验，生产中一般采取沟垄耕作，配方施肥，良种精播，科学管理。良种主要有晋谷21号、晋谷29号、晋谷35号及延谷系列品种等，由于该县特殊的气候、生态等条件和耕作措施，所产小米色泽金黄、营养丰富、适口性好，深受消费者青睐。全县现有谷子加工企业3家，年加工能力5 000t，小米主要销往西安、银川、北京等大中城市，志丹“香谷米”声誉远扬。

8. 宝塔区

宝塔区地处黄土高原丘陵沟壑区，是个典型的农业县区，是延安市的政治、文化、经济中心，总面积3 556km^2，实有耕地面积49 100hm^2。境内自然资源丰富，光照充足，年平均日照2 471.7h，年平均气温9.4℃，无霜期145~162d，年平均降水量546.8mm。谷子是宝塔区种植的重要粮食作物之一，在全区的粮食生产中占有重要地位。本地区的农民具有长期种植的优良传统，创造出了比较适宜的种植方法。2009年，全区谷子种植面积达4 000hm^2，总产量7 418t。谷子品种主要有延谷系列、晋谷系列及农家种并存，耕作制度为一年一作，种植习惯以山坡地、台地种植为主，2~3年轮换倒茬。由于谷子多种植于丘陵沟壑区，且耕作粗放，产量水平一直较低，单产不足125kg/667m^2。当地谷子以自食为主，只有少量外销，辖区内小米加工企业有2家，规模较小，主要是以陕北小杂粮方式把谷子加工、小袋包装销售，谷子产业化水平较低。

9. 子长县

子长县地处陕北黄土高原腹地，北依榆林市横山县，东接子洲县、清涧县，南连延安市延川县、宝塔区，西邻安塞县、靖边县。地势由西北向东南倾斜，海拔930~1 562m，总面积为2 405km^2，其中耕地面积106 261hm^2。属暖温带半干旱大陆性季风气候，境内年平均气温9.1℃，年平均日照2 518.5h，年平均降水量514.7mm，无霜期175d。子长县谷子种植历史较长，品质优良，所产小米闻名全国，是子长县有名特产。独特的气候条件、适宜的土壤环境以及精耕细作是子长谷子品质上乘的主要因素。2009年，全县谷子种植面积为2 500hm^2，总产5 020t。谷子主要种植在向阳坡地，以大垄沟、水平沟耕作为主，主要品种有晋谷21号、吨谷1号等品种。谷子是小杂粮系列中效益最好的作物，是当地农民收入的重要组成部分。谷子销售和加工尚处于零散状态，缺少大的营销企业和加工企业。

10. 延川县

延川县地处陕西省延安市东北部黄河西岸，海拔500~1 400m，总面积1 985km^2，耕地面积40 000hm^2。气候为大陆性季风气候，年平均日照2 558h，年平均气温10.6℃，无霜期187d，年平均降水量490.5mm ，是谷子的适生区。延川县是以杂粮生产为主的农业大县，谷子生产占很大比重，2009年谷子种植面积为2 800hm^2，产量125kg/667m^2，主要栽种品种为晋谷21号、青珍珠等。新品种引进和新技术推广速度缓慢，以大田粗放耕作为主。生产的谷子主要用于自食，少部分通过集贸市场出售，没有形成规范的销售渠道，加工转化能力有限。

辽宁省

1. 朝阳县

朝阳县地处辽宁省西部，大凌河中上游，是辽宁省朝阳市下辖的一个县，总面积 4 215.8km^2。气候类型为北温带大陆性季风气候，气候干旱，年平均降水量为 450~580mm。日照充足，年日照时数 2 800~2 950h，无霜期 120~155d，≥ 10℃的积温在 3 445~3 720℃。近几年来当地旱情日趋严重，持续时间越来越长，地下水位急剧下降，水资源越来越短缺，发展旱作农业成为辽西农业的重要发展战略。朝阳县谷子种植方式为清种，与玉米、高粱、豆类倒茬，谷子种植面积 6 667hm^2，以朝谷 12 号、朝谷 13 号等朝谷系列品种为主栽品种，正常年份产量水平在 300~400kg/667m^2，2009 年由于干旱，该县谷子产量仅为 70kg/667m^2 左右。该地区常年谷子纯收入 300~400 元 / 667m^2。当地谷子主要销售到谷子加工企业，小米加工企业生产的无公害小米和绿色小米，出口到韩国和日本等地。

2. 建平县

建平县位于辽宁省西部，总面积 4 865km^2，是一个山区丘陵农业大县。属于北温带半干旱半湿润大陆性季风气候，主要特点是四季分明，雨热同季、光照充足、光热资源丰富。年平均气温南部为 7.9℃、北部为 5.5℃，年平均降水量 487mm，平均无霜期北部 120~130d、南部 135~140d，≥ 10℃有效积温 3 100~3 300℃。谷子播种面积 22 400hm^2，种植形式主要为垄作条播，留苗 3 万 ~3.5 万株。种植制度为与玉米、大豆、高粱、马铃薯等作物轮作，或与果树、陆地蔬菜间套作等，一般产 300~350kg/667m^2。主要销售形式为小米加工与精包装。全县杂粮加工购销业户达 1 000 多家，其中，朱碌科镇 215 家，较大规模的加工营销业户 54 家，大型加工企业 8 家（辽宁兴诺米业集团、大连华恩有机食品公司、吉林嫩江湾米业集团、建平红旭杂粮等企业等），杂粮专业合作社 2 个，杂粮专业批发市场 1 个（占地面积 3 640m^2）。全县年加工购销杂粮 25 万 ~30 万 t。实现年加工销售产值 6 亿 ~8 亿元。产品品牌主要有“红山绿珠”、“瑞绿”、“御谷源”、“红旭”等，产品内销到辽、吉、黑、蒙、豫各省及京、津、唐山、济南、深圳、我国台北等大中城市。部分产品已外销到日本、韩国、新加坡、马来西亚、欧盟等国家和地区。

3. 北票市

北票市隶属于辽宁省辽西朝阳市，位于朝阳市的东北部，大凌河中游，总面积 4 469km^2。属于暖温带大陆性季风气候，四季分明，雨热同期，积温高，日照长，降水少。全年日照 2 933h，年平均气温 8.7℃，≥ 10℃的有效积温 3 620℃，无霜期 150d，终霜 4 月下旬，初霜 9 月，年平均降水量 481.8mm，主要集中在 7、8 月份。北票市谷子均为清种，一年一熟制。播种期 5 月上旬至6月上旬，多数在5月中下旬。全市年种植面积8 000hm^2左右。主要品种有吨谷1号、朝新谷2号、朝新谷5号、朝谷12号、朝谷13号。种植谷子的地块主要是山坡地（三等地），平均产量150kg/667m^2。生产的谷子主要以原粮销售和自己食用，少量加工成小米销售，种植效益372元/667m^2（谷子390元，谷草72元，化肥投入85元，种子投入5元），加工成小米销售的种植效益492元（小米510元，谷草72元，化肥投入85元，种子投入5元），而种植谷子的地块种植玉米效益276元（玉米400元，化肥投入100元，种子投入24元）。谷子销售渠道以自由贸易为主，大约1/5销往外地。本地加工企业两家，年销售小米约300t，其中外销50%左右，销售价格5 000元/t左右。

4. 喀左县

喀左县位于辽宁省西部，地处辽、冀、蒙三省交界地带，东临朝阳县，西靠凌源市，北连建平县，南接葫芦岛市建昌县，隶属于朝阳市。全县现有耕地45 333hm^2，平、坡、山地各占1/3，土壤以褐土为主，有机质含量低，是土质瘠薄的低产区，无霜期145d，年日照2 830.3h，≥10℃积温3 484℃，年平均降水量500mm左右，且降水分布不均衡，是典型的半干旱易旱地区，具有干旱少雨、日照充足、雨热同季、昼夜温差大的气候特点，非常适于谷子的生产。谷子常年播种面积3 333hm^2左右，种植方式为垄作条播，产量在200~300kg/667m^2，谷子品种主要以“黑沙滩”、“齐头白”为主，近几年引进推广了吨谷一号、金谷2401、朝谷14号、朝新谷2号、5号等优质谷子新品种，水利设施的配套、植保新技术的引进等使谷子的单产水平有了很大提高，全县年产谷子1 000万kg，产谷草1 000万kg，纯收入800元，总收入4 000万元。主要企业有喀左县七色阳光食品有限责任公司，生产有绿色食品小米、高粱米、绿豆等，年加工杂粮9 000t。该公司的主营产品——凌光牌小米已获国家绿色食品发展中心绿色认证。产品除在本地市场销售外，还远销沈阳、北京、深圳等地区。

5. 阜新蒙古族自治县

阜新蒙古族自治县（简称阜蒙县）位于辽宁省西北部，北与内蒙古交界，西、南、东三面分别与朝阳、锦州、沈阳相连，总面积6 246km^2。属于北温带大陆季风气候区，四季分明，雨热同季，光照充足。阜新市的四季是以平均气温高于20℃为夏季，低于3℃为冬季（全国标准：高于22℃为夏季，低于10℃为冬季）。阜蒙县谷子种植方式为清种，与玉米、高粱、豆类倒茬，谷子种植面积26 667hm^2，以朝新谷5号和金谷2401为主栽品种，正常年份产量水平在300~350kg/667m^2，2009年由于干旱，该县谷子产量仅为250kg/667m^2左右。该地区常年谷子收入280~350元/667m^2。当地小米主要销往当地粮谷加工企业。当地有辽宁阜新龙海江粮谷米业商贸有限公司，生产纯天然无污染的“五头山”牌小米。该公司除了有每小时加工2 000kg的大型小米加工设备外，还用传统的石碾子生产有机小米。

山东省

1. 章丘市

章丘市位于山东省中部，南依泰山，北临黄河，西接济南，东连淄博，平均海拔为560m，总面积1 855km²，其中耕地面积78 000hm²。属暖温带季风区大陆性气候，四季分明，雨热同季，春季干旱多风，夏季雨量集中，秋季温和凉爽，冬季雪少干冷，年平均日照2 647.6h，平均气温12.8℃，年平均降水量600.8mm，无霜期192d。章丘龙山小米是我国四大贡米之一，自清朝开始每年都向朝廷进贡。章丘谷子的耕作多为春播一季生产，主要种植方式为平作清种，种植面积在3 333hm²以上，主要品种除当地特有农家品种“阴天旱”外，还有济谷12号、济谷13号、冀谷19号等，谷子单产在350kg/667m²，净收入在1 000元/667m²以上，与玉米相比可增收300元/667m²以上。该地区小米加工企业众多，但多为家庭作坊式，唯有章丘市种业有限公司实力雄厚，该公司开发的龙山贡米、龙山小米、石踉小米等产品已经打入北京、上海、天津、广州等地市场。章丘市种业有限公司注册资金1 031.28万元，拥有大型加工设备，产品全部采用联合精选、真空包装，并顺利通过QS认证，2008年该公司“泉头”牌龙山小米获山东省著名商标、山东省旅游休闲购物十佳品牌等荣誉称号。

2. 平阴县

平阴县位于济南、泰安、聊城三地市的结合部，是山东省会济南的市郊县，属沿海经济开放区，总面积827km²。属暖温带大陆性半湿润季风气候，四季分明，光照充足，降水集中。总的气候特征是春季干燥多风、夏季高温多雨、秋季天高气爽、冬季寒冷少雪。年平均气温为14.4℃，全年日照平均为2 484.7h，年平均降水量为606.4mm，≥ 10℃的积温为4 687.0℃，无霜期为240d。平阴县粮田25 333hm²。多为褐土类型，土壤有机质含量为1%，碱解氮60mg/kg，有效磷20mg/kg，有效钾100mg/kg，适合种植谷子。谷子常年种植面积3 333hm²，单产300kg/667m²左右。近几年调整产业结构，适当扩大经济作物，压缩了谷子面积。2009年谷子种植面积约1467hm²万亩，单产334kg/667m²，总产约400t。多以春谷为主，部分为夏谷，主要当家品种有济谷12号、济谷13号，其次有部分冀谷号品种。生产的谷子以自产自销为主，以当地群众自食为主，有个别加工企业，但规模小、档次低。

3. 费县

费县隶属临沂市，地处鲁中南沂蒙山区，总面积1 893km²，耕地67 333hm²，其中，平原占22%，丘陵占73%，山地占5%。属暖温带季风区大陆性气候，四季变化明显，光热资源丰富，年平均气温13.7℃，无霜期198d，年平均降水量856mm，≥ 10℃积温4 500℃。谷子常年种植 1 666.7hm^2 左右，80% 为夏谷，其余为春谷，主栽品种为济谷 11 号和济谷 12 号，一般单产 300kg/667m^2 左右，产值 1 500 元左右。谷子销路主要以当地市级龙头企业订单销售（20%）和农民自售（40%）为主。

4. 临淄区

临淄区位于鲁中丘陵北部，淄博市东北部，总面积 668km^2，耕地面积 33 333hm^2。属于暖温带半湿润季风气候区，干湿季节明显，四季分明，具有春天旱、伏天涝、晚秋多显旱的气候特点。作物生长期积温 4 285.5℃，累年平均 204d，平均气温 12.3℃，无霜期 190~200d，全年平均日照 2 528h。谷子主要分布在临淄区的边河乡、齐陵街道办事处、凤凰镇，种植面积约 8 000hm^2，其中边河乡种植面积占总面积的 80% 以上。全区春播面积占总播种面积的 70% 以上，春播时间一般在 4 月 25 日至 5 月 10 日，夏直播时间在 6 月 5~10 日，主要用双腿播种耧平播，主栽品种是香米谷，部分地块种植鲁谷 10 号、济谷 12 号、济谷 14 号等品种，一般产量在 250~400kg/667m^2，效益在 1 200 元 /667m^2 左右，有机谷子的效益在 1 500 元 /667m^2 以上。主要谷子加工企业是淄博临淄长盛农产品专业合作社，是一家集基地生产、加工、流通、良种繁育为一体的综合性谷子加工企业，销售渠道主要是供应当地超市和市场流通企业，部分销往北京、上海、杭州、济南、青岛等大中城市。

黑龙江省

1. 龙江县

龙江县位于黑龙江省西部，地处大兴安岭到松嫩平原中麓地段，东连富拉尔基区，西邻内蒙扎莱特旗，南至泰来县，北与甘南县接壤。总耕地面积25万hm^2，其中旱田23万hm^2，水田2万hm^2，土壤类型主要有暗棕壤、黑钙土、草甸土等。全县积温在2 250~2 600℃，无霜期120~135d，年平均降水量446.4mm左右，雨热同季。谷子常年种植面积在2.7万~4.7万hm^2，主要品种有龙谷25号、龙谷31号，占种植面积的90%左右，一般在4月下旬至5月上旬播种，多为机械起垄，机械条播和人工点播各占50%。2009年全县平均产量280kg/667m^2左右，价格达到3.8元/kg，投入260元/667m^2，净收入810元左右，比玉米增加净收入200元/667m^2左右，经济效益好。近年来，在龙江县兴旺米业有限责任公司和龙江县易兴米业等企业的拉动下，谷子单价逐年上升，谷子的种植面积呈逐年上升趋势，在龙江县哈拉海乡等地形成了大面积种植谷子现象。

2. 泰来县

泰来县地处松嫩平原西部边缘地带，海拔137~160m，耕地127.5万hm^2，地处黑龙江省第一积温带上，素有“塞北江南”之称。年平均气温4.9℃，1月份平均气温-17.6℃，7月份平均气温23.4℃，年均活动积温2930.6℃。年平均降水量392.6mm，无霜期135d左右。谷子常年种植面积在4 000hm^2左右，主要谷子品种有嫩谷15号、嫩选16号、龙谷25号等，占种植面积的80%以上，在4月下旬至5月上旬播种，多为秋翻秋起垄，并结合整地一次性施入优质农家肥作底肥。播种以机械条播和簇播为主，个别地块则采用人工开沟点播的播种方法，孕穗期结合趟二遍地追施尿素，苗期进行人工间苗、除草，谷子生育中期利用拖拉机进行中耕除草，秋后人工收获。近年来，泰来县的半拉山村，成立了绿色谷子专业村科技示范园区，并建立了一些小规模的小米加工厂，在企业的带动下谷子面积不断扩大。2009年全县平均产量220kg/667m^2左右，价格达到3.6元/kg，每投入240元，净收入780元左右，比玉米增收280元左右。

3. 兰西县

兰西县位于黑龙江省松嫩平原东南部，呼兰河下游，主要粮食作物有玉米、大豆、水稻、小麦、谷子、高粱，总面积2 499km^2。属寒温带半湿润季风型气候，年平均气温2.9℃，极端最高气温37.6℃，极端最低气温-39℃，年平均降水量469.7mm，无霜期120~130d。兰西县谷子常年种植面积在2万~3万hm^2，主要品种有龙谷25号、龙谷31号和龙谷32号等品种，占种植面积的90%左右。播种期一般为4月末至5月中旬，多为机械起垄，播种以机械条播和人工点播各占50%。施农肥2m^3/667m^2作基肥，施磷酸二铵20kg/667m^2种肥，在孕穗期追尿素

15~20kg/667m²。田间实行人工间苗、除草、收获。收获机械脱粒和碾压脱粒各占50%。2009年全县平均产260~450kg/667m²，价格达到3.8元/kg，投入270元，净收入850元左右，比玉米增加净收入260元左右，经济效益好。近年来，兰西县谷子的种植面积有逐年上升的趋势。在小米加工龙头企业兰西县北安绿色米业有限公司的带动下，拉动了谷子单价的上升，提高了农民种植谷子的积极性。

4. 肇东市

肇东市位于黑龙江省西南部，松嫩平原中部，松花江北岸，地处我国少有的"寒地黑土"绿色农业区，全市有耕地23.3万hm²，适宜种植玉米、水稻、小麦、高粱、谷子、大豆等多种粮食作物。属寒温带，其特点是春季多风、少雨、干旱，夏季酷热、多雨，秋季凉爽，易发生早霜，冬季寒冷、干燥。无霜期较短，平均在140d左右。年平均气温为3.2℃。年平均降水量在293~656mm，降水极不均匀，夏季最多，属第一积温带，平均积温为2 772℃。谷子常年种植面积在1.3万~2万hm²，主要品种为龙谷25号、龙谷31号、龙谷32号。播种期一般在4月下旬至5月上旬，多为机械起垄，播种以机械条播和人工点播各占50%。人工间苗、除草、收获，机械脱粒和碾压脱粒各占50%。2009年全县平均350~450kg/667m²，价格达到3.8元/kg，投入280元/667m²，净收入900元左右，比玉米每667m²增加净收入300元左右。近年来，在小米加工龙头企业长富村米业经营有限公司和榛柴岗米业有限公司的带动下，拉动了谷子单价的上升，提高了农民种植谷子的积极性，在肇东市黎明乡、涝洲乡等地形成了大面积种植谷子现象。

5. 青冈县

青冈县位于黑龙江省中南部，松嫩平原腹地，总面积2 685km²，耕地面积14.4万hm²。属于中温带大陆性季风气候。春季干旱多风，夏季温热多雨，秋季凉爽干燥、冬季严寒少雪。年平均气温2.4~2.6℃。最冷月（1月）平均气温-20.9℃，最热月（7月）平均气温22.1℃。年平均降水量为477mm，无霜期130d左右。青冈县谷子常年种植面积在5 000hm²左右，主要品种有龙谷25号、龙谷31号等，播种期一般在4月下旬至5月上旬，秋翻秋起垄和春整地根据墒情的不同，利用比例也不尽相同。多以机械垄上条播和簇播为主，也有少数农民采用人工开沟手条播的方法。一般结合趟二遍地进行追肥，人工间苗、除草、收获。2009年平均产量200~300kg/667m²，价格3.5元/kg，每投入280元/667m²，净收入850元左右，比玉米增加净收入270元/667m²左右。青冈县对杂粮作物全部实行订单种植。随着杂粮作物种植面积的扩大，杂粮市场逐渐形成。目前，青冈县杂粮市场已成为全省最大的杂粮集散地。在青冈县昌盛乡等地形成了大面积种植谷子现象。昌盛乡为所产小米注册了"乡风"牌商标，产品以每千克高出本地市场两角的价格畅销省内外。

6. 双城市

双城市位于黑龙江省西南部，总面积3 112.3km²，属黑龙江省第一积温带。随着谷子产业的发展，谷子面积已由常年种植2 667hm²增加到4 000hm²，主要品种有龙谷25号、龙谷30号和龙谷31号等优良品种。播种期一般在4月中旬至5月初，多采用秋翻秋起垄的整地方式，播种以拖拉机带动小型播种机，进行垄上双条和三条播的方法，精量播种，以减少谷子间苗的用工量。谷子孕穗和拔节期追施尿素 15~20kg/667m^2。苗期进行人工间苗、除草，生育后期利用拖拉机进行中耕除草，人工收获谷子。2009 年全县平均产量 250~350kg/667m^2，价格达到 3.8 元 /kg，每投入 310 元 /667m^2，净收入 920 元 /667m^2 左右，比玉米增加净收入 320 元 /667m^2 左右。近年来，双城市成立了谷物种植专业合作社和一些小米加工企业，谷子面积与价格逐年增加，广大农民种植谷子的积极性也在不断提高，在水泉乡、公正乡等地已形成了利用好地种植优质谷子品种的现象。

7. 肇州县

肇州县隶属于黑龙江省大庆市，位于黑龙江省西南部，松花江之北，松嫩平原腹地，总面积 2 455km^2，平均海拔 150m。地处黑龙江省第一积温带，年均活动积温 2 800℃，无霜期 143d。谷子常年种植面积在 4 667hm^2 左右，主要品种有龙谷 25 号和龙谷 31 号等。播种期一般在 4 月中旬至 5 月初，多为秋翻秋起垄，播种方法均采用小型机械条播和簇播，个别地块用人工开沟点播。秋整地后，一次性施入优质农家肥 170kg/667m^2 和磷酸二铵 20kg/667m^2 作基肥，在孕穗期结合趟二遍地追施尿素 15~20kg/667m^2。苗期进行人工间苗、除草，谷子生育中期利用拖拉机进行中耕除草。谷子成熟后，人工收获。近年来，肇州县也建成了一些小型小米加工厂，小米已销售到了本省很多市县。由于小米生产厂家的增加与扩大，加速了优质谷子的需求量，也提高了农民种植谷子的积极性。2009 年全县平均产量 260kg/667m^2 左右，价格 3.6 元 /kg，每投入 280 元 / 667m^2，净收入 820 元 /667m^2 左右，比玉米增加净收入 290 元 /667m^2 左右。

甘肃省

1. 会宁县

会宁县地处甘肃省中部，白银市南端，总面积 6 439km^2。属典型的温带季风型气候，平均气温 6.4℃，年降水量 328~433mm，降水少而不匀，降水量多集中在 7、8、9 三个月，年蒸发量 1 600~1 800mm，是降水量的 4 倍。≥ 0℃的积温为 2 542.6~3 556.3℃，≥ 10℃的积温 1 789.3~3 015.0℃，无霜期 121~173d，年日照 2 226~2 777h。会宁县种植谷子历史悠久，常年种植面积在 2 万 hm^2 左右，主要品种有陇谷 6 号、陇谷 10 号、凉谷、地方小黄谷及适宜地膜覆盖种植的陇谷 11 号、张杂谷 3 号、5 号、6 号、小银米等新品种。一般单产 200~300kg/667m^2。以单作为主，前茬多为小麦等。2005 年以来，应用小垄覆膜集雨膜侧沟播等地膜覆盖栽培技术，种植面积在 1 万 hm^2 左右，平均单产达到 350kg/667m^2，每 667m^2 投入化肥、地膜、种子等 90 元左右，纯收入 610 元 / 667m^2 左右。会宁县以谷子为主的小杂粮已获农业部绿色小杂粮产地认证，谷子原粮产品通过当地小杂粮市场远销省内外。现有以甘肃西北大磨坊食品工业有限公司、会宁县懿隆工贸有限公司等谷子产品加工开发龙头企业两家，开发加工的凉谷米深受国内外消费者欢迎。

2. 靖远县

靖远县地处甘肃省中部，总面积 5 809.4km^2。县域内光、热、水资源丰富，属大陆季风气候，降水稀少，干旱多风。昼夜温差大，春、夏、秋、冬四季变化显明，境内海拔 1 300~3 017m，年均气温 8.9℃左右，年极端最高气温 35.1℃，≥ 0℃的活动积温 3208℃，≥ 10℃有效积温 2 622℃，年均降水量 240mm，年蒸发量 1 634mm，无霜期 167d。靖远县是典型的农业大县，全县耕地面积 7.64 万 hm^2，各类农作物年播种面积 6.67 万 hm^2 左右。粮食生产以小麦、玉米、水稻、大豆、糜子、谷子六大农作物为主。谷子常年播种面积 2 000hm^2 左右，总产 0.13 万 t，主要分布于高扬程灌区各乡镇，受自然条件的制约，谷子产量低而不稳。谷子主要以单作为主，沿黄灌区河谷有小面积套种和复种。县内还没有成型的专门从事谷子加工的企业和专业合作社等，但有多家农产品公司经营谷子等小杂粮产品，除少部分被农户自留食用和加工风味食品外，谷子消费主要是被粮商收购后外销。

3. 通渭县

通渭县地处甘肃省中部，定西市东南部，总面积 2 908.5km^2。属典型的干旱、半干旱的交汇过渡地带，且垂直气候十分明显，年平均气温 7.2℃，≥ 0℃的积温为 2 530℃，≥ 10℃的积温为 1 823℃，年无霜期 120~170d，年降水量 350mm 左右。其特点是春季降雨少，7~9 月份降水量约占全年降水量的 70%。全年蒸发量高达 1 700mm，是降水量的 4 倍多，且由于农业基础条件差，水利设施不健全，农业生产几乎全靠天然降水。谷子播种面积 3 333.3hm^2，主干品种为陇谷 6 号和陇谷 3 号等。由于谷子是耐旱耐瘠作物，人们习惯于把谷子种在山坡瘠薄的土地，施肥量也较少，耕作粗放，因此产量水平较低，单产一般在 150kg/667m^2 左右，高产田为 300kg/667m^2。但其生产效益比较高，按 2009 年价格计平均产值约 300 元 /667m^2，纯收益为 180 元 /667m^2 左右，高出小麦约 100 元。该县谷子主要销售渠道为以市场商贩收购后中转外销为主，当地加工企业收购为辅。当地有加工企业 5 家，个体加工作坊约 30 家。

4. 安定区

安定区位于甘肃省中部，总面积 3 638.711km^2。属温带干旱、半干旱区，大陆性季风气候显著，年平均日照 2 500.1h，年均气温 6.3℃，≥ 10℃积温 2 239℃，无霜期 141d，年降水量 400mm 左右，多集中在秋季 7、8、9 三个月，蒸发量高达 1 500mm，是一个干旱、冰雹、霜冻、低温等自然灾害频繁的农业区。全县共有耕地面积 11.3 万 hm^2，其中梯田 9.65 万 hm^2，有效灌溉面积 8 933hm^2。主要种植的粮食作物小麦、马铃薯、玉米、糜子、谷子、豌豆、扁豆、荞麦等。谷子年播种面积 3 333hm^2，单作种植，由于干旱、霜冻等自然灾害，谷子产量低且不稳定，一般单产 100~200kg/667m^2，地膜覆盖种植谷子单产 250~350kg/667m^2。安定区目前还没有一定规模的谷子加工企业，随着“以草定畜、以畜促草、草畜并进”思路的发展，生产的谷子大部分用于饲料加工，或者被商贩收购后中转外销，只有少量谷子加工小米，谷子产业化发展落后。

5. 西峰区

西峰区位于甘肃省东部、泾河上游，位于陇东黄土高原董志原腹地，总面积 996.35km^2，其中耕地面积 3.93 万 hm^2。属半干旱大陆气候，具有季内及黄土高原气候的双重特点，冬春多风干燥，夏秋雨水较多，暴雨多集中在 7、8 月份。由于受季风的影响，冬季多西北风，夏季多西南风。平均海拔 1 421m，年降水量 600mm，多集中在 7、8、9 月份，年日照 2 643.8 h，无霜期 176d，年均气温 10℃，有效积温 2 783.6℃。谷子常年种植面积 2 000~3 300hm^2，主要品种有什社黄毛谷、金吨谷、陇谷鉴 2129、晋谷 21 号、长农 35 号等。种植区域相对比较集中，主要分布于中南部的旱塬地，尤以西峰区什社乡最为集中。谷子生产以单作为主，也有少量油菜收后复种，谷子单产 150~200kg/667m^2。西峰区谷子主要以小米加工原料消费，当地人有食小米粥的习惯，西峰小米久负盛名，西峰丰源小米加工厂生产的“金什社”牌小米被农业部命名为庆阳地区名优特产，已畅销全国各地。区内有什丰谷子生产合作社等农民经济合作组织。

6. 镇原县

镇原县位于甘肃省庆阳市西南部，东临庆城县、西峰区，西接宁夏回族自治区彭阳县，南接平凉市泾川县、崆峒区，北靠环县。总面积 3 500km^2，总耕地面积 11.3 万 hm^2。属温带大陆性气候，四季分明，是典型的雨养农业区。境内海拔 1 011~1 767m，平均海拔 1 500m，年降水量 450~580mm，无霜期 140~170d。年平均气温 7.5~9.5℃，气温年较差 25~30℃，日较差 9~12℃，≥ 10℃的有效积温 2 727.3~3 061℃，全年日照平均为 2 250~2 440h，年日照百分率为 51% ~55%。谷子是传统的小秋作物之一，年播种面积在 2 000~3 000hm^2，主要分布在平泉、孟坝等西北部乡镇，谷子以单作为主，种植的品种主要有黄毛谷、金吨谷等，品种混杂、退化严重，耕种管理粗放，产量比较低，一般单产 150~200kg/667m^2。镇原县谷子消费主要是农户自己食用或加工初级产品小米销售，科技含量和技术水平都不高。

7. 环县

环县踞甘肃省东部、庆阳市西北部，位于陕甘宁三省（区）交界，东邻华池和陕西定边，西接宁夏同心、固原，北通宁夏盐池，南连镇原、庆城，地处属鄂尔多斯地台的西南部，实有耕地面积 20.5 万 hm^2，人均 0.63hm^2。属干旱和半干旱大陆性季风气候。年平均日照 2 596.2~2 766.4h，全年平均气温 6.7~9.2℃，全年降水量在 350~400mm，降水量分布不均，主要集中在 7~9 月（占全年降水 60% 以上），蒸发量 1 674.9~1 993.7mm，无霜期 123~151d。常年谷子种植面积约 4 000hm^2，一年一熟，多以露地条播为主，地膜种植为辅。种植品种以陇谷 6 号、陇谷 9 号、陇谷 11 号、晋谷 21 号为主，单产约 180kg/667m^2，全膜覆盖种植平均单产 260kg/667m^2，产值约 240 元 / 667m^2，较种植小麦增收 80 元。近年来，新建起万佳、鑫泰等产业化龙头加工企业 5 个，小加工企业 50 多个，年加工量达 1 500t，产品远销西安、四川、兰州等地。

8. 静宁县

静宁县位于甘肃省东部，六盘山以西，华家岭以东，总面积 2 193km^2。属暖温带半湿润半干旱气候，四季分明，气候温和，光照充足，县内海拔 1 340~2 245m，无霜期 159d，年均日照 2 238h，年平均气温约 7.1℃，最热 7 月，月平均气温 19.6℃；最冷 1 月，月平均气温 −7.0℃，≥ 10℃有效积温 2 300~2 816℃。降水分布时空不均匀，夏天较多，冬春较少，年均降水量 450.8mm 。静宁县土壤以黄绵土为主要土类，占全县土壤面积的 91.18%，分布于全县各乡镇的山坡和梁峁，主要农作物有洋芋、玉米、冬小麦、糜子、谷子等。谷子年播种面积 2 000~3 300hm^2，主要分布在西南部乡镇，单作为主，产量不稳定，平均单产 180kg/667m^2，地膜覆盖种植单产 300kg/667m^2 左右，最高可达 400kg/667m^2。主要种植品种有陇谷 6 号、陇谷 8 号、陇谷 10 号、金吨谷等。静宁县谷子产业发展滞后，谷子除饲用外，主要加工小米。

吉林省

1. 镇赉县

镇赉县位于吉林省西北部，处在吉林、黑龙江、内蒙古三省（区）结合部，是松嫩平原和科尔沁草原的交融汇聚地带，总面积 4 717km^2。地处中纬度内陆地区，属于温带大陆性季风气候，四季分明，春季回暖快、降水少，大风多，夏季阳光充足，高温炎热、雨量集中，秋季凉爽、昼夜温差大，雨量锐减，冬季寒冷、干燥少雪。年平均日照 2 890.2h，年平均气温 4.9℃，降水量 402.4mm，≥ 10℃活动积温平均 2 933.4℃。秋季平均初霜期是 9 月 25 日，春季平均终霜期是 5 月 10 日，无霜期平均为 137d。全县谷子种植面积在 3 330hm^2，春播，垄上豁沟种植，产量水平中产田 270kg/hm^2 左右，主干品种为公矮 2 号、金谷 1 号，效益在 860 元 /667m^2。近年来，镇赉谷子产业发展迅速，成为当地订单农业的主导产业。谷子产业发展已形成了“企业 + 基地 + 农户”的良性发展模式，而莫莫格蒙古族乡是镇赉县谷子主要种植基地。这里盛产的苏克马小米米质好，色泽金黄，风味独特，创造了可观的经济效益和社会效益。

2. 通榆县

通榆县位于吉林省西部，总面积 8 496km^2。属北温带大陆性季风气候，年平均气温 6.6℃，极端最低气温 -25.9℃，极端最高气温 35.7℃，无霜期 162d，年降水量 332.4mm，最大冻土深度 125cm，年主导风向为西南风和西北风。全县谷子种植面积在 3 000hm^2，春播，垄上豁沟种植，产量水平中产田 230~270kg/667m^2，高产田 340kg/667m^2，主干品种为公矮 2 号、金谷 1 号，效益在 800 元 /667m^2。通榆县政府通过政策、资金、技术等多种方式，扶持一批绿色小米、有机小米加工、流通龙头企业，帮助企业建立稳定的原料生产基地，以龙头企业的发展带动谷子产业的进一步发展。谷子的主要销售渠道主要是小米加工企业回收，模式是“企业 + 基地 + 农户”。

3. 长岭县

长岭县位于吉林省西部，松原市西南部，科尔沁草原东侧。隶属于松原市，总面积 5 728.4km^2。属半干旱季风气候，年降水量 480mm 左右，≥ 10℃积温 2 920℃。土壤主要有黑钙土、草甸土和风沙土，土壤质地多为沙质壤土，pH 值 7.5~8.0，土壤有机质 1.5% 左右。长岭县以种植玉米、向日葵、杂粮杂豆为主，谷子播种面积不大，目前年播种面积在 3 330hm^2，一般采用翻后耕种。主要品种有白沙谷、公谷系列、金谷 2 号等，产量 200kg/667m^2 左右，收入 500~600 元 / 667m^2。谷子在当地销售给加工企业或农民自食，全县有两家加工企业，规模较小。

4. 乾安县

乾安县位于松原市西部，属松嫩平原中部，总面积 3 616.6km^2。属大陆季风性半干旱气候，气候特点是春季干旱多风，夏季温热多雨，冬季严寒少雪。年均气温 5.6℃，日照 2 866h，无霜期平均 145d，年有效积温 2 800℃ ~3 000℃，年平均降水量 420.6mm。夏季降雨主要集中于 7、8 月份，占年降水量的 72%。谷子是该县的传统粮食作物之一，经多年的实践与发展，积累了大量种植谷子的经验和方法。采取谷子—玉米—高粱等轮作方式，谷子一般为清种，或与玉米等作物间种的耕作制度。2009 年，全县谷子面积近 1 万 hm^2，主要品种有公矮 2 号、长寿香等品种。谷子产量 330~370kg/667m^2 左右，收入 1 000 元 /667m^2 左右。谷子主要销售形式是当地加工企业春季签订单收购、当地和外地小贩跑车收购。全县已形成了以君字农副产品有限公司和乾安泥林有机食品有限公司为主的加工企业，注册了“君字”和“泥林”两个小米品牌，并评为省名牌产品。

5. 永吉县

永吉县位于吉林省中东部，隶属吉林市行政区域，地处长白山余脉向松嫩平原过渡地带，坐落在美丽的松花江畔，总面积 2 625km^2。年平均气温 4.9℃，≥ 10℃积温为 2 994.6℃，年平均降水量 696.6mm。良好的积温、充足的光照及一年四季分明的气候，为玉米、水稻、大豆、谷子、高粱等农作物生长提供了有利天然条件。全县年种植谷子面积 1 330hm^2。白谷品种以九谷 10 号、九谷 14 号为主，黄谷品种以九谷 11 号为主。永吉县政府通过政策、资金、技术等多种方式，扶持一批绿色小米、有机小米加工、流通龙头企业，帮助企业建立稳定的原料生产基地，以龙头企业的发展带动谷子产业的进一步发展。谷子龙头企业常年与科研单位合作，选用科研单位选育的优良谷子新品种及新技术，促进了当地谷子产业的发展。

6. 舒兰市

舒兰市地理位置优越，地处长白山脉张广才岭与老爷岭汇合处，向松嫩平原过渡地带，隶属于吉林省吉林市，总面积 4 557km^2。年平均气温 4.3℃，年均降水量 683mm，相对湿度 69%，主导风向为南风和西南风。舒兰市年均种植谷子面积 2 000hm^2，主要推广品种有九谷 10 号、九谷 14 号等。近年来舒兰市谷子产业发展迅速，成为当地订单农业的主导产业。谷子产业发展已形成了“企业 + 基地 + 科研单位 + 农户”的良性发展模式，成立了谷子专业合作社，积极发展农村订单农业。生产出的谷子多数由谷子龙头企业吉林省百益有机农产品开发公司、吉林市天永有机食品基地有限责任公司等收购，形成了非我莫粟等有机小米品牌，产品销售到北京、上海、深圳、广州、杭州等地，创造了可观的经济效益和社会效益，为舒兰市特色产业的发展作出了突出的贡献。

7. 乌拉街满族镇

乌拉街满族镇（简称乌拉街镇）位于我国东北平原中部，长白山脉边际，松花江平原的始段，处于吉林省中部，总面积 188km^2，其中耕地面积为 1.07 万 hm^2。属中温带半湿润大陆性季风气候，昼夜温差大。无霜期 135d 左右，年平均有效积温在 2 800℃以上。水资源丰沛、稳定，年均降水量 735mm。乌拉街周边没有工业企业，具有生产无公害食品、绿色食品、有机食品极佳的地域和气候条件优势，生产出的小米适口性好、品质极佳，吉林市乌拉街白小米在国内外享有很高的知名度。近年来发展壮大了一批谷子加工龙头企业（如吉林市彦旗米业开发公司等），已经形成了公司加协会、协会带基地、基地连农户的产业化体系模式，拉动了谷子产业化进程，增加了农民收入，提高了农民种植谷子的积极性，拉动了高效农业的发展，已形成了较完善的产业链条，实现了循环经济。年均加工谷子在 5 000t 左右，为本地区谷子产化发展作出了巨大贡献。

8. 双辽市

双辽市地处吉林省西部的东、西辽河汇流区，是吉林、内蒙古、辽宁三省的交界处，松辽平原与科尔沁草原接壤带，素有“鸡鸣闻三省”之称，总面积 3 121.2km^2。处于中温带亚湿润大区第二气候区，属大陆季风性气候。年平均气温为 5.8℃，≥ 10℃的活动积温 3 118.6℃，无霜期 145d，年日照 2 714.9h，年降水量 494.0mm。双辽市耕地面积为 13.3hm^2，谷子播种面积在 3 330hm^2，主要种植的谷子品种有公矮 2 号、公矮 5 号、金谷子。一般单产为 340kg/667m^2 左右，最高达 400kg/667m^2。双辽市茂林、卧虎等镇具有生产无公害食品、绿色食品、有机食品极佳的地域和气候条件优势，生产出的小米适口性好、品质极佳，近年来发展壮大了一批谷子加工龙头企业（如茂林镇先进米业等），已经形成了公司加基地、基地连农户的产业化体系模式，增加了农民收入，拉动了谷子产业化进程。

河南省

1. 偃师市

偃师位于河南省中西部地区，南屏嵩岳，北临黄河，总面积948.4km^2。属于暖温带气候带，年平均气温14.2℃，年平均降水量535mm，全年日照在2 248.3h，无霜期平均211d。偃师现有耕地面积5.2万hm^2，旱涝保收田3.1万hm^2，主要农作物有小麦、玉米、棉花、芝麻、甘薯、谷子等。全市种植谷子面积3 700hm^2，主要以夏谷种植为主，种植品种有洛谷871、洛谷872、豫谷5号、冀谷19号等品种，一般单产250~375kg/667m^2，种植效益700~800元/667m^2，最高1 200元/667m^2。偃师市谷子种植主要分布在南、北部的丘陵地区，收购、加工市场规模小，数量不多，主要满足当地消费需要。

2. 宜阳县

宜阳县位于河南省洛阳市以西25km处，总面积1 670km^2。属暖温带大陆性季风气候，春温、夏热、秋凉、冬寒。年均气温14.8℃，年降水量659.7mm，全年日照2 098.5h。无霜期平均228d，可满足农作物一年两熟或三熟对温度条件的要求。宜阳农业基础较好，土地面积宽广，生产条件优越。全县耕地面积6.53万hm^2，农作物常年播种面积10.67万hm^2，主要粮食作物有小麦、玉米、谷子、甘薯、水稻等。全县种植谷子面积5 330hm^2，主要以夏谷种植为主，种植品种有豫谷5号、洛谷871、洛谷872、黄金谷、冀谷19号等品种，一般单产250~375kg/667m^2，收购价格2.6~3.0元/kg，最高达到3.9元/kg，种植效益700~800元/667m^2，最高1200元/667m^2。宜阳县沿省道公路两侧，形成了粮食收购、加工市场，规模小，数量多。产品除了满足当地消费需要外，还销往洛阳、三门峡等地。

3. 伊川县

伊川县位于河南省西部，北依洛阳，东临登封，南接嵩县，西望宜阳，东北与偃师接壤，东南与汝州市毗邻，总面积1 243km^2。属于暖温带大陆性季风气候，四季分明，降水集中，光照优越，冬季干旱多风。日照2 311.7h，年均温14.5℃，年均降水量633.4mm，分布不均，干旱频繁，无霜期212d。伊川县主要栽作物有小麦、玉米、谷子、甘薯，多为一年两熟。丘陵旱地一般以小麦—（夏播）谷子为主要种植模式，谷子常年种植面积9 000hm^2，主要品种有豫谷系列、吨谷、金谷2401等，近年示范种植了冀谷31（懒谷3号）、张杂谷8号，张杂谷8号最高产量达526.8 kg/667m^2，效益明显优于玉米。全县近20家加工企业，形成了“伊河桥牌”和“三康牌”小米、“建洛”牌米醋、酱油等主干产品，产品远销山东、河北、北京、陕西、山西、乌鲁木齐及海南等，拉动了当地谷子生产的发展。

4. 汝阳县

汝阳县位于河南省西部，洛阳市东南部，北汝河上游，全县山地面积900km^2，占总面积的70.2%，丘陵占总面积的19.6%，平川仅占10.2%。属暖温带大陆性季风气候，光照充足，气候温和，四季分明，年日照2 177.3h，日照百分率达49%，年平均气温14℃，年均降水量690mm，无霜期213d。汝阳县粮食作物以小麦、玉米、甘薯、谷子为主体。经济作物有烟叶、花生、蔬菜、棉花等，是国家优质烟叶和花生种植基地县。全县种植谷子面积5 670hm^{2}左右，以夏谷种植为主，主要种植品种有洛871、豫谷3号、豫谷5号等豫谷系列品种，近年来引进了金谷2401、张杂谷8号等新品种，谷子单产260~370kg/667m^2，种植效益在700~1 300元/667m^2。粮食收购、加工市场规模小，数量多。谷子主要满足当地消费需要，还销往郑州、洛阳、三门峡等地。

5. 汝州市

汝州市地处豫西浅山丘陵区，总面积1 573km^2。土壤以棕壤、淤土、潮土为主，pH值6.47，属中性偏酸。属于暖温带季风气候，四季分明，热量丰富，光照充足，属半湿润向半干旱过渡的农业区。年日照2 243.3h，平均气温14.2℃，降水量674.6mm，持续日数为291~300d，积温为3 888.8℃。无霜期213d。汝州市常年谷子种植面积在1 333hm^{2}左右，实行一年一熟、一年两熟的耕作制度，陵头、夏店、大峪等乡镇的山区、丘陵地带习惯于种植春谷，平原地区习惯于种植夏谷，主要品种有豫谷6号、豫谷9号，产量水平徘徊在200~250kg/667m^2，产值在500~800元/667m^2，产值是玉米的1.5~2倍。但由于农村缺乏劳动力、谷子间苗、收获费工费时等因素，制约了谷子生产的发展。当地谷子加工仍然处于简单、初级阶段，生产链条短，销售的主要产品为小米，超市、副食品商店、集市是主要的销售渠道。

6. 社旗县

社旗县位于伏牛山南麓，河南省西南部，南阳盆地东北边缘浅山区与平原交汇带，总面积1 023km^2，耕地7万hm^2。属北亚热带季风型大陆气候，四季分明，气候温和，山清水秀、土地肥沃，有豫南粮仓之称，是全国小杂粮基地县。社旗县谷子栽培历史悠久，谷子常年种植面积在1 333hm^2，主要以夏谷为主，种植豫谷3号、豫谷5号、豫谷6号等品种，一般单产250~300kg/667m^2，收购价格2.8~3.2元/kg，最高达到4.0元/kg，种植效益700~900元/667m^2,，最高1 100元/667m^2。近年来，县委、县政府把小杂粮生产作为农民增收致富的重要支柱产业，成立了社旗小杂粮产业合作联社，又开展了一亩起订项目，由河南省农业科学院提供技术保证，建立小杂粮基地近1.67万hm^2，促进了产业的发展。

7. 林州市

林州市位于河南省北部太行山南段东麓，地处山西、河北、河南三省交汇处，总面积2 046km^2。属暖温带半湿润大陆性季风气候，四季分明，光照充足，年平均气温12.7℃，无霜期 180d 左右，年降水量 593mm，年日照为 2 251.6h。春季十年九旱，夏季暴雨成灾，秋季天高气爽，冬季雨少雪稀。谷子面积 6 530hm^2。谷子生产以夏播为主，约 80% 为春白旱薄地，春季结合施底肥进行深翻后待雨；肥旱地为复播谷子，在前茬收获后贴茬播种。主干品种有豫谷 9 号、冀谷 19、豫谷 1 号、豫谷 11 号、豫谷 14 号、吨谷等，多采用清种平作，匀行耧播，行距 20cm，留苗密度 5 万株 /667m^2，一般单产 300~350kg/667m^2。当地谷子产后加工企业以加工销售精小米为主。“东姚优质小米”曾获农业部优质农产品金奖，东姚镇 2004 年获得河南省农业厅无公害农产品生产基地认证，洪河米业和昌宏米业注册有自己的商标，小包装上市后销售到周边城市，是安阳市名特产之一，组织订单农业，使当地的谷子生产向产业化发展。

8. 安阳县

安阳县地处豫北，环绕安阳市区，位于中原晋冀豫交界处，总面积 1 201km^2。属暖温带大陆性季风天气，四季分明、雨热同期，春旱多风，夏秋多雨，丘陵山区旱灾频繁。年均气温 13.6℃，日照 2 526h，降水量 606.1mm，无霜期 194d。全县谷子种植面积 5 330hm^2，以春白空闲地（春季深翻待雨）为主，5 月中旬以后趁雨抢墒播种，清种平作，行距 20~30cm。主干品种有豫谷 9 号、豫谷 11 号、冀谷 19 号、豫谷 1 号、旱千谷等。旱肥丘陵地种植规模较大，一般单产 350kg/667m^2 左右，效益可比玉米多收 200 元 /667m^2，浅山瘠薄地，因干旱严重，产量较低。安阳县境内共有 6 家（伦掌 2 家、安丰 1 家、马家 3 家）具有一定规模的谷子加工企业，其产品为简包装精小米，销往周边省市。企业的生产能力为每小时加工小米 650kg，常年运转，基本不停，原料有当地谷子，有内蒙古、东北谷子。

9. 龙安区

龙安区位于安阳市区西南部，约占安阳市市区面积的 1/2，总面积 236km^2。属暖温带大陆性季风天气，四季分明、雨热同期，春旱多风，夏秋多雨，丘陵山区旱灾频繁。年均气温 13.6℃，日照 2526h，降水量 606.1mm，无霜期 194d。全区耕地面积 1.07 万 hm^2，谷子种植 3 130hm^2，主要分布在马投涧乡，70% 以上种植在春白地，少部分为小麦、油菜茬。品种多为优质谷子豫谷 9 号、豫谷 1 号、冀谷 19 号、豫谷 11 号，一般单产 300~350kg/667m^2，比种玉米多收 200~300 元 /667m^2，经济效益很好。当地年加工量在 150 万 ~250 万 kg 的加工企业有“红军米业”、“金牌米业”、“鑫鑫米业”等，企业的发展带动了当地谷子生产水平的提高，产品销往全国各地，经济效益良好。

10. 汤阴县

汤阴县位于河南省北部，东邻濮阳，西接鹤壁，南望省会郑州，北靠古都安阳，总面积 645.86km^2。属暖温带大陆性季风气候，气候温和，日照充足，年均温 13.6℃，无霜期 212d，年均降水量 594mm。全县谷子种植面积 1 400hm^2。春播谷多，小麦、油菜茬复播谷少。习惯清种并垄（两行或三行中间隔 1 行）耧播，复播农户为贴茬播种，行距 20cm，单株均匀留苗，密度 4 万 ~ 5 万株 /667m^2。主要品种有豫谷 9 号、冀谷 19 号等，产量 350~400kg/667m^2，在雨养农业区谷子较玉米效益好，农户习惯种植。当地谷子主要以原粮形式销到周边地区，在政府的引导下成立了无公害农副产品购销公司，创建了“火龙岗”牌无公害小杂粮，采取“公司 + 农户”的方式统一组织生产、加工和销售，是河南省首家绿色食品原料生产基地、无公害农产品生产基地、无公害小杂粮标准化示范基地，被授予“河南省名牌农产品”，目前，产品已进入广州、深圳及本省的大型超市，种植小杂粮比种植大作物可多收入 170 余元 /667m^2。

11. 鹤壁市老城区

老城区主要包括鹤山区、山城区，位于河南省境北部，鹤壁市西北部。春季温暖多风，夏季水热同济，秋季湿润高爽，冬季寒冷少雪。年均温 14.2℃，年均降水量 621mm，年日照 2 350h。老城区总耕地面积 7 700hm^2，谷子种植 1 000hm^2。谷子集中种植在鹤壁集、姬家山，主要是春白地种植谷子，春季深翻待雨，适播期在 5 月中下旬至 6 月上中旬。多采用清种平作，匀行耧播，行距 20cm，留苗密度 4 万 ~5 万株 /667m^2。主干品种有豫谷 9 号、豫谷 11 号、豫谷 14 号、冀谷 19 号、旱千谷等，单产 200~250kg/667m^2。当地成立了种植加工农民合作社，开发的小米产品有“石碾山谷小米”，加强了无公害食品、有机食品的开发。

12. 卫辉市

卫辉市地处河南省北部、新乡市东北部，太行山东麓，古黄河北岸，总面积 882km^2。属暖带大陆性季风气候，年均气温 13.8℃，年均日照 2 446.9h，年均降水量 576.5mm，无霜期 209d。气候温和，光照充足，雨热同步，寒暑适中。总耕地面积 3.64 万 hm^2，其中谷子 1 330hm^2，主要集中在狮豹头乡、太公泉镇。春白旱地种植谷子，早春深翻待雨，播期根据降雨情况确定，适播期在 5 月中下旬至 6 月上中旬。多采用清种平作，匀行耧播，行距 20~30cm，留苗密度 4 万 ~5 万株 /667m^2。主干品种有豫谷 9 号、豫谷 3 号、吨谷等，单产 250~300kg/667m^2，较玉米稳产。卫辉市注重利用山区环境美、无污染的优势，致力于各类安全农产品的开发，全市申报并通过认定的无公害农产品基地 16 个，通过认证的无公害农产品 7 个、绿色食品 1 个。

13. 新郑市

新郑市位于河南省中部，总面积 873km^2。属暖温带大陆性季风气候，冷暖适中，四季分明。年平均气温 14.4℃，极端最高气温为 42.5℃，极端最低气温为 -17.9℃。年均日照 2 114.2h。年均降水量 676.1mm，无霜期 152d。新郑市的谷子种植主要集中在新郑市西部、南部丘陵地带（约占总耕地的 30%），谷子播种面积常年维持在 660~1 330hm^2，主要品种有豫谷 3 号、豫谷 6 号、豫谷 8 号等，近年又引进了冀谷 19 号、豫谷 11 号等新品种。新郑市是一个农业相对发达的县级市，生产的小米等特色农产品均贴上了无公害的标签，并借助旅游景区和每年的新郑市的拜祖大典，加大宣传力度，使当地的农产品效益有了很大的提高。谷子产量一般 300kg/667m^2 左右，按优质米出售收入可达 1 000~1 500 元。

14. 荥阳市

荥阳是河南省会郑州市辖县级市，区位优越，总面积 908km^2。属北温带大陆性季风气候，年降水量 [illegible]mm，日照充足，年均气温 14.[illegible]℃，四季分明并各具特色，一年中 7 月最热，平均气温 27.3℃，1 月最冷，平均气温 -0.2℃。全市种植谷子在 2 000hm^2 左右，以夏谷种植为主，主要品种有豫谷系列、冀谷系列、张杂谷系列品种，谷子单产一般 350~430kg/667m^2，种植效益 1 200~ 2 300 元 /667m^2。当地加工市场数量多、规模小，但以小包装、精包装多，多以农村合作社的形式经营，效益比其他地方略高。产品主要满足郑州及外来观光的游客。

15. 渑池县

渑池县是著名的仰韶文化发祥地和古秦赵会盟之地。位于河南省西部的崤山分水岭上，地处黄土高原的东部边缘，是秦、晋、豫三省之结合地带，总面积 1 368km^2，其中耕地面积 4 万 hm^2，农民人均耕地 0.16hm^2。地处中纬度内陆区，属暖温带季风气候。年日照 2 257.4h，年平均气温 12.4℃，年均降水量 650mm，无霜期 216d。粮食作物以小麦、玉米、谷子、甘薯、豆类为主。全县种植谷子面积 2 330hm^2 左右，春谷、夏谷均有种植，种植品种有当地的坻坞笨米、糙米和豫谷系列品种，春谷单产一般 250~400kg/667m^2，夏谷单产在 250~300kg/667m^2 左右，种植效益 800~1 500 元 /667m^2。当地谷子除满足当地消费需要外，销往郑州、洛阳、三门峡等地。加工企业、市场数量较多，但规模不大。

16. 陕县

陕县位于河南省西部，崤山山岭环抱之中，是豫西和渭河平原间的咽喉，即位于豫秦晋三省交界的黄河金三角地带，总面积 88.66km^2。陕县地处中纬度内陆区，属暖温带大陆性季风气候，四季分明，冬长春短。年日照 2 354.3h，平均气温为 13.9℃，年降水量 554.9mm 左右，年蒸发量 2 361.3mm 左右，无霜期 219d。陕县农业基础较好，土地面积宽广，生产条件优越。耕地 3.73 万 hm^2，其中旱地 3.20 万 hm^2，主要粮食作物有小麦、玉米、甘薯、谷子、杂豆等。全县种植谷子面积 4 000hm^2 左右，春夏谷种植混种，种植品种比较混杂，主要有农家种、豫谷 3 号、豫谷 6 号、洛谷 871、洛谷 872 等品种，一般单产 200~350kg/667m^2，收购价格 2.8~3.8 元 /kg，最高达到 4.0 元 /kg，种植效益 500~700 元 /667m^2，最高 1 100 元 /667m^2。当地未形成大的粮食收购、加工市场，数量多，规模小。除了满足当地消费需要外，还销往洛阳、三门峡等地。

宁夏回族自治区

1. 西吉县

西吉县位于宁夏回族自治区南部，位于六盘山西麓，地处黄土高原中心地带。东西长 67km，南北宽 74km，是一个少数民族聚居区，回族占全县总人口的 54.9%。平均海拔 2 400m（1 688~2 633m），气候具有春寒干旱、夏短温和、秋凉多雨、冬冷少雪、四季分布不均、无霜期短的特点。光照资源丰富，日照时数长。年均气温 5.3℃，≥ 10℃积温 1 850~2 320℃，无霜期 129d。年均降水量 420mm（350~500mm），7~9 月份降水量占全年总降水量的 60.9%。谷子常年播种面积 2 000hm^2，种植方式为露地直播，品种以晋谷 9 号、小黄谷为主，产量 200~250kg/667m^2。近年来，引进推广了陇谷 6 号、陇谷 11 号、大同 14 号、大同 29 号、大同 32 号、张杂谷 3 号、5 号、6 号等优质谷子新品种，开展了全覆膜穴播栽培试验示范，一些原来不能正常成熟的谷子品种正在逐步得到应用。2010 年，双垄沟全覆膜谷子产量达到 350~400kg/667m^2。纯收入 600 元 / 667m^2 以上。西吉县主导产业是马铃薯，为了解决长年种植马铃薯带来的病害问题，“十二五”期间，谷子面积将会有一个较大的发展。

2. 同心县

同心县位于宁夏回族自治区中南部，地处鄂尔多斯台地与黄土高原北部的衔接地带，海拔 1 260~2 625m，属典型的温带大陆性气候，四季分明，日照充足，昼夜温差大，年均降水量 272.6mm，而蒸发量却高达 2 740mm，干旱是最大的自然特征。年平均气温 8.4℃，≥ 10℃积温 2 970℃ ~3 160℃，多年平均日照 3 024h，无霜期 183d。全县谷子面积 3 330hm^2 左右，主要种植在以地势比较平坦的韦州、下马关、预旺乡（镇）为主的旱作塬区和以马高庄、田老庄、张家塬、窑山四乡（镇）及王团、预旺山区构成的干旱山区。谷子品种包括晋谷 9 号、小金黄、绳头子等，单产量 100kg/667m^2 左右。谷子种植主要依据早春降雨情况看墒播种。干旱频繁、密度过大、很少间苗是谷子产量低的主要原因。

3. 原州区

原州区位于宁夏回族自治区南部，地处宁南黄土高原丘陵中部和六盘山山地东北部，是西安、兰州、银川三省会城市的三角中心。境内山多川少，现有耕地面积 10.3 万 hm^2，其中旱地 9 万 hm^2，占耕地总面积的 87.4%。海拔 1 450~2 500m，属暖温带半干旱气候，年降水量 300~550 mm，其中 7、8、9 三个月降水占总降水量的 68%；年蒸发量 2 200mm，是降水量的 4~7 倍。人均水资源占有量不足 200m^3，是全国平均水平的 14%，属典型的旱作农业区。平均气温 6.3~7.5℃，无霜期 120~160d，年日照 2 518h，有效年积温 2 500~3 200℃。属一年一作农业耕作制度。原州区谷子面积约 2 000hm^2，主要品种为大同 14 号、晋谷 9 号、陇谷 11 号、绳头子，平均单产 300kg/667m^2 左右。近年来，引进了张杂谷 3 号、5 号、6 号，示范推广了全覆膜垄沟谷子种植技术，谷子产量水平得到大幅度提高。全覆膜垄沟种植谷子产量达到 350~400kg/667m^2。2008 年，县域内成立了宁夏宁鑫米业加工专业合作社，在合作社订单农业的带动下，谷子面积正在逐年扩大。

4. 海原县

海原县地处宁夏中部干旱带，从南到北横跨中温带干草原和荒漠草原，属黄河中游黄土丘陵沟壑区。位于东经 105° 09′ ~106° 10′，北纬 36° 06′ ~37° 04′，海拔 1 366~2 955m。东与原州区相连，南与西吉县接壤，西临甘肃靖远、会宁县，北濒中卫、同心县。南北长 95km，东西宽 80km，全县面积 6 899km^2。深居内陆，大陆性季风气候明显，春暖迟、夏热短、秋凉早、冬寒长。年均气温 7℃，≥ 10℃积温 2 398℃，无霜期 149~171d。年降水量平均 286mm，干燥度 2.17。年平均太阳总辐射量 5 642MJ/m^2，年日照 2 710h。年种植谷子 2 000~2 700hm^2，单产 100kg/667m^2 左右。主要品种为晋谷 9 号、大同 14 号、绳头子。近年来，为克服干旱对谷子生产的不利影响，开始推广谷子膜侧集雨集流栽培技术，谷子产量达到了 150kg/667m^2 左右。

5. 盐池县

盐池县地处宁夏东部、毛乌素沙漠南缘，东邻陕西定边县，南接甘肃环县，北靠内蒙鄂托克前旗，属陕、甘、宁、蒙四省（区）交界地带。全县南北长 110km，东西宽 66km，辖区总面积 8 661.3km^2，是宁夏面积最大的县。属鄂尔多斯台地向黄土高原过渡地带，地势南高北低，平均海拔 1 600m（1 300~1 900m）。有耕地 14.5 万 hm^2，人均 0.93hm^2。盐池是宁夏中部干旱带山区县，属典型的大陆性季风气候，晴天多，降雨少，光能丰富，日照充足，年平均气温 9.2℃，冬夏两季气候迥异，平均温差 28℃左右，秋冬交节之际，昼夜温差可达 20℃。≥ 10℃积温 3 120~3 310℃，无霜期 168d。年降水量 280mm。全县年种植谷子 2 000hm^2 左右，由于种植在旱地，降雨少，平均产量不足 100kg/667m^2。县域内有宁夏山逗子杂粮绿色食品有限公司进行收购深加工，该产区也是位于银川市的宁夏新野食品有限公司的谷子出口基地之一。

（四）全国谷子主要加工企业

我国的谷子企业发展与改革开放同行，从无到有，遍布我国北方谷子主产区。

我国拥有记载在册的小米加工企业58家，还有数以千计的作坊式生产者，主要分布在黑龙江、吉林、辽宁、河北、山东、山西、内蒙古、河南、陕西、甘肃、宁夏等省区。其中，拥有企业最多的是山西省，其次是吉林省。随着国家相关政策的引导和政府扶持力度的加大，小米加工企业发展得很快。如今，大部分小米加工企业都实现了生产的标准化和管理的现代化，并且基本上都建有自己的优质小米种植基地，多则数万亩，少则几百亩，以生产无公害、绿色、有机小米为主。截至2009年春，我国通过绿色食品认证的小米产品有103个，认证的品牌有83个，其中，产品数最多的省份是辽宁，其次是吉林、黑龙江和山西，品牌数最多的省份是吉林，其次是辽宁、山西和黑龙江。这些绿色产品的形成，为我国谷子产业的发展注入了生机。围绕着绿色和有机产品的生产，已在谷子生产有优势的地区形成了多个谷子规模化生产基地，如山西省的沁县和武乡县、河北省的武安市、内蒙古自治区的赤峰和辽宁省的建平县等。近年来，依托谷子规模化生产基地，涌现出一批以小米开发为主业的公司，如山西沁州黄小米（集团）有限公司、山西沁州檀山皇小米发展有限公司，河北仓盛兴粮油工贸有限公司等。这些公司的出现对小米产业的发展起到了引领和促进作用。目前，小米加工企业普遍实行“公司+基地+农户”的经营模式，坚持走公司连基地、基地连农户的发展道路。采用这种经营方式，不仅可以为企业提供优质、充足的原料，保证产品质量，而且能够促进农民增收，推动当地经济的发展，可谓是“一举三得”。

总体上看，我国谷子加工企业目前仍处于“一小、二散、三低”状态。企业的规模小，现代化的大型企业很少。产业布局和生产基地分散，产业集群更谈不上。产品主要以初级加工产品为主，科学技术含量低、自主创新能力低、工业化程度低。

面对市场的需求，我国的谷子企业需要跨越式发展。在未来的征程中需要明确发展定位，加强品牌建设，强化安全意识，抓好产品开发，抓好销售，注重企业文化建设。

我们希望并坚信，小作物也会形成大产业、大经济，民族的就是世界的。

河北省

张家口天勤农贸有限公司

公司位于中国鲜食玉米之乡河北省万全县，紧邻丹拉高速、张石高速、110国道、207国道，交通极为便利，是一家公司加基地集农产品研发、加工为一体的市级农业产业化龙头企业，主要产品有鲜食玉米、甜玉米粒、糯玉米超细粉、糯玉米糁、富硒大米、小杂粮系列产品、燕麦、荞麦系列产品。公司开发生产的“天勤粒粒净”牌系列产品远销韩国、日本及国内各大城市——北京、天津、上海、郑州、呼和浩特、大同等及张家口市周边区、县，深受客户的好评。公司是张家口卷烟厂副食品基地，建设有高标准的养猪场、蔬菜种植基地。“天勤粒粒净”牌系列产品以基地当年生产的优质粮食为原料，不含任何添加剂，是纯天然绿色食品，荣获“第八届中国（廊坊）农产品交易会名优农产品”、“河北省优质产品”、“河北省著名商标企业”及“3·15消费者信得过产品”等荣誉称号。

承德隆泉米业有限责任公司

公司成立于2000年，是河北省首家集无公害、绿色、生态、有机水稻基地开发、品种繁育、生产加工、物流销售为一体的农业科技型龙头企业。公司现有固定资产净值3 100万元，净资产3 070万元，职工110人，大专以上人员占总人数的50%以上，技术力量雄厚。公司以基地建设为基础，以有机食品为发展平台，以公司—基地—农户为产业发展模式，现已形成优质稳定的水稻生产基地2 000hm^2，涉及全县6个乡镇36个行政村，直接带动农户5 000户，每年直接为农民增加收入500万元以上。公司拥有国际一流的全自动加工生产线2条，具有年产无公害大米、绿色生态大米、有机大米30 000t、生态杂粮1 000t的生产能力。产品畅销国内10多个省市、部分产品已进入国际市场。2008年度销售收入达到了7 200万元。公司已通过农业部无公害产品认证、绿色食品认证、有机农产品生产加工认证，是农业部全国农业技术推广服务中心第一家指定使用“爱比美”生态食品标识的企业，公司连续三届被河北省人民政府认定为河北省农业产业化重点龙头企业、2005年被认定为河北省扶贫龙头企业，同时连续4年被中国农业发展银行河北省分行评为AA级客户。

仓盛兴粮油工贸有限公司

公司成立于2001年5月，是以粮油生产、加工、经营为一体的河北省农业产业化经营重点龙头企业，公司总资产150 000万元，其中，流动资金78 000万元，固定资产73 000万元。公司主要产品及经营品种有优质小米、各种食用植物油、棉短绒、棉粕、大宗粮食、小杂粮等。450多家食用油连锁店形成强大的购销网络，覆盖着中原市场，成为华北地区最大的小米加工基地、食用油基地，产品远销到东北、广东、湖南、湖北、北京、天津、山东、山西、陕西、河南等地区，部分产品还经过转口贸易出口到国外。公司下设三个分公司，河北仓盛兴粮油工贸有限公司武安米业分公司为其中之一。武安米业分公司新建一条日产 60t 的小米生产线，并于 2008 年取得食品生产许可证，现有员工 230 名，其中，高级农艺师 3 名，技术员 18 名，种植基地面积 13 333.3hm^2，年产武安小米 30 000t 以上，目前主要营销网络遍及北京、上海、齐齐哈尔等国内大中型城市和河北省的地、市级以上市区的各大型超市。

深州市长盛碾米厂

公司成立于 2002 年，属私营独资企业，位于河北省深州市王家井镇东工业区，主营产品为谷子、小米糠、小米。通过七年的努力，公司已建立了规范的标准化体系，业务规模不断拓展，产品进入本市及外地多家超市、批发市场，深受广大消费者喜爱。

山西省

山西沁洲黄小米（集团）有限公司

公司成立于1989年，2002年组建集团，下设5个控股子公司，注册资本12 000万元，现有员工230名。公司是以沁州黄小米为主导产品，集良种繁育、科研、基地、加工、销售于一体的省级农业产业化龙头企业，营销网络遍布北京、天津、石家庄、郑州、上海、青岛、齐齐哈尔、内蒙古、大连等大中城市和山西地、市以上城市，是山西省“1311”农业产业化重点企业。沁州黄小米连续荣获“山西省名牌产品”，列入国家地理标志产品，并通过ISO9001国际质量体系认证、QS认证、绿色食品认证、有机食品认证。2006年6月“沁州”商标获“中国驰名商标”，同年该小米又获“中国名牌农产品”称号，2007年被授予国家级“守合同重信用”单位、中国农业银行山西省支行“AAA级信誉度企业”，2009年10月在中国（山西）特色农产品交易博览会上荣获最佳畅销产品奖。2008年企业为了拓展“沁州”驰名品牌，延伸小米产业集群，坚持走科研创新发展之路，同中国农业大学、山西农业科学院等七家科研院校联合研发小米营养粉深加工项目，投产后，预计年产值可达512 000万元，实现利税100 000万元，必将更快的推动上党地区农业产业化进程，实现产品多元化、市场品牌化、经营产业化。

山西沁州檀山皇小米发展有限公司

公司成立于1998年，注册资金390万元，从业人员189人。1999年4月，在久负盛名的中国名米第一村——檀山，购买荒山66.7hm^2，租赁正宗“沁州黄”小米发源地——檀山凤凰台周围耕地7.3hm^2，作为育种示范基地，并投资注册山西沁县檀山皇小米基地有限公司，公司近5年合同订单稳定在1 333.3hm^{2}以上。2000年至今被省委、省政府命名为省农业产业化龙头企业，2008年被评为国家级扶贫龙头企业。企业多年来一直坚持走公司连基地、基地连农户的发展道路，集基地建设、良种繁育、科研示范、订单农业、生产加工、市场营销于一体，产品覆盖山西全省，遍布北京、上海、天津、内蒙古、山东、河南、河北、广州、云南等大中城市。檀山村、檀山皇公司被省政府推荐入选参加国际农交会“一村一品”成果展示。公司产品1998年荣获澳门首届世界农业博览会金奖，1999年至今连续荣获北京、济南中国国际农业博览会和中国国际农副产品交易会名牌产品、畅销产品、优秀展示奖，2000年通过国家绿色食品标志认证，2005年通过ISO9001：2000国际质量管理体系认证，2008年通过QS生产许可认证，2008年荣获中国名牌农产品。

山西武乡老家农业开发有限公司

公司创建于2006年，位于武乡县上司乡韩庄村。该公司致力于秉承革命老区传统，充分挖掘八路军文化，依托上司乡盛产优质小米的优越条件，提出“感念老家，品味自然”的公司发展理念，按照武乡县委、县政府提出的大力推进特色农业产业化发展战略，努力打造武乡最具竞争力和影响力的特色产业化龙头企业。目前已具备生产 10 000t 小米加工能力。公司先后取得 QS 认证、绿色认证、无公害认证和有机食品认证。公司采取公司加农户，农户连基地的办法，以小米等产品为依托，建设有农业生态园区，形成了集观光旅游、休闲垂钓、农业采摘、体验农家等为一体的现代农业。公司目前拥有高山无公害优质小米基地 133.3hm^2，厂房 3 200m^2，年可生产小米、杂粮、石磨面、手工挂面、野生苦菜等 20 余个品种以及加工产品 1 500t，加工产品有葱丝辣椒、炒指、苦菜、炒南瓜子、炒番薯干等，许多产品已销往北京、太原、石家庄等城市，深受广大消费者的欢迎和青睐。

山西武乡晋昌农业生态园有限公司

公司位于武乡县城北 0.5km 处，创建于 2009 年 5 月，是一家以特色种植、养殖为一体的民营企业，厂房和办公区占地 1.3hm^2，拥有无公害小米基地 333.3hm^2，乌鸡养殖基地 1 500m^2，拥有荒山、荒坡 5.3hm^2，种植绵核桃 18.7hm^2。公司现有员工 69 人，其中，本科专业人员 6 名，技术专业人才 20 名，下设太行畜禽、鹰翔两个子公司，现有资产 2 600 万元，固定资产 1 400 万元。公司拥有年生产小米 10 000t 的加工设备，生产有机、无公害黄小米、黑小米、小杂粮等特色农副产品，现已通过 QS 认证和绿色食品认证，绿色食品生产基地认证，生产的小米质地优良、色泽纯净、自然原色、胎胚不被破坏、营养丰富，是老少皆宜的绿色营养食品。公司被武乡县委、县政府评为 2009 年“十大农业龙头企业”。

山西丰田食品有限责任公司

公司位于沁水县龙港镇梅苑社区，是山西省 1995 年省财政、扶贫办扶持的第一批农业产业化龙头骨干企业。公司占地面积 733.3hm^2，建筑面积 333.3hm^2，现有职工 661 人。公司以“市场牵龙头、龙头带基地、基地联农户、农户加标准”的农业产业化模式运作。1999 年黑色杂粮基地被科技部列入“星火计划”，2003 年 10 月公司所生产的小米、大豆、绿豆等七个产品获得国家绿色食品发展中心认证，2005 年通过了 ISO9001：2000 国家质量管理体系认证，2008 年沁水黄小米产品被山西省名牌农产品评选认定委员会评选为“山西名牌农产品”。公司的商标是山西省著名商标，产品全部通过 QS 认证。公司曾先后荣获“99 中国国际农业博览会山西名牌产品”、“1999~2000 年度山西消费者协会推荐产品”、“98 深圳首届国际食品展览会最受欢迎产品”、“2005 年中国第二届国际农产品交易会畅销产品”和“优秀参展企业奖”，2008 年荣获第六届中国国际农产品交易会“畅销产品奖”，被评为山西省“优秀企业”，获山西省科技厅“先进服务机构奖”。

陵川县喜禾金小米专业合作社

合作社于 2008 年组建，主要围绕有机小米的生产、加工、包装、销售进行运作，目前已制定了比较规范严谨的有机谷子栽培规程，建立了有机谷子基地 100hm^2。两年中合作社业务规模不断拓展，把有机优质小米做成了陵川县西河底镇的特色产业，在新农村建设、农业增效、农民增收中真正起到了龙头作用。

晋城市彤康食品有限公司

公司成立于2007年7月，是泽州县一矿一业转型发展的重点项目，注册资金2 000万元，主要加工小米、杂粮、面粉、豆制品及各种山楂系列产品。依托当地丰富的农产品优势，公司经营开发的农业综合项目有：万吨“米康尔”小杂粮系列、万吨山楂产品系列、$200hm^2$山楂果树种植基地、万吨石磨豆制品系列、万只生态散养鸡以及其他农产品开发项目。公司以“公司 + 合作社 + 基地 + 农户 + 市场”的经营模式，建立了有机农业种植基地$666.7hm^2$，目前已有$66.7hm^2$农产品种植基地通过了北京中安认证中心的有机认证，“米康尔”小杂粮系列产品及“珂味”豆制品系列产品的QS质量体系认证通过了省专家组的审查。“米康尔”系列杂粮产品市场遍布山西、河南、河北、北京等地，年销售额达2 000万元。

长治壶关辛寨绿色醋业有限公司

公司位于“太行山大峡谷，国家级森林公园”的“上党老陈醋之乡”辛寨村，是长治市委、市政府重点扶持的农业产业化龙头企业，也是山西省唯一的绿色陈醋生产基地。辛寨绿色醋业公司现已成为集原料基地、科研开发、加工酿造、文化发掘、包装运输、营销为一体的专业食品制造商。2000年以来，公司以年均60%以上的速度快速崛起，总资产达到1 700万元，员工100余人，占地$12\ 000m^2$，并以“公司 + 农户”的模式，配套建设了$66.7hm^2$谷子的优质原料基地，年产各类陈醋2 500t。公司开发生产出“辛世方”牌小米老陈醋、小米陈醋、上党香醋、小米腌蛋醋四大系列20余个品种，其中“辛世方”牌小米腌蛋醋是公司的主导产品，2002年被国家绿色食品发展中心认证为绿色食品。公司先后荣获“山西省十佳健康产品”、“山西省优秀农产品”、“十佳品牌有机食品基地”、“消费者信得过单位”、“AA级信用度企业”、“标兵企业”等称号，全部产品达到山西省质量AA信誉等级标准。

寿阳县晋荞基地米业有限公司

公司始建于1998年，属民营股份制企业，目前注册资金1 000万元，固定资产3 000万元，拥有“晨亿”、“祁隽藻”两个注册商标，年加工转化杂粮16 000t，产值达4 000万元，形成了“公司 + 合作社 + 标准化+农户 + 基地 + 订单 + 市场”的多元化、产业化、规模化发展模式，成为杂粮新品种引进、试验、标范、推广、种植、收购、加工、销售为一体的晋中市农业产业化龙头企业。公司占地$1.3hm^2$，拥有国内先进的小米生产线一条、杂粮面粉生产线一条，其他相关杂粮加工、筛选等设备8台（套），无公害杂粮基地$3\ 333.3hm^2$，并通过农业部无公害产品认证、有机食品认证，主要产品有小米系列、苦荞系列、杂粮系列共30余个，产品销往北京、天津、河南、乌鲁木齐、福建、武汉、太原、阳泉、晋中等地，部分产品间接出口日本、韩国。2008年公司被山西省统计局授予“同行业十强企业”，2007年被省工商局授予“山西省著名商标”，2008年1月被省名牌认定委员会授予“山西名牌农产品”荣誉称号。产品荣获第一至第四届农交会畅销产品奖、第七届农交会金奖、2009年全国农产品加工业博览会金奖、中国山西特博会金奖。

左权县龙鑫种植专业合作社

合作社筹建于2006年，注册资本300万元。目前，公司产品已通过了农业部无公害认证，QS认证已经申报，正在审批中。公司建有绿色良种名米产业基地200hm^2，生产加工车间500m^2，成品库200m^2，综合办公室300m^2。公司拥有小米传统石碾加工车间，解决了小米加工过程中高温破坏米质的难题。主要产品为小米，另有豆面、荞面、莜面等小杂粮，年可加工生产优质小米400t，产品稳定占领了左权周边县市，并远销北京、内蒙古、太原、山东、河北等地。公司2008年获“左权县生态庄园经济十大标兵”称号、“左权县先进专业合作社”称号，2009年被山西省谷子研究所定为“谷子新品种试验示范基地”、被左权县政府定为“左权县下岗再就业实训基地”。2009年，公司产品参加了山西省农业博览会和中国长春农业国际博览会，成为山西农博会和长春农博会的优质名牌产品，受到了广大客户的一致好评。

榆社县河峪小米专业合作社

合作社于2004年组建，2008年通过了食品质量安全QS认证，拥有无公害谷子标准化种植基地2 000hm^2，标准化生产车间600m^2，谷子贮藏库1 000m^2，成品库200m^2，有小米加工、包装设备，下设谷子研究中心，实现了科研、种植、加工、销售一体化。“河峪”小米、杂粮以其独特的品质，获得了无公害产品认证，荣获“山西名牌农产品”、“山西特色农产品”、“全国农产品行业质量十大知名品牌”、“第四届中国国际农产品交易会优秀参展企业”、2009年第七届中国国际农交会产品金奖、全国农产品加工业博览会优质产品奖、中国（山西）特色农产品交易博览会金奖等荣誉。合作社实行以“合作社+基地+农户”的运作模式，已成为当地最具带动能力的龙头企业，是“晋中市市级龙头企业”、“助农增收先进单位”、“AAA级农民专业合作社”、“百佳农民专业合作社”。合作社开发的“五色小米”（红、绿、黑、白、黄色）填补了市场的空白，产品销往北京、天津、上海、太原、晋中等地。

吕梁市瑞俪汾阳香米厂

公司始建于1999年10月，现有职工120余人，厂区占地面积23 000m^2，拥有优质谷子种植基地1 333.3hm^2。“瑞俪”牌小米系列誉满三晋，是山西省规模较大的农业产业化龙头企业之一，2003年与2006年连续两次被吕梁市工商局认定为“吕梁市知名商标”，是汾阳市小米产业协会“会员单位”。公司在2007年投资38万元购进了流水线生产设备和自动包装设备，实现了生产的自动化控制和操作的高标准，在产品的包装上采用精品包装多样化，分级分类开发了具有20余个不同规格的“瑞俪”牌小米系列产品。公司产品销往北京、天津、广州、深圳、石家庄、西安、唐山、长春、山东、郑州等地，出口加拿大，近日正在向俄罗斯出口。

山西汾州香米业有限公司

公司前身为汾阳绿原米业开发有限公司，是在汾阳市农业产业结构调整中发展壮大的股份制食品加工企业。公司于2000年8月登记注册，组建经营，目前公司占地面积40 000m^2，建筑面积

3 000m^2，资产总额 2 700 万元，基地种植面积 2 333hm^2，年产小米 14 000t。公司被中国农学会杂粮分会确定为“优质杂粮精品加工企业”，被山西省警卫局确定为专供中央领导机购、特供商品的定点加工企业，是吕梁市首批命名的“农业产业化龙头企业”和“一级信用度企业”。公司通过了 ISO9001：2000 质量管理体系认证和 QS 认证，获得了绿色食品证书，生产的“回楼黄”、“汾州香”小米系列产品是“山西名牌产品”和“山西省著名商标”。为了延伸产业链条，公司还研制开发了“小米方便粥”系列产品，产品营销网络遍布北京、天津、河南、昆明、西安、呼和浩特、包头等大中城市和山西地、市以上城市，并出口蒙古、加拿大等国，年销售量达 3 000t。

山西省汾阳市颐养土特产贸易中心

中心成立于 2001 年，现拥有“汾州”、“文湖”、“颐养”三大注册品牌，从一开始单一的核桃加工到现在的小米、红枣、杂粮等多种农副土特产品的生产加工，基本上形成了农工贸一体化、产加销一条龙的经营格局。公司拥有现代化的产品加工生产流水设备和设施及完善的产品化验检验设施设备，“颐养”牌产品为无公害绿色产品，被评为吕梁市名牌产品和消费者信得过产品，远销河南、河北、陕西、北京、天津、海南、上海等地，深受广大客户欢迎。2003 年公司被汾阳市工商局评为重合同、守信誉企业。

山西东方物华农业科技有限责任公司

公司成立于 1996 年，注册资金 1 000 万元，是一家以种植、加工、销售农产品为主业，集科研、制造、营销为一体的现代化农业产业化企业，是大同市农业产业化龙头企业，已通过了 ISO9001 国际质量管理体系认证，是小米新国标的起草单位之一。公司生产的“东方亮”小米系列产品已通过 QS 认证、绿色食品认证、无公害认证、有机产品认证。“东方亮”小米是明清两代贡米，是 2008 年北京奥运会专供产品，2007 年起为国家“两会”专供产品，2009 年荣获第七届中国国际农交会金奖，是山西省名牌产品，“东方亮”品牌获山西省著名商标。公司有种植基地 3 333.3hm^2，建在国家绿色农业示范区——享有“纯天然谷地”美誉的广灵县。

屯留县珍珠黄御膳贡米有限公司

公司组建于 2004 年，占地面积 10 000m^2，生产、仓储面积 3 000m^2，种植基地面积 1 333.3hm^2，拥有员工 65 名及年生产加工能力 5 000t 的碾米生产线一条，公司以“珍珠黄”小米为主导产品，是集种植、加工、销售于一体的农业产业化龙头企业。公司对“珍珠黄”小米的开发严格按照绿色食品生产要求，从地块选择、田间管理、谷物收获，到产品入库加工，全部实行标准化管理，种植基地限使用化肥、农药，只施用腐熟的农家肥和生物菌肥，采用先进的低温加工技术，保全了产品的营养结构，品质天然、有机。公司年产小米 5 000t，销往华北地区 20 多个大中城市，销售收入约 300 万元，创利税 24 万元。

内蒙古自治区

赤峰市蒙天粮油购销有限责任公司

公司是2004年由原阿旗天山杂粮中心批发市场转制建立的一家以杂粮精深加工、购销、仓储、运输、代购代销为一体的产业化重点龙头企业。2006年被自治区政府认定为自治区产业化的重点龙头企业，2007年12月被国家粮食局、中国农业发展银行评定为重点支持的粮油产业化企业。公司对原有基础设施进行了技术更新改造，新建小米、绿豆、荞麦米、玉米渣等杂粮精选包装生产线和一座烘干塔，有效仓容18 000t，吞吐能力50 000t，日烘干潮粮200t，精加工小包装杂粮20 000t。公司以发展高科技含量、高附加值、绿色有机食品为主攻方向，实行“公司+农户+基地”的经营方式，建立有机食品种植基地8 000hm^2，目前注册商标有“蒙天”、“蒙田”、“e谷”。

内蒙古二龙屯有机农业有限责任公司

公司是内蒙古自治区唯一一家以开发高附加值的有机农牧业产品为主，集种植、养殖、加工、销售为一体的综合性有机产品公司。坐落在科右中旗巴彦呼舒镇，占地面积66.7hm^2，生产车间5 000m^2，仓储15 000m^2，办公室1 500m^2。公司拥有国际领先技术的先进加工设备，已通过ISO9001:2000国际质量管理体系认证、ISO14001:2004国际环境管理体系认证、有机食品三大认证，HACCP以及国务院特供产品的认证正在审核之中。公司2007年4月被评为“兴安盟农牧产业化重点龙头企业”，2007年7月被评为“内蒙古民营企业100强”，2008年5月被评为“内蒙古百佳诚信私营企业”。公司生产的“二龙屯”牌有机小米、有机大米、有机杂粮、营养复混米等产品已远销北京、上海、广州、昆明、大连、呼和浩特等地，产品供不应求。公司已完成有机认证面积33 333.3hm^2，成立了兴安盟有机农产品开发协会、额木庭高勒绿色无公害谷子生产协会，企业为协会会员，辐射农牧民1 500户、6 300人。

敖汉旗惠隆杂粮种植专业合作社

合作社位于被联合国环境规划署授予“全球环境500佳”环境奖的内蒙古自治区敖汉旗，是在当地政府的大力支持下，依据《农民专业合作社法》要求组建的以有机杂粮生产经营为主体的农民专业化合作组织。合作社以扎赛营子村现有的666.7hm^2杂粮基地为开发基础，面向京、津、唐等大中城市消费市场，不断发展壮大合作社成员队伍，扩大种植规模，发展订单农业，进行有机杂粮的生产，农产品初、精、深加工业务。合作社生产的“孟克河”牌坡地有机杂粮全部产于孟克河两岸山坡地带，生产过程严格采用有机农业种植标准生产，产品经过了北京东方嘉禾认证中心的有机认证，并经中国有机农业产业发展联盟的推广，已经开始进入到全国各大中心城市。合作社拳头产品“孟克河”牌有机黄金小米，具有色泽光、口感好、味道纯、质地软、不回生、营养丰富的特点，深受广大客户的好评，被农业部全国农业科技推广中心的旱粮专家评为目前市场上“最好吃的小米”。

翁牛特旗紫辰绿色食品有限责任公司

公司前身是翁牛特旗粮油经营总公司，注册资金300万元，有自营出口权。该公司是根据粮改要求，适应市场需要建立的国有控股企业。总公司位于旗政府所在地乌丹镇新华街中段，下辖小米、稻谷加工厂和荞麦米、荞麦壳枕芯加工厂，生产加工企业总占地面积32 000m^2，建筑面积6 200m^2。公司主要经营业务：粮油购销；粮食产品初、精加工；发展基地，推广订单农业；开发绿色食品和有机食品，打造品牌，提高翁旗粮食产品的知名度，扩展市场，提高市场占有率。目前，公司已建立有机原料生产基地333.3hm^2，小米、稻谷、荞麦三个品种获得有机食品认证。同时，公司有一大批较为稳定的客户群，销售渠道通达全国各地。另外，出口贸易也在稳步增加，特别是在日本、韩国、法国、俄罗斯、东欧的部分国家均有一些固定销售客户。

内蒙古蒙清小香米有限责任公司

公司是专门从事绿色有机食品生产及加工的农业产业化重点龙头企业。公司集研究、培育、种植、加工、贸易为一体，主打产品刘三堂“蒙清”小香米、莜麦、荞麦、糜子、山茶等9种杂粮系列产品均已获农业部中绿华夏有机食品权威认证，中国绿色食品发展中心认证其为AA^+级绿色食品。公司专门成立了一支膳食专家组，紧跟国际健康饮食潮流，依据人体机理健康运行所需营养的科学搭配，潜心研究出“蒙清”小香米系列杂粮有机食品，并相应推出合理的膳食搭配，深受时尚一族、酒色一族、失眠一族及体弱老幼孕产妇人群的欢迎。同时，公司利用优质原料大力发展深加工产品——高蛋白营养粉及其他熟食产品。公司目前拥有3 333.3hm^2有机绿色农场，采用3年轮作换茬耕种，从种植到加工每道工艺都有农艺专家精心指导。

辽宁省

朝阳格兰生态农业有限公司

公司组建于2003年，通过6年多的努力，已建立了比较规范严谨的标准化体系，业务规模不断拓展，目前，通过了欧盟CU标准认证，其装备水平和管理水平达到了现代企业规范要求。建设有绿色优势名米产业基地1 333.3hm^2，良种繁育基地13.3hm^2，标准化生产车间260m^2，谷子储藏库200m^2，成品库500m^2，综合办公楼1 300m^2，有小米自动化加工、色选、包装设备，实现了机械化生产、标准化流水作业。公司奋斗的业绩得到社会认可，年生产安全营养优质小米1 000t，产品全部销往欧盟、日本及其他国外市场，是中国农业银行辽宁省支行“AAA级信誉度企业”，是辽宁省龙头企业单位。

朝阳金禾公司

公司成立于2004年，经过5年多的努力，建立了比较规范严谨的标准化体系，业务规模不断拓展，目前，通过了省级绿色食品认证，建设有绿色优势名米产业基地2 000hm^2，良种繁育基地400hm^2，标准化生产车间500m^2，谷子贮藏库2 000m^2，综合办公楼2 000m^2，有小米自动化加工、色选、包装设备，实现了机械化生产、标准化流水作业目标。公司年生产安全营养优质小米500t，产品主销东北、石家庄、上海、深圳等城市，并进入北京大超市20多个连锁店。公司是中国农业银行辽宁省支行“AAA级信誉度企业”。

建平红旭农林产品加工有限公司

公司成立于2004年，下设的粮米加工厂有10余年的生产历史，日加工精米20t。该公司已有6种产品通过国家有机食品认证，“红旭”一品贡米于2007年5月在上海“中国有机食品展”上一举夺魁，并于同年9月获得欧盟BCS有机认证。公司总占地面积20 000m^2，固定资产1 600万元，资产负债率11%，是银行AAA级信用企业。公司下设粮米购销商行、精米加工厂、荞麦米加工厂、良种繁育基地、养牛厂等，共有员工111人，其中，管理人员8人、生产技术人员5人，一线员工绝大部分来自农村剩余劳动力。该公司是建平县农林产品加工、销售行业的大户，也是建平县杂粮产业出口创汇大户，是德国博公司在中国的首席杂粮加工企业。2007年与德国德威公司签订出口欧盟的一笔精选小米订单，就达8 000t，为当地杂粮种植户增收60万元。2010年公司投资1 800万元计划完成新厂区建设，新厂区正式生产后，企业年购销量可达到10万t，可实现年产值15 000万元、利税2 200万元，带动农户2 000户。

吉林省

乾安县君字农副产品有限责任公司

公司创建于2002年7月，位于科尔沁大草原西部，乾安县城西南部，占地20 000m^2，拥有固定资产1 200万元，是吉林省政府农委重点创名牌民营企业。公司对外贸易以“淞源”牌乾安黄小米、豆类、荞麦米、荞麦粉等有机杂粮为主，国内市场以加工乾安黄小米、玉米面、玉米渣、速冻黏玉米、特色精装各种小杂粮为主。公司管理已通过ISO9001：2008管理体系验证，乾安黄小米、绿豆、荞麦粉等8个品种已通过有机食品验证，有机食品基地已达到366.7hm^2，无公害基地达86.7hm^2，公司主要生产“淞源”牌特色的乾安黄小米、绿豆等所选用原材料都是产自公司基地。2003年公司生产的“淞源”牌乾安县黄小米在第三届长春国际食品博览会上，被评为名牌产品，“淞源”牌商标被吉林省政府评为著名商标，2007年“淞源”牌小米被吉林省政府评为吉林省名牌产品，2009年公司被松原市政府授予产业化龙头企业，同年乾安县政府把乾安黄小米申报为国家地理区域保护产品。

吉林省乾安县迎春农产品有限公司

公司始建于2007年，位于松嫩平原西部，乾安县最北端，与大安交界的余字乡后盈村，现有员工30人。通过近3年的努力，公司已建立比较规范先进的管理模式，目前产品已通过ISO9000国家质量体系认证和OHSM18000职业健康安全管理系统认证，其装备水平和管理水平达到了现代企业的规范化要求。公司占地面积12 000m^2，有标准化生产车间500m^2，谷子贮存库1 000m^2，成品库200m^2，办公室120m^2，稳定的绿色优质谷子产业基地400hm^2，并拥有小米自动化加工、色选、包装等先进设备。公司生产的小米被誉为“绿色黄金小米”，年产量1 500t。该公司的经营理念和信誉得到社会的认可，产品已打进吉林、上海、重庆、西安、河北等地的各大超市，深受消费者的喜爱。

乾安县所字镇前入村谷业合作社

合作社成立于2000年，现有员工35人。“老三人”的小米素来很出名，现已通过国家有机产品认证，并注册了“泥林”牌商标。合作社的装备水平和管理水平已达到现代企业的规范化要求，有比较稳定的谷子生产基地500hm^2，标准化生产车间450m^2，谷子贮存库800m^2，成品库220m^2，办公室180m^2。有自动化加工、真空包装、封口机等设备，年生产优质小米3 000t。目前该企业已得到了社会的认可，立足于土地集约化、机械化、生产水利化、农业产业化的集中管理优势，生产加工的“泥林”牌小米以其口感好、营养高等特点，已打入长春、上海、北京等地的市场，深受消费者的喜爱。

长春市农安县圣泉春实业有限责任公司

公司成立于1988年，是吉林省谷子骨干支柱企业之一。经过十几年的努力，公司已建立了比较规范严谨的标准化体系，通过了国家体系认证、QS认证，其装备水平和管理水平达到了现代企业规范化标准。建设有国家级农产品标准化谷子产业基地100hm^2，标准化生产车间300m^2，谷子储藏库1 000m^2，成品库400m^2，综合办公室340m^2，拥有小米自动化加工、包装设备，实现了机械化生产、标准化流水作业。公司年生产优质有机小米96 000kg，产品稳定占领吉林市场，远销辽宁、河北等地。2004年荣获吉林省农博会金奖，2005年荣获吉林省著名商标、吉林省养生保健协会推荐品牌，2006年被农业部评为国家级农产品标准示范区，2007年被吉林省农产品认定中心认证为有机产品，2008年被国家评为中国国际农业农产品博览会名牌产品。

通榆县香禾米业有限责任公司

公司成立于2008年，目前已通过了国家体系认证、QS认证，其装备水平和管理水平达到了现代企业规范化标准。建设有农产品标准化谷子产业基地100hm^2，标准化生产车间300m^2，谷子储藏库1 000m^2，成品库400m^2，综合办公室340m^2，拥有小米自动化加工、包装设备，实现了机械化生产、标准化流水作业，是通榆县谷子骨干支柱企业之一。公司年生产有机营养优质小米200t，该产品远销北京、上海等地。

通榆县鹤香米业有限责任公司

公司成立于2006年，注册资本100万元，现有固定资产近2 300万元，员工45人。公司占地21 000m^2，其中生产车间及库房占地5 000m^2，办公占地520m^2。公司以生产加工有机小米、有机角质玉米联产产品和大米产品为主，兼营杂粮杂豆，年加工能力为有机小米15 000t、水稻50 000t。现有有机基地100hm^2，有机小米的加工原料全部来源于自有基地。目前，公司已通过ISO9001:2000质量管理体系认证、HACCP安全管理体系认证和有机产品认证，拥有自营产品的进出口经营权，是吉林省农业产业化重点龙头企业。

吉林市百益有机农业开发有限公司

公司成立于2003年，注册资金100万元，是集种植、加工、销售为一体的现代股份制企业，主要经营有机杂粮、大米等产销业务。公司目前占地面积22 000m^2，建筑面积230m^2，有待开发的杂粮、水稻基地约3.3hm^2。公司2006年通过了有机产品管理体系认证，并导入了ISO9001质量管理体系。公司先后被吉林省共青团委、吉林市政府、吉林市工商局、舒兰市人民政府评为“吉林省共青团优秀农业园试验基地”、“吉林市农业产业化重点龙头企业”、“吉林市光彩之星”、“舒兰市青年文明号”、“舒兰市十佳企业”等称号。截至2009年公司总资产已达1 200万元，其中固定资产590万元，流动资产约620万元，2009年又投入资金5 000万元。公司是国内生产“有机孕婴专供米”、“有机糖尿病专供米”的领先专业公司，自正式投产以来，产品销售供不应求，前景看好。

吉林市浩江农产品开发有限公司

公司创建于2000年7月，工厂占地10 000m²，拥有固定资产500万元，是吉林省政府重点扶助民营企业。公司对外贸易以苏籽、芝麻、盐渍苏叶为主，国内市场以加工、经营紫苏营养油、芝麻油、笨榨精制大豆油等食用油脂，特色白小米、精制精装各种小杂粮，多品种小咸菜（其中辣腌紫苏小嫩叶的配方工艺为公司独有）三大系列为主。工厂所在地位于气候寒凉的长白山余脉，永吉县西部，该地区已通过联合国粮农组织ISO14000环境体系认证，盛产含 α－亚麻酸高达60%~70%的优质紫苏，种植面积近20 000hm²。公司产品所选原料均产自当地。2001年公司生产的特色白小米参加了北京绿色食品展销展示新闻发布会，并在当年的全国“两会”期间，被荣幸地端上了人大代表及政协委员们的餐桌。公司良好的经营业绩受到各级领导的关注，吉林省省长、吉林市市委书记曾先后到公司视察，公司董事长兼总经理刘江被吉林市政府评为“优秀民营企业家”和“创业明星”。

双辽市茂林镇先进米业

公司创办于2007年6月，位于吉林省双辽市茂林镇，占地面积2 400m²，其中，办公室和车间占地360m²，库房占地520m²，拥有谷物深加工机械一套，年加工能力为1 000t左右，同时可以加工高粱、糜子、荞麦等作物，是双辽市最大的精选谷子原料供应商和加工企业之一。公司生产设备先进，采用传统工艺和现代技术相结合，运用国内最先进的生产自动化控制和品质检测系统，卫生标准高，生产的“双辽”牌小米在市场上供不应求。三年来，公司坚持现代化管理与创新相结合，走集约化发展道路，已通过ISO9001国际质量体系认证、HACCP食品安全管理体系认证，先后被吉林省人民政府授予“农业产业化省级重点龙头企业”、“优秀民营企业”、“百强私营企业”等诸多荣誉称号。

镇赉县苏克马米业有限责任公司

企业位于镇赉县莫莫格乡所在地，占地面积5 000m²。公司前身为镇赉县嫩江湾小米公司，于2001年4月注册成立。2001年5月公司生产的小米由中国绿色食品发展中心鉴定为“A”级绿色食品。公司是集生产、加工、销售为一体的民营企业，现有员工18人，成立之初注册资金为50万元，经过建设与发展，现有总资产150万元。公司自成立以来，产品销售供不应求，远销北京、天津、河北、山东、吉林省内销往长春、吉林、延吉、四平等地。公司自成立以来，以良好的诚信服务于农户，每年均不拖欠农户的粮食款，做到让百姓放心，在群众中形成了良好的信誉，同时也极大地调动了农民种植谷子的积极性。公司这几年多次被评为“镇赉县农业产业化龙头企业”。

黑龙江省

齐齐哈尔市龙江县兴旺米业有限责任公司

公司组建于1999年，是龙江县综合性粮食加工龙头企业。公司占地48 000m^2，拥有车间3座。公司生产设备先进，年可加工A级绿色食品“雅鲁河”牌龙江小米20 000t、大米30 000t、玉米渣10 000t、精选豆系列5 000t。主要产品有“雅鲁河”牌龙江小米、大米、玉米渣、麦米、长寿米、月子米、八宝营养米、杂豆、饭豆大黄米、白豆高粱米、十谷素食营养米等系列产品，是龙江县唯一的一家绿色食品加工企业。按照黑龙江省委、省政府“打绿色牌、走特色路”的发展战略，公司采用现代化经营的管理模式，从绿色基地建设、产品加工、内部管理、市场营销等方面入手，积极打造完美的企业形象。公司生产的“雅鲁河”牌龙江小米，2001年获中国绿色食品发展中心批准使用“A”级绿色食品标识。公司产品畅销北京、上海、大连、沈阳、河南、加格达奇等地，得到了消费者的高度好评。

黑龙江黑土博大米业有限公司

公司组建于2009年6月，注册资金为50万元，该公司是在原有青冈县青研农作物种子研究所的基础上成立的，是集玉米、寒地黑土香谷种子研究，培育以及寒地黑土养生小米系列加工、销售为一体的股份制企业。公司位于青冈县城南3km，青冈至柞岗乡公路东侧300m处，现有办公室365m^2，有设备7台（件）、先进小米加工设备一套。公司下设的青研农作物种子研究所现有职工22人，其中，高级农艺师4人、助理农艺师6人，整体技术实力较强，专科以上学历10人，其中，大学本科4人、大专5人、中专1人。2007年该所以带动农民增收为目标，用野生谷子和普通谷子杂交的办法培育了超高产谷子新品种——黑土香谷，亩产可达600~700kg。该养生小米品质优、米粒整齐、色泽金黄、营养成分高，用其做出来的米饭松软、清香可口，是良好的营养保健食品。

山东省

章丘市种业有限公司

公司成立于2002年，经过7年多的努力，已建立起了比较规范的标准化体系，业务规模不断拓展。目前，公司通过了QS认证，装备水平和管理水平达到了现代企业规模要求。建有绿色无公害谷子基地200hm^2，良种繁育基地1 333.3hm^2，标准化生产车间1 500m^2，谷子贮藏库3 200m^2，成品库1 300m^2，综合办公楼2 000m^2，现有职工130人，其中具有专业技术职称工作人员45人。公司拥有小米自动化加工、色选、包装设备，实现了机械化生产、标准化流水作业目标，年生产无公害绿色优质小米880t，产品稳定占领山东市场，并进入了北京、上海等地的大超市，远销东北、石家庄、江苏、上海、深圳等地。公司的“泉头”商标是山东省著名商标，连续两年获“山东省旅游休闲购物十佳品牌”。公司以优质的产品和良好的信誉得到了社会认可，先后被评为“山东省农业产业化经营重点龙头企业”、“山东省优秀诚信农村经纪人”、“山东省农资经营优秀诚信企业”、“济南市守合同重信用企业”等。近年来，共获得省市级科研成果奖5项，其中省级2项。

沂南县孙祖小米种植专业合作社

沂南县孙祖小米种植专业合作社位于举世闻名的孟良崮东麓——孙祖镇，成立于2006年5月，由沂南县种植专业合作社改制而成。通过4年多的努力，已建立了比较规范的标准化体系，业务规模不断拓展，建设了有机小米产业基地43.3hm^2，标准化生产车间900m^2，谷子贮藏库1 700m^2，成品库500m^2，综合办公区1 500m^2，拥有小米自动化加工、色选、包装设备，实现了机械化生产、标准化流水作业目标。公司年生产有机小米150t，产品稳定占领山东市场，并远销东北、石家庄、河南、上海、深圳等地。合作社于2007年、2008年先后被县市工商局、县信用联社评为“消费者满意单位”、“重合同，守信用”、“AA级信用单位”，同年被市农业局、财政局评为“全市先进农民专业合作社”。2009年9月，合作社的“孙祖”牌小米顺利通过中绿华夏的有机食品认证。

淄博临淄长盛农产品专业合作社

淄博临淄长盛农产品专业合作社成立于2005年6月，位于齐文化发源地——山东临淄，地处临淄南部山区的边河乡，是一个集有机食品生产、加工、销售及良种繁育为一体的经济合作组织，是山东省谷子产业向特色、有机发展的代表企业之一。合作社建有有机食品生产基地400hm^2，生产车间200m^2、谷子贮藏室500m^2、成品库150m^2，综合办公营业楼1 000m^2，并拥有先进的加工包装设备，年加工能力200 000kg。企业自主引进开发的香谷米、绿小米、白小米具有地方特色；

富硒型、保健型、多用型品种可批量上市；有机精品小米、有机珍品小米两大系列产品已进入山东省十几家超市和部分商业流通企业，并远销北京、上海、杭州、济南、青岛等大中城市。“粟丰”牌有机小米已成为山东省地方知名品牌，并于2009年4月通过中绿华夏有机食品认证。

河南省

安阳市林州东姚洪河米业有限公司

公司始建于2000年，主要生产无公害绿色纯天然的“东姚洪河”牌金小米、杂粮及药食兼用的高营养青珍珠（黑小米）、绿珍珠（绿小米）等20余种系列产品，年生产量5 000余t，是集小米、杂粮精深加工和优质小杂粮品种推广示范于一体的农业产业化重点龙头企业。“东姚洪河”牌金小米系列产品，产于举世闻名的红旗渠畔东姚洪河一带山区，该地区属白云岩风化土质，呈独特的红胶泥状，土壤有机质含量为150mg/kg，速效钾含量为10%，富含有机质，属典型的富钾区。公司实行订单农业，严格按无公害绿色农产品标准化种植。公司2004年被河南省农业厅认证为无公害农产品生产基地，2006年被安阳市人民政府授予“农业产业化市重点龙头企业”称号。同年农业部农产品质量检测中心检测金小米含钙、锌、硒均高于同类产品。2007年在全国特交会上荣获“优质产品金奖”。公司产品已销往全国20多个大中城市，深受广大消费者青睐。

安阳市龙安区马投涧红军米业加工厂

“红军”牌小米产于殷商文化发源地——河南安阳素有“小米之乡”美称的马投涧乡。马投涧乡的小米有悠久的历史，据史料记载，早在三千年前殷商时期，该村小米即是向皇帝进贡的米，因此又称为“殷都贡米”，每年的产量约200 000t。马投涧乡的谷子品种主要是安阳市农科所研制的豫谷1号、9号、11号，谷种品质好、抗倒伏、抗病虫害，加工出来的小米粒小、色泽金黄、煮出来的粥黏甜爽口、香味持久，其中含钙、锌、硒及人体所需的微量元素、维生素和其他营养成分，是中老年人、儿童、孕妇、产妇的最佳食品，长期使用有提高睡眠、补血益气、增强体质、严防衰老和预防各种疾病、延年益寿之功效。公司每年的小米加工量在1 500~2 500t。

河南农科米业有限公司

该公司是由河南省农业科学院及其直属的专业研究机构共同投资组建的农业高科技企业。公司以河南省农业科学院先进科研成果为载体，以研发有机农产品为目标，以服务消费者为己任，引进世界一流的加工工艺和设备，生产加工有机大米、有机小米和有机绿豆等优质产品。公司注册的商标有“沿黄”、“千重浪”、“郑原”。现代化的加工厂占地2hm^2，坐落于河南省农业科学院现代农业科技试验示范基地。建有标准化有机水稻、谷子、绿豆种植基地，按照有机食品要求，严格实施“从产地到餐桌”全过程质量控制和操作技术规程，精细生产加工出了“沿黄牌”农科大米、小米、绿豆，该基地已通过中国有机产品认证。农科有机农产品产自全国闻名的优质稻米生产基地——沿黄稻区，选用的品种是河南省农业科学院利用的高科技手段培育的优质杂粮系列新品种。

宝丰冯异翟集米醋厂

宝丰冯异翟集米醋厂占地16 000m^2，建筑面积1 000m^2，总投资480万元，年产各种食醋3 000t，产值1 200万元，实现利税600万元。翟集米醋是河南的地方特产，它以优质小米、大麦、豌豆为原料，以五香调料为辅料，采用传统工艺酿制而成，具有醇厚素和、清香爽口、体态澄清、色泽鲜亮、久储不坏的特点，经常食用能健脾胃、助消化、舒筋活络、降脂降压，既是很好的佐味品，又有丰富的保健功能，该产品融食用、保健、醒酒、美容于一体，其各项理化指标均符合或超过国际标准。“冯异牌”翟集米醋是在传统酿制工艺的基础上，充分利用运粮河畔优质的地下水资源，采用现代生物技术工程，以优质小米为原料，经多道工序精酿而成。醋厂生产有富硒醋、降脂降压醋、低聚脂糖醋、醒酒保肝醋等36个高端产品。

西峡县北关宴黄酒厂

西峡县北关黄酒厂，历史悠久，远近闻名，年产黄酒1 000t以上，具有全国工业产品生产许可证。酒厂产品选用优质纯正的地方特产——女儿红小酒米、小麦、泉水为原料，采用传统的地方黄酒酿造工艺和科学的发酵方法酿制而成，色泽褐红，晶莹剔透，味道酸甜和谐，清柔细腻，清香溢人，回味悠长，营养丰富。产品2003年荣获中国酒文化科技成果一等奖。经分析化验，红小米酒含有17种人体必需的氨基酸，16种微量元素，可四季饮用，有生津开胃、舒筋活血、消除疲劳、养颜益寿之功效。红小米酒是国家食品质量安全认证通过的唯一米酒产品。

吕昌谷业有限公司

公司始建于1997年，占地面积5 500m^2，现有职工68人、技术人员10人，是以谷子深加工为主的农业产业化龙头企业。公司现有先进的免淘小米生产线一条、优质米醋生产线一条，并拥有优质无公害种植基地666.7hm^2。公司生产的经色选真空包装的“伊河桥”牌小米2006~2008年被评为消费者喜爱的产品，并取得国家技术监督局颁发的生产许可证，公司被洛阳市商务局定为杂粮定点出口企业。经过十多年努力，“伊河桥”牌小米、米醋已得到了消费者的认可，产品远销山东、山西、甘肃、湖北等省的大中型城市，年销量10 000t以上。

陕西省

安塞县田丰农贸有限责任公司

公司成立于2002年，占地面积2 000m^2，建筑面积600m^2，固定资产50万元，主要从事以小米为主的小杂粮生产、加工和销售，加工设备齐全，是安塞县谷子骨干支柱企业，本着“发展自己，带动农户”的原则，已形成了“公司+基地+农户”的农业产业新格局。产品的加工原料全部来源于安塞县小米生产基地，加工过程无污染，产品达到绿色食品质量标准。近几年来，公司所生产小米深受广大消费者青睐，产品远销北京、西安等大中城市。安塞小米在第十二届中国杨凌农高会上荣获“后稷金像奖”，安塞小米原产地地理标志保护工作已通过国家质检总局认证。

志丹县丰元农业开发有限责任公司

公司成立于2005年，目前已建立了比较规范严谨的标准化体系，通过了国际质量体系认证、QS认证，其装备水平和管理水平达到了现代企业规范要求。公司建有绿色优质小米产业基地1 333.3hm^2，良种繁育基地66.7hm^2，标准化生产车间1 900m^2，谷子贮藏库10 000m^2，成品库300m^2，综合办公楼600m^2。公司拥有小米自动化加工、色选、包装设备，年生产优质小米5 000t，产品稳定占领西北市场，远销北京、上海、广东、深圳等地，深受广大消费者的青睐。经过几年的努力，公司先后获得市级先进企业、县级科技民营先进企业、优秀民营企业、平安企业等荣誉称号，生产的“保安”牌营养小米获第十四届中国杨凌农高会“后稷奖”、被中国农业银行评为“AA级信用客户”。目前公司在与北京市食品研究所合作开发具有地方特色的小米系列产品，该产品投产后年生产能力可达10 000t。

陕西米脂婆姨贡米有限责任公司

公司成立于2002年，是小杂粮加工销售科技型民营企业，注册资金100万元，固定资产500万元，占地面积6 000m^2，建筑面积1 500m^2，现有员工68人，加工设备20多台，稳定的米脂小米基地6 666.7hm^2。公司年生产米脂小米等系列杂粮近万吨，已形成了以“米脂婆姨”为品牌的地方特色优质产品，产品远销上海、天津、西安等10多个省市。公司生产的“米脂婆姨”牌小杂粮被授予“首届中国国际荞麦节金奖”、“榆林市知名商标”等10多项大奖。公司被评为“米脂县民营科技企业工作先进单位”等多项荣誉称号。主要产品有优质小米、绿豆、红小豆、豇豆以及利用杂粮加工的各种石磨面粉。

甘肃省

西北大磨坊食品工业有限公司

公司组建成立于2003年，以谷子等小杂粮食品开发、加工为主，兼营小麦面粉和亚麻籽油精炼加工，是甘肃省农业产业化重点龙头企业，通过了ISO9001:2000质量体系认证，建成了白银市小杂粮工程技术研究中心。公司占地面积20 000m^2，资产总额3 100万元。公司拥有年产5 000t良谷米生产线、年产6 000t荞麦米生产线、年产3 000t亚麻籽油生产线、年产6 000t荞麦挂面生产线、日产200t小麦面粉生产线各一条，主要产品有良谷米、杂粮面粉、杂粮挂面、亚麻籽油、燕麦片、小麦粉、大板瓜子、山珍黑地耳、荞麦米、苦荞茶、苦荞麦片、苦荞早餐糊糊等。公司奋斗的业绩得到社会认可，生产的各种杂粮产品进入甘肃各大超市和全国市场，越来越受到广大消费者的青睐。公司生产的“西北磨坊”牌良谷米、胡麻油、小麦面粉通过了绿色产品认证，其中良谷米在白银市旅游产品评审会上被白银市人民政府命名为“白银三宝”，获中国农业发展银行甘肃省支行“AAA级信誉度企业”。

通渭乐百味食品有限责任公司

公司组建于1997年，属民营股份制企业，是定西市命名的科技创新示范企业。公司下设定西市小杂粮工程技术研究中心、小杂粮系列绿色食品加工厂、调味品厂。公司立足地方特色优质小杂粮加工生产集天然、有机营养、保健食疗为一体的原汁原味的纯天然绿色系列食品，并利用生物工程技术，以苦荞麦为主要原料，生产酿造适合各类人群食用的“诺健尔苦荞甘露”、“苦荞保健调味醋”、“苦荞珍品养生醋”等系列产品。经过多年的努力，公司已形成集科研、开发、生产、销售为一体的发展格局，成为地方农业产业化发展的龙头企业。目前公司总资产680万元，其中固定资产420万元，从业人员50人。产品已形成两大类近20多个品种，即调味品系列和优质绿色小杂粮纯天然食品系列（包括黄小米、良谷米、富硒莜麦奶粉、苦荞茶、荞麦粉、苦荞麦粉、荞麦精米、荞麦挂面、苦荞挂面、燕麦挂面、荞皮保健枕等）。

甘肃万佳杂粮工贸有限责任公司

公司是国有控股粮食企业，下辖6个分公司、省级储备粮专储库、军粮供应代理部和杂粮出口加工厂，注册资本890万元，占地面积81 000m^2，仓容量18 000t，现有员工30人。公司的杂粮出口加工厂始建于2007年，位于环县环江工业园区，总投资1 500万元，年加工及销售能力10 000t，主要产品有真空包装精选小米、黄米、荞麦米、荞麦精粉、苦荞粉、荞糁子、小绿豆、红小豆、玉米糁、八宝杂粮粥、小麦粉、纯胡麻油、脱壳荞皮等系列产品。独特的地理位置、独特的土壤、独特的气候、独特的降水量造就了全国独一无二的杂粮产地，荞麦等多个产品被认定为无公害农产品，同时环县被命名为“中国小杂粮之乡”。公司依靠得天独厚的资源优势，采用先进设备工艺，成功研制开发出“万佳欣禾”牌精品小杂粮系列产品。

宁夏回族自治区

宁鑫米业加工专业合作社

合作社成立于2004年，以小米加工为主，拥有较先进的仓储、生产设施和科学完善的生产手段，主要生产小米高档礼品装、精美塑料袋装、普米袋装等系列品种。通过“科研＋公司＋基地”的运作方式，在宁夏南部山区建设了专门的谷子生产基地。产品除保证当地市场外，还远销河南、内蒙古、山西、陕西等省及深圳等沿海地区，并与马来西亚、新加坡等东南亚地区建立了销售意向。

宁夏新野食品有限公司

公司成立于1994年，以谷子及其他小杂粮内外贸易为主，是农业部认定的“全国农产品加工业出口示范企业”、宁夏回族自治区人民政府命名的“自治区农业产业化龙头企业”。公司先后通过了ISO9001:2000质量管理体系标准认证、ISO14001:2004环境管理体系标准认证、HACCP认证和有机产品认证。国外客户遍布全球50多个国家和地区，国内客户遍布全国30多个港口和城市。